PONS

Bildwörterbuch

Deutsch
Englisch

von

Jean-Claude **Corbeil**
Ariane **Archambault**

Ernst Klett Sprachen
Barcelona · Budapest · Ljubljana · London
Posen · Prag · Sofia · Stuttgart

DANKSAGUNGEN (QA INTERNATIONAL)

Unser besonderer Dank gilt folgenden Personen, Organisationen und Firmen, die uns bei der Erstellung des neuen *Bildwörterbuches* die aktuellsten technischen Informationen zur Verfügung gestellt haben.

Arcand, Denys (réalisateur); Association Internationale de Signalisation Maritime; Association canadienne des paiements (Charlie Clarke); Association des banquiers canadiens (Lise Provost); Automobiles Citroën; Automobiles Peugeot; Banque du Canada (Lyse Brousseau); Banque Royale du Canada (Raymond Chouinard, Francine Morel, Carole Trottier); Barrett Xplore inc.; Bazarin, Christine;Bibliothèque du Parlement canadien (Service de renseignements); Bibliothèque nationale du Québec (Jean-François Palomino); Bluechip Kennels (Olga Gagne); Bombardier Aéronautique; Bridgestone-Firestone; Brother (Canada); Canadien National; Casavant Frères ltée; C.O.J.O. ATHENES 2004 (Bureau des Médias Internationaux); Centre Eaton de Montréal; Centre national du Costume (Recherche et de Diffusion); Cetacean Society International (William R. Rossiter); Chagnon, Daniel (architecte D.E.S. – M.E.Q.); Cohen et Rubin Architectes (Maggy Cohen); Commission Scolaire de Montréal (École St-Henri); Compagnie de la Baie d'Hudson (Nunzia Iavarone, Ron Oyama); Corporation d'hébergement du Québec (Céline Drolet); École nationale de théâtre du Canada (Bibliothèque); Élevage Le Grand Saphir (Stéphane Ayotte); Énergie atomique du Canada ltée; Eurocopter; Famous Players; Fédération bancaire française (Védi Hékiman); Fontaine, PierreHenry (biologiste); Future Shop; Garaga; Groupe Jean Coutu; Hôpital du Sacré-Cœur de Montréal; Hôtel Inter-Continental; Hydro-Québec; I.P.I.Q. (Serge Bouchard); IGA Barcelo; International Entomological Society (Dr. Michael Geisthardt); Irisbus; Jérôme, Danielle (O.D.); La Poste (Colette Gouts); Le Groupe Canam Manac inc.; Lévesque, Georges (urgentologue); Lévesque, Robert (chef machiniste); Manutan; Marriot Spring Hill suites; MATRA S.A.; Métro inc.; ministère canadien de la Défense nationale (Affaires publiques); ministère de la Défense, République Française; ministère de la Justice du Québec (Service de la gestion immobilière – Carol Sirois); ministère de l'Éducation du Québec (Direction de l'équipement scolaire-Daniel Chagnon); Muse Productions (Annick Barbery); National Aeronautics and Space Administration; National Oceanic and Atmospheric Administration; Nikon Canada inc.; Normand, Denis (consultant en télécommunications); Office de la langue française du Québec (Chantal Robinson); Paul Demers & Fils inc.; Phillips (France); Pratt & Whitney Canada inc.; Prévost Car inc.; Radio Shack Canada ltée; Réno-Dépôt inc.; Robitaille, Jean-François (Département de biologie, Université Laurentienne); Rocking T Ranch and Poultry Farm (Pete and Justine Theer); RONA inc.; Sears Canada inc.; Secrétariat d'État du Canada : Bureau de la traduction ; Service correctionnel du Canada; Société d'Entomologie Africaine (Alain Drumont); Société des musées québécois (Michel Perron); Société Radio-Canada; Sony du Canada ltée; Sûreté du Québec; Théâtre du Nouveau Monde; Transports Canada (Julie Poirier); Urgences-Santé (Éric Berry); Ville de Longueuil (Direction de la Police); Ville de Montréal (Service de la prévention des incendies); Vimont Lexus Toyota; Volvo Bus Corporation; Yamaha Motor Canada Ltd.

The Visual Bilingual Dictionary wurde von
QA International, einem Umternehmen der
Les Éditions Québec Amérique inc. entwickelt und hergestellt.
329, rue de la Commune Ouest, 3e étage
Montréal (Québec) H2Y 2E1 Canada
T 514.499.3000 F 514.499.3010

ISBN 10: 3-12-517838-X
ISBN 13: 978-3-12-517838-0

Gedruckt in Singapur.
www.qa-international.com

QA International

REDAKTION

Verleger: Jacques Fortin
Autoren: Jean-Claude Corbeil et Ariane Archambault
Redaktionsleiter: François Fortin
Leitender Redakteur: Serge D'Amico
Grafik Design: Anne Tremblay

HERSTELLUNG

Mac Thien Nguyen Hoang
Guylaine Houle

TERMINOLOGIE

Jean Beaumont
Catherine Briand
Nathalie Guillo

ILLUSTRATIONEN

Art Direction: Jocelyn Gardner
Jean-Yves Ahern
Rielle Lévesque
Alain Lemire
Mélanie Boivin
Yan Bohler
Claude Thivierge
Pascal Bilodeau
Michel Rouleau
Anouk Noël
Carl Pelletier

LAYOUT

Pascal Goyette
Janou-Ève LeGuerrier
Véronique Boisvert
Karine Raymond
Geneviève Théroux Béliveau

DOKUMENTATION

Gilles Vézina
Kathleen Wynd
Stéphane Batigne
Sylvain Robichaud
Jessie Daigle

DATENVERARBEITUNG

Programmierer: Daniel Beaulieu, Éric Gagnon
Josée Gagnon
Anne Rouleau

REVISION

Marie-Nicole Cimon

PREPRESS

Sophie Pellerin
Kien Tang
Karine Lévesque

MITARBEIT

QA International möchte folgenden Personen für ihre Mitarbeit am *Bildwörterbuch* danken:

Jean-Louis Martin, Marc Lalumière, Jacques Perrault, Stéphane Roy, Alice Comtois, Michel Blais, Christiane Beauregard, Mamadou Togola, Annie Maurice, Charles Campeau, Mivil Deschênes, Jonathan Jacques, Martin Lortie, Raymond Martin, Frédérick Simard, Yan Tremblay, Mathieu Blouin, Sébastien Dallaire, Hoang Khanh Le, Martin Desrosiers, Nicolas Oroc, François Escalmel, Danièle Lemay, Pierre Savoie, Benoît Bourdeau, Marie-Andrée Lemieux, Caroline Soucy, Yves Chabot, Anne-Marie Ouellette, Anne-Marie Villeneuve, Anne-Marie Brault, Nancy Lepage, Daniel Provost, François Vézina.

Einführung in das *Bildwörterbuch*

Mit über 3.600 Abbildungen in Verbindung mit Tausenden von allgemeinen und fachlichen Begriffen, bietet das *Bildwörterbuch* ein reichhaltiges Wissen, das klar und leicht zu erschließen ist.

INTENTION DES BUCHES

Das *Bildwörterbuch* ist eine Art Bestandsaufnahme aus dem Lebensumfeld des Menschen in der heutigen technisierten Welt, in der alltäglich viele spezielle Begriffe aus den verschiedensten Gebieten Verwendung finden. Speziell entwickelt für den Laien, der aus privaten oder beruflichen Gründen nach der genauen und korrekten Bedeutung von Begriffen sucht, oder anhand der Abbildungen überhaupt erst einen Begriff finden will, verfolgt es das Ziel, viele Fachausdrücke aus den verschiedensten Bereichen, die unsere tägliche Erfahrung ausmachen, in einem Band zu vereinen.

AUFBAU DES *BILDWÖRTERBUCHS*

Das Buch besteht aus drei Teilen: Aus der Einführung zusammen mit dem Inhaltsverzeichnis und der Liste der Kapitel, aus dem eigentlichen Bild- und Textteil sowie aus dem Register.
Die Darstellung schreitet vom Allgemeinen zum immer Spezielleren fort: Kapitel, Thema, Titel, Untertitel, Abbildung, Terminologie.
Der Inhalt des *Bildwörterbuchs* ist, von Astronomie bis Sport, in 17 Kapitel gegliedert. Komplexe Kapitel sind weiter in Unterthemen aufgeteilt.
Das Kapitel Erde ist z.B. unterteilt in die Themen Geografie, Geologie, Meteorologie und Umwelt.
Die Titel haben verschiedene Bedeutung: Sie benennen die Abbildung eines einzelnen Objekts von dem die wesentlichen Teile erklärt sind (z.B. *Gletscher*, *Fenster*), oder sie bezeichnen die Gesamtheit von Abbildungen, die zur selben Begriffssphäre gehören obwohl sie verschiedenen Objekten angehören (z.B. *Sonnensystem*, *Blattgemüse*).
Gelegentlich werden nur die wichtigsten Vertreter einer Gattung gezeigt.
Die Abbildungen zeigen in realistischer Darstellung Gegenstände, Vorgänge oder Phänomene mit ihren wichtigsten Einzelheiten. Sie dienen als anschauliche Definitionen der angegebenen Begriffe.

TERMINOLOGIE

Jeder Begriff im *Bildwörterbuch* wurde unter Verwendung authentischer Quellen sorgfältig auf dem jeweils angemessenen Niveau ausgewählt.
In den Fällen, in denen mehrere verschiedene Begriffe den selben Gegenstand bezeichnen können, wurde der von den angesehensten Autoren am häufigsten verwendete Begriff gewählt.
Das *Bildwörterbuch* enthält 13.750 Registereinträge, bzw. über 20.000 Begriffe in jeder Sprache.
Das Register listet alle Begriffe des *Bildwörterbuches* in alphabetischer Reihenfolge auf.

BENUTZUNGSVARIANTEN

Auf das *Bildwörterbuch* kann in ganz verschiedener Weise zugegriffen werden:
Ausgehend von der Liste der Kapitel am Ende des Einführungsteils.
Mit Hilfe des Registers kann der Benutzer, direkt von einem Begriff ausgehend, dessen Bedeutung nachschlagen oder seine genauere Bedeutung anhand der Abbildung überprüfen.
Die Besonderheit des *Bildwörterbuches* besteht darin, dass die Abbildungen es ermöglichen, einen Begriff zu finden, auch wenn man nur eine ungefähre Vorstellung davon hat. Außerdem erkennt der Benutzer auf einen Blick viele weitere Begriffe, die zu dem gesuchten Begriff gehören.

FARBREGISTER
Am Rand jeder Seite ist jedem Kapitel eine bestimmte Farbe zugeordnet, so dass ein schneller Zugriff auf den entsprechenden Abschnitt im Buch möglich ist.

TITEL
Der Titel wird auf Deutsch angegeben und darunter, in kleinerer Schrift, folgt der Titel auf Englisch.

UNTERTHEMA
Die meisten Kapitel sind in Unterthemen eingeteilt. Sie werden auf Deutsch und Englisch angegeben.

LINIE
Sie verbindet den Begriff mit dem dazugehörigen Teil der Abbildung. Wo zu viele Linien unübersichtlich wären, treten an ihre Stelle farbige Codes mit einer Legende oder Nummern.

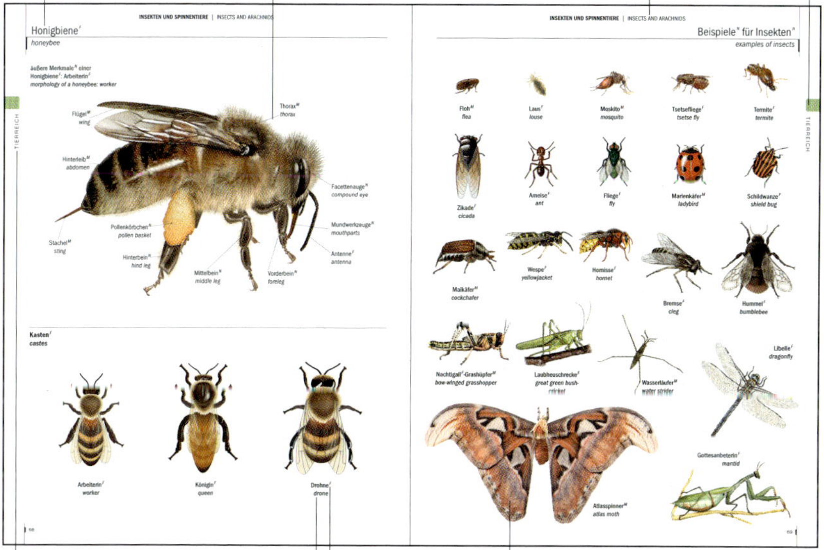

KAPITEL
Die Kapitel werden immer auf Deutsch angegeben.

ABBILDUNG
Sie dient als anschauliche Definition der Begriffe.

ANGABE DES GESCHLECHTS
Das Geschlecht jedes Substantivs wird angegeben.
F: Femininum; M: Maskulinum; N: Neutrum

BEGRIFF
Jeder Begriff erscheint im Register mit der Angabe der Seite auf der er steht. Er wird auch auf Englisch angegeben.

Inhaltsverzeichnis

ASTRONOMIE 2

Himmelskörper 2
Beobachtung des Weltraums 7
Raumfahrt 10

ERDE 14

Geographie 14
Geologie 26
Meteorologie 37
Umwelt 44

PFLANZENREICH 50

TIERREICH 66

Einfache Organismen und Echinodermen 66
Insekten und Spinnentiere 67
Krebse 71
Weichtiere 72
Fische 74
Amphibien 75
Reptilien 76
Vögel 78
Nagetiere und Hasentiere 82
Huftiere 83
Raubtiere 86
Meeressäugetiere 90
Primaten 91

MENSCH 92

Menschlicher Körper 92
Anatomie 96
Sinnesorgane 114

NAHRUNGSMITTEL UND KÜCHE 120

Nahrungsmittel 120
Küche 162

HAUS 182

Anlage 182
Teile eines Hauses 185
Konstruktion eines Hauses 187
Heizung 192
Sanitärinstallation 194
Elektrizität 198
Hauseinrichtung 200

HEIMWERKEN UND GARTENARBEIT 216

Heimwerken 216
Gartenarbeit 230

KLEIDUNG 238

PERSÖNLICHE AUSSTATTUNG 264

Schmuck und Schönheitspflege 264
Persönliche Artikel 271

KUNST UND ARCHITEKTUR 278

Architektur 278
Darstellende Künste 290
Musik 295

KOMMUNIKATION UND BÜROTECHNIK 312

Kommunikation 312
Bürotechnik 329

TRANSPORT UND FAHRZEUGE 342

Straßenverkehr 342
Schienenverkehr 374
Schifffahrt 381
Luftverkehr 388
Handhabung 396
Schwermaschinen 398

ENERGIE 402

Geothermische und fossile Energie 402
Elektrizität aus Wasserkraft 406
Kernenergie 408
Sonnenenergie 410
Windenergie 412

WISSENSCHAFT 414

Chemie 414
Physik: Elektrizität und Magnetismus 416
Physik: Optik 418
Messinstrumente 422
Wissenschaftliche Symbole 426

GESELLSCHAFT 430

Stadt 430
Justiz 440
Wirtschaft und Finanzwesen 440
Bildung 444
Religion 446
Politik 448
Sicherheit 454
Gesundheit 460

SPORT UND SPIELE 468

Spiele 468
Leichtathletik 472
Ballsportarten 474
Spiele mit Schlägern 490
Kunstturnen 496
Kampfsportarten 498
Kraftsport 500
Präzisionssport 502
Wintersport 506
Wassersport 516
Radsport 522
Motorsport 523
Rollsport 526
Freizeit in der Natur 528

REGISTER 539

Kapitelregister

2 **ASTRONOMIE**

14 **ERDE**

50 **PFLANZENREICH**

66 **TIERREICH**

92 **MENSCH**

120 **NAHRUNGSMITTEL UND KÜCHE**

182 **HAUS**

216 **HEIMWERKEN UND GARTENARBEIT**

238 **KLEIDUNG**

264 **PERSÖNLICHE AUSSTATTUNG**

278 **KUNST UND ARCHITEKTUR**

312 **KOMMUNIKATION UND BÜROTECHNIK**

342 **TRANSPORT UND FAHRZEUGE**

402 **ENERGIE**

414 **WISSENSCHAFT**

430 **GESELLSCHAFT**

468 **SPORT UND SPIELE**

539 **REGISTER**

Sonnensystem[N]

solar system

äußere Planeten[M]
outer planets

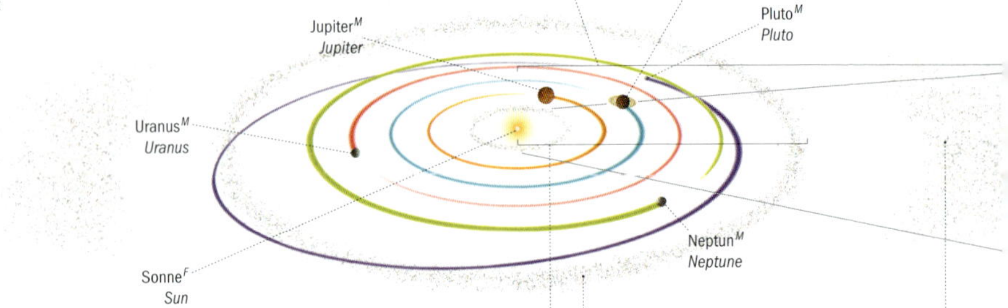

Planeten[M] und Monde[M]

planets and moons

innere Planeten^M
inner planets

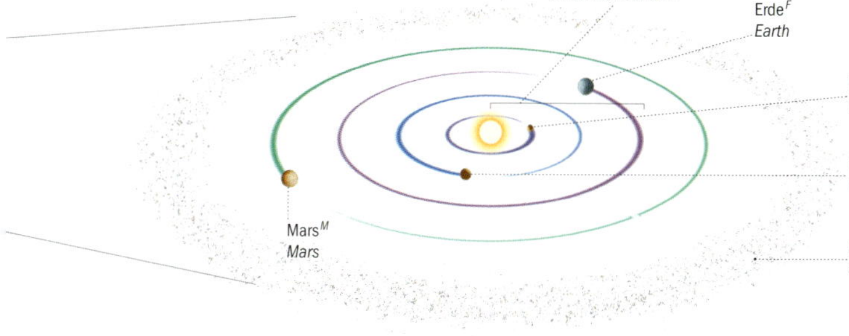

Planeten^M und Monde^M

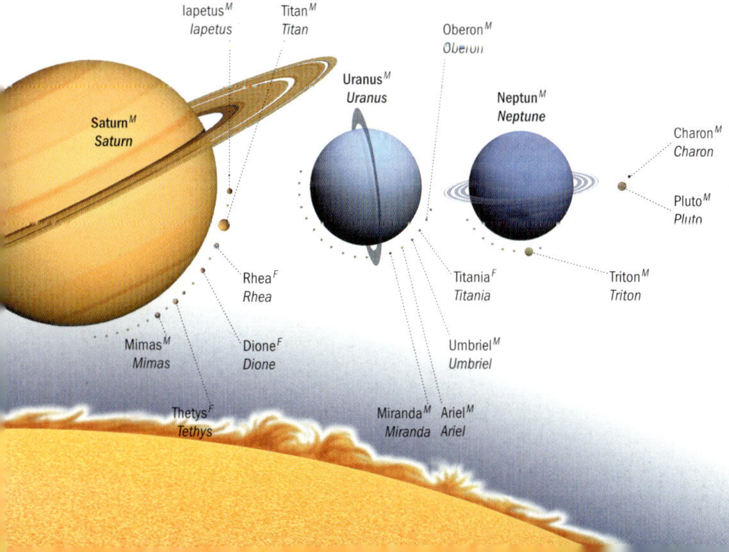

Sonne[F]
Sun

Aufbau[M] der Sonne[F]
structure of the Sun

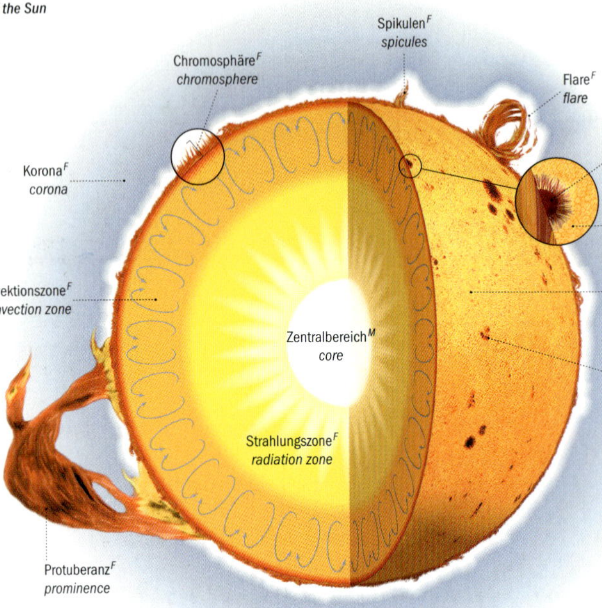

Finsternisarten[F]
types of eclipses

ringförmige Finsternis[F]
annular eclipse

partielle Finsternis[F]
partial eclipse

totale Finsternis[F]
total eclipse

Sonnenfinsternis[F]
solar eclipse

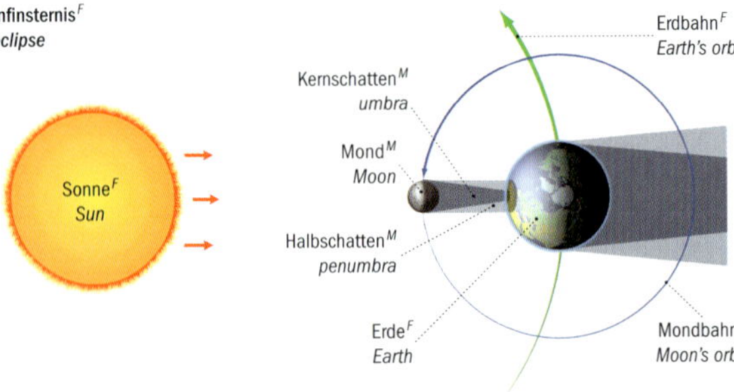

Mond[M]
Moon

Finsternisarten[F]
types of eclipses

partielle Finsternis[F]
partial eclipse

totale Finsternis[F]
total eclipse

Oberflächenformationen[F] des Mondes[M]
lunar features

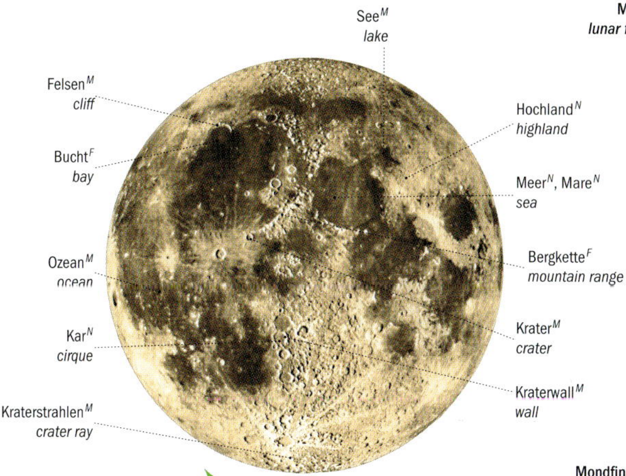

Mondfinsternis[F]
lunar eclipse

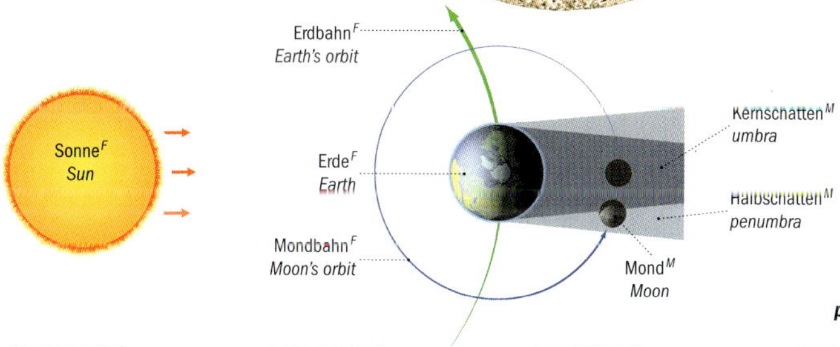

Mondphasen[F]
phases of the Moon

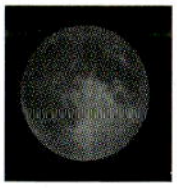

Neumond[M]
new moon

Mondsichel[F] (zunehmender Mond[M])
new crescent

Halbmond[M] (erstes Viertel[N])
first quarter

zunehmender Mond[M]
waxing gibbous

Vollmond[M]
full moon

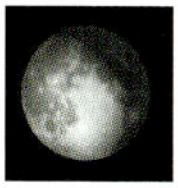

abnehmender Mond[M]
waning gibbous

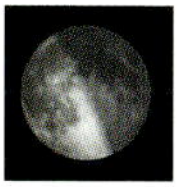

Halbmond[M] (letztes Viertel[N])
last quarter

Mondsichel[F] (abnehmender Mond[M])
old crescent

Galaxie[F]
galaxy

Milchstraße[F]
Milky Way

Milchstraße[F] (Ansicht[F] von oben)
Milky Way (seen from above)

Milchstraße[F] (Seitenansicht[F])
Milky Way (side view)

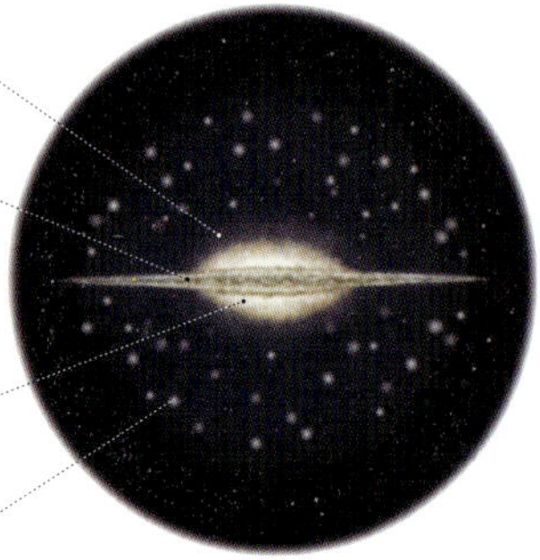

Komet[M]
comet

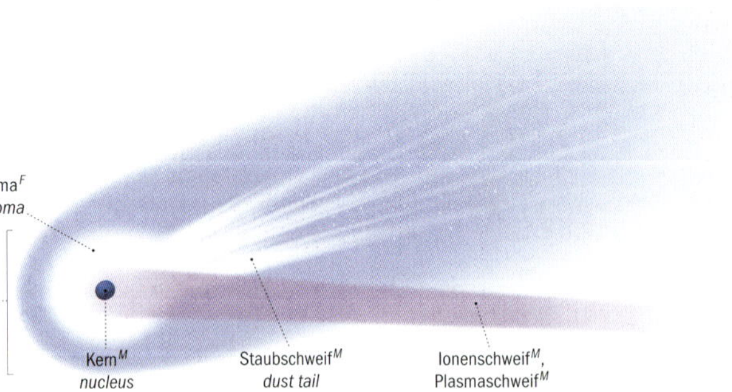

Hubble-Weltraumteleskop^N
Hubble space telescope

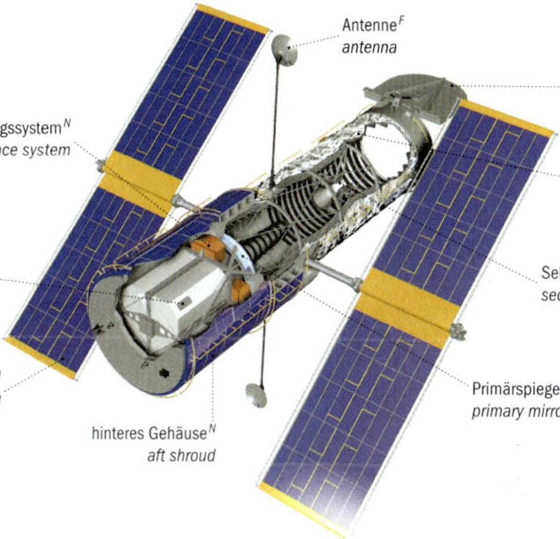

Sternwarte^F
astronomical observatory

Querschnitt^M durch eine Sternwarte^F
cross section of an astronomical observatory

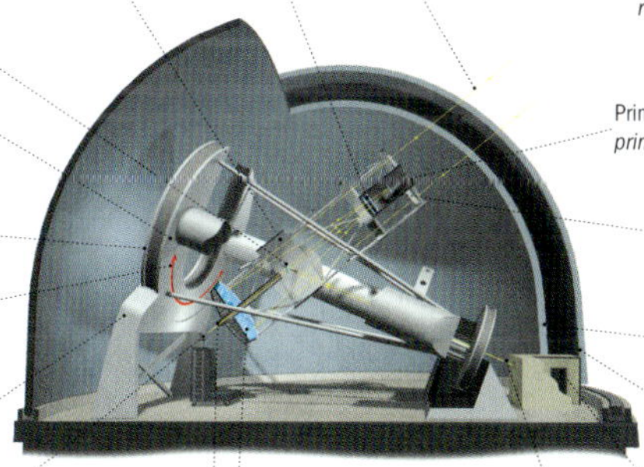

Sternwarte^F
observatory

Linsenfernrohr^{N}

refracting telescope

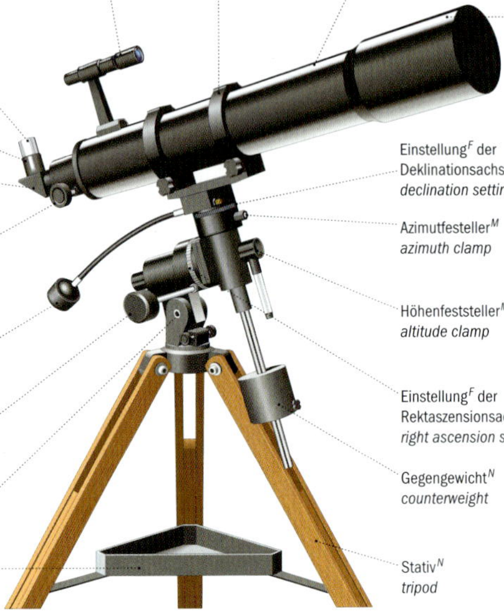

Linsenfernrohr^{N} im Querschnitt^{M}
cross section of a refracting telescope

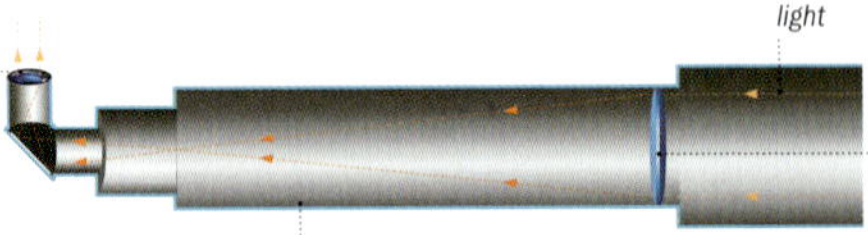

Spiegelteleskop^N
reflecting telescope

Spiegelteleskop^N im Querschnitt^M
cross section of a reflecting telescope

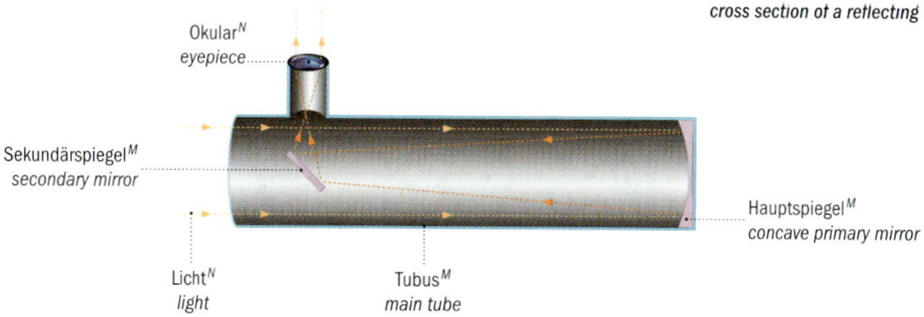

Raumanzug^{M}

spacesuit

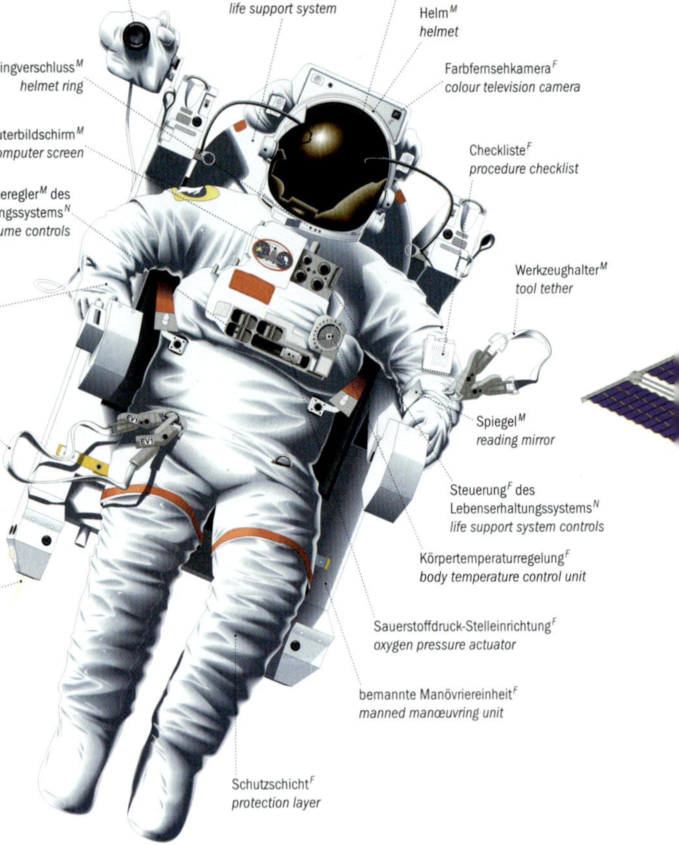

internationale Raumstation^F

international space station

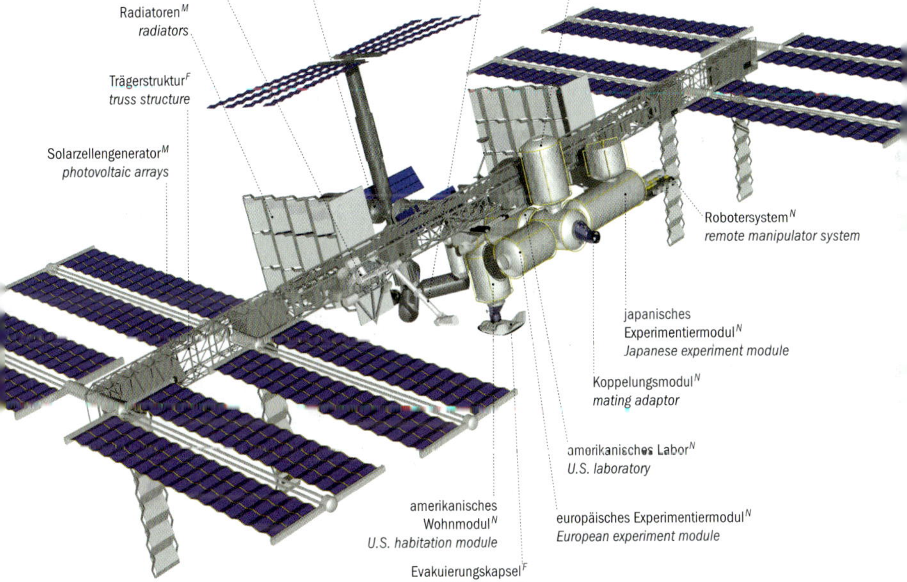

Raumfähre[F]

space shuttle

Raumfähre[F] beim Start[M]
space shuttle at takeoff

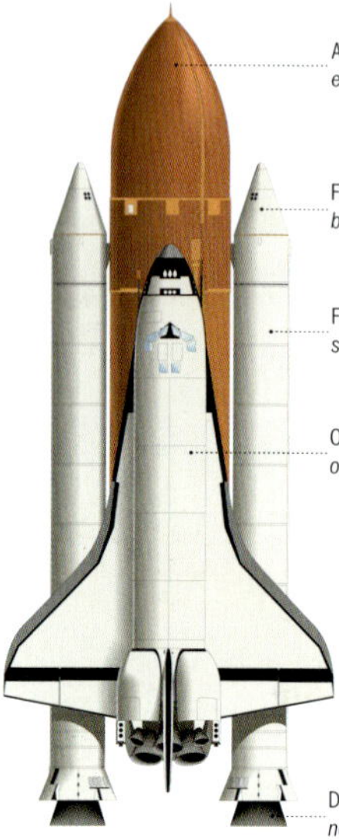

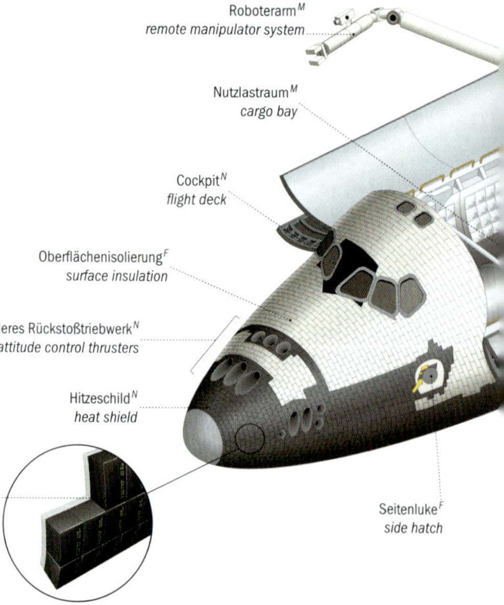

Orbiter^M
orbiter

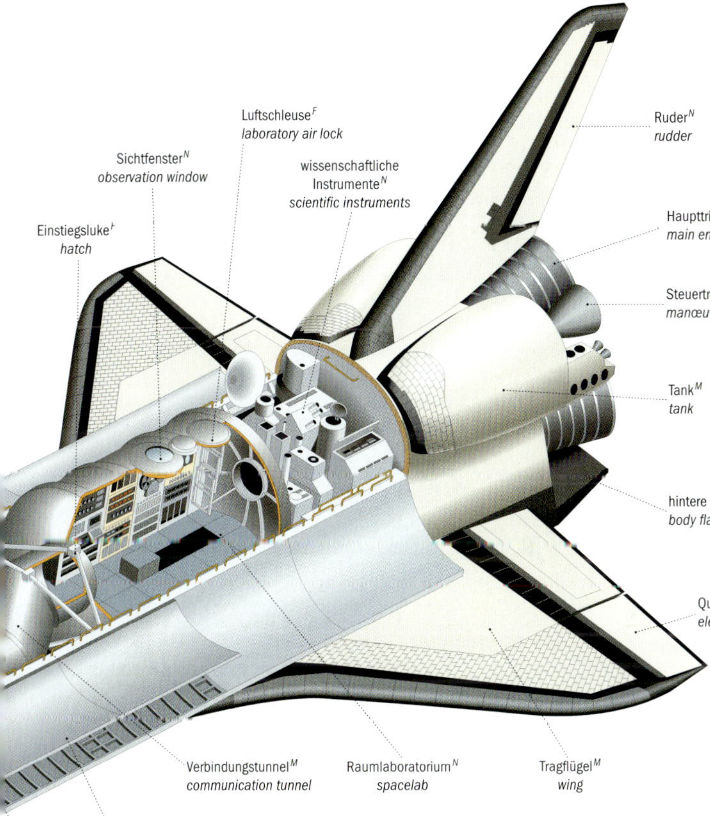

Lage^F der Kontinente^M

configuration of the continents

Erdoberfläche^F
planisphere

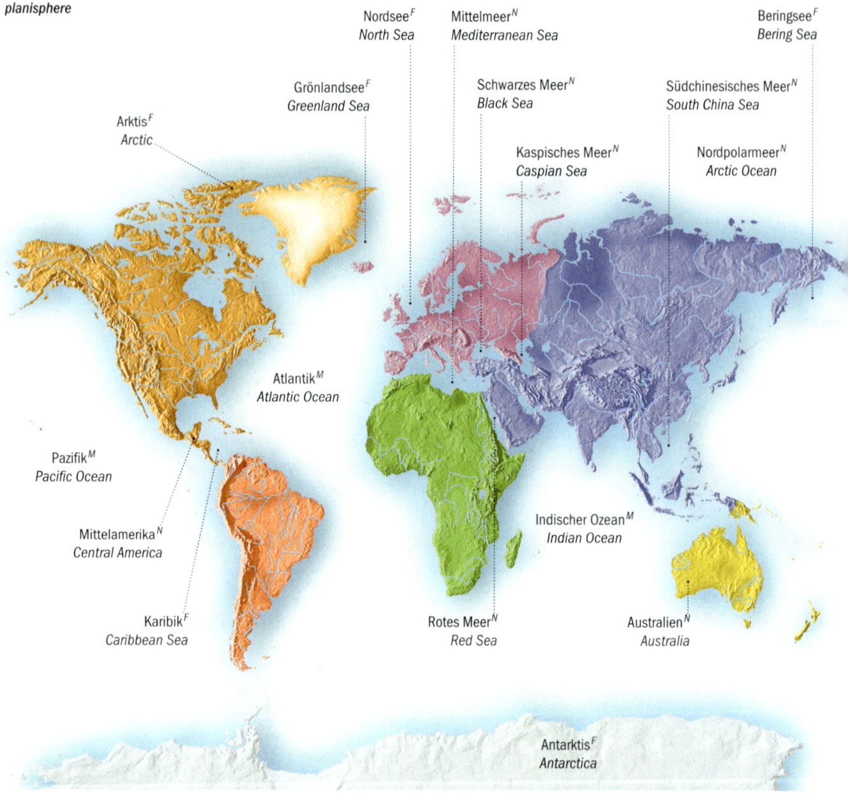

Nordamerika^N
North America

Europa^N
Europe

Südamerika^N
South America

Asien^N
Asia

Ozeanien^N
Oceania

Afrika^N
Africa

Eurasien^N
Eurasia

Antarktis^F
Antarctica

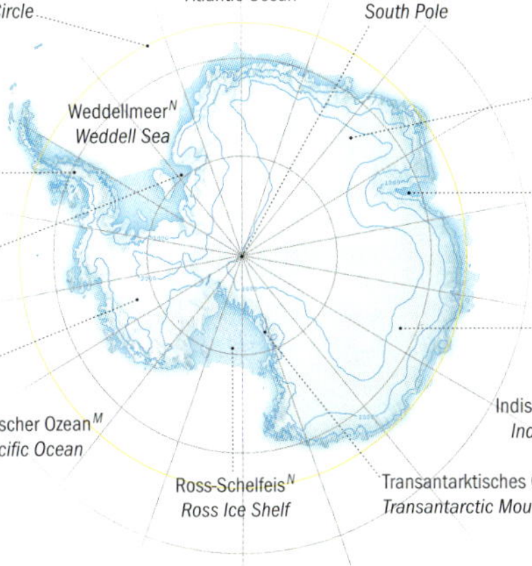

Ozeanien^N
Oceania

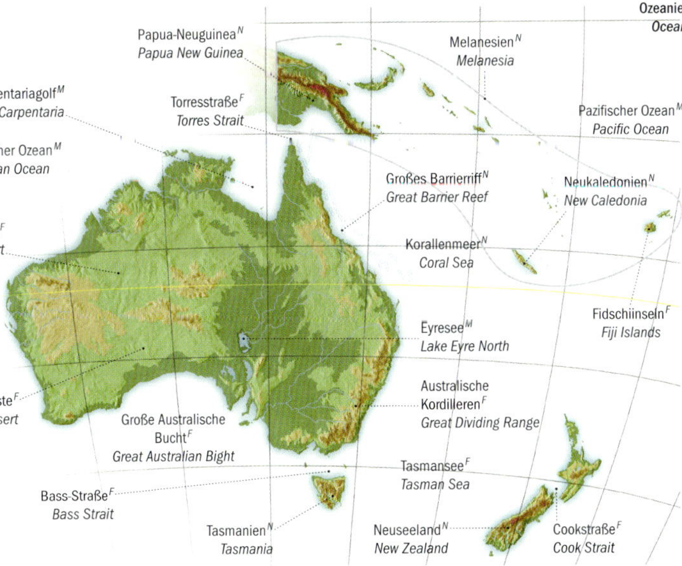

Nordamerika[N]
North America

Südamerika^N
South America

Lage^{F} der Kontinente^{M}

Europa^{N}
Europe

Asien[N]
Asia

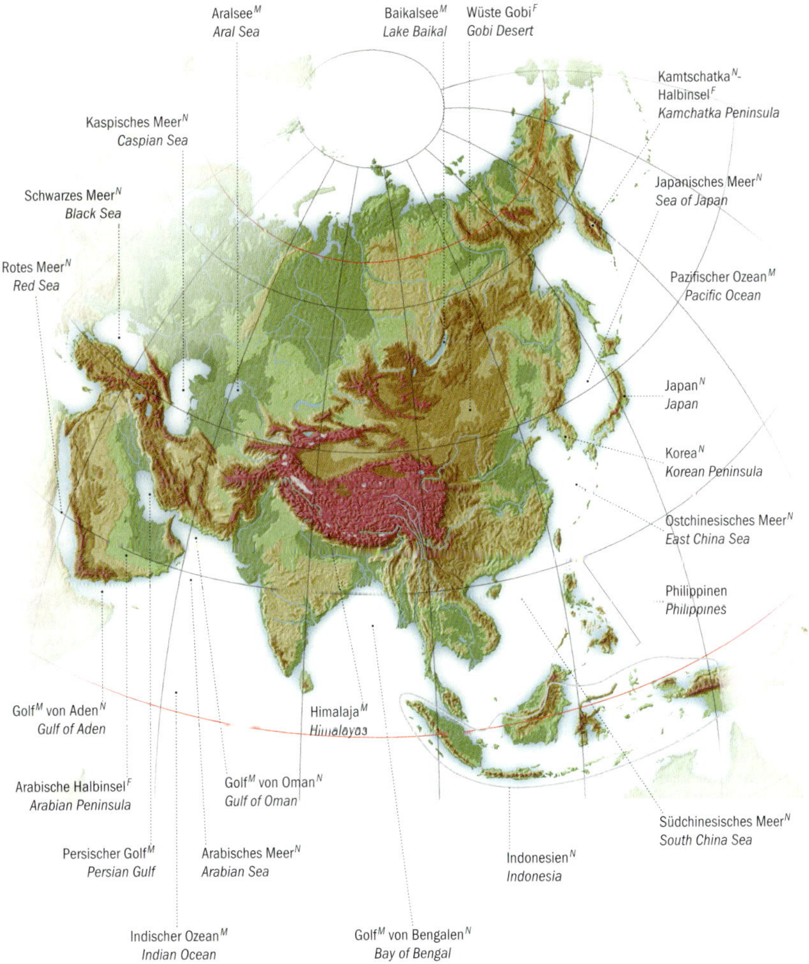
Aralsee[M] *Aral Sea*
Baikalsee[M] *Lake Baikal*
Wüste Gobi[F] *Gobi Desert*
Kamtschatka[N]-Halbinsel[F] *Kamchatka Peninsula*
Kaspisches Meer[N] *Caspian Sea*
Schwarzes Meer[N] *Black Sea*
Japanisches Meer[N] *Sea of Japan*
Rotes Meer[N] *Red Sea*
Pazifischer Ozean[M] *Pacific Ocean*
Japan[N] *Japan*
Korea[N] *Korean Peninsula*
Ostchinesisches Meer[N] *East China Sea*
Philippinen *Philippines*
Golf[M] von Aden[N] *Gulf of Aden*
Himalaja[M] *Himalayas*
Arabische Halbinsel[F] *Arabian Peninsula*
Golf[M] von Oman[N] *Gulf of Oman*
Südchinesisches Meer[N] *South China Sea*
Persischer Golf[M] *Persian Gulf*
Arabisches Meer[N] *Arabian Sea*
Indonesien[N] *Indonesia*
Indischer Ozean[M] *Indian Ocean*
Golf[M] von Bengalen[N] *Bay of Bengal*

Afrika^N
Africa

Kartographie[F]
cartography

Koordinatensystem[N] der Erdkugel[F]
Earth coordinate system

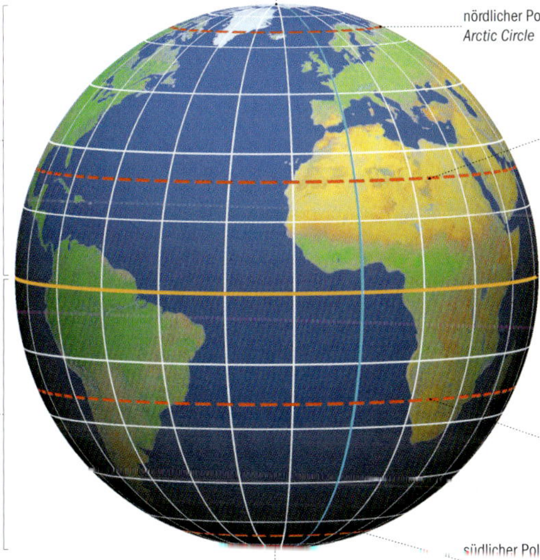

Hemisphären[F]
hemispheres

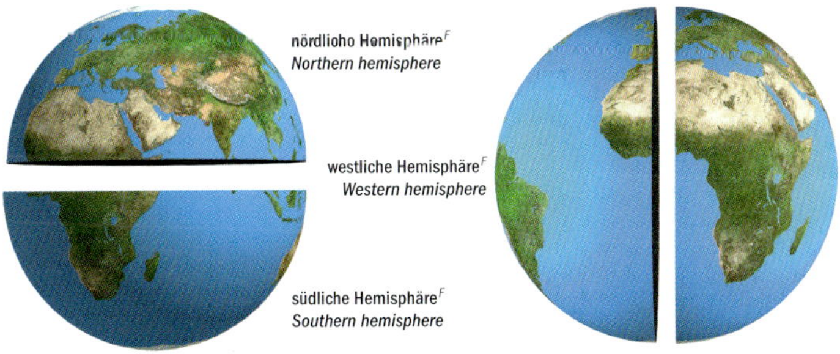

Kartographie[F]

Gradnetz[N]
grid system

Breitengrade[M]
lines of latitude

Längengrade[M]
lines of longitude

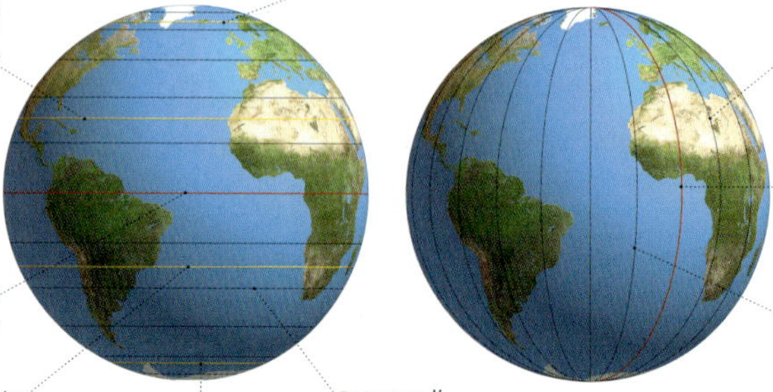

nördlicher Polarkreis[M]
Arctic Circle

Wendekreis[M] des Krebses[M]
Tropic of Cancer

Äquator[M]
Equator

Wendekreis[M] des Steinbocks[M]
Tropic of Capricorn

südlicher Polarkreis[M]
Antarctic Circle

Breitenkreis[M]
parallel

östlicher Meridian[M]
Eastern meridian

Nullmeridian[M]
prime meridian

westlicher Meridian[M]
Western meridian

Kartendarstellungen[F]
map projections

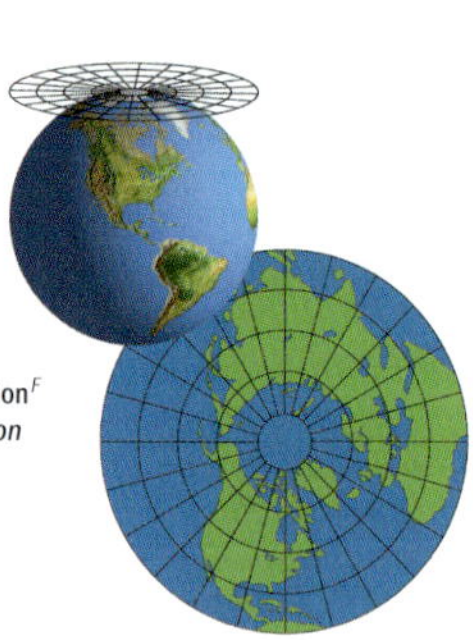

Azimutalprojektion[F]
plane projection

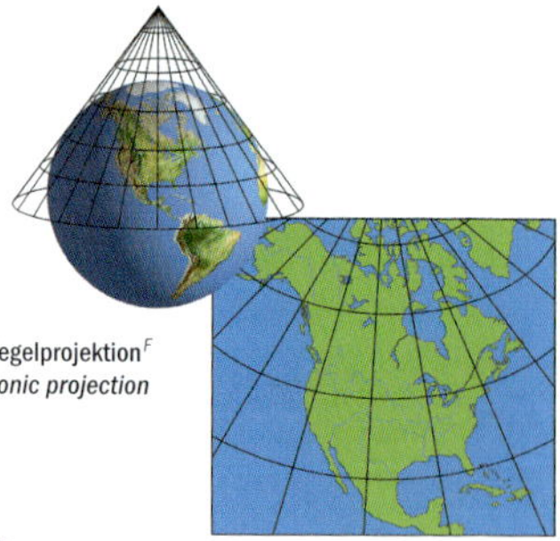

Kegelprojektion[F]
conic projection

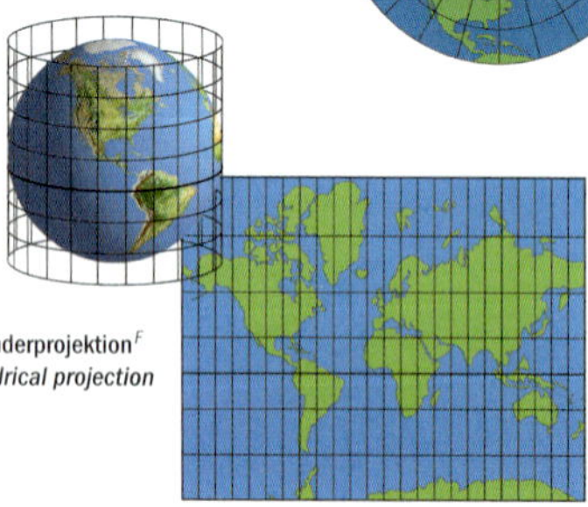

Zylinderprojektion[F]
cylindrical projection

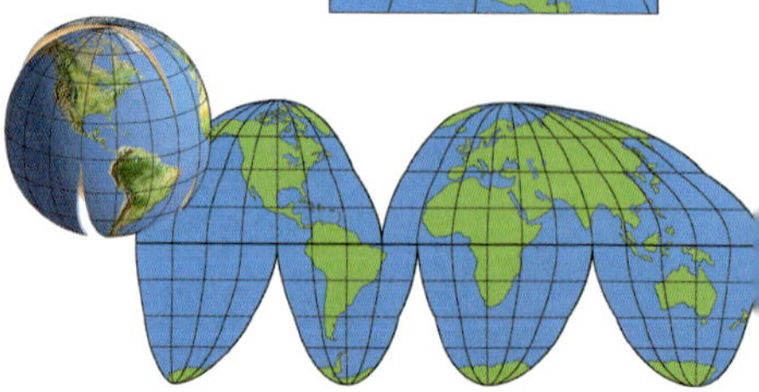

zerlappte Projektion[F]
interrupted projection

Windrose[F]
compass card

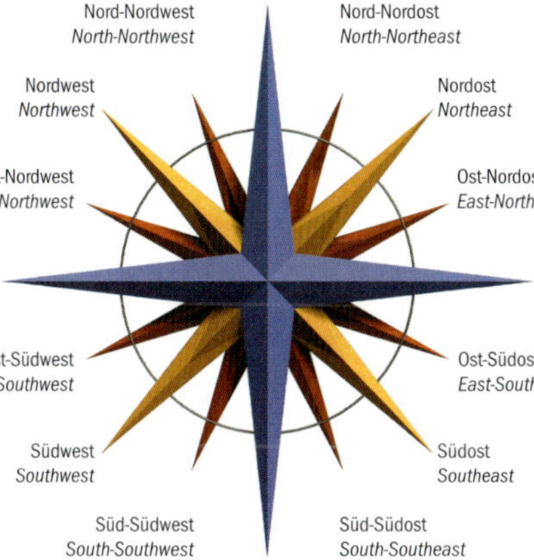

politische Karte[F]
political map

physische Karte^F
physical map

ERDE

Stadtplan[M]
urban map

Straßenkarte[F]
road map

Erdkruste[F] im Querschnitt[M]

section of the Earth's crust

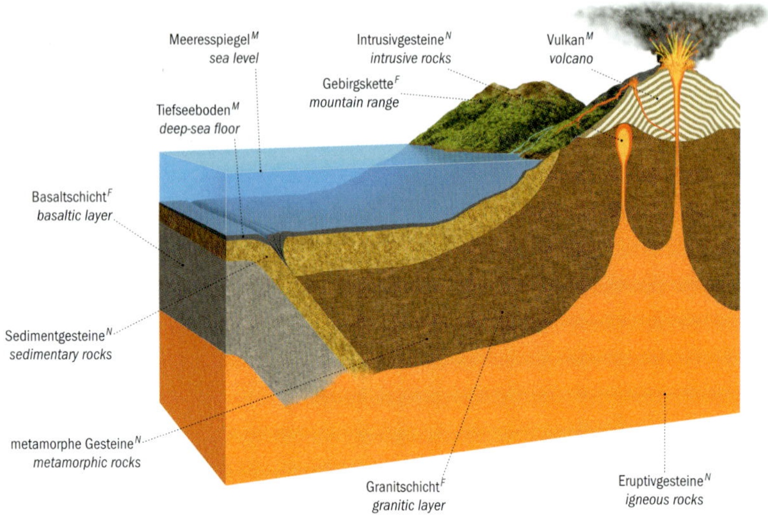

Erdaufbau[M]

structure of the Earth

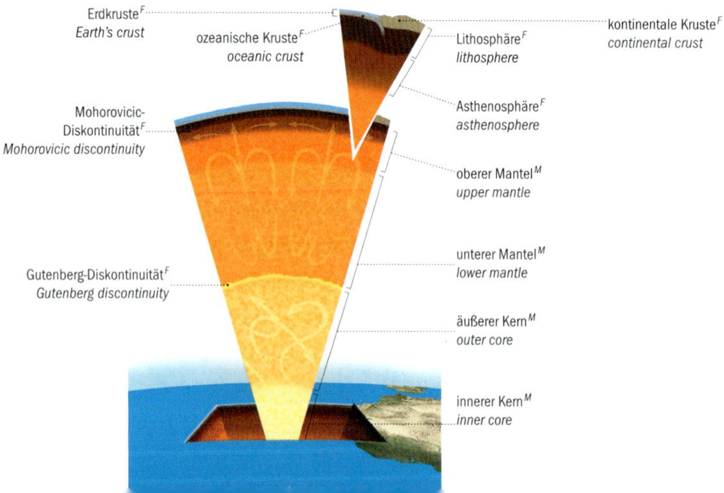

tektonische Platten[F]
tectonic plates

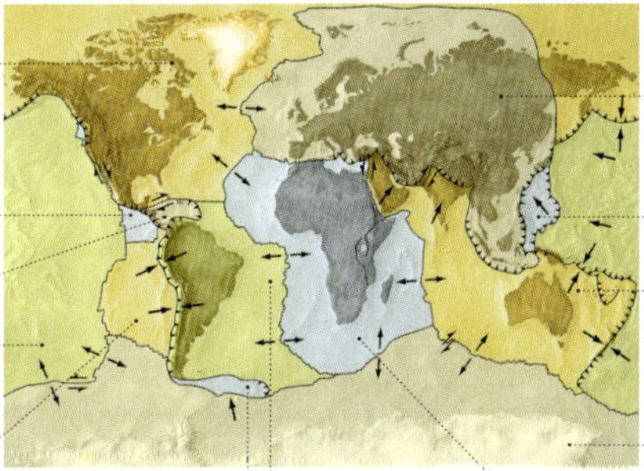

Subduktionszone[F]
subduction

divergierende Plattengrenzen[F]
divergent plate boundaries

konvergierende Plattengrenzen[F]
convergent plate boundaries

Transformstörungen[F]
transform plate boundaries

Erdbeben[N]
earthquake

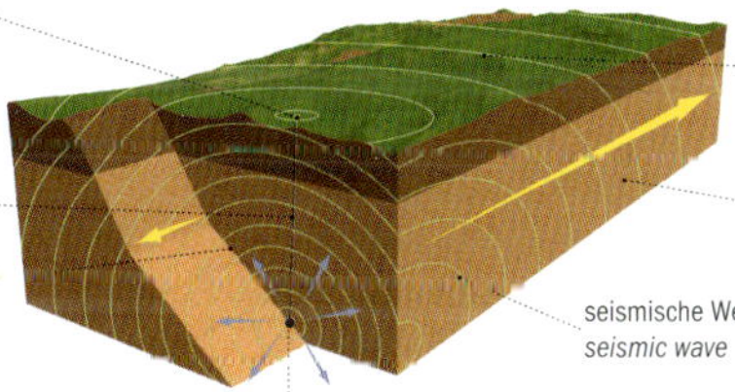

Seismographen[M]
seismographs

Vertikalseismograph[M]
vertical seismograph

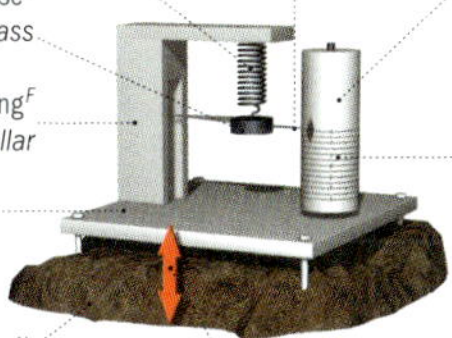

Horizontalseismograph[M]
horizontal seismograph

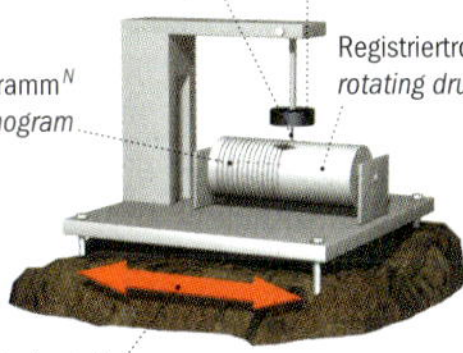

Vulkan[M]

volcano

Vulkan[M] mit Ausbruchstätigkeit[F]
volcano during eruption

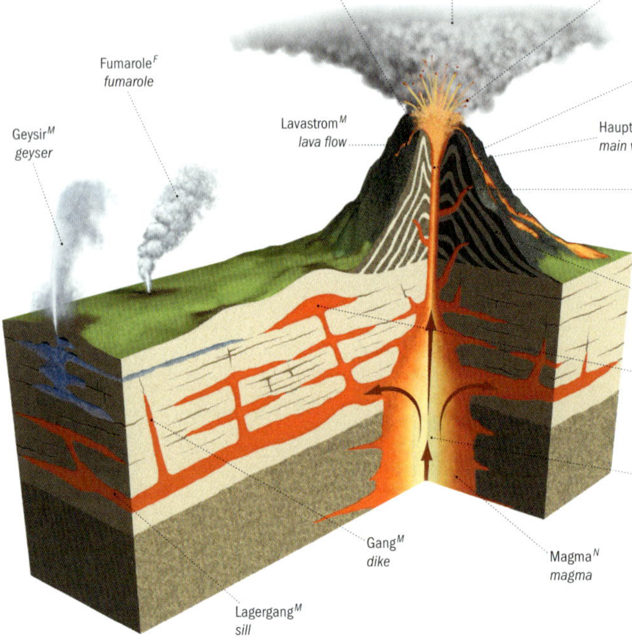

Vulkantypen[M]
examples of volcanoes

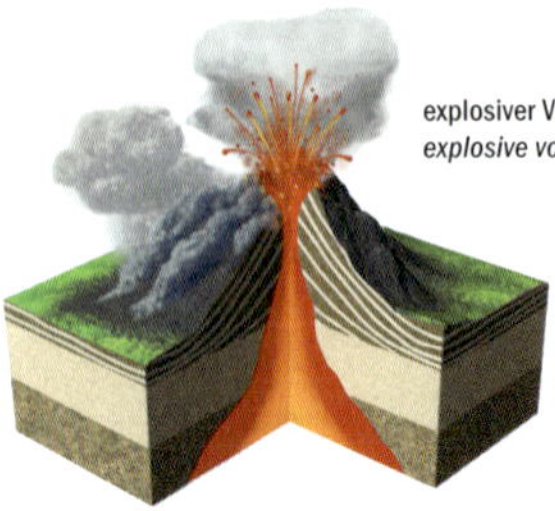

explosiver Vulkan[M]
explosive volcano

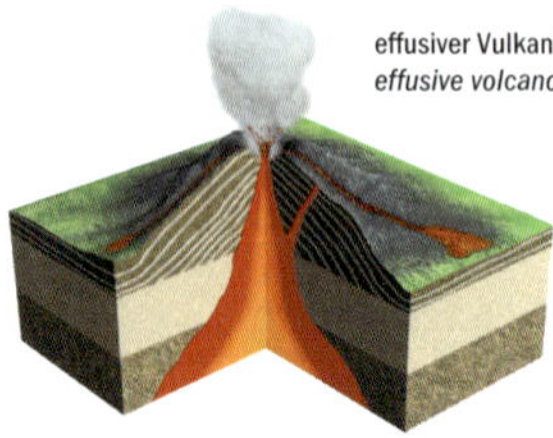

effusiver Vulkan[M]
effusive volcano

Berg[M]
mountain

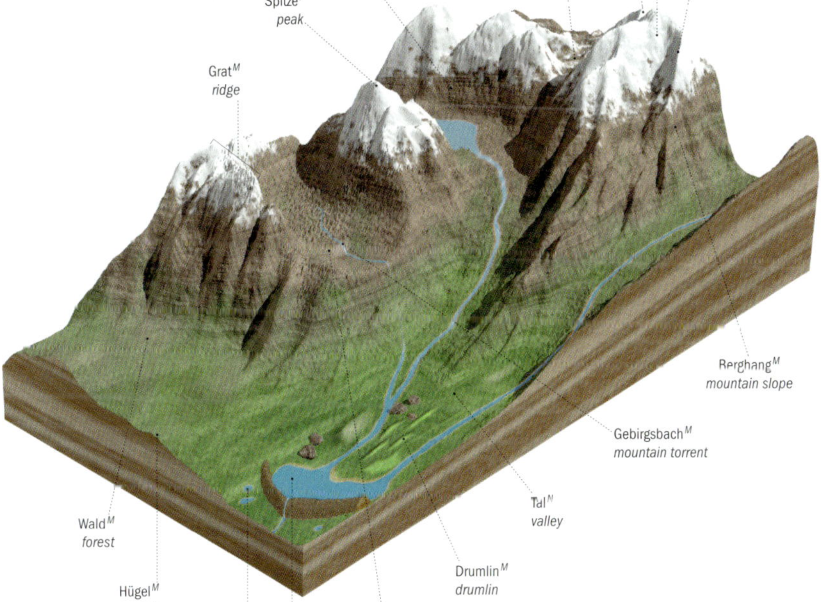

Gletscher^M

glacier

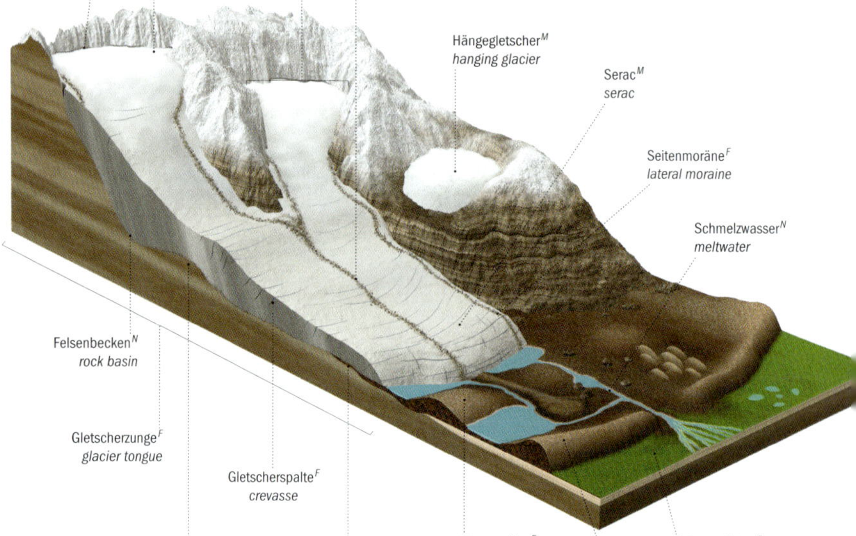

Höhle^{F}
cave

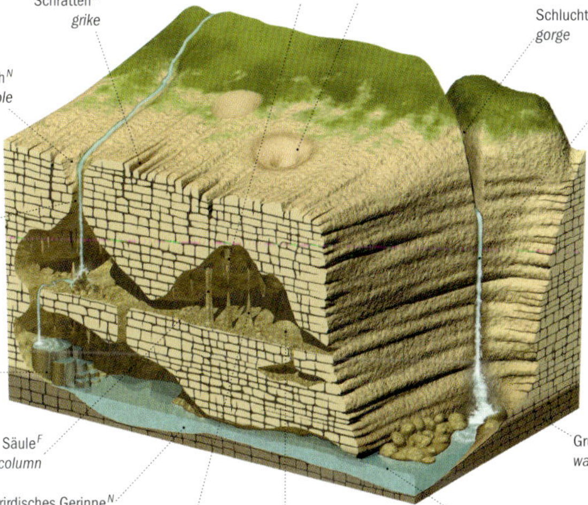

Bodenbewegungen^{F}
landslides

Bodenkriechen^{N}
creep

Steinschlag^{M}
rockslide

Schlammfluss^{M}
mudflow

Erdrutsch^{M}
earthflow

Flusslandschaft[F]

watercourse

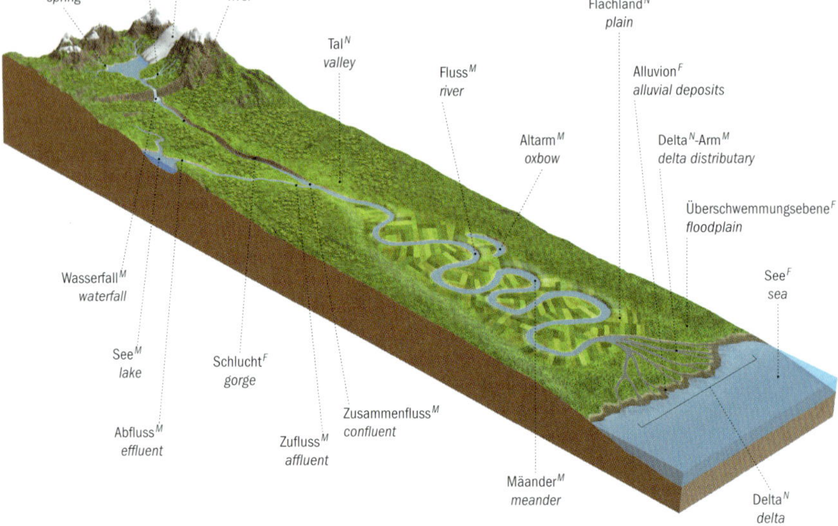

Seen[M]

lakes

Gletschersee[M]
glacial lake

vulkanischer See[M]
volcanic lake

tektonischer See[M]
tectonic lake

Altarm[M]
oxbow lake

Oase[F]
oasis

künstlicher See[M]
artificial lake

Welle^F
wave

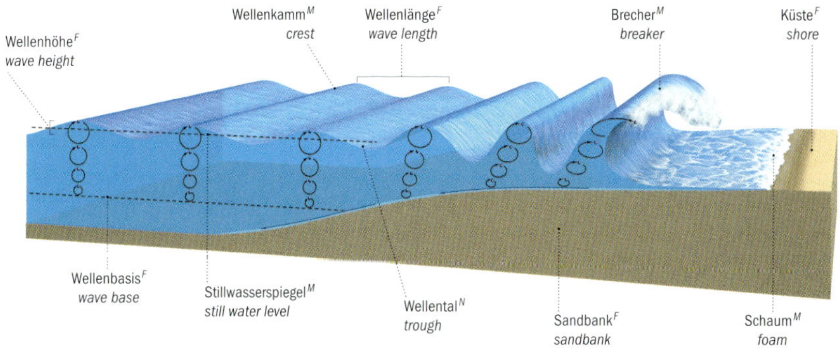

Meeresboden^M
ocean floor

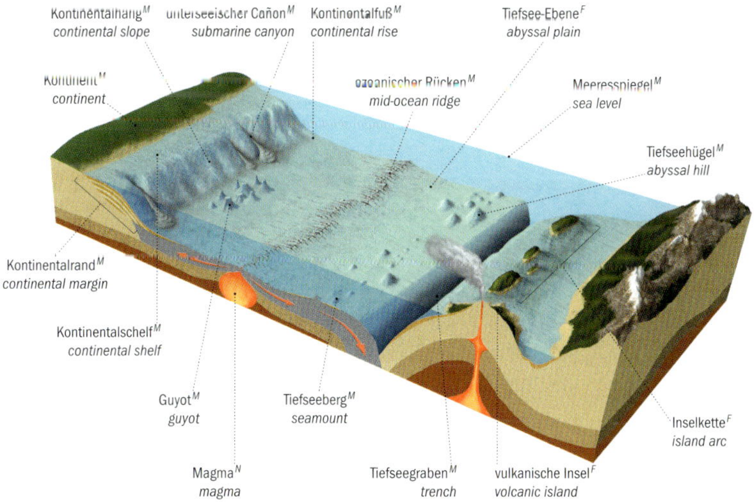

ozeanische Rücken[M] und Gräben[M]

ocean trenches and ridges

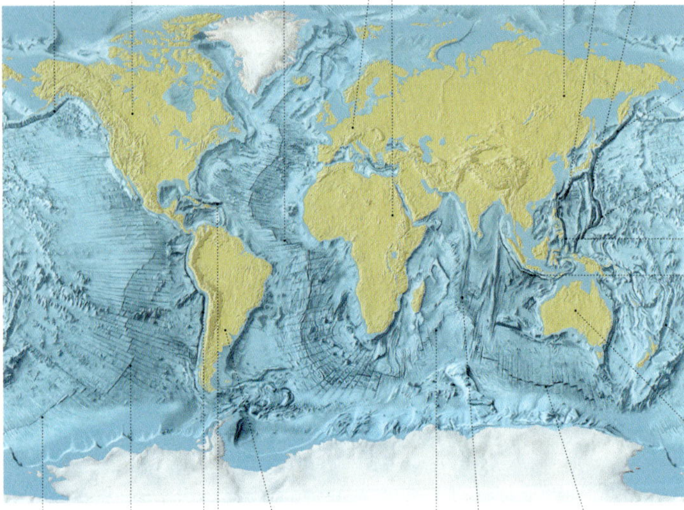

typische Küstenformen[F]

common coastal features

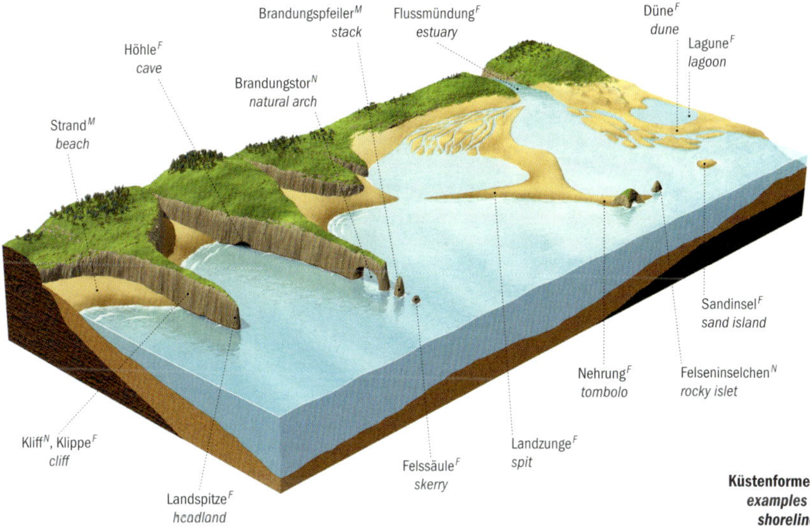

Küstenformen[F]
examples of shorelines

Riffküste[F]
barrier beach

Fjordküste[F]
fjords

Steilküste[F]
shore cliff

Delta[N]
delta

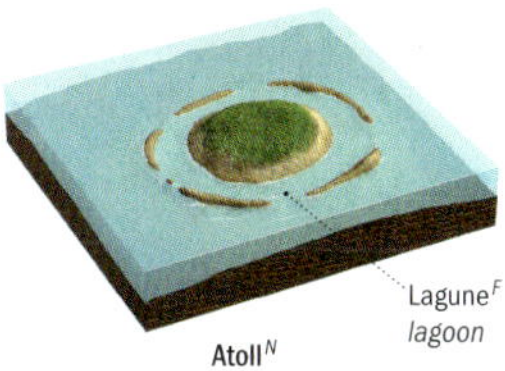

Atoll[N]
atoll

Riasküste[F]
rias

Wüste^F
desert

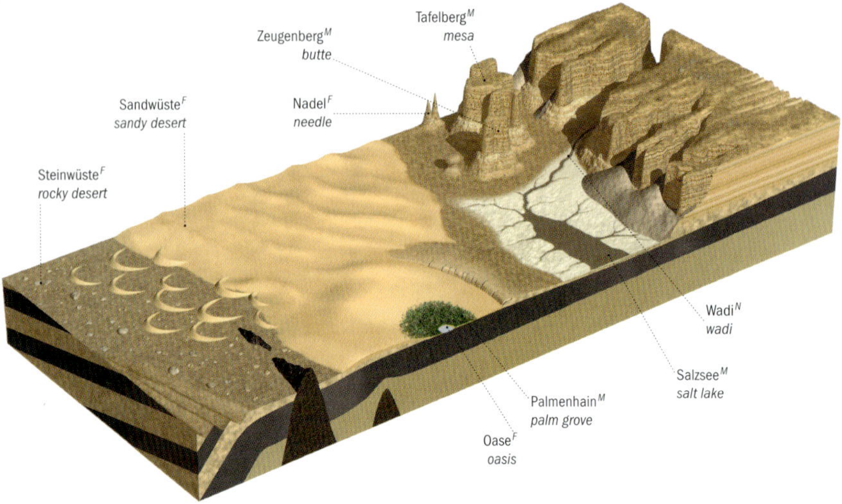

Dünenformen^F
examples of dunes

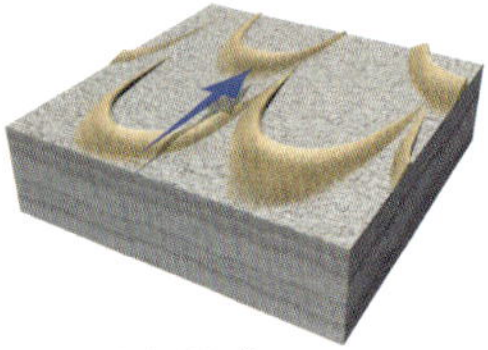

Sicheldüne^F
crescentic dune

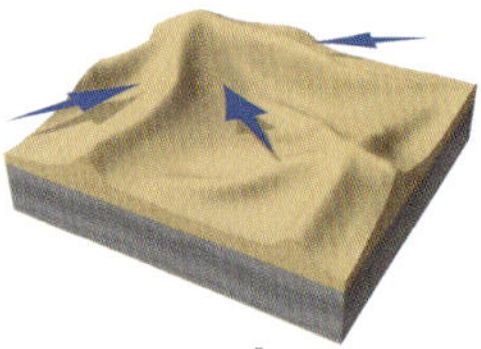

komplexe Düne^F
complex dune

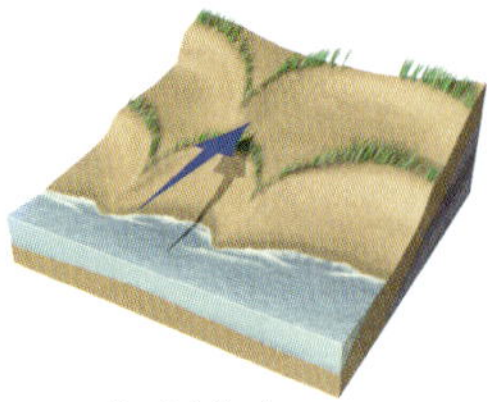

Parabeldüne^F
parabolic dune

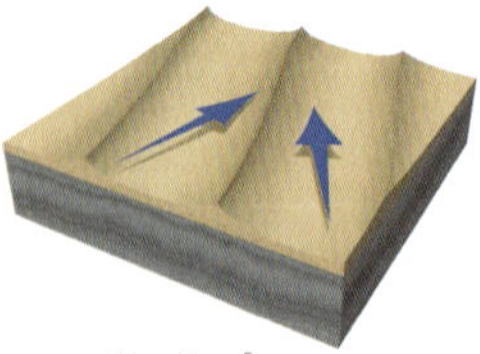

Längsdünen^F
longitudinal dunes

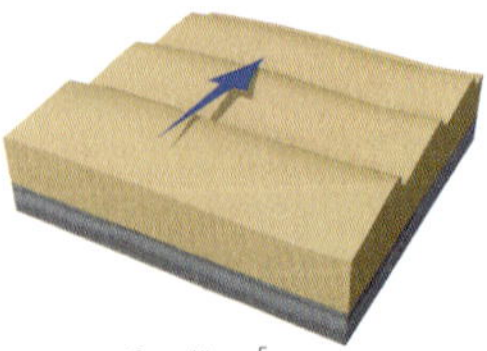

Querdünen^F
transverse dunes

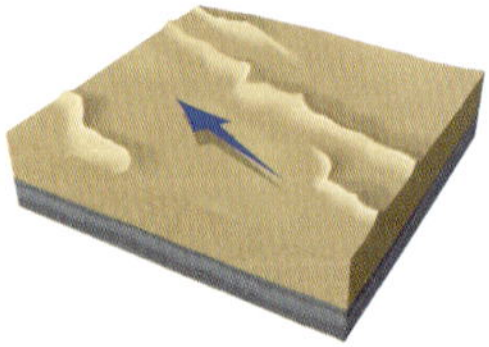

Dünenzug^M
chain of dunes

Erdatmosphäre^F im Querschnitt^M

profile of the Earth's atmosphere

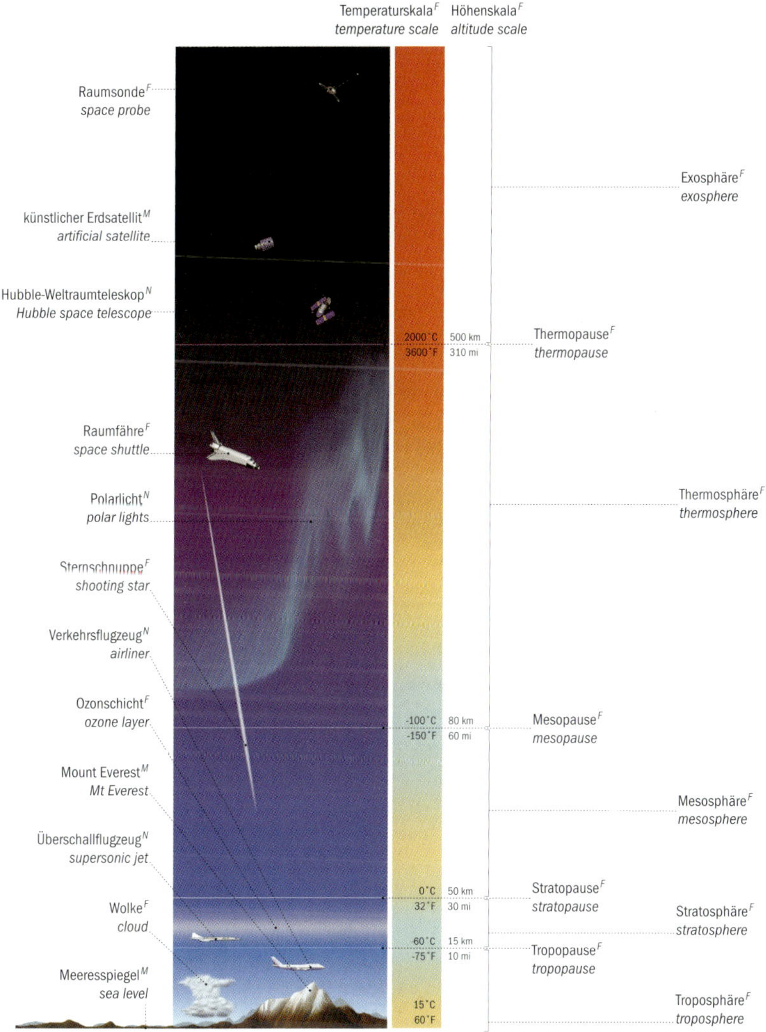

Jahreszeiten[F]

seasons of the year

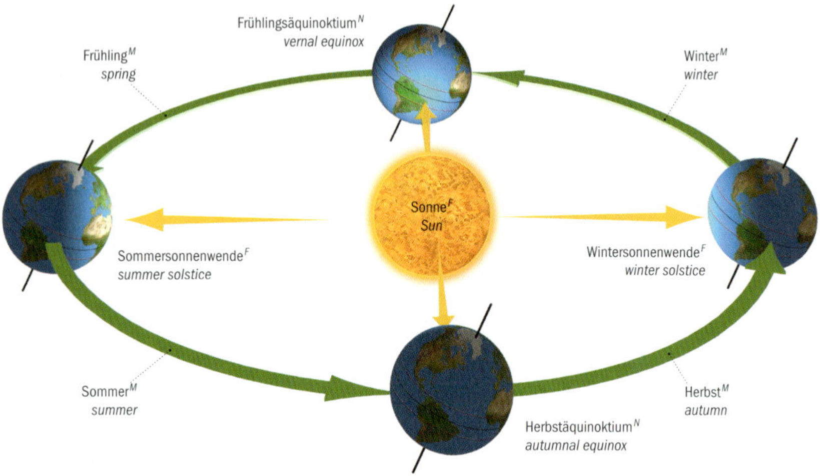

Wettervorhersage[F]

meteorological forecast

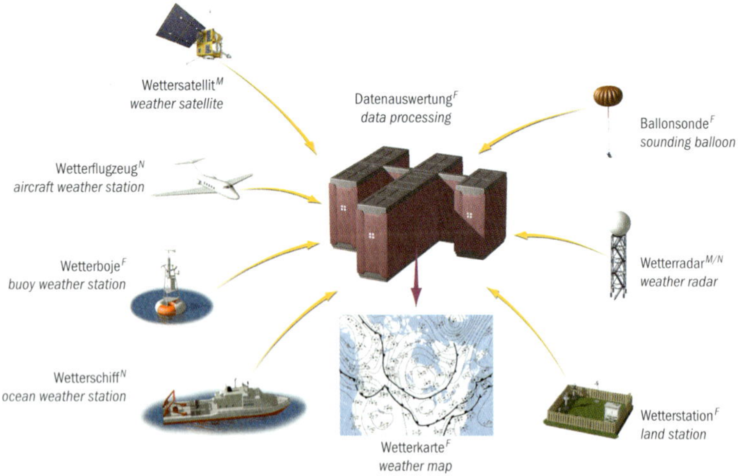

Wetterkarte[F]
weather map

Windrichtung[F] und Windgeschwindikeit[F]
wind direction and speed

Luftdruck[M]
barometric pressure

Isobare[F]
isobar

Tiefdruckgebiet[N]
depression

Niederschlagsgebiet[N]
precipitation area

Trog[M]
trough

Luftmasse[F]
type of air mass

Hochdruckgebiet[N]
anticyclone

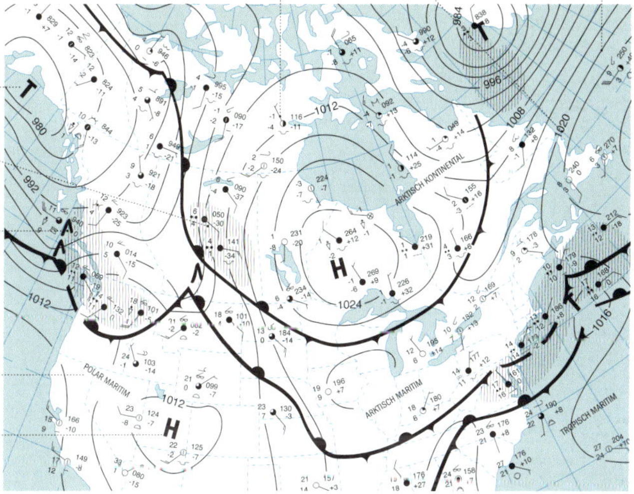

Stationsmodell[N]
station model

Art der hohen Wolken[F]
type of high cloud

Art der mittelhohen Wolken[F]
type of middle cloud

Windgeschwindigkeit[F]
wind speed

Stationskreis[M]
station circle

Lufttemperatur[F]
air temperature

Luftdruck[M] in Meereshohe[F]
sea-level pressure

Windrichtung[F]
wind direction

Himmelsbedeckung[F]
sky coverage

Drucktendenz[F]
barometric tendency

gegenwärtige Wetterlage[F]
present state of weather

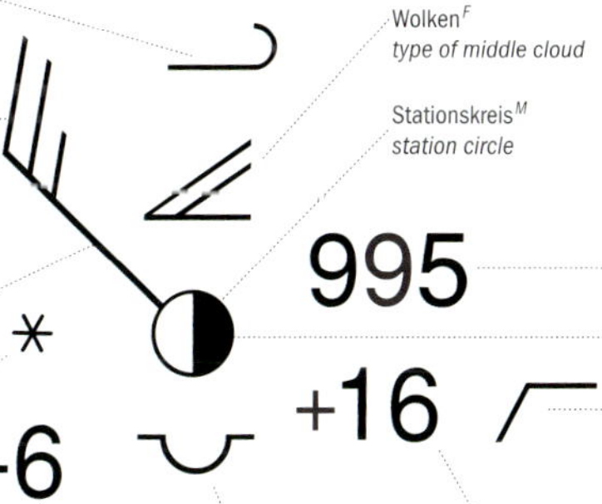

Taupunkttemperatur[F]
temperature of dew point

Art der tiefen Wolken[F]
type of low cloud

Luftdruckänderung[F]
pressure change

Klimate^N der Welt^F

climates of the world

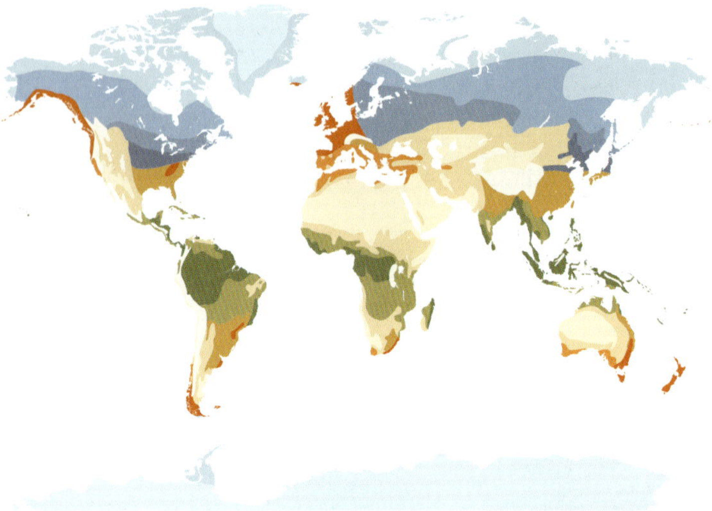

tropische Klimate^N
tropical climates

tropischer Regenwald^M
tropical rain forest

tropisch feucht und trocken (Savanne^F)
tropical wet-and-dry (savanna)

Trockenklimate^N
dry climates

Steppe^F
steppe

Wüste^F
desert

kaltgemäßigte Klimate^N
cold temperate climates

feucht-kontinental - heißer Sommer^M
humid continental - hot summer

feucht-kontinental - warmer Sommer^M
humid continental - warm summer

subarktisch
subarctic

warmgemäßigte Klimate^N
warm temperate climates

feuchte Subtropen
humid subtropical

mediterrane Subtropen
Mediterranean subtropical

maritim
marine

Polarklimate^N
polar climates

Polartundra^F
polar tundra

Eiskappe^F
polar ice cap

Hochlandklimate^N
highland climates

Hochgebirge^N
highland

Niederschläge[M]
precipitations

Winterniederschläge[M]
winter precipitations

stürmischer Himmel[M]
stormy sky

Tau[M]
dew

Dunst[M]
mist

Nebel[M]
fog

Reif[M]
rime

Raureif[M]
glazed frost

Wolken[F]

clouds

hohe Wolken[F]
high clouds

mittelhohe Wolken[F]
middle clouds

tiefe Wolken[F]
low clouds

Tornado[M] und Wasserhose[F]
tornado and waterspout

Wasserhose[F]
waterspout

Tornado[M]
tornado

tropischer Wirbelsturm[M]
tropical cyclone

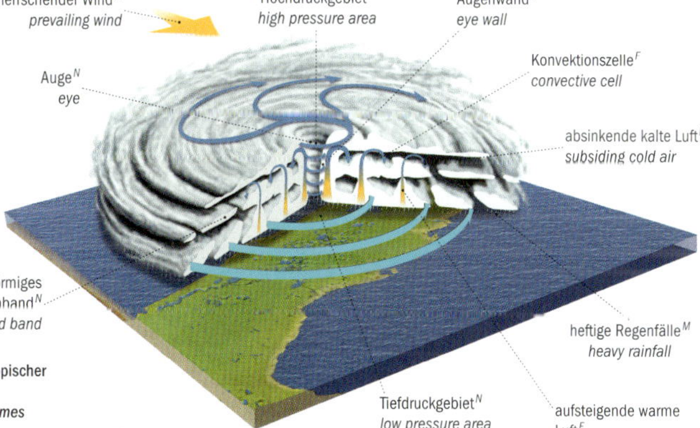

Bezeichnungen[F] tropischer Wirbelstürme[M]
tropical cyclone names

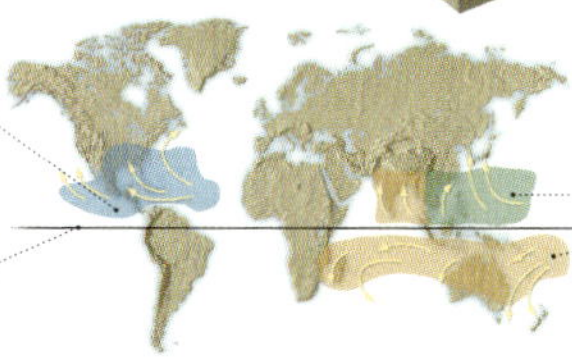

Vegetation[F] und Biosphäre[F]

vegetation and biosphere

Vegetationszonen[F]
vegetation regions

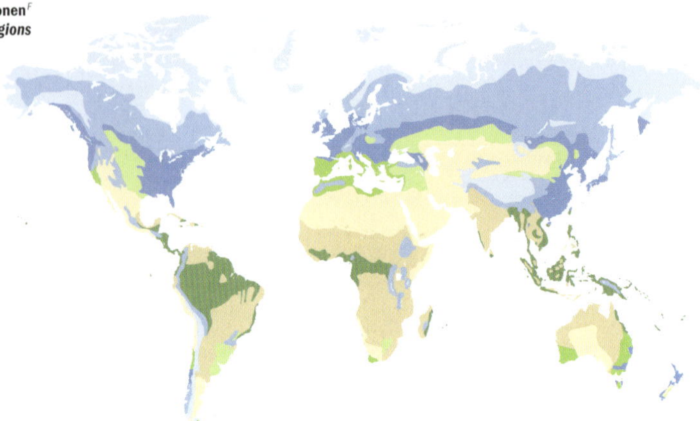

Tundra[F] *tundra*	gemäßigter Wald[M] *temperate forest*	tropischer Regenwald[M] *tropical rain forest*	Wüste[F] *desert*
borealer Wald[M] *boreal forest*	Grasland[N] *grassland*	Savanne[F] *savanna*	Macchie[F] *maquis*

Vegetationsbild[N] nach Höhenlagen[F]
elevation zones and vegetation

Gletscher[M] *glacier*

Tundra[F] *tundra*

Nadelwald[M] *coniferous forest*

Mischwald[M] *mixed forest*

Laubwald[M] *deciduous forest*

Tropenwald[M] *tropical forest*

Aufbau[M] der Biosphäre[F]
structure of the biosphere

Atmosphäre[F] *atmosphere*

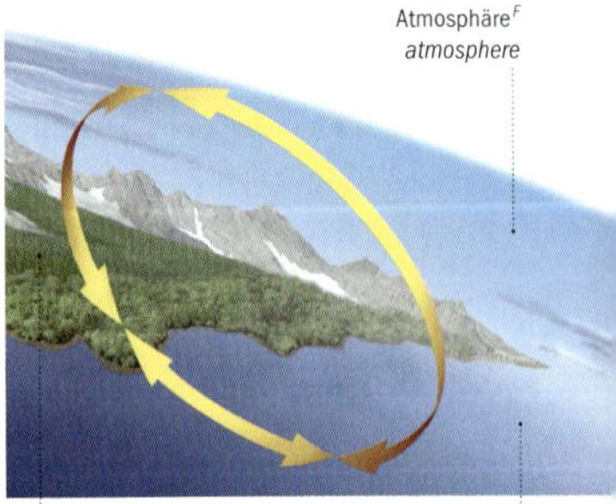

Lithosphäre[F] *lithosphere*

Hydrosphäre[F] *hydrosphere*

Nahrungskette[F]
food chain

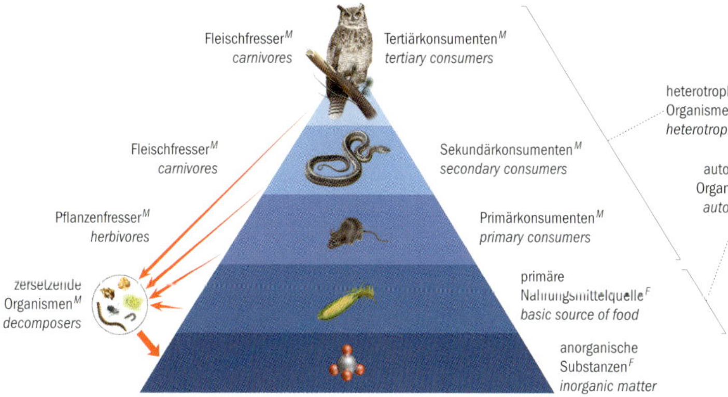

Wasserkreislauf[M]
hydrologic cycle

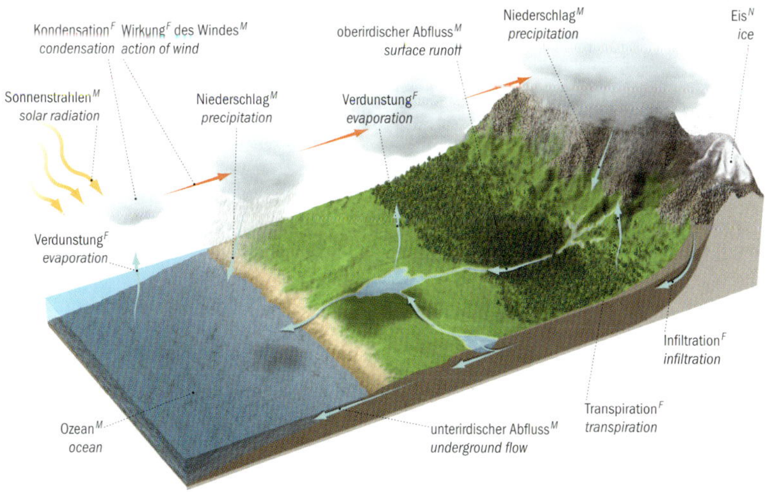

Treibhauseffekt[M]

greenhouse effect

natürlicher Treibhauseffekt[M]
natural greenhouse effect

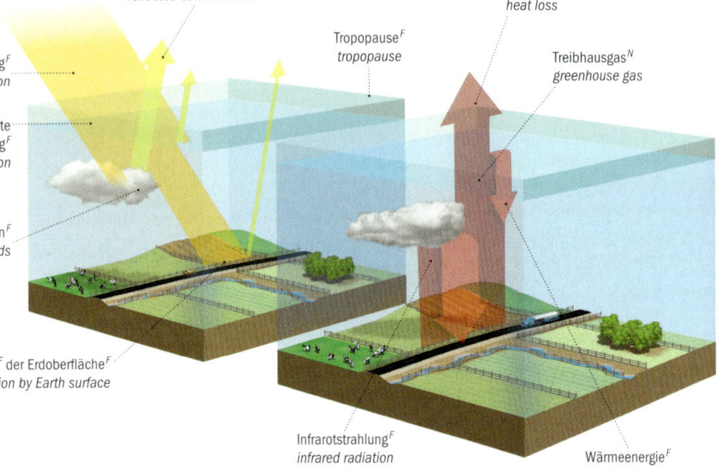

anthropogener Treibhauseffekt[M]
enhanced greenhouse effect

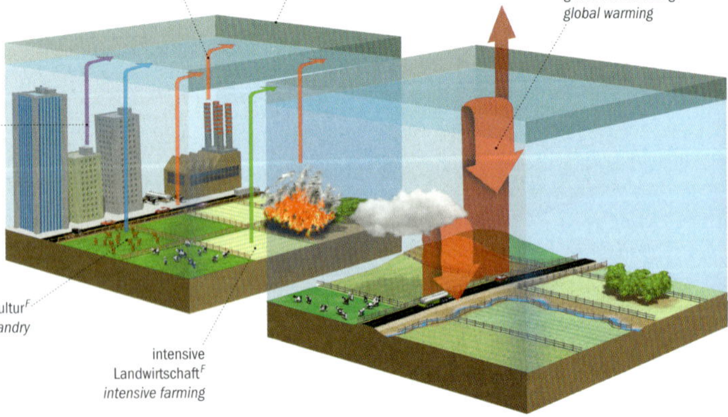

Luftverschmutzung[F]

air pollution

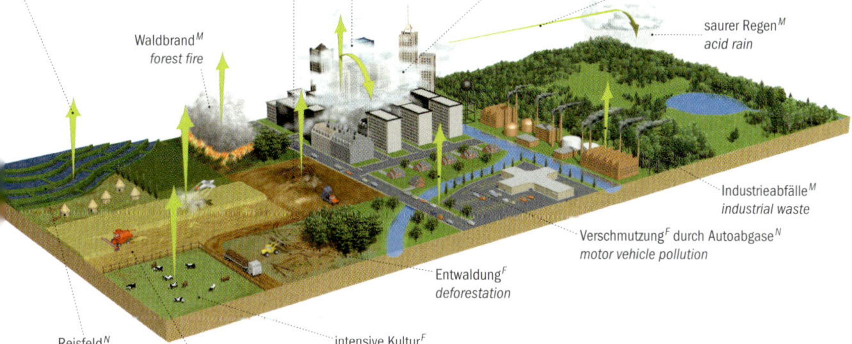

Bodenverschmutzung[F]

land pollution

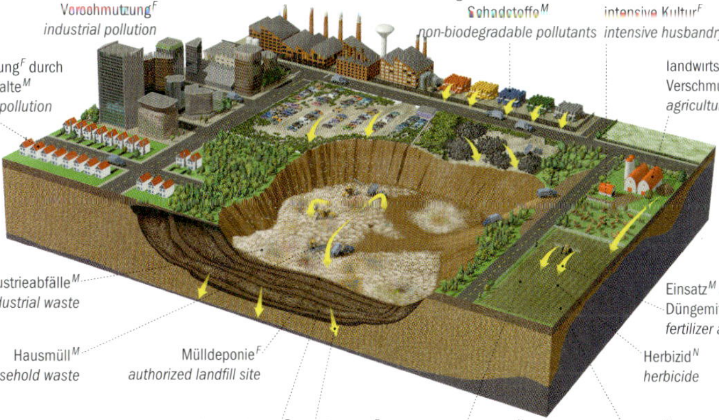

Wasserverschmutzung[F]

water pollution

saurer Regen[M]

acid rain

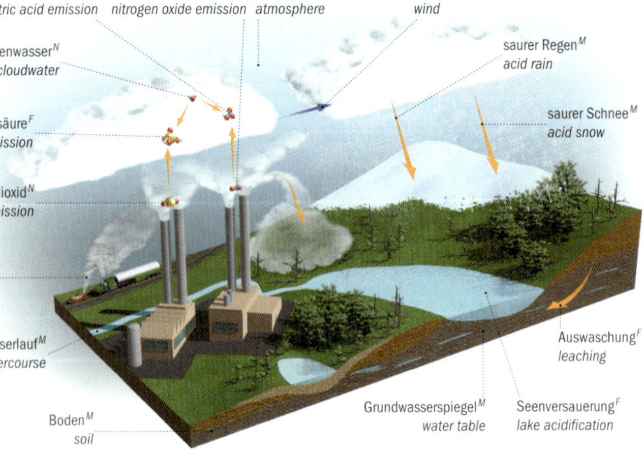

Mülltrennung^{F}
selective sorting of waste

Sortieranlage^{F}
sorting plant

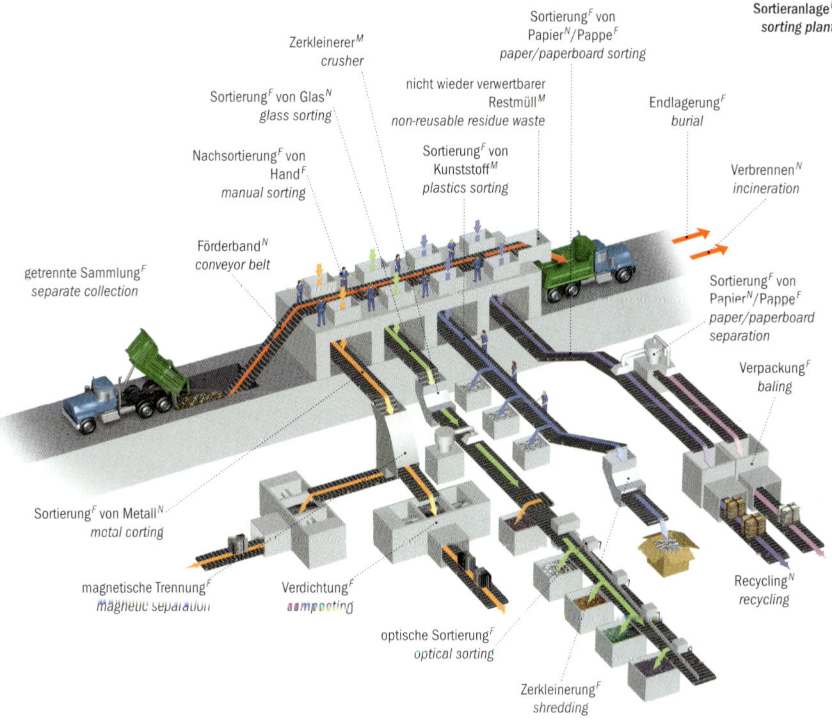

Wertstoff^{M}-Sammelbehälter^{M}
recycling containers

Pflanzenzelle^F

plant cell

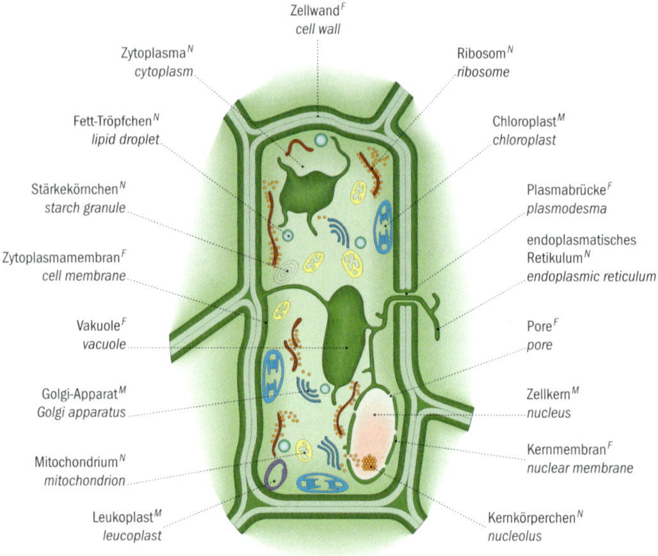

Flechte^F

lichen

Aufbau^M einer Flechte^F
structure of a lichen

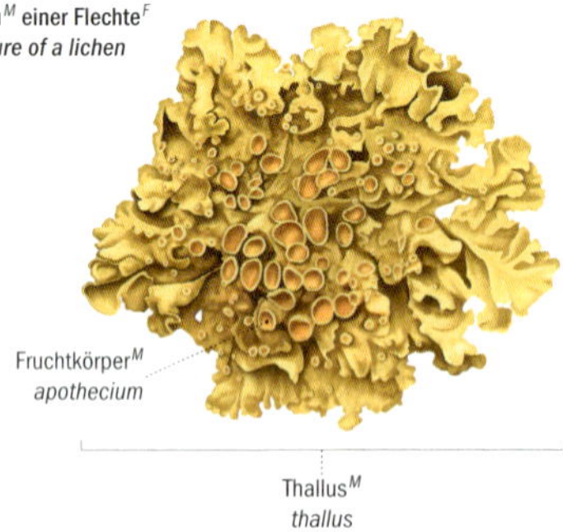

Beispiele^N für Flechten^F
examples of lichens

Strauchflechte^F
fruticose lichen

Krustenflechte^F
crustose lichen

Laubflechte^F
foliose lichen

Moos[N]
moss

Aufbau[M] eines Mooses[N]
structure of a moss

Beispiele[N] für Moose[N]
examples of mosses

sparriges Torfmoos[N]
prickly sphagnum

gemeines Widertonmoos[N]
common hair cap moss

Alge[F]
alga

Aufbau[M] einer Alge[F]
structure of an alga

Beispiele[N] für Algen[F]
examples of algae

Rotalge[F]
red alga

Grünalge[F]
green alga

Braunalge[F]
brown alga

Pilz[M]

mushroom

Aufbau[M] eines Pilzes[M]
structure of a mushroom

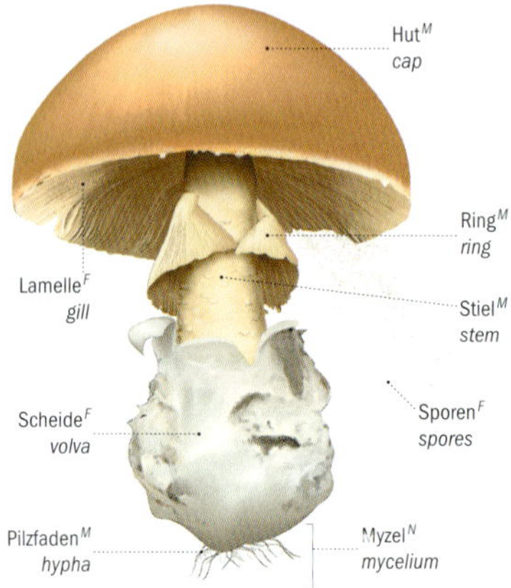

tödlich giftiger Pilz[M]
deadly poisonous mushroom

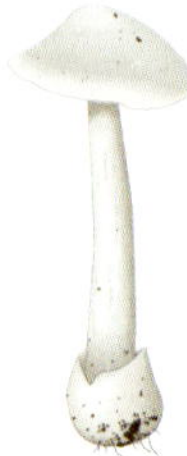

Knollenblätterpilz[M]
destroying angel

Giftpilz[M]
poisonous mushroom

Fliegenpilz[M]
fly agaric

Farn[M]

fern

Aufbau[M] eines Farns[M]
structure of a fern

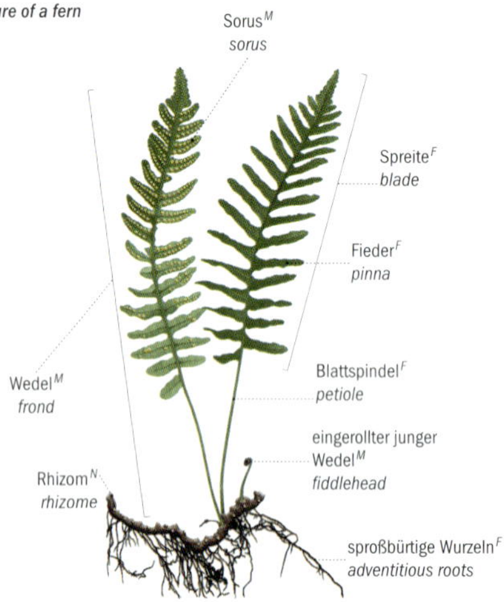

Beispiele[N] für Farne[M]
examples of ferns

Baumfarn[M]
tree fern

gemeiner Tüpfelfarn[M]
common polypody

Nestfarn[M]
bird's nest fern

Aufbau[M] einer Pflanze[F]
structure of a plant

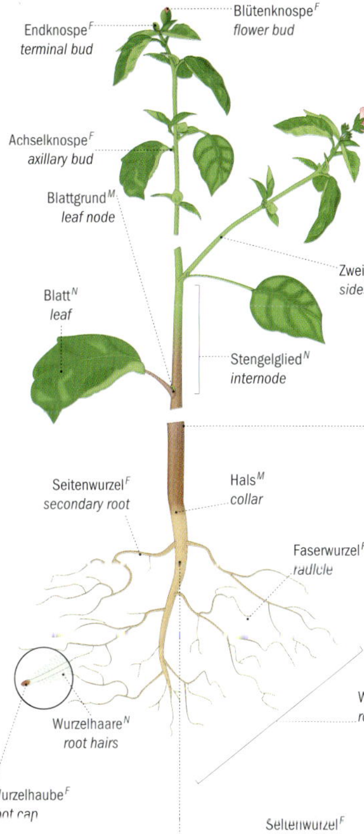

Keimung[F]
germination

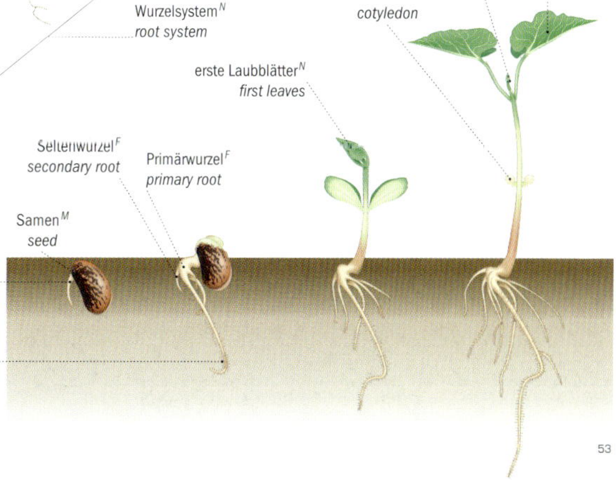

Photosynthese[F]
photosynthesis

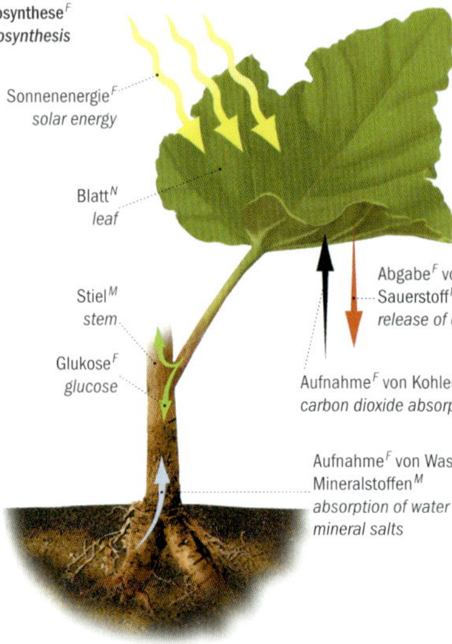

Bodenprofil[N]
soil profile

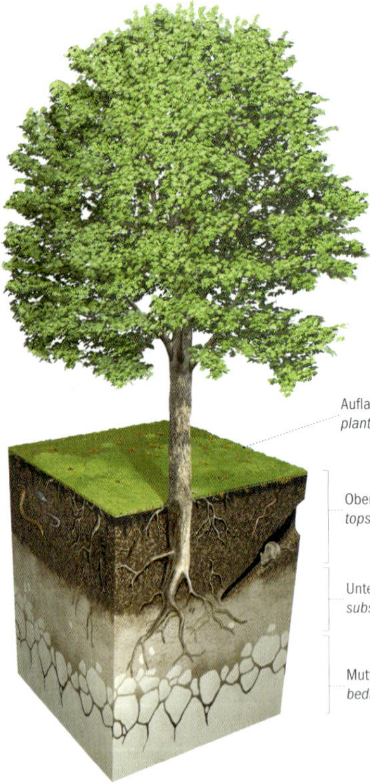

Zwiebel[F] im Querschnitt[M]
section of a bulb

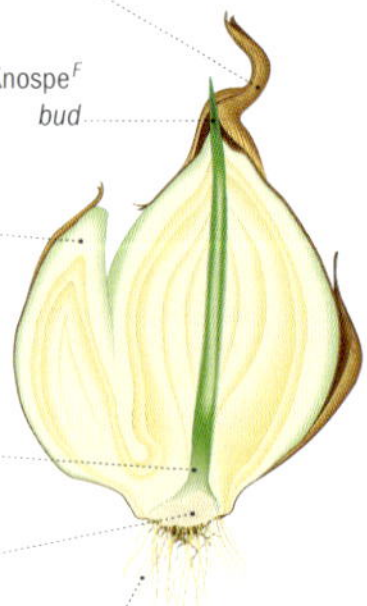

einfache Blätter[N]
simple leaves

Herzförmig
cordate

nierenförmig
reniform

rund
orbiculate

spatelförmig
spatulate

linealisch
linear

Pfeilförmig
hastate

eiförmig
ovate

lanzettförmig
lanceolate

schildförmig
peltate

Aufbau[M] eines Blatts[N]
structure of a leaf

zusammengesetzte Blätter[N]
compound leaves

dreizählig
trifoliate

fiederteilig
pinnatifid

handförmig
palmate

paarig gefiedert
paripinnate

unpaarig gefiedert
odd pinnate

Blattrand[M]
leaf margins

gesägt
serrate

doppelt gesägt
doubly toothed

gekerbt
crenate

gewimpert
ciliate

ganzrandig
entire

gebuchtet
lobate

Blüte[F]
flower

Aufbau[M] einer Blume[F]
structure of a flower

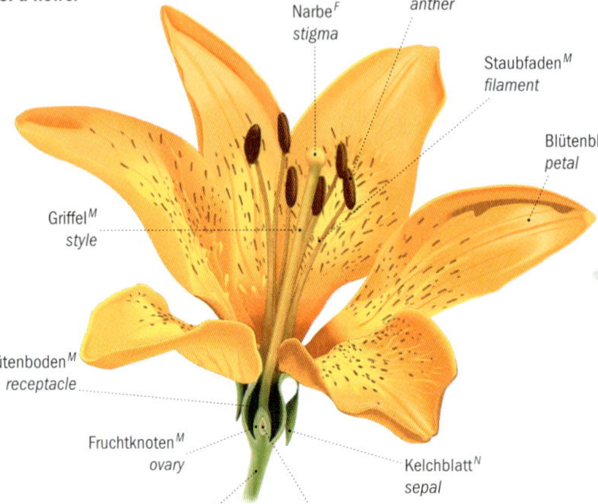

Stempel[M]
pistil

Staubblatt[N]
stamen

Blumenkrone[F]
corolla

Blütenkelch[M]
calyx

Beispiele[N] für Blumen[F]
examples of flowers

Orchidee[F]
orchid

Narzisse[F]
daffodil

Mohn[M]
poppy

Tulpe[F]
tulip

Maiglöckchen[N]
lily of the valley

Nelke[F]
carnation

Rose[F]
rose

Begonie[F]
begonia

Lilie[F]
lily

Veilchen[N]
violet

Krokus[M]
crocus

Sonnenblume[F]
sunflower

Arten[F] von Blütenständen[M]
types of inflorescence

geschlossene Traube[F]
raceme

eingliedrige Trugdolde[F]
uniparous cyme

Dolde[F]
umbel

Körbchen[N]
capitulum

Ähre[F]
spike

zweigliedrige Trugdolde[F]
biparous cyme

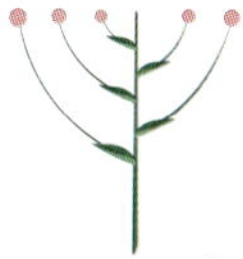

Doldentraube[F]
corymb

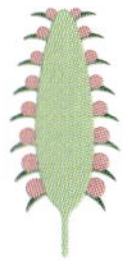

Kolben[M]
spadix

Früchte[F]
fruits

fleischige Steinfrucht[F]
fleshy stone fruit

wissenschaftliche Bezeichnungen[F]
technical terms

Pfirsich[M] im Querschnitt[M]
section of a peach

gebräuchliche Bezeichnungen[F]
usual terms

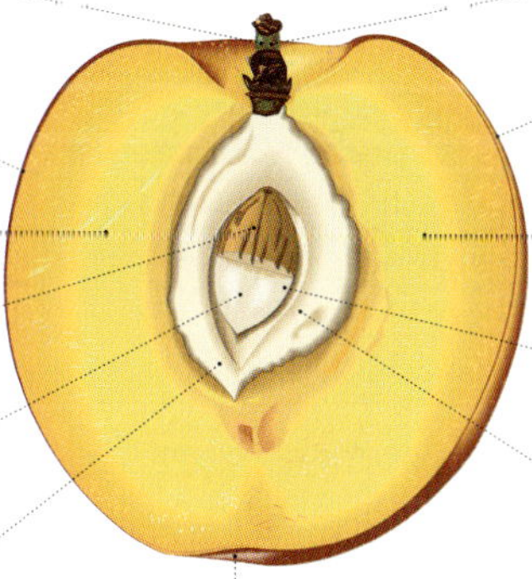

PFLANZENREICH

fleischige Apfelfrucht[F]
fleshy pome fruit

wissenschaftliche Bezeichnungen[F]
scientific terms

Apfel[M] im Querschnitt[M]
section of an apple

gebräuchliche Bezeichnungen[F]
popular terms

fleischige Frucht[F]: Zitrusfrucht[F]
fleshy fruit: citrus fruit

Orange[F] im Querschnitt[M]
section of an orange

wissenschaftliche Bezeichnungen[F]
scientific terms

gebräuchliche Bezeichnungen[F]
popular terms

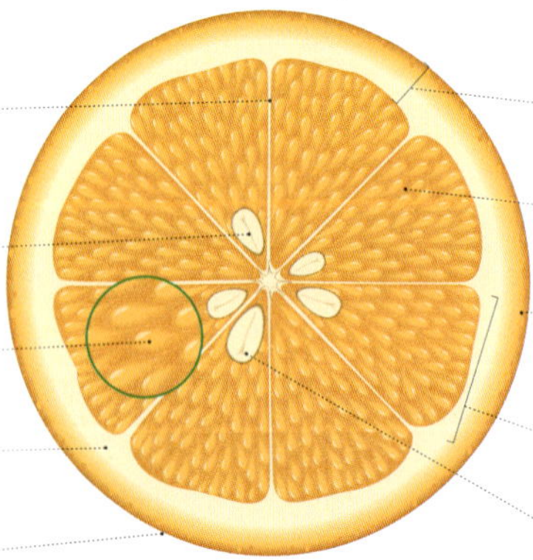

fleischige Frucht^{F}: Beere^{F}
fleshy fruit: berry fruit

wissenschaftliche Bezeichnungen^{F}
scientific terms

Weintraube^{F} im Querschnitt^{M}
section of a grape

gebräuchliche Bezeichnungen^{F}
popular terms

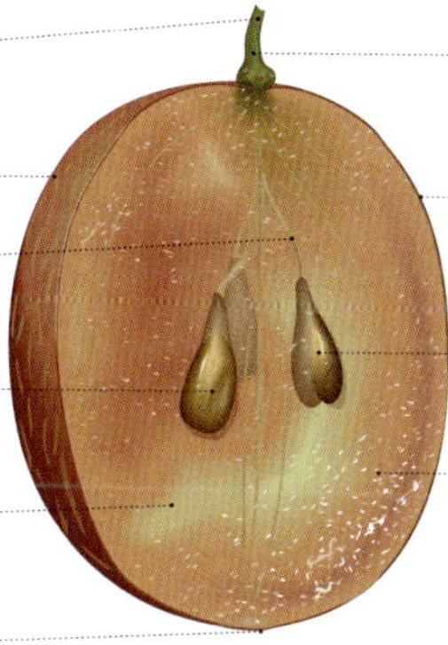

Erdbeere^{F} im Querschnitt^{M}
section of a strawberry

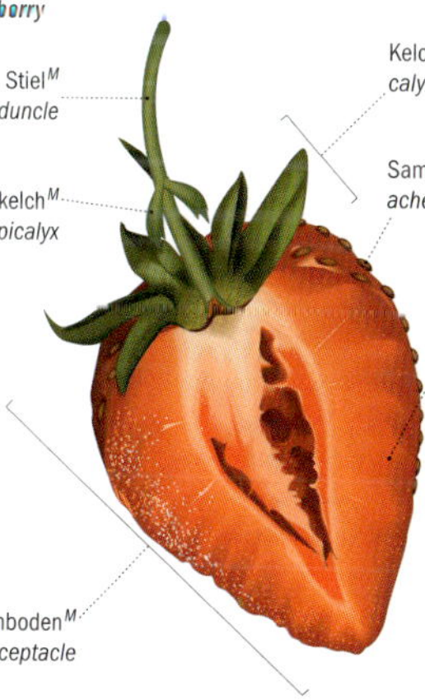

Himbeere^{F} im Querschnitt^{M}
section of a raspberry

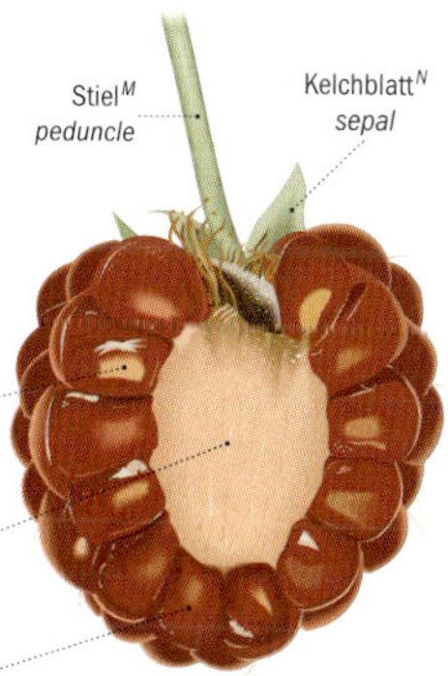

Trockenfrüchte[F]
dry fruits

Hülle[F]
husk

Balg[M] im Querschnitt[M]: Sternanis[M]
section of a follicle: star anise

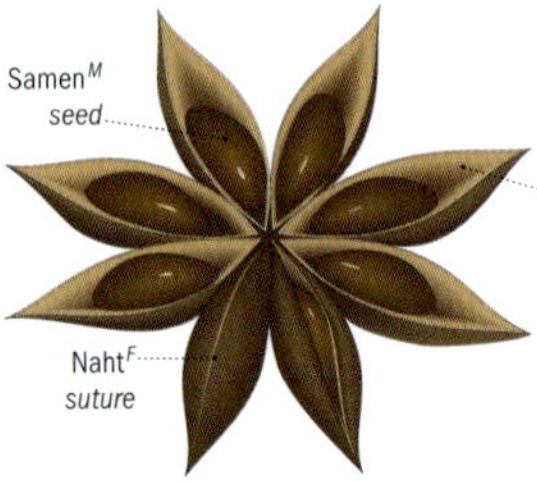

Schote[F] im Querschnitt[M]: Senf[M]
section of a silique: mustard

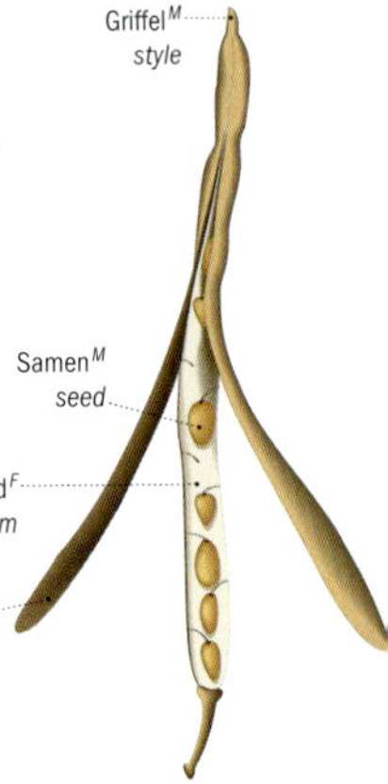

Längsschnitt[M] durch eine Haselnuss[F]
section of a hazelnut

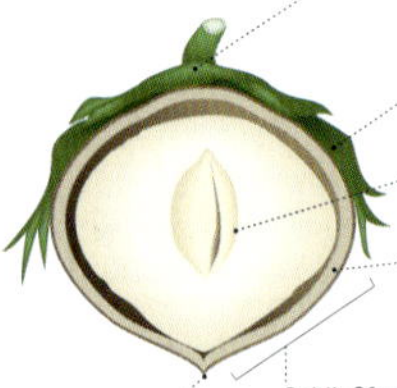

Längsschnitt[M] durch eine Walnuss[F]
section of a walnut

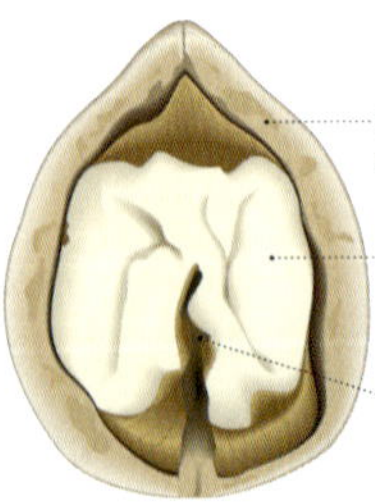

Hülsenfrucht[F] im Querschnitt[M]: Erbse[F]
section of a legume: pea

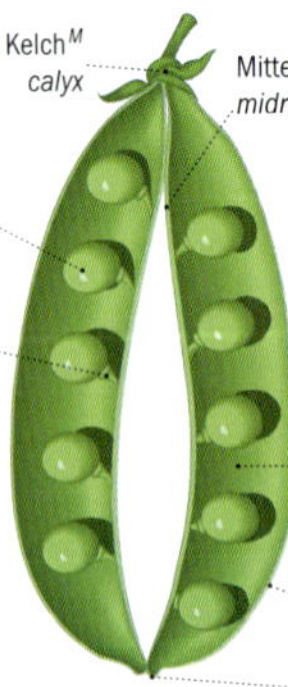

Fruchtkapsel[F] im Querschnitt[M]: Mohn[M]
section of a capsule: poppy

Getreide[N]
cereals

Buchweizen[M]
buckwheat

Buchweizen[M]: Doldenrispe[F]
buckwheat: raceme

Weizen[M]
wheat

Weizen[M]: Ähre[F]
wheat: spike

Längsschnitt[M] durch ein Weizenkorn[N]
section of a grain of wheat

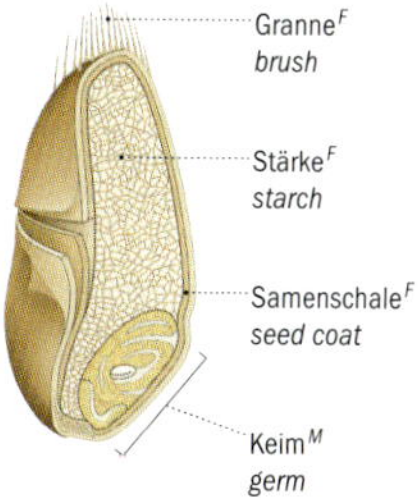

Reis[M]
rice

Reis[M]: Rispe[F]
rice: panicle

Gerste[F]
barley

Gerste[F]: Ähre[F]
barley: spike

Roggen[M]
rye

Roggen[M]: Ähre[F]
rye: spike

Hafer[M]
oats

Hafer[M]: Ährchen[N]
oats: panicle

Mohrenhirse[F]
sorghum

Mohrenhirse[F]: Rispe[F]
sorghum: panicle

Hirse[F]
millet

Hirse[F]: Ährenrispe[F]
millet: spike

Mais[M]
sweetcorn

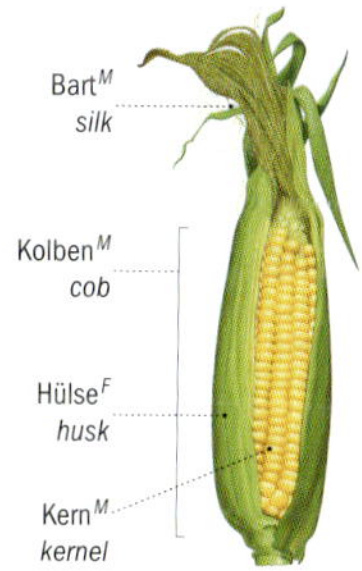

Mais[M]: Kolben[M]
corn: cob

Rebe[F]

grape

Traubenhenkel[M]
bunch of grapes

Rebstock[M]
vine stock

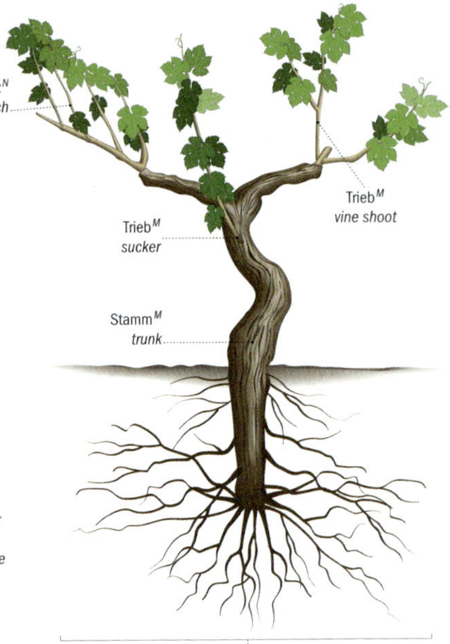

Weinblatt[N]
vine leaf

Stufen[F] der Reife[F]
steps to ripeness

Blüte[F]
flowering

Fruchtbildung[F]
fruiting

Reifeprozess[M]
ripening

Vollreife[F]
ripeness

Aufbau[M] eines Baumes[M]
structure of a tree

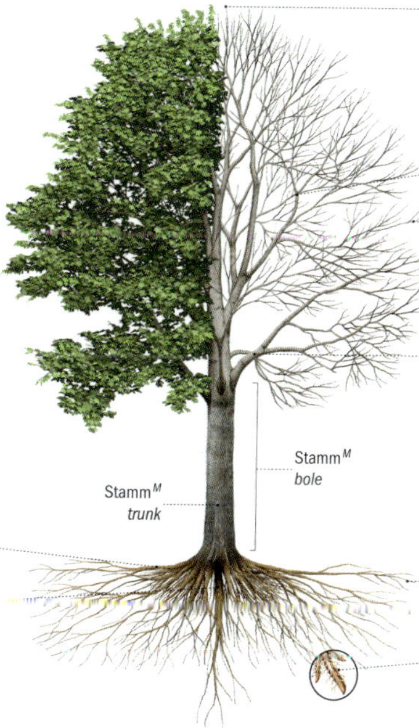

Baumstamm[M] im Querschnitt[M]
cross section of a trunk

Stumpf[M]
stump

Beispiele[N] für Laubhölzer[N]
examples of broadleaved trees

Eiche[F]
oak

Birke[F]
birch

Trauerweide[F]
weeping willow

Pappel[F]
poplar

Palme[F]
palm tree

Ahorn[M]
maple

Buche[F]
beech

Walnuss[F]
walnut

Nadelbaum[M]

conifer

Zapfen[M]
cone

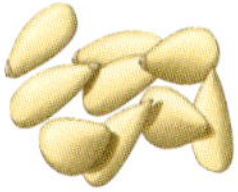

Pinienkern[M]
pine seed

Ast[M]
branch

Beispiele[N] für Nadelblätter[N]
examples of leaves

Tannennadeln[F]
fir needles

Kiefernnadeln[F]
pine needles

Zypressennadeln[F]
scalelike leaves of the cypress

Beispiele[N] für Nadelhölzer[N]
examples of conifers

Pinie[F]
umbrella pine

Libanonzeder[F]
cedar of Lebanon

Fichte[F]
spruce

Lärche[F]
larch

Tanne[F]
fir

tierische Zelle^F
animal cell

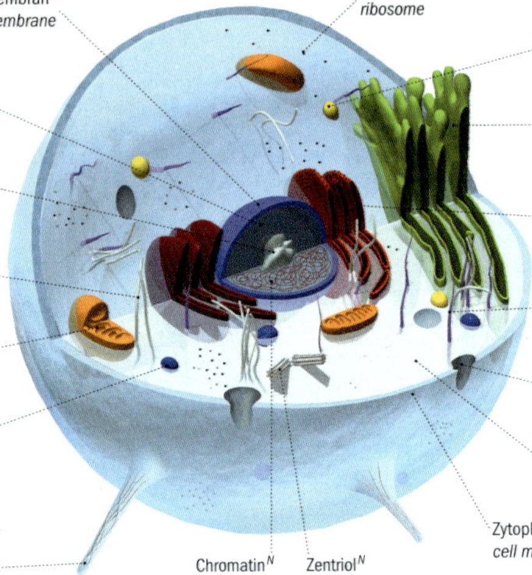

Einzeller^M
unicellulars

Amöbe^F
amoeba

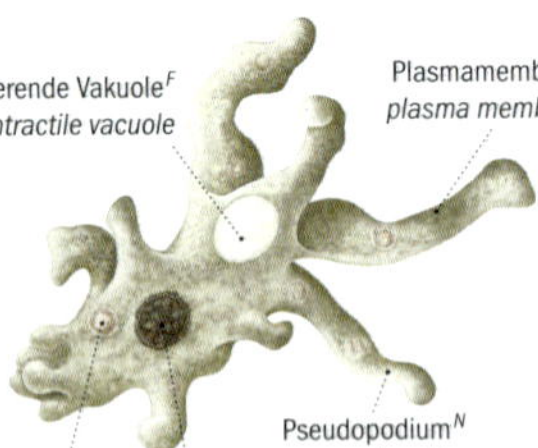

Paramecium^N
paramecium

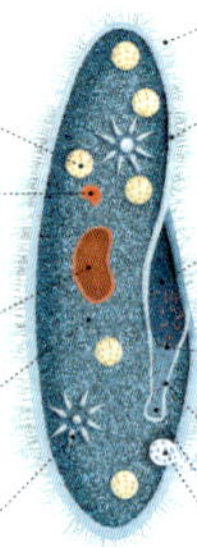

Schmetterling^{M}
butterfly

äußere Merkmale^{N} eines Schmetterlings^{M}
morphology of a butterfly

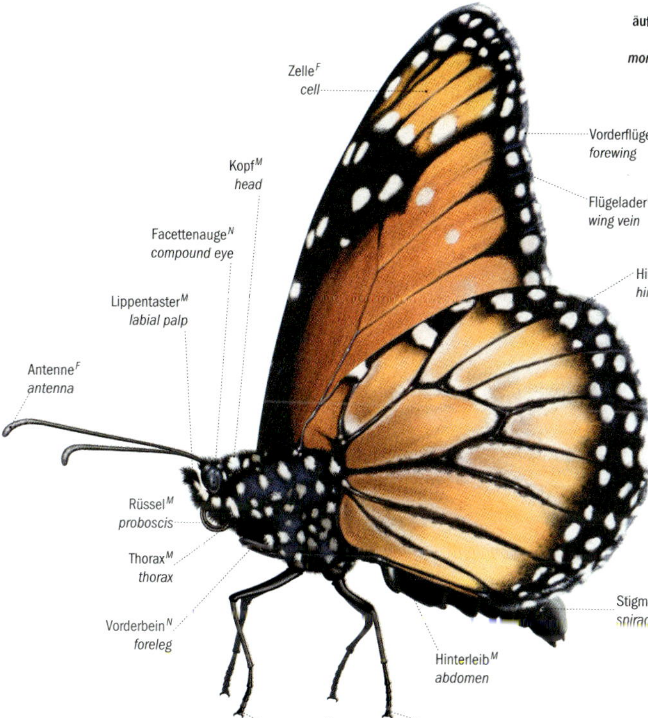

Puppe^{F}
chrysalis

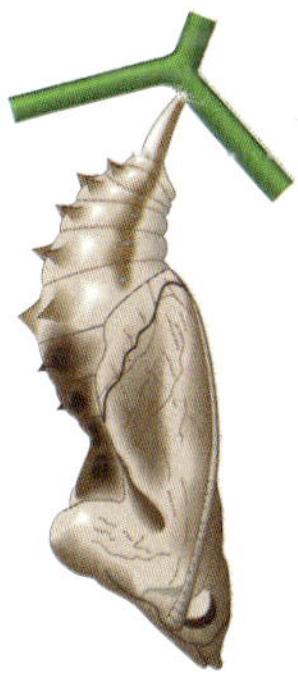

Raupe^{F}
caterpillar

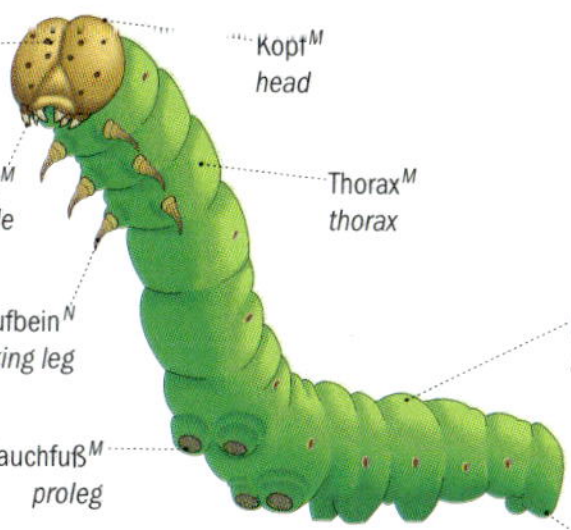

Honigbiene[F]

honeybee

äußere Merkmale[N] einer Honigbiene[F]: Arbeiterin[F]
morphology of a honeybee: worker

Kasten[F]
castes

Arbeiterin[F]
worker

Königin[F]
queen

Drohne[F]
drone

Beispiele[N] für Insekten[N]

examples of insects

Floh[M]
flea

Laus[F]
louse

Moskito[M]
mosquito

Tsetsefliege[F]
tsetse fly

Termite[F]
termite

Zikade[F]
cicada

Ameise[F]
ant

Fliege[F]
fly

Marienkäfer[M]
ladybird

Schildwanze[F]
shield bug

Maikäfer[M]
cockchafer

Wespe[F]
yellowjacket

Hornisse[F]
hornet

Bremse[F]
cleg

Hummel[F]
bumblebee

Nachtigall[F]-Grashüpfer[M]
bow-winged grasshopper

Laubheuschrecke[F]
great green bush-cricket

Wasserläufer[M]
water strider

Libelle[F]
dragonfly

Atlasspinner[M]
atlas moth

Gottesanbeterin[F]
mantid

Spinne[F]

spider

Spinnennetz[N]
spider web

äußere Merkmale[N] einer Spinne[F]
morphology of a spider

Beispiele[N] für Spinnentiere[N]

examples of arachnids

Zecke[F]
tick

Krabbenspinne[F]
crab spider

Wasserspinne[F]
water spider

Gartenkreuzspinne[M]
garden spider

Mexikanische Rotknievogelspinne[F]
red-kneed tarantula

Skorpion[M]
scorpion

Hummer[M]

lobster

Brustbeine[N]
thoracic legs

Kopfbruststück[N]
cephalothorax

Hinterleib[N]
abdomen

Schwanz[M]
tail

äußere Merkmale[N] **eines Hummers**[M]
morphology of a lobster

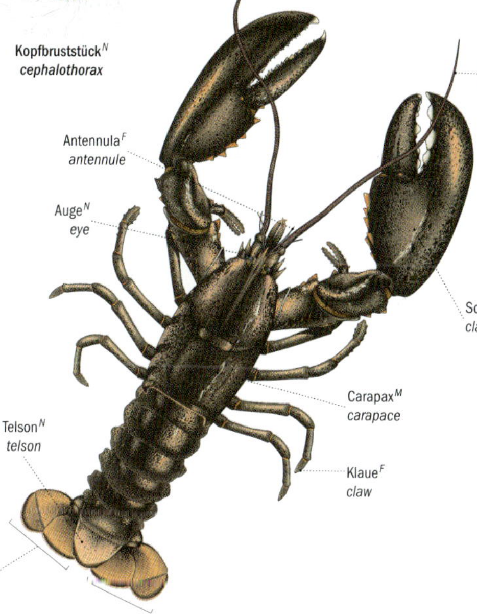

Anatomie[F] **eines Hummers**[M]
anatomy of a lobster

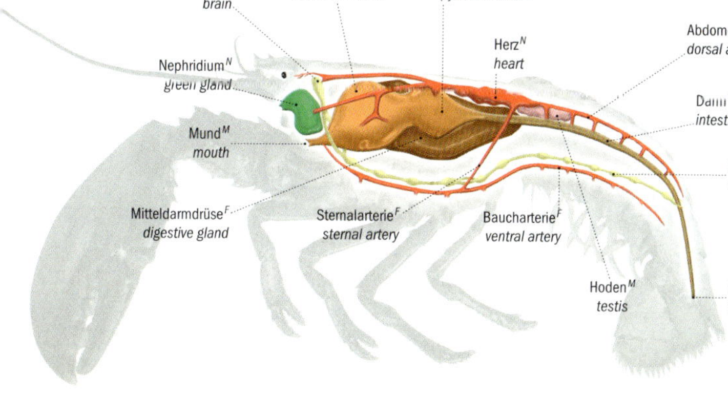

Schnecke[F]

snail

äußere Merkmale[N] einer Schnecke[F]
morphology of a snail

Tintenfisch[M]

octopus

äußere Merkmale[N] eines Tintenfischs[M]
morphology of an octopus

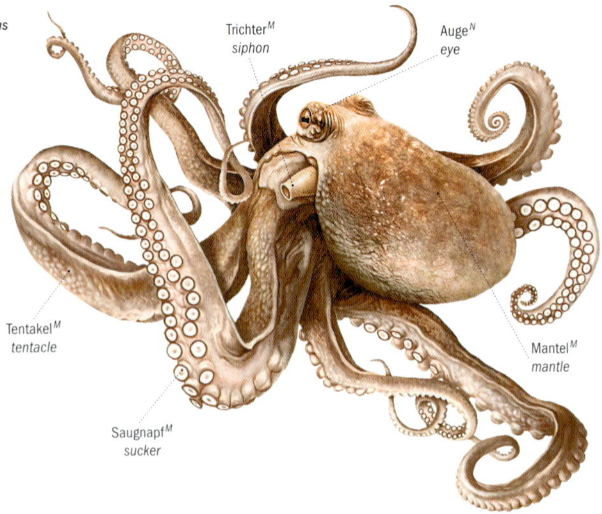

einschalige Muschel[F]

univalve shell

äußere Merkmale[N] einer einschaligen Muschel[F]
morphology of a univalve shell

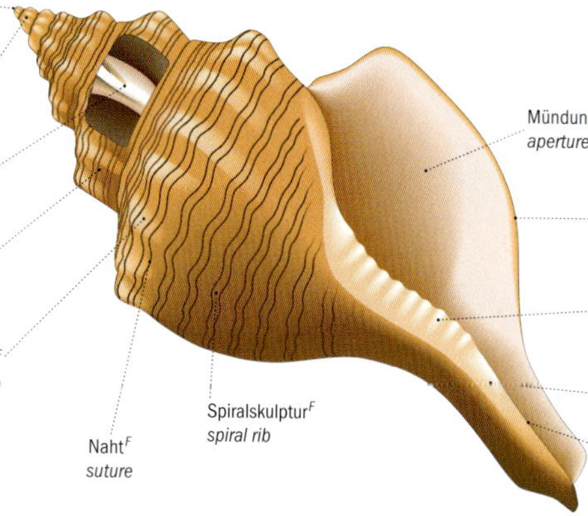

zweischalige Muschel[F]

bivalve shell

Anatomie[F] einer zweischaligen Muschel[F]
anatomy of a bivalve shell

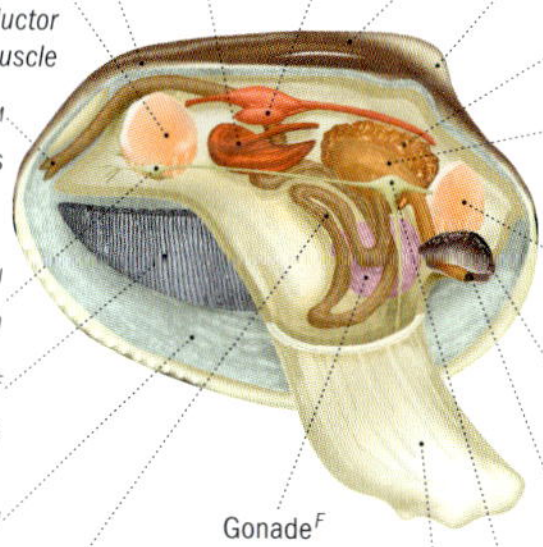

äußere Merkmale[N] einer zweischaligen Muschel[F]
morphology of a bivalve shell

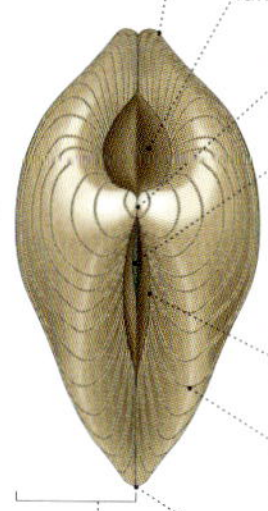

Knorpelfisch^{M}

cartilaginous fish

äußere Merkmale^{N} eines Hais^{M}
morphology of a shark

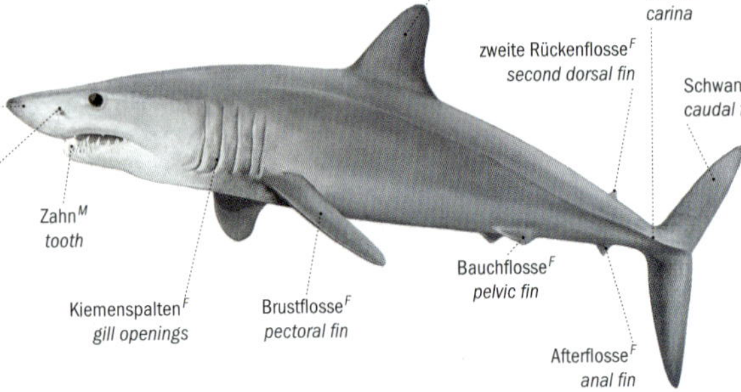

Knochenfisch^{M}

bony fish

äußere Merkmale^{N} eines Flußbarschs^{M}
morphology of a perch

TIERREICH

Frosch[M]
frog

äußere Merkmale[N] eines Froschs[M]
morphology of a frog

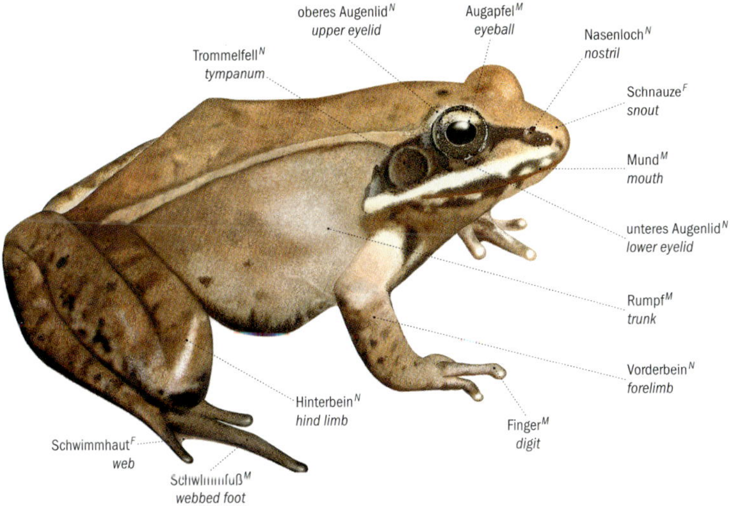

Beispiele[N] für Amphibien[F]
examples of amphibians

Salamander[M]
salamander

Waldfrosch[M]
wood frog

Molch[M]
newt

Wasserfrosch[M]
common frog

gemeine Erdkröte[F]
common toad

Leopardfrosch[M]
Northern leopard frog

Laubfrosch[M]
tree frog

Schlange[F]

snake

äußere Merkmale[N] einer Giftschlange[F]: Kopf[M]
morphology of a venomous snake: head

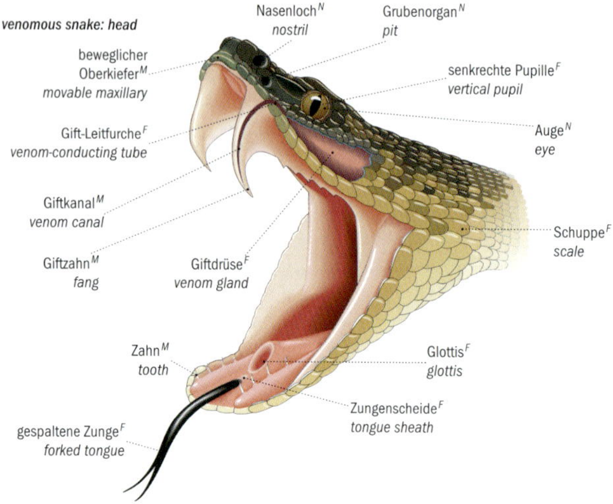

Schildkröte[F]

turtle

äußere Merkmale[N] einer Schildkröte[F]
morphology of a turtle

Beispiele^{N} für Reptilien^{N}
examples of reptiles

Viper^{F}
viper

Ringelnatter^{F}
garter snake

Chamäleon^{N}
chameleon

Eidechse^{F}
lizard

Klapperschlange^{F}
rattlesnake

Kobra^{F}
cobra

Korallennatter^{F}
coral snake

Python^{M}
python

Waran^{M}
monitor lizard

Leguan^{M}
iguana

Boa^{F}
boa

Alligator^{M}
alligator

Krokodil^{N}
crocodile

Kaiman^{M}
caiman

Vogel^M
bird

äußere Merkmale^N eines Vogels^M
morphology of a bird

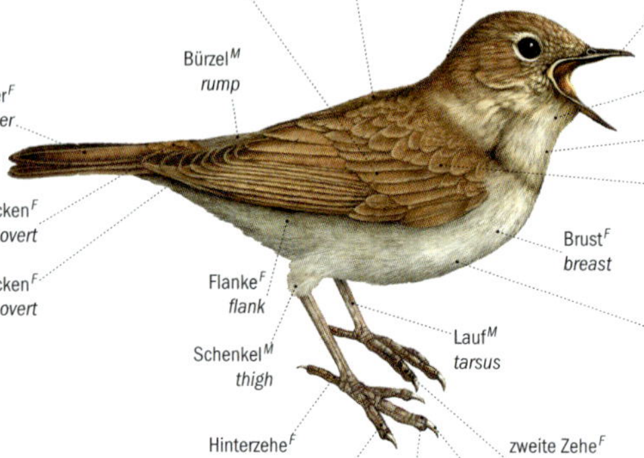

Kopf^M
head

Flügel^M
wing

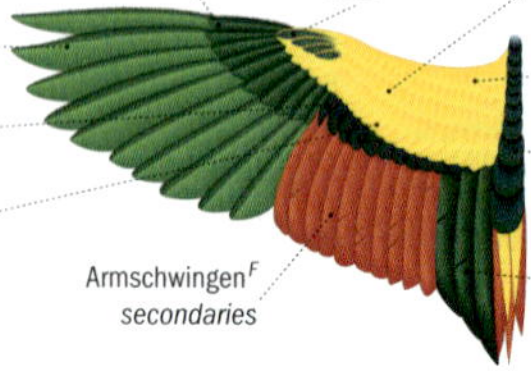

Ei[N]
egg

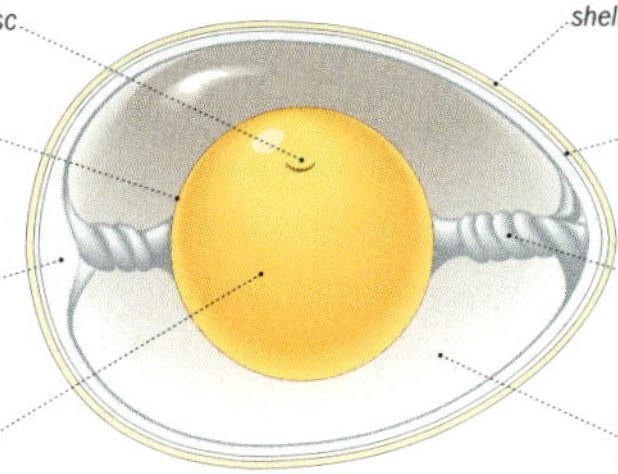

Beispiele[N] für Vogelschnäbel[M]
examples of bills

Wasservogel[M]
aquatic bird

Körnerfresser[M]
granivorous bird

Raubvogel[M]
bird of prey

Insektenfresser[M]
insectivorous bird

Watvogel[M]
wading bird

Beispiele[N] für Vogelfüße[M]
examples of feet

Raubvogel[M]
bird of prey

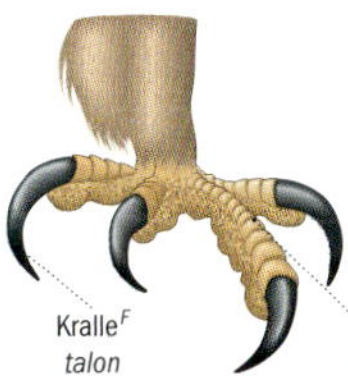

Baumvogel[M]
perching bird

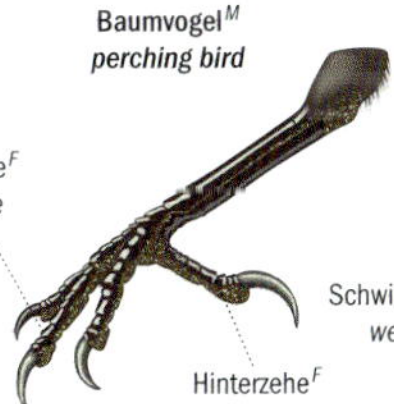

Wasservogel[M]
aquatic bird

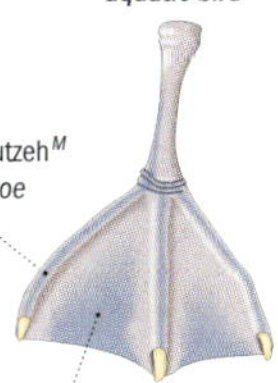

Wasservogel[M]
aquatic bird

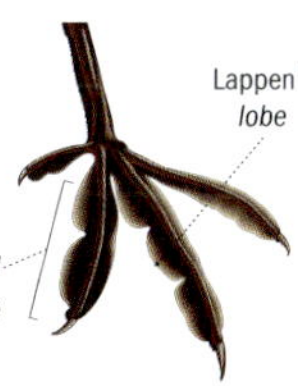

unterschiedliche Vogeltypen[M]

examples of birds

Kolibri[M]
hummingbird

Rotkehlchen[N]
European robin

Fink[M]
finch

Eisvogel[M]
kingfisher

Nachtigall[F]
nightingale

Sperling[M]
sparrow

Schwalbe[F]
swallow

Star[M]
starling

Eichelhäher[M]
jay

Kardinal[M]
cardinal

Mauersegler[M]
swift

Rebhuhn[N]
partridge

Kondor[M]
condor

Ara[M]
macaw

Specht[M]
woodpecker

Rabe[M]
raven

Tukan[M]
toucan

Geier[M]
vulture

Pinguin[M]
penguin

Albatros[M]
albatross

Reiher[M]
heron

Pelikan[M]
pelican

Storch[M]
stork

unterschiedliche Vogeltypen^{M}

Fasan^{M}
pheasant

Uhu^{M}
great horned owl

Falke^{M}
falcon

Wachtel^{F}
quail

Adler^{M}
eagle

Ente^{F}
duck

Huhn^{N}
hen

Truthahn^{M}
turkey

Taube^{F}
pigeon

Perlhuhn^{N}
guinea fowl

Gans^{F}
goose

Hahn^{M}
rooster

Strauß^{M}
ostrich

Pfau^{M}
peacock

Flamingo^{M}
flamingo

Nagetier[N]

rodent

äußere Merkmale[N] einer Ratte[F]
morphology of a rat

Beispiele[N] für Nagetiere[N]

examples of rodents

Feldmaus[F]
field mouse

Backenhörnchen[N]
chipmunk

Wüstenspringmaus[F]
jerboa

Hamster[M]
hamster

Eichhörnchen[N]
squirrel

Ratte[F]
rat

Meerschweinchen[N]
guinea pig

Stachelschwein[N]
porcupine

Waldmurmeltier[N]
groundhog

Biber[M]
beaver

Beispiele[N] für Hasentiere[N]

examples of lagomorphs

Pfeifhase[M]
pika

Kaninchen[N]
rabbit

Hase[M]
hare

Pferd^N^
horse

äußere Merkmale^N^ eines Pferdes^N^
morphology of a horse

Gangarten^F^
gaits

Schritt^M^
walk

Paßgang^M^
amble

Trab^M^
trot

Galopp^M^
gallop

Beispiele^N für Huftiere^N

examples of ungulate mammals

Nabelschwein^N
peccary

Wildschwein^N
wild boar

Schwein^N
pig

Ziege^F
goat

Antilope^F
antelope

Schaf^N
sheep

Kalb^N
calf

Reh^N
white-tailed deer

Mufflon^M
mouflon

Rentier^N
reindeer

Wapitihirsch^M
Canadian elk

Okapi^N
okapi

Esel^M
ass

Maultier^N
mule

Kuh^F
cow

Zebra^N
zebra

Lama^N
llama

Bison^M
bison

Büffel^M
buffalo

Ochse[M]
ox

Yak[M]
yak

Pferd[N]
horse

Elch[M]
elk

Kamel[N]
camel

Dromedar[N]
dromedary

Nashorn[N]
rhinoceros

Nilpferd[N]
hippopotamus

Giraffe[F]
giraffe

Elefant[M]
elephant

Hund[M]
dog

äußere Merkmale[N] eines Hundes[M]
morphology of a dog

Hunderassen[F]
dog breeds

Bulldogge[F]
bulldog

Collie[M]
collie

Dalmatiner[M]
dalmatian

Pudel[M]
poodle

Schnauzer[M]
schnauzer

Dänische Dogge[F]
Great Dane

Deutscher Schäferhund[M]
German shepherd

Bernhardiner[M]
Saint Bernard

Katze[F]
cat

Kopf[M] der Katze[F]
cat's head

Katzenrassen[F]
cat breeds

Siamkatze[F]
Siamese

Abessinierkatze[F]
Abyssinian

Perserkatze[F]
Persian

Maine Coon[F]
Maine Coon

Manxkatze[F]
Manx

Beispiele^N für Raubtiere^N

examples of carnivorous mammals

Wiesel^N
weasel

Nerz^M
mink

Steinmarder^M
stone marten

Marder^M
marten

Fuchs^M
fox

Waschbär^M
raccoon

Mungo^M
mongoose

Wüstenfuchs^M
fennec

Seeotter^M
river otter

Stinktier^N
skunk

Dachs^M
badger

Hyäne^F
hyena

Luchs^M
lynx

Wolf^M
wolf

Puma^M
cougar

Gepard^{M}
cheetah

Leopard^{M}
leopard

Löwe^{M}
lion

Jaguar^{M}
jaguar

Tiger^{M}
tiger

Schwarzbär^{M}
black bear

Eisbär^{M}
polar bear

Delphin[M]

dolphin

äußere Merkmale[N] eines Delphins[M]
morphology of a dolphin

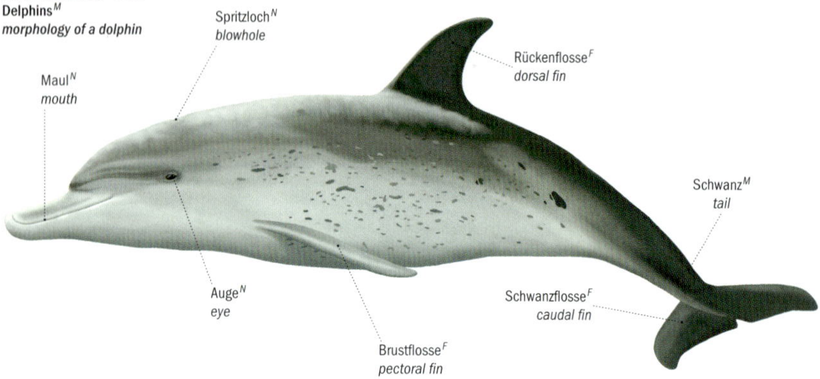

Beispiele[N] für Meeressäugetiere[N]

examples of marine mammals

Gorilla^{M}
gorilla

äußere Merkmale^{N} eines Gorillas^{M}
morphology of a gorilla

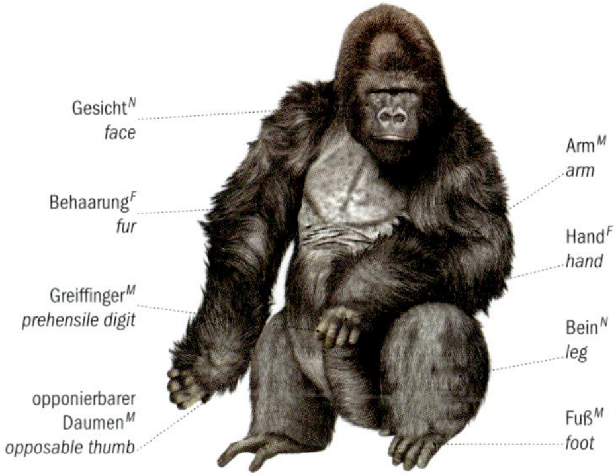

Beispiele^{N} für Primaten^{M}
examples of primates

Tamarin^{M}
tamarin

Pinseläffchen^{N}
marmoset

Pavian^{M}
baboon

Makak^{M}
macaque

Orang-Utan^{M}
orangutan

Schimpanse^{M}
chimpanzee

Lemure^{M}
lemur

Gibbon^{M}
gibbon

Mann^M
man

Vorderansicht^F
anterior view

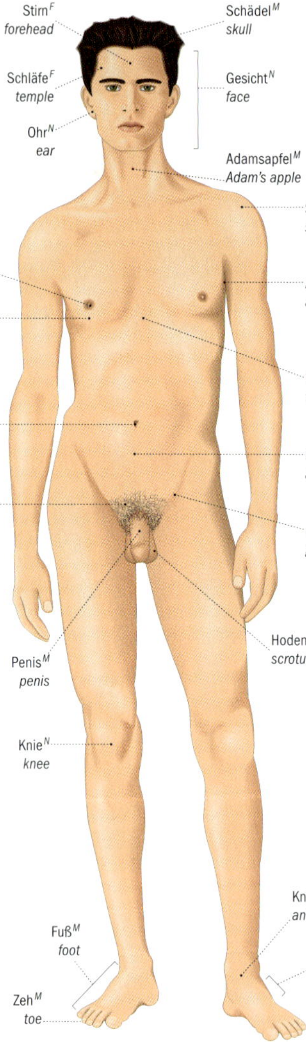

Rückenansicht^F
posterior view

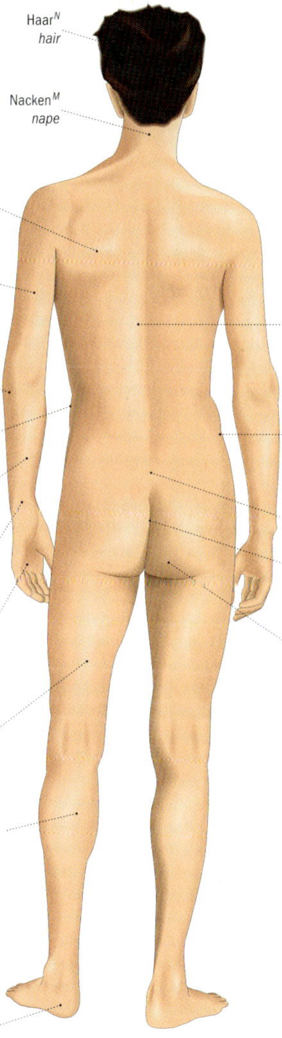

Frau[F]

woman

Vorderansicht[F]
anterior view

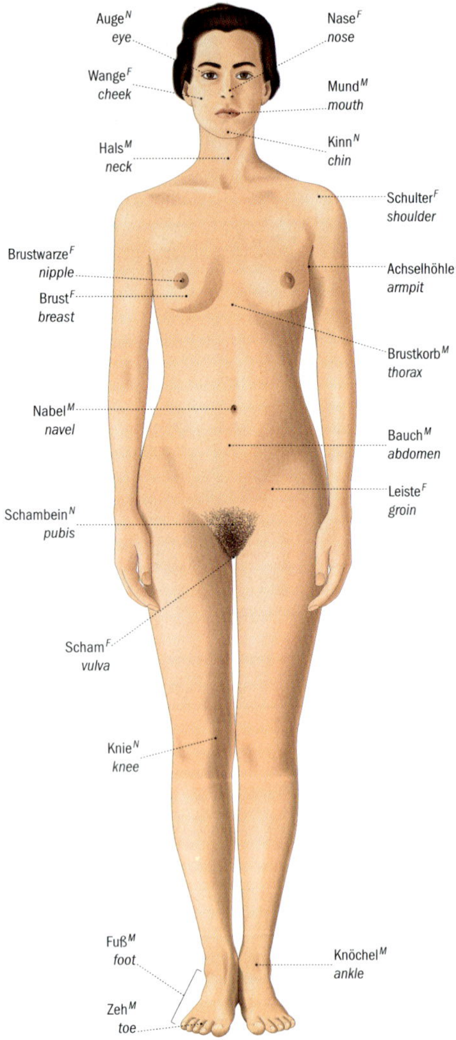

Rückenansicht^F
posterior view

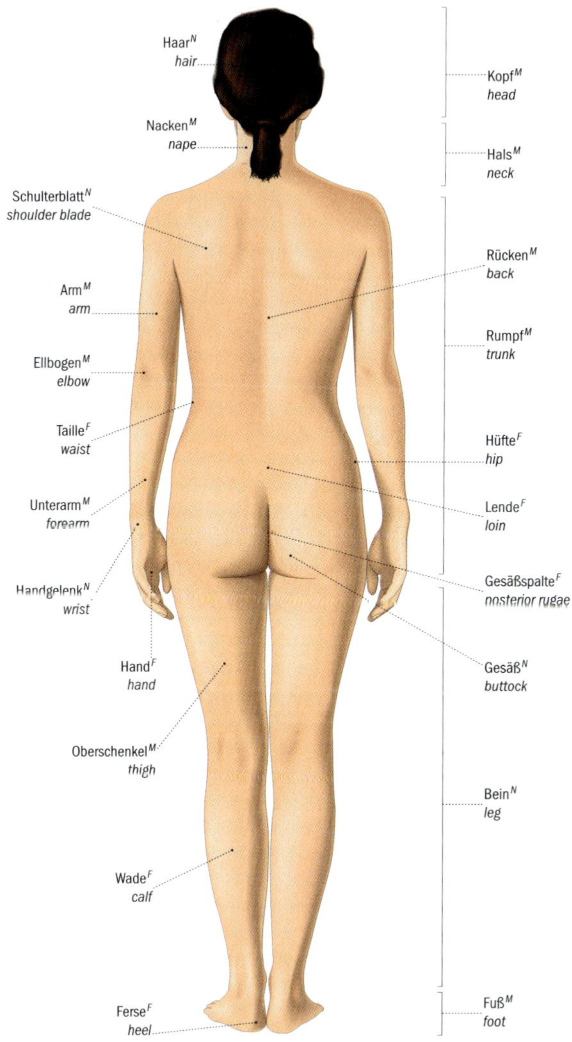

Muskeln[M]
muscles

Vorderansicht[F]
anterior view

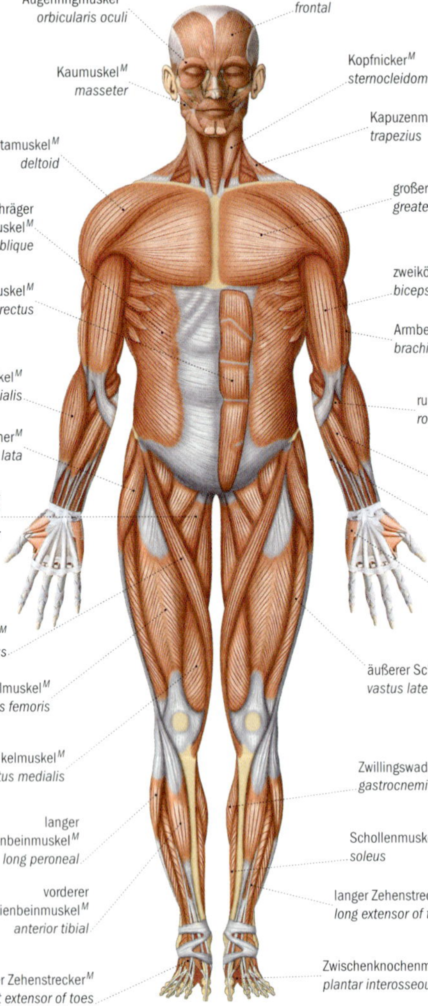

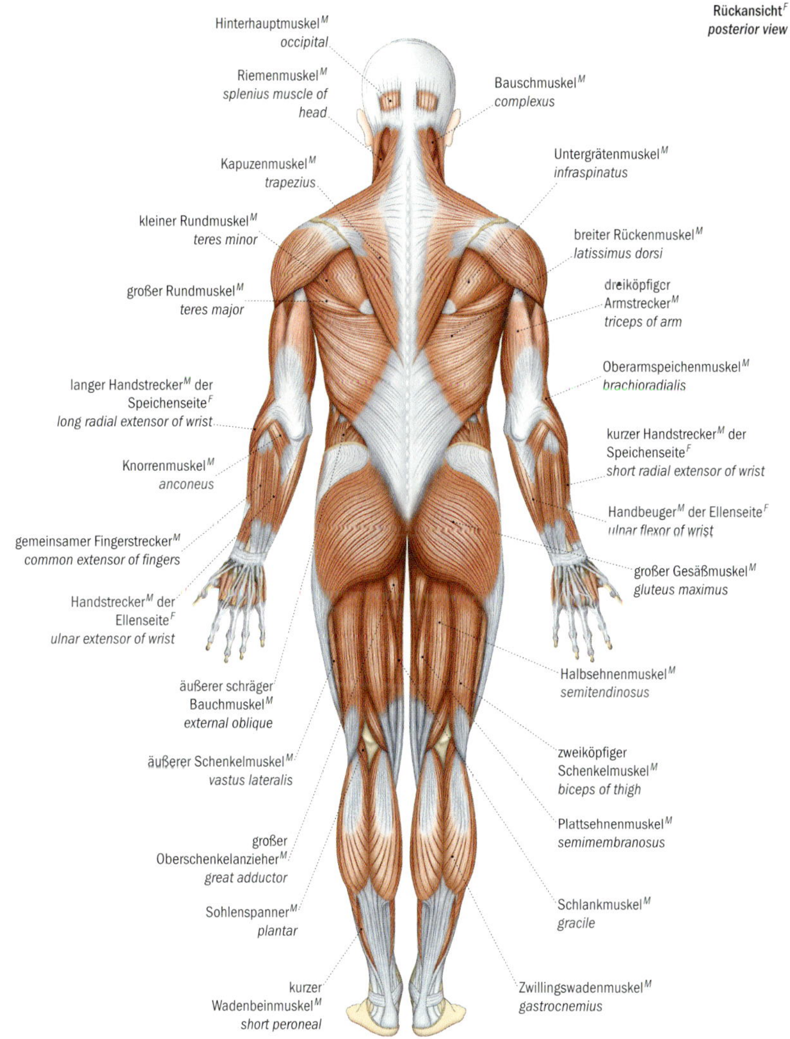
Rückansicht^F
posterior view
Hinterhauptmuskel^M
occipital
Riemenmuskel^M
splenius muscle of head
Kapuzenmuskel^M
trapezius
kleiner Rundmuskel^M
teres minor
großer Rundmuskel^M
teres major
langer Handstrecker^M der Speichenseite^F
long radial extensor of wrist
Knorrenmuskel^M
anconeus
gemeinsamer Fingerstrecker^M
common extensor of fingers
Handstrecker^M der Ellenseite^F
ulnar extensor of wrist
äußerer schräger Bauchmuskel^M
external oblique
äußerer Schenkelmuskel^M
vastus lateralis
großer Oberschenkelanzieher^M
great adductor
Sohlenspanner^M
plantar
kurzer Wadenbeinmuskel^M
short peroneal
Bauschmuskel^M
complexus
Untergrätenmuskel^M
infraspinatus
breiter Rückenmuskel^M
latissimus dorsi
dreiköpfiger Armstrecker^M
triceps of arm
Oberarmspeichenmuskel^M
brachioradialis
kurzer Handstrecker^M der Speichenseite^F
short radial extensor of wrist
Handbeuger^M der Ellenseite^F
ulnar flexor of wrist
großer Gesäßmuskel^M
gluteus maximus
Halbsehnenmuskel^M
semitendinosus
zweiköpfiger Schenkelmuskel^M
biceps of thigh
Plattsehnenmuskel^M
semimembranosus
Schlankmuskel^M
gracile
Zwillingswadenmuskel^M
gastrocnemius

Skelett^N

skeleton

Vorderansicht^F
anterior view

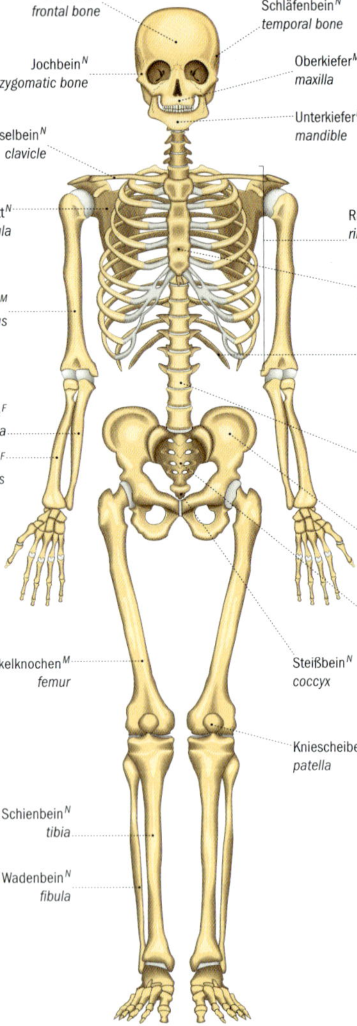

Rückansicht[F]
posterior view

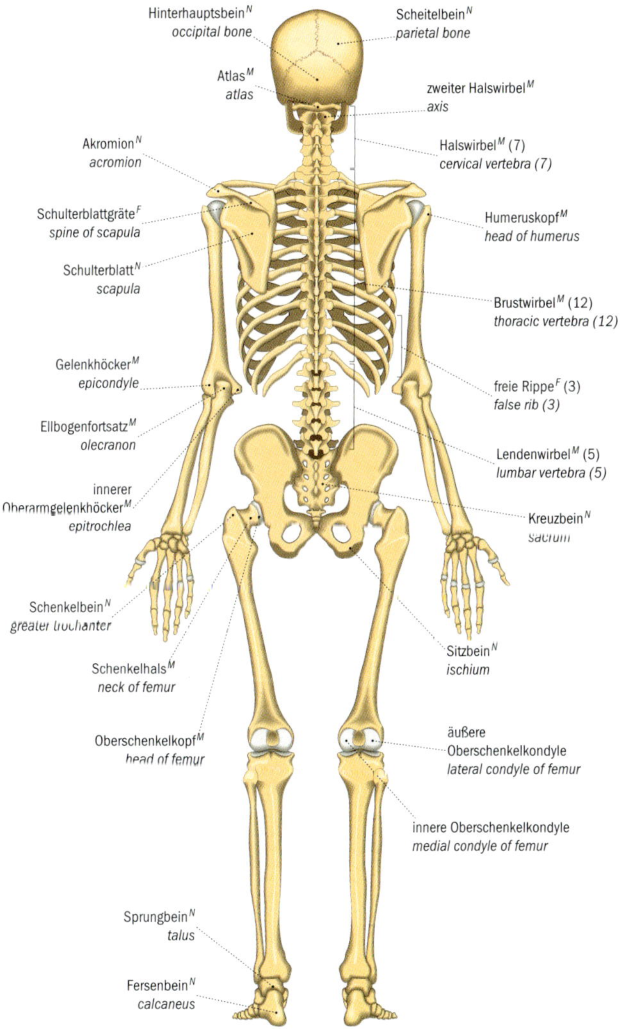

Seitenansicht[F] eines Schädels[M]
lateral view of skull

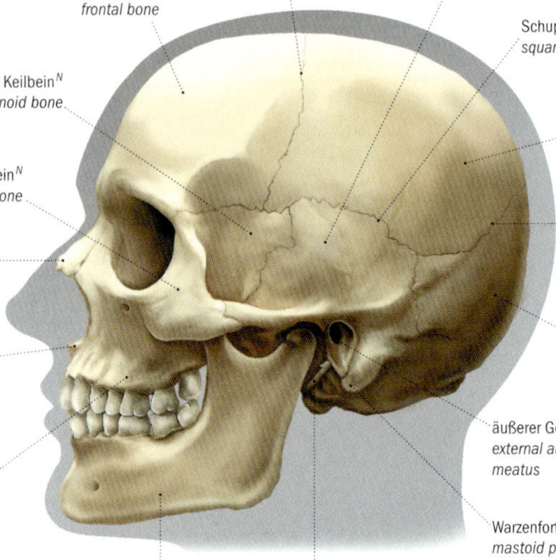

Schädel[M] eines Kleinkindes[N]
child's skull

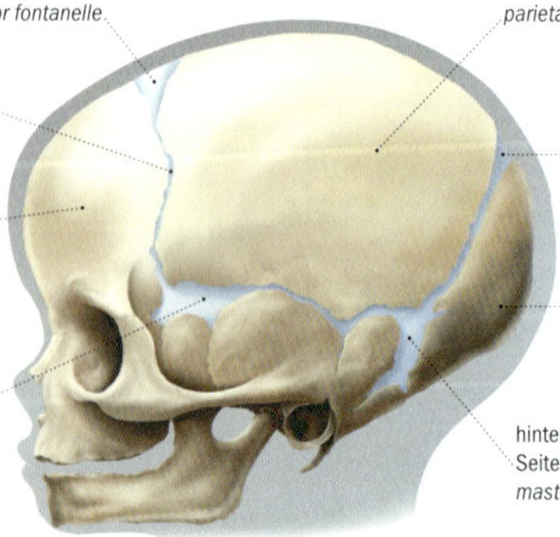

Zähne[M]

teeth

menschliches Gebiss[N]
human denture

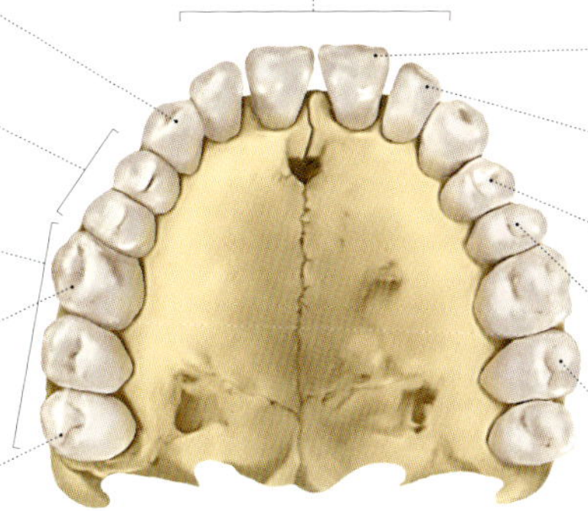

Backenzahn[M] im Längsschnitt[M]
cross section of a molar

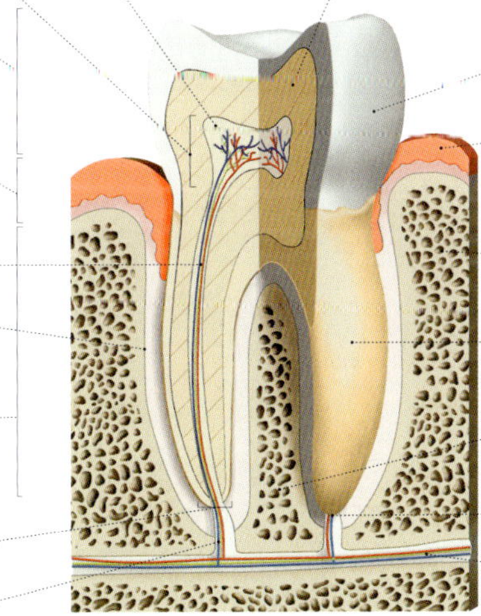

Blutkreislauf^M

blood circulation

die wichtigsten Venen^F und Arterien^F
principal veins and arteries

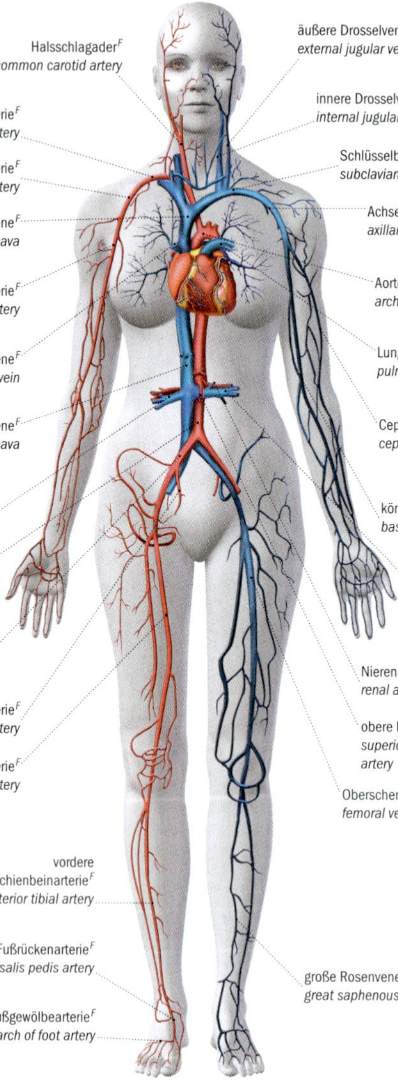

Schema^{N} des Blutkreislaufs^{M}
circulation diagram

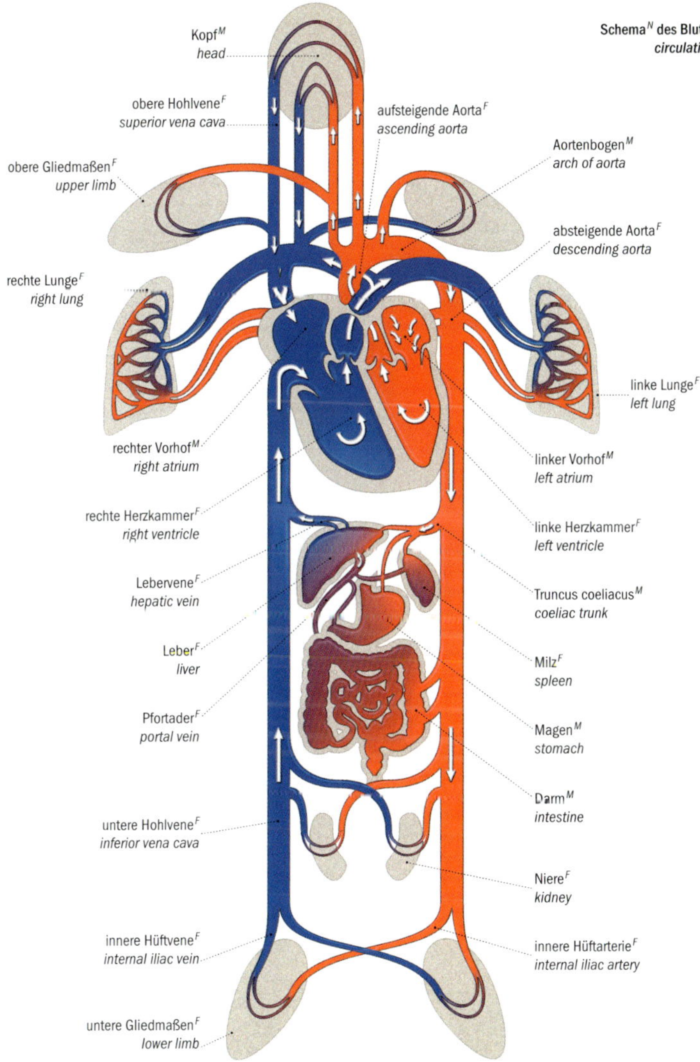

Blutbestandteile^M
composition of the blood

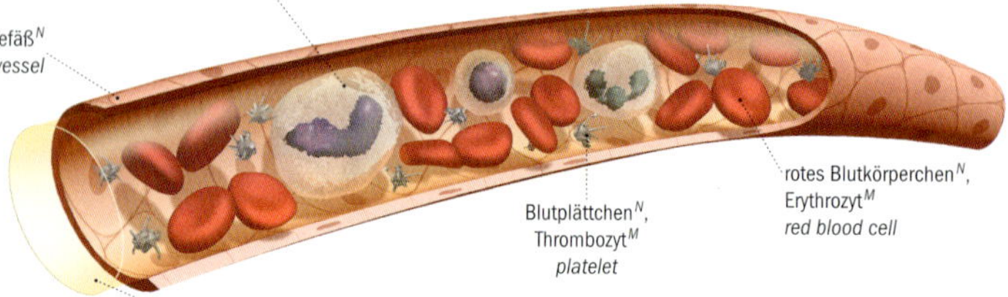

Herz^N
heart

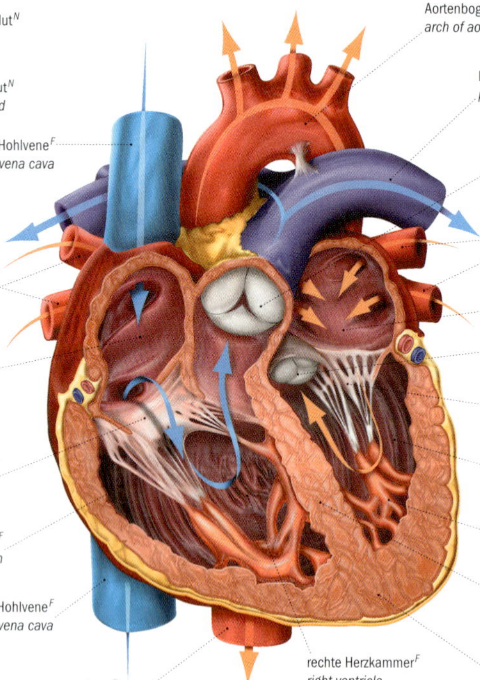

Luftwege^M
respiratory system

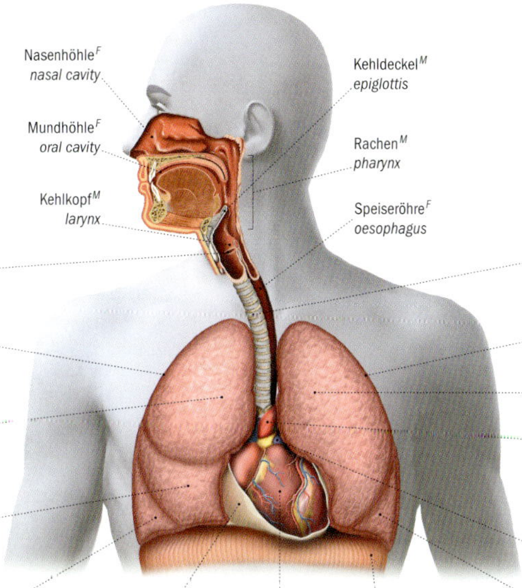

Lungen^F
lungs

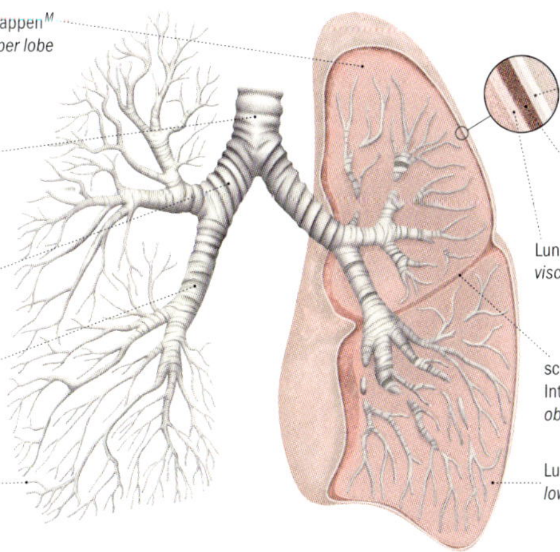

Verdauungsapparat^{M}

digestive system

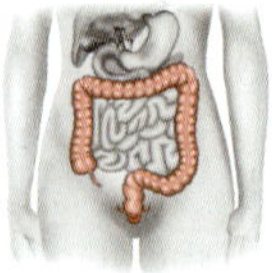

Dickdarm^{M}
large intestine

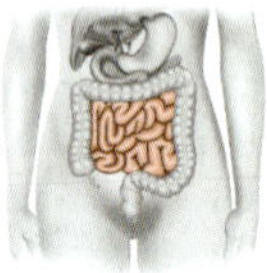

Dünndarm^{M}
small intestine

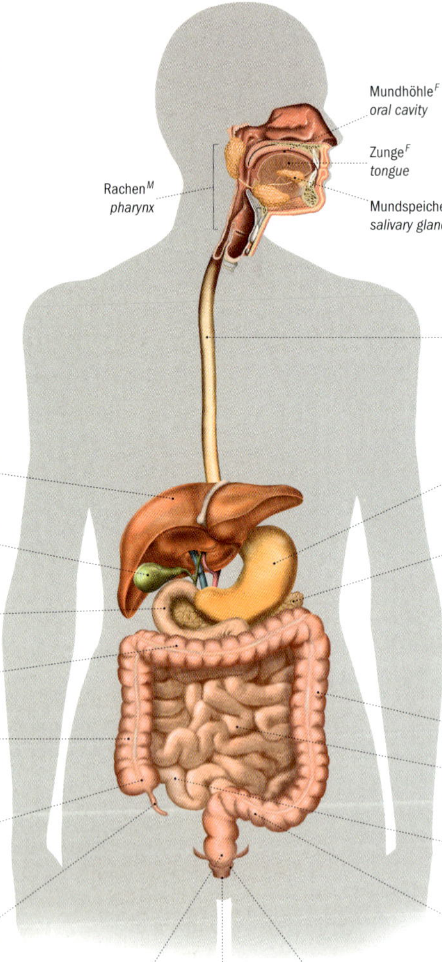

Harnapparat[M]
urinary system

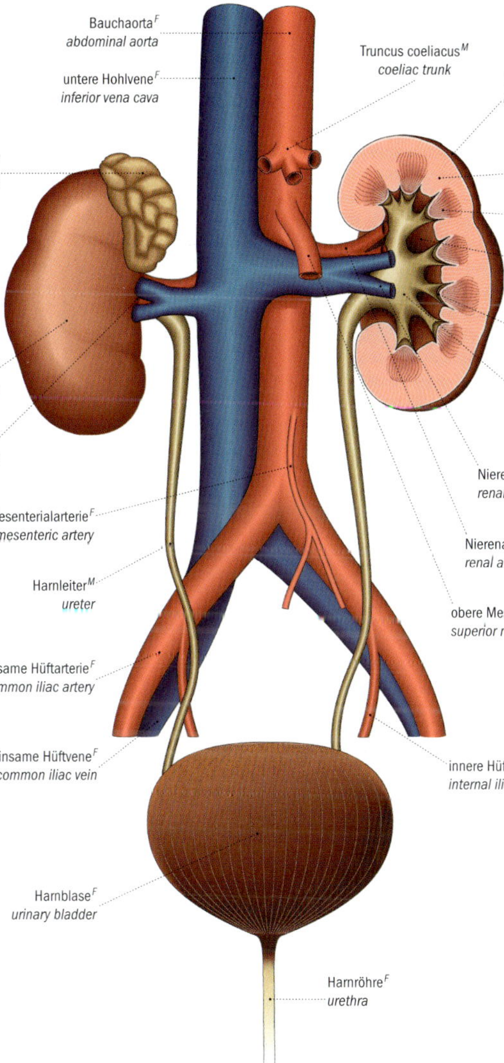

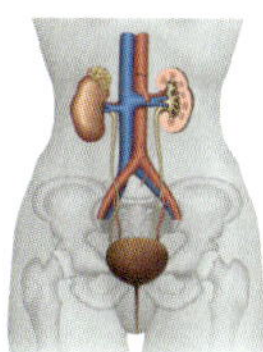

Nervensystem[N]

nervous system

peripheres Nervensystem[N]
peripheral nervous system

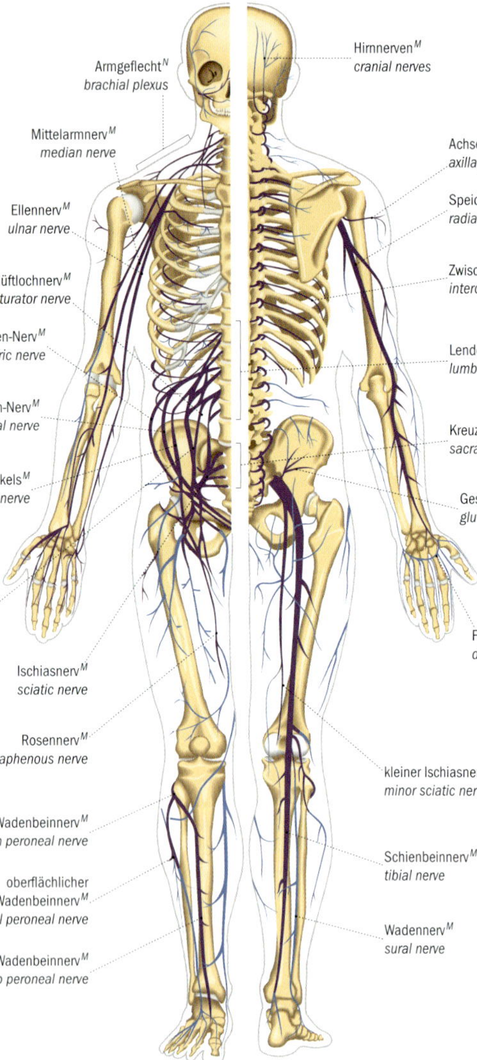

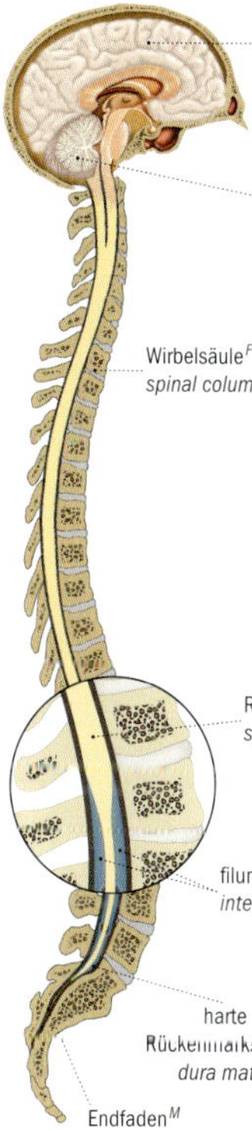

Zentralnervensystem[N]
central nervous system

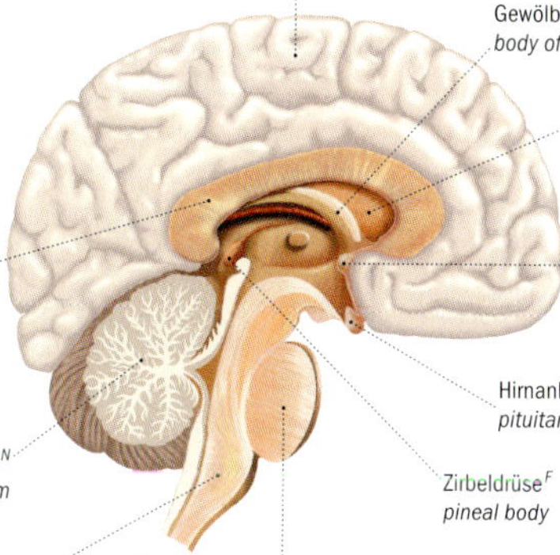

Aufbau[M] des Rückenmarks[N]
structure of the spinal cord

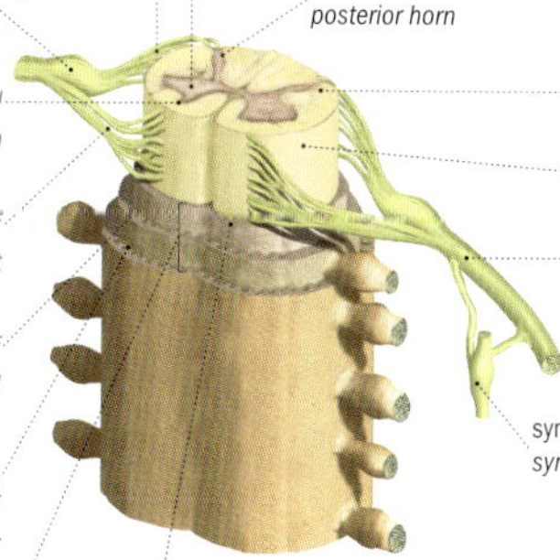

MENSCH

Neuronenkette[F]
chain of neurons

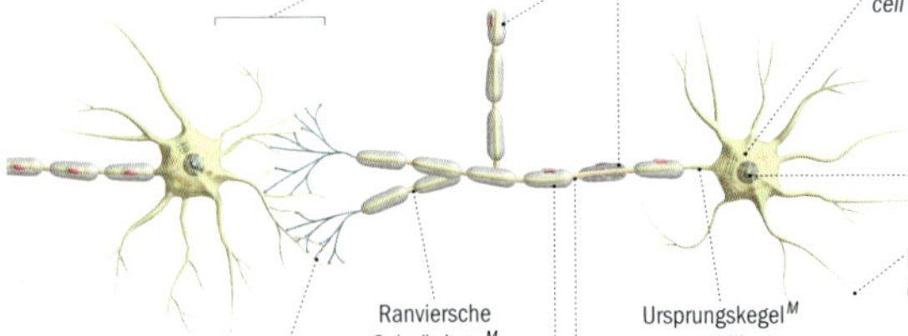

Nervenimpuls[M]
sensory impulse

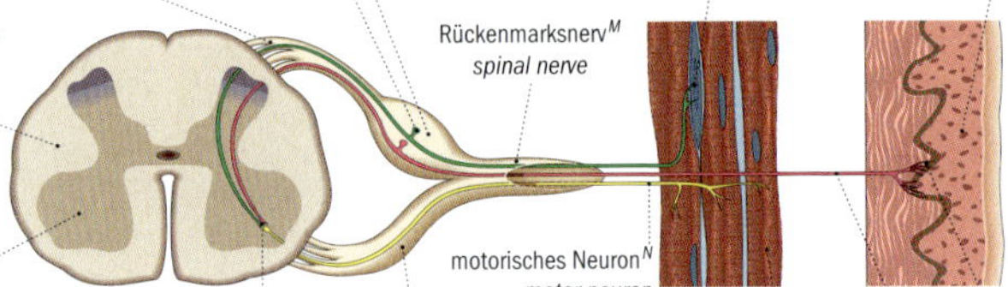

Lendenwirbel[M]
lumbar vertebra

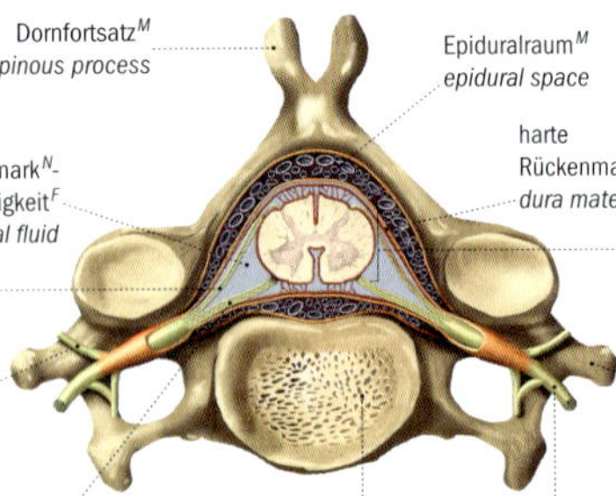

männliche Geschlechtsorgane[N]

male genital organs

Sagittalschnitt[M]
sagittal section

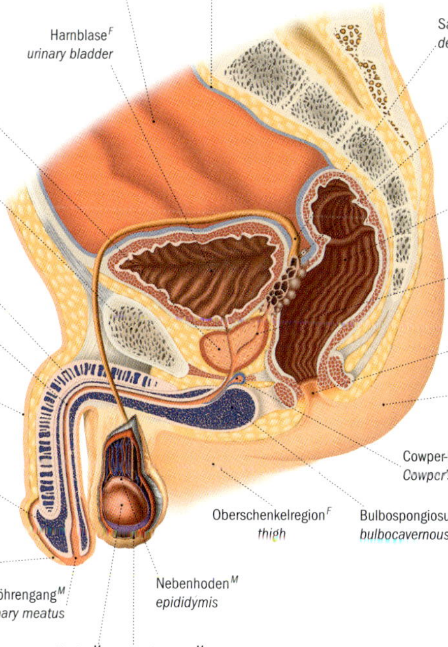

Spermium[N]
spermatozoon

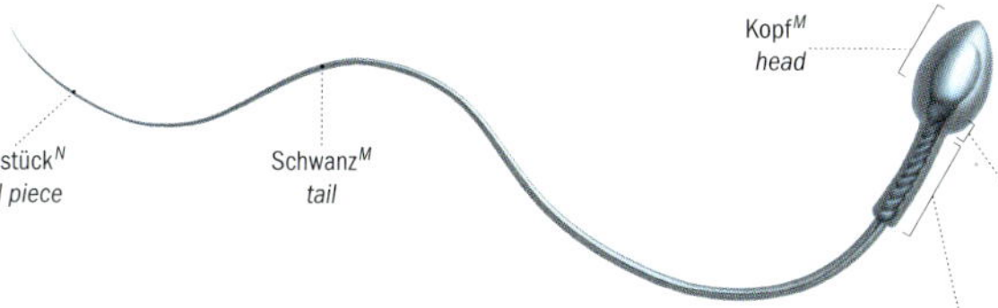

weibliche Geschlechtsorgane[N]

female genital organs

Sagittalschnitt[M]
sagittal section

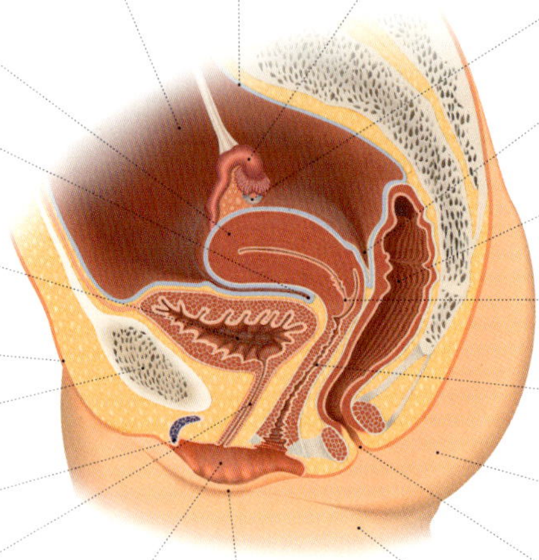

Eizelle[F]
egg

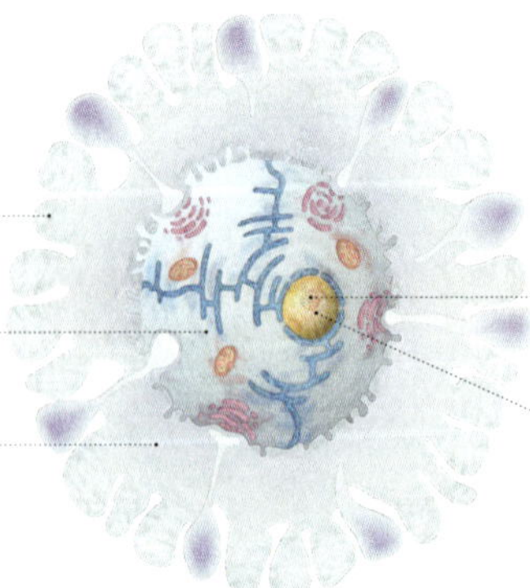

weibliche Geschlechtsorgane[N]

Rückansicht[F]
posterior view

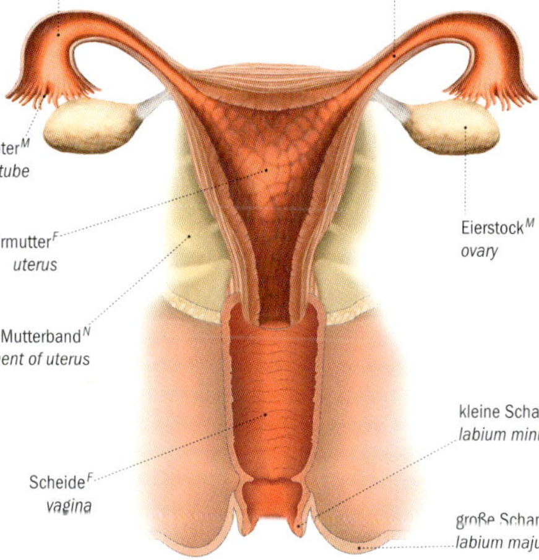

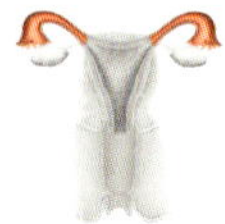

Eileiter[M]
fallopian tubes

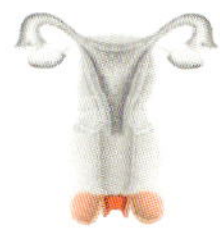

Scham[F]
vulva

Brust[F]
breast

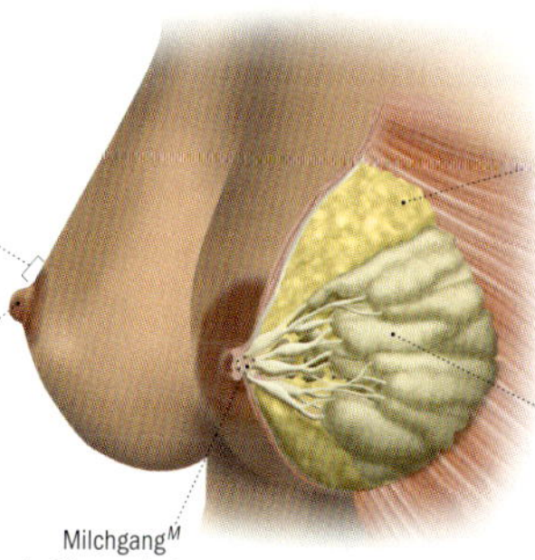

Tastsinn[M]

touch

Haut[F]
skin

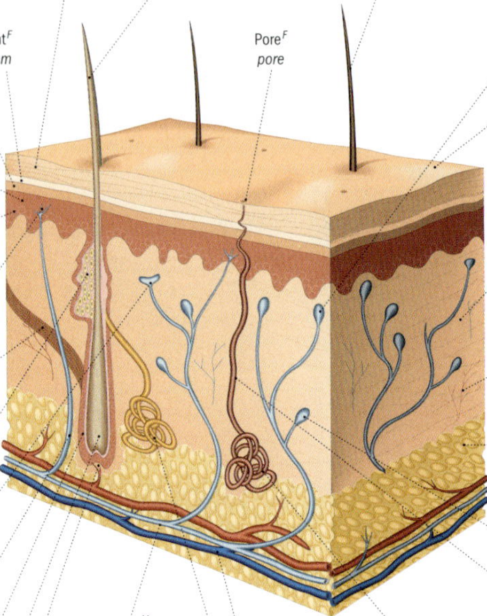

Finger[M]
finger

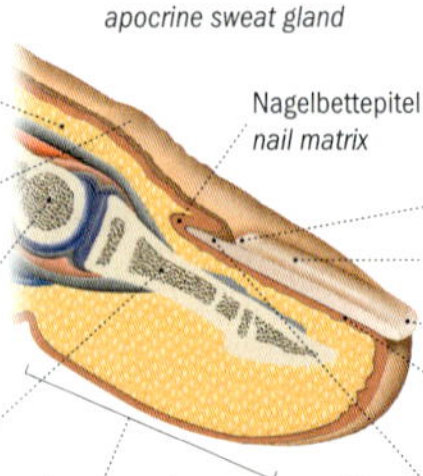

Hand[F] *hand*

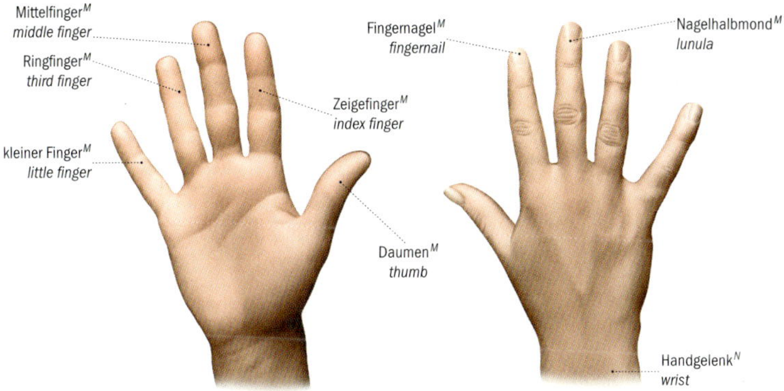

Gehör[N] *hearing*

Ohrmuschel[F] *auricle*

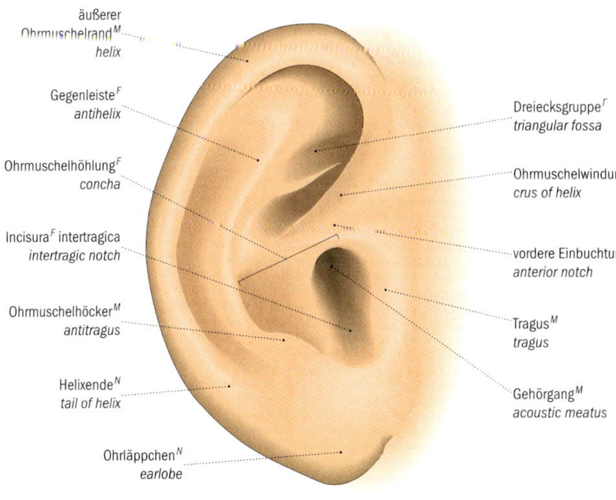

Gehör[N]

Aufbau[M] des Ohres[N]
structure of the ear

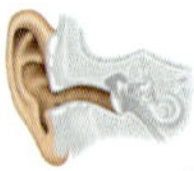

äußeres Ohr[N]
external ear

Mittelohr[N]
middle ear

Innenohr[N]
internal ear

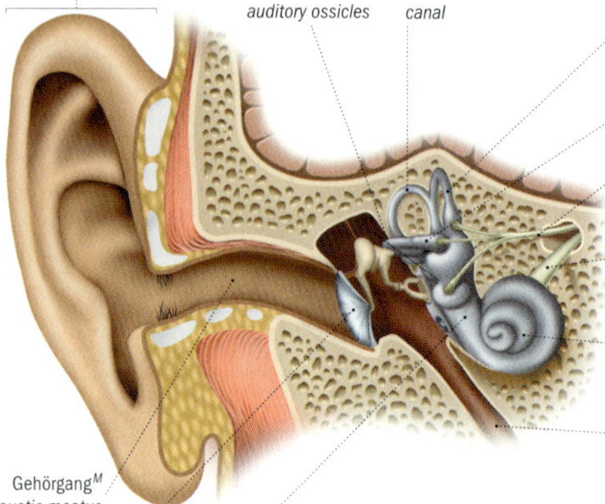

Gehörknöchelchen[N]
auditory ossicles

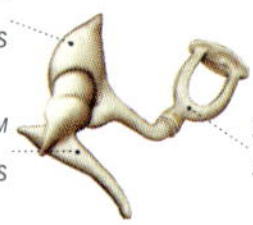

Geruchs-[M] und Geschmackssinn[M]

smell and taste

Mund[M]
mouth

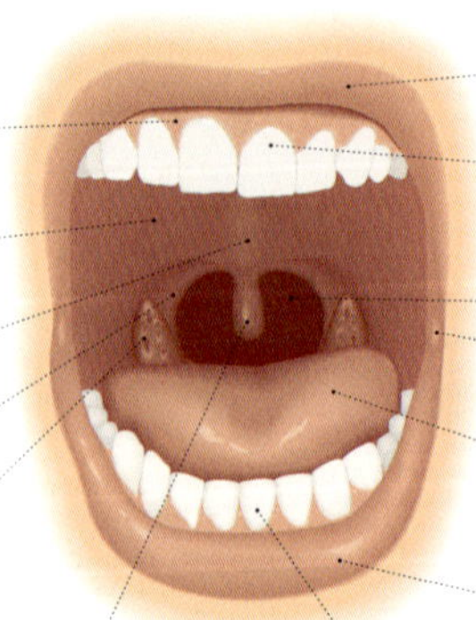

äußere Nase[F]
external nose

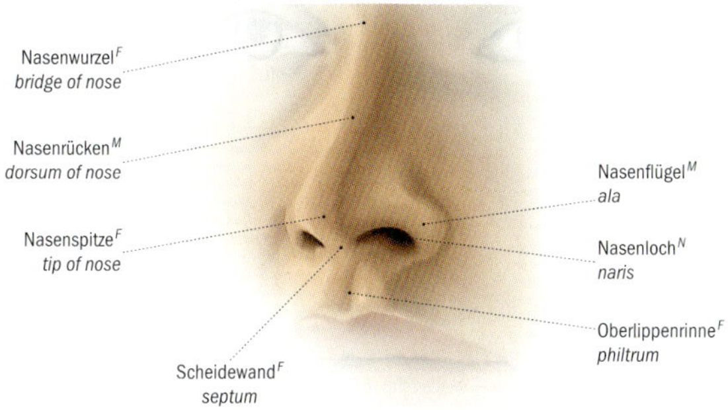

Nasenhöhle[F]
nasal fossae

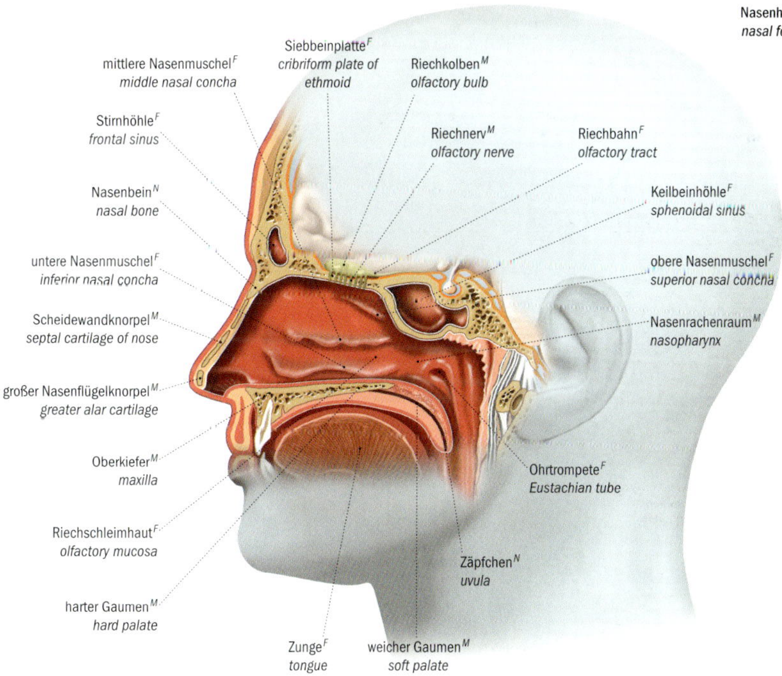

Zungenrücken[M]
dorsum of tongue

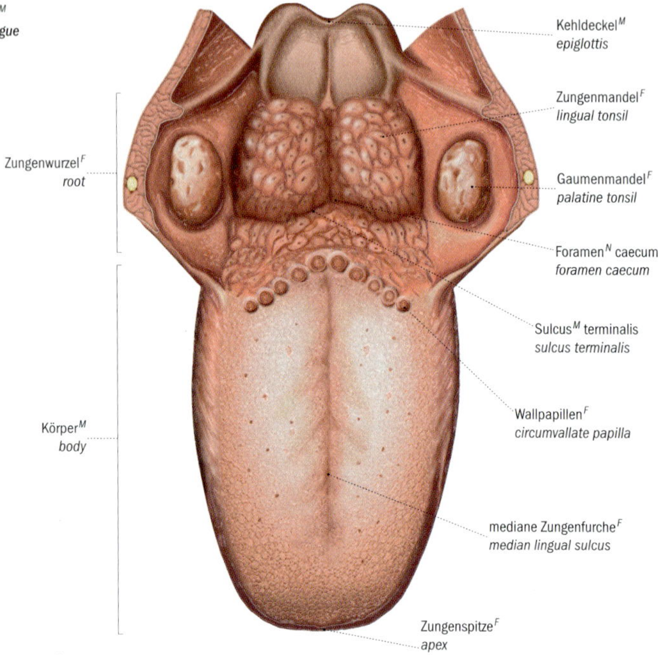

Geschmacksrezeptoren[M]
taste receptors

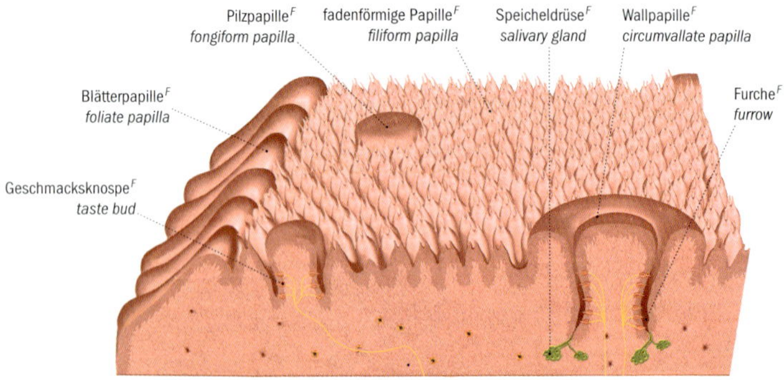

Sehsinn[N]

sight

Auge[N]
eye

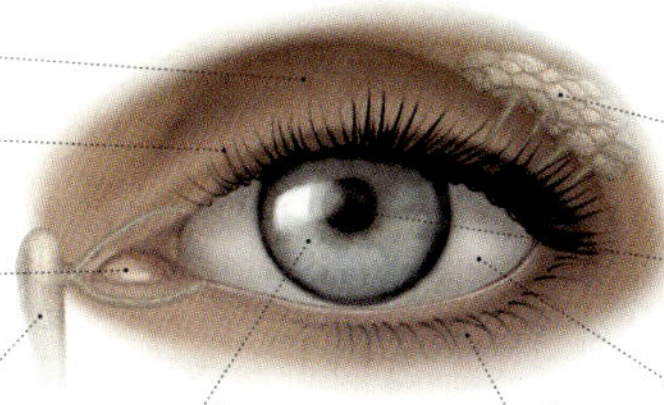

Augapfel[M]
eyeball

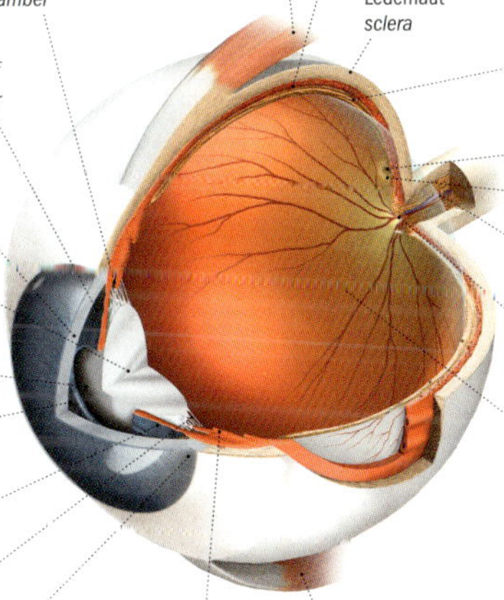

Lichtrezeptoren[M]
photoreceptors

Zapfen[M]
cone

Stäbchen[N]
rod

MENSCH

Supermarkt^{M}
supermarket

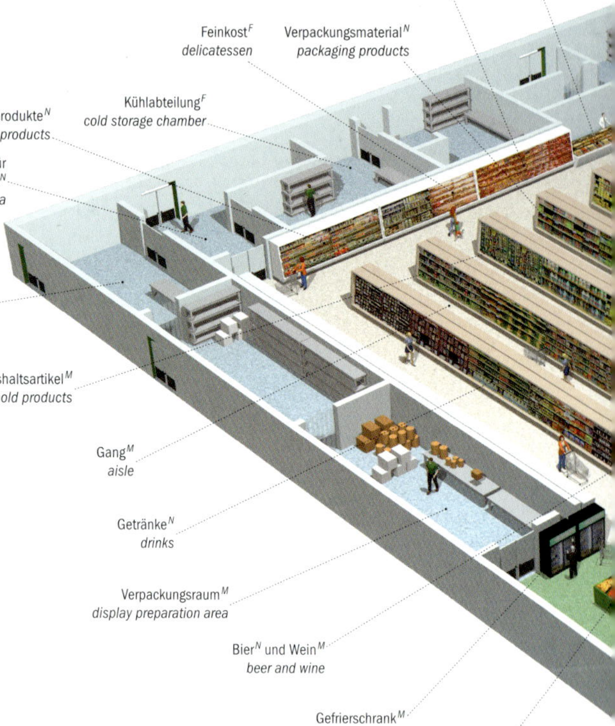

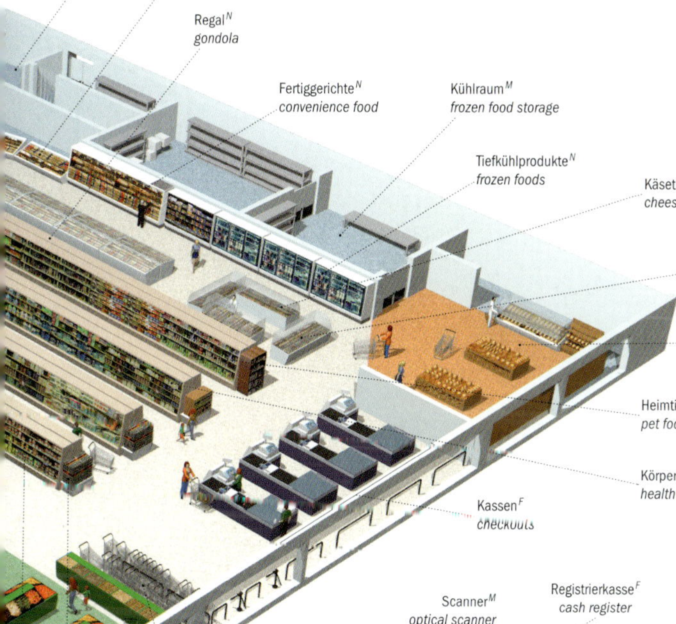

Kasse^F
checkout

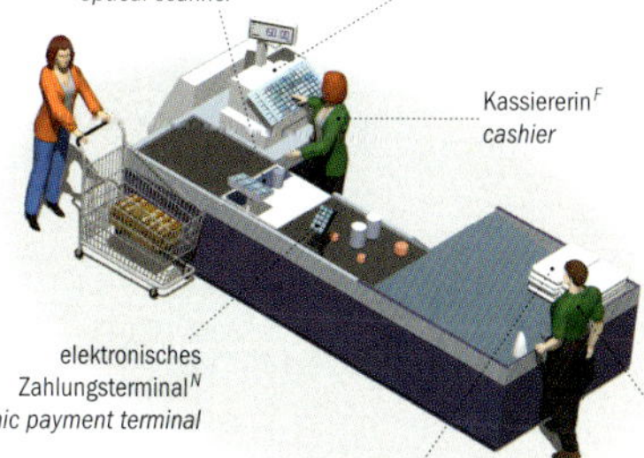

Bauernhof^M
farmstead

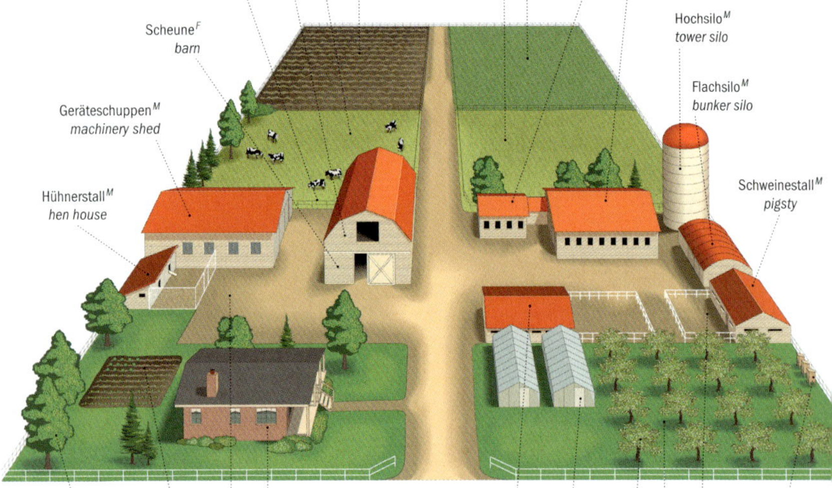

Pilze^{M}

mushrooms

Trüffel^{F}
truffle

Holzohr^{N}
wood ear

Kaiserling^{M}
royal agaric

echter Reizker^{M}
delicious lactarius

Enoki^{M}
enoki mushroom

Austernseitling^{M}
oyster mushroom

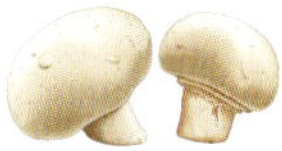

Zuchtchampignon^{M}
cultivated mushroom

grasgrüner Täubling^{M}
green russula

Morchel^{F}
morel

Steinpilz^{M}
edible boletus

Schiitakepilz^{M}
shiitake

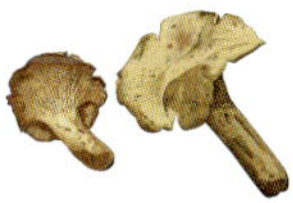

Pfifferling^{M}
chanterelle

Meeresalgen^{F}

seaweed

Arame^{F}
arame

Wakame^{F}
wakame

Kombu^{F}
kombu

Spirulina^{F}
spirulina

Irisch Moos^{N}
Irish moss

Hijiki^{F}
hijiki

Meersalat^{M}
sea lettuce

Agar-Agar$^{M/N}$
agar-agar

Nori^{N}
nori

Dulse^{F}
dulse

NAHRUNGSMITTEL UND KÜCHE

Gemüse[N]
vegetables

Zwiebelgemüse[N]
bulb vegetables

Lauch[M]
leek

Frühlingszwiebel[F]
green onion

Frühlingszwiebel[F]
spring onion

Schalotte[F]
shallot

Wassernuss[F]
water chestnut

Knoblauch[M]
garlic

Schnittlauch[M]
chive

Gemüsezwiebel[F]
yellow onion

rote Zwiebel[F]
red onion

weiße Zwiebel[F]
white onion

Perlzwiebel[F]
pickling onion

Knollengemüse[N]
tuber vegetables

Maniok[M]
cassava

Knollenziest[M]
crosne

Taro[M]
taro

Jicama[F]
jicama

Süßkartoffel[F]
sweet potato

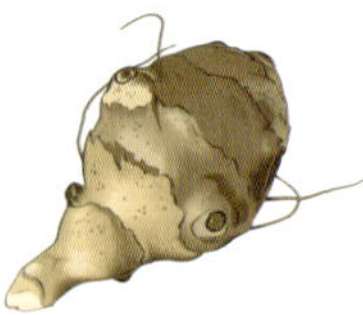
Topinambur[M/F]
Jerusalem artichoke

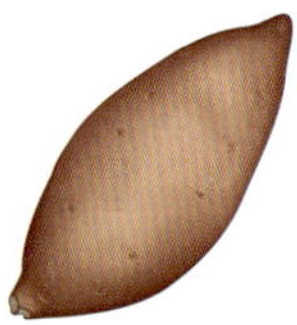
Süßkartoffel[F]
sweet potato

Kartoffel[F]
potato

Stengel- und Sprossengemüse[N]
stalk vegetables

Spargel[M]
asparagus

Mangold[M]
Swiss chard

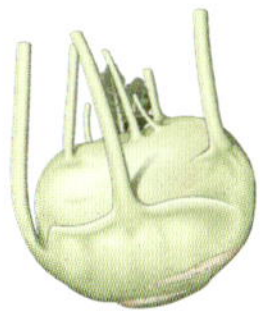

Kohlrabi[M]
kohlrabi

Kardone[F]
cardoon

Bambussprosse[F]
bamboo shoot

Fenchel[M]
fennel

Farnspitze[F]
fiddlehead fern

Rhabarber[M]
rhubarb

Stangensellerie[M/F]
celery

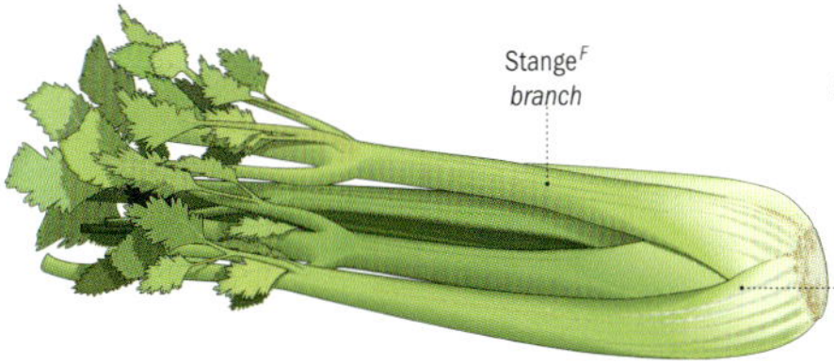

Blattgemüse[N]
leaf vegetables

Friséesalat[M]
leaf lettuce

Romagna-Salat[M]
cos lettuce

Spargelsalat[M]
celtuce

Meerkohl[M]
sea kale

Riesenkohl[M]
collards

Eskariol[M]
escarole

Kopfsalat[M]
butterhead lettuce

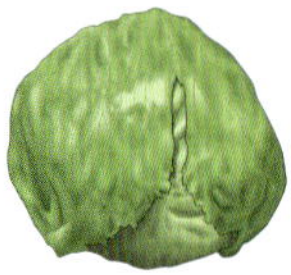

Eisbergsalat[M]
iceberg lettuce

Radicchio[M]
radicchio

Zierkohl[M]
ornamental kale

Grünkohl[M]
curly kale

Weinblatt[N]
vine leaf

Rosenkohl[M]
Brussels sprouts

Rotkohl[M]
red cabbage

Weißkohl[M]
white cabbage

Wirsing[M]
savoy cabbage

Kohl[M]
green cabbage

Chinakohl[M]
pe-tsai

Pak-Choi[M]
pak-choi

Portulak^M
purslane

Nessel^F
nettle

Brunnenkresse^F
watercress

Löwenzahn^M
dandelion

Feldsalat^M
corn salad

Rauke^F
rocket

Spinat^M
spinach

Gartenkresse^F
garden cress

Garten-Sauerampfer^M
garden sorrel

krause Endivie^F
curly endive

Chicorée^M/F
chicory

Blütengemüse^N
inflorescent vegetables

Blumenkohl^M
cauliflower

Broccoli^M
broccoli

China-Broccoli^M
Gai-lohn

Rübenspross^M
broccoli raab

Artischocke^F
artichoke

Fruchtgemüse[N]
fruit vegetables

Avocado[F]
avocado

Tomate[F]
tomato

Kirschtomate[F]
currant tomato

Tomatillo[F]
tomatillo

Olive[F]
olive

gelber Paprika[M]
yellow sweet pepper

grüner Paprika[M]
green sweet pepper

roter Paprika[M]
red sweet pepper

Pfefferschote[F]
chilli

Okraschote[F]
okra

Einlegegurke[F]
gherkin

Gurke[F]
cucumber

Wachskürbis[M]
wax gourd

Aubergine[F]
aubergine

kernlose Salatgurke[F]
seedless cucumber

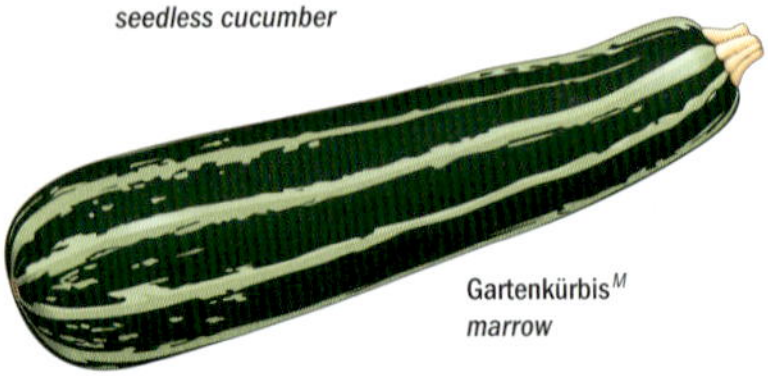

Gartenkürbis[M]
marrow

Zucchini[F]
courgette

Bittermelone[F]
bitter melon

Patisson^{M}
pattypan squash

Krummhalskürbis^{M}
crookneck squash

gelbe Zucchini^{F}
straightneck squash

Chayote^{F}
chayote

Kürbis^{M}
pumpkin

Spaghettikürbis^{M}
spaghetti squash

Eichelkürbis^{M}
acorn squash

Patisson-Kürbis^{M}
autumn squash

Wurzelgemüse^{N}
root vegetables

Meerrettich^{M}
horseradish

Schwarzrettich^{M}
black radish

Radieschen^{N}
radish

Haferwurz^{F}
salsify

Karotte^{F}
carrot

Schwarzwurzel^{F}
black salsify

Pastinake^{F}
parsnip

Rettich^{M}
daikon

Klettenwurzel^{F}
burdock

rote Beete^{F}
beetroot

Rübe^{F}
turnip

Knollensellerie^{F}
celeriac

Kohlrübe^{F}
swede

japanischer Rettich^{M}
malanga

Hülsenfrüchte[F]
legumes

blaue Luzerne[F]
alfalfa

Lupine[F]
lupine

Linsen[F]
lentils

Erdnuss[F]
peanut

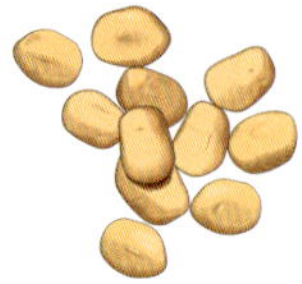
dicke Bohnen[F]
broad beans

Erbsen[F]
peas

Kichererbsen[F]
chick peas

gespaltene Erbsen[F]
split peas

grüne Erbsen[F]
green peas

Zuckererbsen[F]
mangetout

Bohnen[F]
dolichos beans

schwarzäugige Bohne[F]
black-eyed pea

Helmbohne[F]
lablab bean

Spargelbohne[F]
yard-long bean

Bohnen^{F}
beans

grüne Bohne^{F}
green bean

Wachsbohne^{F}
wax bean

römische Bohne^{F}
roman bean

Asukibohne^{F}
adzuki bean

Feuerbohne^{F}
scarlet runner bean

Mungobohne^{F}
mung bean

Limabohne^{F}
Lima bean

Pintobohne^{F}
pinto bean

rote Kidneybohne^{F}
red kidney bean

schwarze Mungobohne^{F}
black gram

schwarze Bohne^{F}
black bean

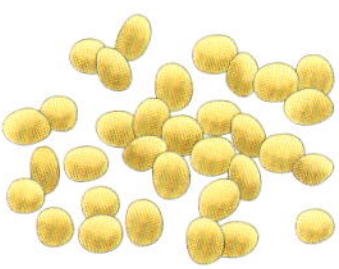

Sojabohnen^{F}
soybeans

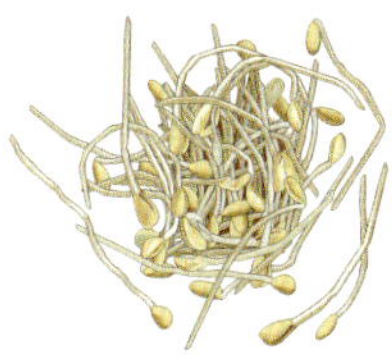

Sojasprossen^{F}
soybean sprouts

Flageolet-Bohne^{F}
flageolet

Obst[N]
fruits

Beeren[F]
berries

Johannisbeere[F]
redcurrant

schwarze Johannisbeere[F]
blackcurrant

Stachelbeere[F]
gooseberry

Weintraube[F]
grape

Heidelbeere[F]
blueberry

Heidelbeere[F]
bilberry

rote Heidelbeere[F]
red whortleberry

Physalis[F]
alkekengi

Preiselbeere[F]
cranberry

Himbeere[F]
raspberry

Brombeere[F]
blackberry

Erdbeere[F]
strawberry

Steinfrüchte[F]
stone fruits

Pflaume[F]
plum

Pfirsich[M]
peach

Nektarine[F]
nectarine

Aprikose[F]
apricot

Kirsche[F]
cherry

Dattel[F]
date

Trockenfrüchte[F]
dry fruits

Macadamianuss[F]
macadamia nut

Ginkgonuss[F]
ginkgo nut

Pistazie[F]
pistachio nut

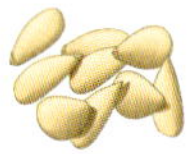

Pinienkern[M]
pine nut

Kolanuss[F]
cola nut

Pecannuss[F]
pecan nut

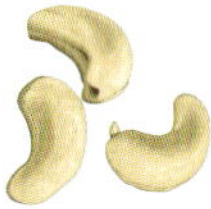

Cashewkern[M]
cashew

Mandel[F]
almond

Haselnuss[F]
hazelnut

Walnuss[F]
walnut

Kokosnuss[F]
coconut

Esskastanie[F]
chestnut

Buchecker[F]
beechnut

Paranuss[F]
Brazil nut

Apfelfrüchte[F]
pome fruits

Birne[F]
pear

Quitte[F]
quince

Apfel[M]
apple

Mispel[F]
medlar

Zitrusfrüchte[F]
citrus fruits

Zitrone[F]
lemon

Kumquat[F]
kumquat

Limette[F]
lime

Orange[F]
orange

Mandarine[F]
mandarin

Bergamotte[F]
bergamot

Grapefruit[F]
grapefruit

Pampelmuse[F]
pomelo

Zitronatzitrone[F]
citron

Melonen^{F}
melons

Honigmelone^{F}
cantaloupe

Casabamelone^{F}
casaba melon

Honigmelone^{F}
honeydew melon

Zuckermelone^{F}
muskmelon

kanarische Melone^{F}
canary melon

Wassermelone^{F}
watermelon

Ogenmelone^{F}
Ogen melon

Südfrüchte[F]
tropical fruits

Plantainbanane[F]
plantain

Banane[F]
banana

Longanfrucht[F]
longan

Baumtomate[F]
tamarillo

Passionsfrucht[F]
passion fruit

Kiwano[F]
horned melon

Mangostane[F]
mangosteen

Kiwi[F]
kiwi

Granatapfel[M]
pomegranate

Chirimoya[F]
cherimoya

Jackfrucht[F]
jackfruit

Ananas[F]
pineapple

Jaboticaba^{F}
jaboticaba

Litchi^{F}
litchi; lychee

Feige^{F}
fig

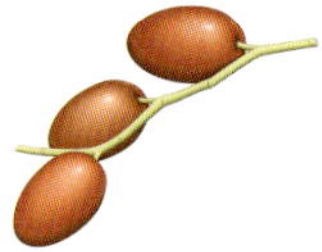

chinesische Dattel^{F}
jujube

Breiapfel^{M}
sapodilla

Guave^{F}
guava

Rambutan^{F}
rambutan

Kaki^{F}
Japanese persimmon

Kaktusfeige^{F}
prickly pear

Sternfrucht^{F}
carambola

asiatische Birne^{F}
Asian pear

Mango^{F}
mango

Durianfrucht^{F}
durian

Papaya^{F}
papaya

Birnenmelone^{F}
pepino

Ananasguave^{F}
feijoa

Gewürze[N]
spices

Wacholderbeere[F]
juniper berry

Gewürznelke[F]
clove

Jamaikapfeffer[M]
allspice

weiße Senfkörner[N]
white mustard

schwarze Senfkörner[N]
black mustard

schwarzer Pfeffer[M]
black pepper

weißer Pfeffer[M]
white pepper

rosa Pfeffer[M]
pink pepper

grüner Pfeffer[M]
green pepper

Muskatnuss[F]
nutmeg

Kümmel[M]
caraway

Kardamom[M/N]
cardamom

Zimtstangen[M]
cinnamon

Safran[M]
saffron

Kreuzkümmel[M]
cumin

Curry[N]
curry

Kurkuma[N]
turmeric

Bockshornkleesamen[M]
fenugreek

Jalapeño-Chili[M]
jalapeño chilli

Vogelaugenchili[M]
bird's eye chilli

zerstoßene Chilis[M]
crushed chillis

getrocknete Chilis[M]
dried chillis

Cayennepfeffer[M]
cayenne

Paprika[M]
paprika

Ajowan[N]
ajowan

Teufelsdreck[M]
asafœtida

Garam Masala[N]
garam masala

Cajun-Gewürzmischung[F]
cajun spice seasoning

Mariniergewürze[N]
marinade spices

Fünf-Kräuter[N]-Gewürz[N]
five spice powder

Chilipulver[N]
chilli powder

gemahlener Pfeffer[M]
ground pepper

Ras-El-Hanout[N]
ras el hanout

Sumach[M]
sumac

Mohnsamen[M]
poppy seeds

Ingwer[M]
ginger

Würzen[F]

condiments

Tabasco™-Soße[F]
Tabasco™ sauce

Worcestershire-Soße[F]
Worcestershire sauce

Tamarindenmark[N]
tamarind paste

Vanille-Extrakt[M]
vanilla extract

Tomatenmark[N]
tomato paste

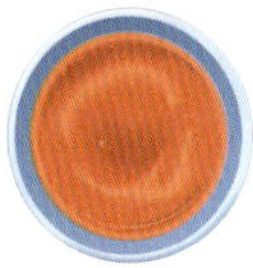

Passierte Tomaten[F]
tomato coulis

Hummus[M]
hummus

Tahinisoße[F]
tahini

Hoisinsoße[F]
hoisin sauce

Sojasoße[F]
soy sauce

Senfpulver[N]
powdered mustard

Senfkörner[N]
wholegrain mustard

Dijon-Senf[M]
Dijon mustard

deutscher Senf[M]
German mustard

englischer Senf[M]
English mustard

amerikanischer Senf[M]
American mustard

Pflaumensoße[F]
plum sauce

Mangochutney[N]
mango chutney

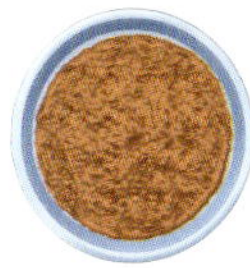

Harissasoße[F]
harissa

Sambal Oelek[M]
sambal oelek

Ketchup[M]
ketchup

Wasabipaste[F]
wasabi

Tafelsalz[N]
table salt

grobes Salz[N]
coarse salt

Meersalz[N]
sea salt

Balsamessig[M]
balsamic vinegar

Reisessig[M]
rice vinegar

Apfelessig[M]
cider vinegar

Malzessig[M]
malt vinegar

Weinessig[M]
wine vinegar

Kräuter[N]
herbs

Dill[M]
dill

Anis[M]
anise

Lorbeer[M]
bay

Origano[M]
oregano

Estragon[M]
tarragon

Basilikum[N]
basil

Salbei[M]
sage

Thymian[M]
thyme

Minze[F]
mint

Petersilie[F]
parsley

Kerbel[M]
chervil

Koriander[M]
coriander

Rosmarin[M]
rosemary

Ysop[M]
hyssop

Boretsch[M]
borage

Liebstöckel[M/N]
lovage

Bohnenkraut[N]
savory

Zitronenmelisse[F]
lemon balm

Getreide^{N}
cereals

Reis^{M}
rice

Wildreis^{M}
wild rice

Dinkel^{M}
spelt wheat

Weizen^{M}
wheat

Hafer^{M}
oats

Roggen^{M}
rye

Hirse^{F}
millet

Mais^{M}
corn

Gerste^{F}
barley

Buchweizen^{M}
buckwheat

Reismelde^{F}
quinoa

Amarant^{M}
amaranth

Triticale^{M}
triticale

Getreideprodukte[N]
cereal products

Mehl[N] und Grieß[M]
flour and semolina

Grieß[M]
semolina

Vollkornmehl[N]
whole wheat flour

Couscous[N]
couscous

Haushaltsmehl[N]
plain flour

ungebleichtes Mehl[N]
unbleached flour

Hafermehl[N]
oat flour

Maismehl[N]
cornflour

Brot[N]
bread

Croissant[N]
croissant

dunkles Roggenbrot[N]
black bread

Kringel[M]
bagel

griechisches Brot[N]
Greek bread

französisches
Weißbrot[N]
French loaf

Ährenbrot[N]
ear loaf

Baguette[N]
French bread

indisches Fladenbrot[N]
Indian chapati bread

Tortilla[F]
tortilla

Pittabrot[N]
pitta bread

indisches Naanbrot[N]
Indian naan bread

Roggenknäckebrot[N]
rye crispbread

Blätterteig[M]
filo dough

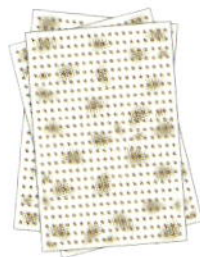
ungesäuertes Brot[N]
unleavened bread

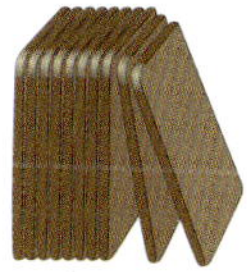
dänisches Roggenbrot[N]
Danish rye bread

Weißbrot[N]
white bread

Mehrkornbrot[N]
multigrain bread

skandinavisches Knäckebrot[N]
Scandinavian crispbread

jüdisches Weißbrot[N]
Jewish challah

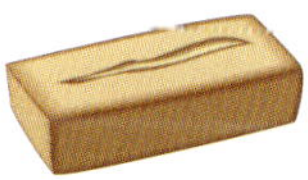
amerikanisches Maisbrot[N]
American corn bread

deutsches Roggenbrot[N]
German rye bread

russischer Pumpernickel[M]
Russian black bread

Bauernbrot[N]
farmhouse loaf

Vollkornbrot[N]
wholemeal bread

irisches Brot[N]
Irish soda bread

englisches Weißbrot[N]
cottage loaf

Teigwaren^{F}
pasta

Rigatoni^{M}
rigatoni

Rotini^{M}
rotini

Conchiglie^{F}
conchiglie

Fusilli^{M}
fusilli

Spaghetti^{M}
spaghetti

Ditali^{M}
ditali

Gnocchi^{M}
gnocchi

Tortellini^{M}
tortellini

Spaghettini^{M}
spaghettini

Hörnchennudeln^{F}
elbows

Penne^{F}
penne

Cannelloni^{M}
cannelloni

Lasagne^{F}
lasagne

Ravioli^{M}
ravioli

grüne Tagliatelle^{F}
spinach tagliatelle

Fettuccine^{F}
fettucine

asiatische Teigwaren^{F}
Asian noodles

Sobanudeln^{F}
soba noodles

Somennudeln^{F}
somen noodles

Udonnudeln^{F}
udon noodles

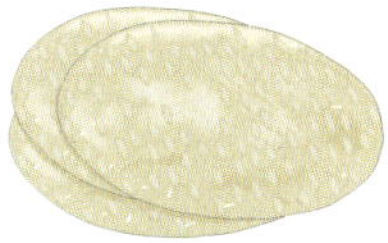

Reispapier^{N}
rice papers

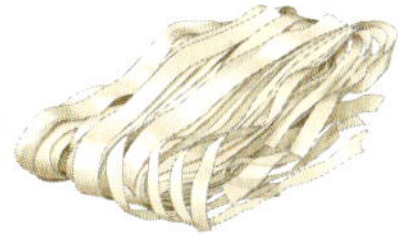

Reisnudeln^{F}
rice noodles

Glasnudeln^{F}
bean thread cellophane noodles

asiatische Eiernudeln^{F}
egg noodles

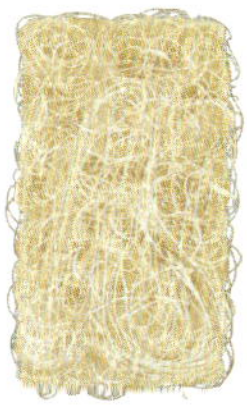

Reisfadennudeln^{F}
rice vermicelli

Wan-tan-Teigblätter^{N}
won ton skins

Reis^{M}
rice

weißer Reis^{M}
white rice

Braunreis^{M}
brown rice

Parboiled Reis^{M}
parboiled rice

Basmatireis^{M}
basmati rice

Kaffee[M] und Tee[M]

coffee and infusions

Kaffee[M]
coffee

Rohkaffee[F]
green coffee beans

geröstete Kaffeebohnen[F]
roasted coffee beans

Kräutertees[M]
herbal teas

Linde[F]
linden

Kamille[F]
chamomile

Verbene[F]
verbena

Tee[M]
tea

grüner Tee[M]
green tea

schwarzer Tee[M]
black tea

Oolong-Tee[M]
oolong tea

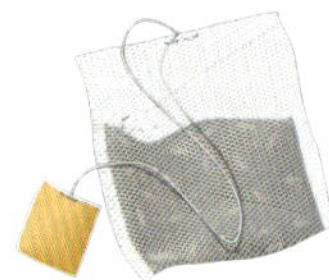

Teebeutel[M]
tea bag

Schokolade[F]

chocolate

Bitterschokolade[F]
dark chocolate

Milchschokolade[F]
milk chocolate

Kakao[M]
cocoa

weiße Schokolade[F]
white chocolate

Zucker^{M}
sugar

Kristallzucker^{M}
granulated sugar

Puderzucker^{M}
powdered sugar

brauner Zucker^{M}
brown sugar

Kandiszucker^{M}
rock candy

Melasse^{F}
molasses

Maissirup^{M}
corn syrup

Ahornsirup^{M}
maple syrup

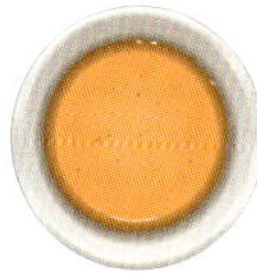

Honig^{M}
honey

Fette^{N} und Öle^{N}
fats and oils

Maisöl^{N}
corn oil

Olivenöl^{N}
olive oil

Sonnenblumenöl^{N}
sunflower-seed oil

Erdnussöl^{N}
peanut oil

Sesamöl^{N}
sesame oil

Backfett^{N}
shortening

Schweinespeck^{M}
lard

Margarine^{F}
margarine

Milchprodukte^{N}

dairy products

Joghurt^{M}
yogurt

Ghee^{N}
ghee

Butter^{F}
butter

Sahne^{F}
cream

Schlagsahne^{F}
whipping cream

saure Sahne^{F}
sour cream

Milch^{F}
milk

homogenisierte Milch^{F}
homogenized milk

Ziegenmilch^{F}
goat's milk

Kondensmilch^{F}
evaporated milk

Buttermilch^{F}
buttermilk

Milchpulver^{N}
powdered milk

Frischkäse^{M}
fresh cheeses

Hüttenkäse^{M}
cottage cheese

Mozzarella^{M}
mozzarella

Ricotta^{M}
ricotta

Streichkäse^{M}
cream cheese

Ziegenkäse^{M}
goat's-milk cheeses

Ziegenfrischkäse^{M}
Chèvre cheese

Crottin de Chavignol^{M}
Crottin de Chavignol

Hartkäse[M]
pressed cheeses

Jarlsberg[M]
Jarlsberg

Emmentaler[M]
Emmenthal

Raclette[M]
Raclette

Parmesan[M]
Parmesan

Gruyèrekäse[M]
Gruyère

Pecorino Romano[M]
Romano

Edelpilzkäse[M]
blue-veined cheeses

Roquefort[M]
Roquefort

Stilton[M]
Stilton

Gorgonzola[M]
Gorgonzola

Danish Blue[M]
Danish Blue

Weichkäse[M]
soft cheeses

Pont-l'Évêque[M]
Pont-l'Évêque

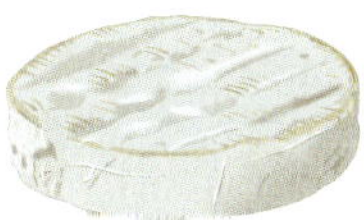

Coulommiers[M]
Coulommiers

Munster[M]
Munster

Camembert[M]
Camembert

Brie[M]
Brie

Fleisch[N]

meat

Rindfleisch[N]
cuts of beef

Steak[N]
steak

Rindfleischwürfel[M]
beef cubes

Rinderhackfleisch[N]
minced beef

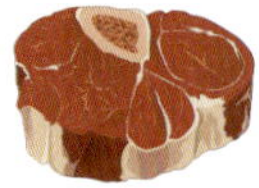

Hachse[F]
shank

Rinderfilet[N]
tenderloin roast

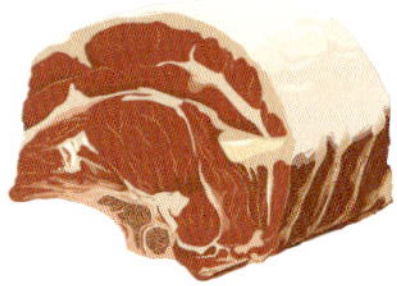

hohe Rippe[F]
rib roast

Querrippe[F]
back ribs

Kalbfleisch[N]
cuts of veal

Kalbfleischwürfel[M]
veal cubes

Kalbshackfleisch[N]
minced veal

Hachse[F]
shank

Rollbraten[M]
roast

Schnitzel[N]
steak

Kotelett[N]
chop

Lammfleisch[N]
cuts of lamb

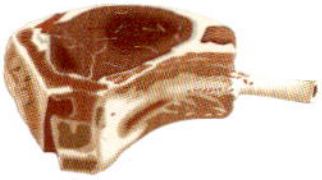

Kotelett[N]
chop

Lammhackfleisch[N]
minced lamb

Lammfleischwürfel[M]
lamb cubes

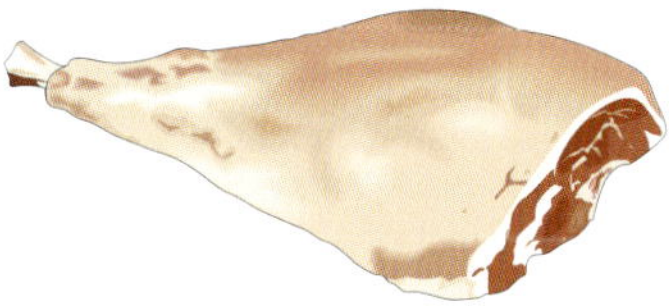

Braten[M]
roast

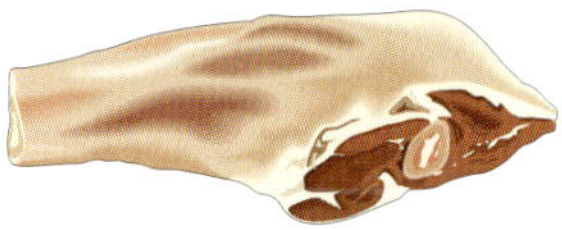

Hachse[F]
shank

Schweinefleisch[N]
cuts of pork

Spareribs/Schälrippchen[N]
spareribs

Schweinehackfleisch[N]
minced pork

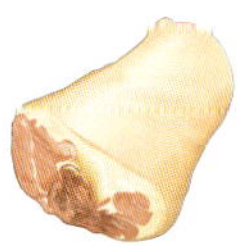

Eisbein[N]
hock

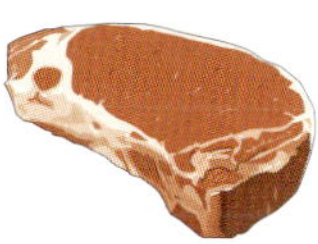

Kotelett[N]
loin chop

Räucherschinken[M]
smoked ham

Braten[M]
roast

Innereien[F]
offal

Gekröse[N]
sweetbreads

Herz[N]
heart

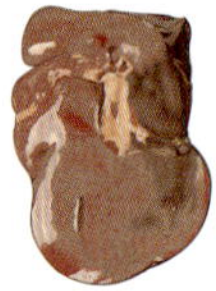
Leber[F]
liver

Mark[N]
marrow

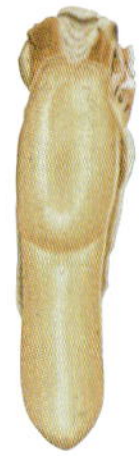
Zunge[F]
tongue

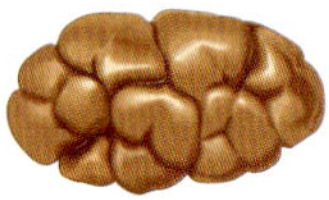
Niere[F]
kidney

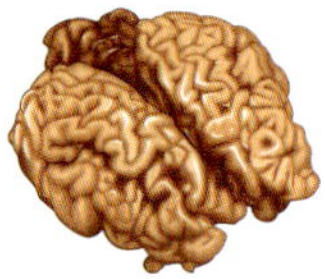
Hirn[N]
brains

Kaldaune[F]
tripe

Wild[N]
game

Wachtel[F]
quail

Taube[F]
pigeon

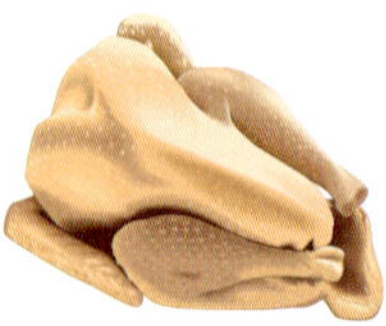
Perlhuhn[N]
guinea fowl

Fasan[M]
pheasant

Hase[M]
hare

Kaninchen[N]
rabbit

Geflügel[N]
poultry

Huhn[N]
chicken

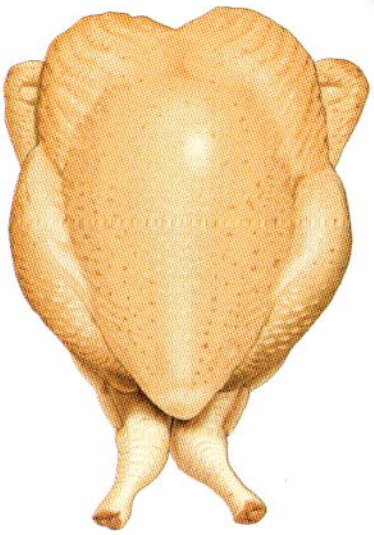

Kapaun[M]
capon

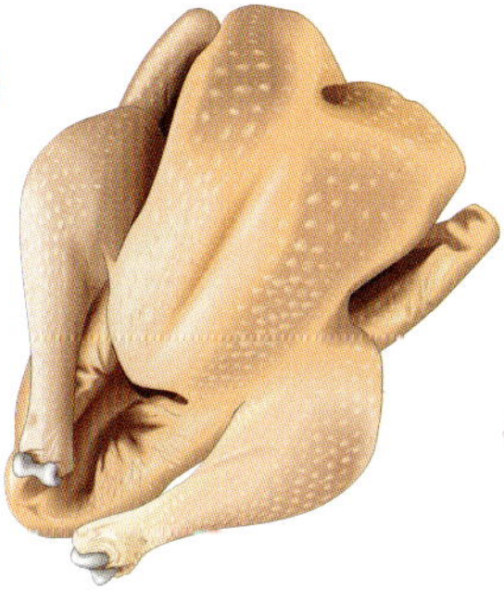

Puter[M]
turkey

Ente[F]
duck

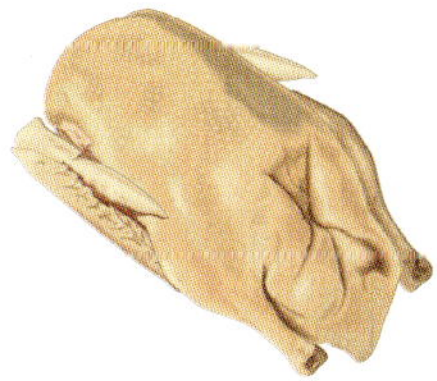

Gans[F]
goose

Eier[N]
eggs

Straußenei[N]
ostrich egg

Gänseei[N]
goose egg

Wachtelei[N]
quail egg

Fasanenei[N]
pheasant egg

Entenei[N]
duck egg

Hühnerei[N]
hen egg

Spezialitäten[F]

delicatessen

Rillettes[F]
rillettes

Stopfleber[F]
foie gras

roher Schinken[M]
prosciutto

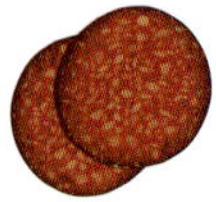

Kielbasa-Wurst[F]
kielbasa sausage

Mortadella[F]
mortadella

Blutwurst[F]
black pudding

Chorizo-Wurst[F]
chorizo

Pepperoniwurst[F]
pepperoni

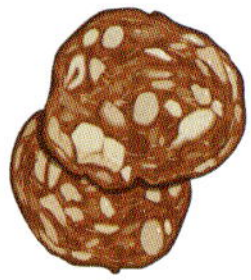

grobe Salami[F]
Genoa salami

feine Salami[F]
German salami

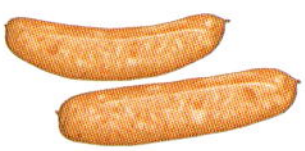

Toulouser Wurst[F]
Toulouse sausage

Merguez-Wurst[F]
merguez sausage

Kuttelwurst[F]
andouillette

Bratwurst[F]
chipolata sausage

Frankfurter Würstchen[N]
frankfurter

Bauchspeck[M]
pancetta

gekochter Schinken[M]
cooked ham

amerikanischer Bacon[M]
American bacon

kanadischer Bacon[M]
Canadian bacon

Mollusken^F
molluscs

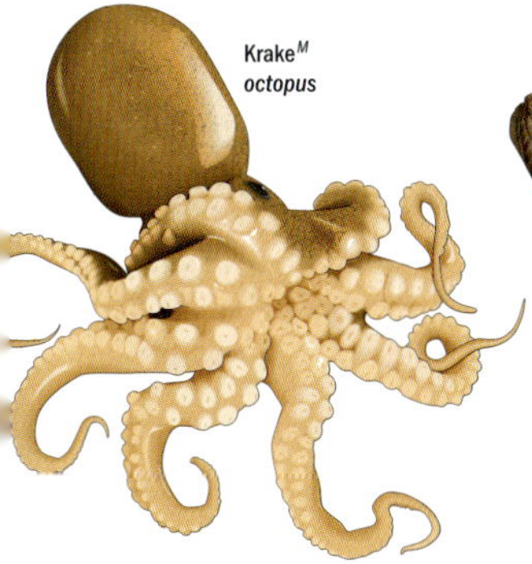

Krake^M
octopus

Tintenfisch^M
cuttlefish

Kalmar^M
squid

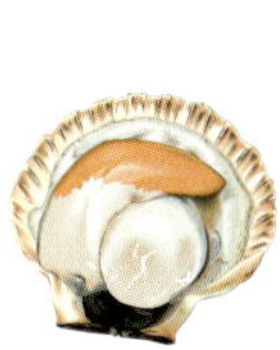

Kammmuschel^F
scallop

Kreuzmuster^N-Teppichmuschel^F
hard-shell clam

Klaffmuschel^F
soft shell clam

Meerohr^N
abalone

Jakobsmuschel^F
great scallop

Schnecke^F
snail

Napfschnecke^F
limpet

Strandschnecke^F
common periwinkle

Venusmuschel^F
clam

Herzmuschel^F
cockle

Messermuschel^F
razor clam

Auster^F
oyster

Auster^F
oyster

Miesmuschel^F
blue mussel

Wellhornschnecke^F
whelk

Krebstiere[N]

crustaceans

Hummer[M]
lobster

Flusskrebs[M]
crayfish

Languste[F]
spiny lobster

Garnele[F]
prawn

Langustine[F]
scampi

Krabbe[F]
crab

Knorpelfische[M]

cartilaginous fishes

groß gefleckter Katzenhai[M]
larger spotted dogfish

Rochen[M]
skate

Hundshai[M]
smooth hound

Stör[M]
sturgeon

Knochenfische[M]

bony fishes

Sardelle[F]
anchovy

Sardine[F]
sardine

Hering[M]
herring

Stint[M]
smelt

Goldbrasse[F]
sea bream

rote Meerbarbe[F]
goatfish

Aal[M]
eel

Makrele[F]
mackerel

Knurrhahn[M]
gurnard

Meerneunauge[N]
lamprey

Schwertfisch[M]
swordfish

Knochenfische[M]

Barsch[M]
bass

Meeräsche[F]
mullet

Karpfen[M]
carp

Flussbarsch[M]
perch

Alse[F]
shad

Hecht[M]
pike

Zander[M]
pike perch

Blaufisch[M]
bluefish

Seebarsch[M]
sea bass

Seeteufel[M]
monkfish

Thunfisch[M]
tuna

Rotbarsch^{M}
redfish

Weißfisch^{M}
whiting

Schellfisch^{M}
haddock

Seelachs^{M}
black pollock

atlantischer Kabeljau^{M}
Atlantic cod

Forelle^{F}
trout

pazifischer Lachs^{M}
Pacific salmon

atlantischer Lachs^{M}
Atlantic salmon

Bachsaibling^{M}
brook charr

Heringskönig^{M}
John dory

Heilbutt^{M}
halibut

Steinbutt^{M}
turbot

Flunder^{F}
common plaice

Scholle^{F}
sole

Verpackungen[F]

packaging

Beutel[M]
pouch

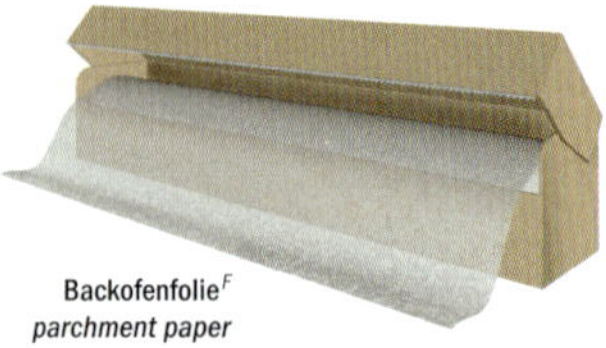

Backofenfolie[F]
parchment paper

Aluminiumfolie[F]
aluminium foil

Gefrierbeutel[M]
freezer bag

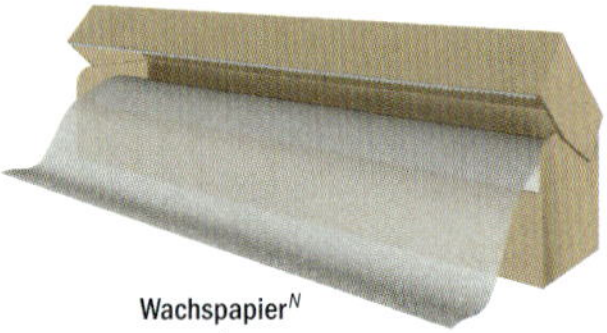

Wachspapier[N]
waxed paper

Frischhaltefolie[F]
plastic film

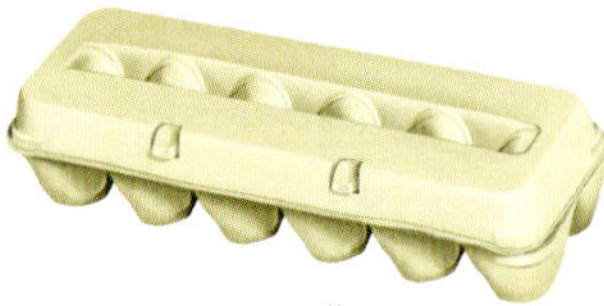

Eierkarton[M]
egg carton

Netz[N]
mesh bag

Vorratsdosen[F]
canisters

Schale[F]
food tray

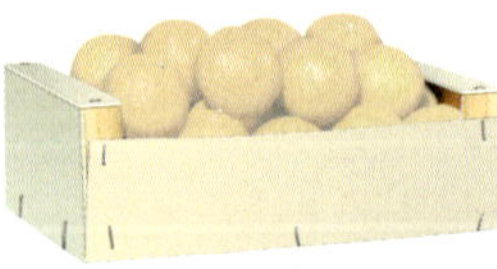

Kiste[F]
small crate

Holzkiste[F]
small open crate

Verpackungen[F]

Glasflasche[F]
glass bottle

Konservendose[F]
food can

Getränkedose[F]
beverage can

Multipack[N]
multipack

Trinkpackung[F]
drink box

Packung[F]
package

Becher[M]
cup

Tube[F]
tube

Milch-/Sahnebecher[M]
milk/cream cup

Butterdose[F]
butter cup

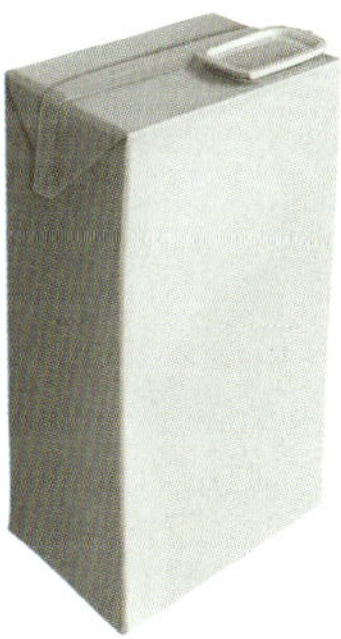

Getränkekarton[M]
brick carton

Käseschachtel[F]
cheese box

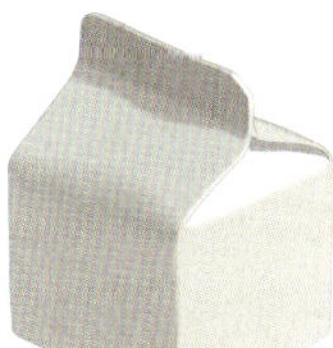

Kleiner Getränkekarton[M]
small carton

Getränkekarton[M]
carton

Küche[F]

kitchen

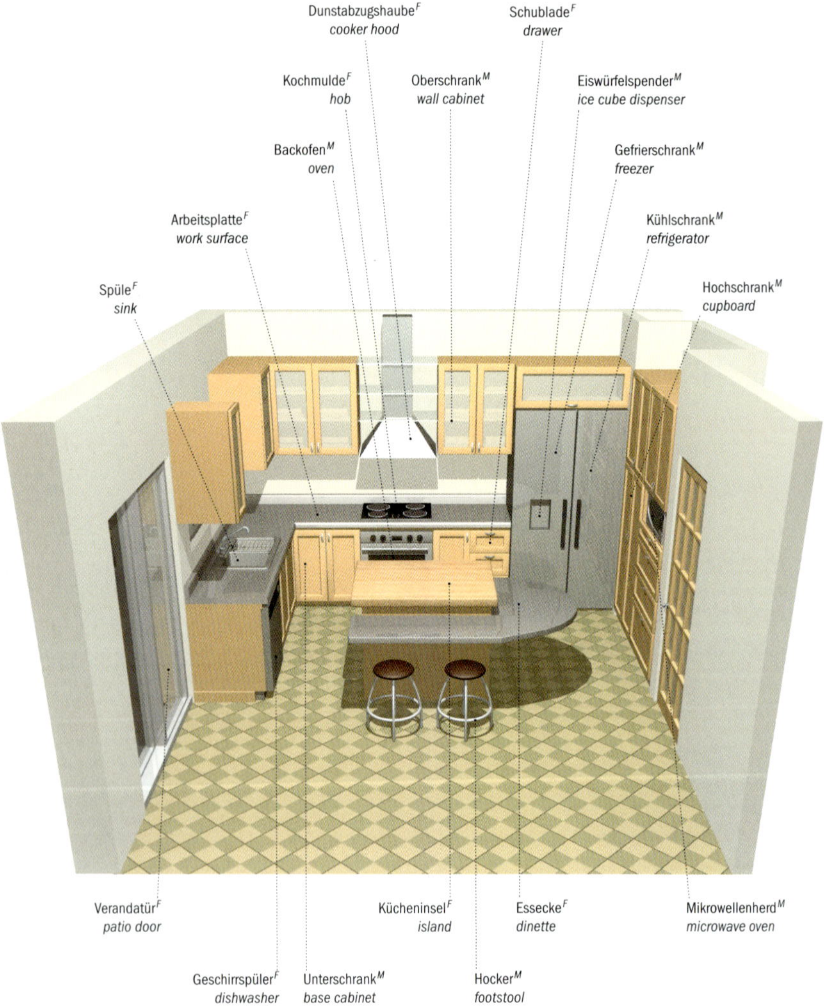

Gläser^{N}
glassware

Likörglas^{N}
liqueur glass

Portweinglas^{N}
port glass

Sektschale^{F}
champagne glass

Kognakschwenker^{M}
brandy glass

Elsassglas^{N}
hock glass

Rotweinglas^{N}
burgundy glass

Bordeauxglas^{N}
bordeaux glass

Weißweinglas^{N}
white wine glass

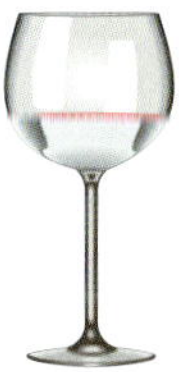

Wasserglas^{N}
water goblet

Cocktailglas^{N}
cocktail glass

Longdrinkglas^{N}
tall tumbler

Whiskyglas^{M}
whisky tumbler

Bierkrug^{M}
beer glass

Sektkelch^{M}
champagne flute

kleine Karaffe^{F}
carafe

Karaffe^{F}
decanter

Geschirr[N]

crockery

Mokkatasse[F]
demitasse

Tasse[F]
tea cup

Becher[M]
coffee mug

Milchkännchen[N]
cream jug

Zuckerdose[F]
sugar bowl

Salzstreuer[M]
saltcellar

Pfefferstreuer[M]
pepperpot

Sauciere[F]
gravy boat

Butterdose[F]
butter dish

Auflaufförmchen[N]
ramekin

Suppenschale[F]
soup bowl

Suppenteller[M]
rim soup bowl

flacher Teller[M]
dinner plate

Salatteller[M]
salad plate

kleiner Teller[M]
side plate

Teekanne[F]
teapot

Servierplatte[F]
serving dish

Gemüseterrine[F]
vegetable dish

Fischplatte[F]
fish dish

Hors-d'Oeuvre-Schale[F]
hors d'oeuvre dish

Wasserkrug[M]
water jug

Salatschüssel[F]
salad bowl

Salatschale[F]
salad dish

Suppenterrine[F]
soup tureen

Silberbesteck^{N}
cutlery

Messer^{N}
knife

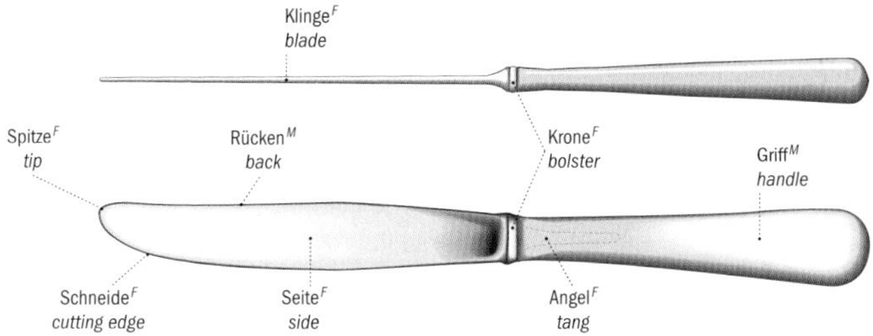

Gabel^{F}
fork

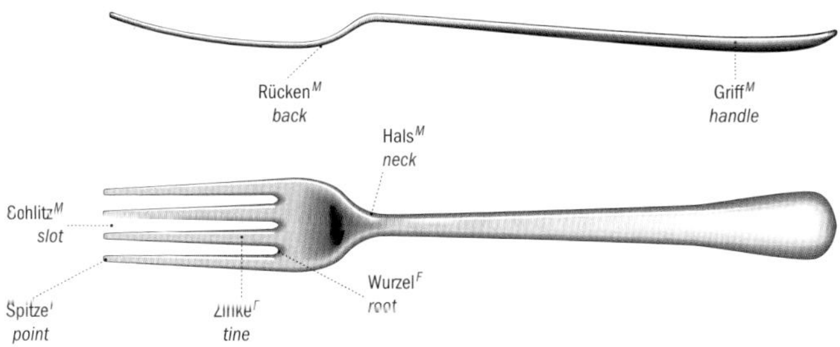

Löffel^{M}
spoon

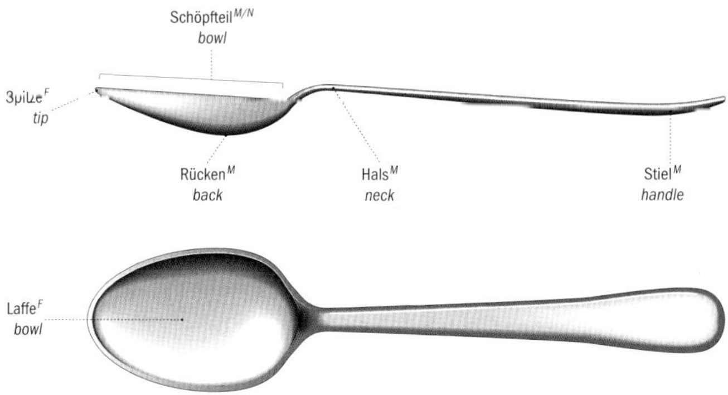

Beispiele[N] für Gabeln[F]
examples of forks

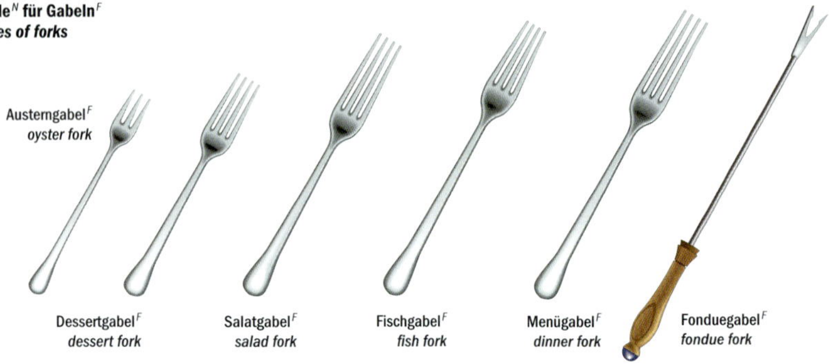

Beispiele[N] für Messer[N]
examples of knives

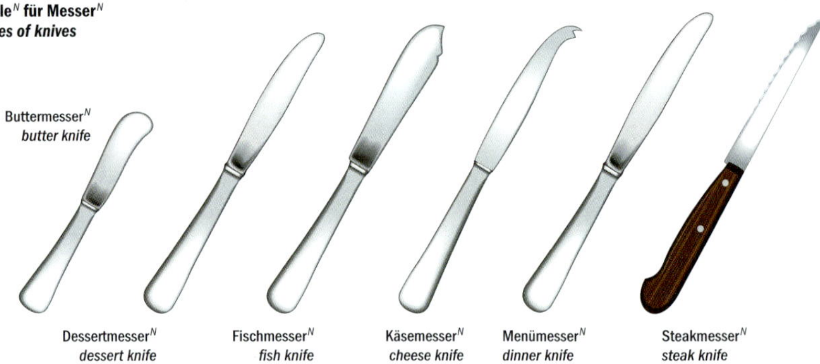

Beispiele[N] für Löffel[M]
examples of spoons

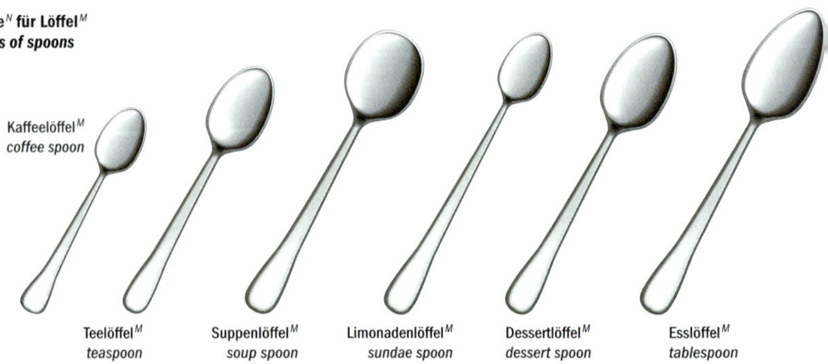

Küchenutensilien[N]

kitchen utensils

Küchenmesser[N]
kitchen knife

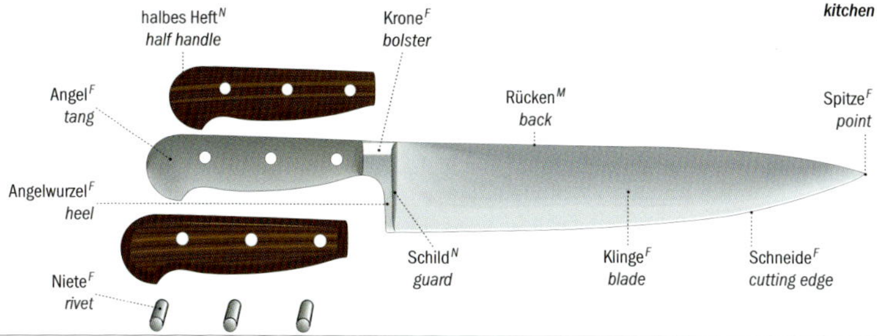

Beispiele[N] für Küchenmesser[N]
examples of kitchen knives

zum Öffnen[N]
for opening

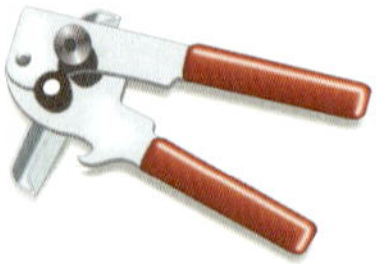

Büchsenöffner[M]
tin opener

Flaschenöffner[M]
bottle opener

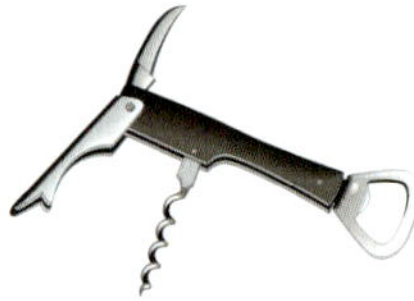

Kellnerbesteck[N]
wine waiter corkscrew

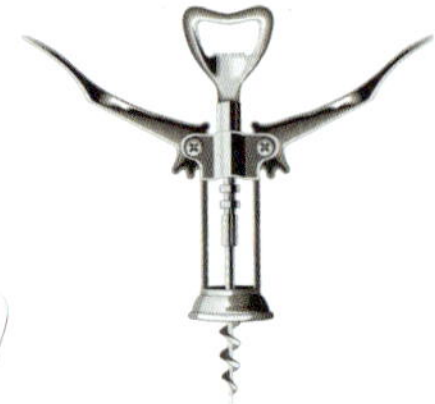

Hebel-Korkenzieher[M]
lever corkscrew

zum Zerkleinern[N] und Zerreiben[N]
for grinding and grating

Nussknacker[M]
nutcracker

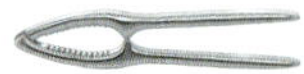

Mörser[M]
mortar

Fleischwolf[M]
mincer

Knoblauchpresse[F]
garlic press

Zitronenpresse[F]
lemon squeezer

Muskatnussreibe[F]
nutmeg grater

Reibe[F]
grater

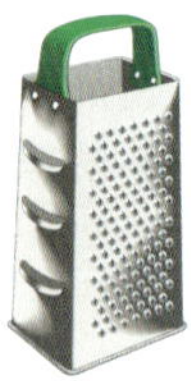

Käsereibe[F]
rotary cheese grater

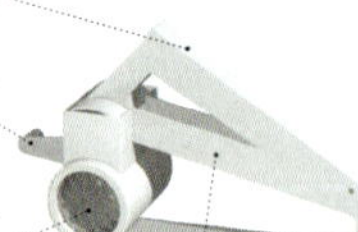

Nudelmaschine[F]
pasta maker

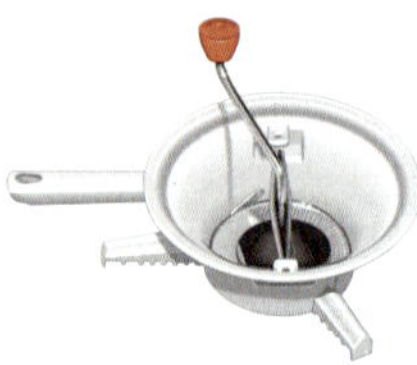

Passiergerät[N]
food mill

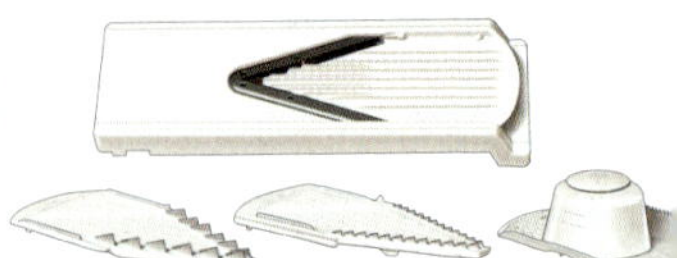

Küchenreibe[F]
mandoline

zum Messen[N]
for measuring

Messlöffel[M]
measuring spoons

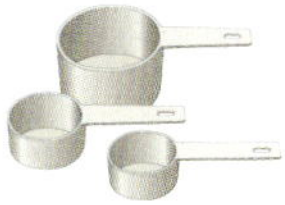
Messbecher[M]
measuring cups

Einmachthermometer[N]
sugar thermometer

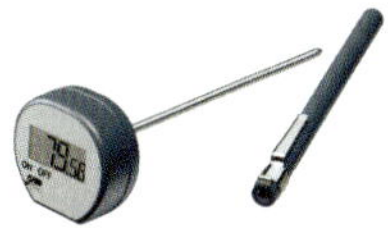
digitales Bratenthermometer[N]
instant-read thermometer

Maß[N]
measuring jug

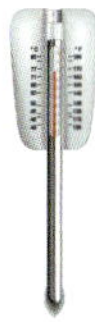
Fleischthermometer[N]
meat thermometer

Backofenthermometer[N]
oven thermometer

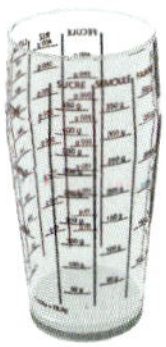
Messbecher[M]
measuring beaker

Küchenuhr[F]
kitchen timer

Eieruhr[F]
egg timer

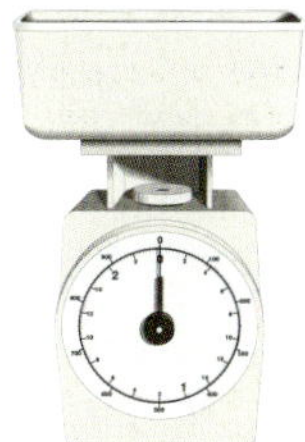
Küchenwaage[F]
kitchen scale

zum Sieben[N] und Abtropfen[N]
for straining and draining

Passiersieb[N]
mesh strainer

Musselin[M]
muslin

Spitzsieb[N]
chinois

Trichter[M]
funnel

Seiher[M]
colander

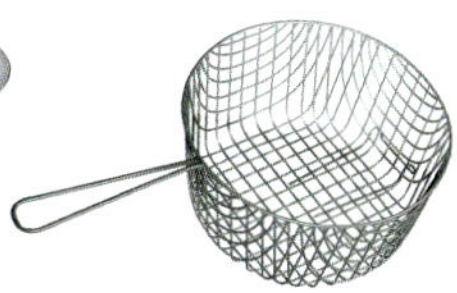
Frittierkorb[M]
frying basket

Mehlsieb[N]
sieve

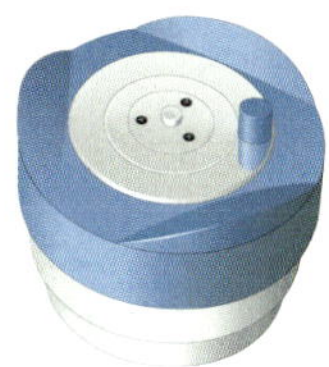
Salatschleuder[F]
salad spinner

Backgerät^{N}
baking utensils

Garnierspritze^{F}
icing syringe

Kuchenrad^{N}
pastry cutting wheel

Kuchenpinsel^{M}
pastry brush

Rad-Schneeschläger^{M}
egg beater

Schneebesen^{M}
whisk

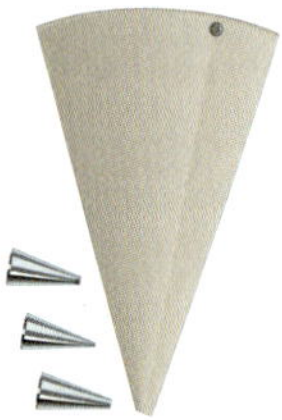

Spritzbeutel^{M} mit Tüllen^{F}
pastry bag and nozzles

Mehlsieb^{N}
sifter

Ausstechformen^{F}
biscuit cutters

Streuer^{M}
dredger

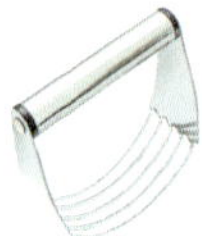

Teigmischer^{M}
pastry blender

Rührschüsseln^{F}
mixing bowls

Nudelholz^{N}
rolling pin

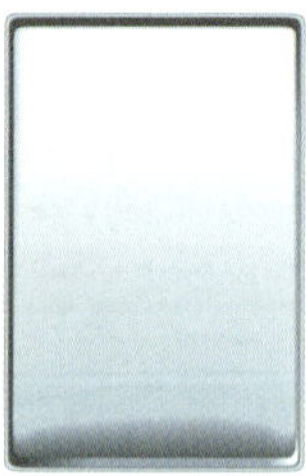

Backblech^{N}
baking sheet

Muffinform^{F}
bun tin

Souffléform^{F}
soufflé dish

Charlottenform^{F}
charlotte mould

Springform^{F}
removable-bottomed tin

flache Kuchenform^{F}
pie tin

Quicheform^{F}
quiche tin

Kuchenform^{F}
cake tin

Küchenset^N
set of utensils

Abseihkelle^F
skimmer

Abseihlöffel^M
draining spoon

Palette^F
spatula

Pfannenwender^M
slice

Schöpflöffel^M
ladle

Kartoffelstampfer^M
potato masher

verschiedene Utensilien^N
miscellaneous utensils

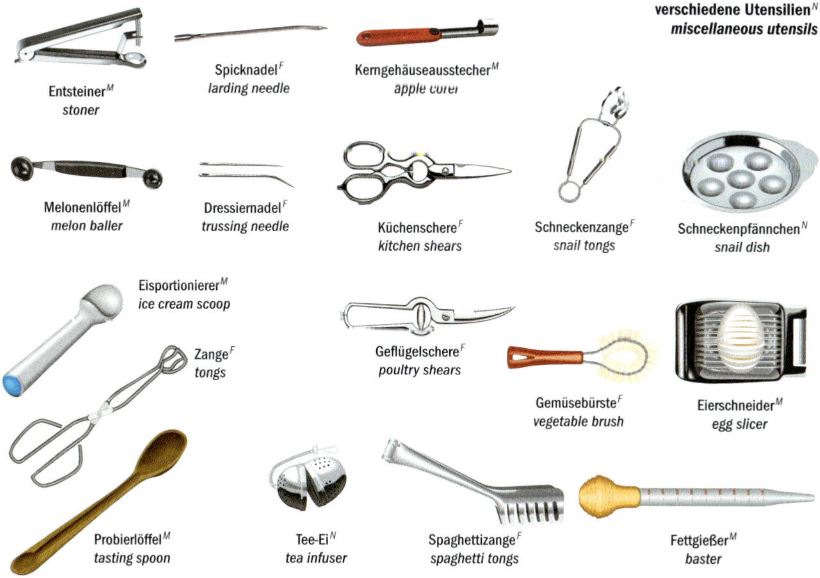

Entsteiner^M
stoner

Spicknadel^F
larding needle

Kerngehäuseausstecher^M
apple corer

Melonenlöffel^M
melon baller

Dressiernadel^F
trussing needle

Küchenschere^F
kitchen shears

Schneckenzange^F
snail tongs

Schneckenpfännchen^N
snail dish

Eisportionierer^M
ice cream scoop

Zange^F
tongs

Geflügelschere^F
poultry shears

Gemüsebürste^F
vegetable brush

Eierschneider^M
egg slicer

Probierlöffel^M
tasting spoon

Tee-Ei^N
tea infuser

Spaghettizange^F
spaghetti tongs

Fettgießer^M
baster

Kochgeräte[N]

cooking utensils

Wok-Set[N]
wok set

Tajine[F]
tajine

Fondue-Set[N]
fondue set

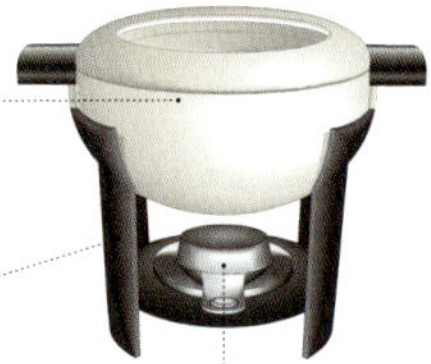

Fischkochtopf[M]
fish kettle

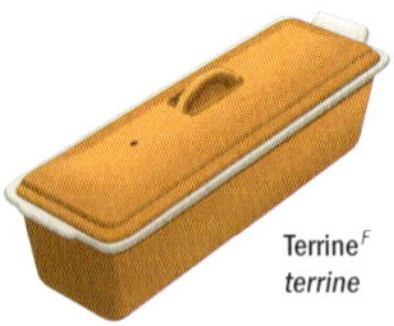

Terrine[F]
terrine

Fettpfanne[F]
dripping pan

Bräter[M]
roasting pans

Schnellkochtopf[M]
pressure cooker

flacher Bratentopf[M]
Dutch oven

Suppentopf[M]
stock pot

Couscoustopf[M]
couscous kettle

Bratpfanne[F]
frying pan

Dampfkochtopf[M]
steamer

Eipochierer[M]
egg poacher

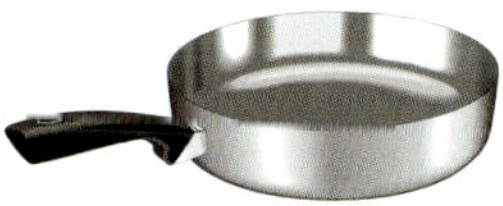

Schmorpfanne[F]
saute pan

Pfanne[F]
small saucepan

Römertopf[M]
diable

Crêpe-Pfanne[F]
pancake pan

Dämpfeinsatz[M]
steamer basket

Wasserbadtopf[M]
double boiler

Stielkasserolle[F]
saucepan

Haushaltsgeräte[N]

domestic appliances

zum Mixen[N] und Kneten[N]
for mixing and blending

Mixer[M]
blender

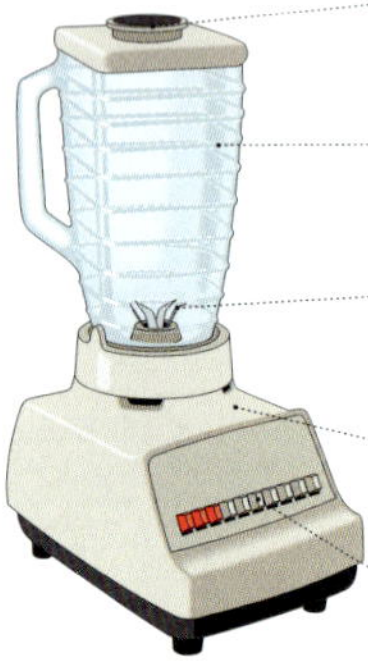

Handrührgerät[N]
hand mixer

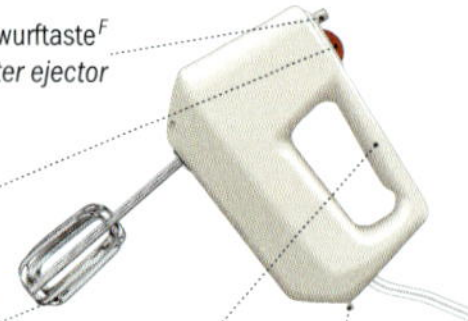

Stabmixer[M]
hand blender

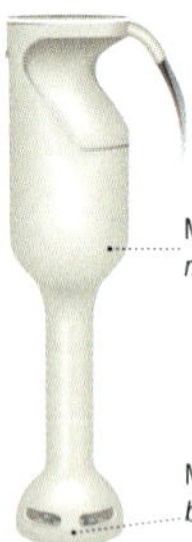

Tischrührgerät[N]
table mixer

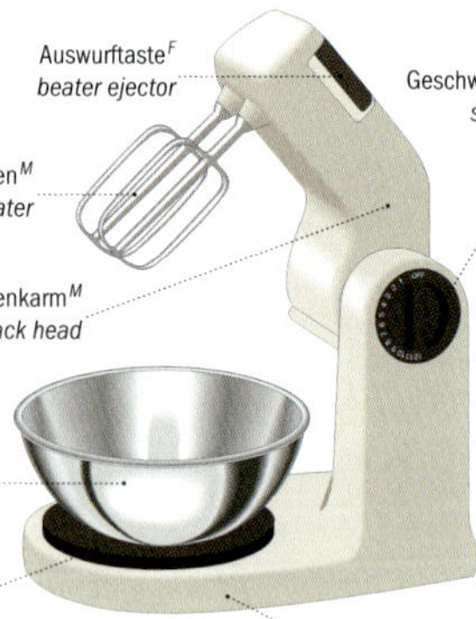

Rührbesen[M]
beaters

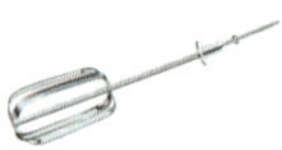

Rührbesen[M]
four-blade beater

Spiralkneter[M]
spiral beater

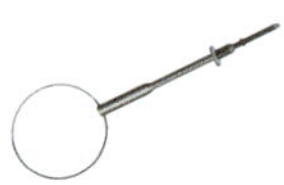

Drahtbesen[M]
wire beater

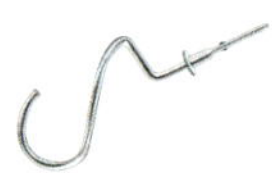

Knethaken[M]
dough hook

Küchenmaschine^{F}
food processor

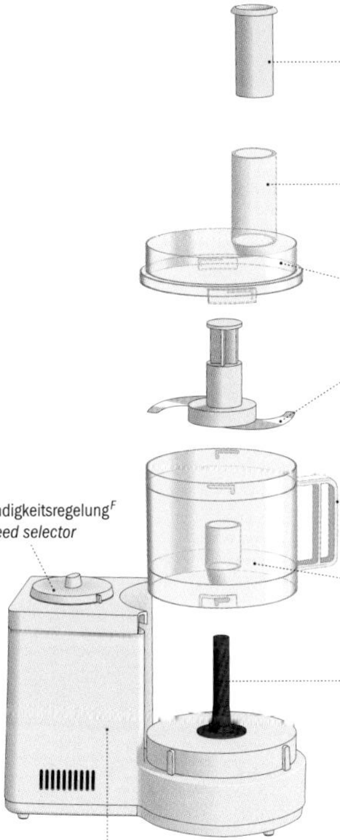

zum Schneiden^{N}
for cutting

Scheiben^{F}
discs

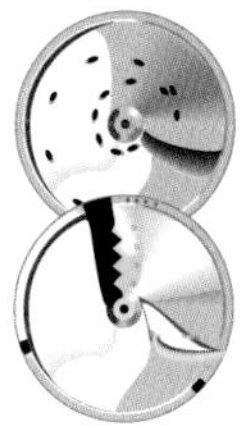

Elektromesser^{N}
electric knife

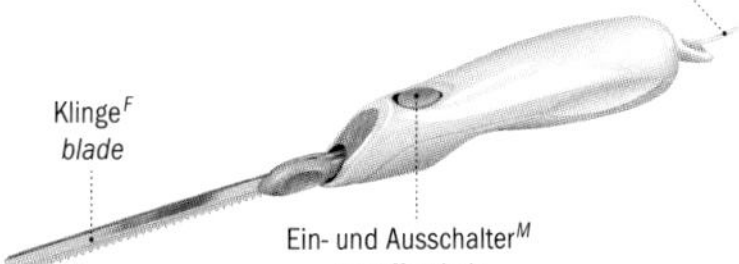

zum Auspressen^{N}
for juicing

Zitruspresse^{F}
lemon squeezer

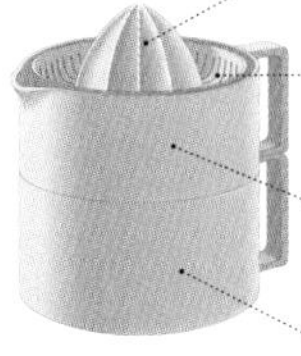

zum Kochen[N]
for cooking

Mikrowellengerät[N]
microwave oven

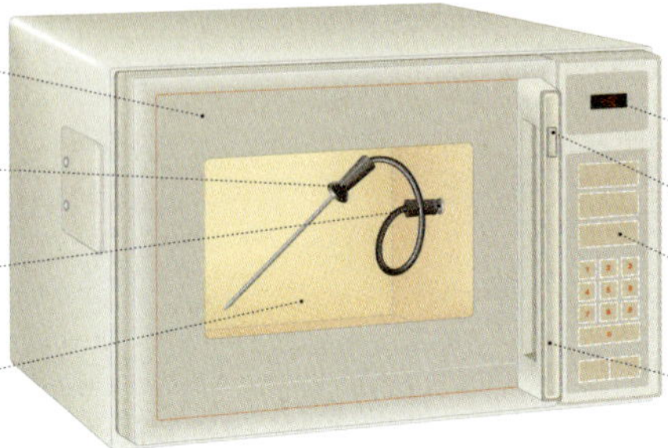

Waffeleisen[N]
waffle iron

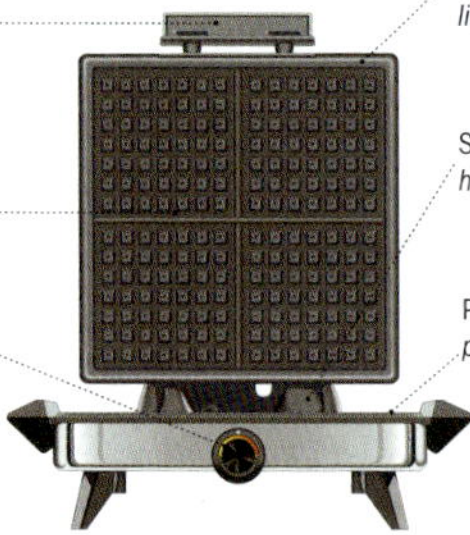

Toaster[M]
toaster

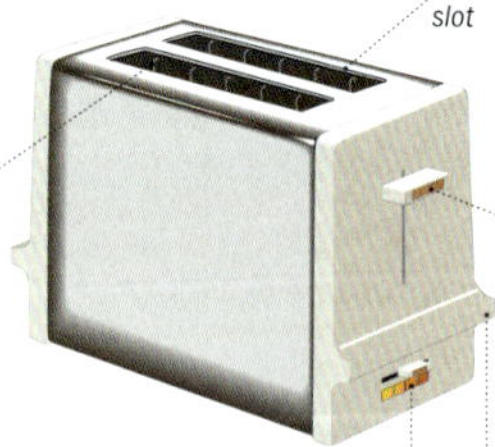

Fritteuse[F]
deep fryer

Raclette^F^-Grill^M^
raclette with grill

Pfännchen^N^
dish

Grillplatte^F^
cooking plate

Unterteil^M/N^
base

elektrischer Schnellkocher^M^
electric steamer

Einsätze^M^
cooking dishes

Wasserstandsanzeiger^M^
water level indicator

Kontrollleuchte^F^
signal lamp

Zeitschaltuhr^F^
timer

Elektrischer Tischgrill^M^
indoor electric grill

wärmeisolierter Griff^M^
insulated handle

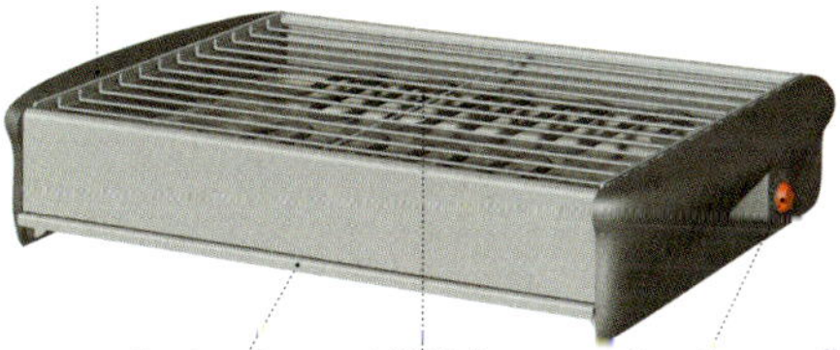

Fettpfanne^F^
dripping pan

Grillfläche^F^
cooking surface

regelbarer Thermostat^M^
adjustable thermostat

Brotbackautomat^M^
bread maker

Deckel^M^
lid

Bedienungsfeld^N^
control panel

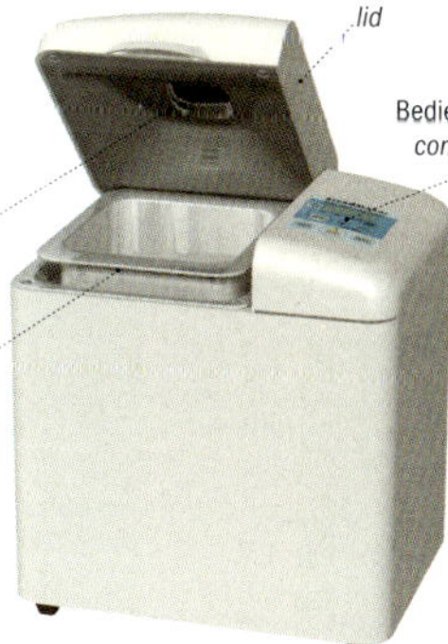

Sichtfenster^N^
window

Backform^F^
loaf pan

Grillplatte^F^
griddle

Kochfeld^N^
cooking surface

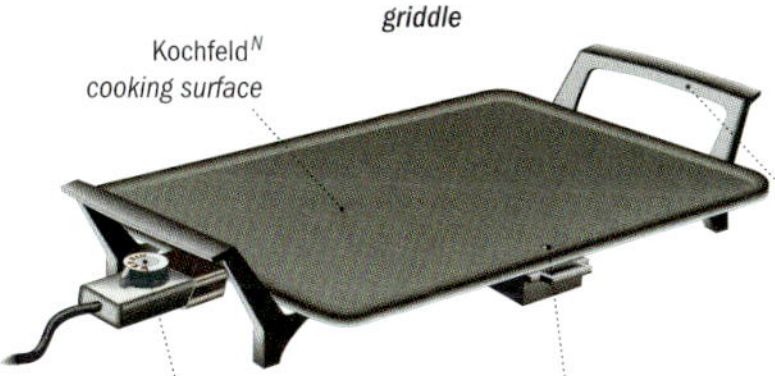

Griff^M^
handle

abziehbarer Temperaturregler^M^
detachable control

Fettauffangschale^F^
grease well

verschiedene Haushaltsgeräte^N

miscellaneous domestic appliances

Dosenöffner^M
tin opener

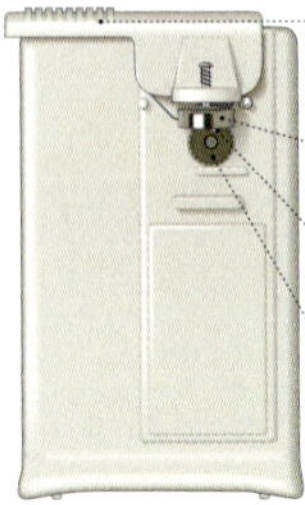

Kaffeemühle^F
coffee mill

Wasserkessel^M
kettle

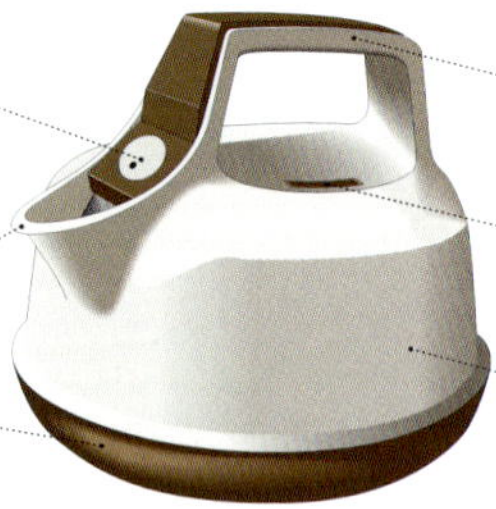

Entsafter^M
juice extractor

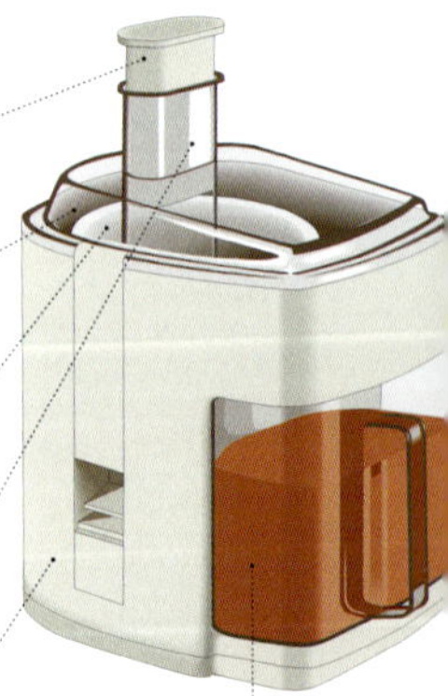

Eismaschine^F
ice cream maker

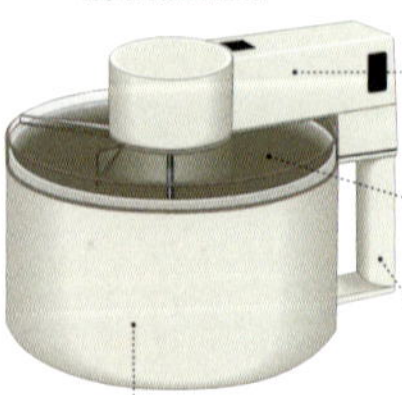

Kaffeemaschinen[F]

coffee makers

Kaffeemaschine[F]
automatic filter coffee maker

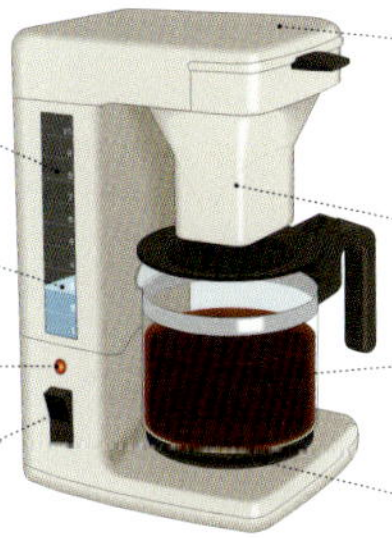

Neapolitanische Tropfkanne[F]
Neapolitan coffee maker

Espressomaschine[F]
espresso machine

Vakuum-Kaffeemaschine[F]
vacuum coffee maker

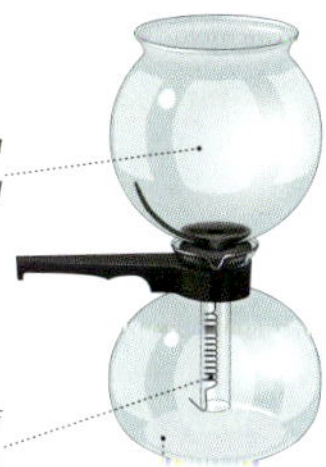

Pressfilterkanne[F]
cafetière with plunger

Espresso-Maschine[F]
espresso coffee maker

Kaffee-Filterkanne[M]
percolator

Außenansicht[F] eines Hauses[N]

exterior of a house

Ansicht[F]
elevation

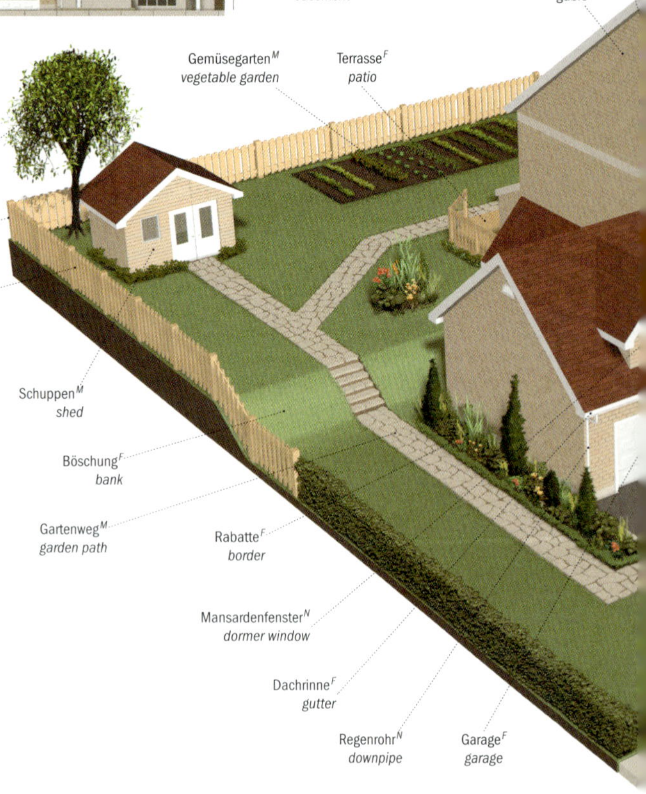

Lageplan^M
site plan

Schwimmbecken[N]

pool

freistehendes Schwimmbecken[N]
above ground swimming pool

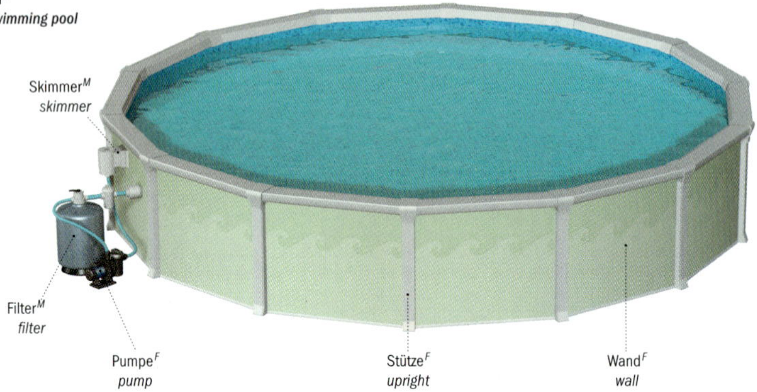

eingebautes Schwimmbecken[N]
sunken swimming pool

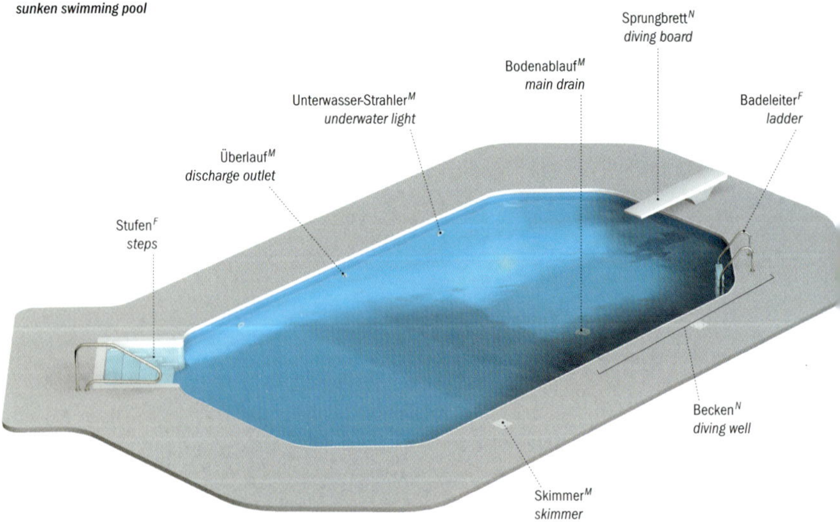

Haustür^F
exterior door

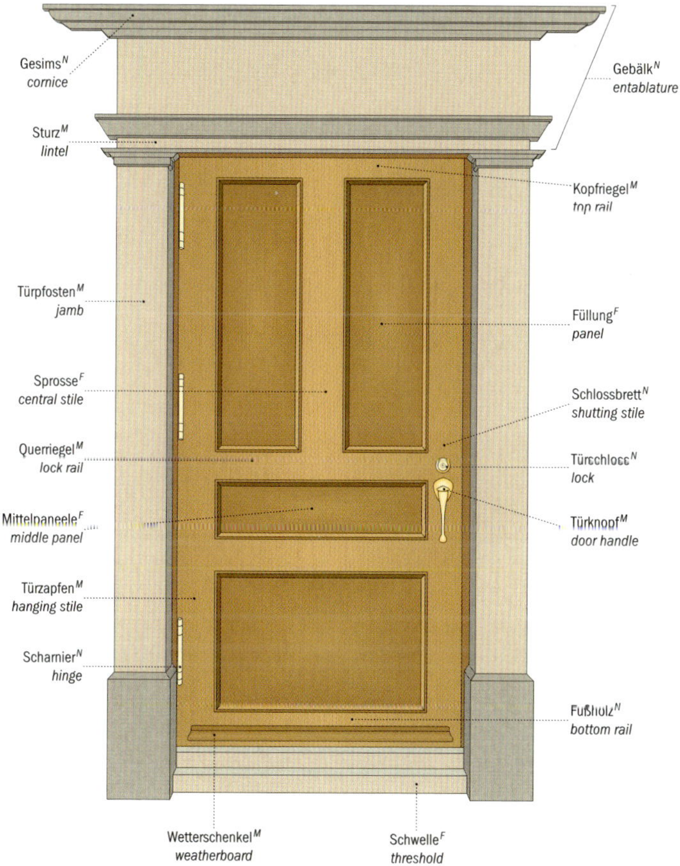

Schloss[N]
lock

Gesamtansicht[F]
general view

Fenster[N]
window

Konstruktion[F]
structure

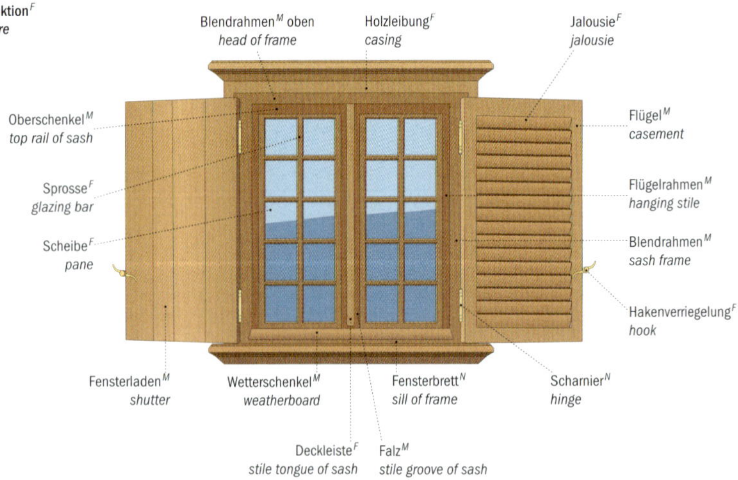

Rahmen[M]
timber frame

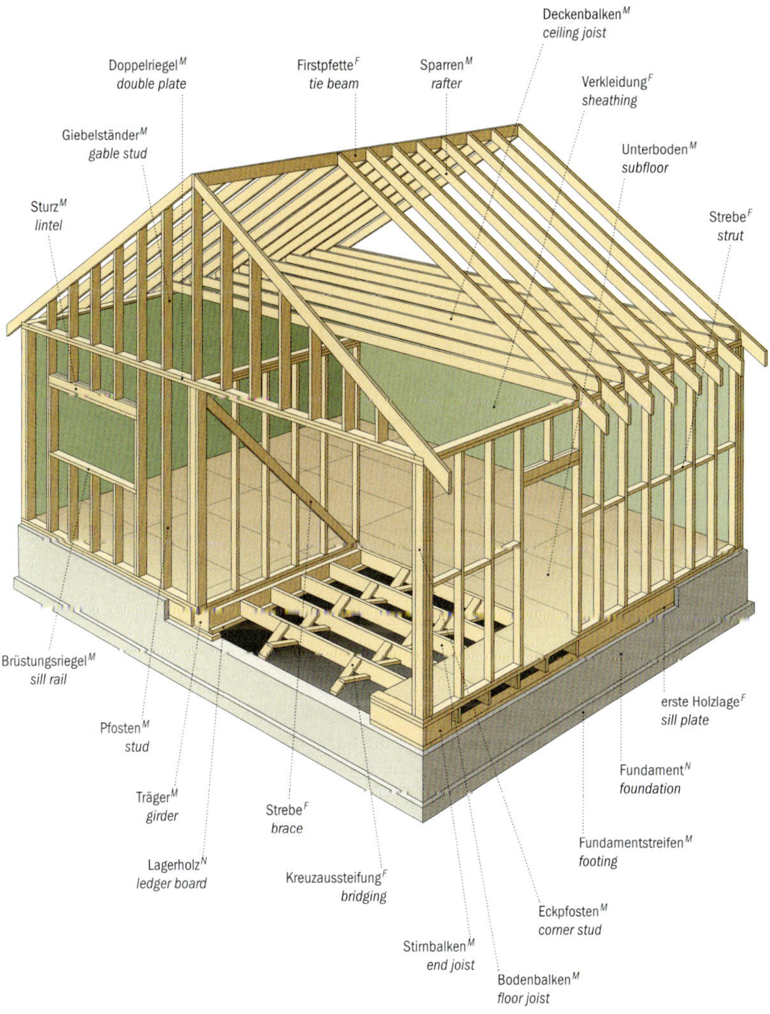

Haupträume[M]

main rooms

Erdgeschoß[N]
ground floor

Zwischengeschoß^N
mezzanine floor

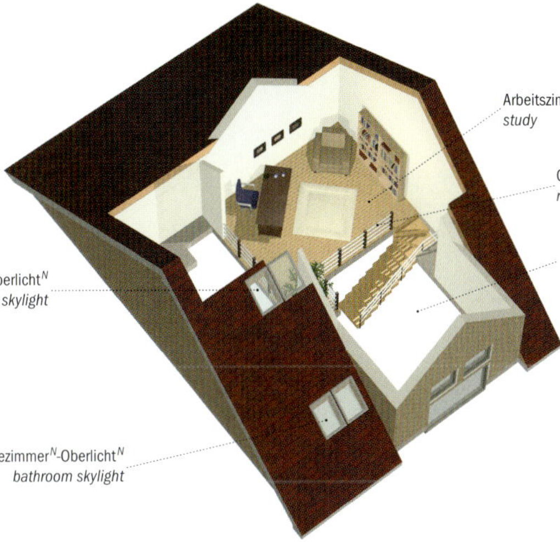

erster Stock^M
first floor

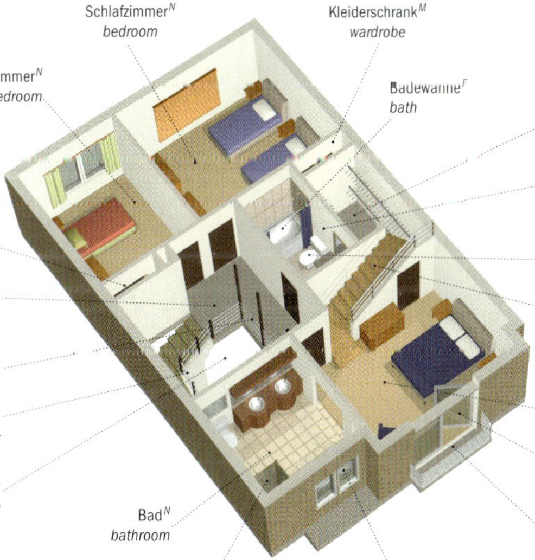

Parkettboden[M]

wood flooring

Parkettboden[M] auf Zementestrich[M]
wood flooring on cement screed

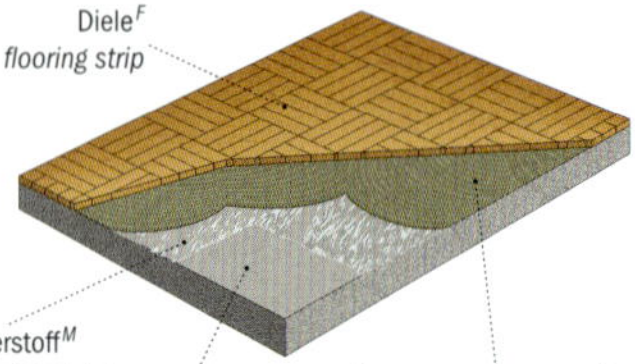

Parkettboden[M] auf Holzunterbau[M]
wood flooring on wooden base

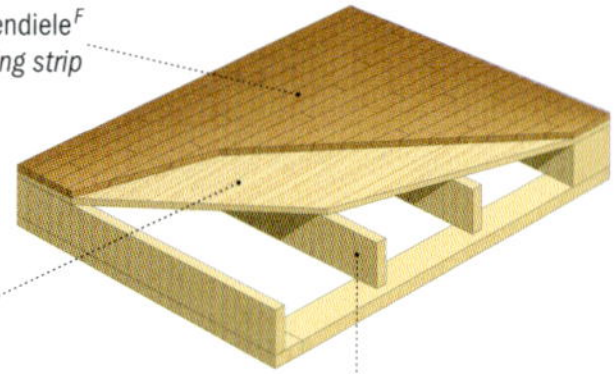

Parkettmuster[N]
wood flooring types

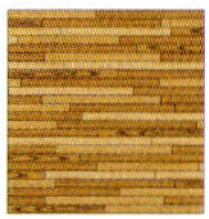

Stabparkett[N] im Schiffsbodenverband[M]
woodstrip flooring

Stabparkett[N]
brick-bond woodstrip flooring

Fischgrätparkett[N]
herringbone parquet

Fischgrätmuster[N]
herringbone pattern

Mosaikparkett[N]
inlaid parquet

Würfelmusterparkett[N]
basket weave pattern

Arenberg-Parkett[N]
Arenberg parquet

Chantilly-Parkett[N]
Chantilly parquet

Versailles-Parkett[N]
Versailles parquet

textile Bodenbeläge[M]

textile floor coverings

Teppich[M]
rug

Teppichboden[M]
pile carpet

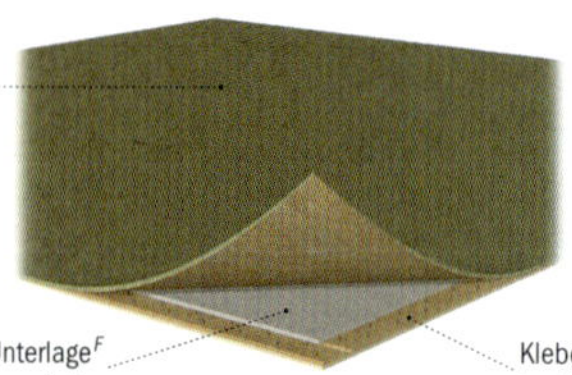

Treppe^F
stairs

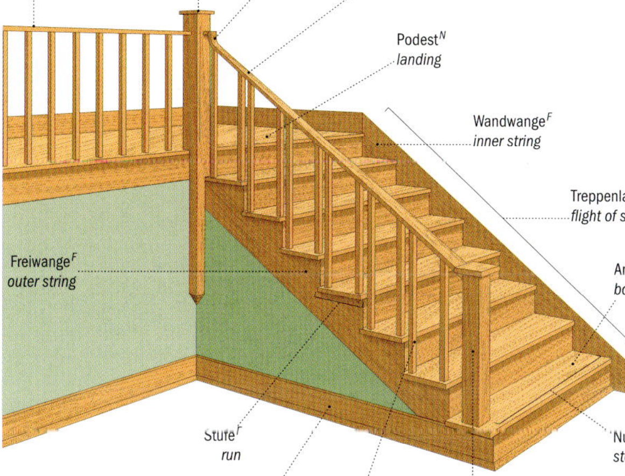

Treppenstufe^F
step

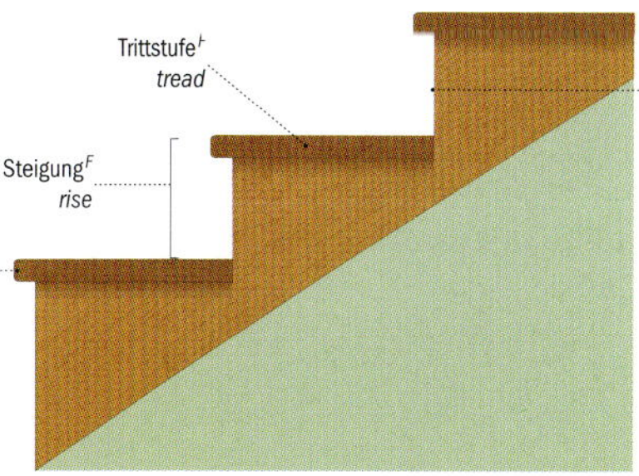

Holzbeheizung^F
wood firing

Kamin^M
fireplace

Dauerbrandofen^M
slow-burning stove

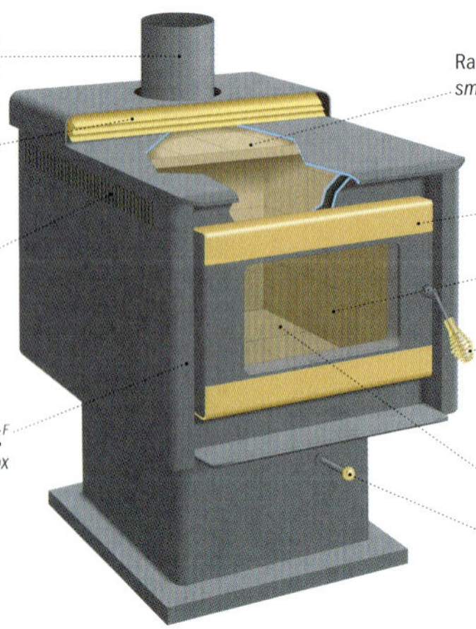

Kamin^{M}
chimney

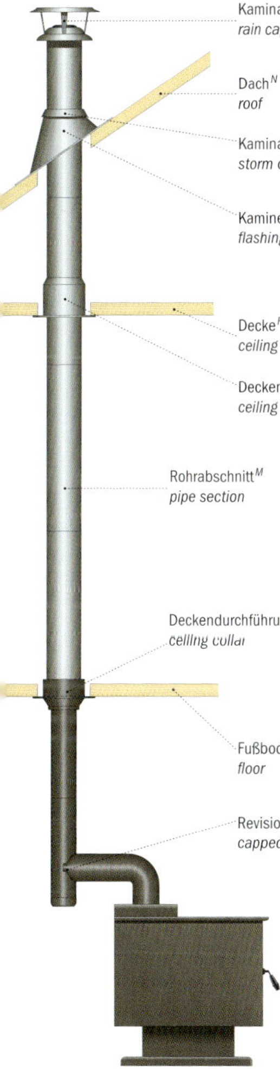

Kaminabdeckung^{F}
rain cap

Dach^{N}
roof

Kaminabdichtung^{F}
storm collar

Kamineinfassung^{F}
flashing

Decke^{F}
ceiling

Deckendurchführung^{F}
ceiling collar

Rohrabschnitt^{M}
pipe section

Deckendurchführung^{F}
ceiling collar

Fußboden^{M}
floor

Revisionsöffnung^{F}
capped tee

Kaminbesteck^{N}
fire irons

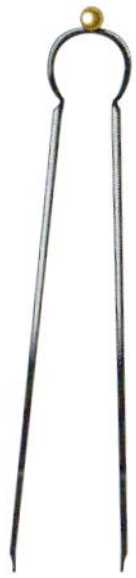

Feuerzange^{F}
tongs

Schürhaken^{M}
poker

Kohlenschaufel^{F}
shovel

Besen^{M}
broom

Feuerbock^{M}
andirons

Holzträger^{M}
log carrier

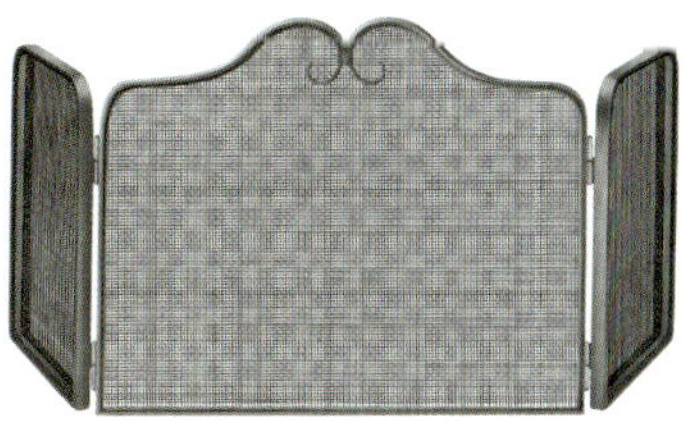

Kamingitter^{N}
fireplace screen

Sanitärinstallationssystem[N]

plumbing system

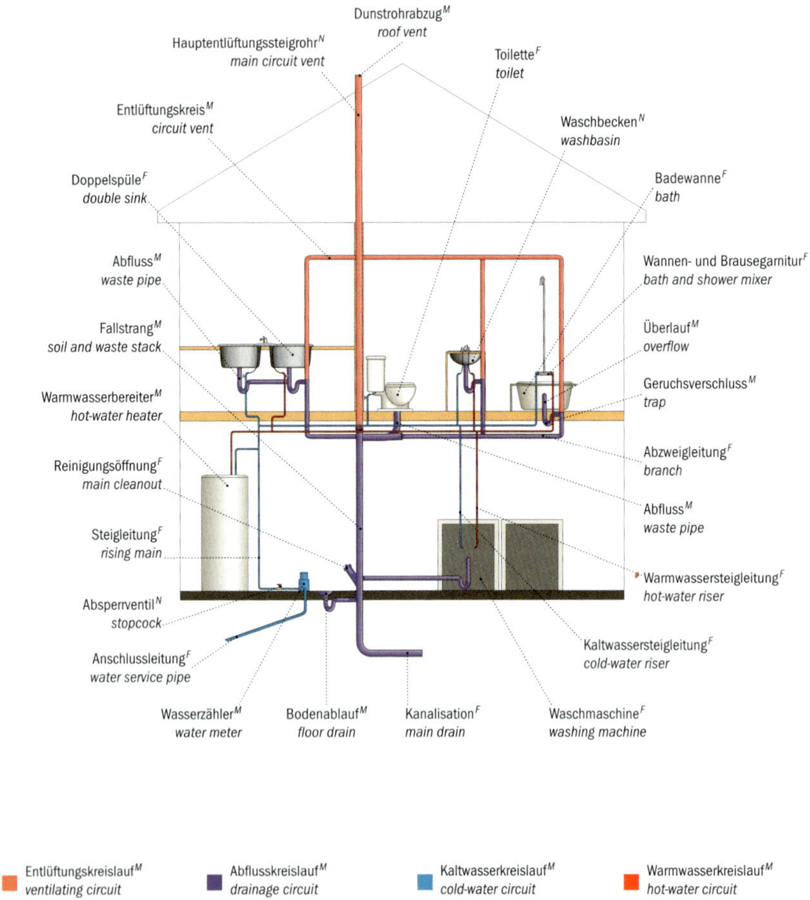

Badezimmer[N]

bathroom

Toilette[F]

toilet

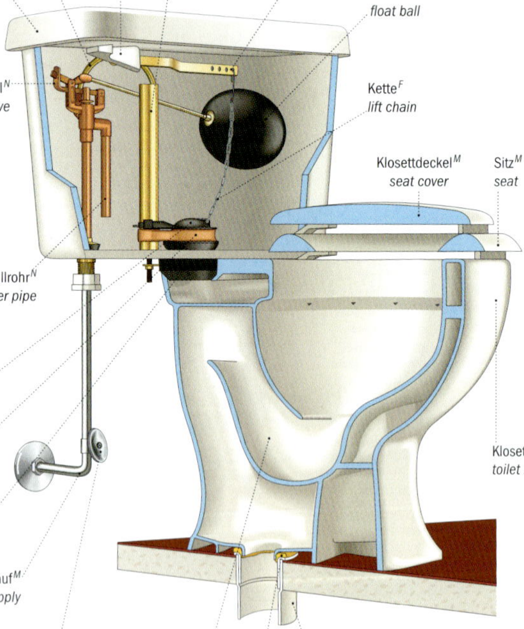

Beispiele^N für Anschlüsse^M

examples of branching

Spüle^F mit Müllschlucker^M
sink with waste disposal unit

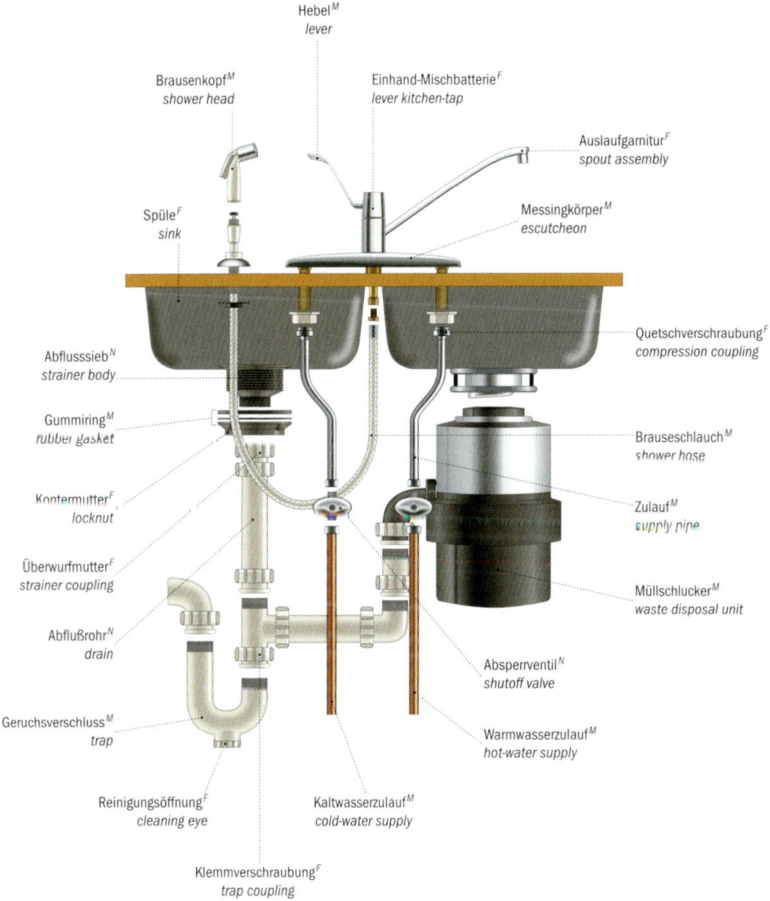

Hausanschluss^M^

network connection

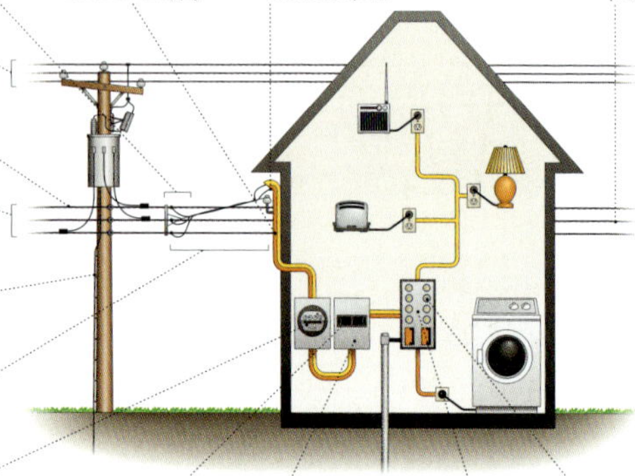

Kontaktelemente^N^

contact devices

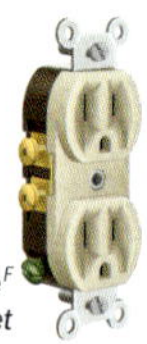

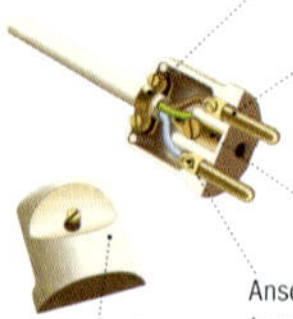

Beleuchtung^{F}
lighting

Glühlampe^{F}
incandescent light bulb

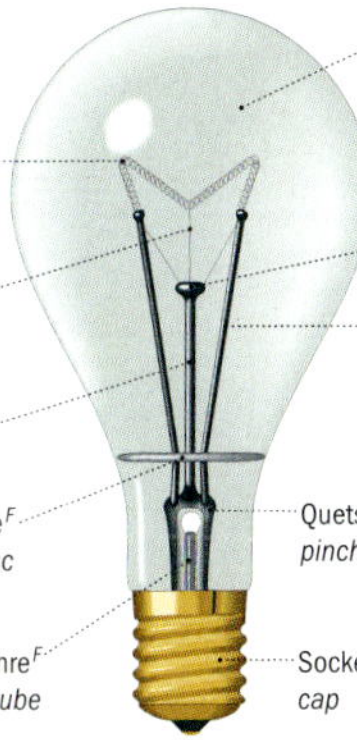

Kolben^{M}
tube

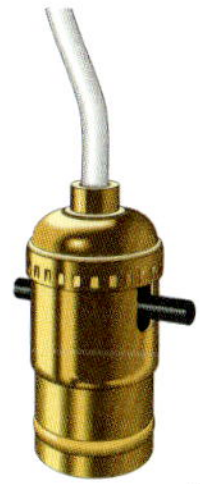

Lampenfassung^{F}
lampholder

Energiesparlampe^{F}
energy saving bulb

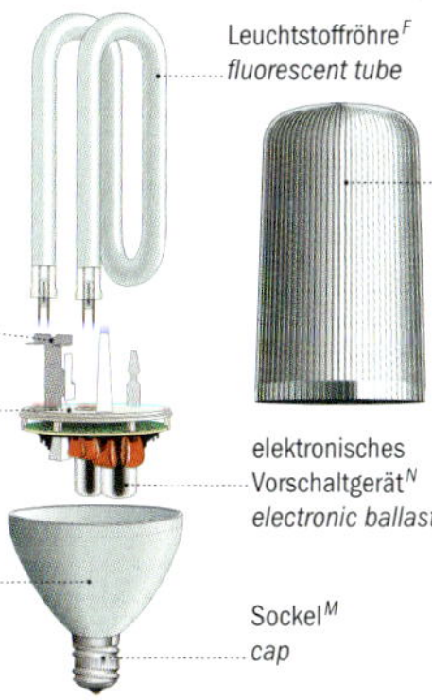

Schraubfassung^{F}
screw cap

Bajonettfassung^{F}
bayonet cap

Leuchtstoffröhre^{F}
fluorescent tube

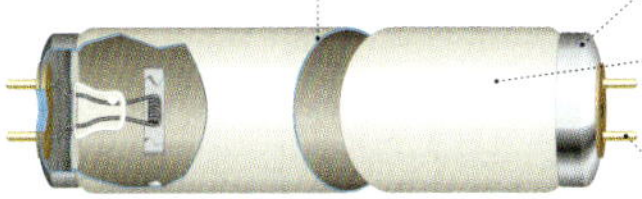

Wolfram-Halogenlampe^{F}
tungsten-halogen bulb

HAUS

Armlehnstuhl^{M}
armchair

Teile$^{M/N}$
parts

Beispiele^{N} für Armstühle^{M}
examples of armchairs

Wassily-Stuhl^{M}
Wassily chair

Regiestuhl^{M}
director's chair

Schaukelstuhl^{M}
rocking chair

kleiner Lehnstuhl^{M}
cabriole chair

Kanapee^{N}
méridienne

Chaiselongue^{N}
chaise longue

Clubsessel^{M}
club chair

Bergère^{F}
bergère

Sofa^{N}
sofa

Zweisitzer^{M}
two-seater settee

Chesterfieldsofa^{N}
chesterfield

Stuhl[M]
side chair

Teile[M/N]
parts

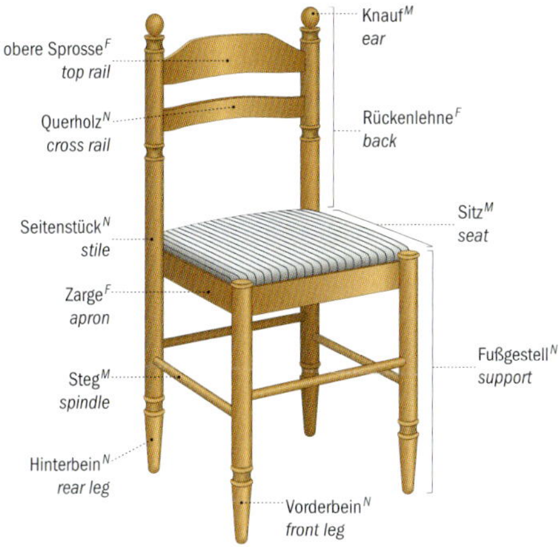

Beispiele[N] für Stühle[M]
examples of chairs

Schaukelstuhl[M]
rocking chair

Stapelstühle[M]
stacking chairs

Klappstuhl[M]
folding chair

Liegestuhl[M]
recliner

Sitzmöbel[N]
seats

Puff[M]
ottoman

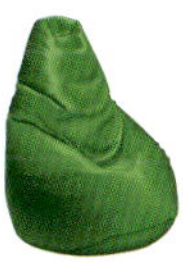
Sitzsack[M]
bean bag chair

Tritthocker[M]
step chair

Bank[F]
bench

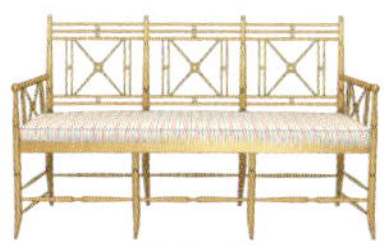
Sitzbank[F]
banquette

Hocker[M]
footstool

Barhocker[M]
bar stool

Tisch^M
table

Klapptisch^M
gate-leg table

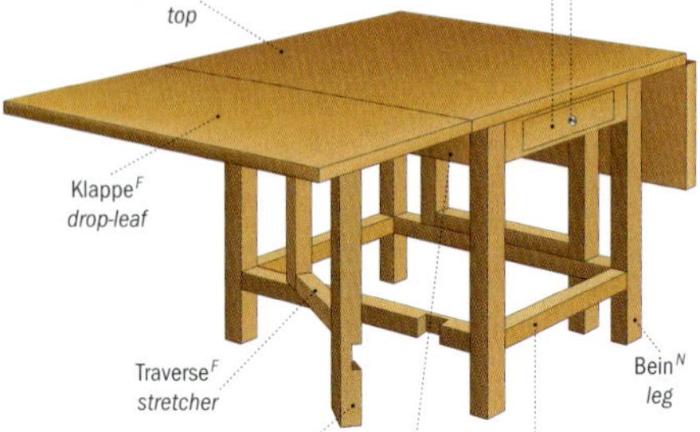

Beispiele^N für Tische^M
examples of tables

Ausziehtisch^M
extending table

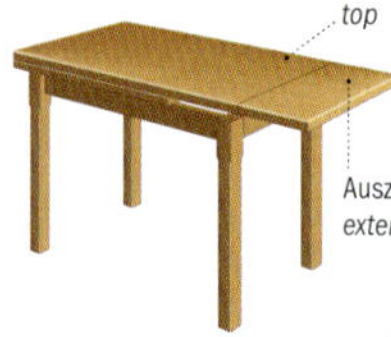

Satztische^M
nest of tables

Servierwagen^M
serving trolley

Aufbewahrungsmöbel^N
storage furniture

Kleiderschrank^M
armoire

Rahmen^M
frame

Tür^F
door

Truhe[F]
linen chest

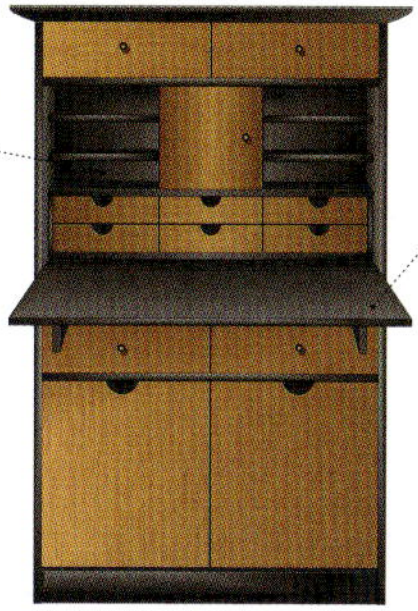

Sekretär[M]
bureau

Kommode[F]
dressing table

Kleiderschrank[M]
wardrobe

Chiffonière[F]
chiffonier

Vitrine[F]
display cabinet

Eckschrank[M]
corner cupboard

Vitrinenschrank[M]
glass-fronted display cabinet

Büfett[N]
sideboard

Cocktailbar[F]
cocktail cabinet

Bett[N]

bed

Schlafcouch[F]
sofa bed

Teile[M/N]
parts

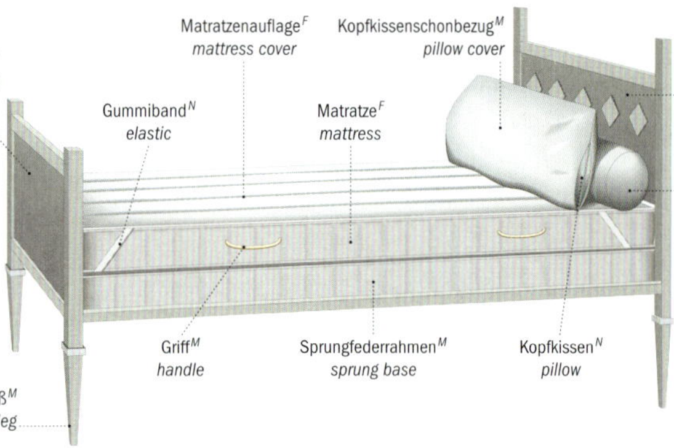

Bettwäsche[F]
bed linen

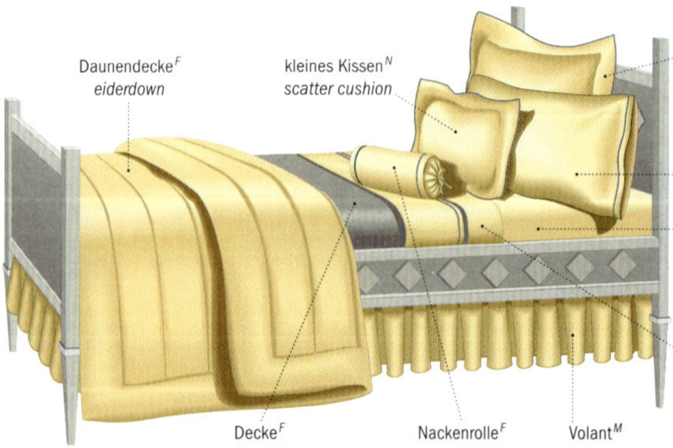

Kindermöbel^{N}
children's furniture

Reisebett^{N} mit Wickelauflage^{F}
nursery

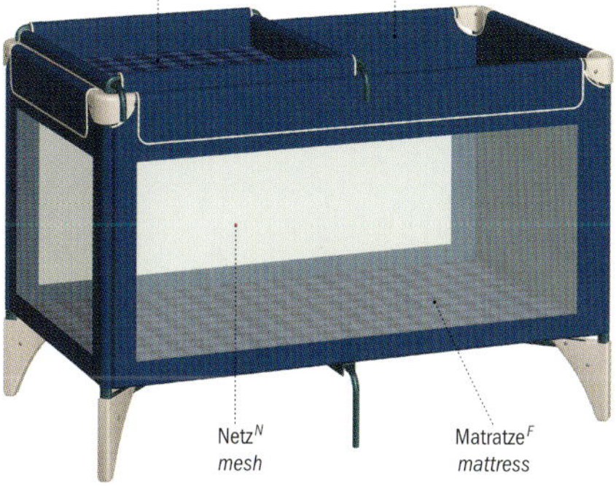

Kindersessel^{M}
booster seat

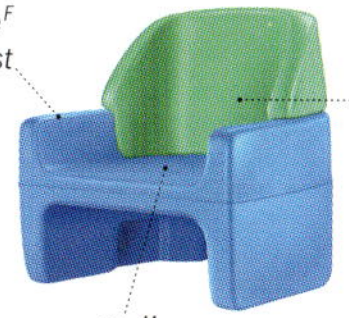

Wickelkommode^{F}
changing table

Hochstuhl^{M}
high chair

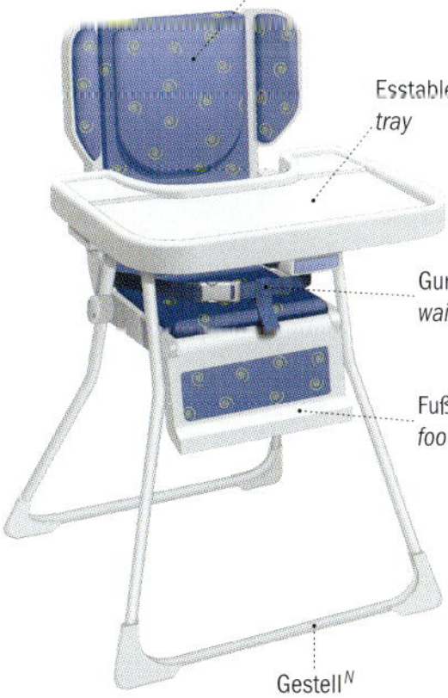

Gitterbett^{N}
cot

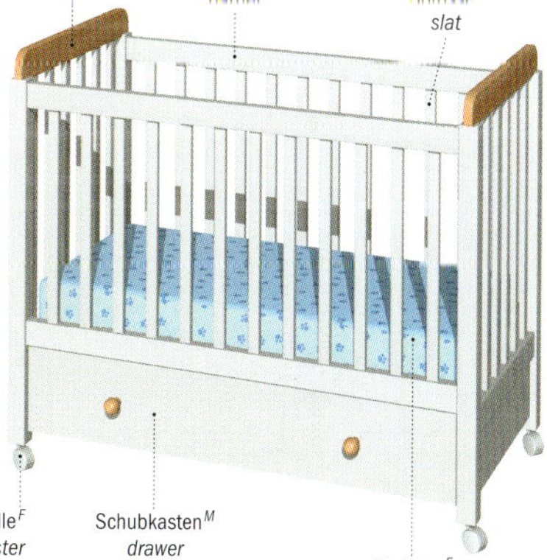

HAUS

Lampen[F]
lights

Klemmspot[M]
clamp spotlight

Deckenleuchte[F]
ceiling fitting

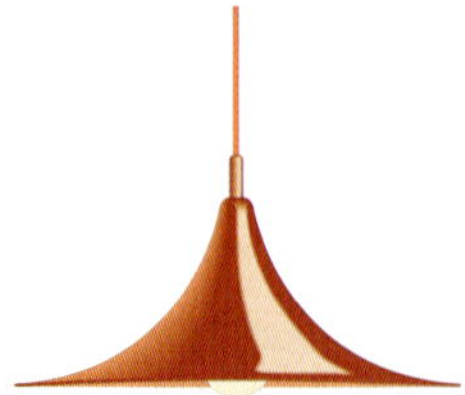

Hängeleuchte[F]
hanging pendant

Halogen[N]-Tischleuchte[F]
halogen desk lamp

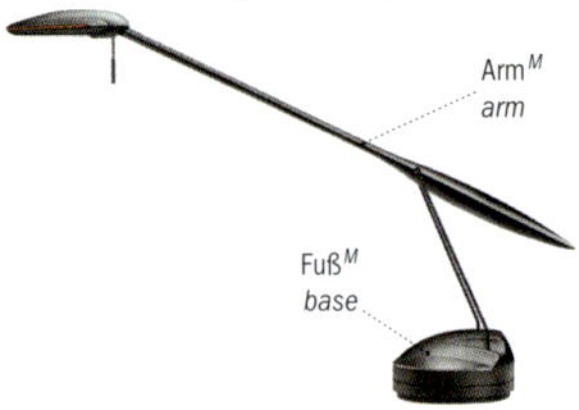

Standleuchte[F]
standard lamp

Leseleuchte[F]
bed lamp

Arbeitsleuchte[F]
adjustable lamp

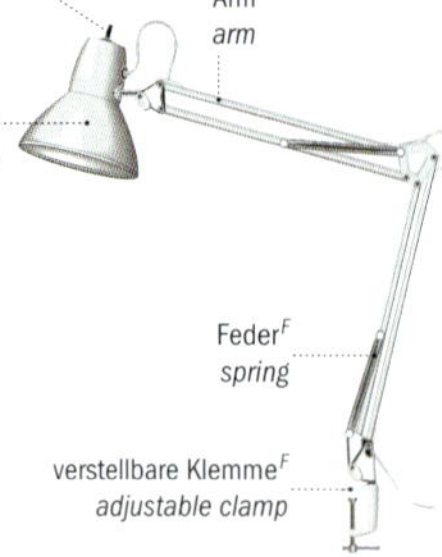

Tischleuchte[F]
table lamp

Schreibtischleuchte[F]
desk lamp

Kronleuchter[M]
chandelier

Beleuchtungsschiene[F]
track lighting

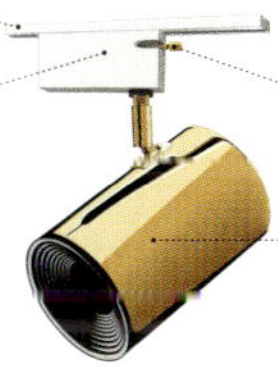

Wandlaterne[F]
wall lantern

Wandleuchte[F]
wall light

Scherenleuchte[F]
swivel wall lamp

Lampenreihe[F]
multiple light fitting

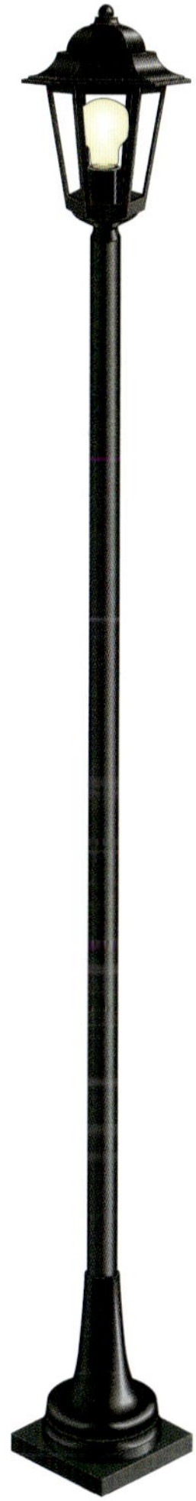

Straßenlaterne[F]
post lantern

Haushaltsgeräte[N]

domestic appliances

Dampfbügeleisen[N]
steam iron

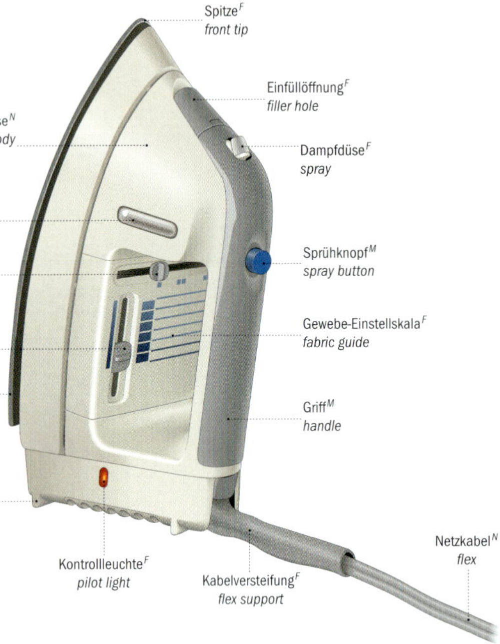

Akku-Mini-Staubsauger[M]
hand vacuum cleaner

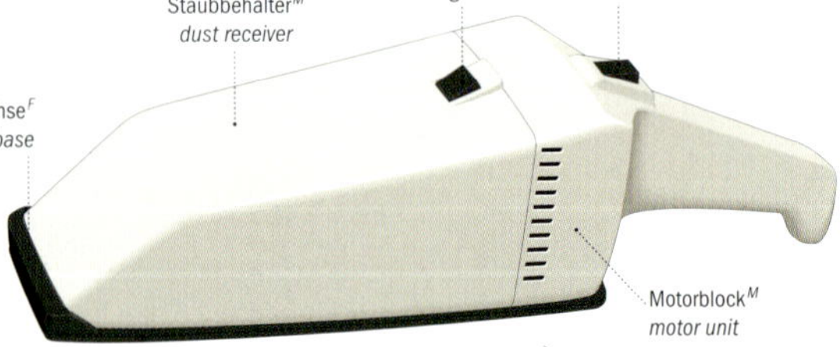

Handstaubsauger[M]
upright vacuum cleaner

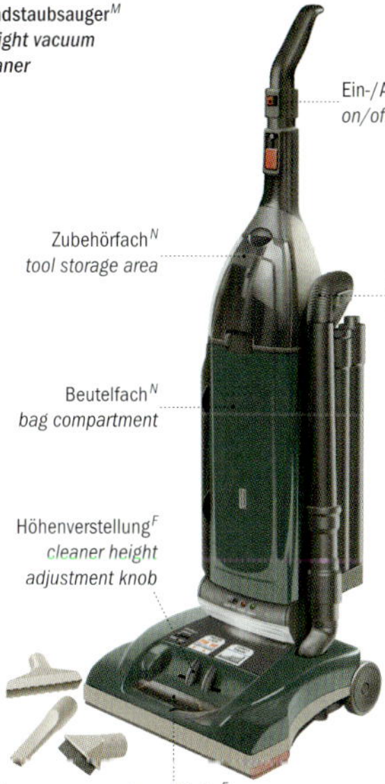

Bodenstaubsauger[M]
cylinder vacuum cleaner

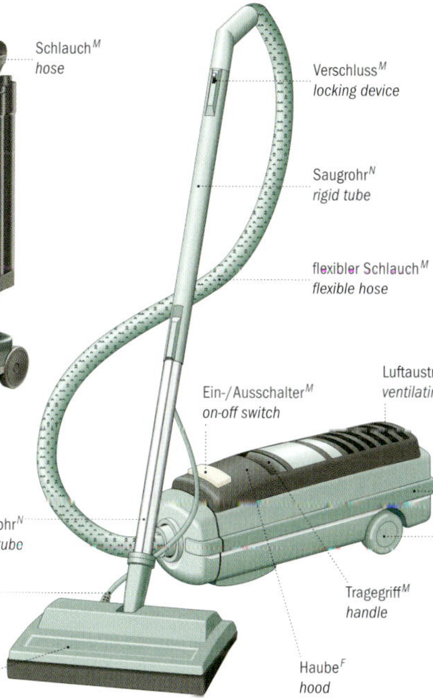

Saugzubehör[N]
cleaning tools

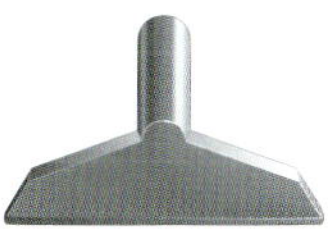

Polsterdüse[F]
upholstery nozzle

Saugbürste[F]
dusting brush

Fugendüse[F]
crevice tool

Bürste[F]
floor brush

Dunstabzugshaube[F]
extractor hood

Filter[M]
filter

Kochplatte[F]
surface element

Heizspirale[F]
tubular element

Anschluss[M]
terminal

Auffangschüssel[F]
drip bowl

Schutzring[M]
trim ring

Gasherd[M]
gas cooker

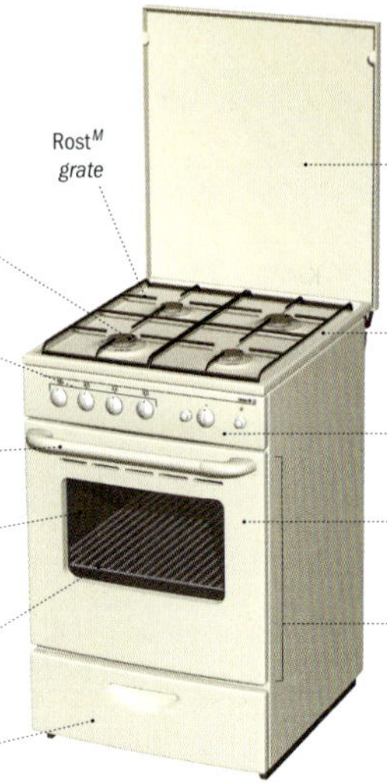

Rost[M]
grate

Brenner[M]
burner

Regelschalter[M]
burner control knobs

Griff[M]
handle

Frontscheibe[F]
window

Back-/Grillrost[M]
rack

Auszug[M]
drawer

Abdeckung[F]
lid

Kochmulde[F]
hob

Bedienleiste[F]
control panel

Backofentür[F]
door

Backofen[M]
oven

Elektroherd[M]
electric cooker

Backofenschalter[M]
oven control knob

Schaltuhr[F]
clock timer

Kontrollleuchte[F]
pilot light

Blende[F]
back panel

Zusatzstecker[M]
timer socket

Kochmulde[F]
hob

Rost[M]
shelf

Backofen[M]
oven

Auszug[M]
drawer

Schalter[M]
control knob

Bedienleiste[F]
control panel

Kochplatte[F]
cooker ring

Herdkante[F]
hob edge

Griff[M]
handle

Sichtfenster[N]
window

Gefriertruhe^{F}
chest freezer

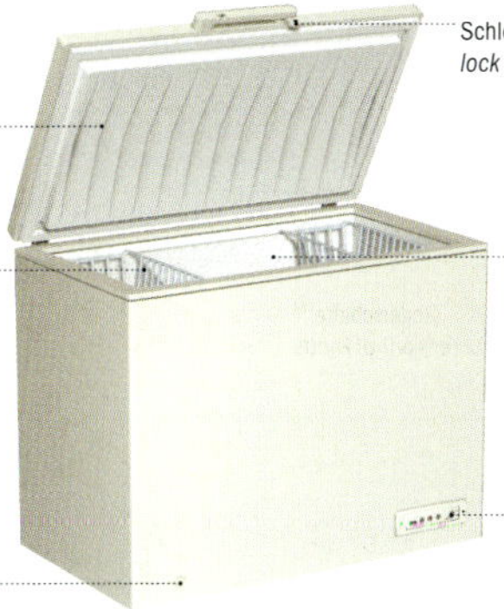

Kühlschrank^{M}
refrigerator

HAUS

Waschmaschine[F]
washing machine

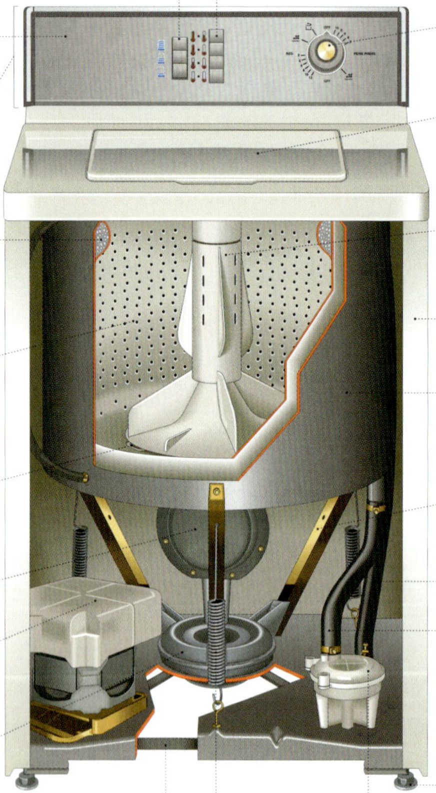

Wäschetrockner[M]
electric tumble dryer

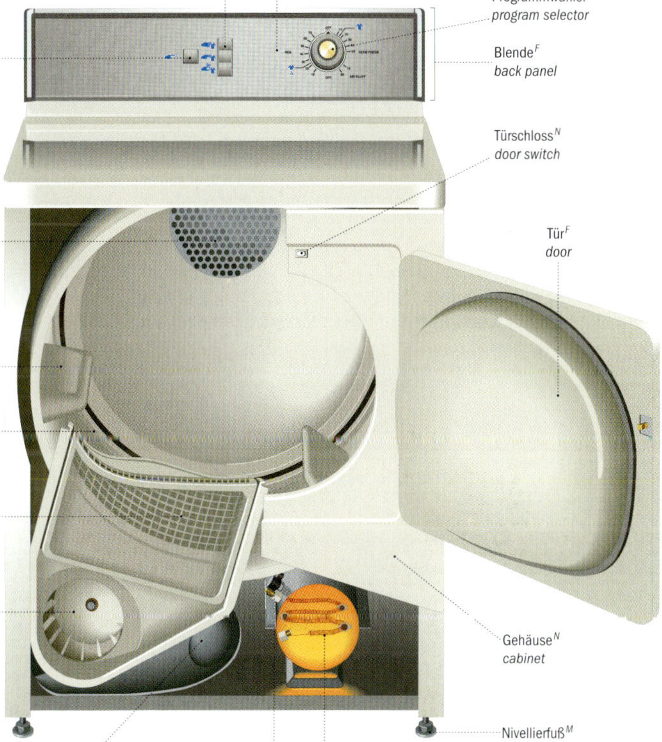

Bedienleiste F
control panel

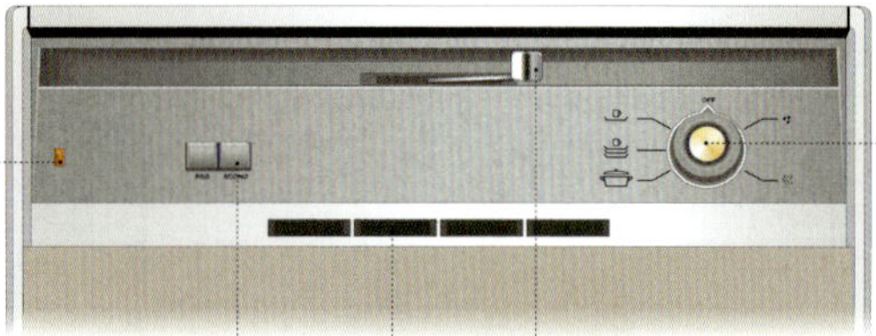

Geschirrspülmaschine F
dishwasher

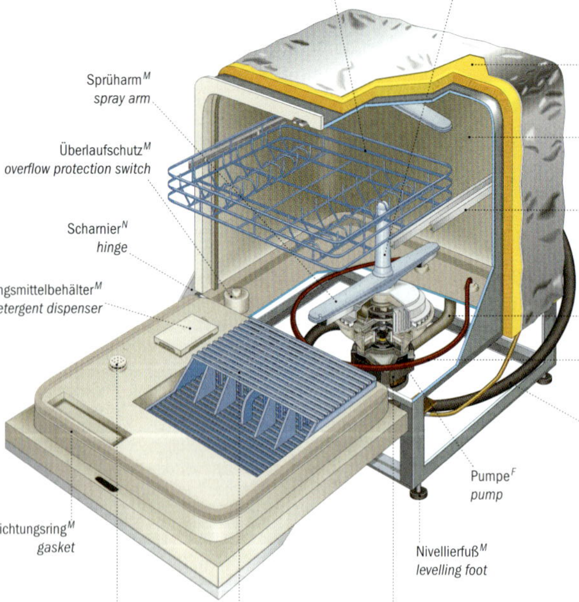

Haushaltsgegenstände^{M}
household equipment

Geschirrtuch^{N}
kitchen towel

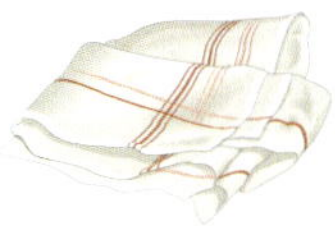

Kehrschaufel^{F}
dustpan

Besen^{M}
broom

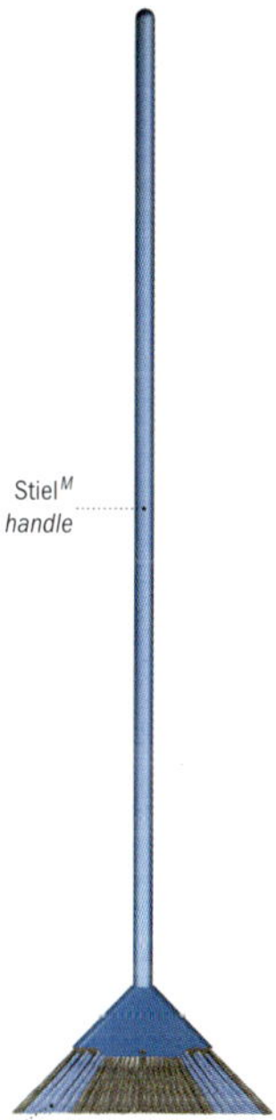

Mop^{M}
mop

Putzschwamm^{M}
scouring pad

Bürste^{F}
brush

Abfalleimer^{M}
refuse container

Eimer^{M}
bucket

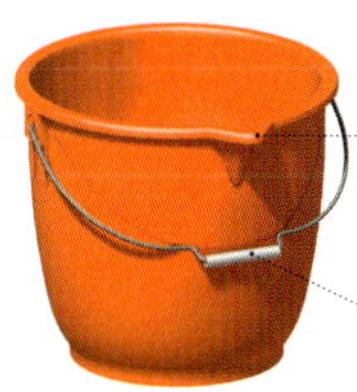

HAUS

Klempnerwerkzeuge[N]

plumbing tools

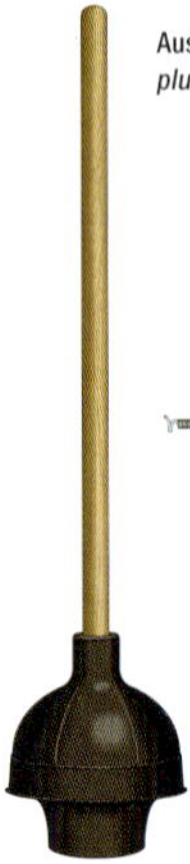

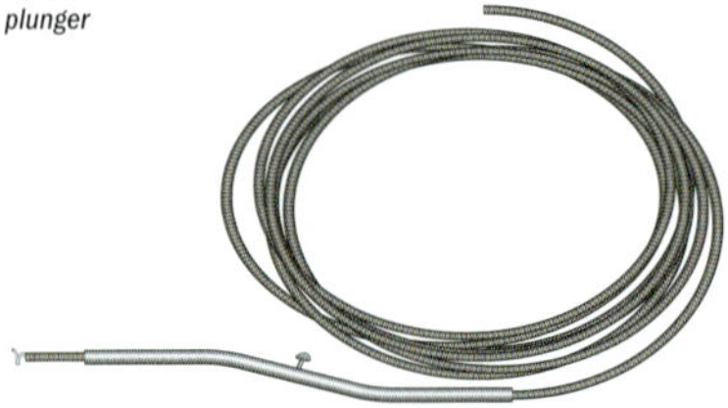

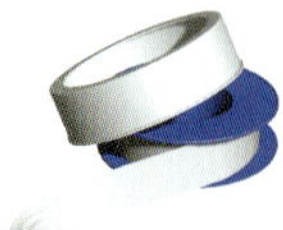

Rohrzangen[F]
wrenches

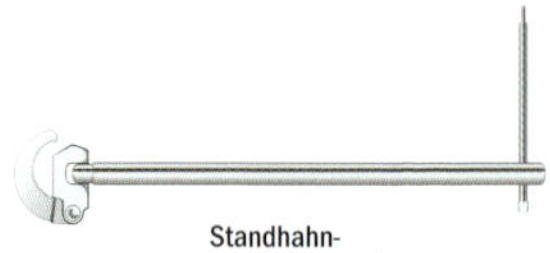

Maurerwerkzeuge[N]

masonry tools

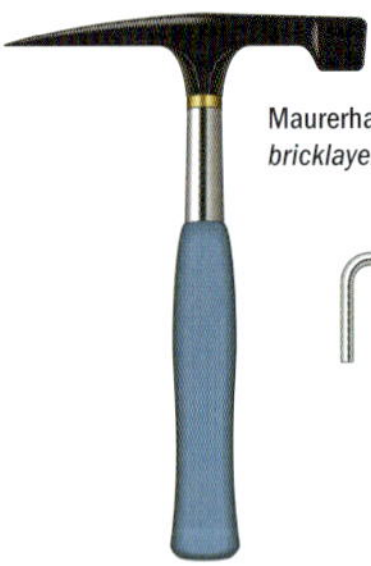

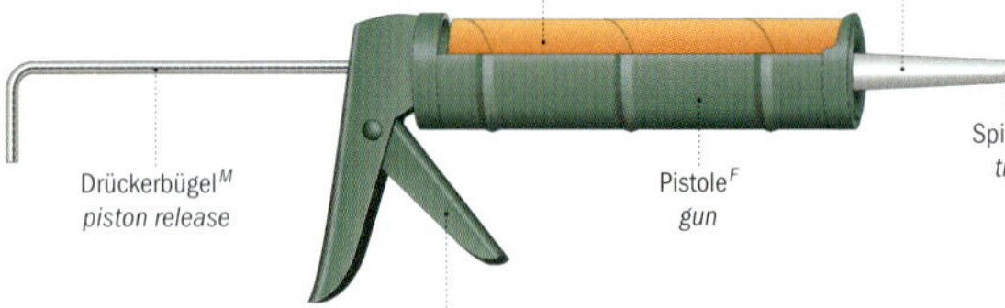

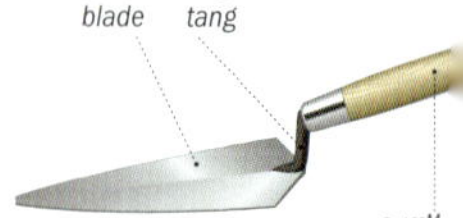

Elektroinstallateurwerkzeuge^N
electricity tools

Handlampe^F
inspection light

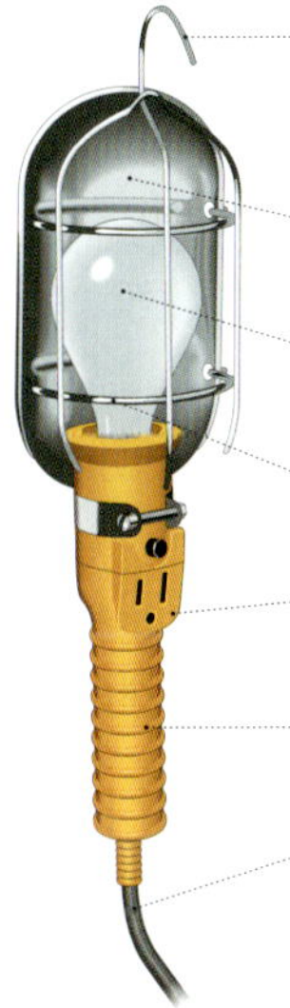

Prüflampe^F
test-lamp

Spannungsprüfer^M
tester screwdriver

Kabeltülle^F
wire nut

Steckdosenprüfer^M
socket tester

Mehrzweckzange^F
multipurpose tool

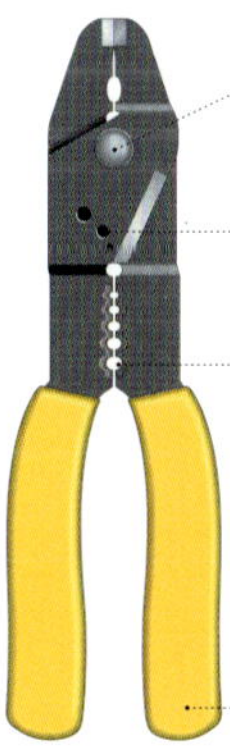

Spitzzange^F
needle-nose pliers

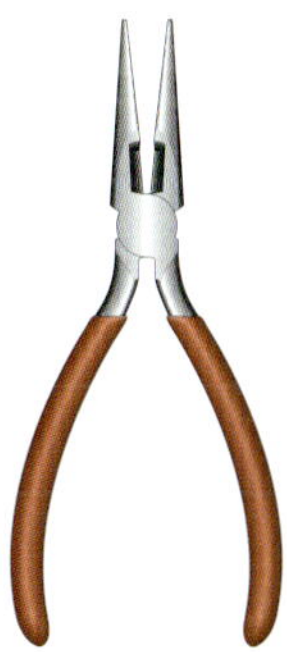

Kombizange^F
combination pliers

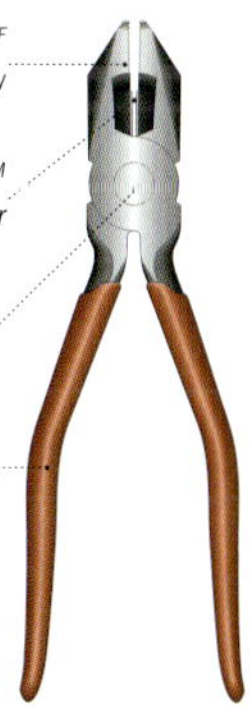

Löt- und Schweißwerkzeuge[N]

soldering and welding tools

Lötpistole[F]
soldering gun

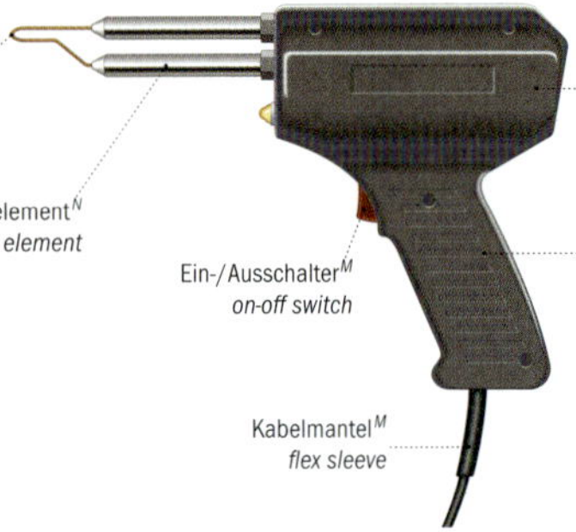

Anzünder[M]
striker

Lötzinn[M]
solder

Düsenreiniger[M]
nozzle cleaners

Lötlampe[F]
blowtorch

Farbabbrennervorsatz[M]
flame spreader

Schutzbrille[F]
goggles

Lötkolben[M]
soldering iron

Anstreichen[N] und Lackieren[N]

painting upkeep

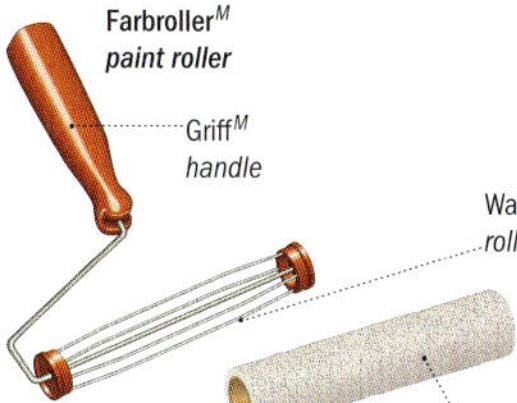

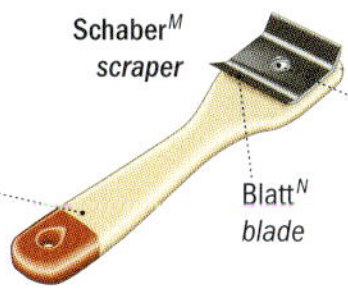

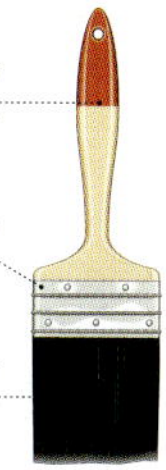

Leitern[F] und Stehleitern[F]

ladders and stepladders

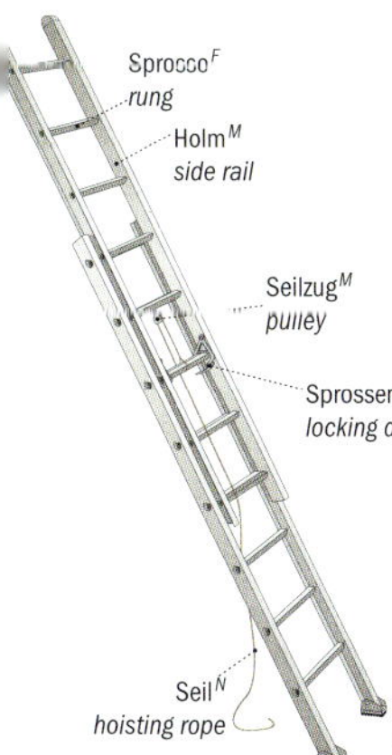

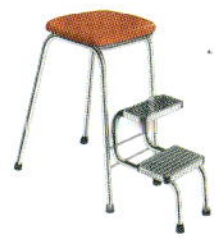

Bautischlerei[F]: Nagelwerkzeuge[N]

carpentry: nailing tools

Zimmermannshammer[M]
claw hammer

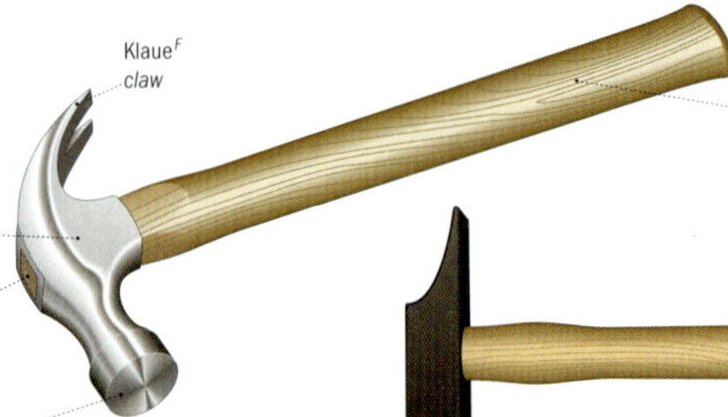

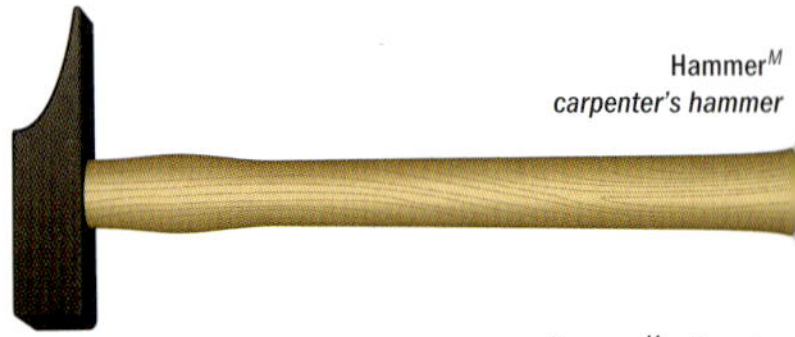

Hammer[M]
carpenter's hammer

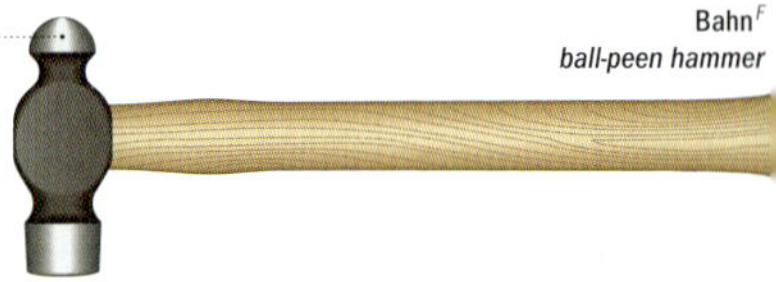

Hammer[M] mit runder Bahn[F]
ball-peen hammer

Körner[M]
nail set

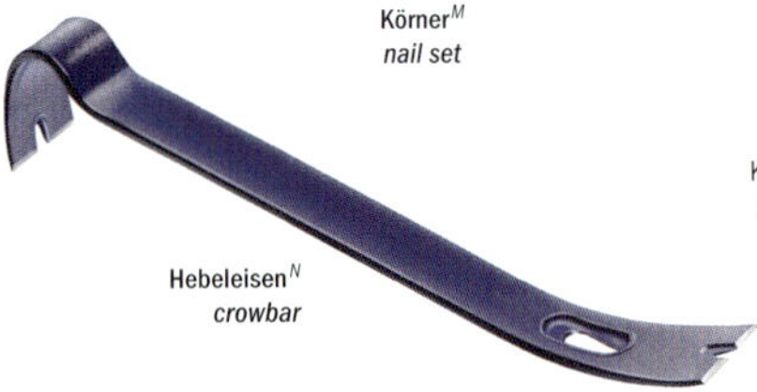

Hebeleisen[N]
crowbar

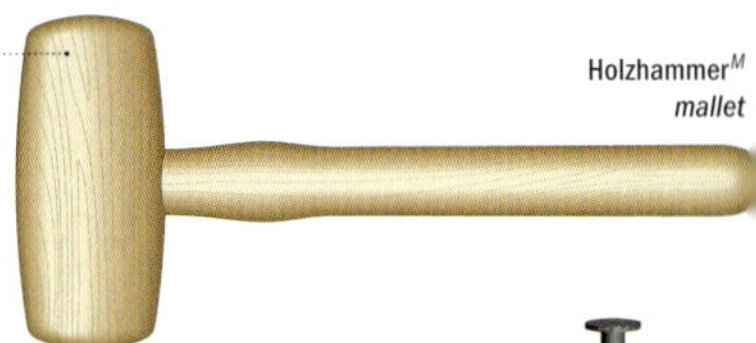

Holzhammer[M]
mallet

Nagel[M]
nail

Beispiele[N] für Nägel[M]
examples of nails

gewöhnlicher Nagel[M]
common nail

Spiralnagel[M]
spiral nail

Versenknagel[M]
finishing nail

Mauernagel[M]
masonry nail

Zwecke[F]
tack

geschnittener Nagel[M]
cut nail

Bautischlerei[F]: Schraubwerkzeuge[N]

carpentry: screwing tools

Schraubenzieher[M]
screwdriver

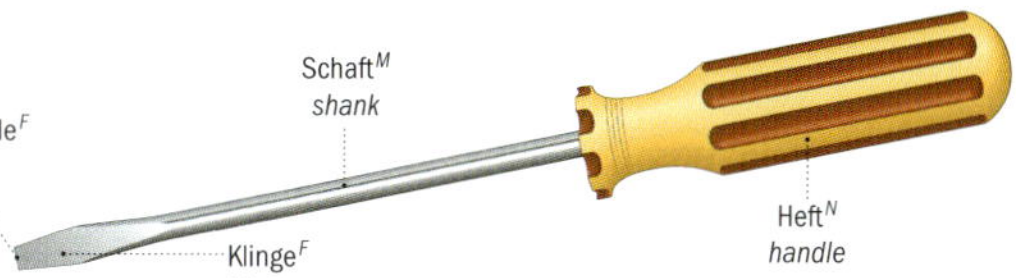

Klingenarten[F]
examples of tips

Einsatz[M] für Imbusschrauben[F]
square-headed tip

Einsatz[M] für Kreuzschlitzschrauben[F]
cross-headed tip

Einsatz[M] für Schlitzschrauben[F]
flat tip

Drillschraubenzieher[M]
spiral screwdriver

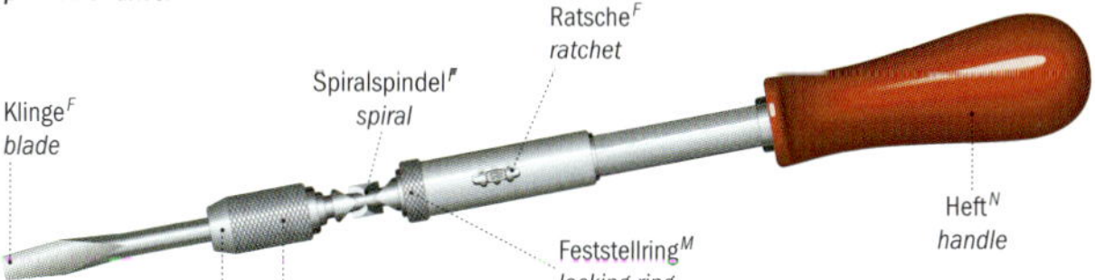

Batterie-Schraubendreher[M]
cordless screwdriver

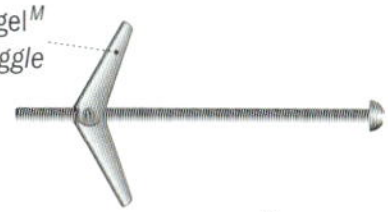

Knebelbolzen[M]
toggle bolt

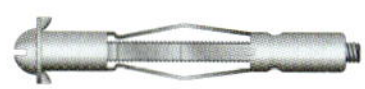

Spreizdübel[M]
expansion bolt

Schraube[F]
screw

Kopfarten[F]
examples of heads

Senkkopf[M] mit Schlitz[M]
countersunk head

Rundkopf[M] mit Schlitz[M]
round head

Sicherungskopf[M]
one way head

Senkkopf[M] mit Kreuzschlitz[M]
cross head

Senkkopf[M] mit Imbus[M]
socket head

Linsenkopf[M] mit Schlitz[M]
raised head

Bautischlerei^{F}: Greif- und Spannwerkzeuge^{N}

carpentry: gripping and tightening tools

Zangen^{F}
pliers

Kombizange^{F}
slip joint pliers

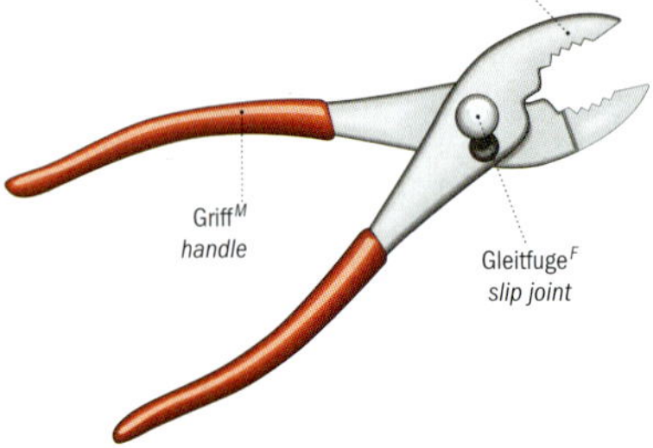

Wasserpumpen-Zange^{F}
water pump pliers

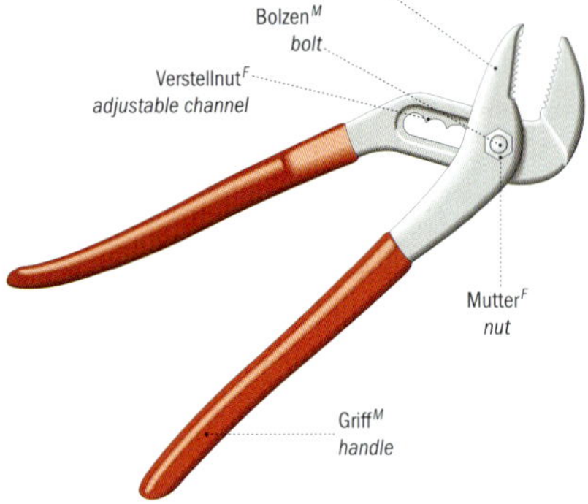

Gripzange^{F}
mole wrench

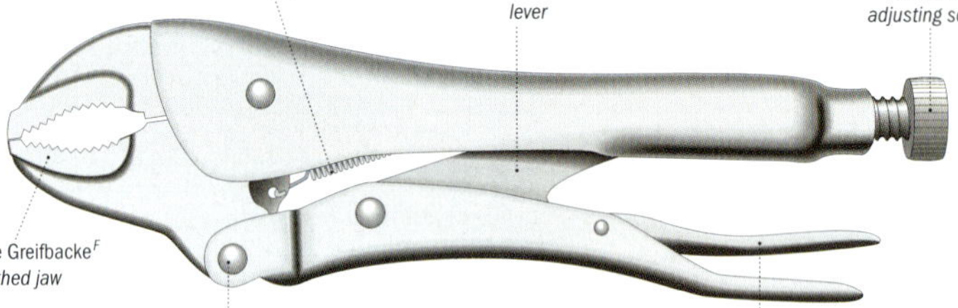

Unterlegscheiben^{F}
washers

Unterlegscheibe^{F}
flat washer

Federring^{M}
spring washer

außengezahnte Fächerscheibe^{F}
external tooth lock washer

innengezahnte Fächerscheibe^{F}
internal tooth lock washer

Schlüssel^{M}
wrenches

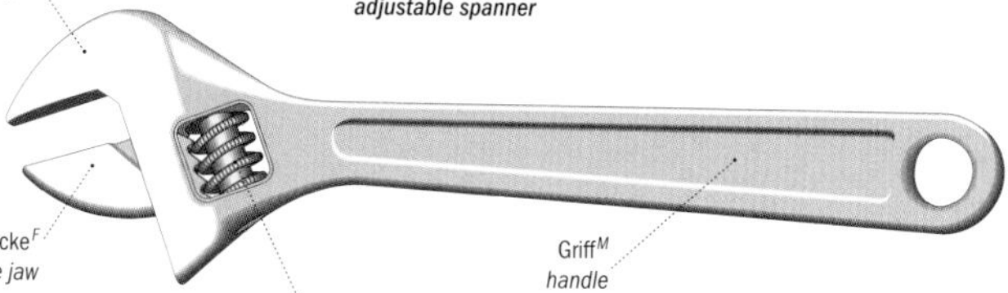

Rollgabelschlüssel^{M}
adjustable spanner

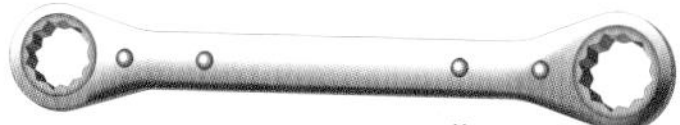

Ratschenringschlüssel^{M}
ratchet ring spanner

offener Doppelringschlüssel^{M}
flare nut spanner

Doppelmaulschlüssel^{M}
open-ended spanner

Doppelringschlüssel^{M}
ring spanner

Maul-Ringschlüssel^{M}
combination spanner

Knarre^{F}
ratchet socket wrench

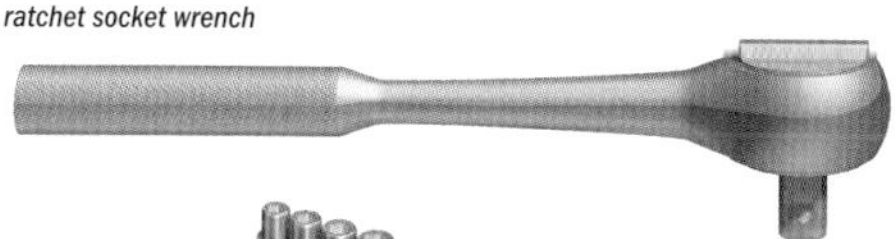

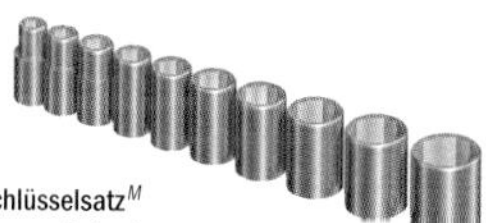

Steckschlüsselsatz^{M}
socket set

Muttern^{F}
nuts

Sechskantmutter^{F}
hexagon nut

Hutmutter^{F}
cap nut

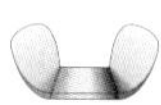

Flügelmutter^{F}
wing nut

Schrauben^{F}
bolts

Schraubenbolzen^{M}
bolt

Schraubenbolzen^{M} mit Ansatz^{M}
shoulder bolt

Zwinge[F]
G-clamp

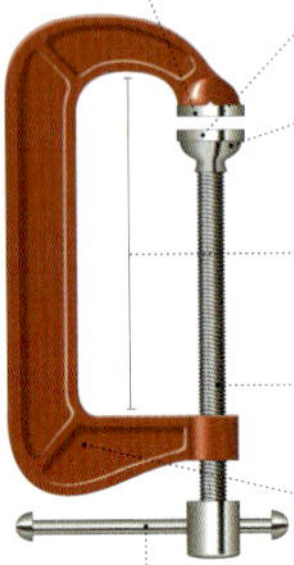

Schraubstock[M]
vice

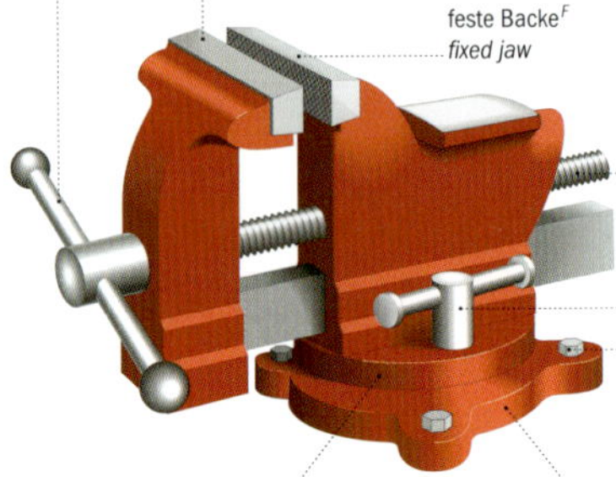

Rohrschraubstock[M]
pipe clamp

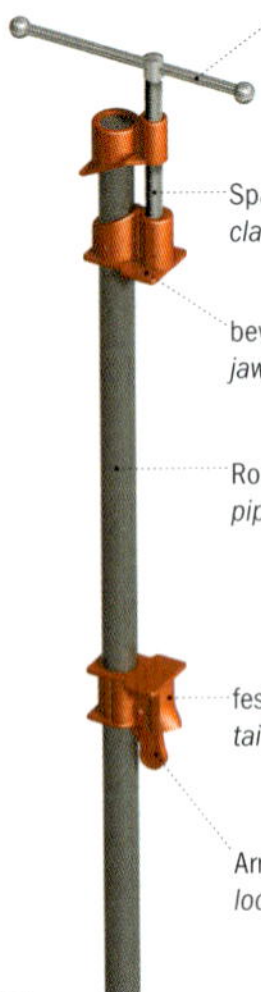

Werkbank[F] und Schraubstock[M]
work bench and vice

Bautischlerei^{F}: Mess- und Markierinstrumente^{N}

carpentry: measuring and marking tools

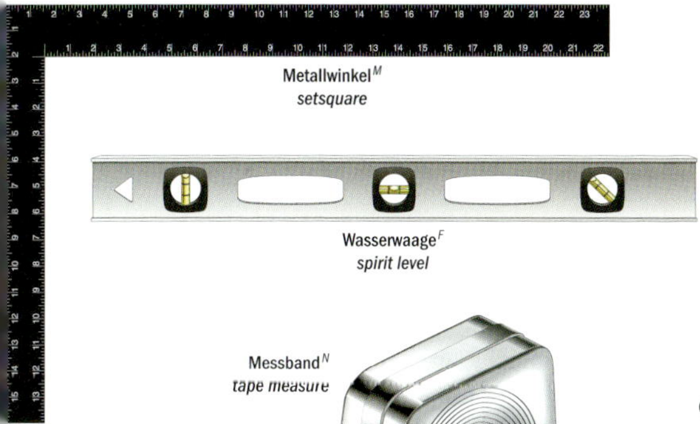

Schrägmaß^{N}
bevel square

Messband^{N}
tape measure

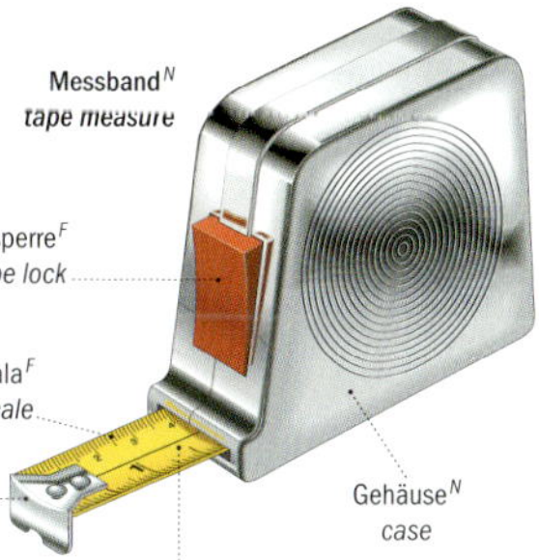

Markierschnur^{F}
chalk line

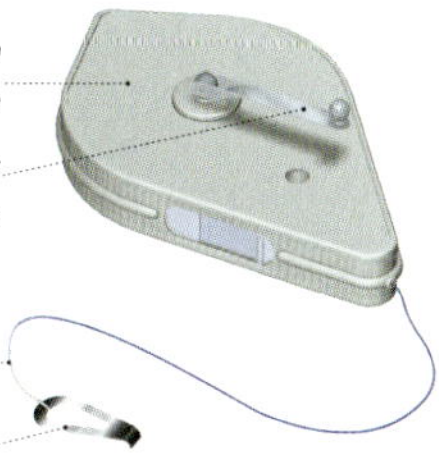

Bautischlerei^{F}: verschiedenes Zubehör^{N}

carpentry: miscellaneous material

Werkzeugkasten^{M}
tool box

Werkzeuggürtel^{M}
tool belt

Bautischlerei[F]: Sägewerkzeuge[N]

carpentry: sawing tools

Laubsäge[F]
coping saw

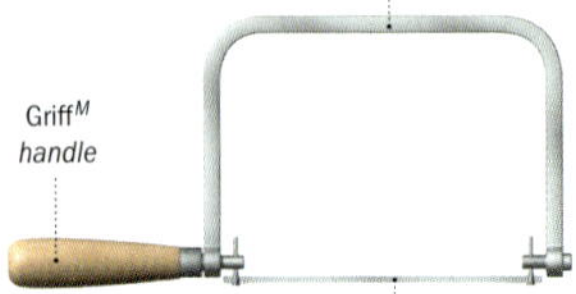

Bügelsäge[F]
hacksaw

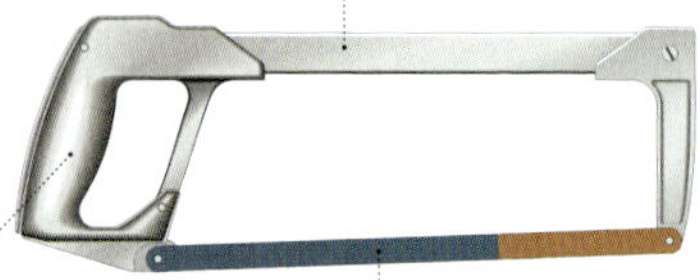

Stichsäge[F]
compass saw

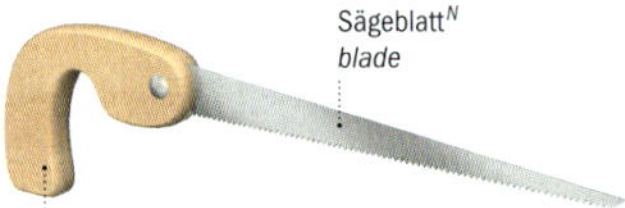

Fuchsschwanz[M]
handsaw

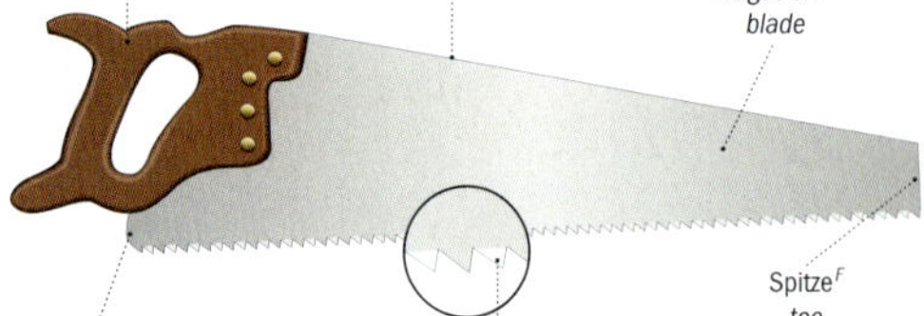

Hand-Gehrungssäge[F]
hand mitre saw

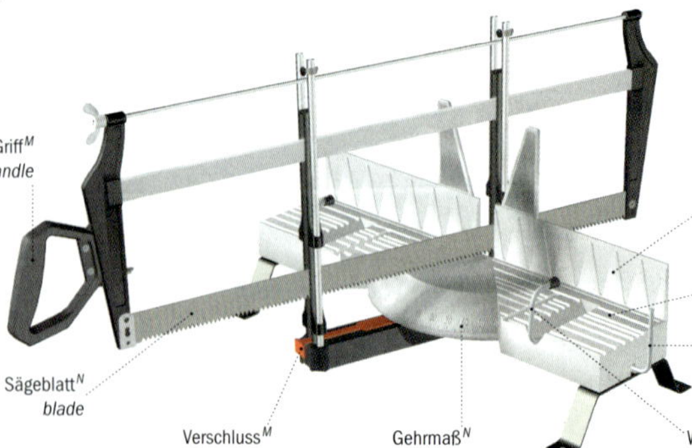

elektrische Stichsäge[F]
jigsaw

Kreissägeblatt[N]
circular saw blade

Handkreissäge[F]
circular saw

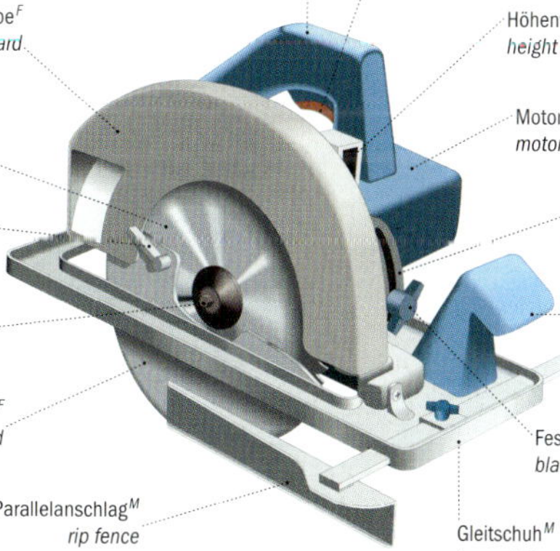

Bautischlerei^F: Bohrwerkzeuge^N

carpentry: drilling tools

Akku^M-Bohrschrauber^M
cordless drill-driver

Akku^M
battery pack

Ladegerät^N
charger

Bohrfutterschlüssel^M
chuck key

elektrische Bohrmaschine^F
electric drill

Beispiele^N für Bits^M und Bohrer^M
examples of bits and drills

Spiralbohrer^M
twist bit

Schneckenbohrer^M
solid centre auger bit

Steinbohrer^M
masonry drill

Spiralbohrer^M
twist drill

Flachfräsbohrer^M
spade bit

Schlangenbohrer^M mit doppeltem Gewindegang
double-twist auger bit

Bautischlerei[F]: Formwerkzeuge[N]

carpentry: shaping tools

Hobel[M]
plane

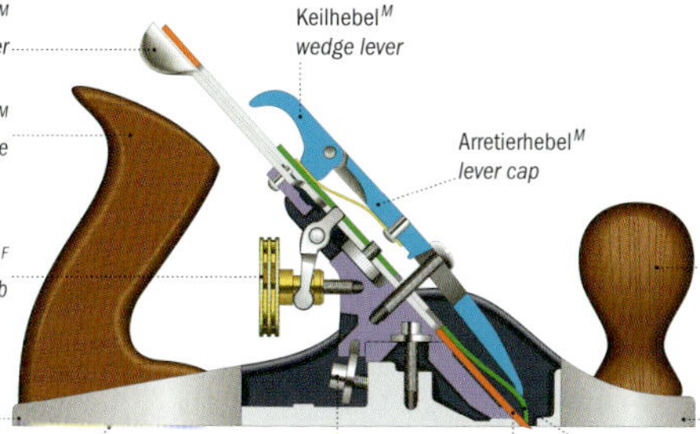

Exzenterschleifer[M]
random orbit sander

Schleifpapier[N]
sandpaper

Oberfräse[F]
router

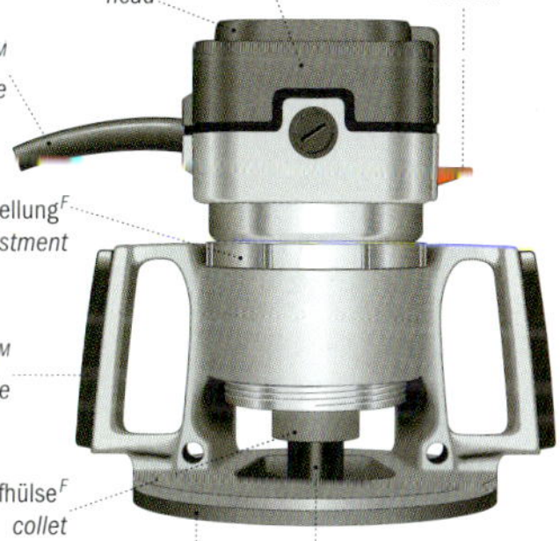

Flachfeile[F]
file

Stemmeisen[N]
wood chisel

Ziergarten[M]

pleasure garden

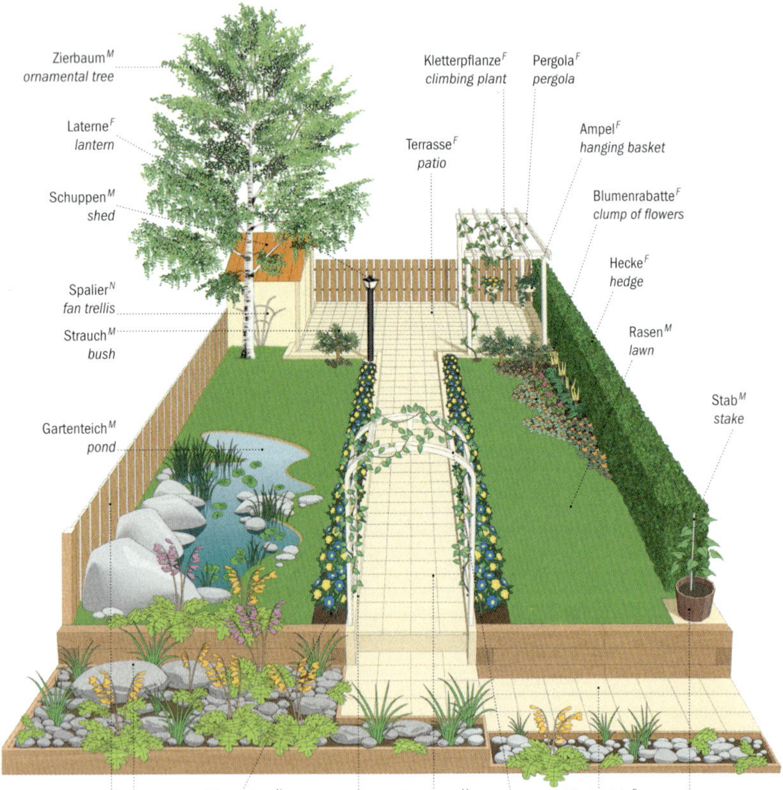

verschiedene Geräte[N]

miscellaneous equipment

Kompostkiste[F]
compost bin

Schubkarre[F]
wheelbarrow

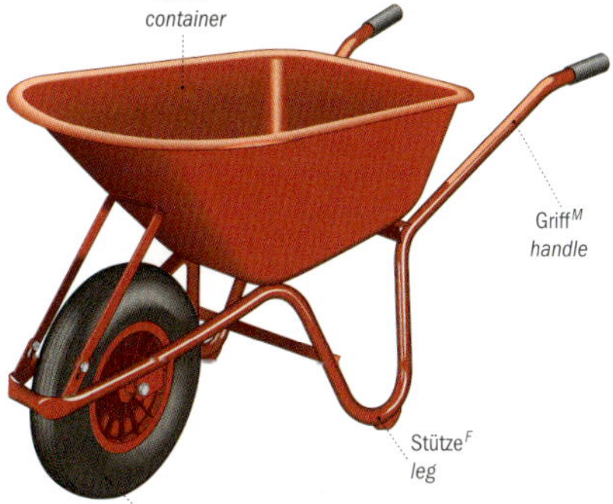

Werkzeuge[N] zum Säen[N] und Pflanzen[N]

seeding and planting tools

Pflanzschnur[F]
garden line

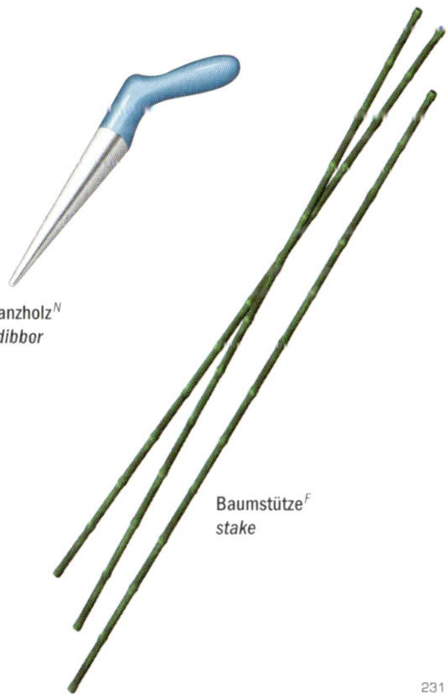

Pflanzholz[N]
dibber

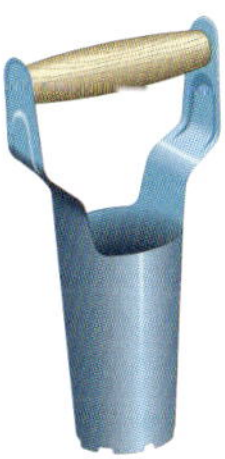

Pflanzlochstecher[M]
bulb dibber

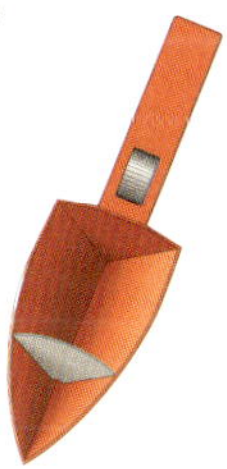

Säkelle[F]
seeder

Baumstütze[F]
stake

Handwerkzeuge[N]

hand tools

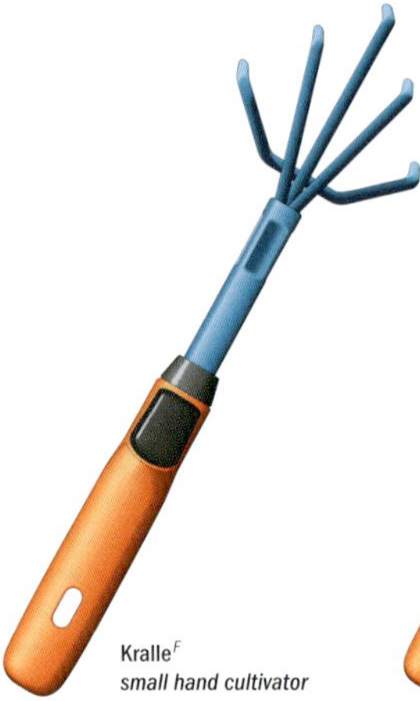

Kralle[F]
small hand cultivator

Pflanzkelle[F]
trowel

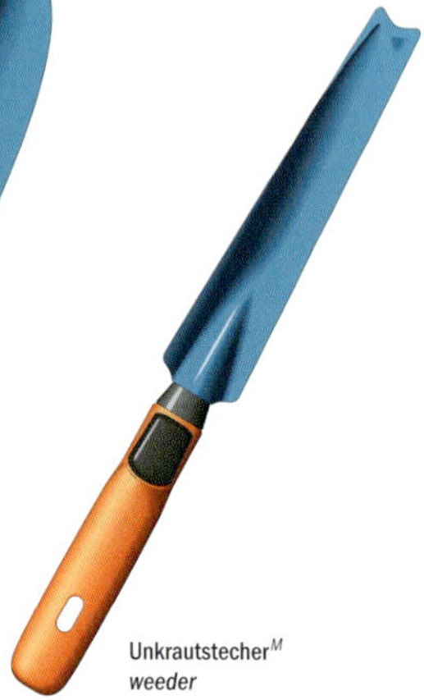

Unkrautstecher[M]
weeder

Gartenhandschuhe[M]
gardening gloves

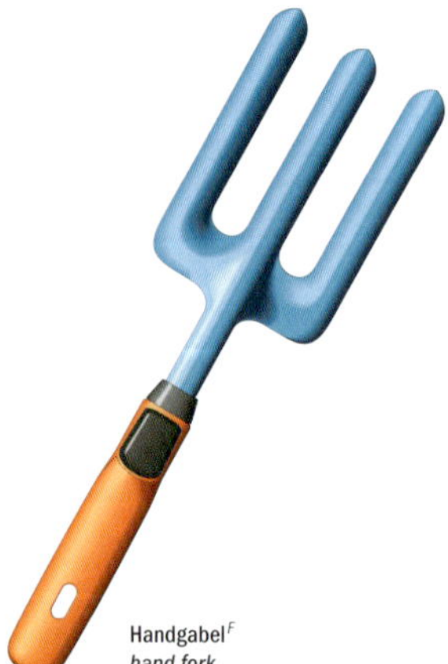

Handgabel[F]
hand fork

Geräte^{N} zur Erdbewegung^{F}

tools for loosening the earth

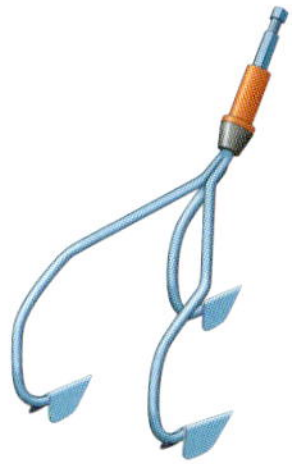

Handkultivator^{M}
weeding hoe

Kombihacke^{F}
hoe-fork

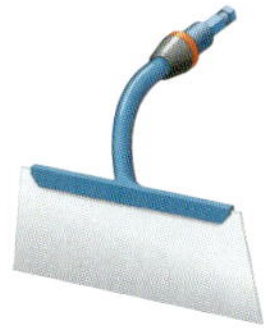

Rübenhacke^{F}
draw hoe

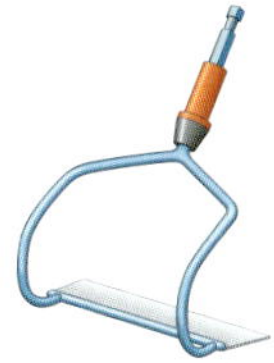

Ziehhacke^{F}
scuffle hoe

Spaten^{M}
spade

Grabschaufel^{F}
shovel

Grabgabel^{F}
digging fork

Rechen^{M}
rake

Rodehacke^{F}
hoe

Kreuzhacke^{F}
pick

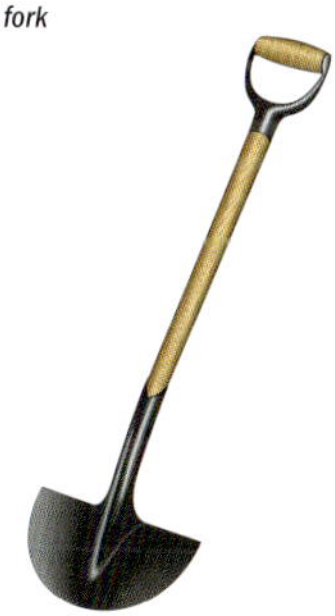

Kantenstecher^{M}
lawn edger

Schneidwerkzeuge^{N}

pruning and cutting tools

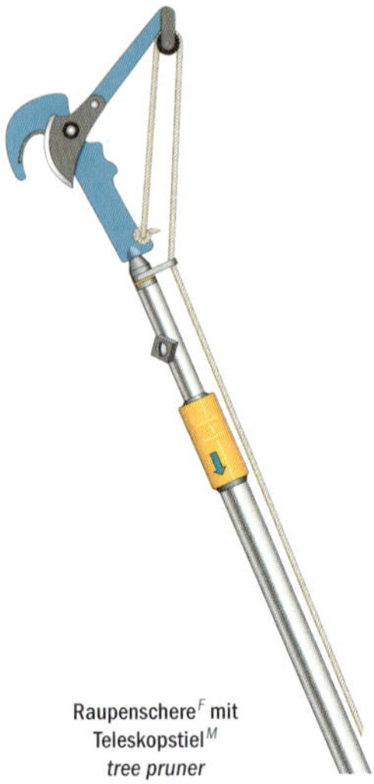

Raupenschere^{F} mit Teleskopstiel^{M}
tree pruner

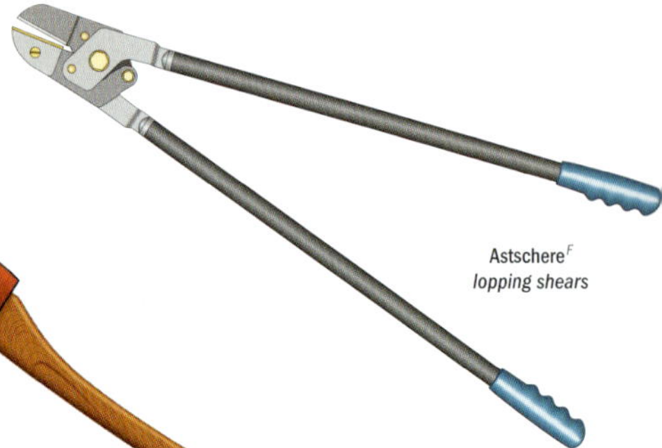

Astschere^{F}
lopping shears

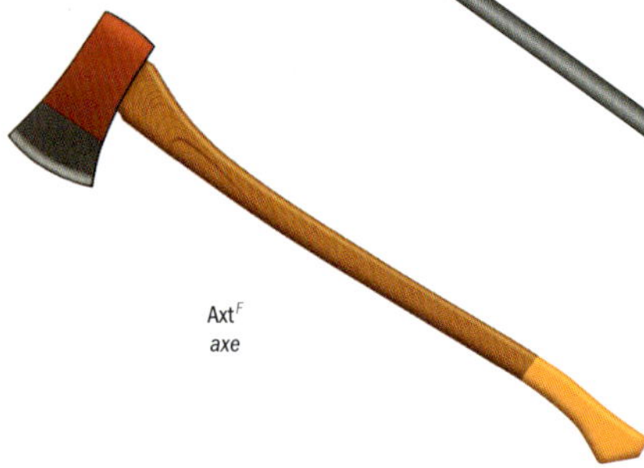

Axt^{F}
axe

Baumschere^{F}
secateurs

Heckenschere^{F}
garden shears

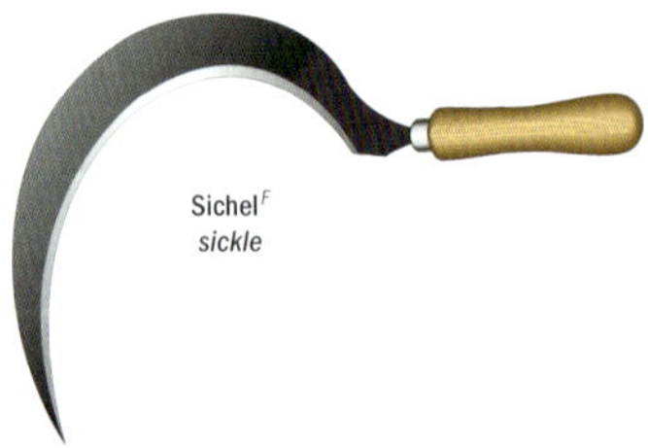

Sichel^{F}
sickle

Baumsäge^{F}
pruning saw

Hippe^{F}
billhook

elektrische Heckenschere^F
hedge trimmer

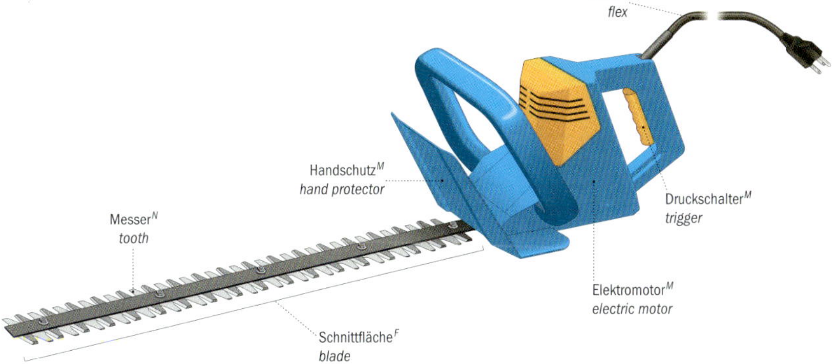

Kettensäge^F
chainsaw

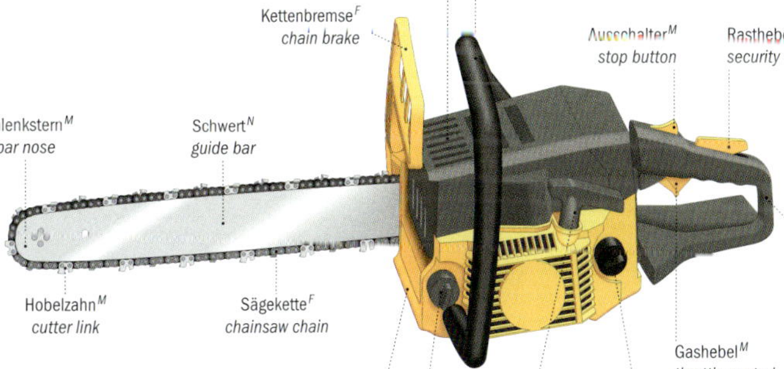

Gießgeräte[N]

watering tools

Sprühflasche[F]
sprayer

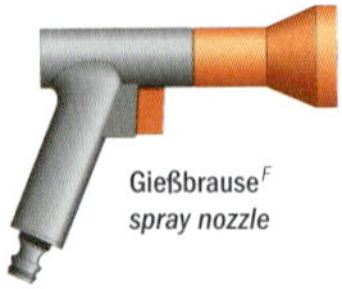

Gießbrause[F]
spray nozzle

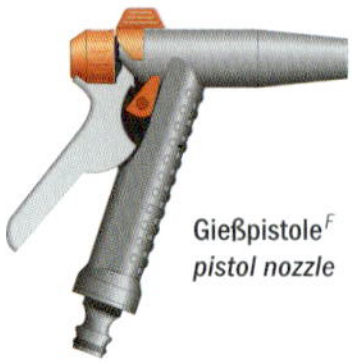

Gießpistole[F]
pistol nozzle

Regnerschlauch[M]
sprinkler hose

Gartenspritze[F]
pump sprayer

Gießkanne[F]
watering can

Impulsregner[M]
impulse sprinkler

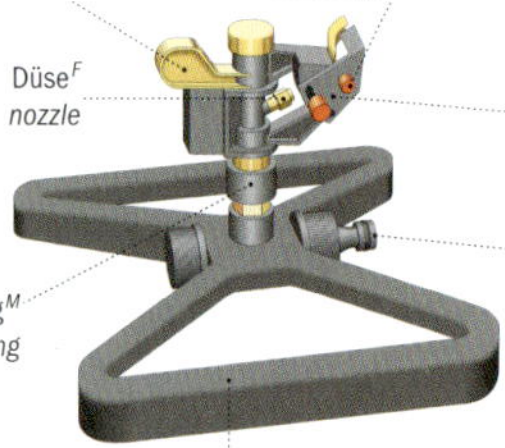

Schlauchwagen[M]
hose trolley

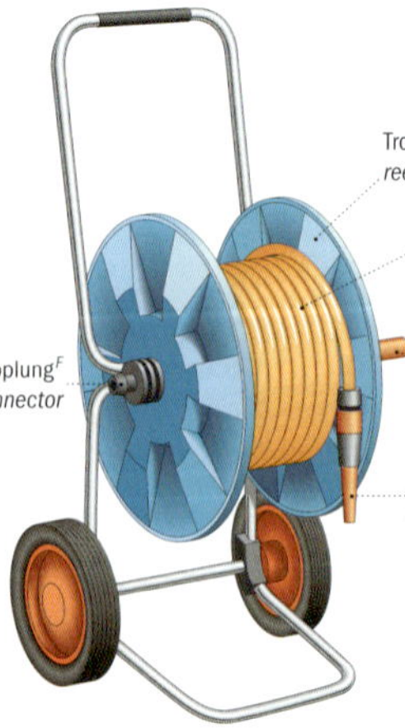

Viereckregner[M]
oscillating sprinkler

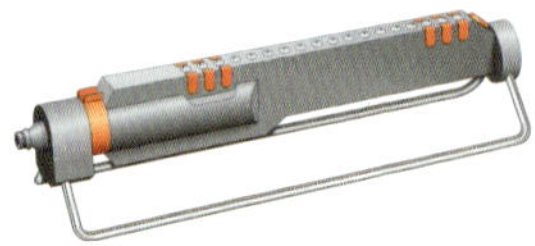

Kreisregner[M]
revolving sprinkler

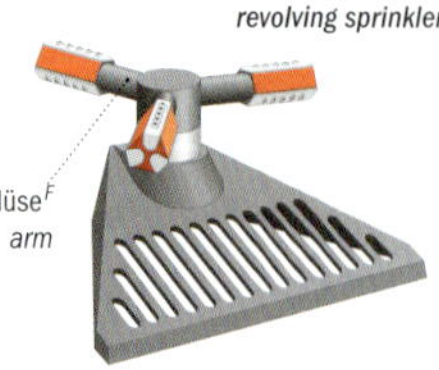

Rasenpflege[F]

lawn care

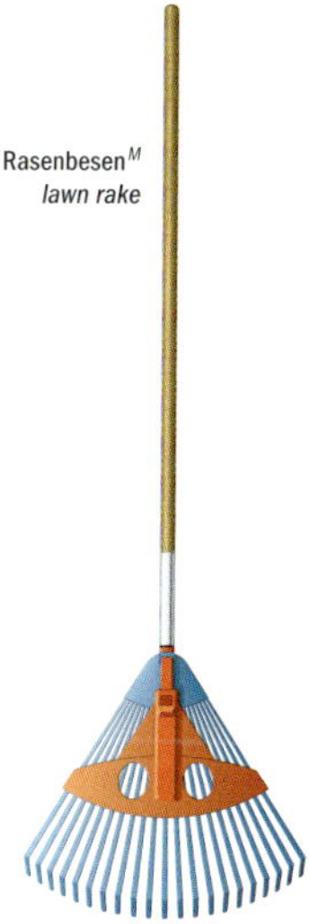

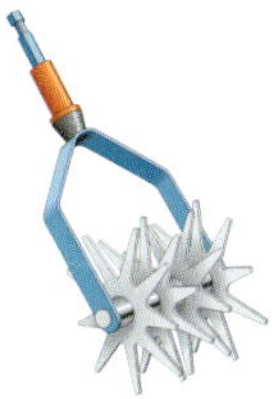

Kopfbedeckungen^{F}

headgear

Herrenkopfbedeckungen^{F}
men's headgear

Filzhut^{M}
trilby

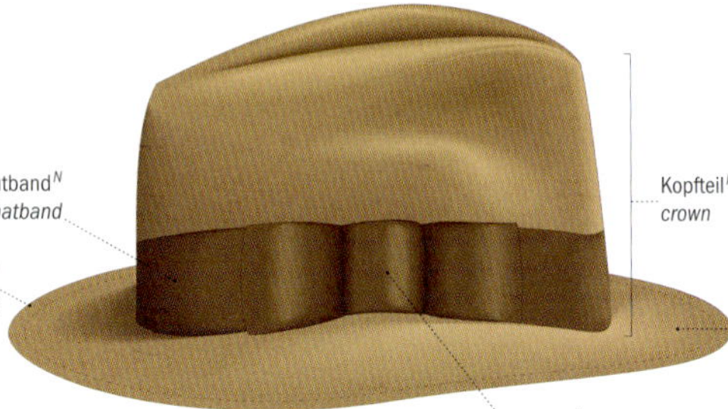

Strohhut^{M}
boater

Käppchen^{N}
skullcap

Melone^{F}
bowler

Fellmütze^{F}
astrakhan cap

Zylinder^{M}
top hat

Kosakenmütze^{F}
shapka

Jagdkappe^{F}
hunting cap

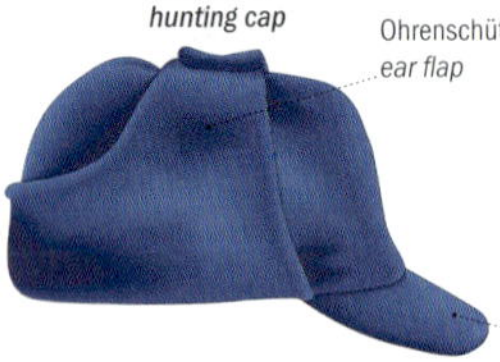

Schirmmütze^{F}
cap

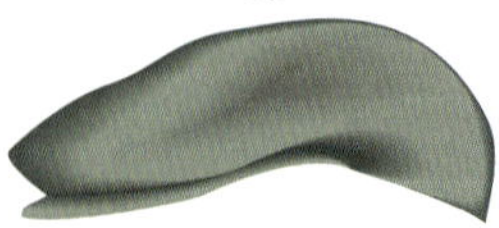

Panamahut^{M}
panama

Damenkopfbedeckungen^{F}
women's headgear

Pillbox^{F}
pillbox hat

Wagenradhut^{M}
cartwheel hat

Topfhut^{M}
cloche

Toque^{F}
toque

Regenhut^{M}
rain hat

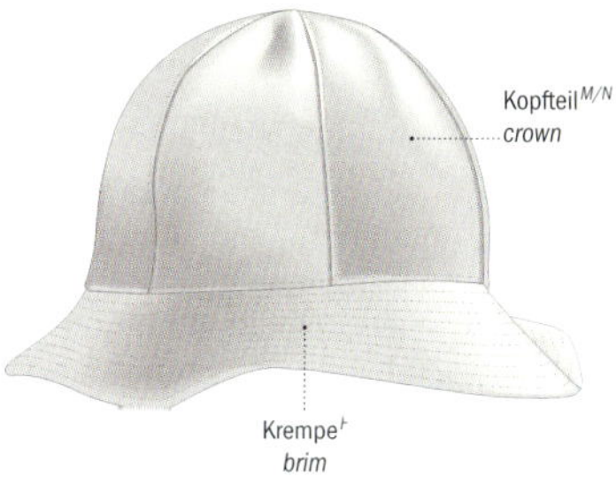

Turban^{M}
turban

Südwester^{M}
sou'wester

Unisex-Kopfbodockungen^{F}
unisex headgear

Baskenmütze^{F}
beret

Kapuzenmütze^{F}
balaclava

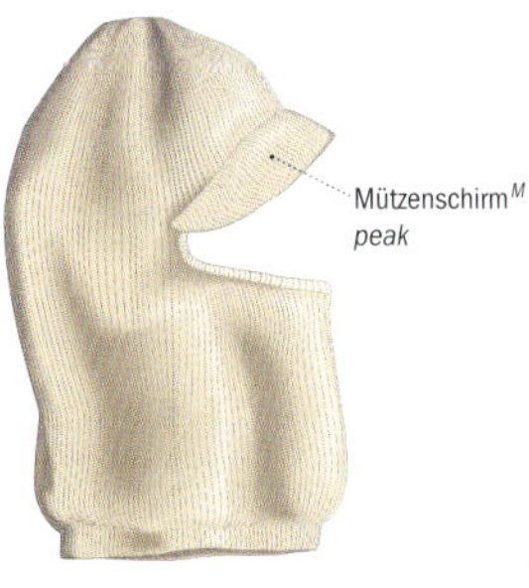

Pudelmütze^{F}
bobble hat

Filzhut^{M}
trilby

KLEIDUNG

Schuhe[M]
shoes

Herrenschuhe[M]
men's shoes

Arbeitsstiefel[M]
heavy-duty boot

Boot[M]
chukka

Überziehschuh[M]
galosh

Halbstiefel[M]
bootee

Herrenhalbschuh[M]
oxford shoe

Schnürschuh[M]
lace-up

Damenschuhe^{M}
women's shoes

Sandalette^{F} mit Fersenriemen^{M}
ankle-strap

Ballerinaschuh^{M}
pump

Slingpumps^{M}
slingback shoe

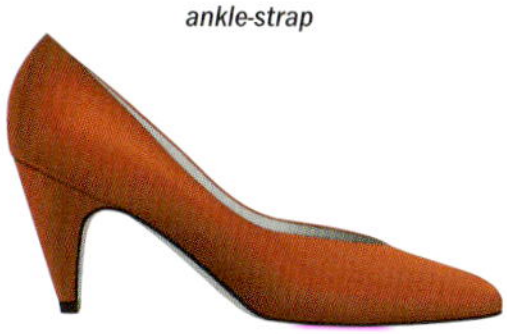

Pumps^{M}
court

Stegspangenschuh^{M}
T-strap shoe

Einspangenschuh^{M}
one-bar shoe

Schaftstiefel^{M}
thigh-boot

Stiefel^{M}
boot

Straßenschuh^{M}
casual shoe

knöchelhohe Stiefelette^{F}
ankle boot

KLEIDUNG

Unisex-Schuhe^M
unisex shoes

Pantoffel^M
mule

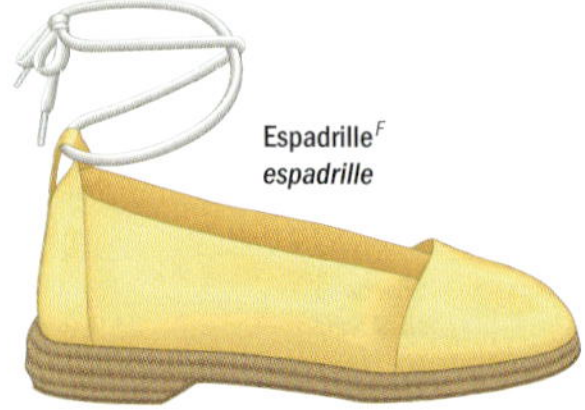

Espadrille^F
espadrille

Tennisschuh^M
plimsoll

Slipper^M
slip-on

Sandale^F mit
Zehenriemchen^N
toe-strap

Mokassin^M
moccasin

Römerpantolette^F
flip-flop

Pantolette^F
clog

Sandale^F
sandal

Wanderschuh^M
hiking boot

Herrenhandschuhe^{M}
men's gloves

Handschuh^{M}-Außenseite^{F}
back of a glove

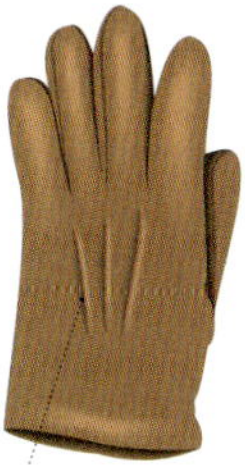

Handschuh^{M}-Innenseite^{F}
palm of a glove

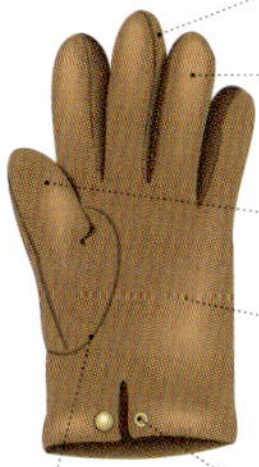

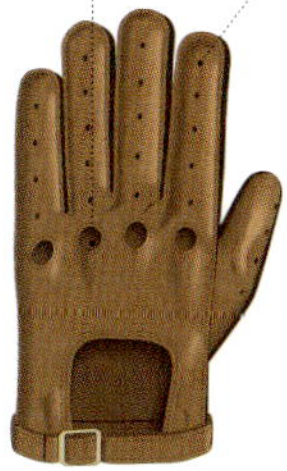

Autohandschuh^{M}
driving glove

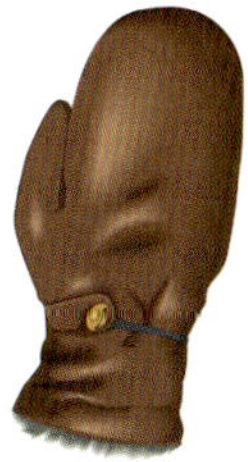

Fäustling^{M}
mitten

Damenhandschuhe^{M}
women's gloves

Kurzhandschuh^{M}
short glove

Stulpenhandschuh^{M}
gauntlet

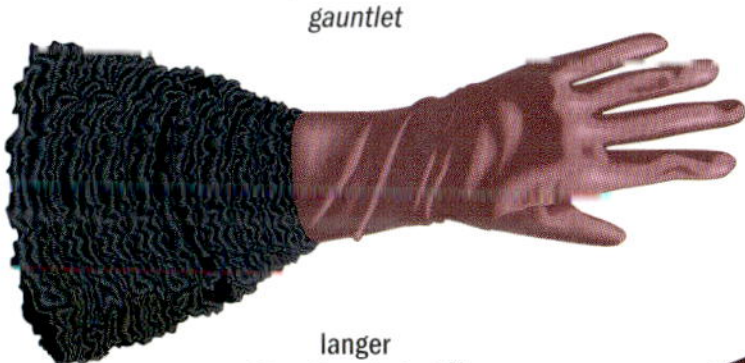

langer Abendhandschuh^{M}
evening glove

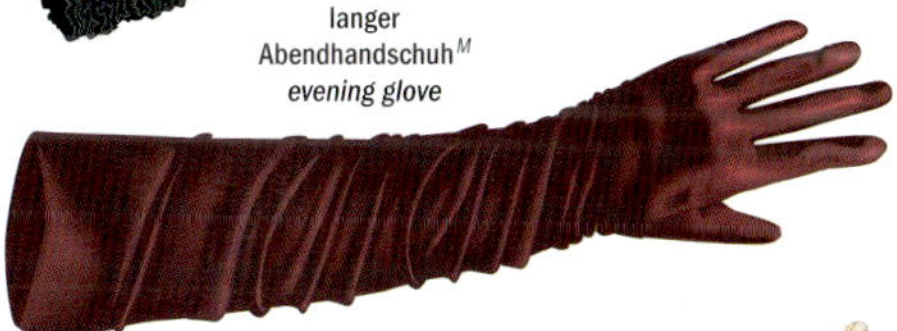

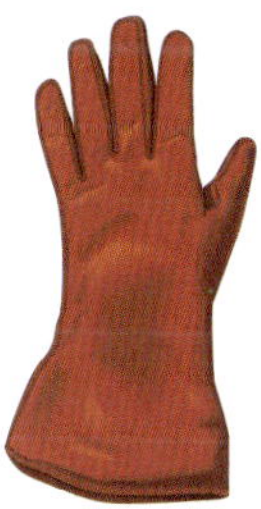

Langhandschuh^{M}
wrist-length glove

fingerloser Spitzenhandschuh^{M}
fingerless mitt

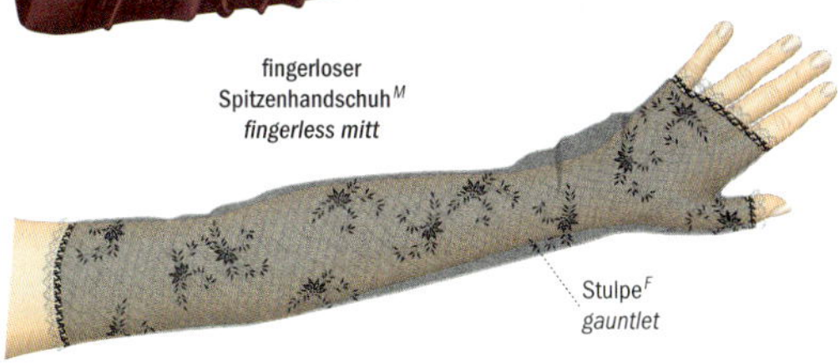

Jackett^{N} und Weste^{F}
jackets

Zweireiher^{M}
double-breasted jacket

Weste^{F}
waistcoat

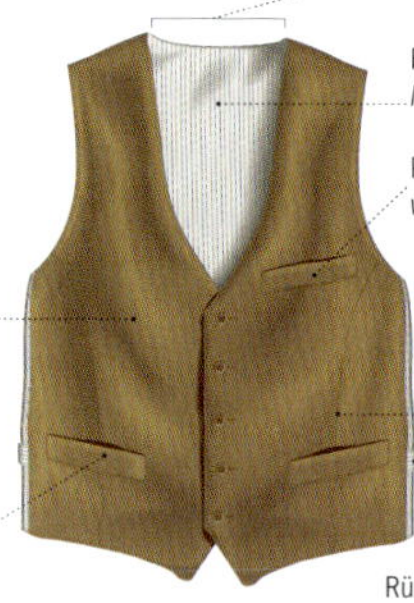

Einreiher^{M}
single-breasted jacket

KLEIDUNG

HemdN
shirt

Button-Down-KragenM
buttondown collar

KrawattenschalM
cravat

FliegeF
bow tie

gespreizter KragenM
spread collar

KrawatteF
necktie

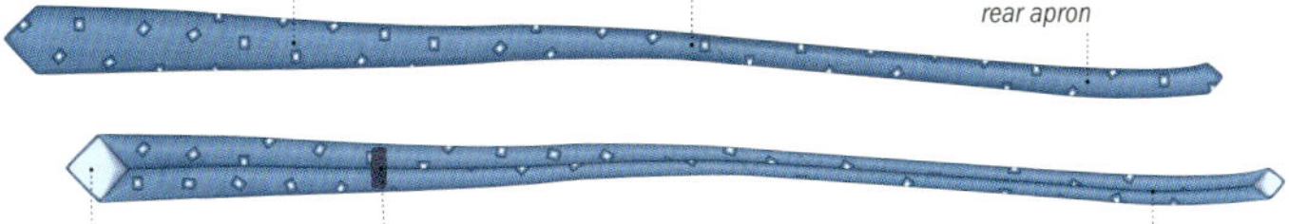

Hose[F]
trousers

Gesäßtasche[F]
back pocket

Klips[M]
brace clip

Hosenträger[M]
braces

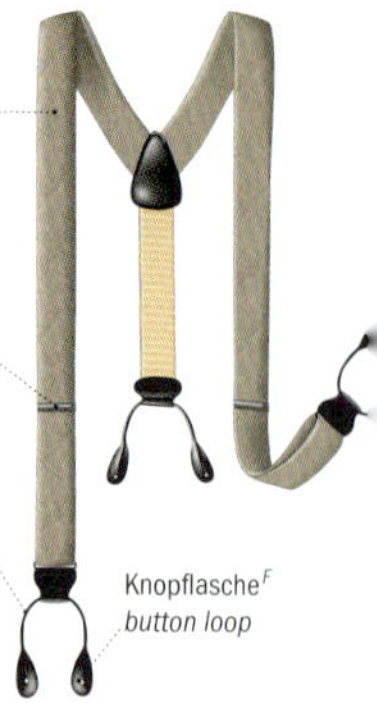

Gürtel[M]
belt

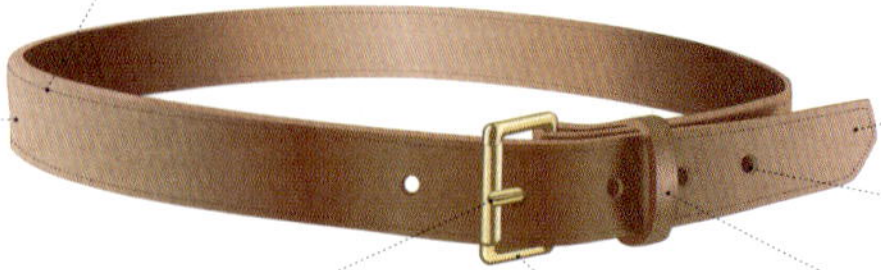

Unterwäsche[F]
underwear

Trägerhemd[N]
vest

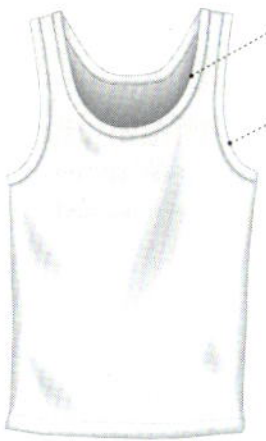

Slip[M]
briefs

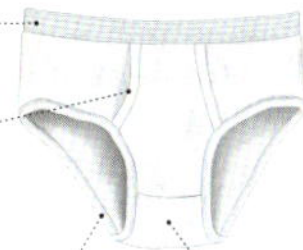

Hemdhose[F]
combinations

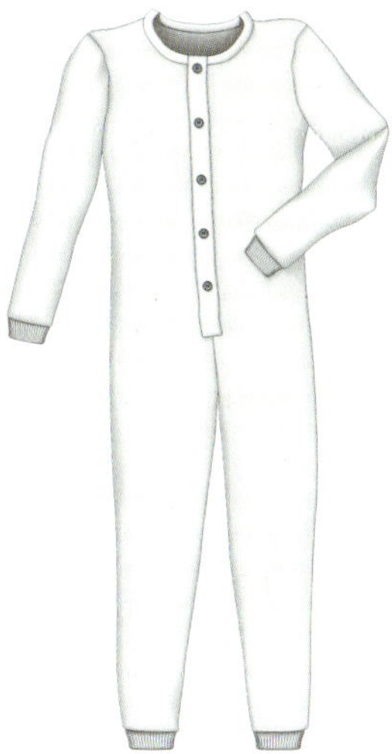

lange Unterhose[F]
long johns

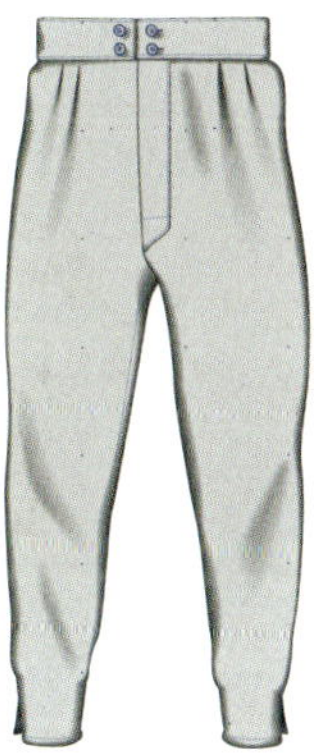

Minislip[M]
mini briefs

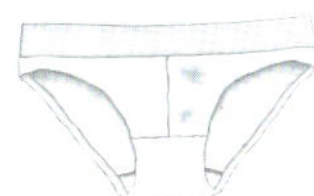

Boxershorts[F]
boxer shorts

Socken[F]
socks

Kniestrumpf[M]
knee-length sock

Wadenstrumpf[M]
mid-calf length sock

Knöchelsocke[F]
ankle sock

Mäntel[M] und Jacken[F]
coats

Regenmantel[M]
raincoat

Mantel[M]
overcoat

Trenchcoat[M]
trench coat

dreiviertellange Jacke[F]
three-quarter coat

Parka^M
parka

Lammfelljacke^F
sheepskin jacket

Dufflecoat^M
duffle coat

Blouson^M
windcheater

Windjacke^F
windcheater

Pullover^{M}

sweaters

Strickjacke^{F} mit V-Ausschnitt^{M}
V-neck cardigan

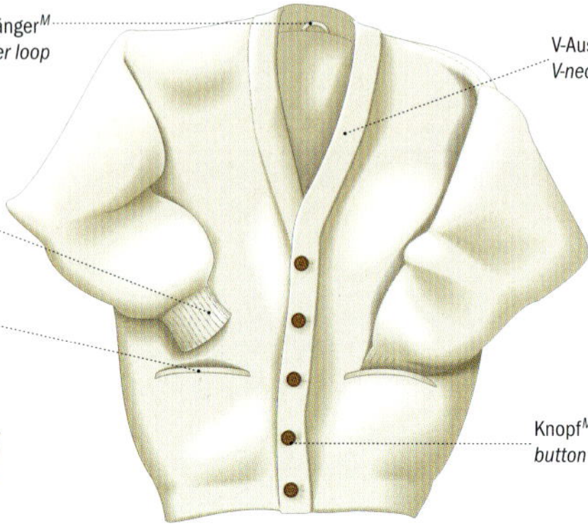

Pullunder^{M}
slipover

Poloshirt^{N}
polo shirt

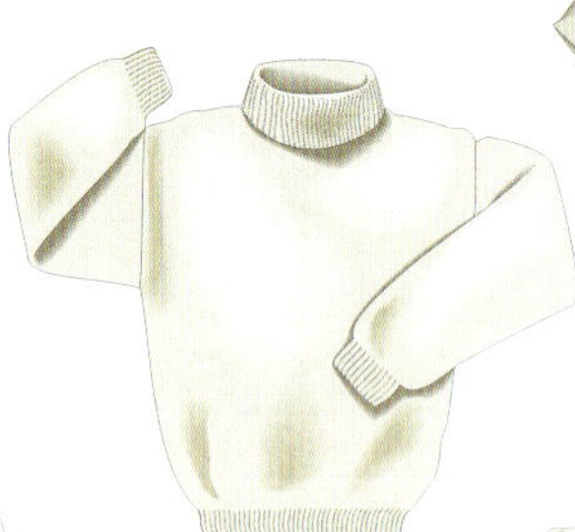

Rollkragenpullover^{M}
polo-neck sweater

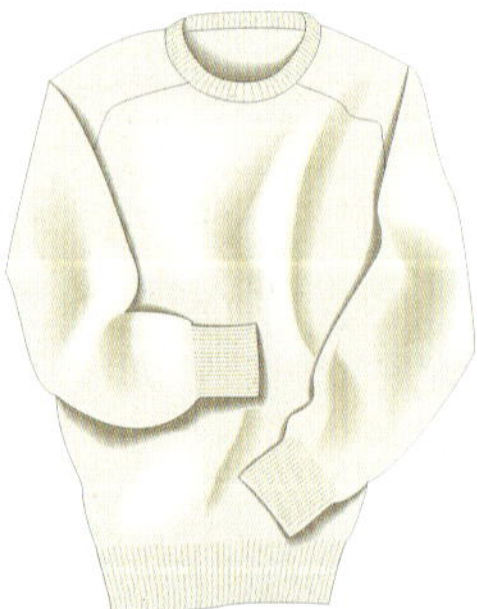

Pullover^{M} mit halsnahem Ausschnitt^{M}
crew neck sweater

Strickjacke^{F}
cardigan

Kostüm^{N}
suit

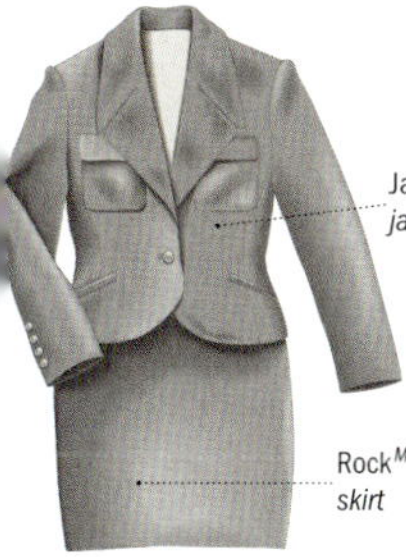

Raglanmantel^{M}
raglan

Mäntel^{M} und Jacken^{F}
coats

Redingote^{F}
riding coat

Pelerine^{F}
pelerine

Cape^{N}
cape

Cabanjacke^{F}
pea jacket

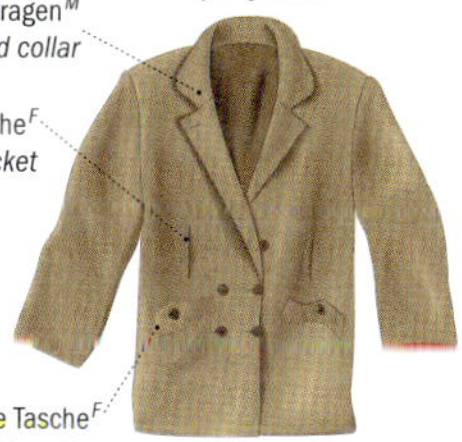

Mantel^{M}
overcoat

Autocoat^{M}
car coat

Blazer^{M}
jacket

Poncho^{M}
poncho

Beispiele[N] für Kleider[N]
examples of dresses

Schlauchkleid[N]
sheath dress

Prinzesskleid[N]
princess dress

Mantelkleid[N]
coat dress

Polokleid[N]
polo dress

Hauskleid[N]
house dress

Hemdblusenkleid[N]
shirtwaist dress

Kleid[N] mit angesetztem Schoß[M]
drop waist dress

Kleid[N] in Trapez-Form[F]
A-line dress

leichtes Sonnenkleid[N]
sundress

Wickelkleid[N]
wrapover dress

Tunikakleid[N]
tunic dress

Trägerrock[M]
pinafore

Beispiele^{N} für Röcke^{M}
examples of skirts

Bahnenrock^{M}
gored skirt

Schottenrock^{M}
kilt

Sarong^{M}
sarong

Wickelrock^{M}
wrapover skirt

Etuirock^{M}
sheath skirt

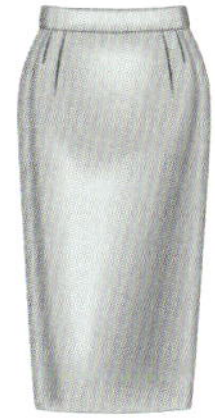

Stufenrock^{M}
ruffled skirt

gerader Rock^{M}
straight skirt

Sattelrock^{M}
yoke skirt

Kräuselrock^{M}
gather skirt

Hosenrock^{M}
culottes

Beispiele^{N} für Falten^{F}
examples of pleats

Kellerfalte^{F}
inverted pleat

Gehfalte^{F}
kick pleat

Bahnenplissee^{N}
accordion pleat

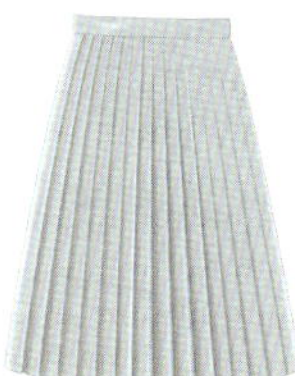

abgesteppte Falte^{F}
top stitched pleat

einfache Falte^{F}
knife pleat

Beispiele^N für Hosen^F
examples of trousers

Shorts^F
shorts

Bermudashorts^F
Bermuda shorts

Kniebundhose^F
knickerbockers

Caprihose^F
pedal pushers

Jeans^F
jeans

Steghose^F
ski pants

Steg^M
footstrap

Overall^M
jumpsuit

Latzhose^F
dungarees

Schlaghose^F
bell bottoms

Westen^F und Jacken^F
waistcoats and jackets

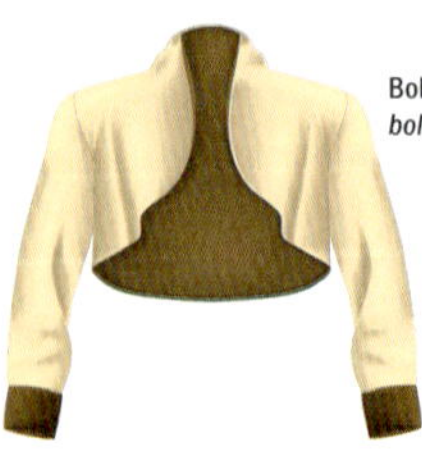

Bolero^M
bolero

Spenzer^M
spencer

Blazer^M
blazer

Safarijacke[F]
safari jacket

Weste[F]
waistcoat

Twinset[N]
twin-set

KLEIDUNG

Beispiele[N] für Blusen[F] und Hemden[N]
examples of blouses

Bodyshirt[N]
body

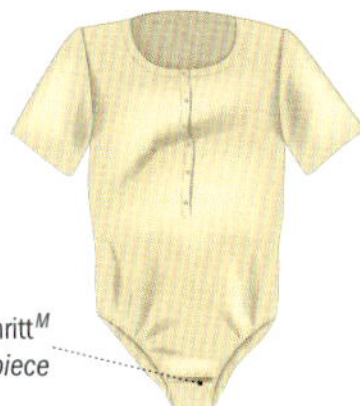

Matrosenbluse[F]
sailor tunic

Hosenbluse[F]
overshirt

klassische Bluse[F]
classic blouse

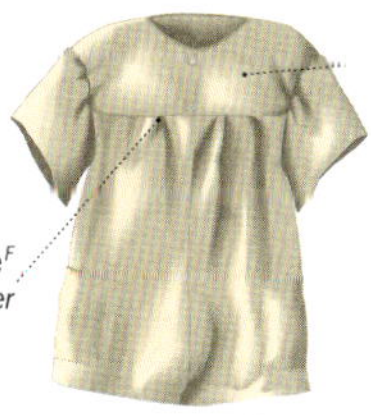

Kittelbluse[F]
button-through smock

Arbeitskittel[M]
smock

Wickelbluse[F]
wrapover top

Polohemd[N]
polo shirt

Tunika[F]
tunic

Nachtwäsche^F
nightwear

Kimono^M
kimono

Nachthemd^N
nightgown

Baby-Doll^N
baby doll

Schlafanzug^M
pyjamas

Negligé^N
negligee

Bademantel^M
bathrobe

Strümpfe^{M}
hose

Kniestrumpf^{M}
knee sock

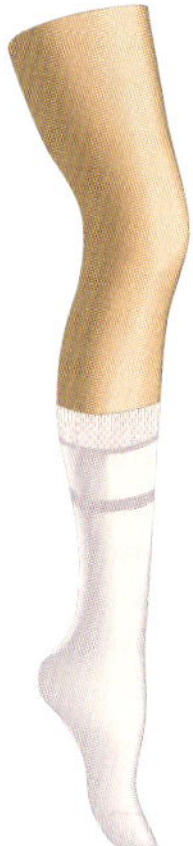

Socke^{F}
sock

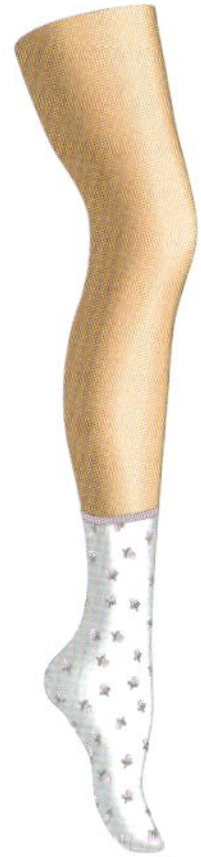

Söckchen^{N}
ankle sock

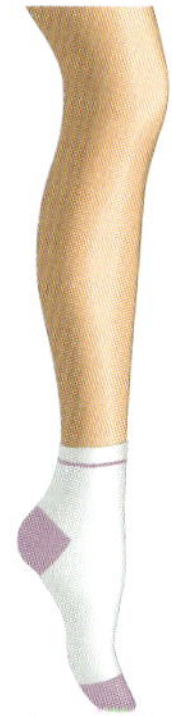

Kurzsocke^{F}
short sock

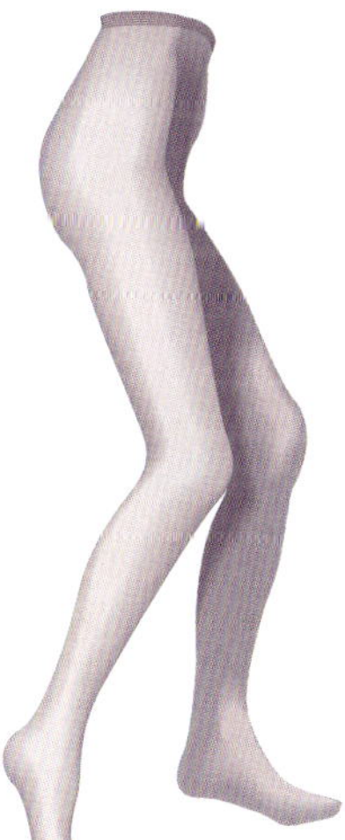

Strumpfhose^{F}
tights

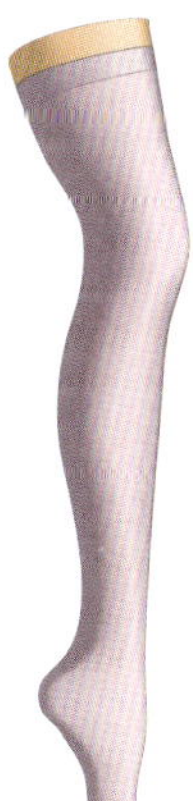

Strumpf^{M}
stocking

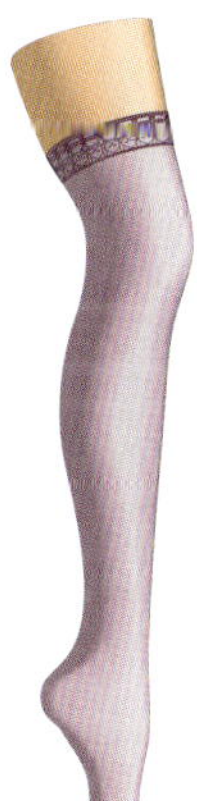

Overknee-Strumpf^{M}
thigh stocking

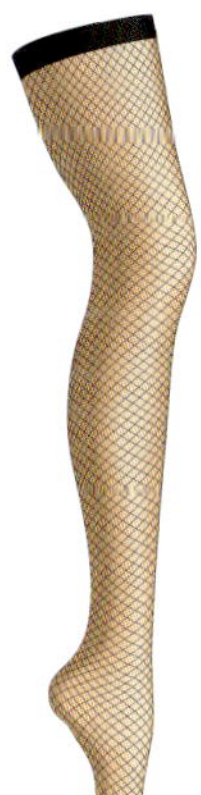

Netzstrumpf^{M}
fishnet stocking

Unterwäsche[F]
underwear

Camisol[N]
camisole

Teddy[M]
teddy

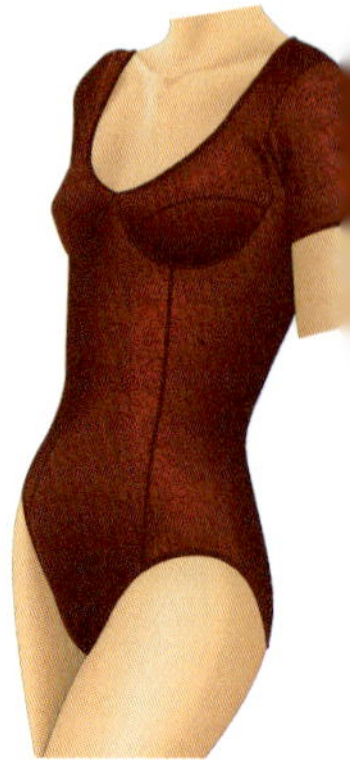

Bodysuit[M]
body

Korselett[N]
corselette

Panty-Korselett[N]
panty corselette

Unterrock[M]
half-slip

Vollachsel-Unterkleid[N]
foundation slip

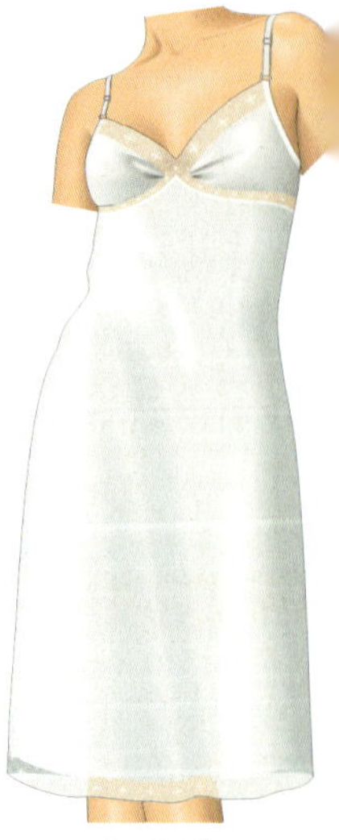

Unterkleid[N]
slip

Torselett^{N}
wasp-waisted corset

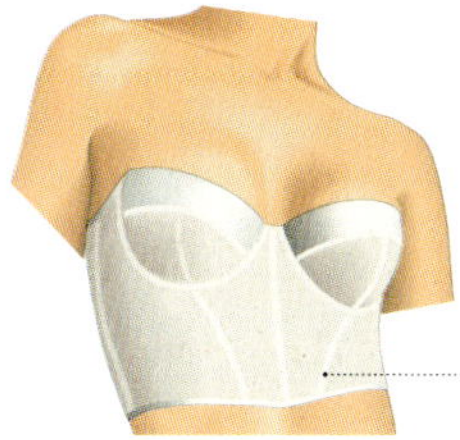

trägerloser Büstenhalter^{M}
strapless brassiere

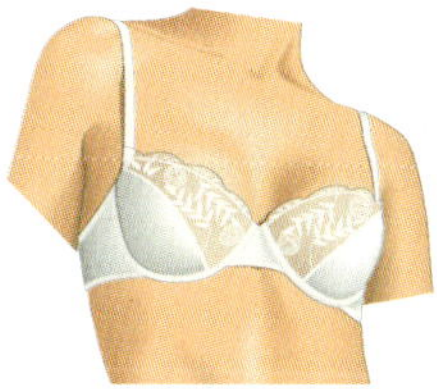

Dirndl-BH^{M}
push-up bra

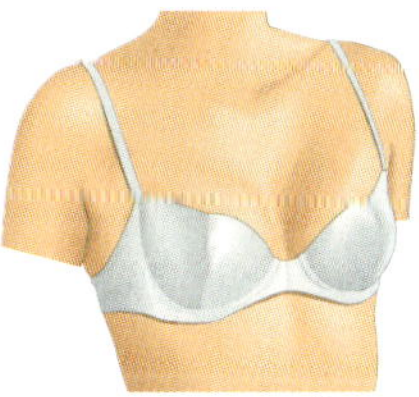

Halbschale^{F}
décolleté bra

Mieder^{N}
girdle

Magenstütze^{F}
panel

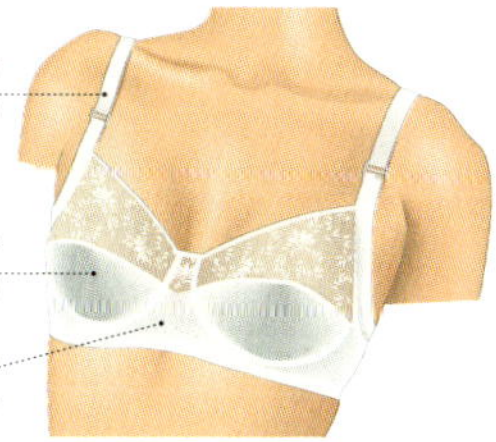

BH^{M}
bra

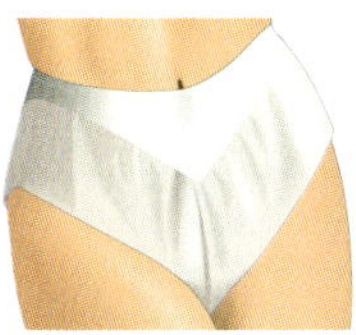

Slip^{M}
briefs

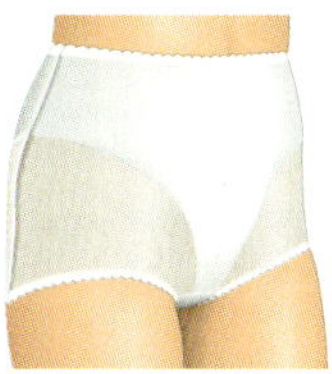

Miederhose^{F}
panty girdle

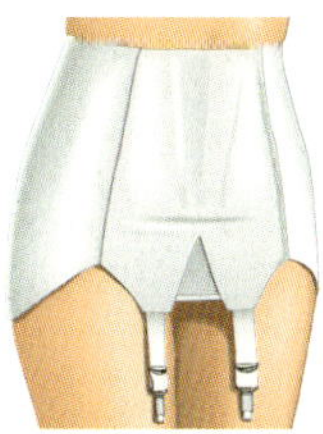

Korsett^{N}
corset

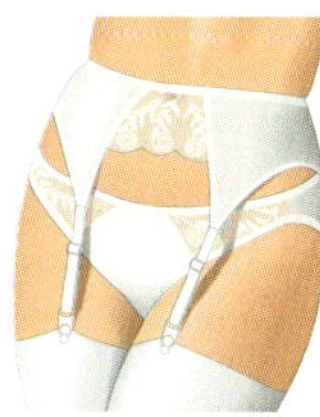

Strumpfhaltergürtel^{M}
suspender belt

Babybekleidung[F]
newborn children's clothing

Strampelhöschen[N]
rompers

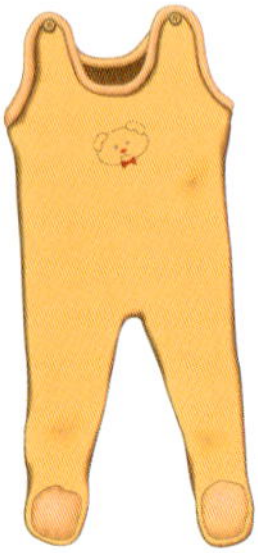

Schneesack[M]
snuggle suit

Badetuch[N] mit Kapuze[F]
hooded towelling robe

Kapuze[F]
hood

Zierborte[F]
decorative braid

Paspel[F]
false tuck

Rüschenstrumpfhose[F]
frilly nylon tights

zweiteiliger Schlafanzug[M]
babygro

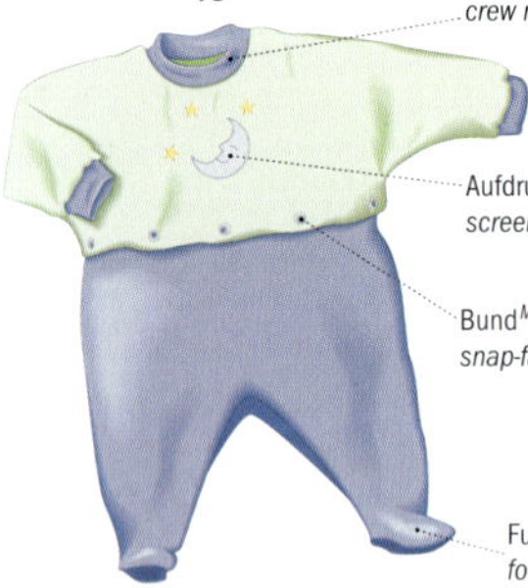

halsnaher Ausschnitt[M]
crew neck

Aufdruck[M]
screen print

Bund[M] mit Druckknöpfen[M]
snap-fastening waist

Fuß[M]
foot

Latzhose[F] mit hohem Rückenteil[M/N]
high-back dungarees

verstellbarer Träger[M]
adjustable strap

Lätzchen[N]
bib

aufgesetzte Tasche[F]
patch pocket

Zier-Steppnaht[F]
top stitching

Schlitz[M]
fly

Druckknopfleiste[F] an der Beininnenseite[F]
inside-leg snap-fastening

Hemdchen[N]
shirt

Windel[F]
nappy

Lätzchen[N]
bib

Rüschenhöschen[N]
frilly pants

Rüschen[F]
ruching

Gummihöschen[N]
disposable nappy

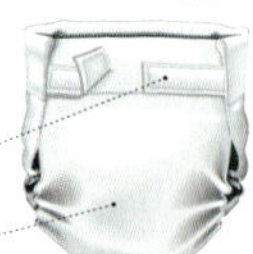

Haftgurtband[N]
Velcro® closure

dichtes Windelhöschen[N]
waterproof pants

Wagenanzug^{M}
blanket sleepsuit

Schlafanzug^{M}
sleepsuit

Kinderbekleidung^{F}
children's clothing

Latzhose^{F} mit gekreuzten Rückenträgern^{M}
dungarees with crossover back straps

Schneeanzug^{M}
snowsuit

Schlafanzug^{M} in Schlupfform^{F}
slip-on pyjamas

T-Shirt Kleid^{N}
T-shirt dress

Spielanzug^{M}
rompers

Sportset^{N}
training set

Overall^{M}
jumpsuit

Sportkleidung^{F}

sportswear

Joggingschuh^{M}
running shoe

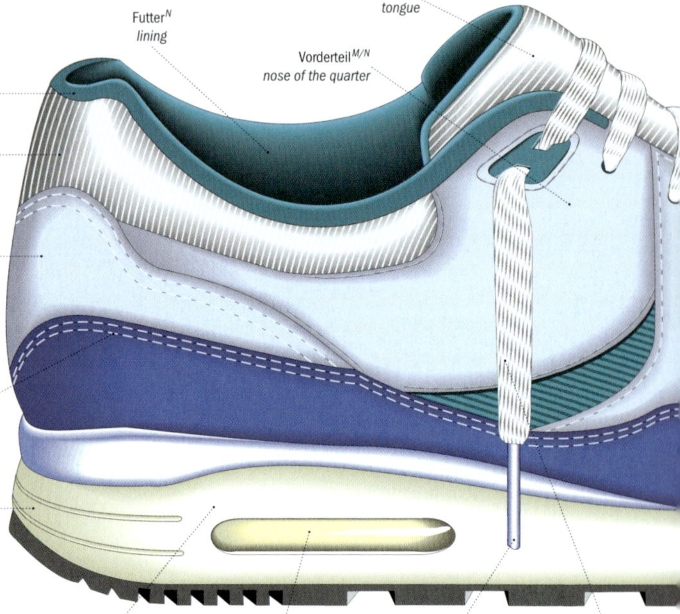

Trainingsanzug^{M}
training suit

Sweatshirt^{N} mit Kapuze^{F}
hooded sweat shirt

Sweatshirt^{N}
sweat shirt

Trainingshose^{F}
jogging pants

Sportkleidung[F]
exercise wear

Badehose[F]
swimming trunks

Badeanzug[M]
swimsuit

Trikot[N]
leotard

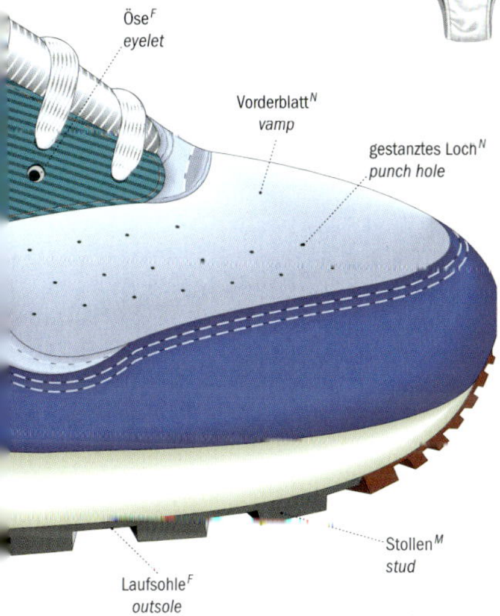

Leggins[F]
footless tights

Legwarmer[M]
leg-warmer

Hose[F]
trousers

Anorak[M]
anorak

Shorts[F]
running shorts

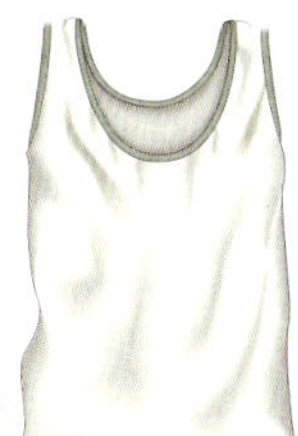

Trägerhemd[N]
vest

KLEIDUNG

Schmuck^{M}

jewellery

Ohrringe^{M}
earrings

Klips^{M}
clip earrings

Ohrringe^{M} mit Schraubverschluss^{M}
screw earrings

Ohrstecker^{M}
ear studs

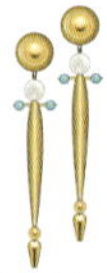

Ohrgehänge^{N}
drop earrings

Kreolen^{F}
hoop earrings

Halsketten^{F}
necklaces

Halskette^{F} in Matineelänge^{F}
matinee-length necklace

Samtkropfband^{N}
velvet-band choker

Anhänger^{M}
pendant

Endlosperlenkette^{F}
rope

Halskette^{F} in Opernlänge^{F}
opera-length necklace

mehrreihige Halskette^{F}
bib necklace

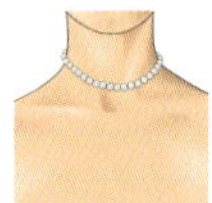

Chokerkette^{F}
choker

Medaillon^{N}
locket

Armbänder^{N}
bracelets

Identitätsband^{N}
identity bracelet

Armband^{N}
charm bracelet

Armreif^{M}
bangle

Ringe^{M}
rings

Bandring^{M}
band ring

Herrenring^{M}
signet ring

Solitärring^{M}
solitaire ring

Verlobungsring^{M}
engagement ring

Ehering^{M}
wedding ring

Maniküre[F]
manicure

Nagelnecessaire[N]
manicure set

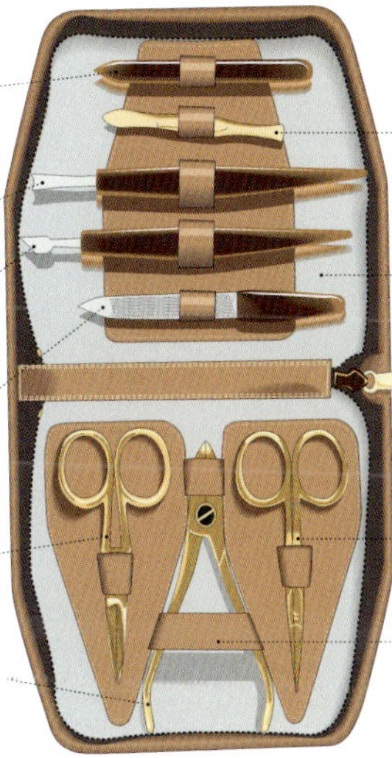

Nagellack[M]
nail varnish

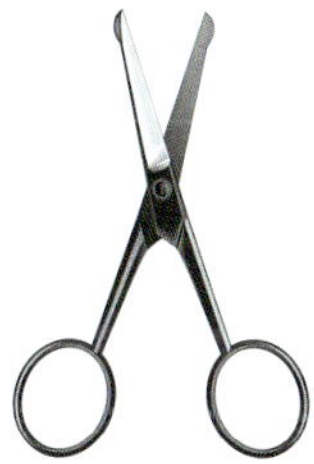

Nasen-Bartschere[F]
safety scissors

Nagelfeile[F]
nail file

Nagelknipser[M]
nail clippers

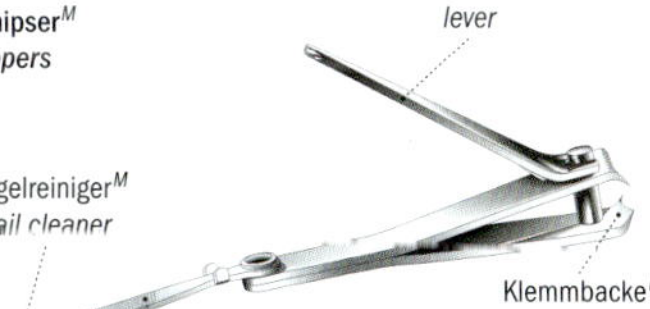

Nagelweißstift[M]
nail whitener pencil

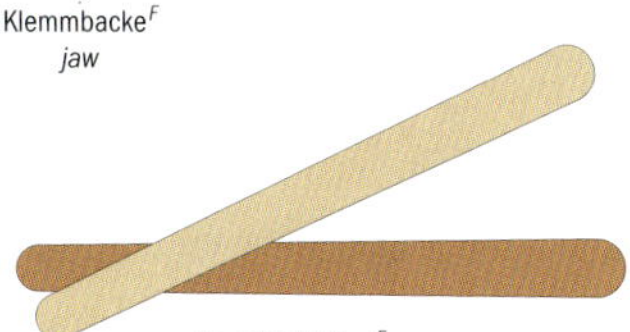

Sandblattfeilen[F]
emery boards

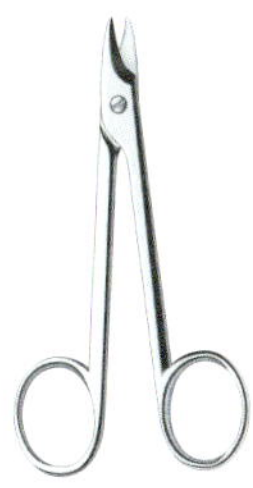

Fußnagelschere[F]
toenail scissors

Make-up[N]

make-up

Make-up[N]
make-up

Fächerpinsel[M]
fan brush

Puderkissen[N]
powder puff

Puderrouge[N]
powder blusher

Kompaktpuder[M]
pressed powder

Kunstschwamm[M]
synthetic sponge

loser Puder[M]
loose powder

Puderpinsel[M]
loose powder brush

flüssige Grundierung[F]
liquid foundation

Augen-Make-up[N]
eye make-up

Augenbrauenstift[M]
eyebrow pencil

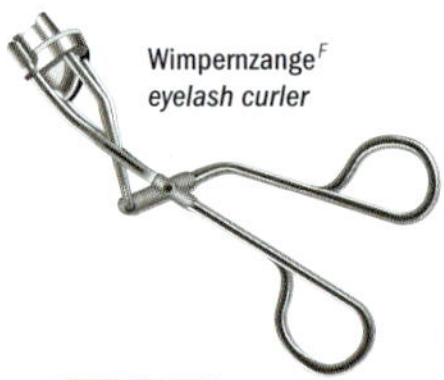

Wimpernzange[F]
eyelash curler

Brauenbürstchen[N] und Wimpernkämmchen[N]
brow brush and lash comb

Mascarastein[M]
cake mascara

Lidschatten[M]
eyeshadow

flüssiger Eyeliner[M]
liquid eyeliner

flüssiges Mascara[N]
liquid mascara

Lippen-Make-up[N]
lip make-up

Lippenpinsel[M]
lipbrush

Lippenkonturenstift[M]
lipliner

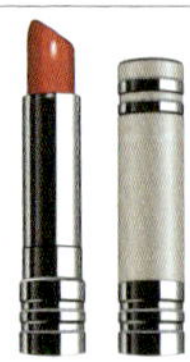

Lippenstift[M]
lipstick

Körperpflege[F]
body care

Eau de parfum[N]
eau de parfum

Eau de toilette[N]
eau de toilette

Schaumbad[N]
bubble bath

Haarfärbemittel[N]
hair colour

Toilettenseife[F]
toilet soap

Deodorant[N]
deodorant

Haarspülung[F]
hair conditioner

Shampoo[N]
shampoo

Waschhandschuh[M]
face flannel

Waschlappen[M]
face flannel

Massagehandschuh[M]
massage glove

Luffaschwamm[M]
vegetable sponge

Badetuch[N]
bath sheet

Handtuch[N]
bath towel

Badebürste[F]
bath brush

Naturschwamm[M]
natural sponge

Massagebürste[F]
back brush

Haarpflege[F]
hairdressing

Haarbürsten[F]
hairbrushes

flache Frisierbürste[F]
flat-back brush

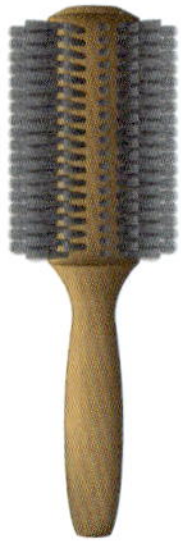

Rundbürste[F]
round brush

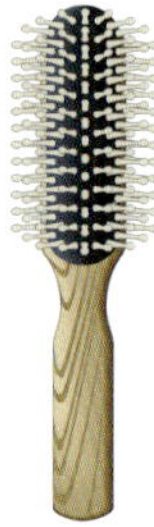

Drahtbürste[F]
quill brush

Skelettbürste[F]
vent brush

Kämme[M]
combs

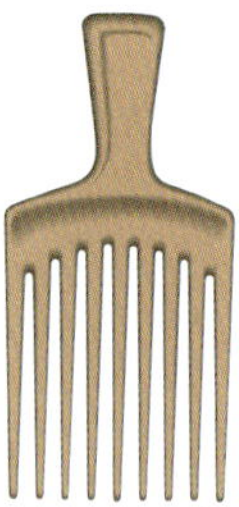

Strähnenkamm[M]
Afro pick

Toupierkamm[M]
teaser comb

Stielkamm[M]
tail comb

Haarschneidekamm[M]
barber comb

Haarliftkamm[M]
pitchfork comb

Griffkamm[M]
rake comb

Lockenwickler[M]
hair roller

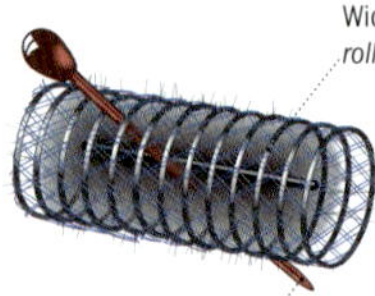

Wickler[M]
roller

Haarstecker[M]
hair roller pin

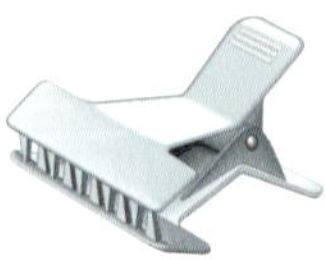

Abteilklammer[F]
wave clip

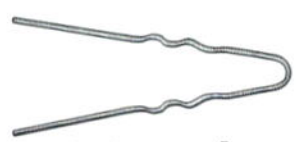

Lockennadel[F]
hairpin

Haarklemme[F]
hair grip

Haarclip[M]
hair clip

Haarspange[F]
hair slide

beleuchteter Spiegel[M]
illuminated mirror

Haarglätter[M]
straightening iron

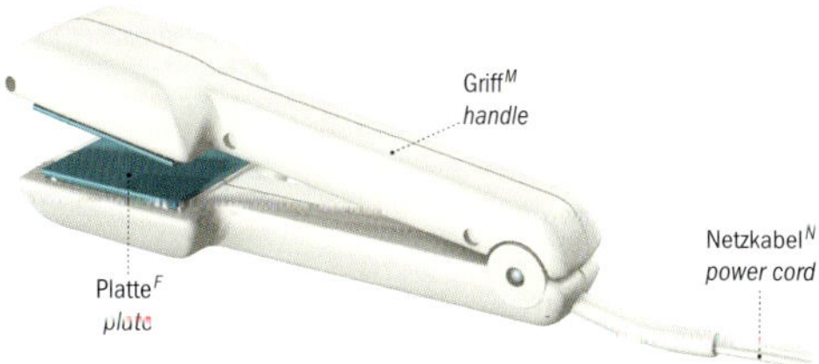

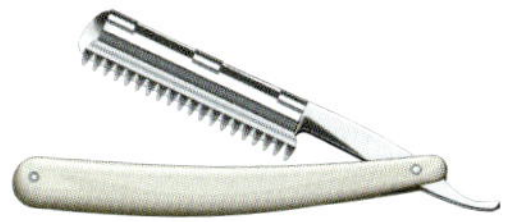

Effiliermesser[N]
thinning razor

Lockenstab[M]
curling iron

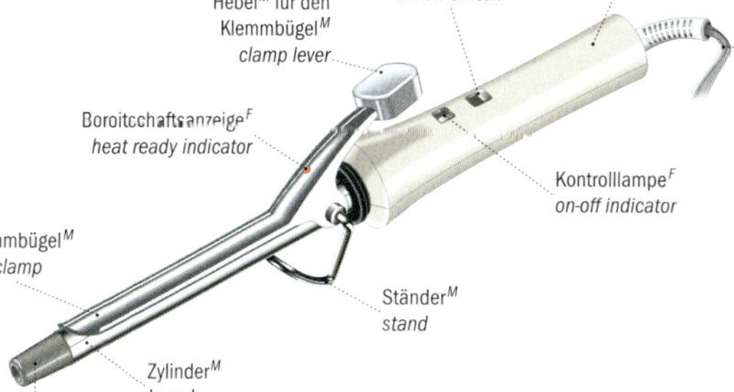

Haarschneider[M]
clippers

Haarpflege^F

Haarschneideschere^F
haircutting scissors

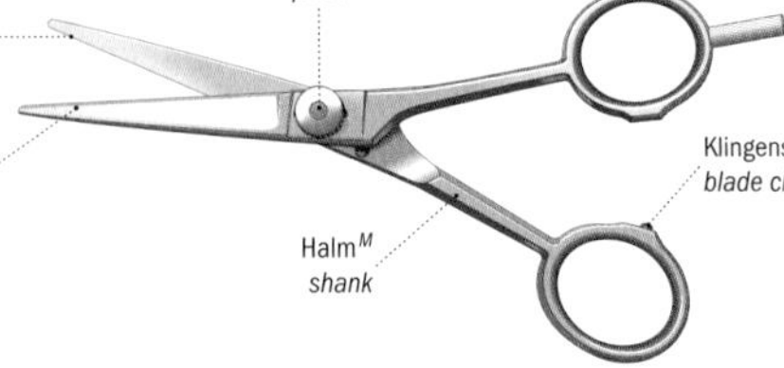

einseitig gezahnte Effilierschere^F
notched single-edged thinning scissors

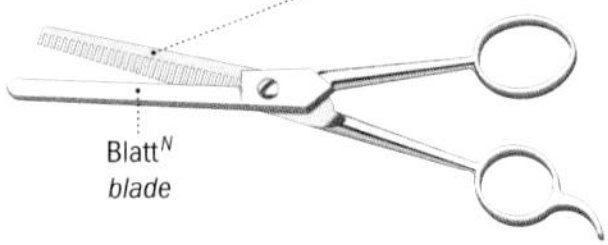

zweiseitig gezahnte Effilierschere^F
notched double-edged thinning scissors

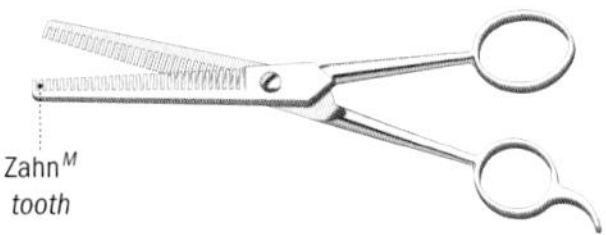

Fön^M
hair dryer

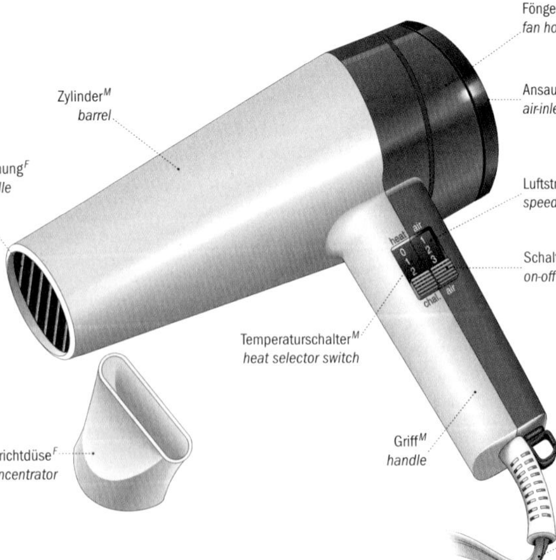

Rasur[F]
shaving

Rasierschaum[M]
shaving foam

Netzkabel[N]
flex

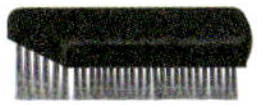

Reinigungsbürste[F]
cleaning brush

Elektrorasierer[M]
electric razor

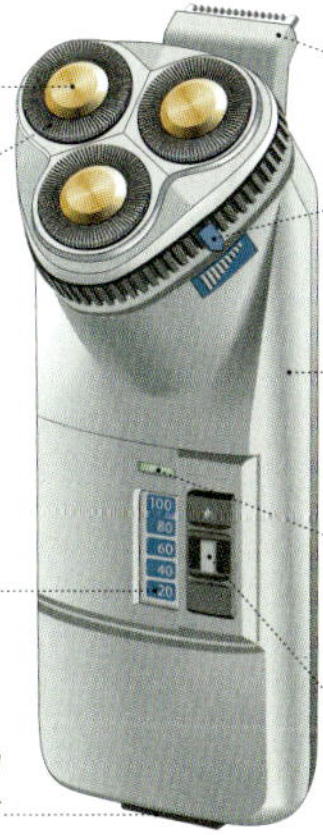

Adapter[M]
plug adapter

Rasierpinsel[M]
shaving brush

Rasierwasser[N]
aftershave

Rasiermesser[N]
cut-throat razor

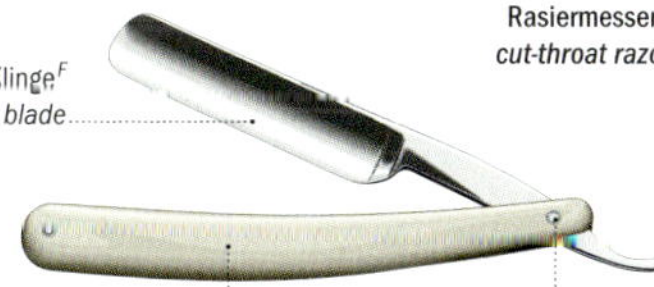

Seifenbecher[M]
shaving mug

Klingendose[F]
blade dispenser

zweischneidige Klinge[F]
double-edged razor blade

zweischneidiger Rasierer[M]
double-edged razor

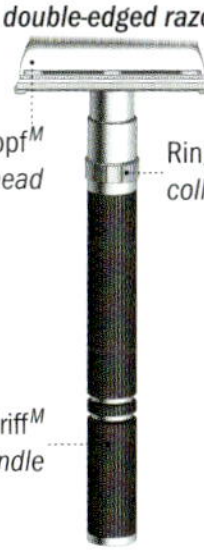

Einwegrasierer[M]
disposable razor

Zahnpflege^F

dental care

Zahnbürste^F
toothbrush

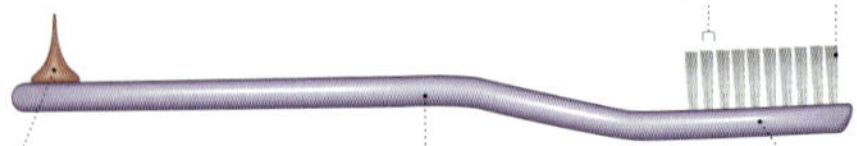

Zahnseide^F
dental floss

Zahnpasta^F
toothpaste

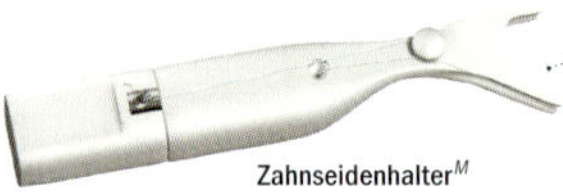

Zahnseidenhalter^M
dental floss holder

elektrische Zahnbürste^F
electric toothbrush

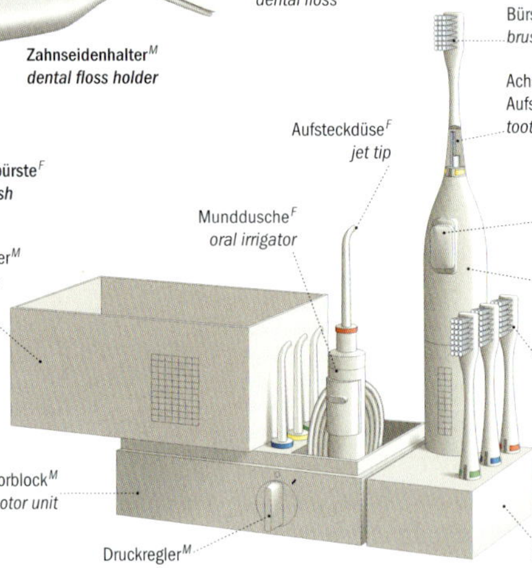

Mundwasser^N
mouthwash

Kontaktlinsen^F

contact lenses

Kombi-Pflegelösung^F
multi-purpose solution

Tropfen^M für trockene Augen^N
lubricant eye drops

weiche Kontaktlinse^F
soft contact lens

Einwegkontaktlinse^F
disposable contact lens

harte Kontaktlinse^F
hard contact lens

Kontaktlinsenbehälter^M
lens case

Brille[F]
spectacles

Teile[M/N] der Brille[F]
parts of spectacles

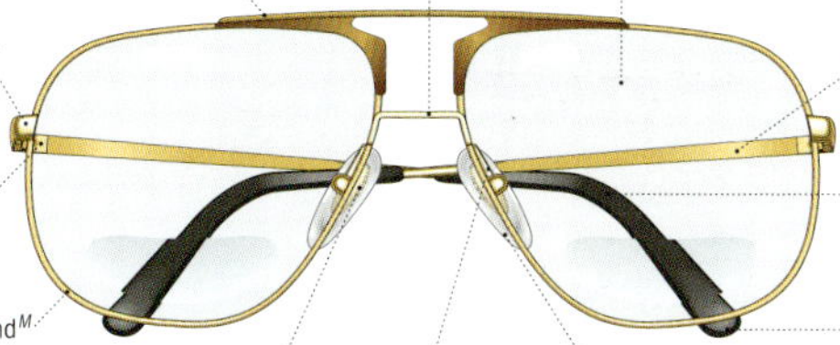

Beispiele[N] für Augengläser[N]
examples of spectacles

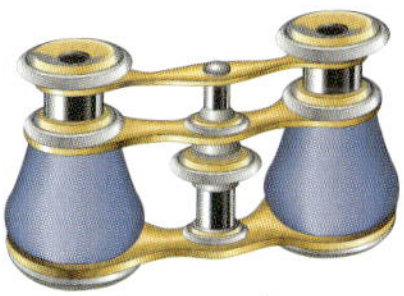
Operngläs[N]
opera glasses

Sonnenbrille[F]
sunglasses

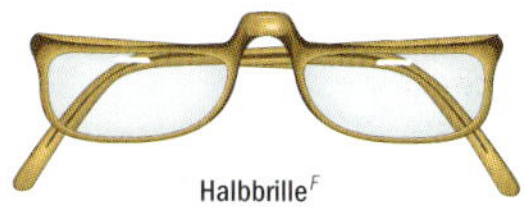
Halbbrille[F]
half-glasses

Schirm[M] und Stock[M]
umbrella and stick

Spazierstock[M]
walking stick

Schirmständer[M]
umbrella stand

Schirm[M]
umbrella

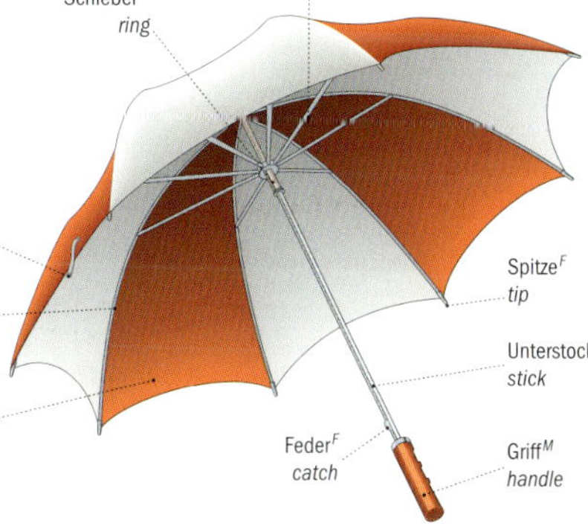

Lederwaren[F]

leather goods

Aktenkoffer[M]
attaché case

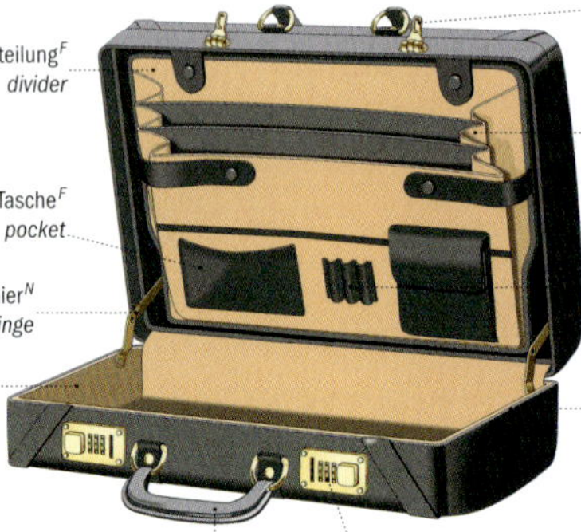

Kollegmappe[F] mit Griff[M]
bottom-fold document case

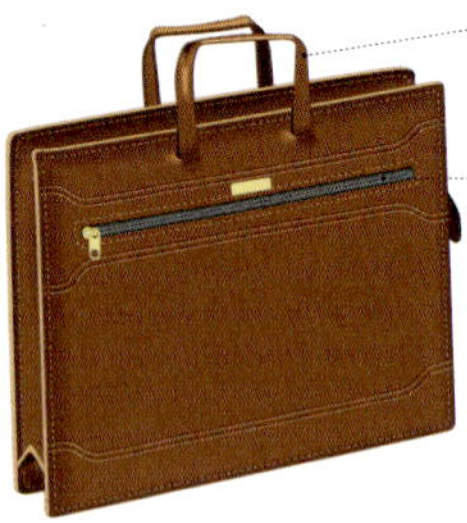

Aktentasche[F]
briefcase

Etui[N] für Taschenrechner[M] und Scheckheft[N]
calculator/cheque book holder

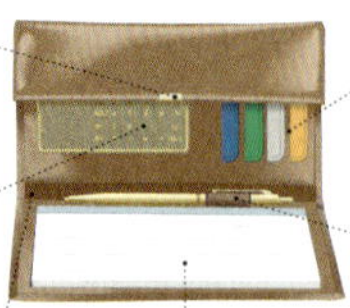

Kreditkartenetui[N]
credit card wallet

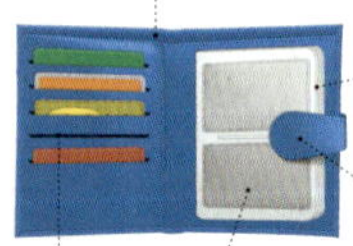

Lederwaren^F

Brieftasche^F
wallet

Geldbeutel^M **für Münzen**^F
coin purse

Schlüsseletui^N
key case

Geldbeutel^M
purse

Brieftasche^F
passport case

Brieftasche^F
wallet

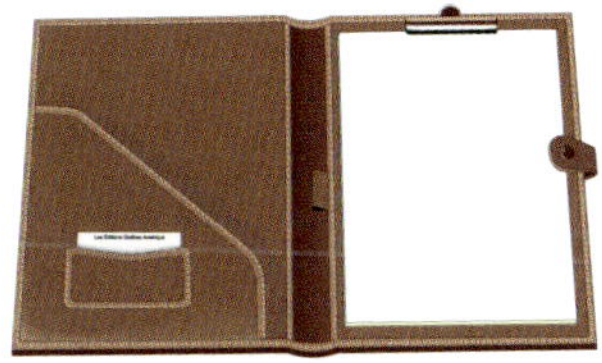

Schreibmappe^F
writing case

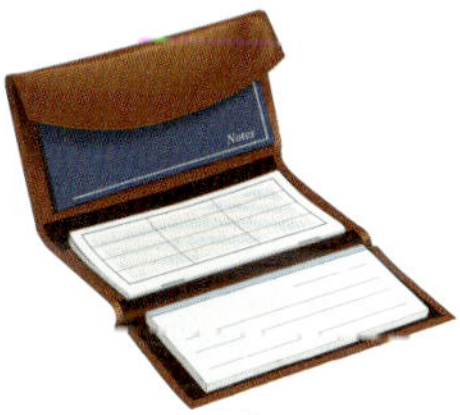

Scheckhülle^F
cheque book cover

Brillenetui^N
spectacles case

Unterarmmappe^F
underarm briefcase

Handtaschen^F
handbags

Beuteltasche^F
drawstring bag

Aktentasche^F
satchel bag

Handtaschen^F

Boxtasche^F
box bag

kleine Beuteltasche^F
small drawstring bag

Schultertasche^F
shoulder bag

Mufftasche^F
muff

Umhängetasche^F **mit Reißverschluss**^M
shoulder bag with zip

Umhängetasche^F **mit Dehnfalte**^F
accordion bag

Einkaufstasche^F
tote bag

Herrentasche^F
men's bag

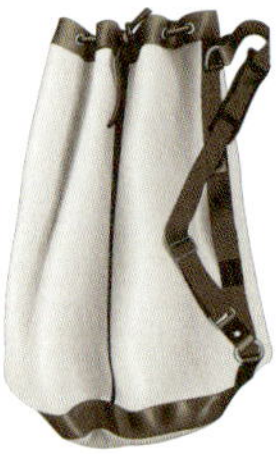

Matchbeutel^M
duffle bag

geräumige Tasche^F
holdall

Einkaufstasche^F
shopping bag

große Einkaufstasche^F
shopping bag

Gepäck^N
luggage

Kulturbeutel^M
toilet bag

Reisetasche^F
travel bag

Flugtasche^F
flight bag

Kleidersack^{M}
suit carrier

Koffer^{M}
suitcase

Wochenendkoffer^{M}
weekend case

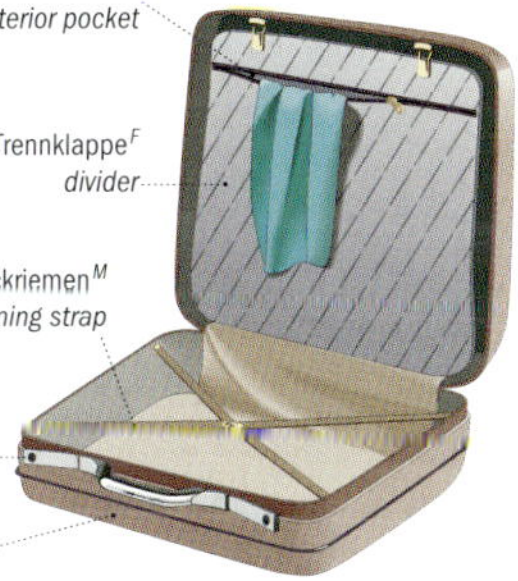

Kosmetikkoffer^{M}
vanity case

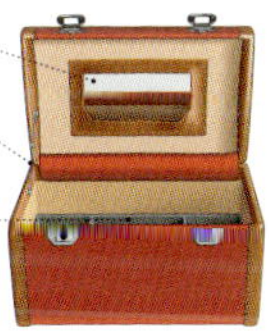

Gepäckroller^{M}
luggage trolley

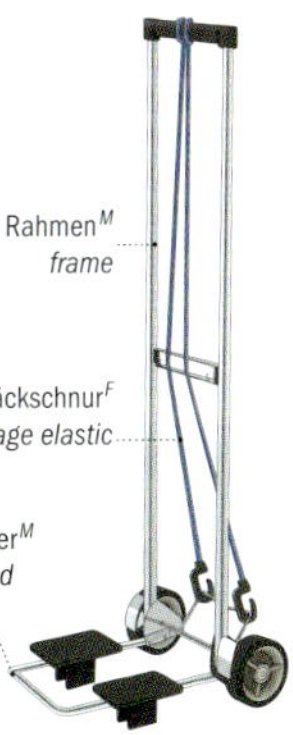

Überseekoffer^{M}
trunk

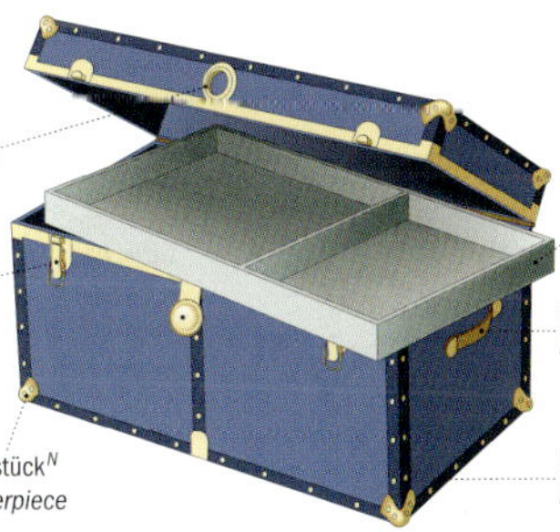

Pyramide^F

pyramid

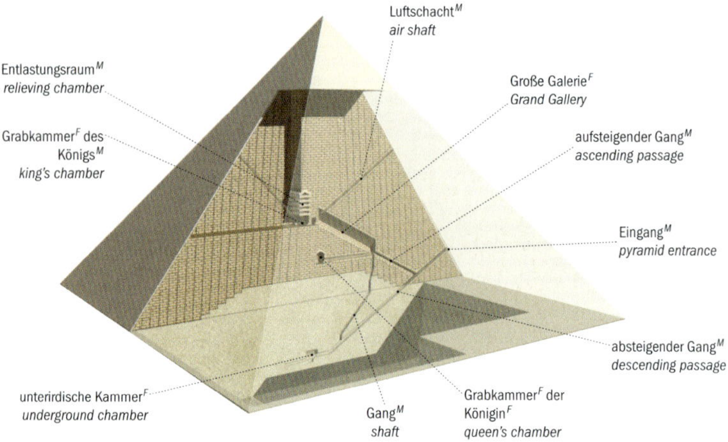

griechisches Theater^N

Greek theatre

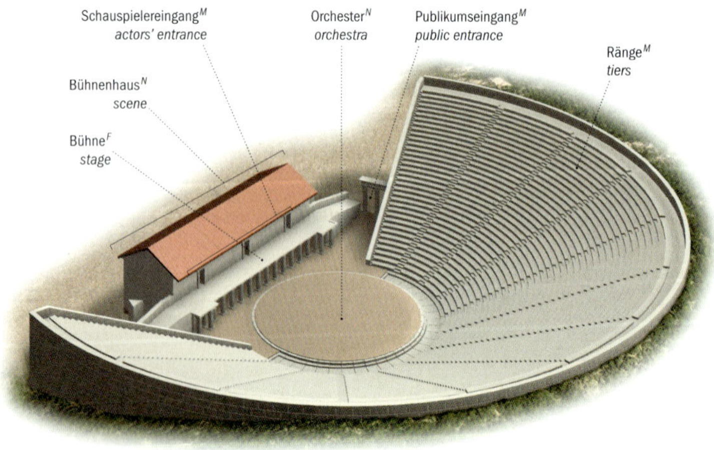

griechischer Tempel^M

Greek temple

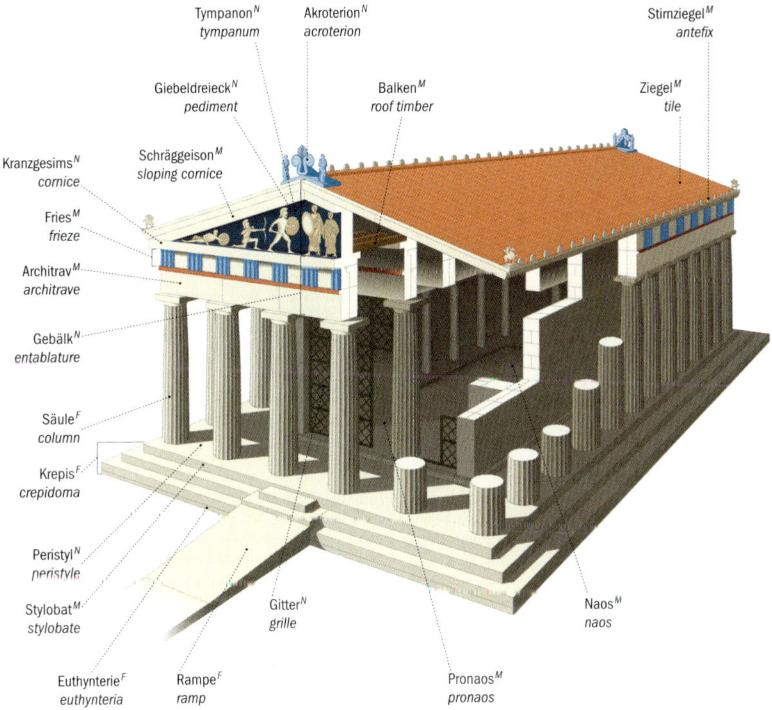

Grundriss^M

plan

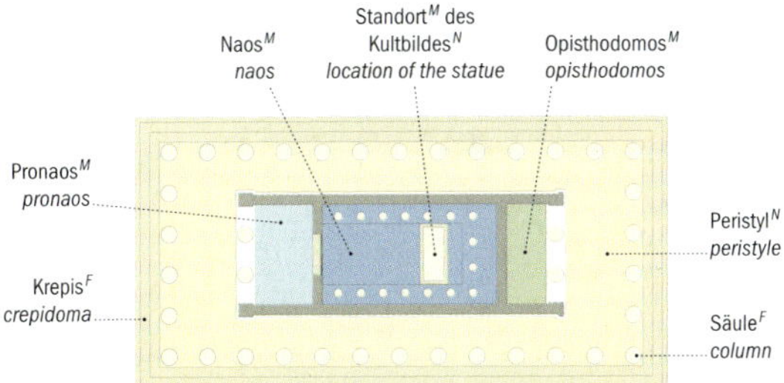

römisches Wohnhaus^N

Roman house

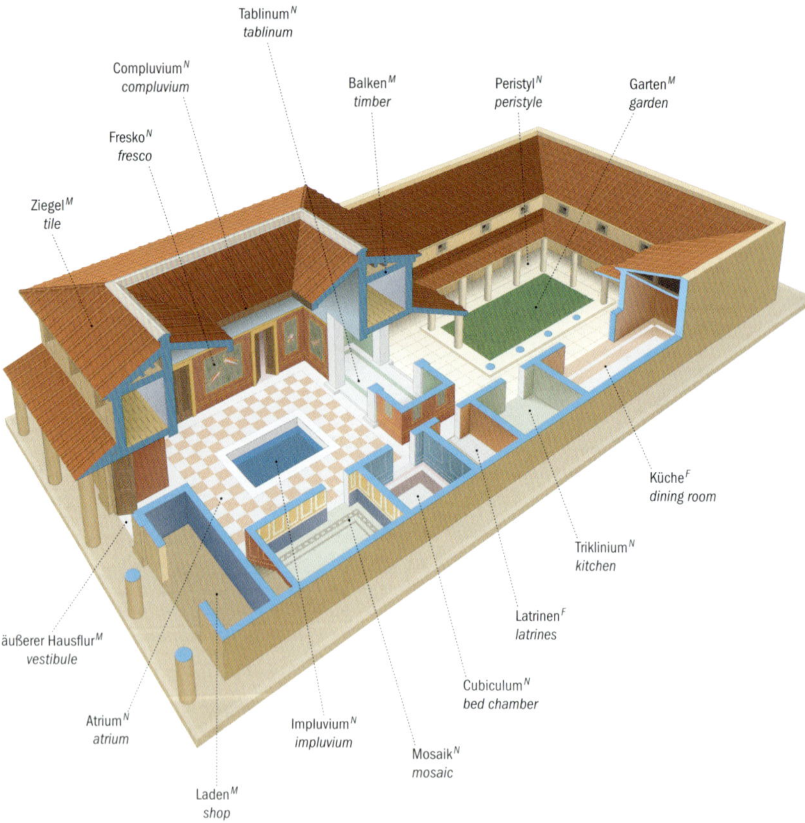

römisches Amphitheater[N]

Roman amphitheatre

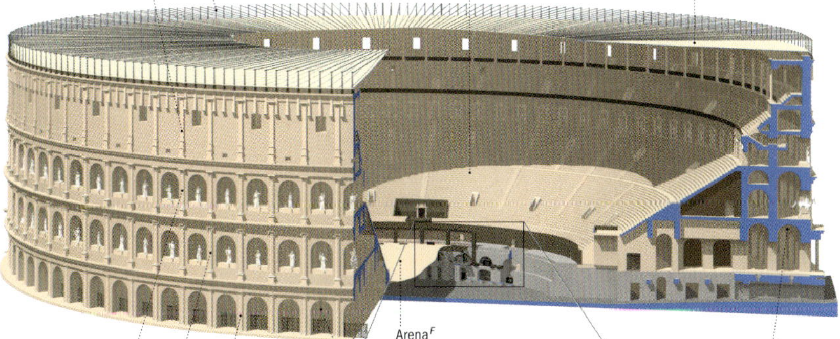

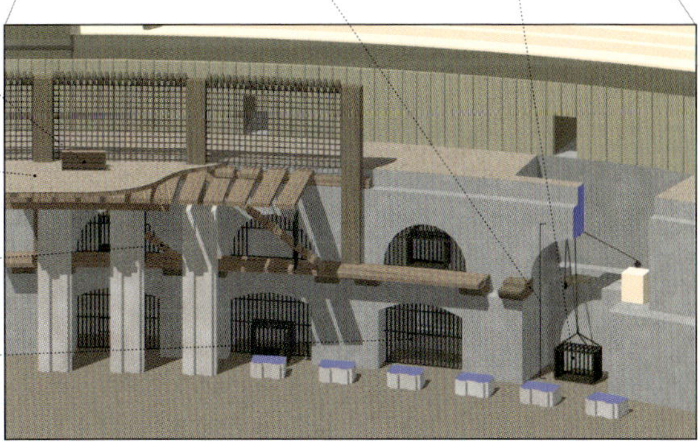

Burg[F]
castle

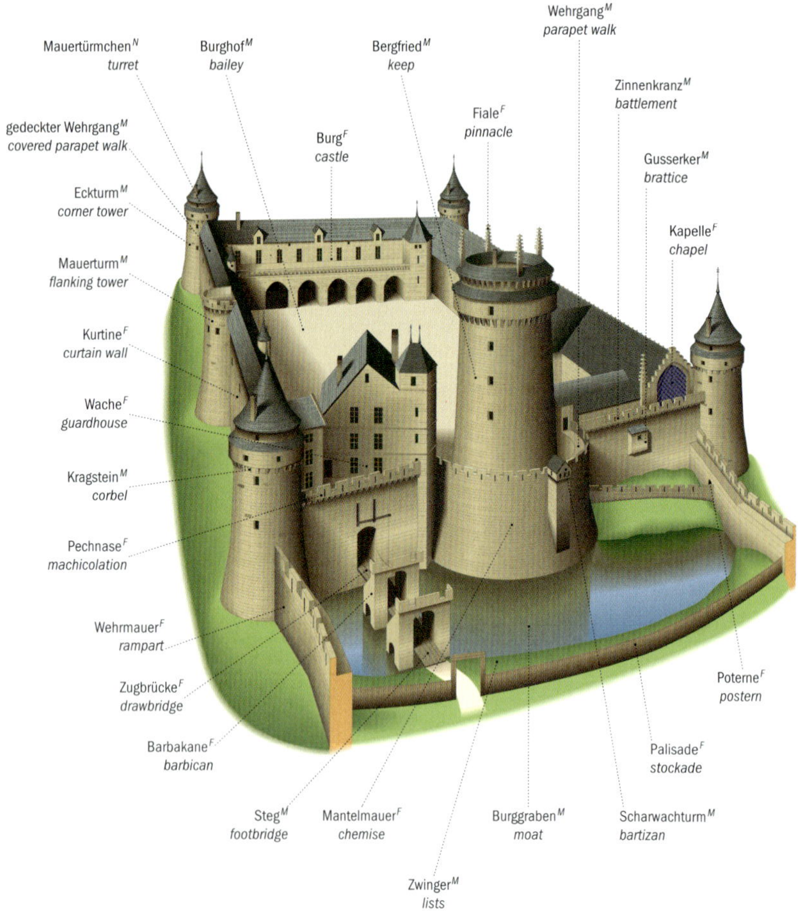

Pagode^F

pagoda

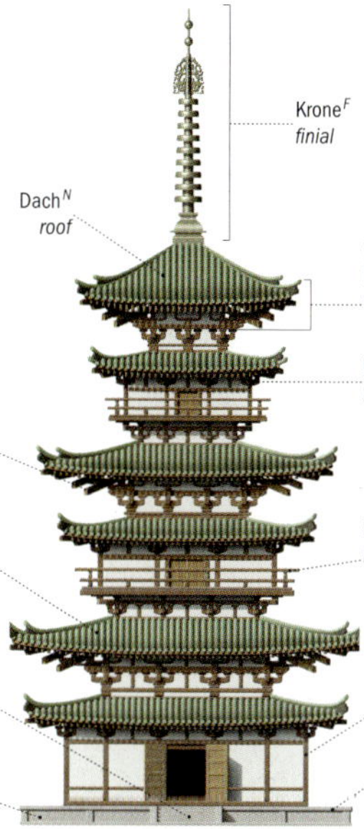

aztekischer Tempel^M

Aztec temple

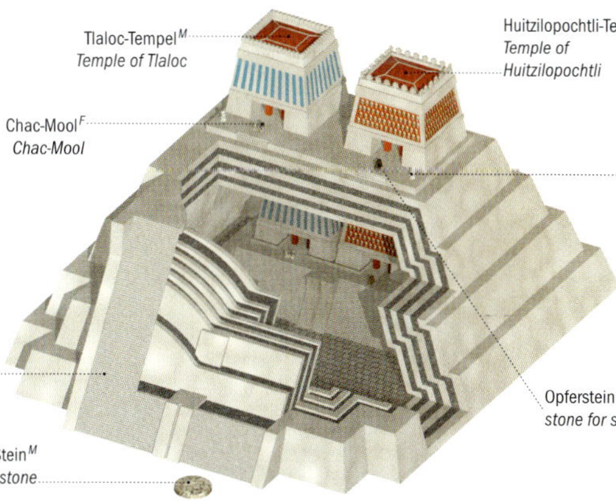

Dom[M]
cathedral

gotischer Dom[M]
Gothic cathedral

Gewölbe[N]
vault

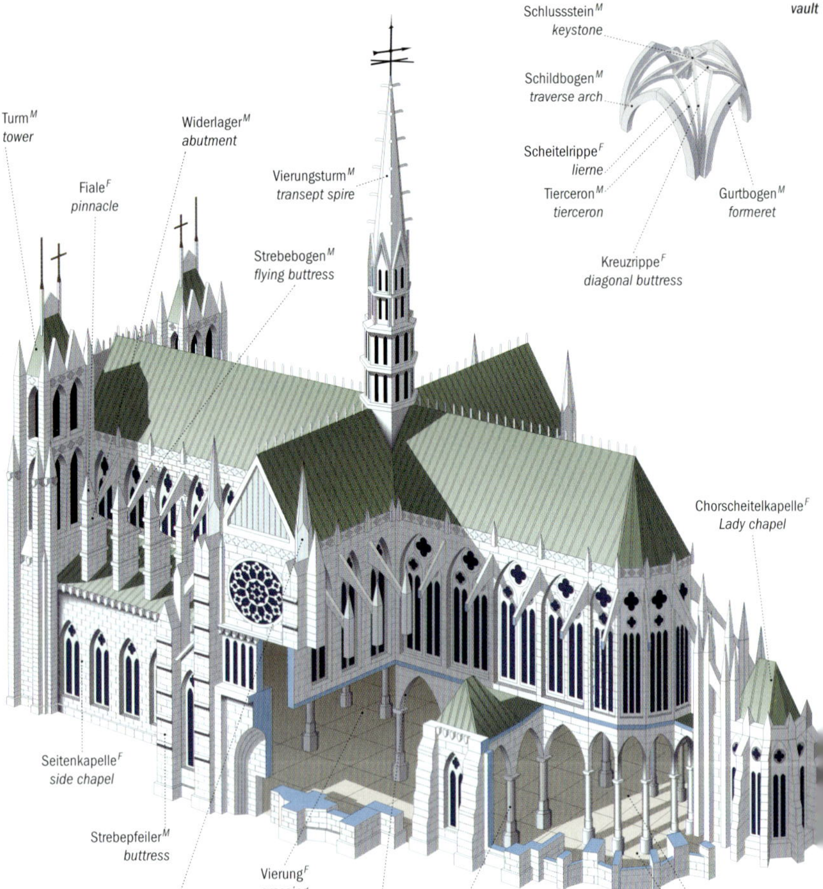

Fassade^F
façade

Grundriss^M
plan

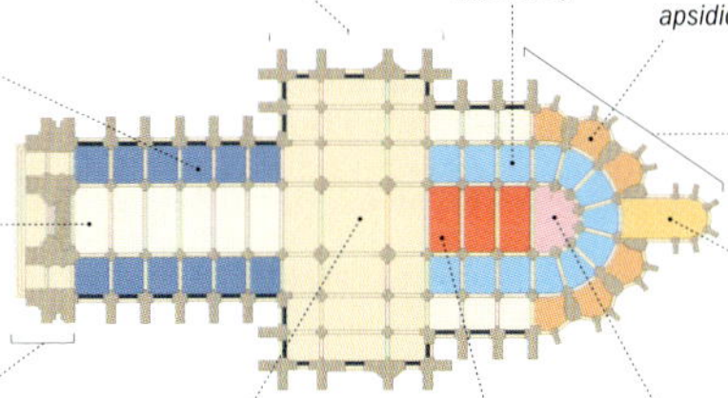

Architekturelemente^N

elements of architecture

Beispiele^N für Türen^F
examples of doors

Drehtür^F
manual revolving door

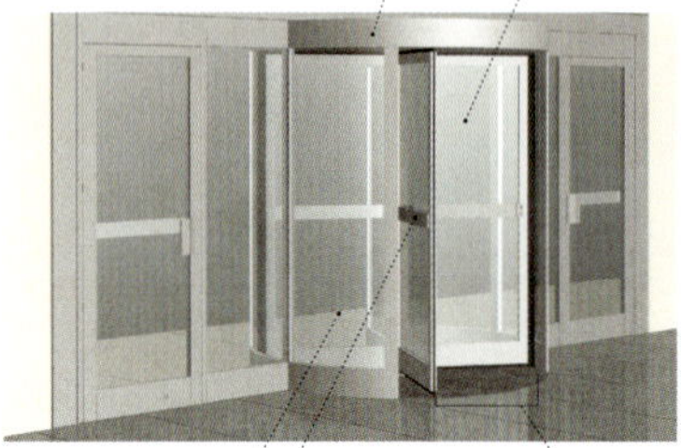

automatische Schiebetür^F
automatic sliding door

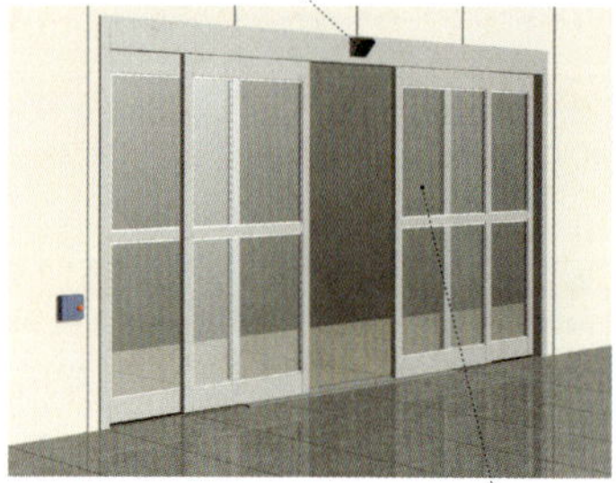

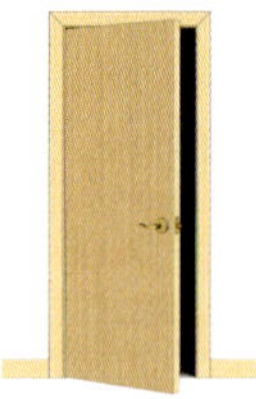

Drehflügeltür^F
conventional door

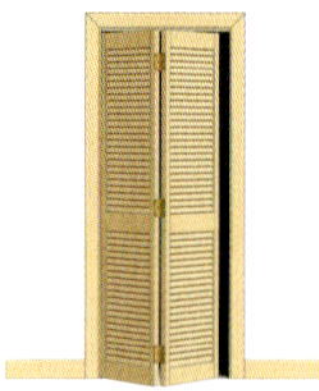

Falttür^F
folding door

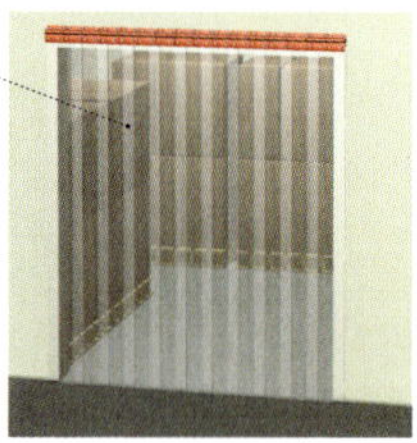

Streifenvorhang^M
strip door

Feuerschutztür^F
fire door

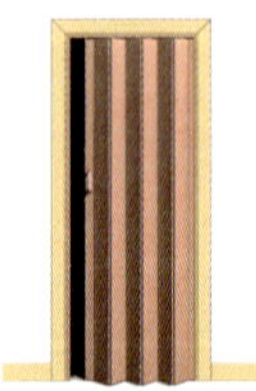

Harmonikatür^F
concertina-type folding door

Schiebetür^F
sliding door

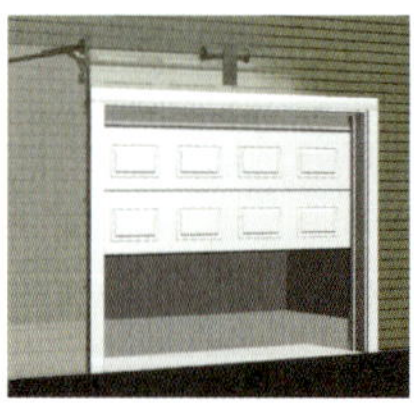

Sektionalgaragentor^N
sectional garage door

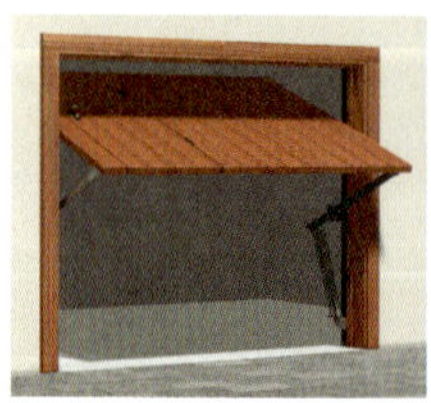

Schwinggaragentor^N
up-and-over garage door

Beispiele[N] für Fenster[N]
examples of windows

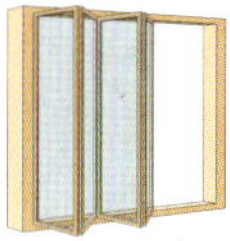

Faltfenster[N]
sliding folding window

Drehflügel[M] nach innen
casement window opening inwards

Drehflügel[M] nach außen
casement window

Jalousiefenster[N]
louvred window

horizontales Schiebefenster[N]
sliding window

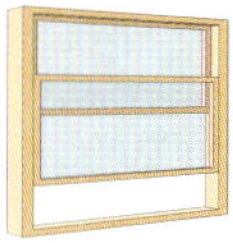

vertikales Schiebefenster[N]
sash window

Schwingflügel[M]
horizontal pivoting window

Wendeflügel[M]
vertical pivoting window

Aufzug[M]
lift

Fahrkorb[M]
lift car

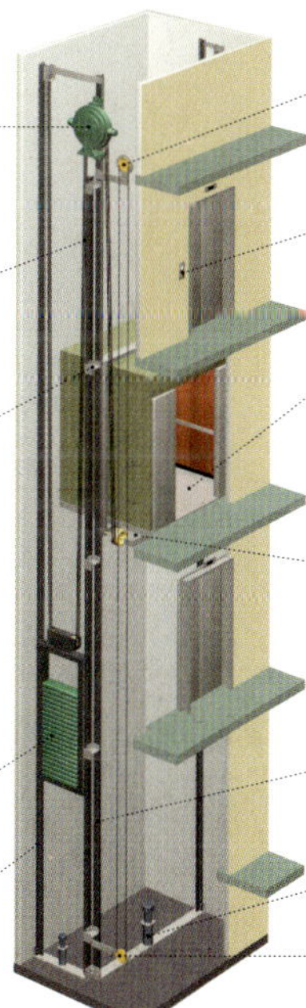

traditionelle Wohnhäuser[N]

traditional dwellings

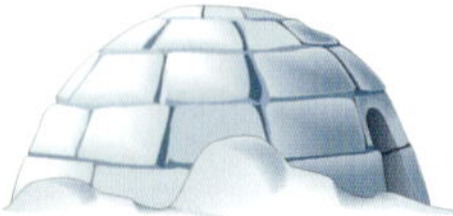

Iglu[M]
igloo

Jurte[F]
yurt

Strohhütte[F]
(straw) hut

Wigwam[M]
wigwam

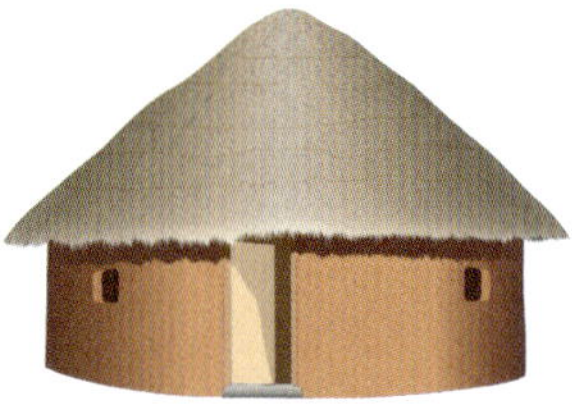

Lehmhütte[F]
(mud) hut

Isba[F]
isba

Tipi[N]
tepee

Pfahlbau[M]
pile dwelling

Backsteinhaus[N]
adobe house

Häuserformen[F] in der Stadt[F]

town houses

zweistöckiges Haus[N]
two-storey house

einstöckiges Haus[N]
one-storey-house

Doppelhaus[N]
semi-detached houses

Reihenhaus[N]
terraced houses

Eigentumswohnungen[F]
freehold flats

Wohnblock[M]
high-rise block

Aufnahmebühne^F

shooting stage

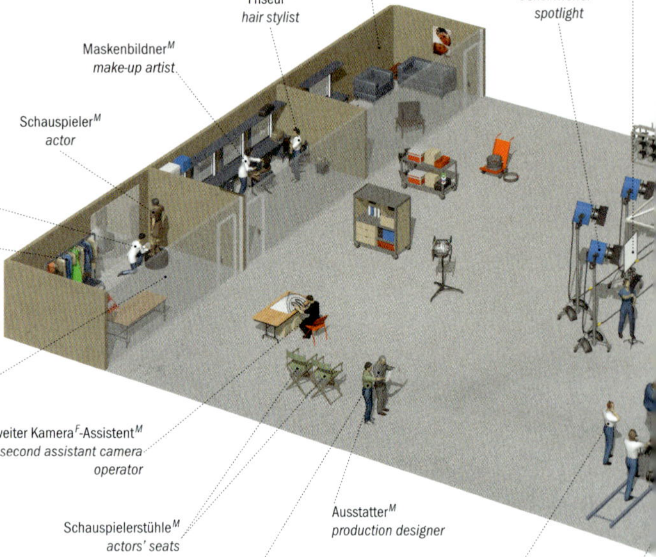

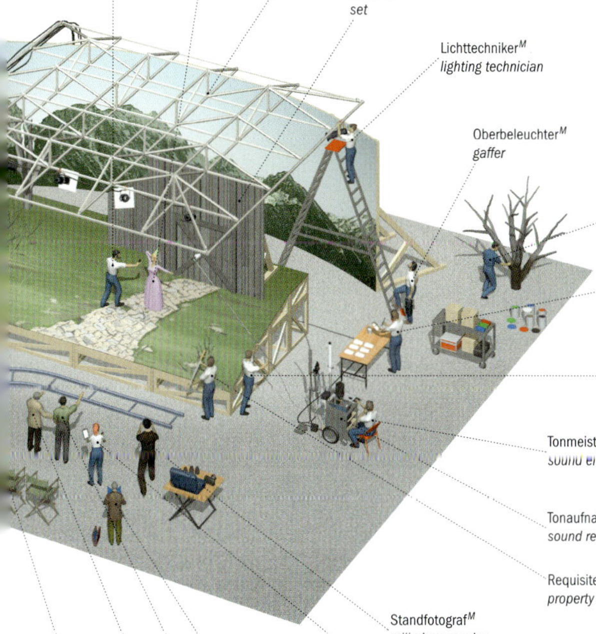

Klappe^{F}
clapperboard

Theater[N]
theatre

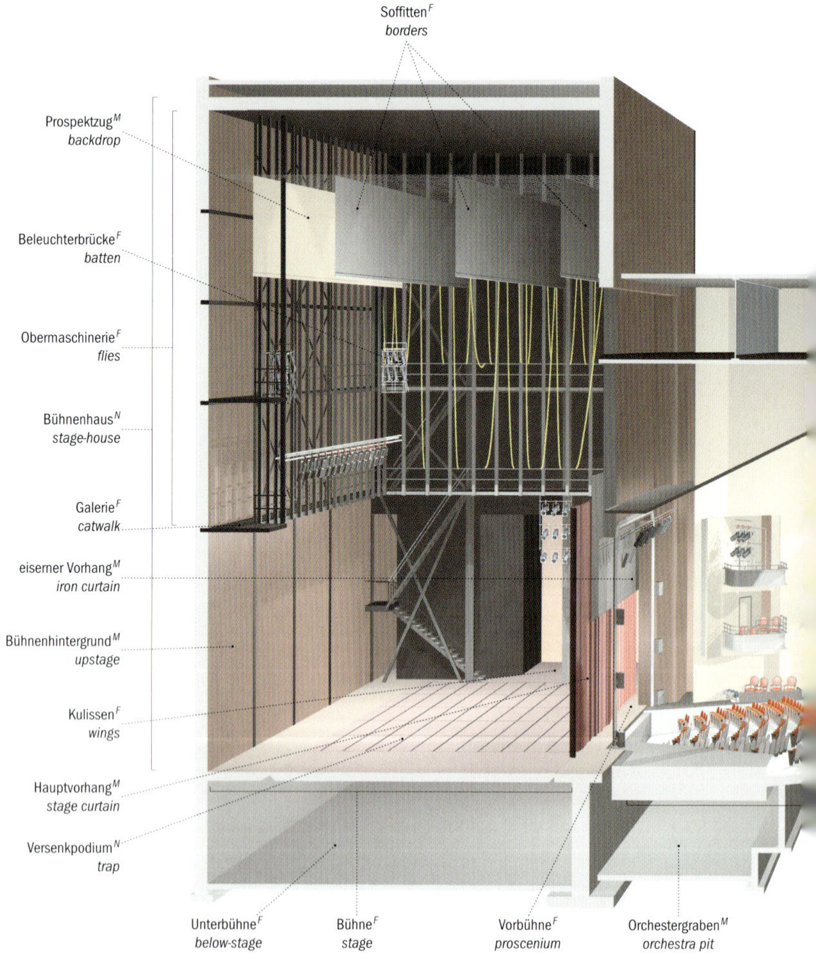

Bühne[F]
stage

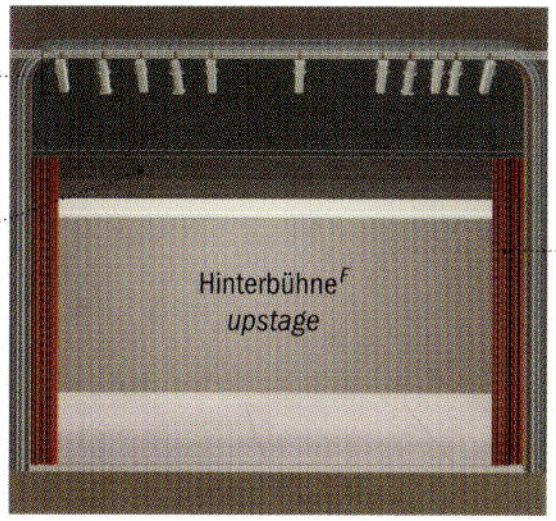

Parterre[N]
parterre

erster Rang[M]
corbeille

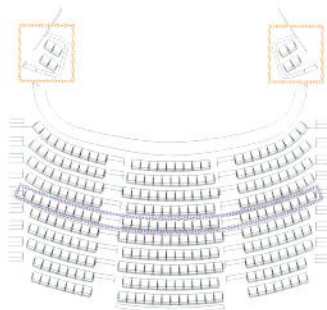

erster Rang[M]
dress circle

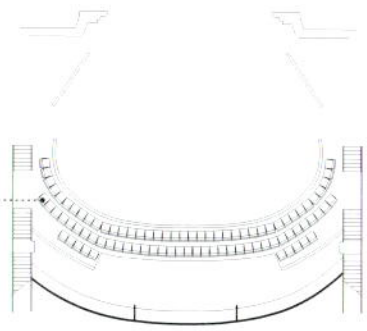

Kino^N
cinema

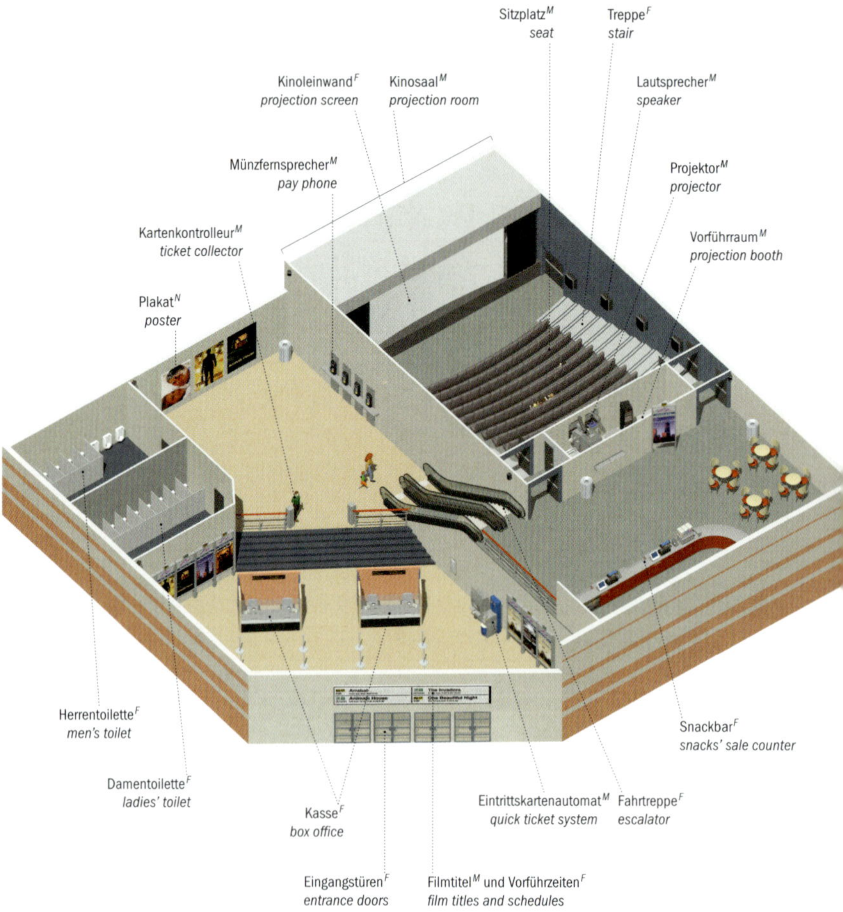

Sinfonieorchester[N]
symphony orchestra

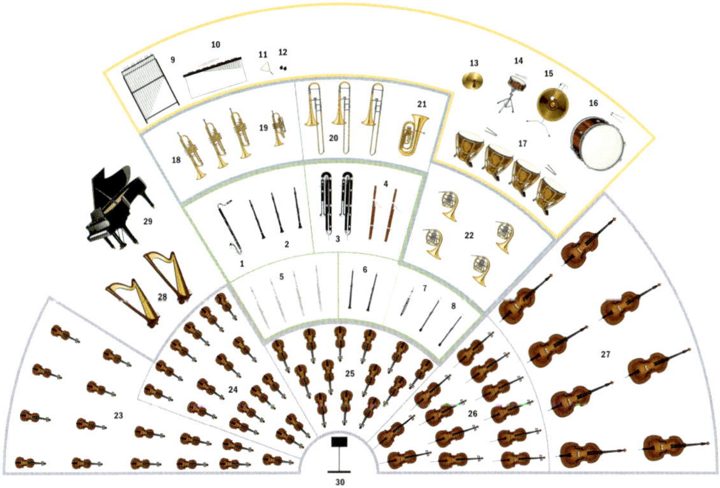

Familie[F] der Holzblasinstrumente[N]
woodwind family

Bassklarinette[F]
bass clarinet

Klarinetten[F]
clarinets

Kontrafagotte[N]
contrabassoons

Fagotte[N]
bassoons

Querflöten[F]
flutes

Oboen[F]
oboes

7 Pikkoloflöte[F]
piccolo

8 Englischhörner[N]
cors anglais

Schlaginstrumente[N]
percussion instruments

9 Röhrenglocken[F]
tubular bells

10 Xylophon[N]
xylophone

11 Triangel[M]
triangle

12 Kastagnetten[F]
castanets

13 Becken[N]
cymbals

14 kleine Trommel[F]
snare drum

15 Gong[M]
gong

16 Basstrommel[F]
bass drum

17 Pauken[F]
timpani

28 Harfen[F]
harps

Familie[F] der Blechbläser[M]
brass family

18 Trompeten[F]
trumpets

19 Kornett[N]
cornet

20 Posaunen[F]
trombones

21 Tuba[F]
tuba

22 Waldhörner[N]
French horns

29 Flügel[M]
piano

Geigenfamilie[F]
violin family

23 erste Violinen[F]
first violins

24 zweite Violinen[F]
second violins

25 Bratschen[F]
violas

26 Celli[N]
cellos

27 Kontrabasse[M]
double basses

30 Dirigentenpult[N]
conductor's podium

traditionelle Musikinstrumente[N]

traditional musical instruments

Akkordeon[N]
accordion

Dudelsack[M]
bagpipes

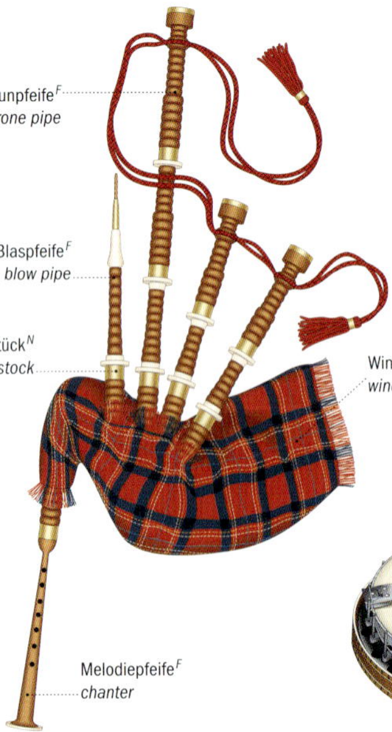

Zither[F]
zither

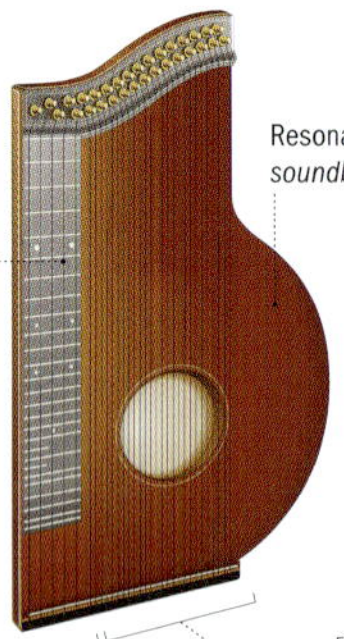

Banjo[N]
banjo

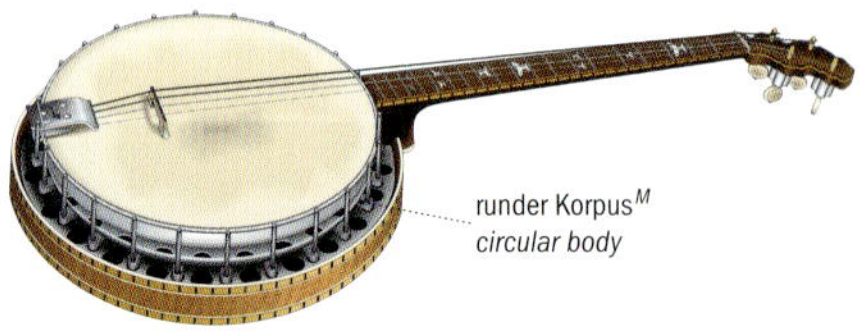

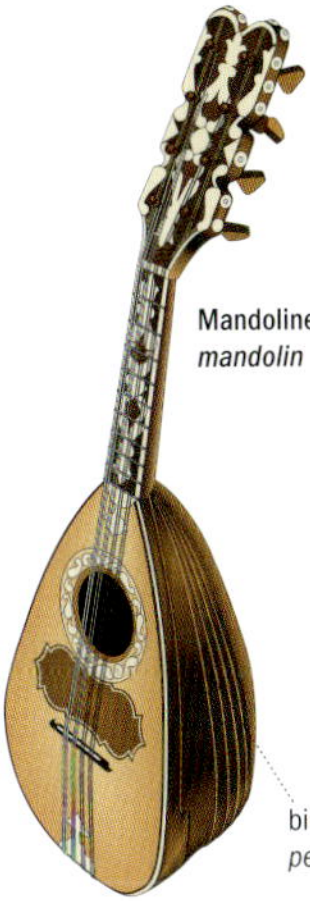
Mandoline[F]
mandolin
birnenförmiger Korpus[M]
pear-shaped body

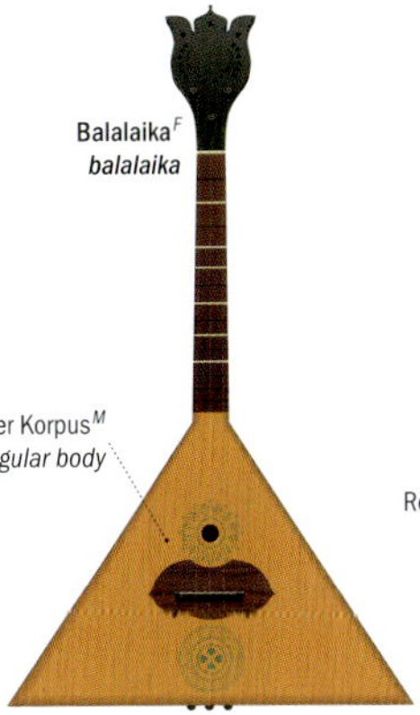
Balalaika[F]
balalaika
dreieckiger Korpus[M]
triangular body

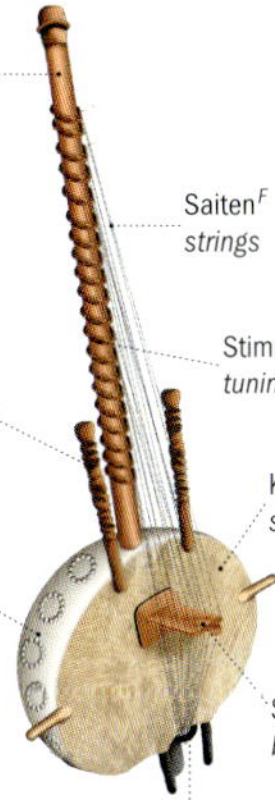
Kora[F]
kora
Hals[M]
neck
Saiten[F]
strings
Stimmring[M]
tuning ring
Handgriff[M]
hand post
Klangfell[N]
snare head
Resonanzkörper[M]
sound box
Steg[M]
bridge
Saitenhalterung[F]
tailpiece

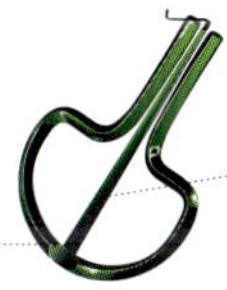
Zunge[F]
tongue
Rahmen[M]
frame
Maultrommel[F]
Jew's harp

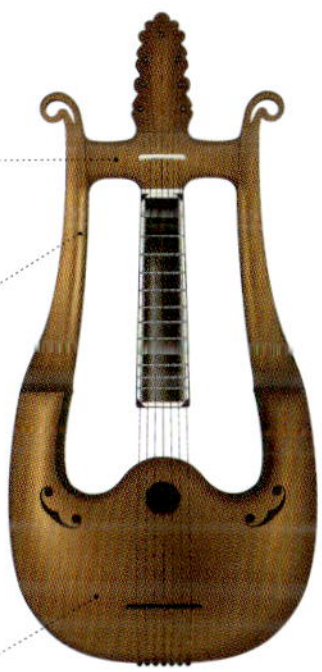
Lyra[F]
lyre
Querjoch[N]
crossbar
Jocharm[M]
arm
Resonanzdecke[F]
soundboard

Plektron[N]
plectrum

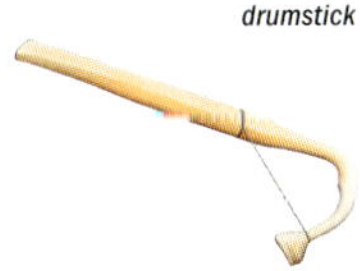
Trommelschlegel[M]
drumstick

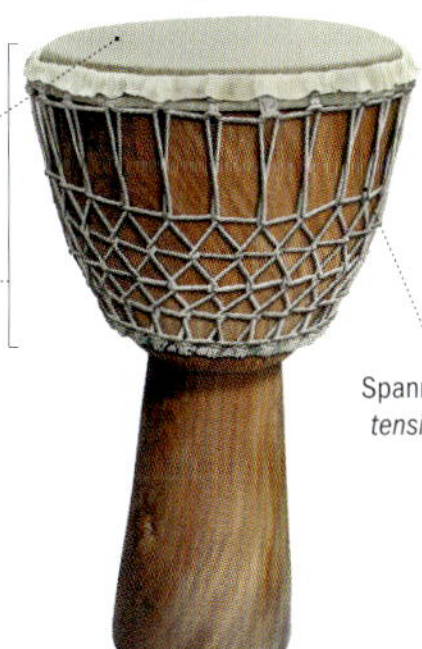
Djembe[F]
djembe
Trommelfell[N]
batter skin
Resonanzkörper[M]
sound box
Spannschnur[F]
tension rope

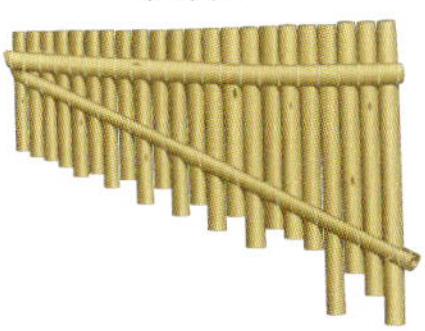
Panflöte[F]
panpipe

Sprechtrommel[F]
talking drum

Musiknotation[F]

musical notation

Liniensystem[N]
staff

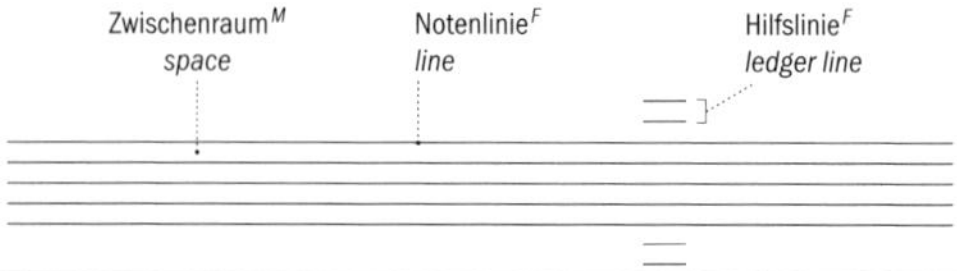

Notenschlüssel[M]
clefs

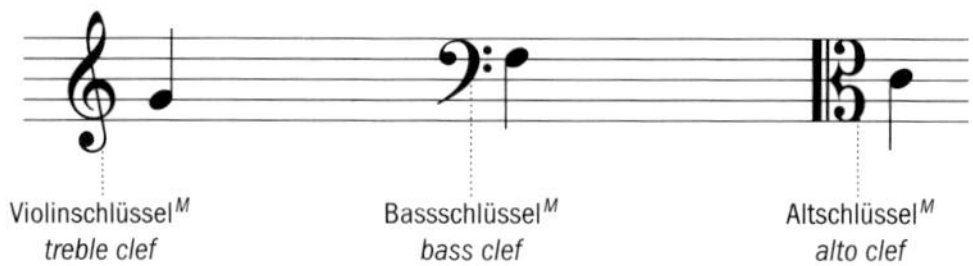

Taktarten[F]
time signatures

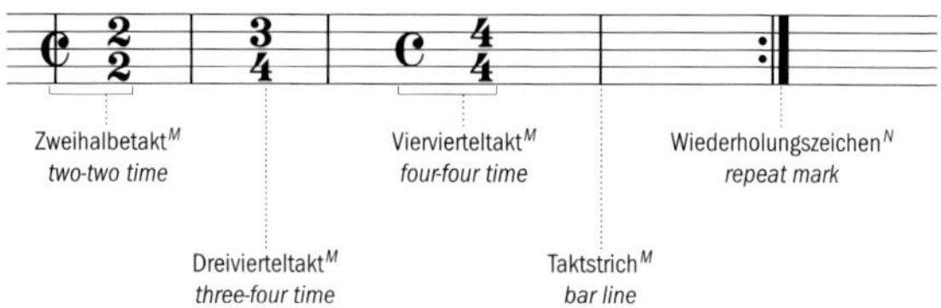

Intervalle[N]
intervals

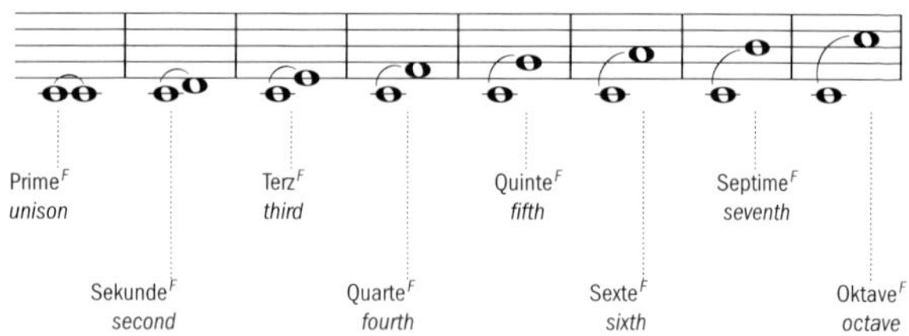

Tonleiter[F]
scale

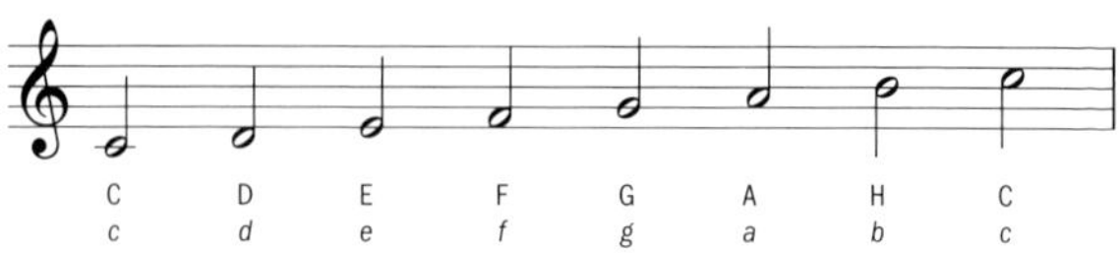

Pausenzeichen[N]
rest values

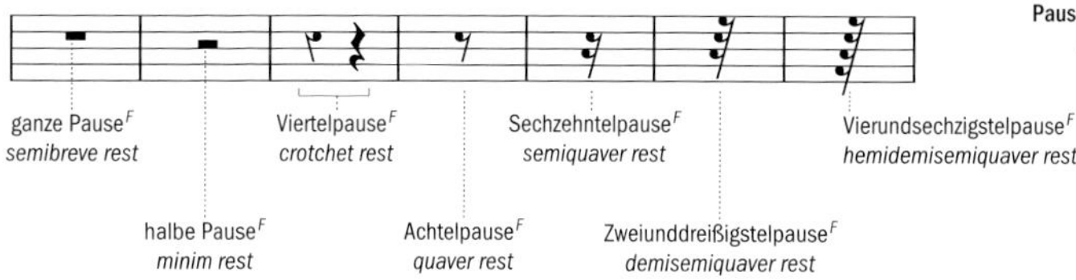

Verzierungen[F]
ornaments

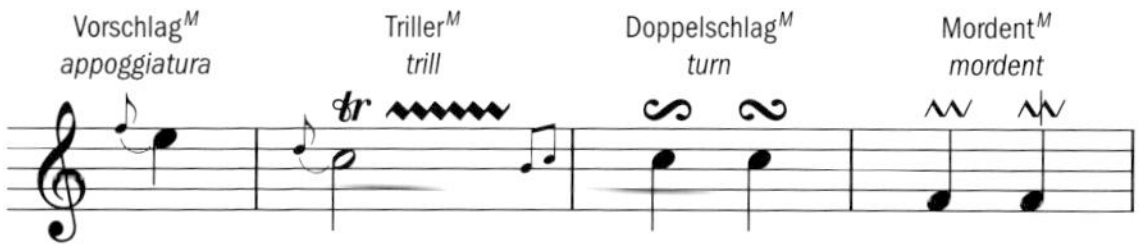

Notenwerte[M]
note values

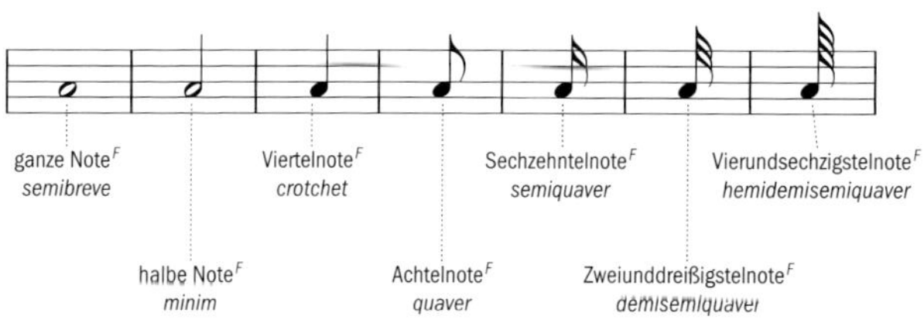

Versetzungszeichen[N]
accidentals

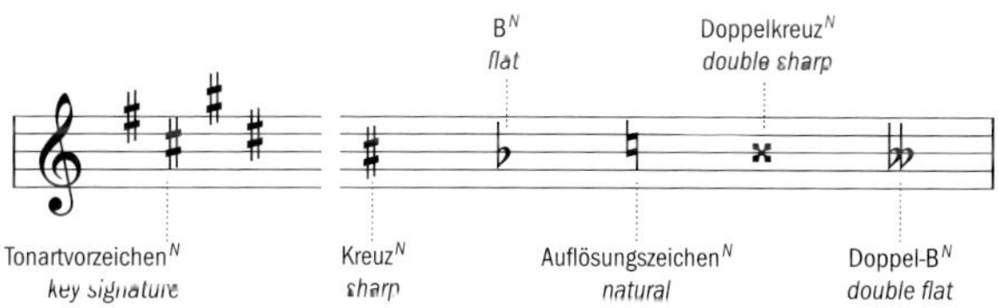

andere Zeichen[N]
other signs

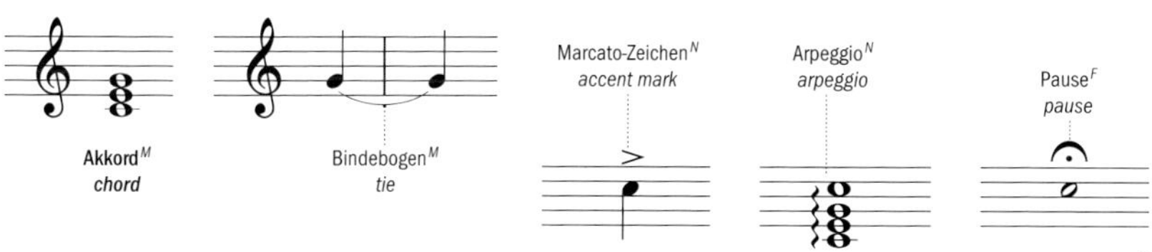

KUNST UND ARCHITEKTUR

Beispiele[N] für Instrumentalgruppierungen[F]

examples of instrumental groups

Duo[N]
duo

Trio[N]
trio

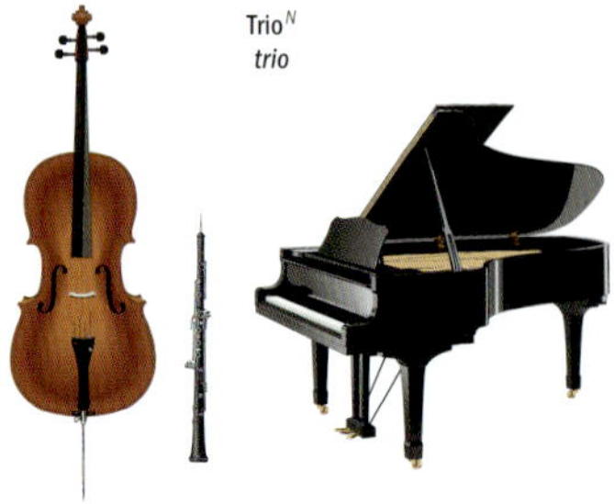

Quartett[N]
quartet

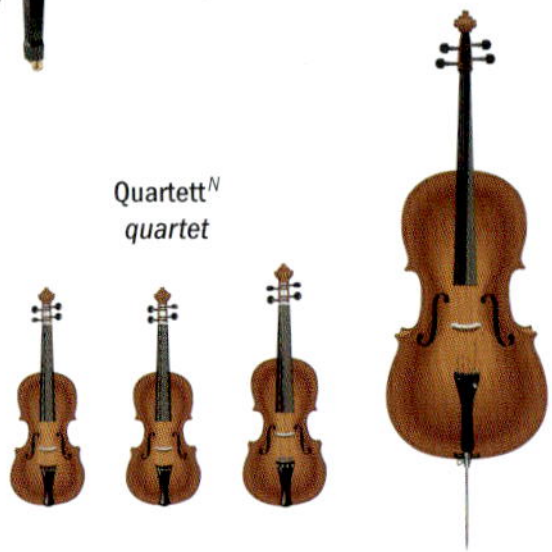

Quintett[N]
quintet

Sextett[N]
sextet

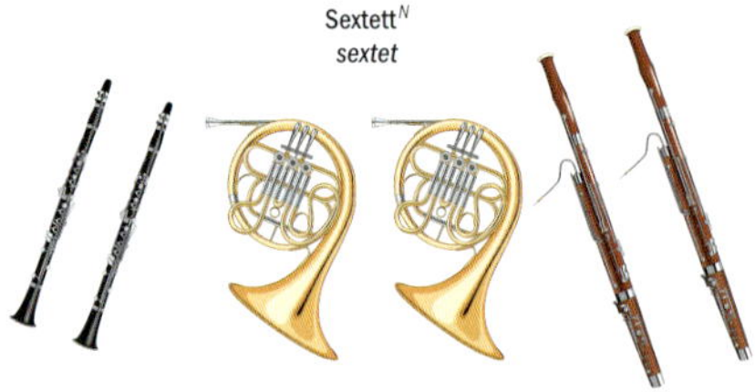

Jazzband[F]
jazz band

Saiteninstrumente[N]
stringed instruments

Bogen[M]
bow

Violine[F]
violin

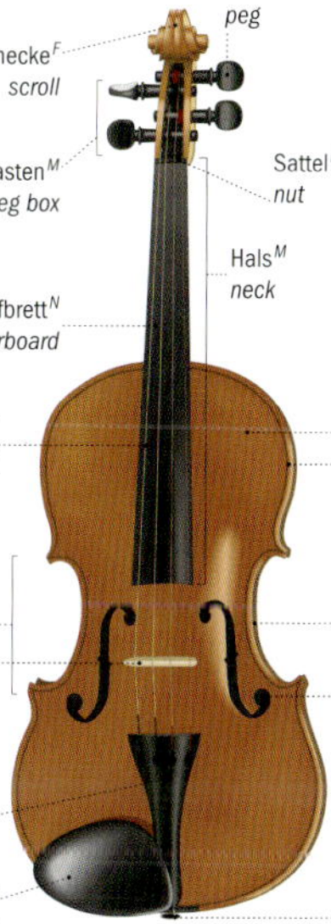

Violinfamilie[F]
violin family

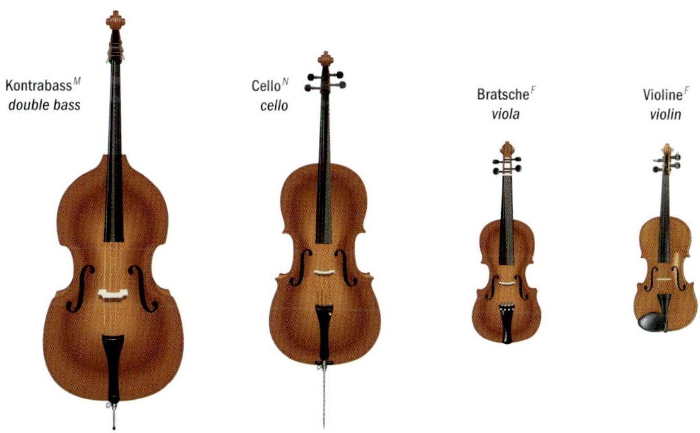

Harfe^F
harp

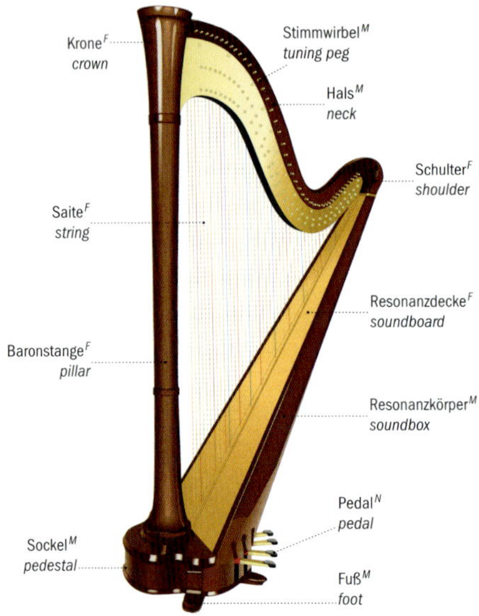

akustische Gitarre^F
acoustic guitar

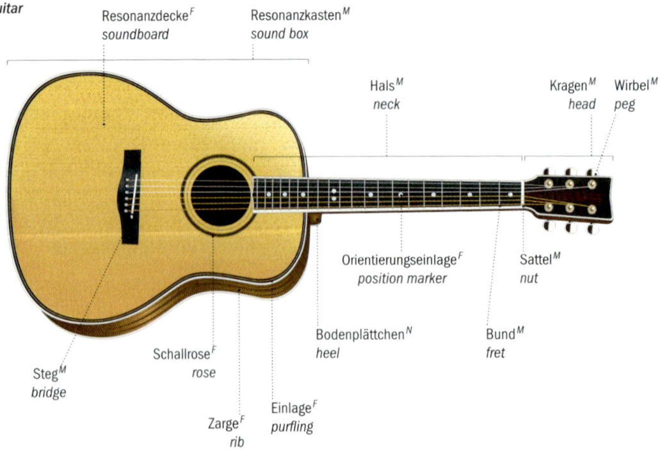

elektrische Gitarre[F]
electric guitar

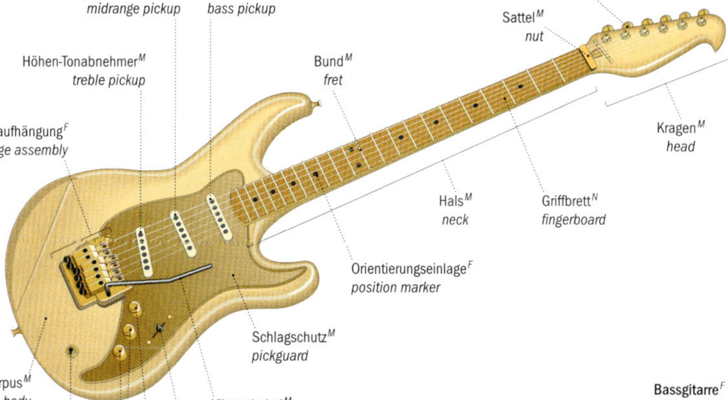

Bassgitarre[F]
bass guitar

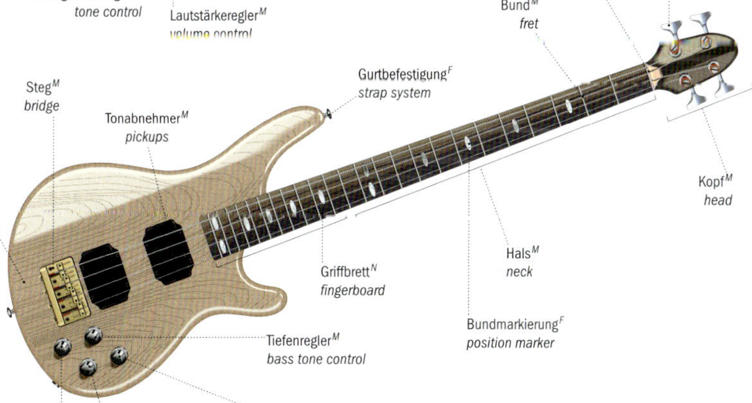

Tasteninstrumente^N
keyboard instruments

Klavier^N
upright piano

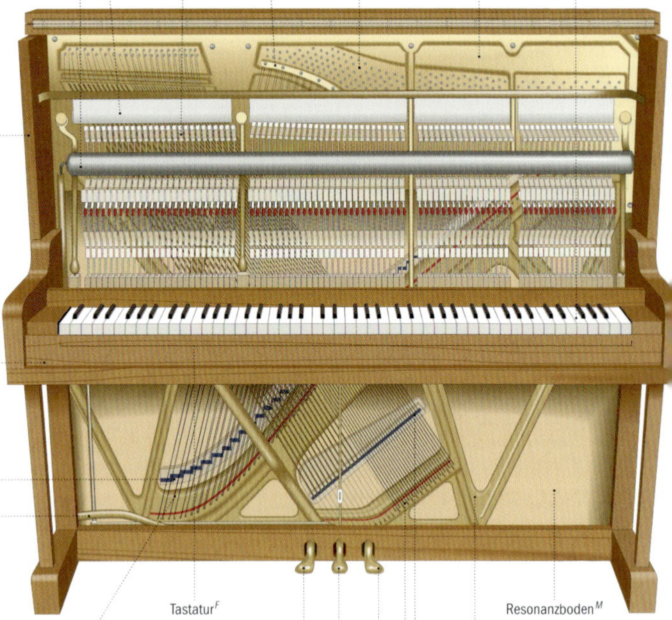

Orgel[F]
organ

Zungenpfeife[F]
reed pipe

Lippenpfeife[F]
flue pipe

Blasinstrumente[N]
wind instruments

Trompete^F
trumpet

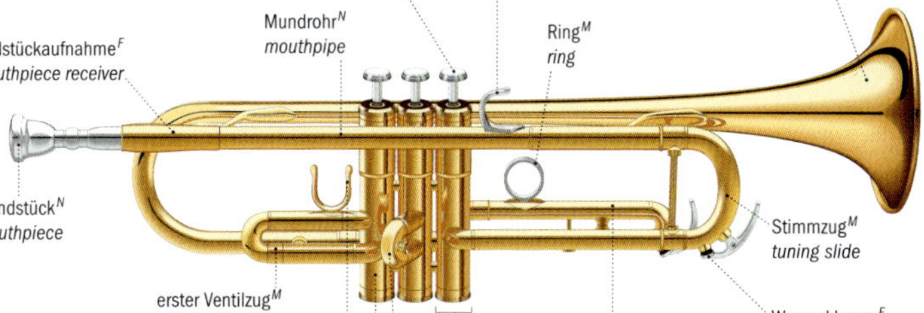

Dämpfer^M
mute

Waldhorn^N
French horn

Kornett^N
cornet

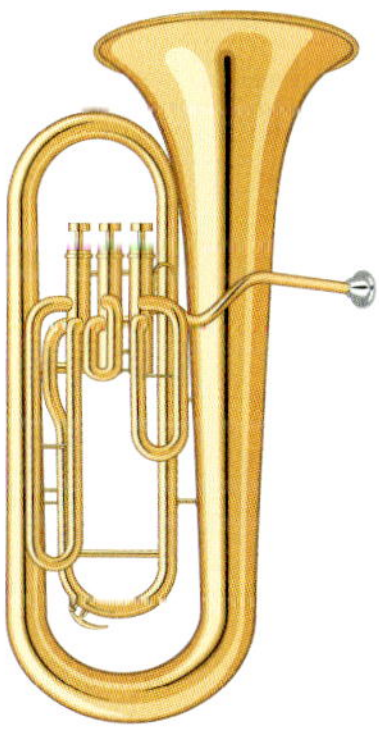

Saxhorn^N
saxhorn

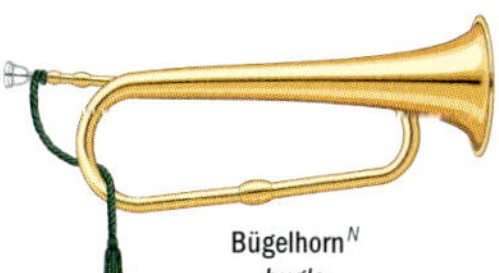

Bügelhorn^N
bugle

Tuba^F
tuba

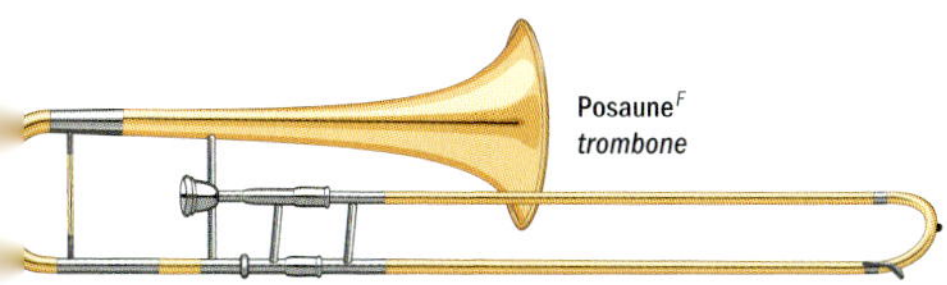

Posaune^F
trombone

Schlaginstrumente^{N}
percussion instruments

Trommeln^{F}
drums

kleine Trommel^{F}
snare drum

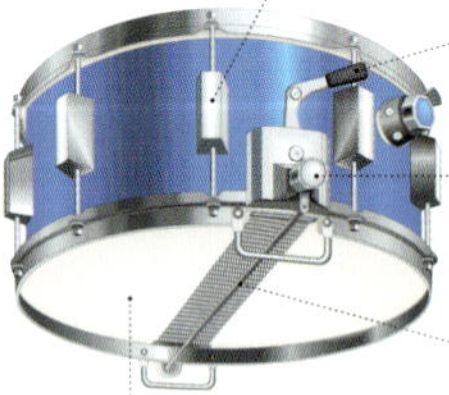

Kesselpauke^{F}
kettledrum

Schellen[F]
sleigh bells

Glockenband[N]
set of bells

Sistrum[N]
sistrum

Kastagnetten[F]
castanets

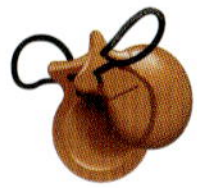

Becken[N]
cymbals

Tamburin[N]
tambourine

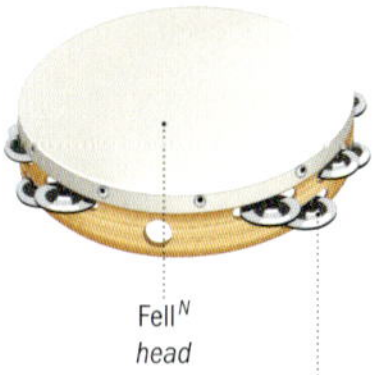

Triangel[M]
triangle

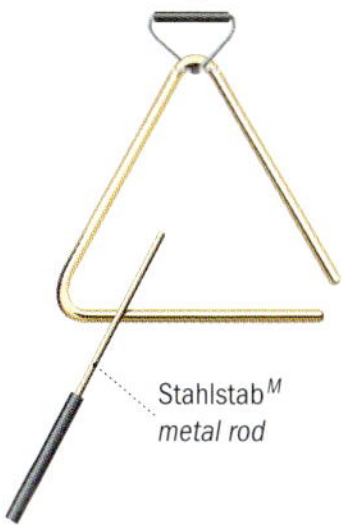

Bongos[N]
bongos

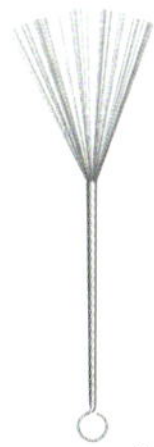

Jazzbesen[M]
wire brush

Gong[M]
gong

Röhrenglocken[F]
tubular bells

Stöcke[M]
sticks

Xylophon[N]
xylophone

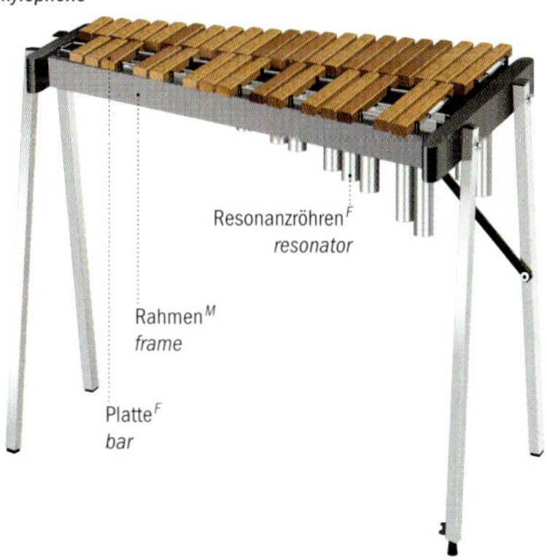

Schlegel[M]
mallets

elektronische Instrumente^{N}

electronic instruments

Sequencer^{M}
sequencer

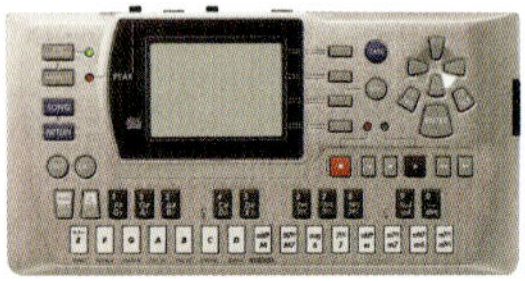

Sampler^{M}
sampler

Kopfhöreranschlussbuchse^{F}
headphone jack

Funktionsdisplay^{N}
function display

Diskettenlaufwerk^{N}
disc drive

Expander^{M}
expander

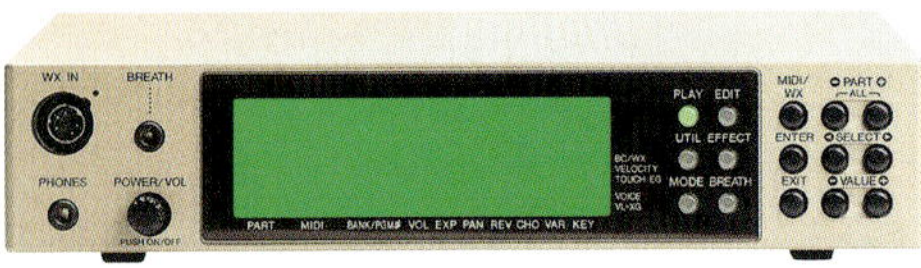

Synthesizer^{M}
synthesizer

Lautstärkeregler^{M}
volume control

Feinregler^{M} für Dateneingabe^{F}
fine data entry control

Diskettenlaufwerk^{N}
disc drive

Systemschalter^{M}
system buttons

Funktionsanzeige^{F}
function display

Sequenzerregler^{M}
sequencer control

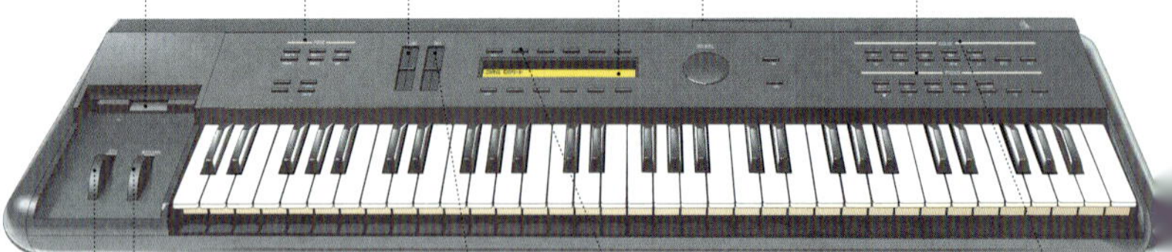

Grobregler^{M} für Dateneingabe^{F}
fast data entry control

Programmwahlschalter^{M}
program selector

Tastatur^{F}
keyboard

Modulationsrad^{N}
modulation wheel

Stimmenwahlschalter^{M}
voice edit buttons

Tonhöhenrad^{N}
pitch wheel

Kabel[N] der Schnittstelle[F] für digitale Musikinstrumente[N] (MIDI)
musical instrument digital interface (MIDI) cable

elektronisches Schlagpolster[N]
electronic drum pad

Blassynthesizer[M]
wind synthesizer controller

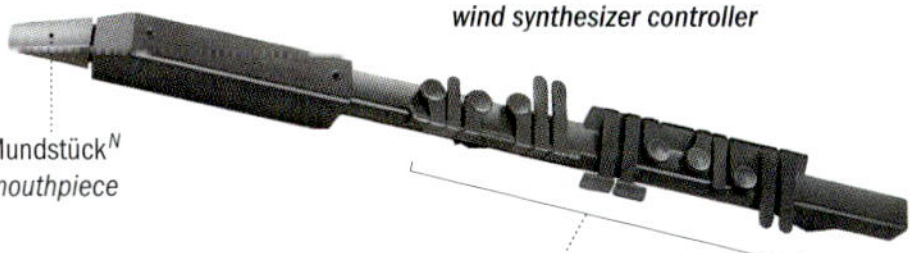

elektronisches Piano[N]
electronic piano

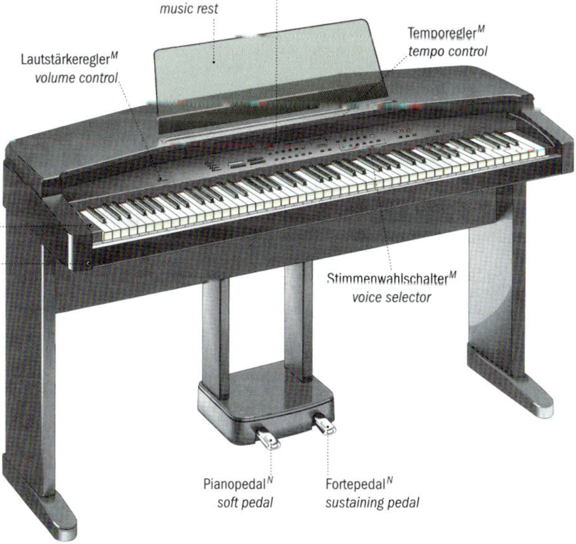

Schreibgeräte^{N}

writing instruments

Federkiel^{F}
quill

Rohrfeder^{F}
cane pen

Schreibpinsel^{M}
writing brush

Binsenstängel^{M}
Egyptian reed pen

römische Metallfeder^{F}
Roman metal pen

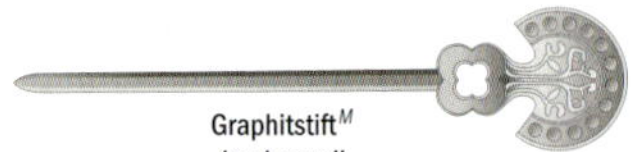

Graphitstift^{M}
lead pencil

Stilus^{M}
stylus

Stahlschreibfeder^{F}
steel pen

Marker^{M}
marker

Füllfederhalter^{M}
fountain pen

Druckbleistift^{M}
propelling pencil

Bleistift^{M}
pencil

Kugelschreiber^{M}
ballpoint pen

Nachfüllmine^{F}
refill

Zeitung[F]
newspaper

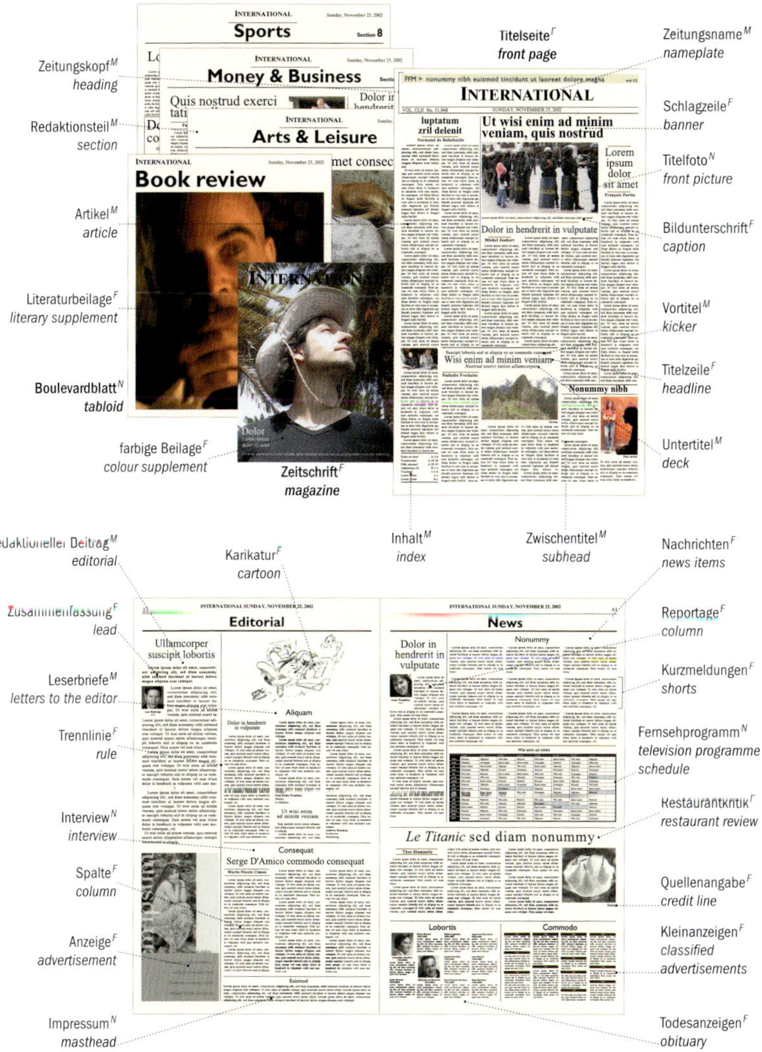

Fotografie^F
photography

einäugige Spiegelreflexkamera^F/SLR-Kamera^F: Vorderansicht^F
single-lens reflex (SLR) camera : front view

Rückspulknopf^M
film rewind knob

Zubehörschuh^M
accessory shoe

Belichtungskorrekturknopf^M
exposure adjustment knob

Blitzkontakt^M
hot-shoe contact

Filmtransporteinstellung^F
film advance mode

Display^N
data panel

Belichtungseinstellung^F
exposure mode

Programmwählscheibe^F
program selector

Belichtungsmesser^M
multiple exposure mode

Ein-/Ausschalter^M
on/off switch

Filmempfindlichkeit^F
film speed

Auslöser^M
shutter release button

Diode^F des Selbstauslösers^M
remote control terminal

Selbstauslöser-Lichtsignal^N
self-timer indicator

Autofocus-Umschalter^M
focus mode selector

Kameragehäuse^N
camera body

Objektivauswurf^M
lens release button

Objektiv^N
lens

Schärfentiefenknopf^M
depth-of-field preview button

Objektive^N
lenses

Teleobjektiv^N
telephoto lens

Zoomobjektiv^N
zoom lens

Weitwinkelobjektiv^N
wide-angle lens

Makroobjektiv^N
macro lens

Objektivzubehör^N
lens accessories

Objektivschutzdeckel^M
lens cap

Gegenlichtblende^F
lens hood

Polarisationsfilter^M
polarizing filter

digitale Spiegelreflexkamera^F: Rückansicht^F
digital reflex camera : camera back

Fotoapparate^M
still cameras

Sofortbildkamera^F
Polaroid® Land camera

Mittelformatkamera^F SLR (6 x 6)
medium format SLR (6 x 6)

Sucherkamera^F
rangefinder camera

Digitalkamera^F
digital camera

Einwegkamera^F
disposable camera

Großformatkamera^F
view camera

Satellitenübertragungstechnik[F]

satellite broadcasting

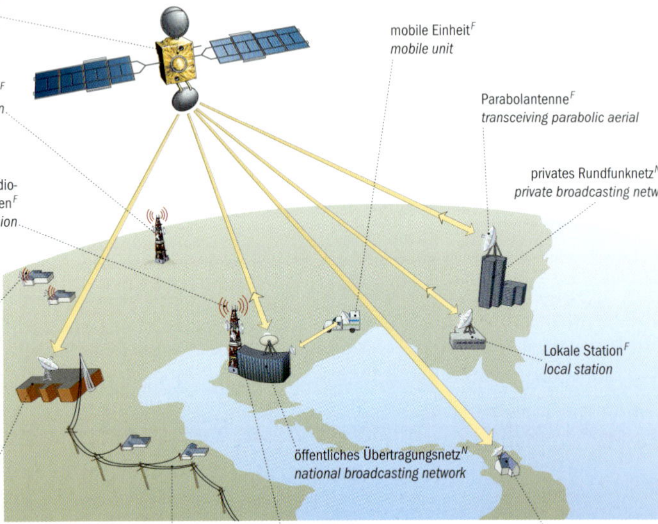

Fernmeldesatelliten[M]

telecommunication satellites

Eutelsat[M]
Eutelsat

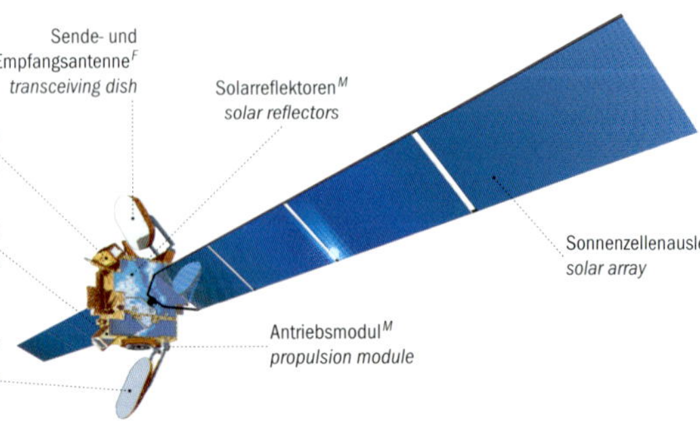

Telekommunikation^F über Nachrichtensatellit^M

telecommunications by satellite

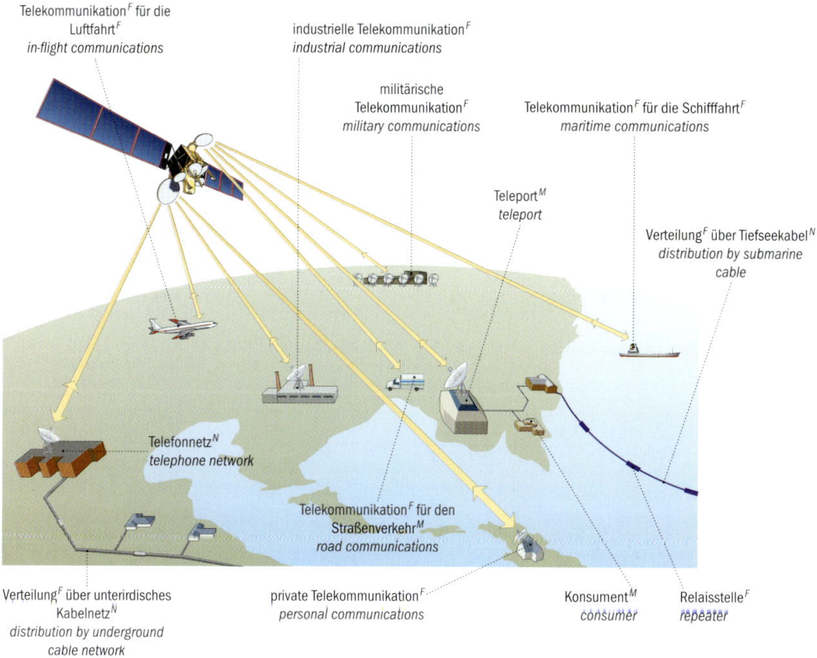

Fernmeldesatelliten^M

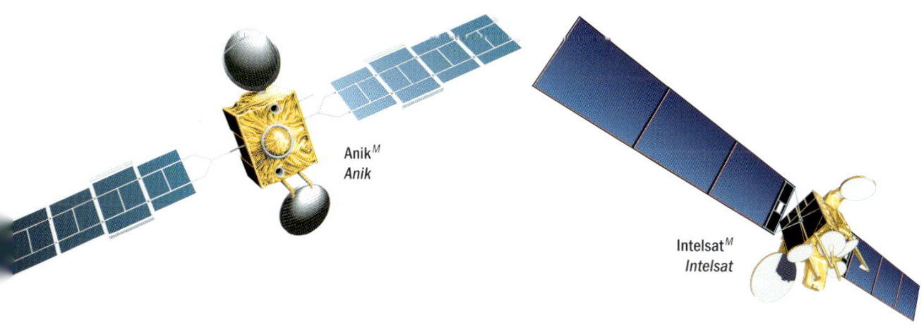

Fernsehen[N]
television

Fernsehapparat[M]
television set

Bildröhre[F]
picture tube

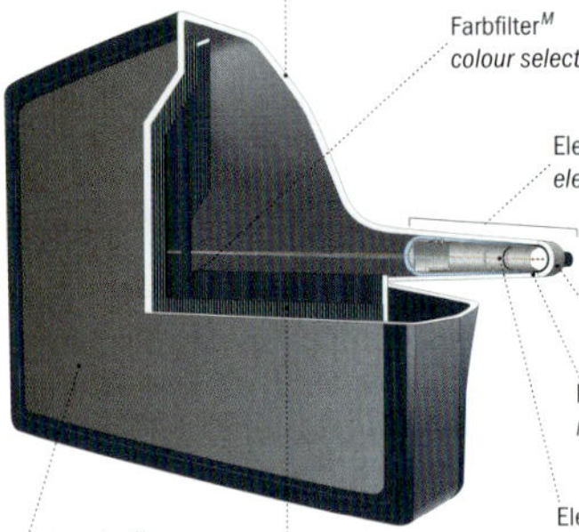

Elektronenkanone[F]
electron gun

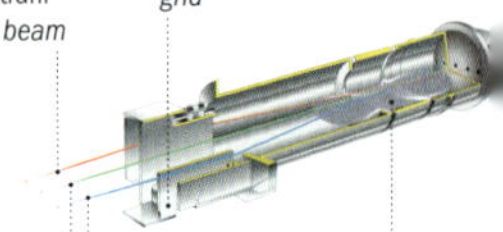

DVD[F]-Spieler[M]
DVD player

DVD[F]
digital versatile disc (DVD)

Fernbedienung[F]
remote control

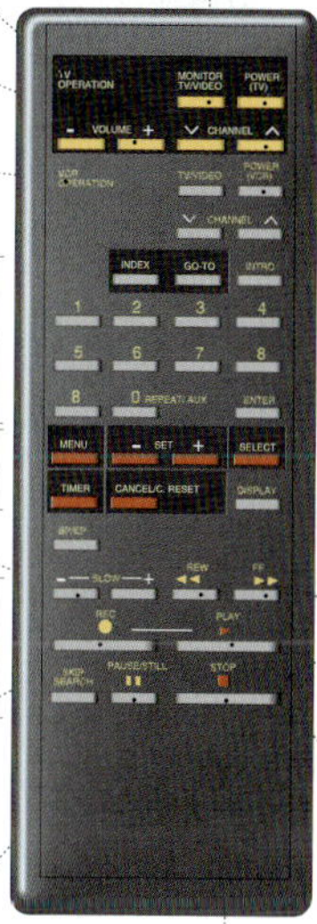

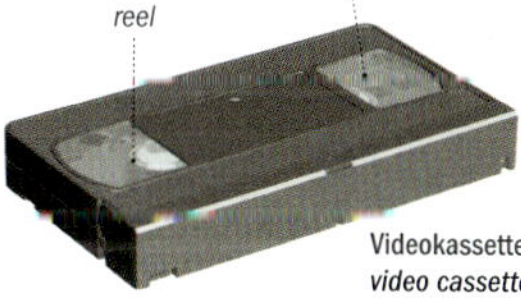

Videokassette[F]
video cassette

Videorecorder[M]
videocassette recorder

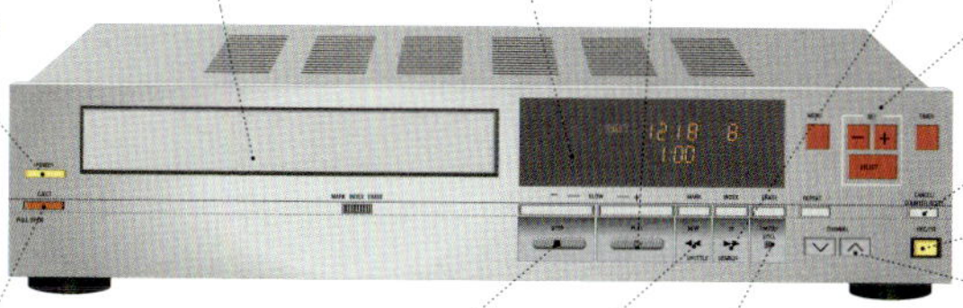

Analog-Camcorder[M]: Vorderansicht[F]
analogue camcorder: front view

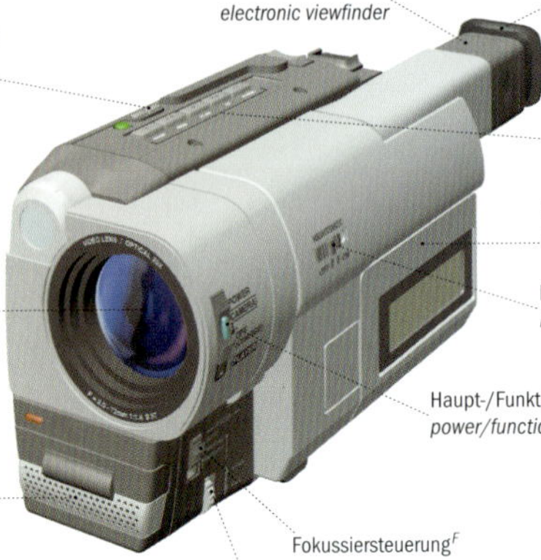

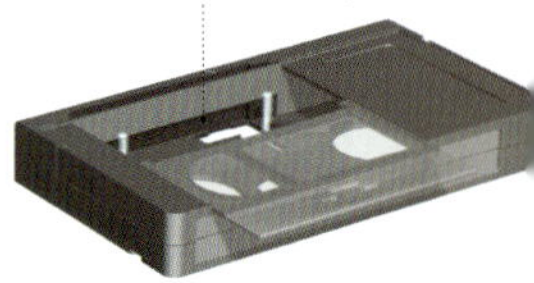

Videokassettenadapter[M]
compact video cassette adapter

Analog-Camcorder[M]: Rückansicht[F]
analogue camcorder: back view

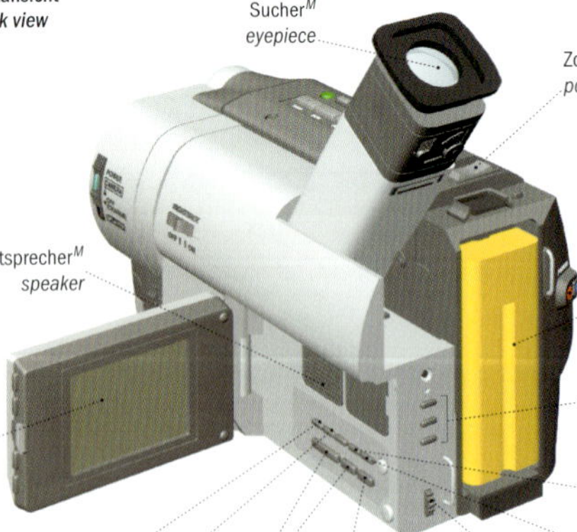

Parabolantenne^F
dish aerial

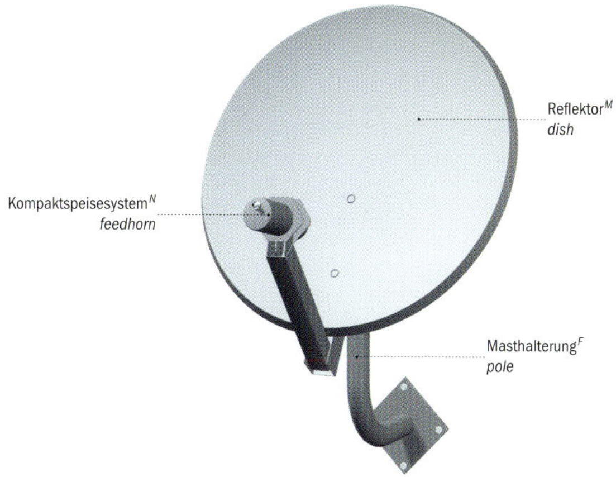

Receiver^M
receiver

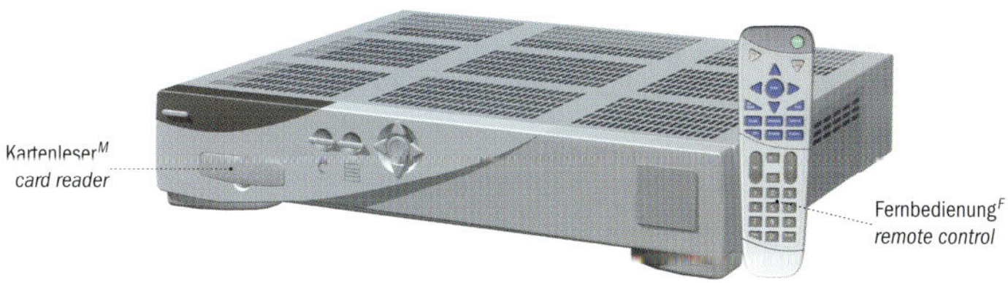

Heimkino^N
home theatre

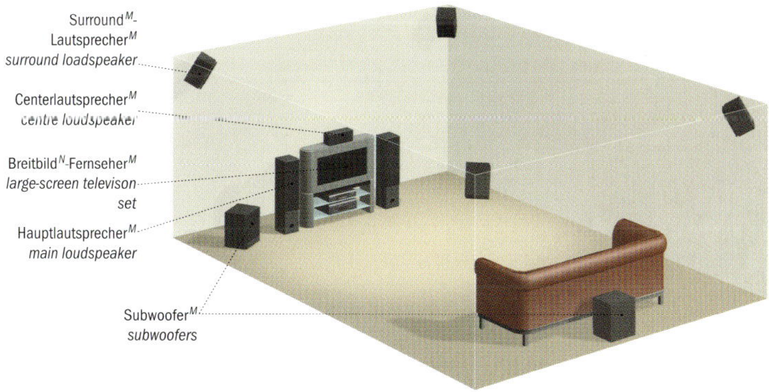

Tonwiedergabesystem[N]

stereo sound system

Receiver[M]: Vorderansicht[F]
ampli-tuner: front view

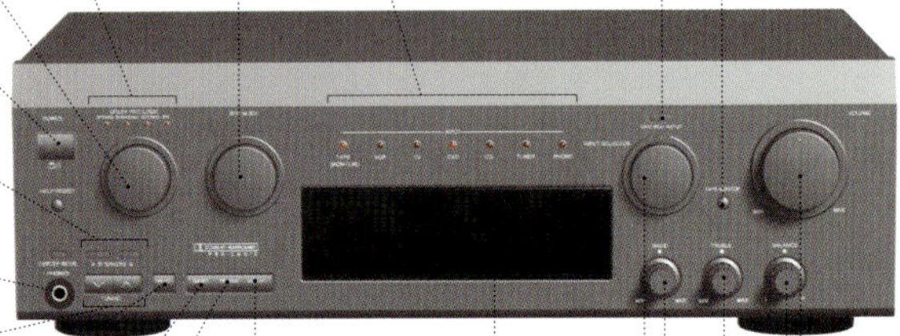

Amplituner[M]: Rückansicht[F]
ampli-tuner: back view

Kassettendeck^{N}
cassette tape deck

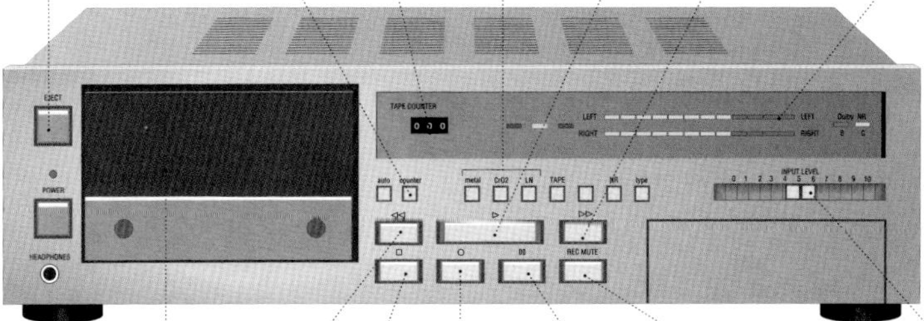

CD-Spieler^{M}
compact disc player

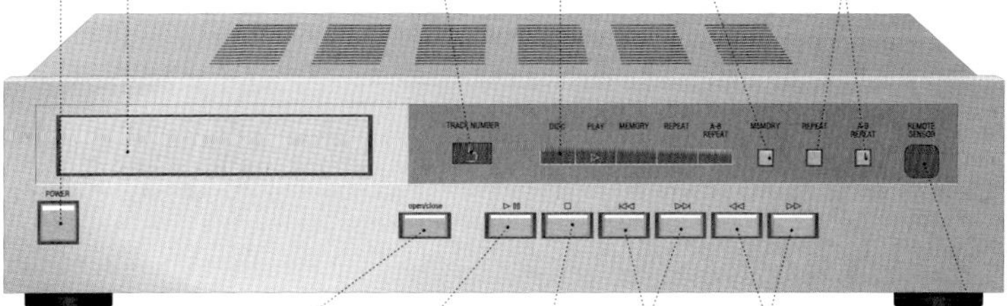

Kopfhörer^M
headphones

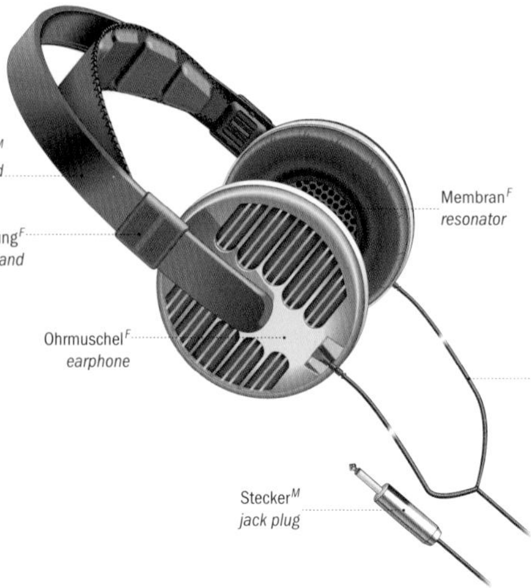

Lautsprecherbox^F
loudspeaker

Mini-HiFi^{F}-System^{N}
mini stereo sound system

CD^{F}-Spieler^{M}
compact disc player

Receiver^{M}
ampli-tuner

Lautsprecher^{M}
loudspeaker

CD^{F}-Rekorder^{M}
compact disc recorder

Doppel-Kassettendeck^{N}
dual cassette deck

tragbare Tonwiedergabesysteme^{N}
portable sound systems

Uhrenradio^{N}
clock radio

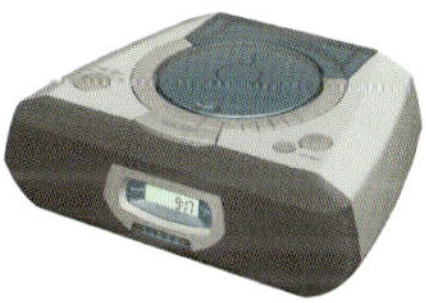

Kofferradio^{N}
portable radio

Teleskopantenne^{F}
telescopic aerial

Tragebügel^{M}
handle

Frequenzanzeige^{F}
frequency display

Höhenregler^{M}
treble tone control

Frequenzwähler^{M}
tuning control

Bassregler^{M}
bass tone control

Lautstärkeregler^{M}
volume control

tragbarer CD^{F}-Spieler^{M}
portable compact disc player

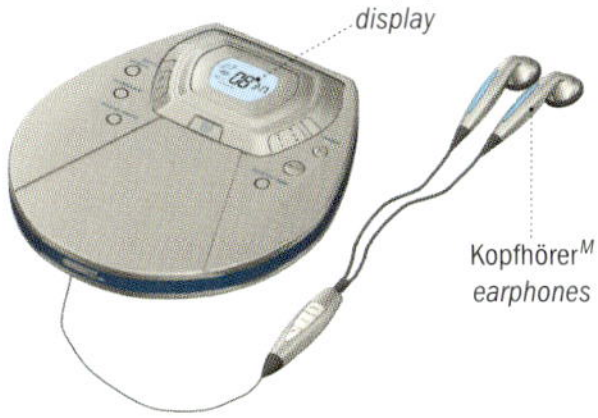

Display^{N}
display

Kopfhörer^{M}
earphones

MP3-Spieler^{M}
portable digital audio player

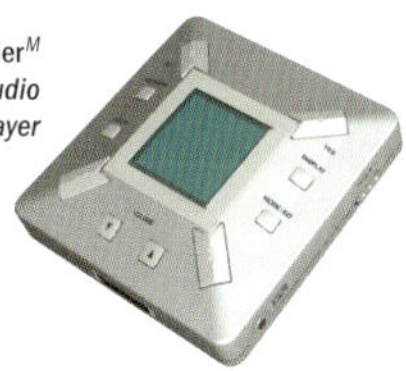

Walkman^M® mit Radioteil^N
personal radio cassette player

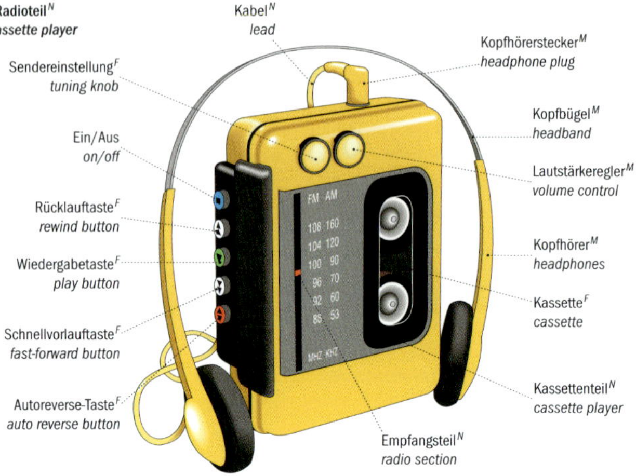

Radiorecorder^M mit CD-Spieler^M
portable CD radio cassette recorder

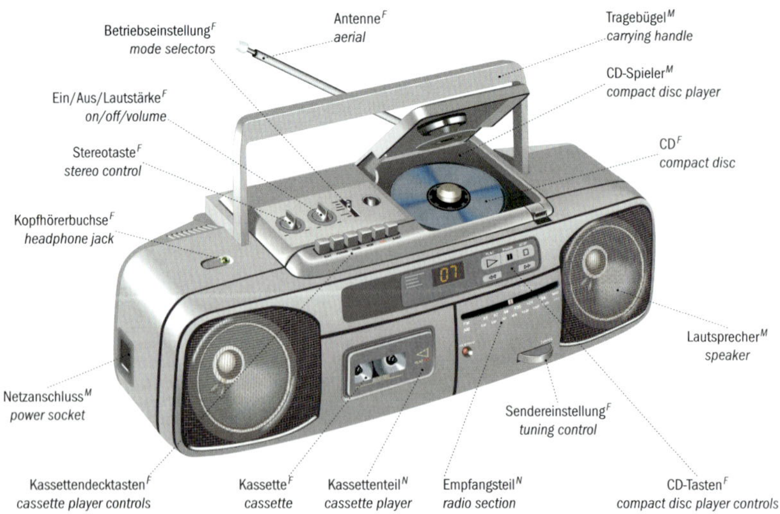

Telefonieren[N]

communication by telephone

Handy[N]
mobile telephone

Pager[M]
numeric pager

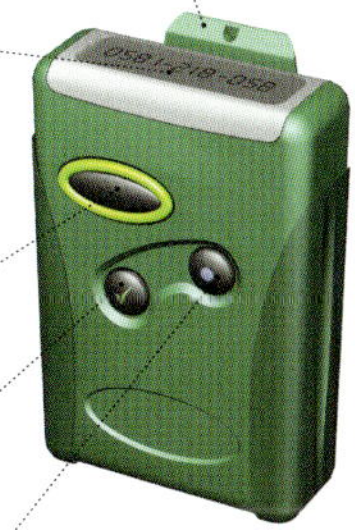

Telefonapparat[M]
telephone

Anrufbeantworter[M]
telephone answering machine

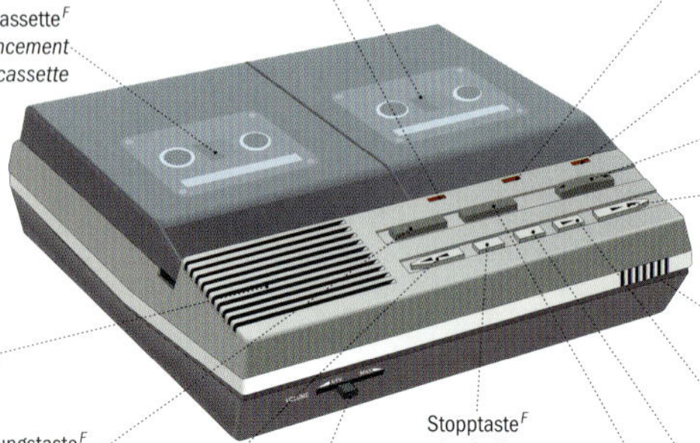

Telefaxgerät[N]
fax machine

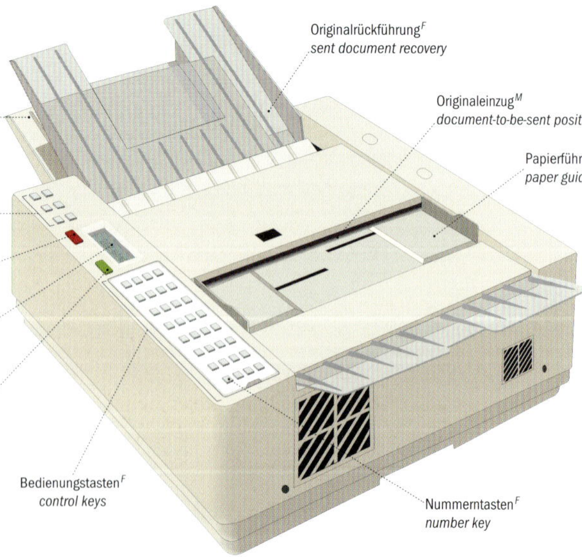

Personalcomputer[M]
personal computer

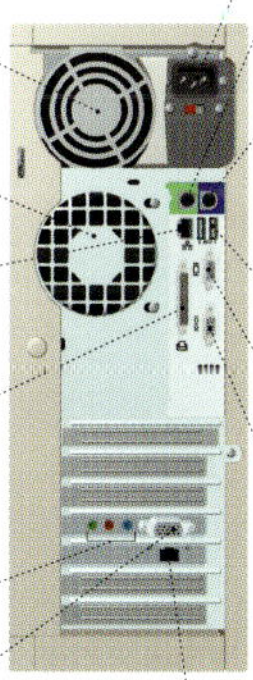

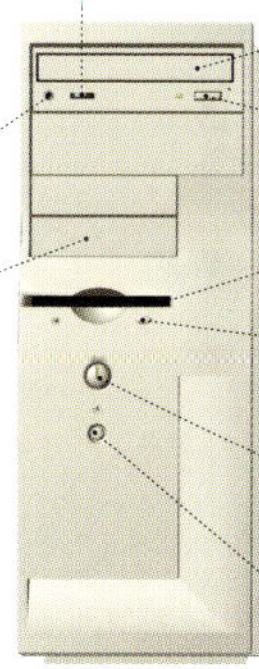

Eingabegeräte[N]

input devices

Tastatur[F] und Piktogramme[N]
keyboard and pictograms

Abbruch[M]
escape

Tabulator[M] nach links
tabulation left

Tabulator[M] nach rechts
tabulation right

Großschriftfeststellung[F]
capitals lock

Alternative[F]: Drittbelegung[F]
alternate: level 3 select

Großschriftumschaltung[F]: Zweitbelegung[F]
shift: level 2 select

Steuerung[F]: Gruppenwahl[F]
control: group select

Steuerung[F]
control

Alternative[F]
alternate

Leerzeichen[N]
space

geschütztes Leerzeichen[N]
non-breaking space

Pause^{F}
pause

Unterbrechung^{F}
break

numerischer Block^{M}
numeric lock

Scrollen^{N}
scrolling

Einfügen^{N}
insert

Löschen^{N}
delete

Cursor^{M} an Zeilenanfang^{M}
home

Cursor^{M} an Zeilenende^{N}
end

vorherige Seite^{F}
page up

löschender Rückschritt^{M}
backspace

Bildschirminhalt^{M} drucken
print screen

nächste Seite^{F}
page down

Cursor^{M} nach links
cursor left

Cursor^{M} nach rechts
cursor right

Cursor^{M} nach oben
cursor up

Cursor^{M} nach unten
cursor down

Eingabe^{F}
return

Kugelmaus[F]
wheel mouse

Funkmaus[F]
cordless mouse

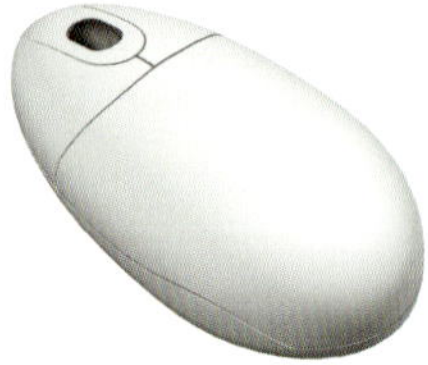

mechanische Maus[F]
mechanical mouse

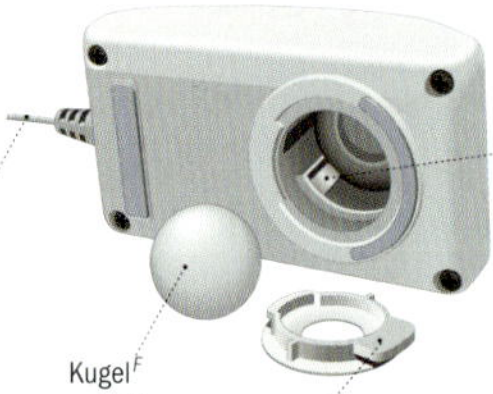

optische Maus[F]
optical mouse

Mauspad[N]
mouse pad

Joystick[M]
joystick

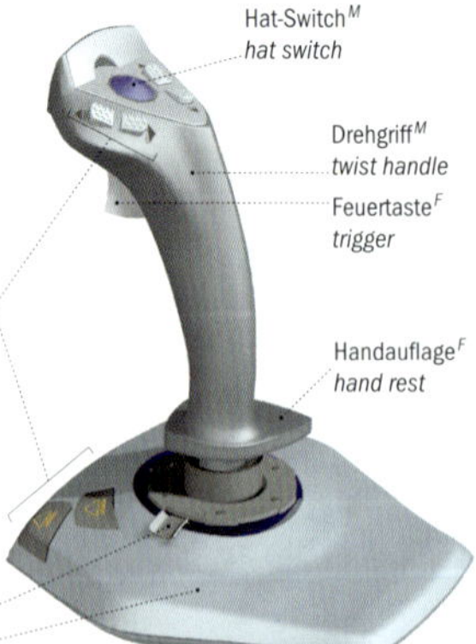

Webcam[F]
Webcam

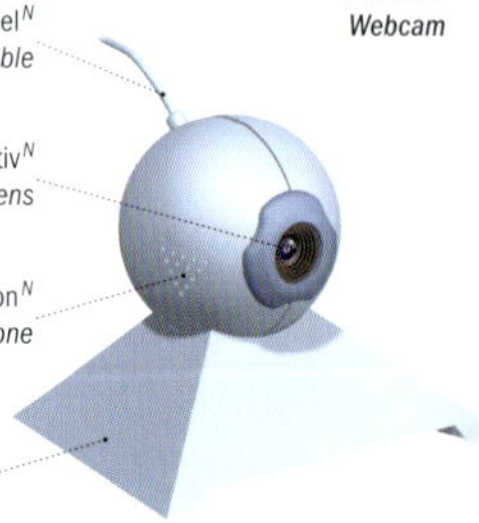

Ausgabegeräte^{N}
output devices

Tintenstrahldrucker^{M}
inkjet printer

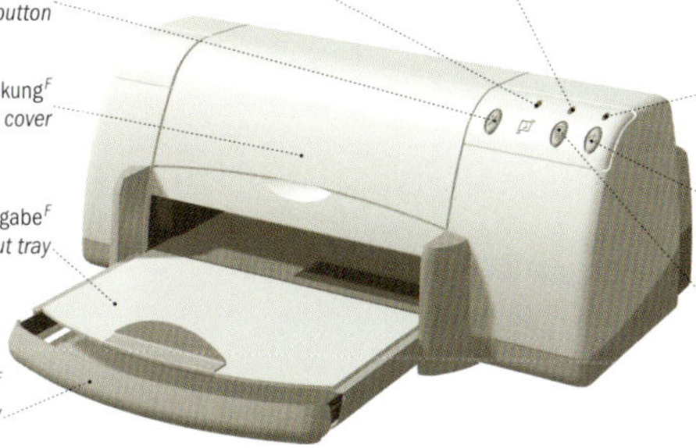

Speichergeräte^{N}
data storage devices

externes Festplattenlaufwerk^{N}
removable hard disk drive

herausnehmbare Festplatte^{F}
removable hard disk

Festplattenlaufwerk^{N}
hard disk drive

Kassettenlaufwerk^{N}
cassette drive

Kassette^{F}
cassette

DVD^{F}-Rekorder^{M}
DVD recorder

externes Diskettenlaufwerk^{N}
external floppy disk drive

Diskette^{F}
diskette, floppy disk

Rewritable-Rekorder^{M}
compact disc rewritable recorder

Internet^N
Internet

URL-Adresse^F (vereinheitlichter Ressourcenzugriff^M)
URL (uniform resource locator)

Kommunikationsprotokoll^N
communication protocol

Domainname^M
domain name

Dateiformat^N
file format

http://www.un.org/aboutun/index.html

Doppelschrägstrich^M
double slash

Domain^F zweiten Grades^M
second-level domain

Datei^F
file

Server^M
server

Toplevel^N-Domain^F
top-level domain

Ordner^M, Verzeichnis^N
directory

Browser^M
browser

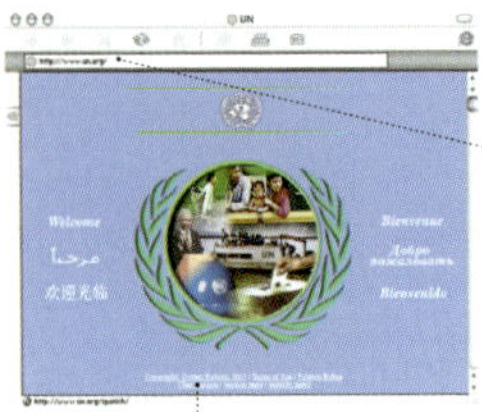

URL-Adresse^F
URL

Hyperlinks^M
hyperlinks

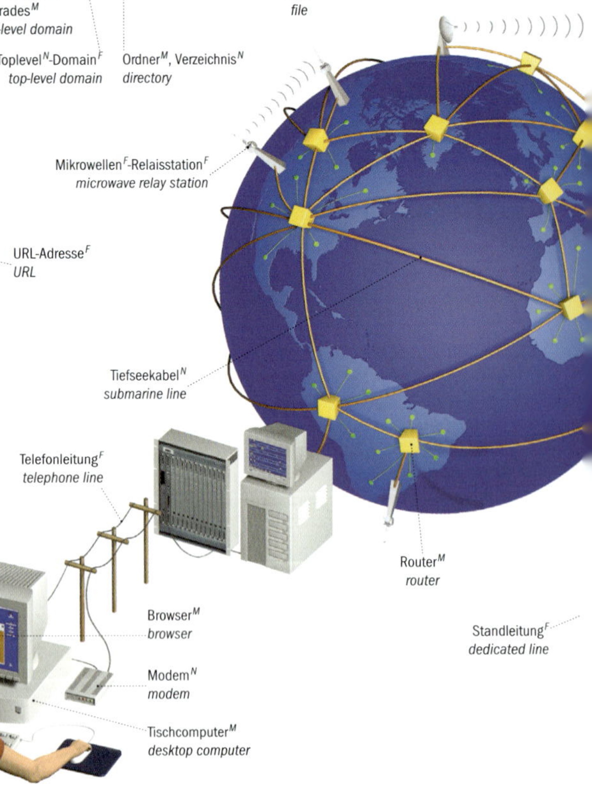

Internet[N]-Nutzungen[F]

Internet uses

Laptop^{M}

laptop computer

Laptop^{M}: Vorderansicht^{F}
laptop computer: front view

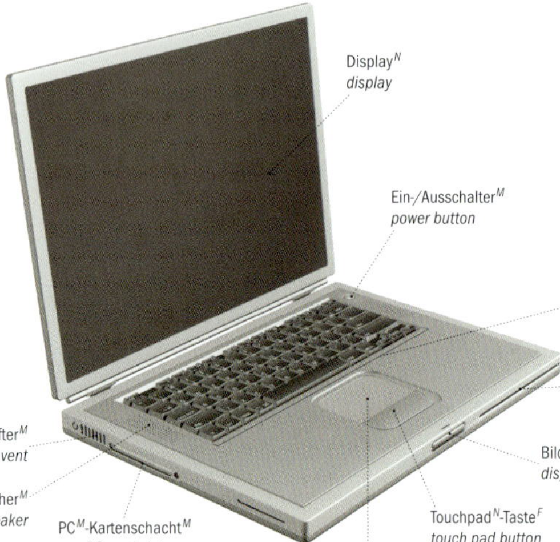

Laptop^{M}: Rückansicht^{F}
laptop computer: rear view

Adapter^{M}
power adapter

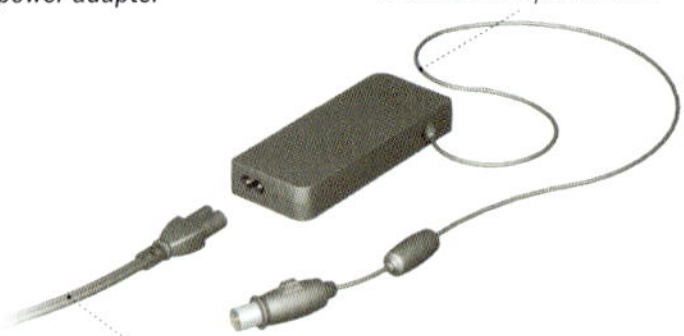

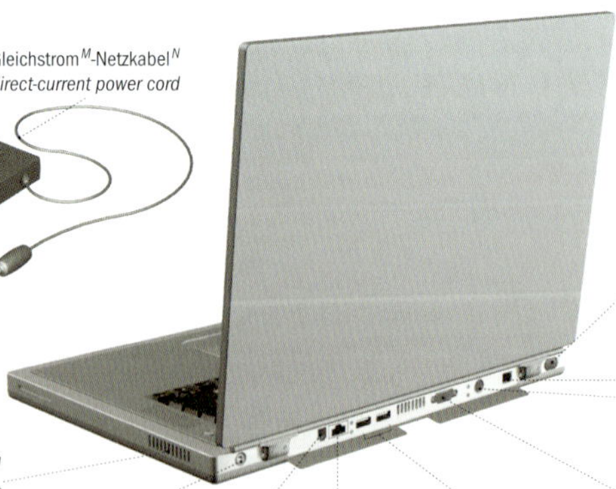

Handheld-Computer[M]
pocket computer

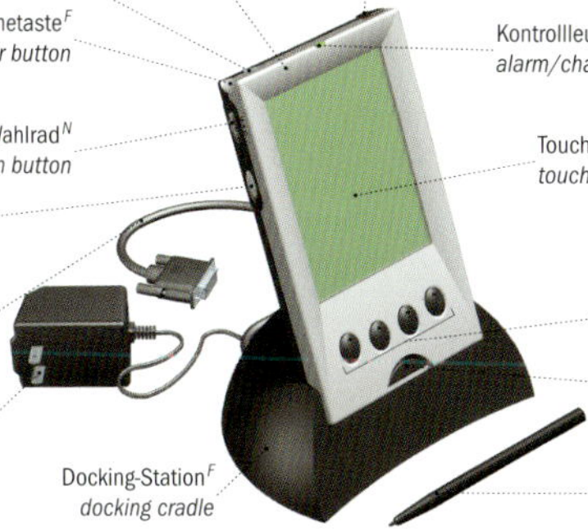

Schreibwaren[F]
stationery

wissenschaftlicher Taschenrechner[M]
scientific calculator

Tischrechner[M] mit Druckerteil[N]
printing calculator

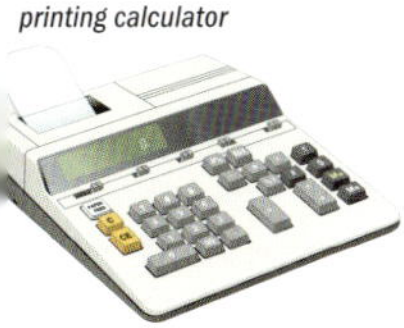

Taschenrechner[M]
pocket calculator

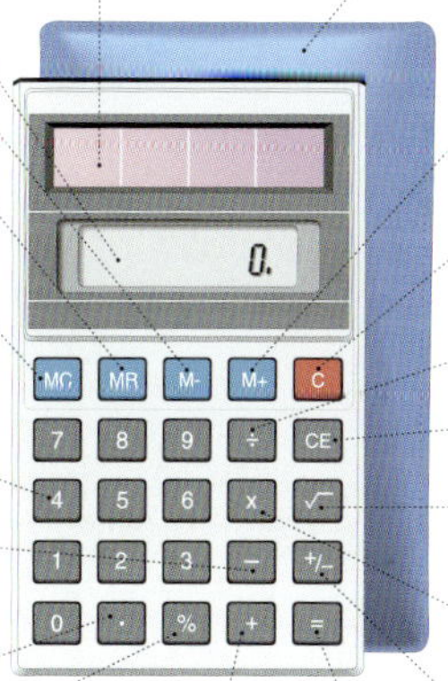

für die Terminplanung[F]
for time use

Abreißkalender[M]
tear-off calendar

Ringbuchkalender[M]
calendar pad

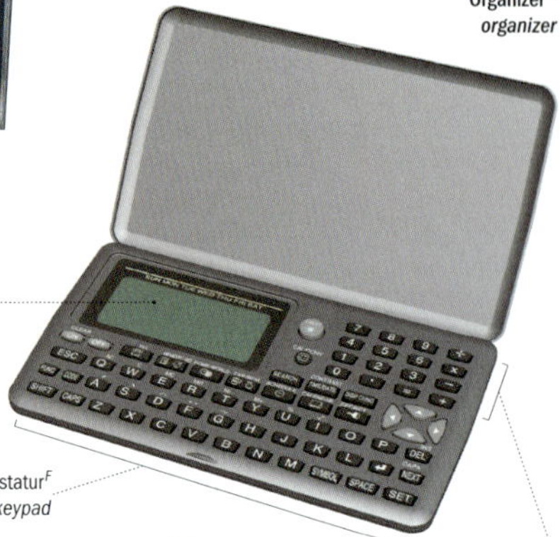

Organizer[M]
organizer

Display[N]
display

alphabetische Tastatur[F]
alphabetical keypad

numerische Tastatur[F]
numeric keypad

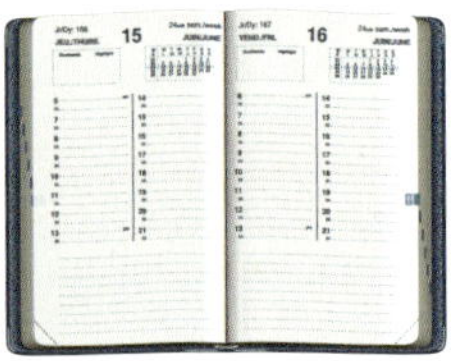

Terminkalender[M]
appointment book

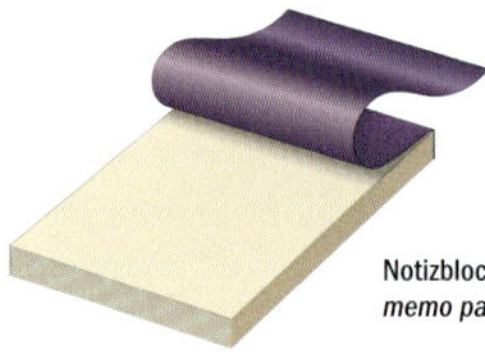

Notizblock[M]
memo pad

für die Korrespondenz[F]
for correspondence

Stempelkissen[N]
stamp pad

Stempel[M]
rubber stamp

Nummerierstempel[M]
numbering stamp

Datumstempel[M]
date stamp

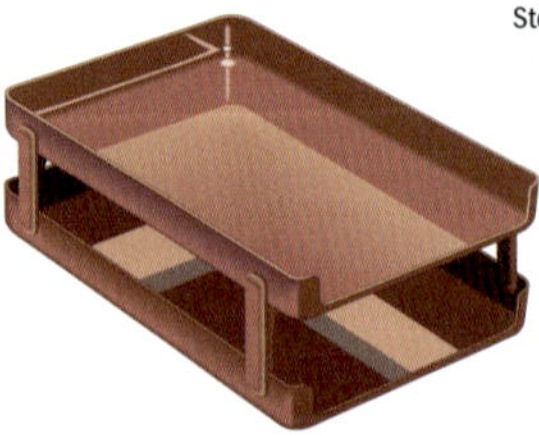

Dokumentenablage[F]
desk tray

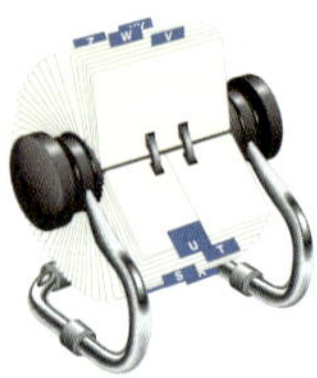

Drehkartei[F]
rotary file

Telefonnummernverzeichnis[N]
telephone index

Luftpolsterumschlag^{M}
padded envelope

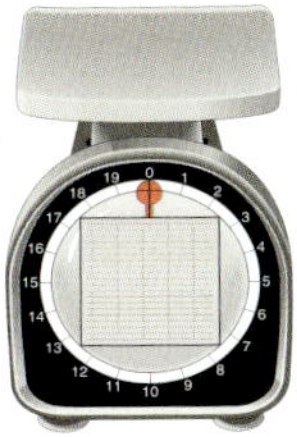

Briefwaage^{F}
letter scale

elastischer Fingerhut^{M}
finger tip

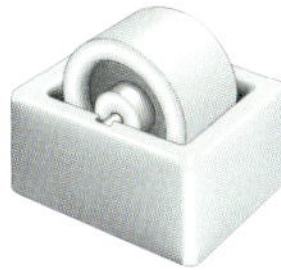

Befeuchter^{M}
moistener

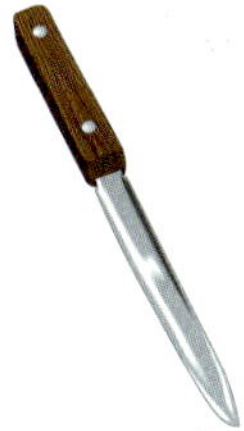

Brieföffner^{M}
letter opener

für die Ablage^{F}
for filing

Registriereinlagen^{F}
dividers

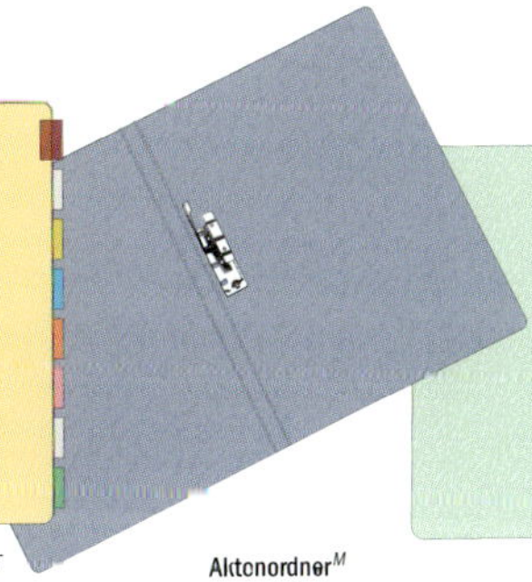

Aktenordner^{M}
clamp binder

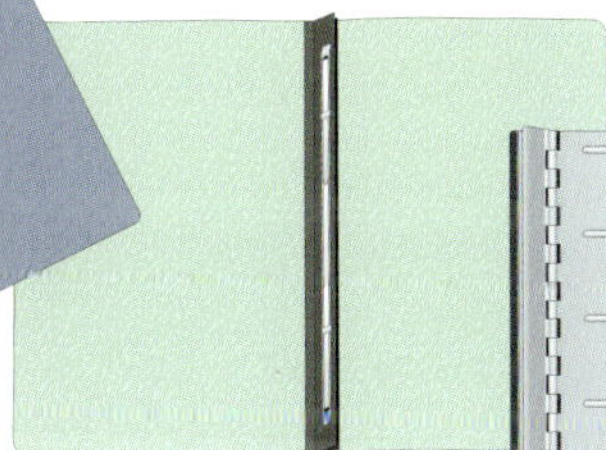

Schnellhefter^{M}
fastener binder

Klemmhefter^{M}
spring binder

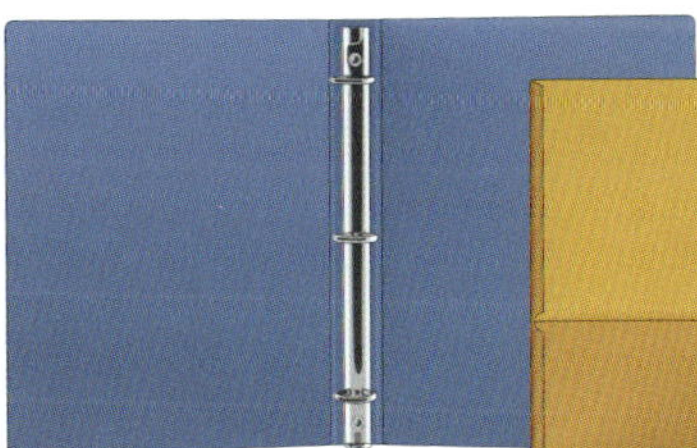

Ringbuch^{N}
ring binder

Dokumentenmappe^{F}
document folder

Hefter^{M}
post binder

Selbstklebeetiketten N
self-adhesive labels

Reiter M
tab

durchsichtiger Reiter M
window tab

Aktenmappe F
folder

Karteiregister N
file guides

Hängemappe F
suspension file

Spiralringbuch N
spiral binder

Klemmbrett N
clipboard

Ringablage F
archboard

Aktenbox F
filing box

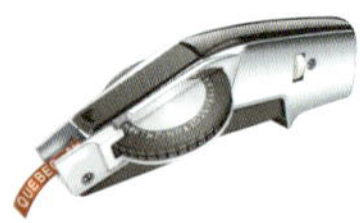

Präger M
label maker

Locher M
paper punch

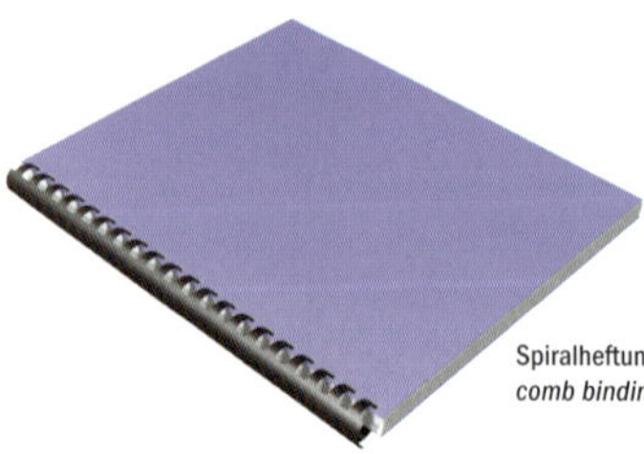

Spiralheftung F
comb binding

Erweiterungskartei F
expanding file

Verschiedenes N
miscellaneous articles

Büroklammern F
paper clips

Reißnägel M
drawing pins

Beutelklammern F
paper fasteners

Klebebandabroller M
box sealing tape dispenser

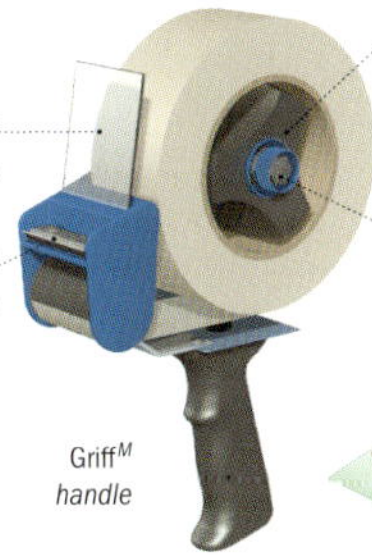

Bleistiftspitzer M
pencil sharpener

Radiergummi M
eraser

Dornablage F
spike file

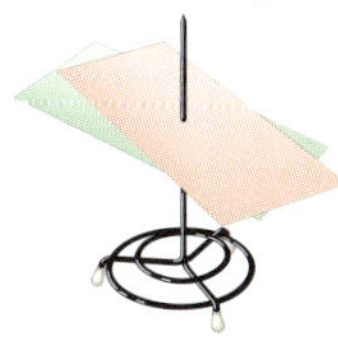

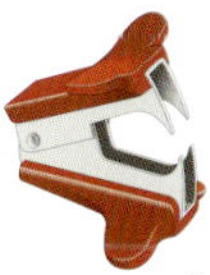

Entklammerer M
staple remover

Klebefilmspender M
tape dispenser

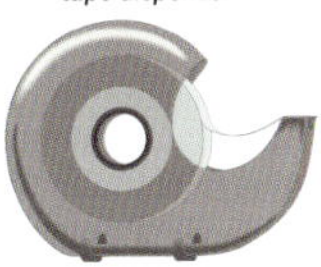

Klebestift M
glue stick

Hefter M
stapler

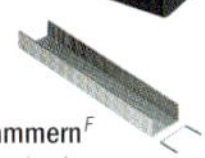

Heftklammern F
staples

Bücherstütze F
book ends

Büroklammerhalter M
paper-clip holder

Bleistiftspitzer M
pencil sharpener

Pinnwand F
bulletin board

Aktenvernichter M
paper shredder

Papierkorb M
waste basket

Straßenbau[M]

road system

Straße[F] im Querschnitt[M]
cross section of a road

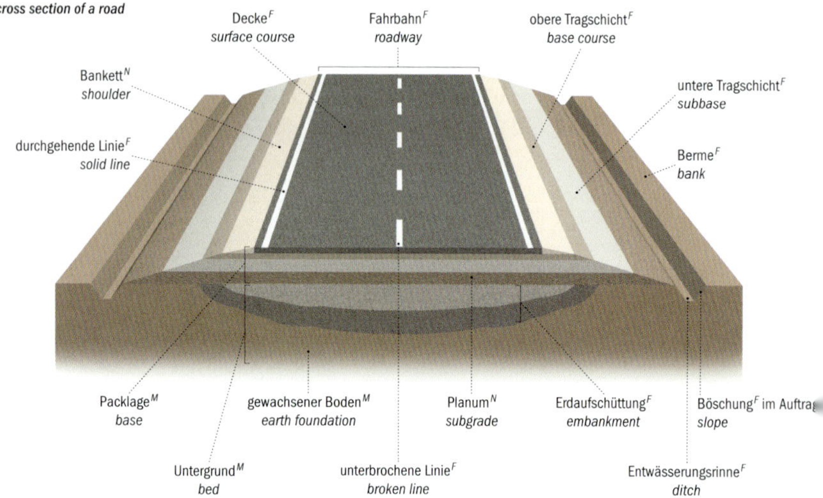

Beispiele[N] für Anschlussstellen[F]
examples of interchanges

Kleeblatt^N
cloverleaf

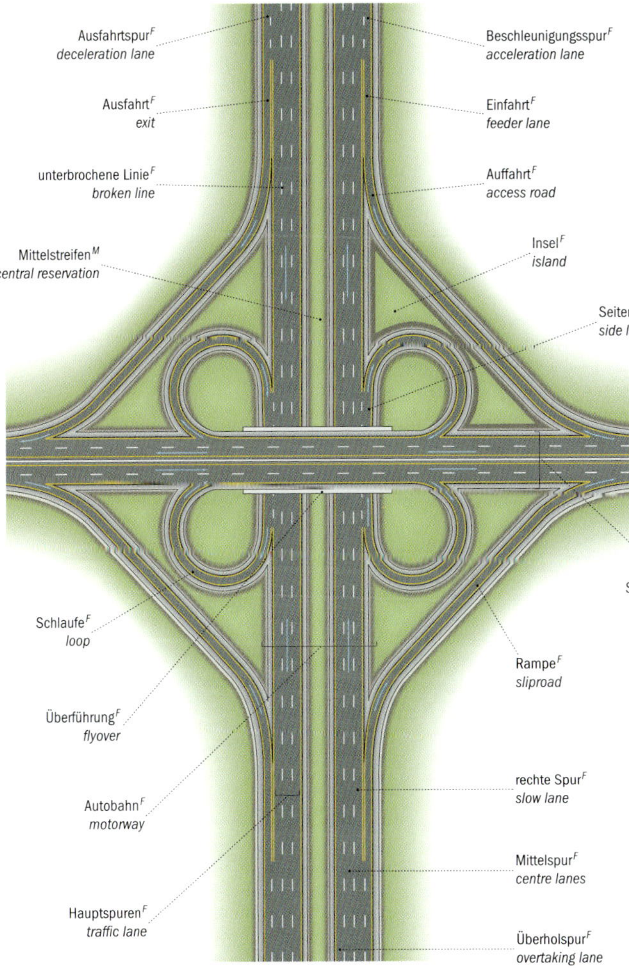

starre Brücken^F
fixed bridges

Balkenbrücke^F
beam bridge

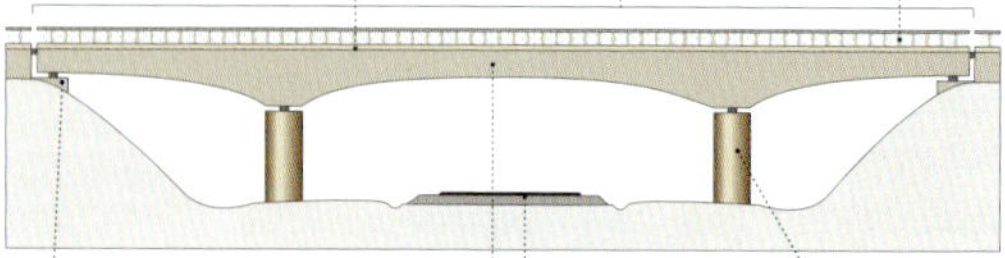

Hängebrücke^F
suspension bridge

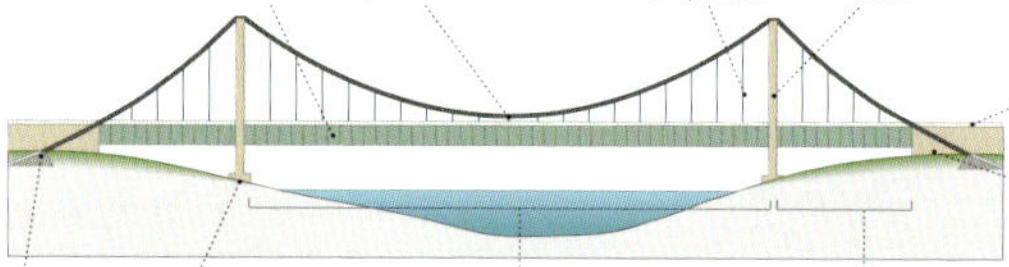

Auslegerbrücke^F
cantilever bridge

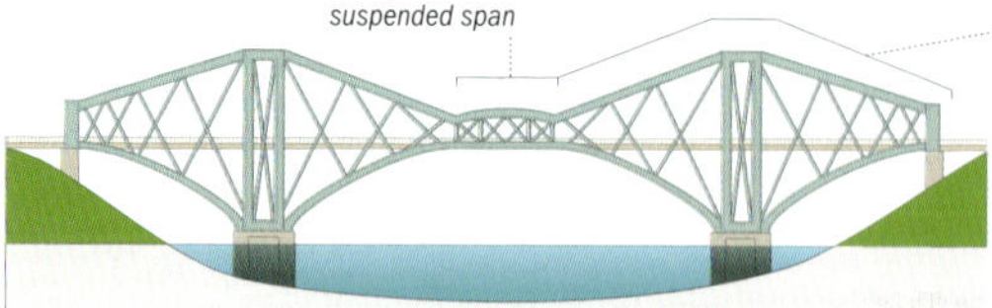

bewegliche Brücken^F
movable bridges

Drehbrücke^F
swing bridge

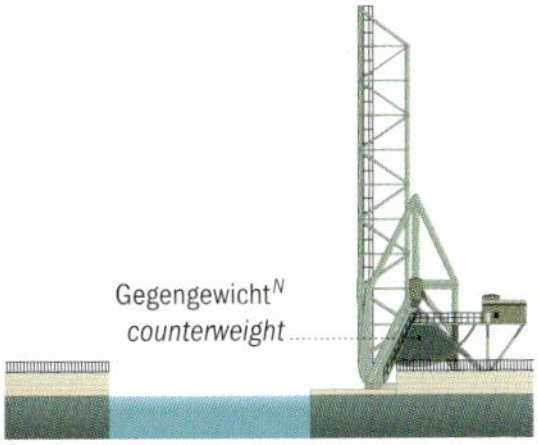

einteilige Klappbrücke[F]
single-leaf bascule bridge

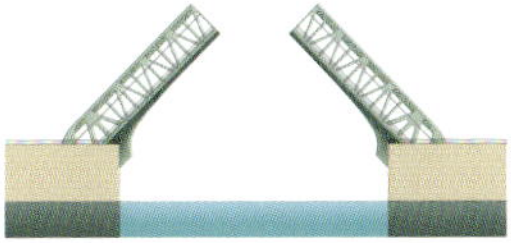

Doppelklappbrücke[F]
double-leaf bascule bridge

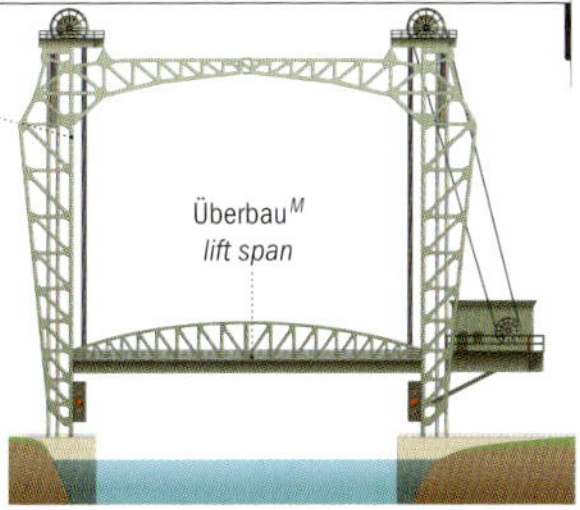

Hubbrücke[F]
lift bridge

Straßentunnel[M]
road tunnel

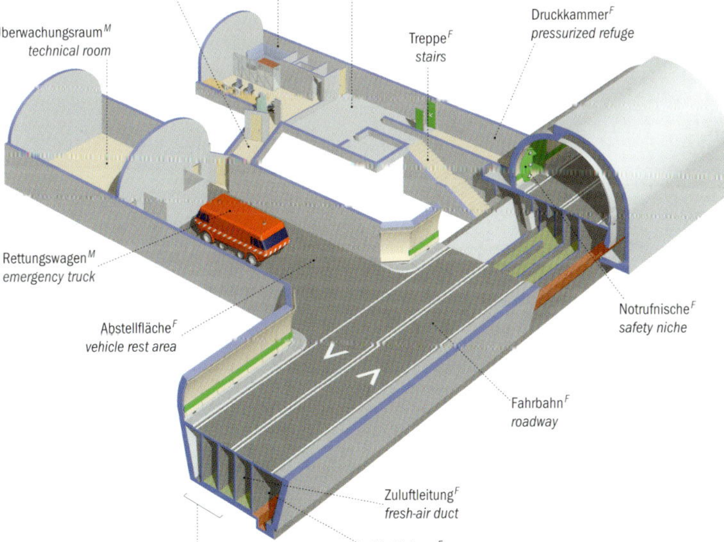

Tankstelle[F]

service station

Zapfsäule[F]
petrol pump

Tankstelle[F]
service station

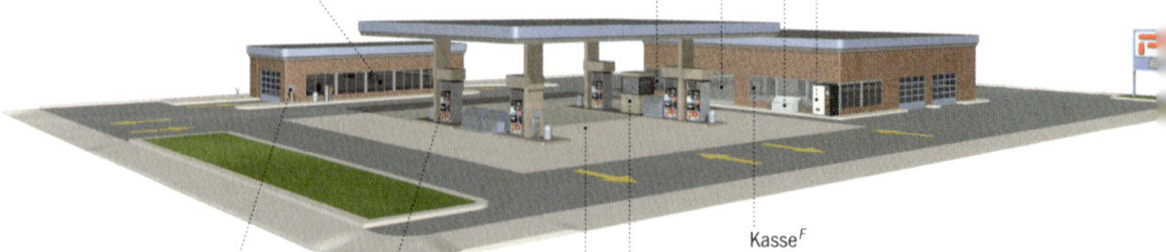

Sportwagen[M]
sports car

Kleinwagen[M]
Micro Compact Car

dreitürige Kombilimousine[F]
hatchback

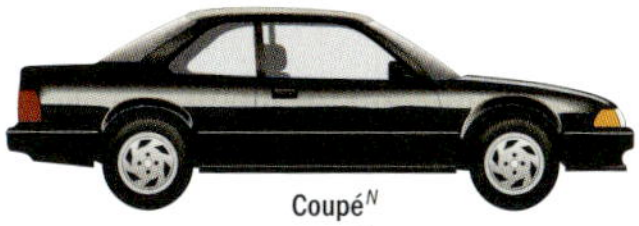

Coupé[N]
coupé

Kabriolett[N]
convertible

viertürige Limousine[F]
four-door saloon

Kombi[M]
estate car

Minibus[M]
minibus

Geländewagen[M]
all-terrain vehicle

Pickup[M]
pickup truck

Pullman Limousine[F]
stretch-limousine

Karosserie^F
body

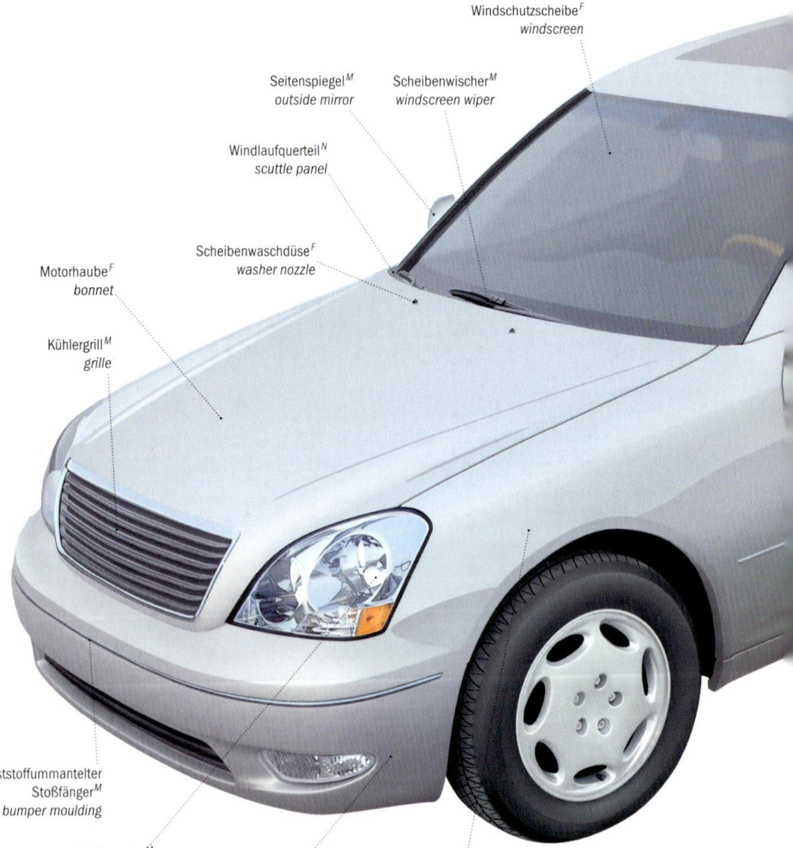

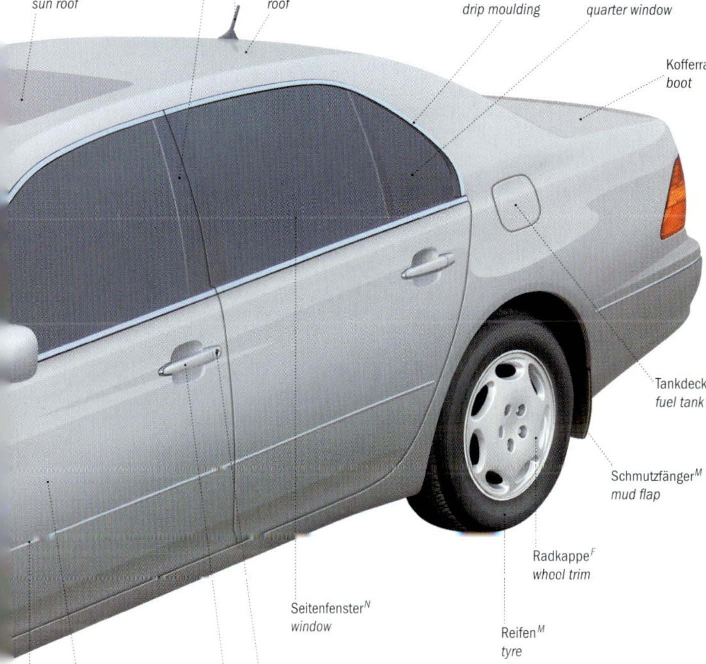
Mittelsäule[F]
door pillar
Antenne[F]
aerial
Schiebedach[N]
sun roof
Dach[N]
roof
Regenleiste[F]
drip moulding
Dreieckfenster[N]
quarter window
Kofferraum[M]
boot
Tankdeckel[M]
fuel tank flap
Schmutzfänger[M]
mud flap
Radkappe[F]
whool trim
Seitenfenster[N]
window
Reifen[M]
tyre
Tür[F]
door
Türschloss[N]
door lock
Seitenverkleidung[F]
body side moulding
Türgriff[M]
door handle

Kraftfahrzeuge^N: Hauptbauteile^N
car systems: main parts

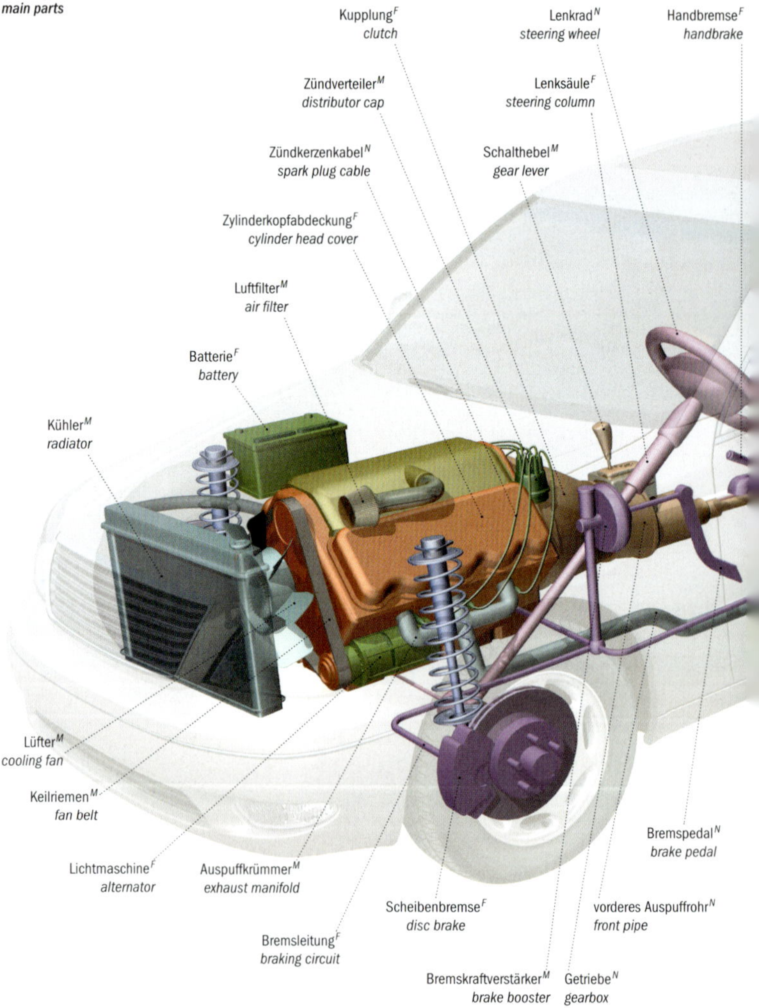

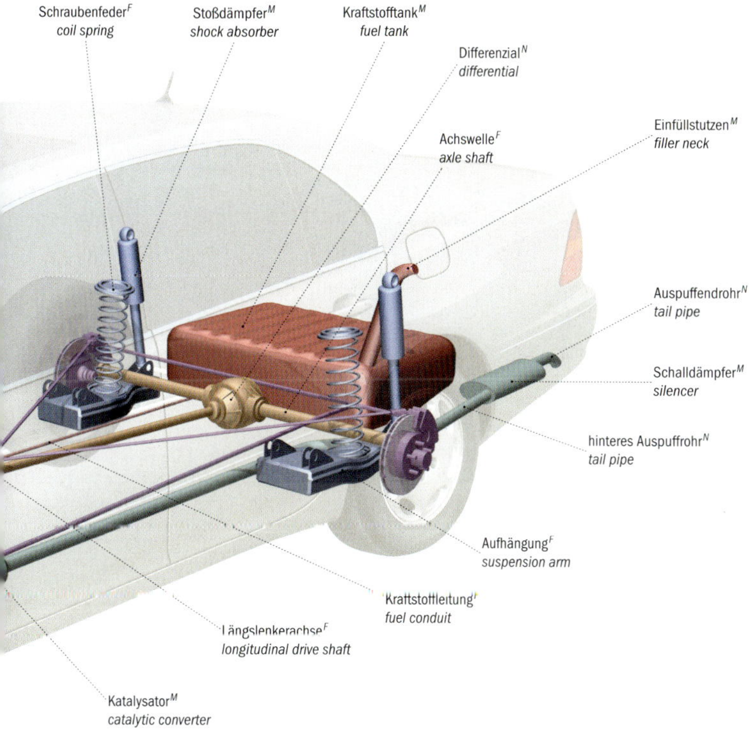

Kraftfahrzeuganlagen[F]
car systems

- Aufhängung[F] *suspension system*
- Antriebssystem[N] *transmission system*
- Kraftstoffanlage[F] *fuel supply system*
- Lenkanlage[F] *steering system*
- Bremsanlage[F] *braking system*
- elektrische Anlage[F] *electrical system*
- Auspuffanlage[F] *exhaust system*
- Benzinmotor[M] *petrol engine*
- Kühleranlage[F] *cooling system*

Frontscheinwerfer[F]
front lights

Heckleuchten[F]
rear lights

Wagentür[F]
door

Schalensitz[M]: Vorderansicht[F]
bucket seat: front view

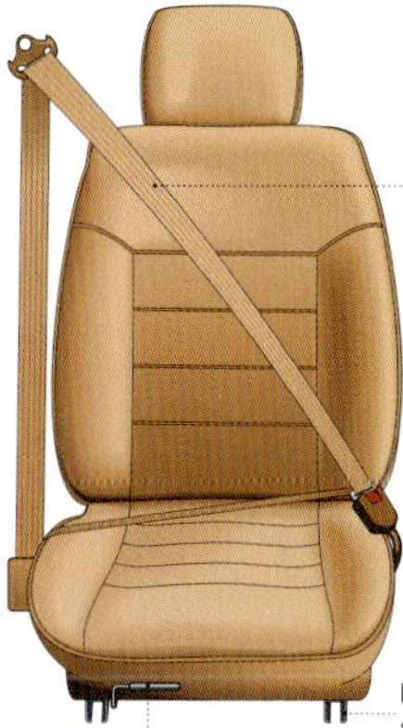

Schalensitz[M]: Seitenansicht[F]
bucket seat: side view

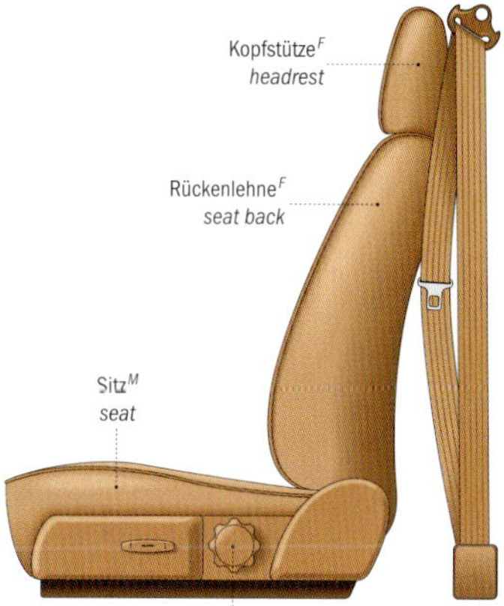

Rückbank[F]
rear seat

Armaturenbrett[N]
dashboard

Airbag[M]-Rückhaltesystem[N]
air bag restraint system

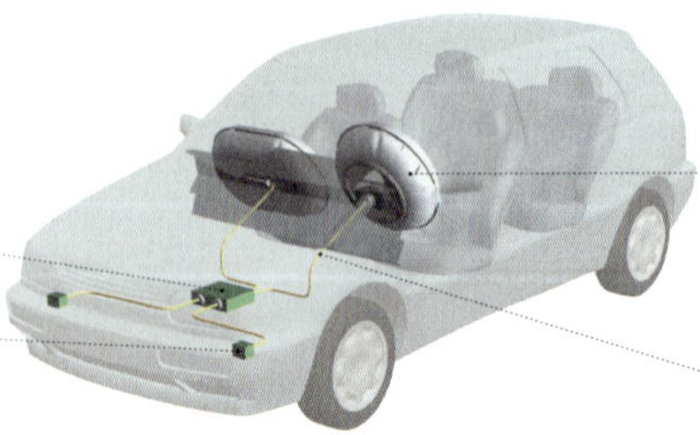

Instrumententafel[F]
instrument panel

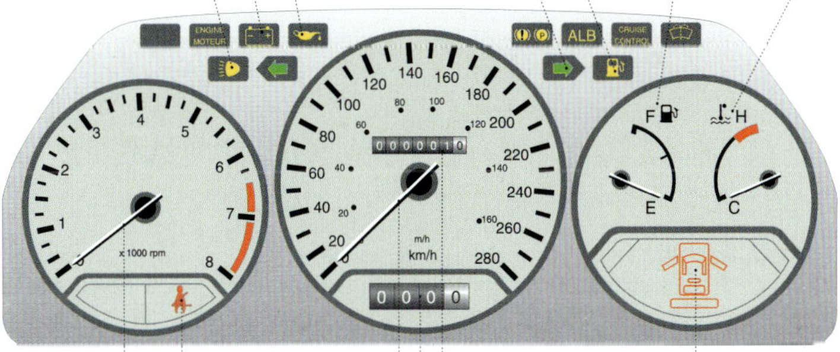

Scheibenwischer[M]
windscreen wiper

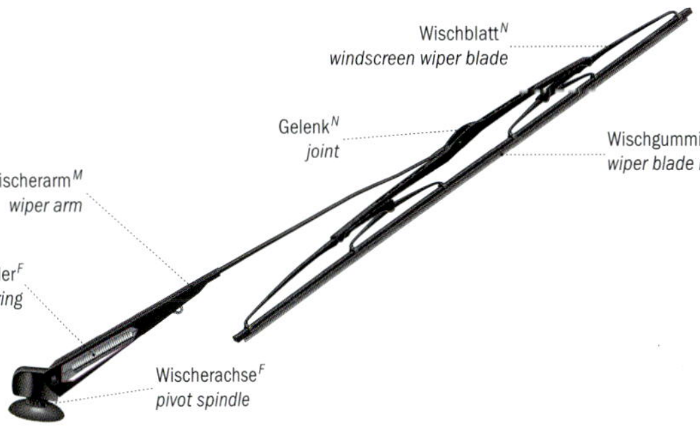

Zubehör^{N}
accessories

Sonnenrollo^{N}
roller shade

Starthilfekabel^{N}
jumper cables

Fußraummatte^{F}
floor mat

Anhängerkupplung^{F}
hitch ball

Schneefeger^{M} mit Eiskratzer^{M}
snow brush with scraper

Kreuzschlüssel^{M}
four-way lug wrench

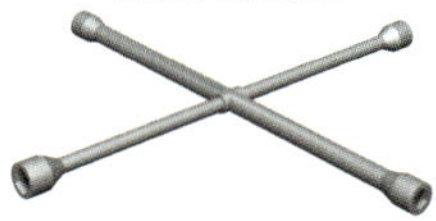

Skiträger^{M}
ski rack

Fahrradträger^{M}
bike carrier

Wagenheber^{M}
jack

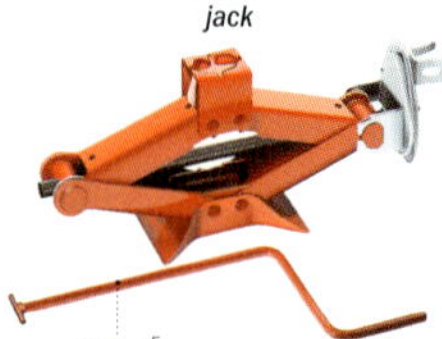

Windschutzscheiben^{F}-Sonnenschutz^{M}
sun visor

Autoplane^{F}
car cover

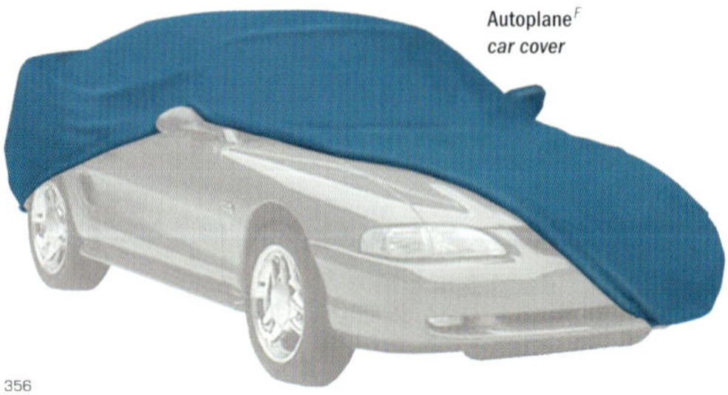

Kindersitz^{M}
child seat

Bremsen^F
brakes

Scheibenbremse^F
disc brake

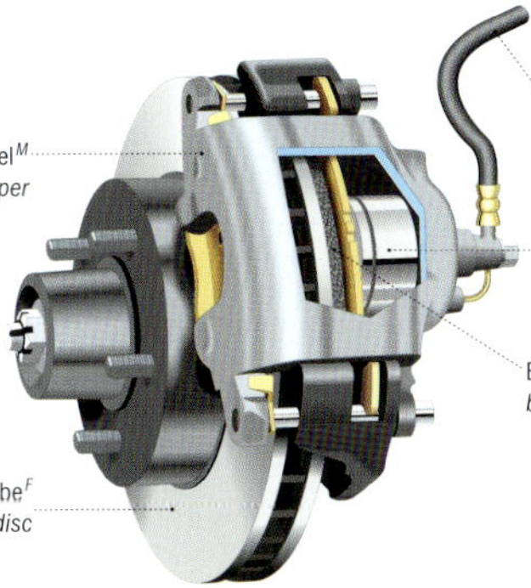

Trommelbremse^F
drum brake

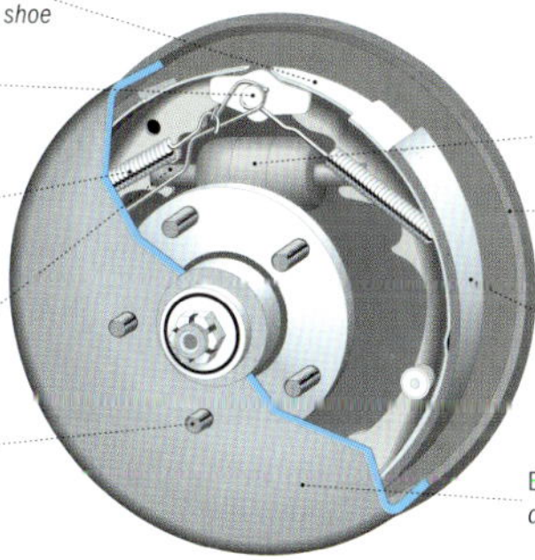

Antiblockiersystem^N (ABS)
antilock braking system (ABS)

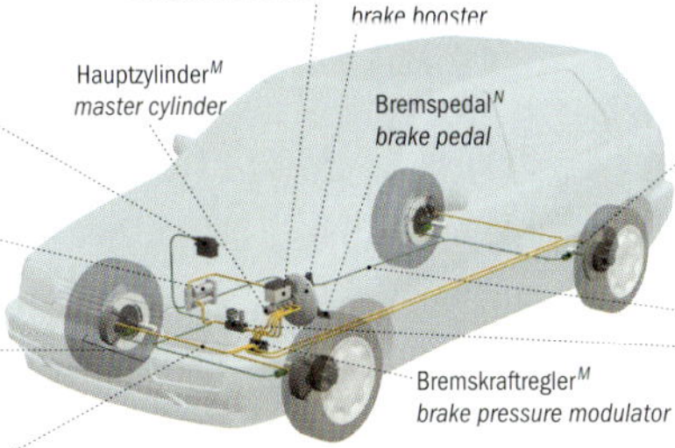

Reifen[M]

tyre

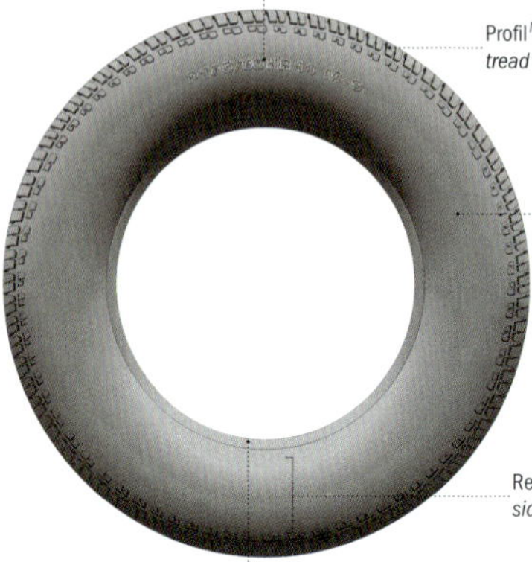

Reifenarten[F]
examples of tyres

Kühler[M]

radiator

Zündkerze[F]
spark plug

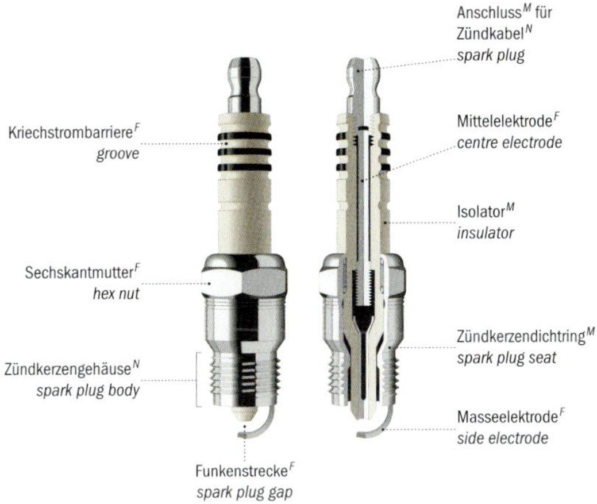

Batterie[F]
battery

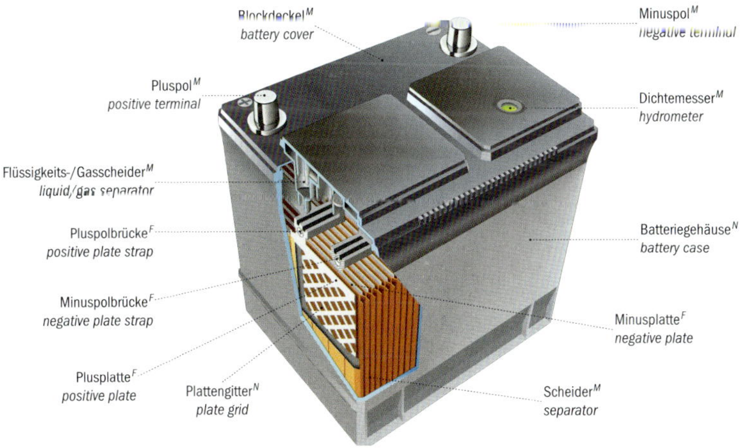

TRANSPORT UND FAHRZEUGE

Ottomotor^M

petrol engine

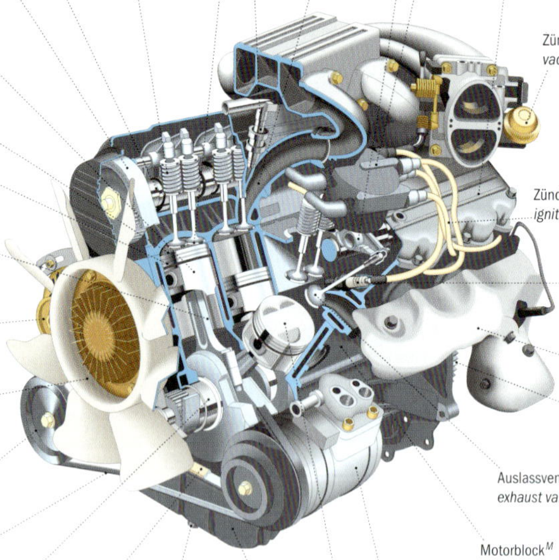

Wohnwagen[M]
caravan

Wohnwagen[M]
trailer caravan

Zeltwagen[M]
trailer tent

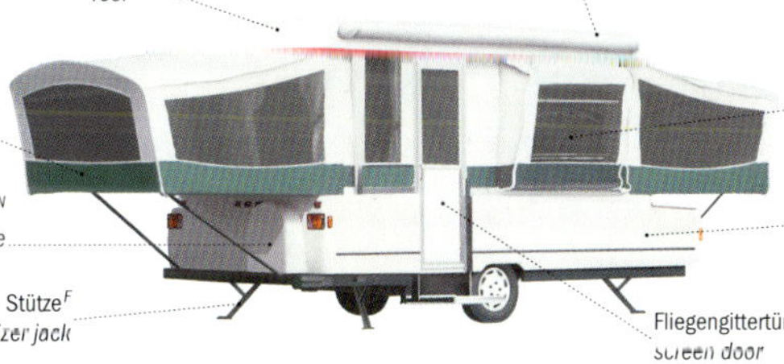

Wohnmobil[N]
camper

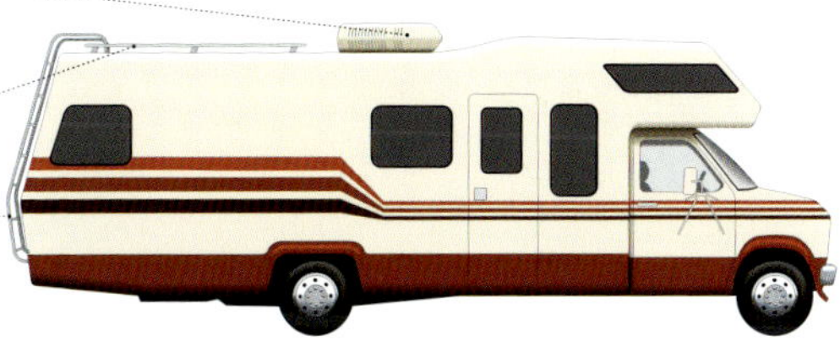

TRANSPORT UND FAHRZEUGE

Bus[M]

bus

Schulbus[M]
school bus

Linienbus[M]
city bus

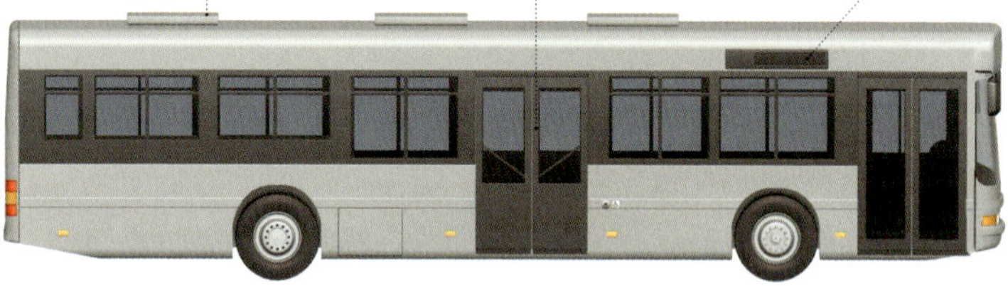

Reisebus[M]
coach

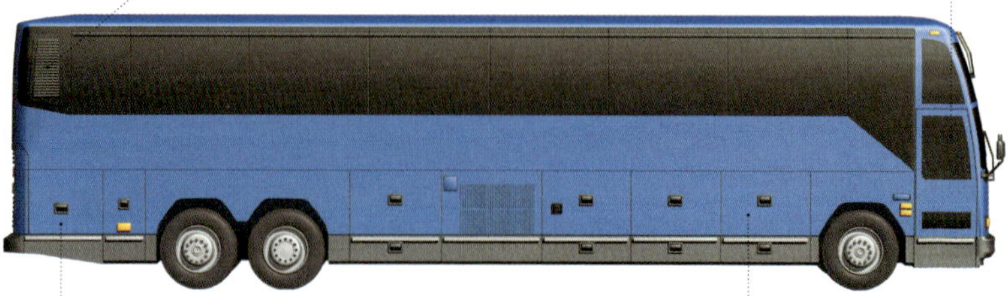

Doppeldeckerbus^M
double-decker bus

Kleinbus^M
minibus

Gelenkbus^M
articulated bus

Lastkraftfahrzeuge[N]

trucking

Sattelschlepper[M]
tractor unit

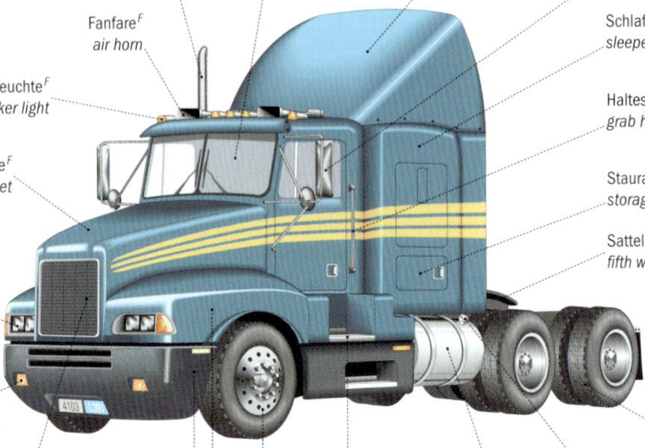

Beispiele[N] für Lastkraftwagen[M]
examples of trucks

Müllabfuhrwagen[M]
collection truck

Abschleppwagen[M]
tow truck

Kühlsattelschlepper[M]
refrigerated semitrailer

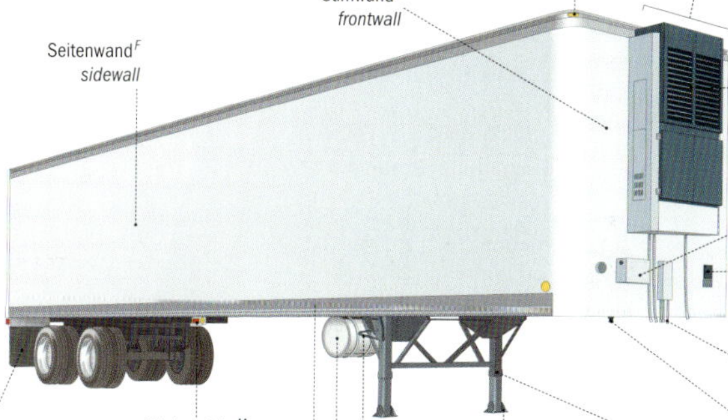

Transporter[M]
van

Transportmischer[M]
concrete mixer truck

Straßenkehrmaschine[F]
street sweeper

Schneefräse[F]
snowblower

Motorrad^N
motorcycle

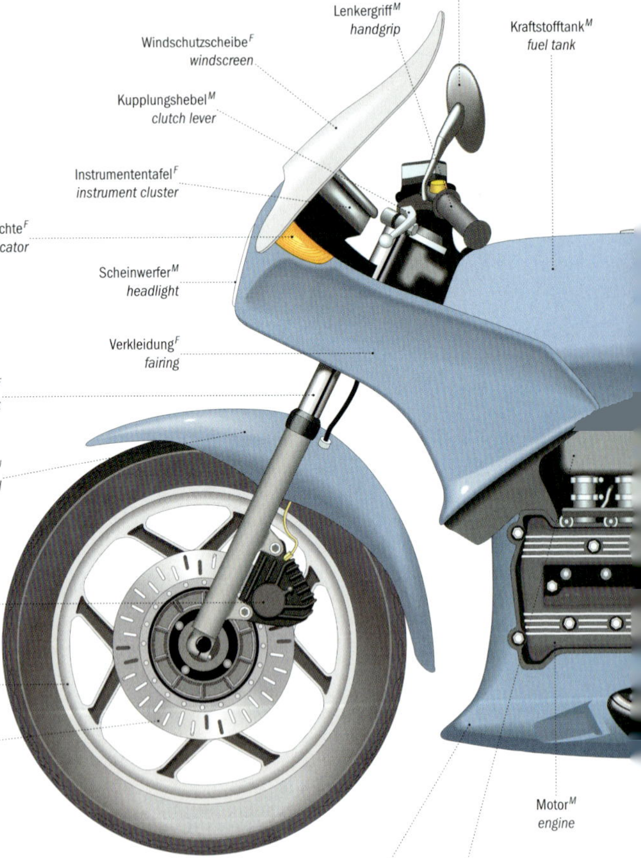

Schutzhelm[M]
crash helmet

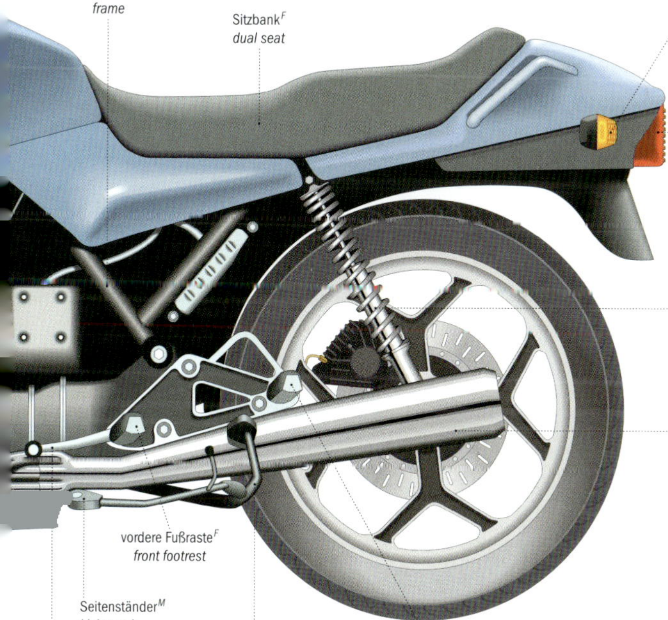

Motorrad^N

Instrumententafel^F
instrument cluster

Motorrad^N: Draufsicht^F
motorcycle: view from above

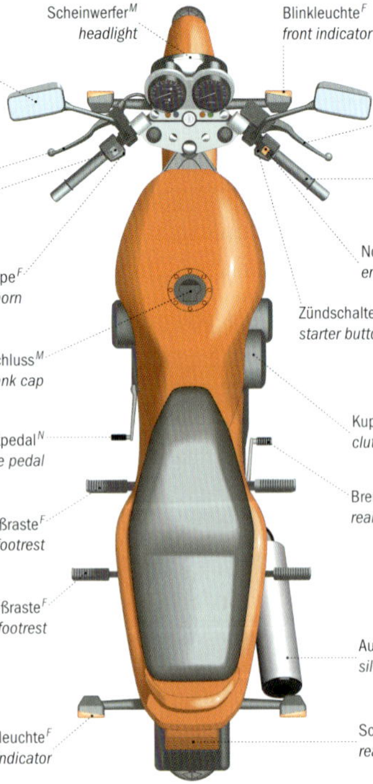

TRANSPORT UND FAHRZEUGE

Motorroller[M]
motor scooter

Beispiele[N] für Motorräder[N]
examples of motorcycles

Geländemotorrad[N]
off-road motorcycle

Mofa[N]
moped

Touring[N]-Motorrad[N]
touring motorcycle

4x4-Geländemotorrad[N]
quad bike

Fahrrad[N]
bicycle

Teile[N] eines Fahrrads[N]
parts of a bicycle

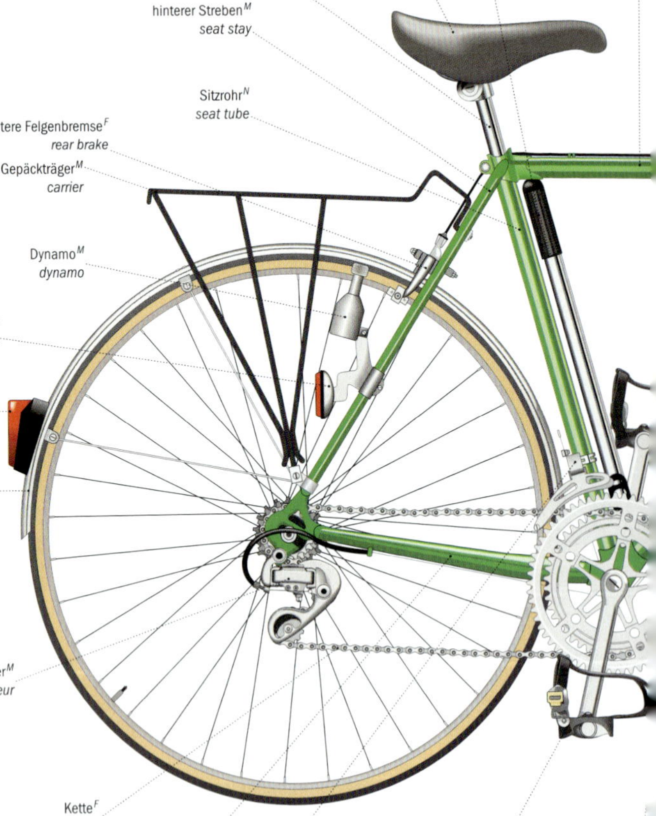

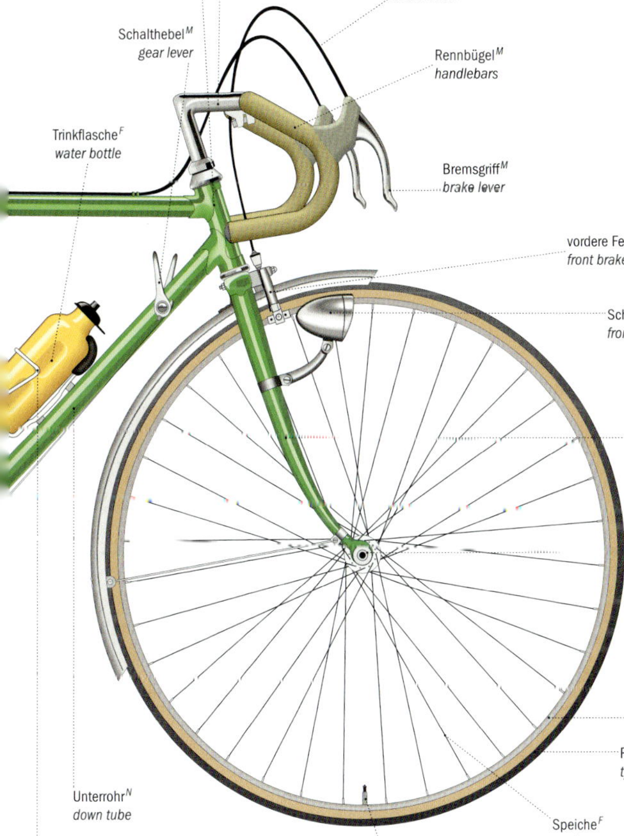
Lenkkopf^M
steering tube
Vorbau^M
handlebar stem
Bremszug^M
brake cable
Schalthebel^M
gear lever
Rennbügel^M
handlebars
Trinkflasche^F
water bottle
Bremsgriff^M
brake lever
vordere Felgenbremse^F
front brake
Scheinwerfer^M
front lamp
Vordergabel^F
fork
Nabe^F
hub
Felge^F
rim
Reifen^M
tyre
Unterrohr^N
down tube
Speiche^F
spoke
Trinkflaschenhalter^M
water bottle clip
Ventil^N
tyre valve

Kraftübertragung^F
power train

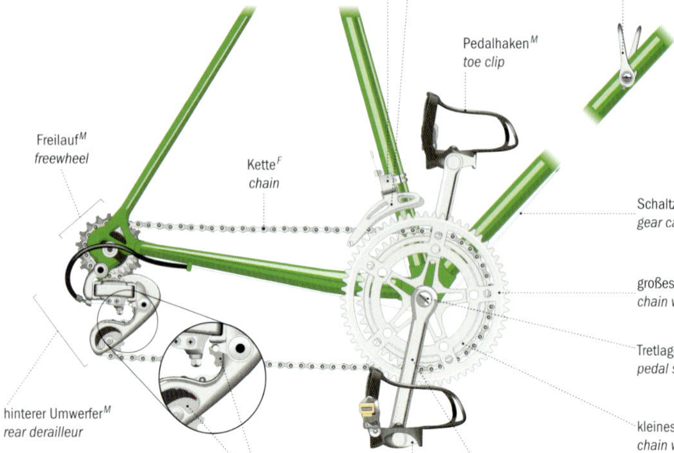

Zubehör^N
accessories

Schloss^N
cycle lock

Fahrradhelm^M
cycling helmet

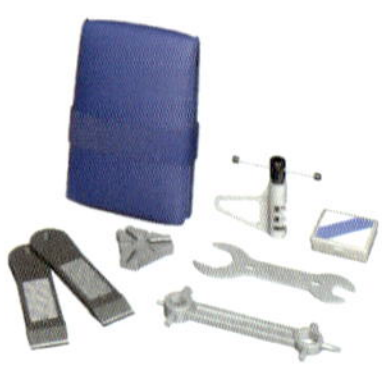

Werkzeugsatz^M
tool kit

Satteltasche^F
pannier bag

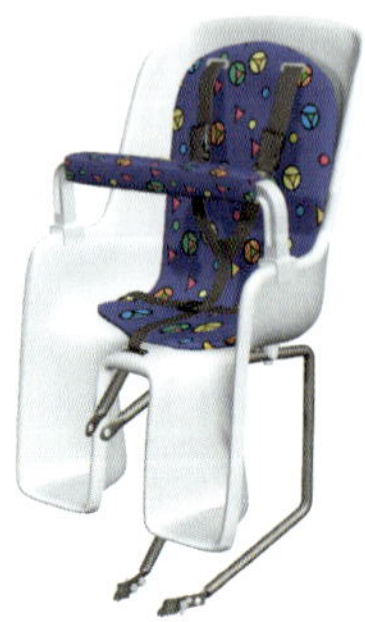

Kindersitz^M
child carrier

Beispiele[N] für Fahrräder[N]
examples of bicycles

BMX-Rad[N],
Mountainbike[N]
BMX bike

Dreirad[N]
child's tricycle

Hollandrad[N]
Dutch bicycle

Mountain Bike[N]
all-terrain bicycle

Stadtrad[N]
city bicycle

Rennrad[N]
road bicycle

Tourenrad[N]
touring bicycle

Tandem[N]
tandem

Bahnhof[M]

passenger station

Bahnhof^{M}
railway station

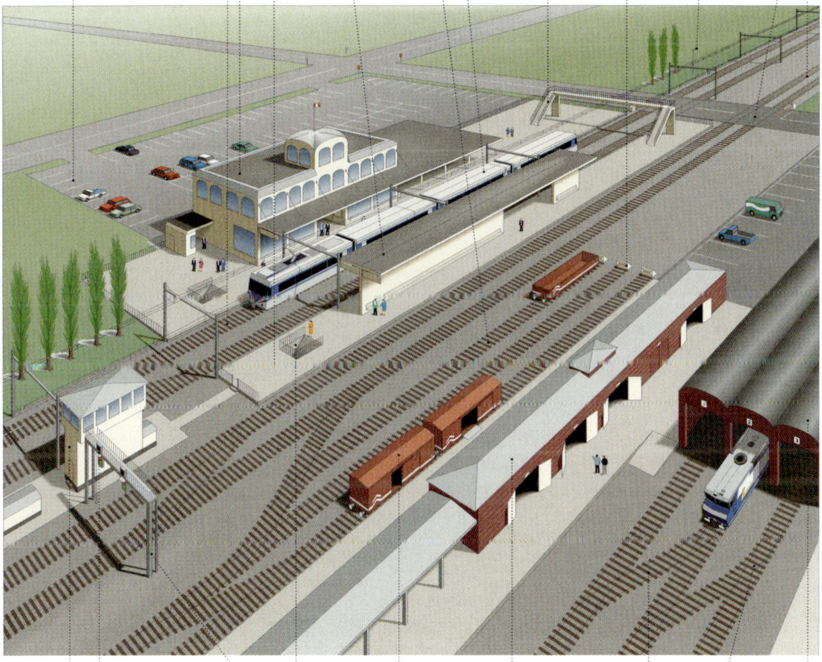

Hochgeschwindigkeitszug^{M}

high-speed train

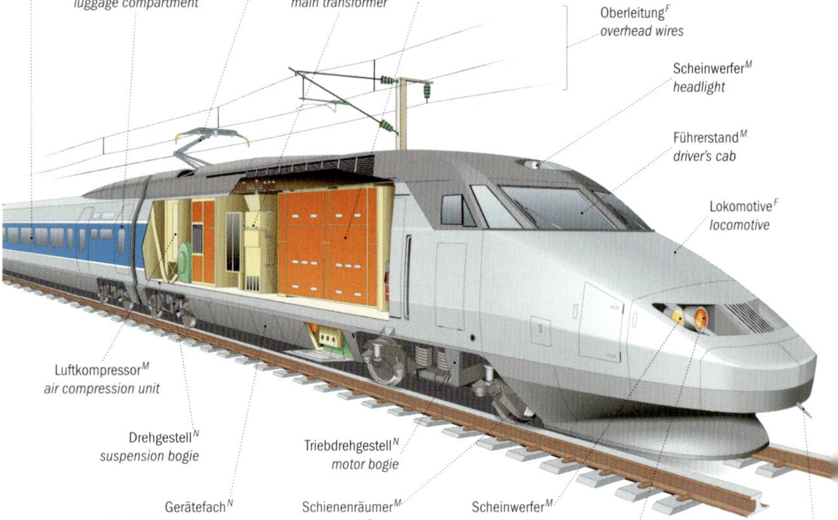

Personenzüge^{M}: Wagentypen^{M}

types of passenger coach

Schlafwagen^{M}
sleeping car

Speisewagen^{M}
restaurant car

Großraumwagen^{M}
open-plan coach

dieselelektrische Lokomotive[F]

diesel-electric locomotive

Beispiele[N] für Güterwagen[M]

examples of freight wagons

Kühlwagen[M]
refrigerator van

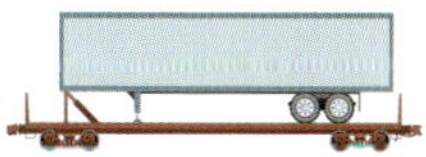

Wagen[M] für den Kombiverkehr[M]
intermodal car

Bremswagen[M]
brake van

Drehgestellflachwagen[M]
flat truck

Kesselwagen[M]
bogie tank wagon

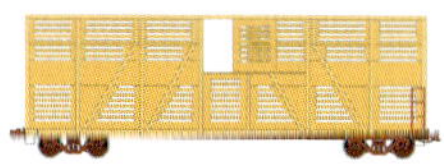

Verschlagwagen[M]
livestock van

Containerflachwagen[M]
container truck

Autotransportwagen[M]
three-tier car carrier

U-Bahn^F

underground railway

U-Bahn-Station^F
underground station

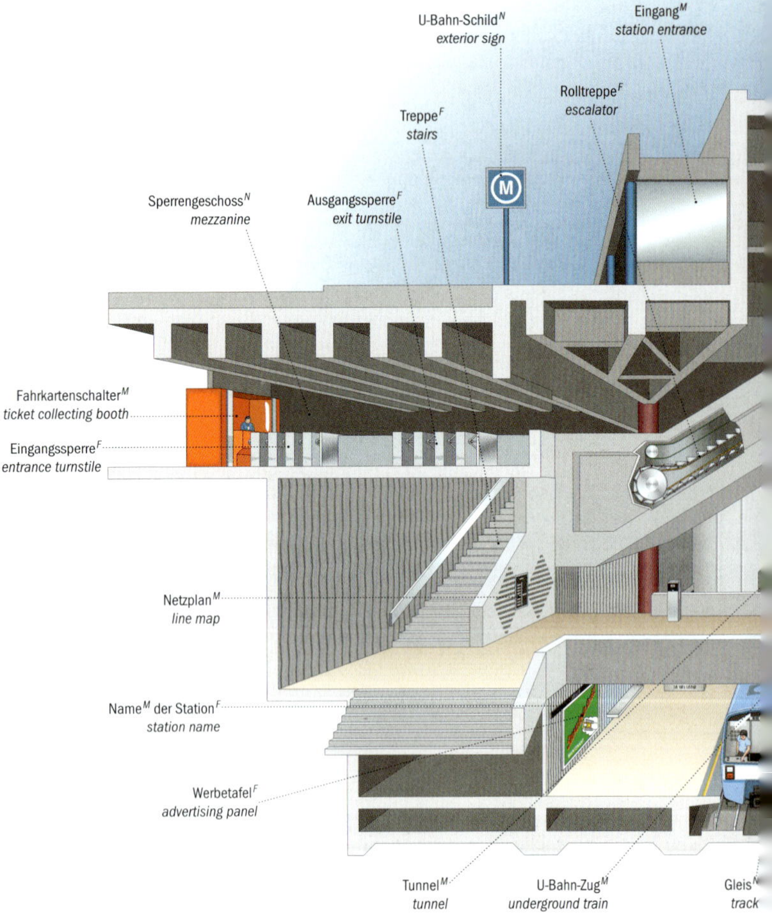

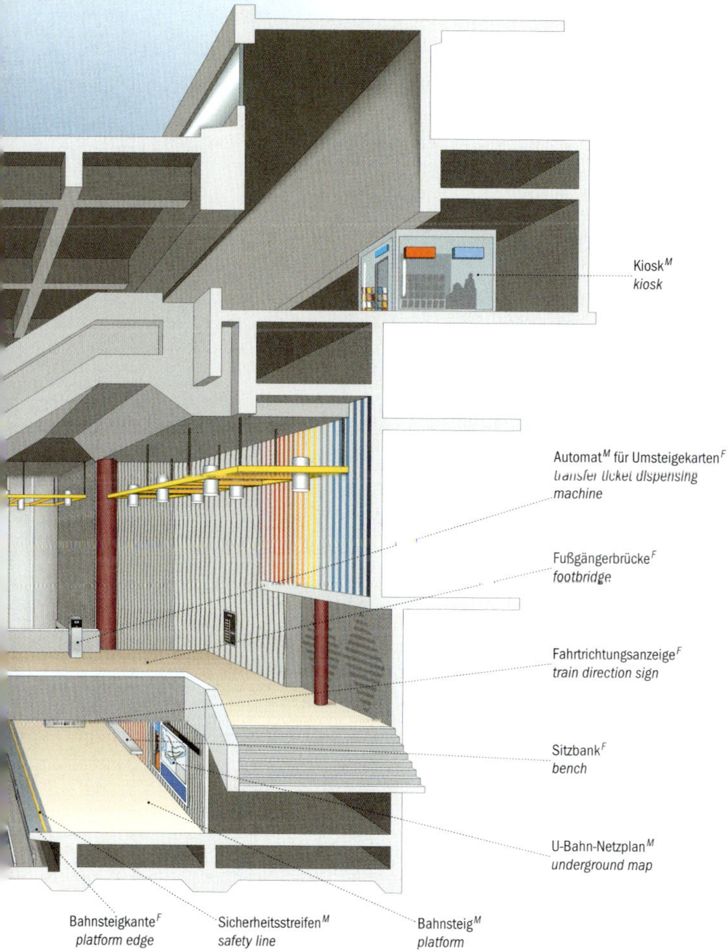
Kiosk^M
kiosk
Automat^M für Umsteigekarten^F
transfer ticket dispensing machine
Fußgängerbrücke^F
footbridge
Fahrtrichtungsanzeige^F
train direction sign
Sitzbank^F
bench
U-Bahn-Netzplan^M
underground map
Bahnsteigkante^F
platform edge
Sicherheitsstreifen^M
safety line
Bahnsteig^M
platform

U-Bahn^F

Mittelwagen^M
passenger car

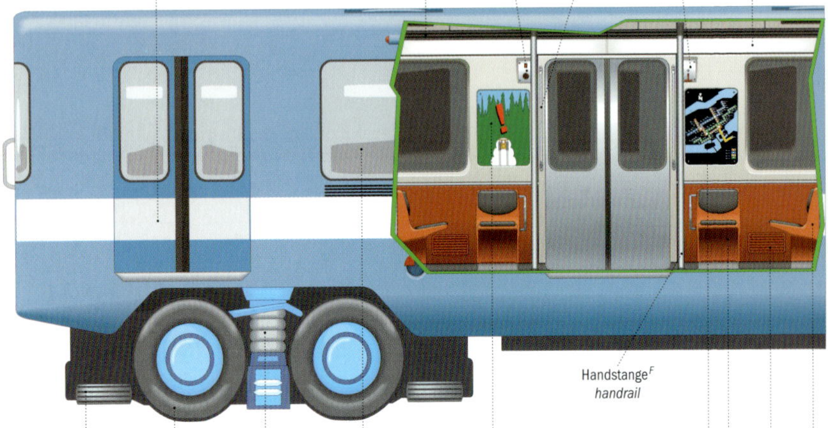

U-Bahn-Zug^M
underground train

Hafen^{M}
harbour

Beispiele^N für Boote^N und Schiffe^N

examples of boats and ships

Bohrschiff^N
drill ship

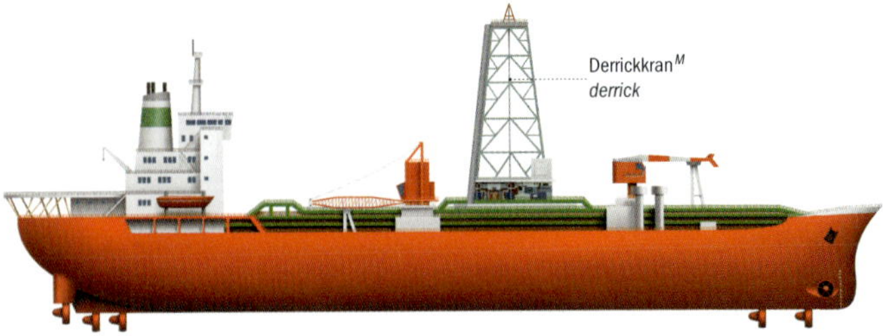

Frachtschiff^N
bulk carrier

Containerschiff^N
container ship

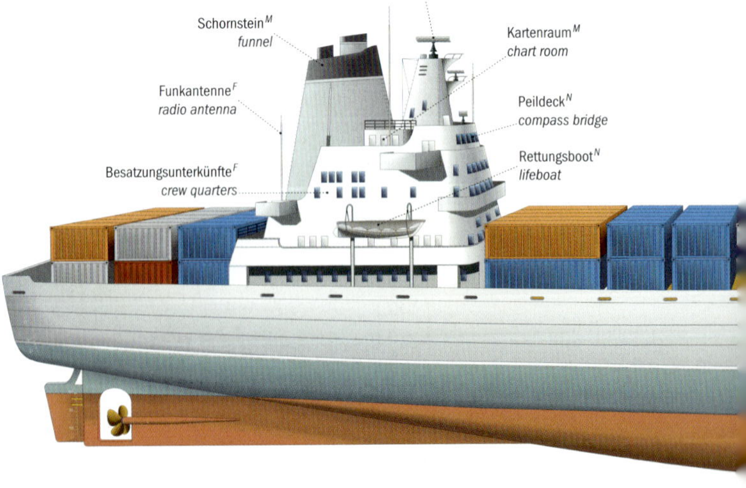

Luftkissenfahrzeug^N
hovercraft

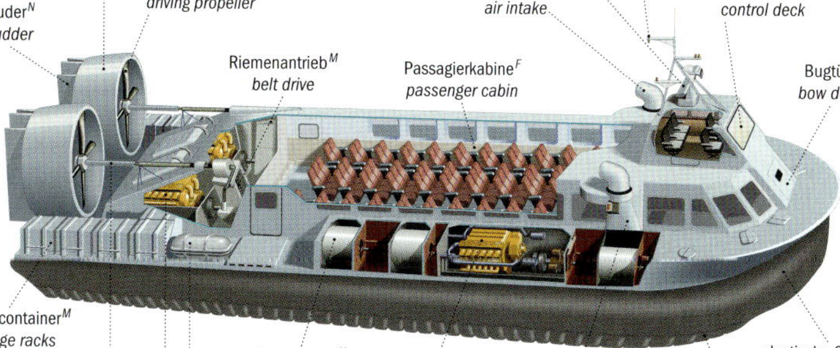

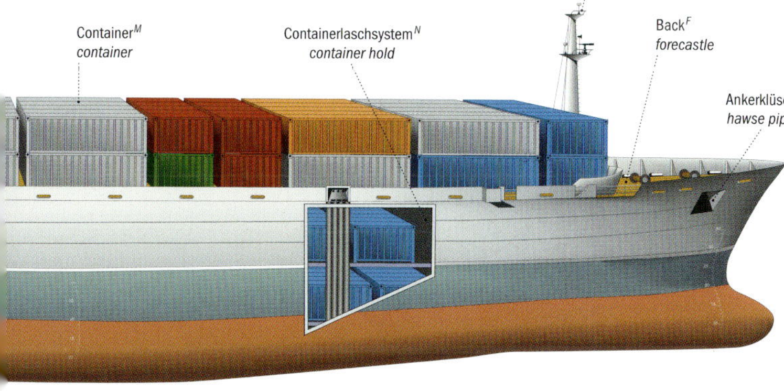

Beispiele[N] für Boote[N] und Schiffe[N]

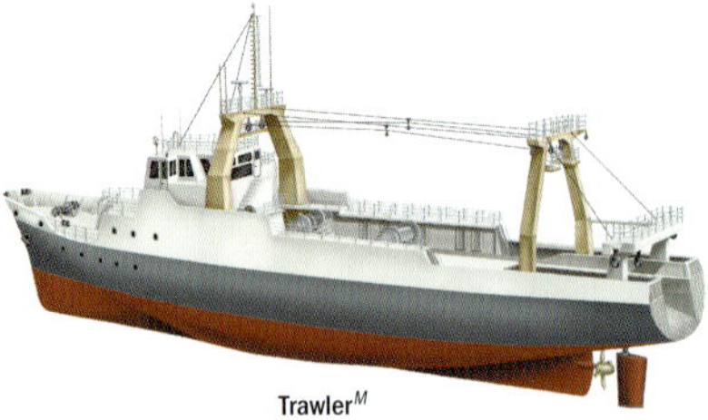

Trawler[M]
trawler

Schlepper[M]
tug

Eisbrecher[M]
ice-breaker

Tanker[M]
tanker

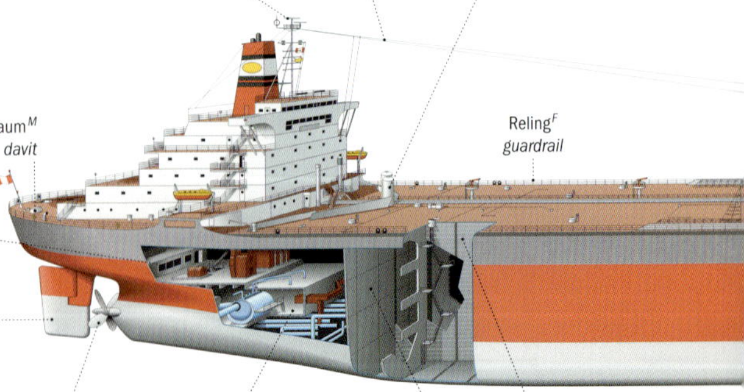

Hausboot[N]
houseboat

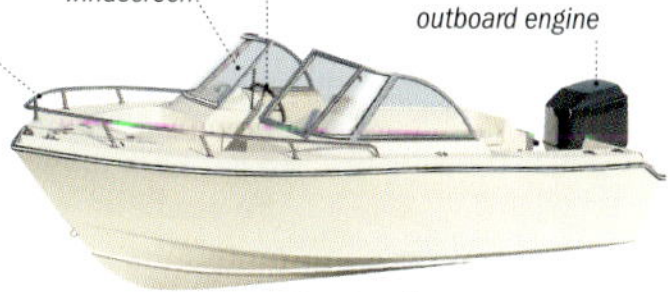

Motorboot[N]
runabout

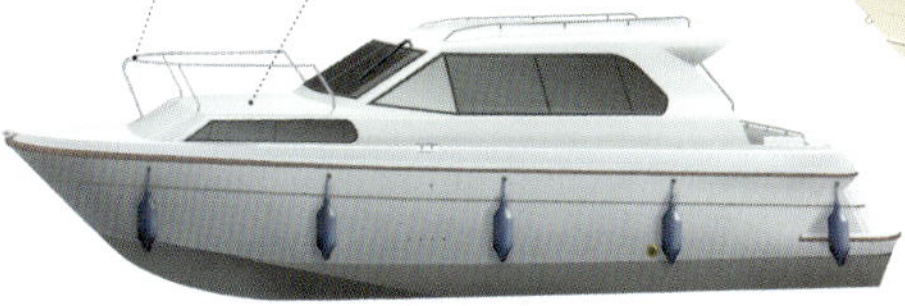

Motorjacht[F]
motor yacht

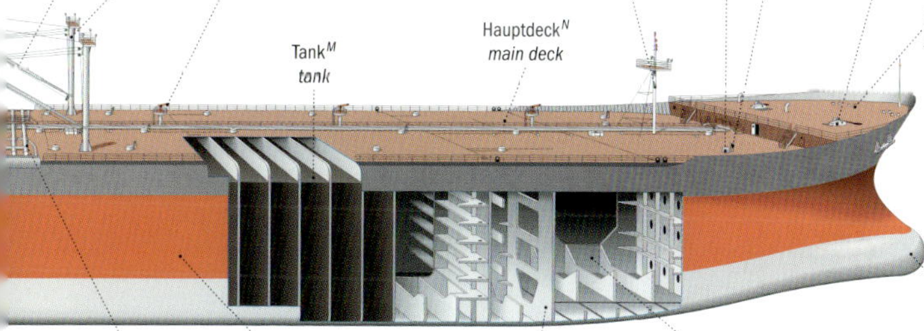

TRANSPORT- UND FAHRZEUGE

Beispiele[N] für Boote[N] und Schiffe[N]

Fähre[F]
ferry boat

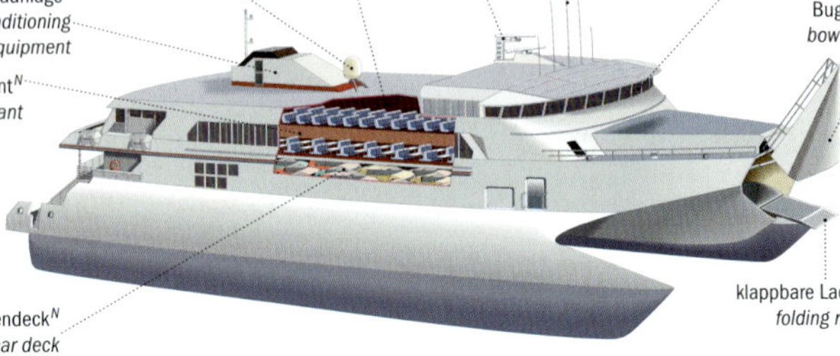

Passagierdampfer[M]
cruiseliner

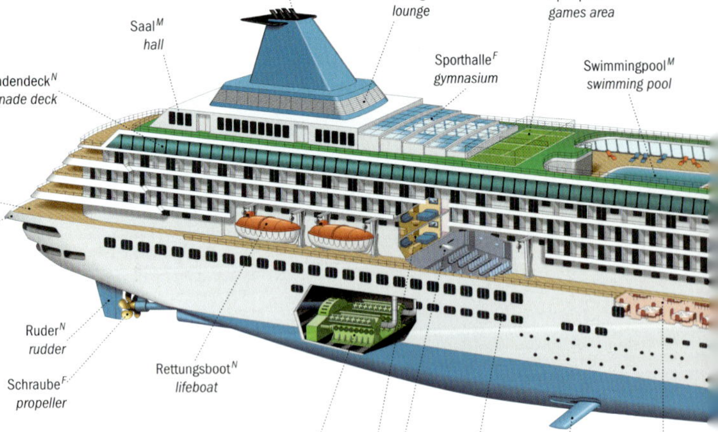

Tragflügelschiff^N
hydrofoil boat

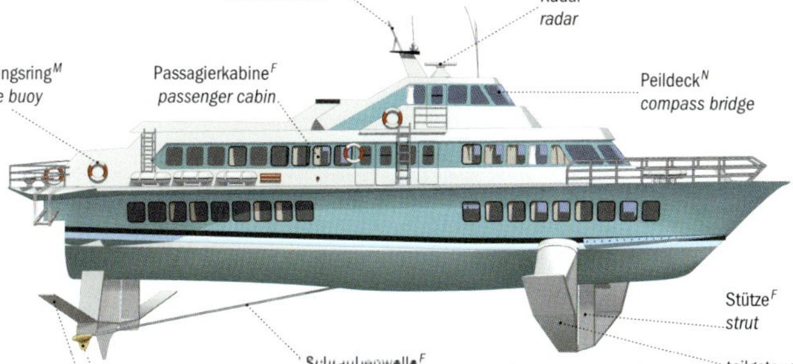

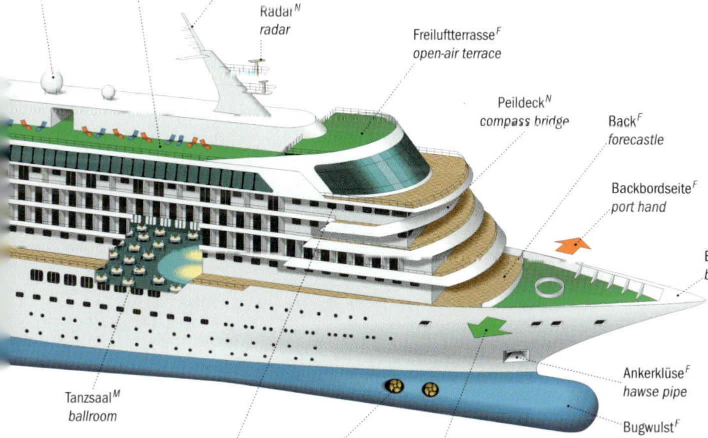

Flughafen^M

airport

Passagierterminal^M
passenger terminal
Flugzeugwartungshalle^F
maintenance hangar
Abstellplatz^M
parking area
ausziehbare Fluggastbrücke^F
telescopic corridor
Versorgungsbereich^M
service area
Fluggastbrücke^F
boarding walkway
Rollbahnmarkierung^F
taxiway line
radiale Einsteigestation^F
satellite terminal

Flughafen^M^

Passagierterminal^M^
passenger terminal

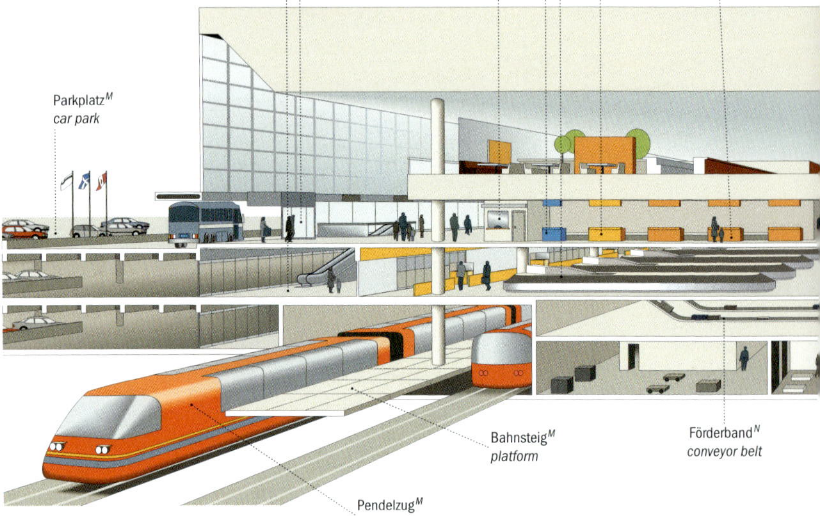

Start- und Landebahn^F^
runway

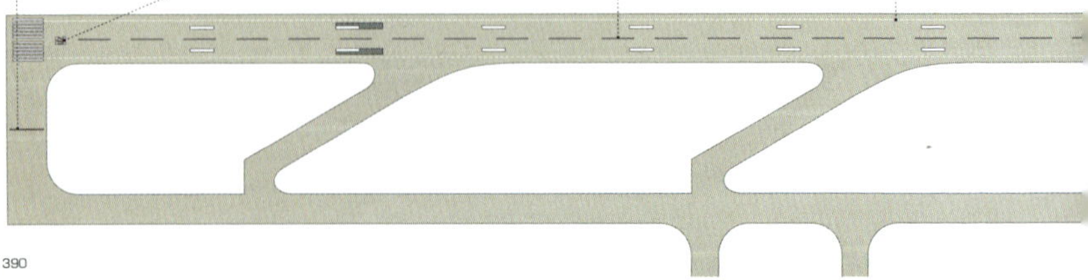

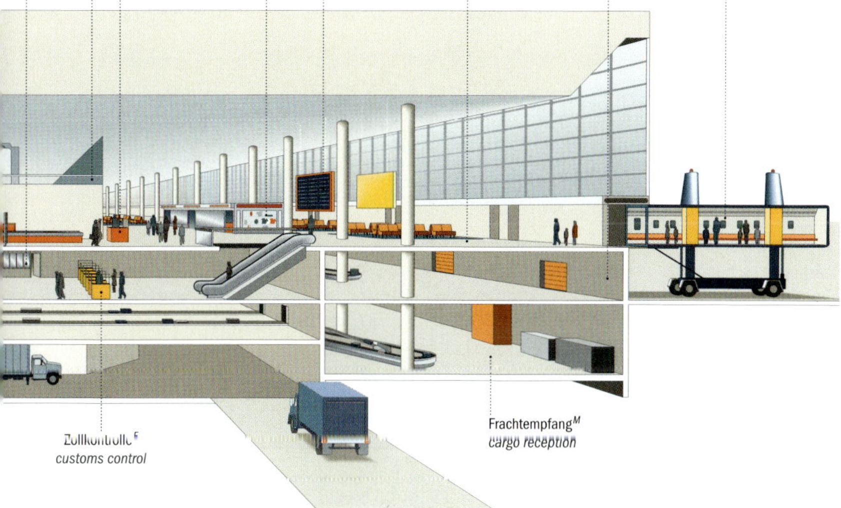
Sicherheitskontrolle[F]
security check
Duty-free-Shop[M]
duty-free shop
Besucherterrasse[F]
observation deck
Fluginformationsanzeige[F]
flight information board
Frachtversand[M]
cargo dispatch
Passkontrolle[F]
passport control
Abflugwartehalle[F]
departure lounge
Passagiertransferfahrzeug[N]
passenger transfer vehicle
Zollkontrolle[F]
customs control
Frachtempfang[M]
cargo reception

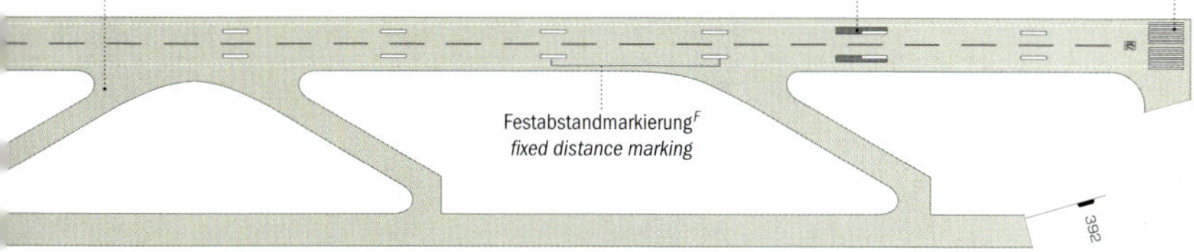
Abrollbahn[F]
exit taxiway
Aufsetzzonenmarkierungen[F]
runway touchdown zone marking
Schwellenmarkierungen[F]
runway threshold markings
Festabstandmarkierung[F]
fixed distance marking

Langstrecken-Düsenflugzeug^N
long-range jet airliner

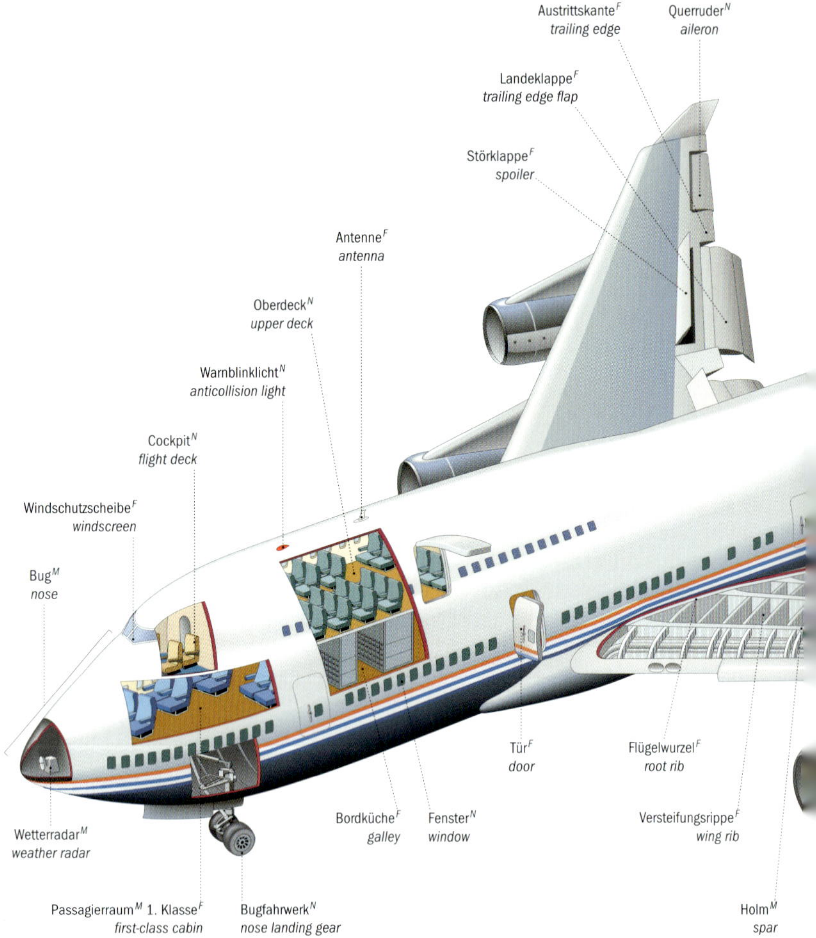

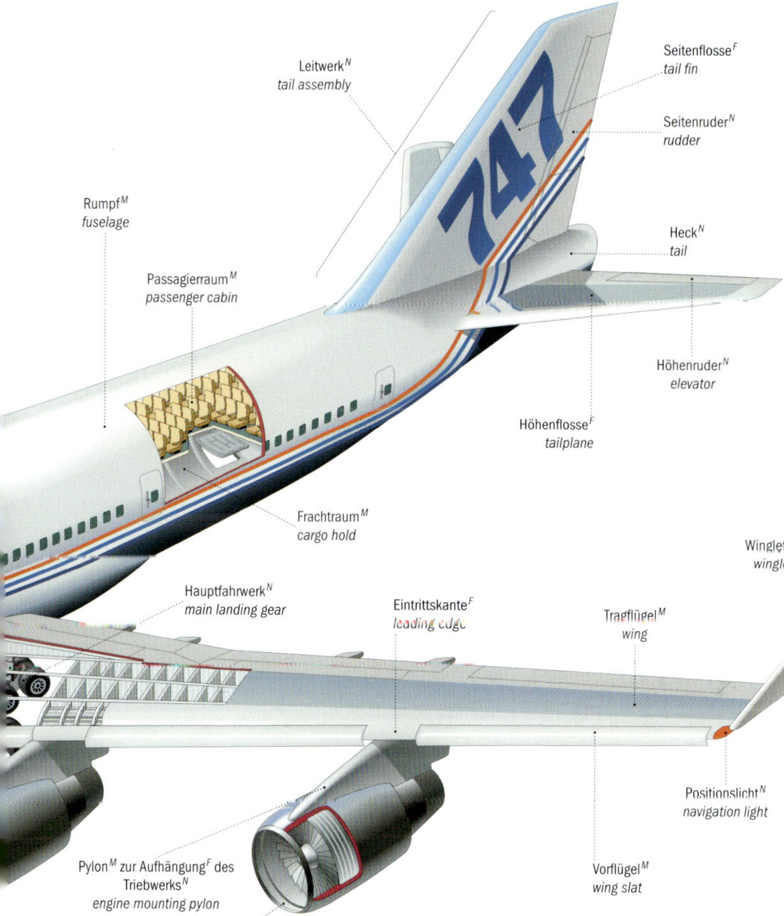
Leitwerk^N
tail assembly
Seitenflosse^F
tail fin
Seitenruder^N
rudder
Rumpf^M
fuselage
Heck^N
tail
Passagierraum^M
passenger cabin
Höhenruder^N
elevator
Höhenflosse^F
tailplane
Frachtraum^M
cargo hold
Winglet^N
winglet
Hauptfahrwerk^N
main landing gear
Eintrittskante^F
leading edge
Tragflügel^M
wing
Positionslicht^N
navigation light
Pylon^M zur Aufhängung^F des Triebwerks^N
engine mounting pylon
Vorflügel^M
wing slat
TL-Triebwerk^N
turbojet engine

Beispiele^N für Flugzeuge^N

examples of aircraft

Wasserflugzeug^N
float seaplane

Privatflugzeug^N
business aircraft

Frachtflugzeug^N
cargo aircraft

Leichtflugzeug^N
light aircraft

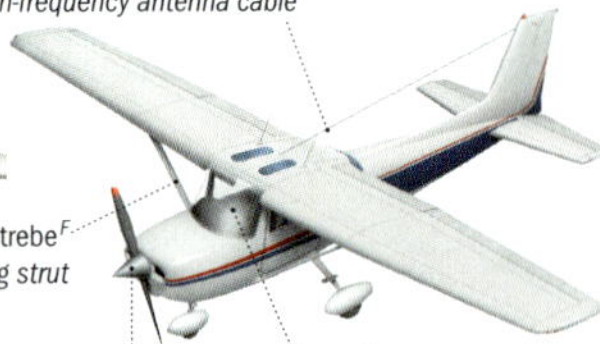

Amphibien^F-Löschflugzeug^N
amphibious firefighting aircraft

Überschallflugzeug^N
supersonic jet

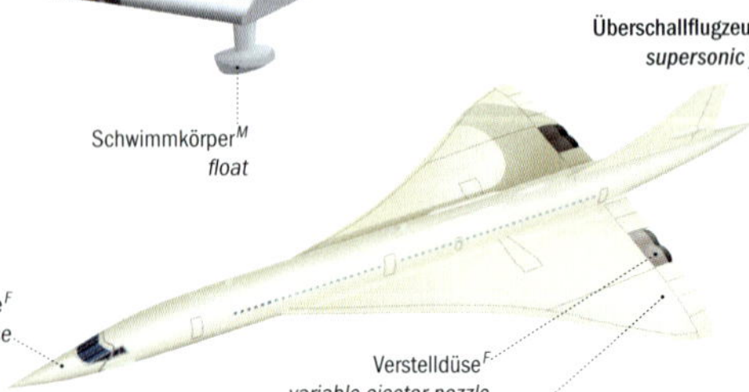

Bewegungen[F] eines Flugzeugs[N]

movements of an aircraft

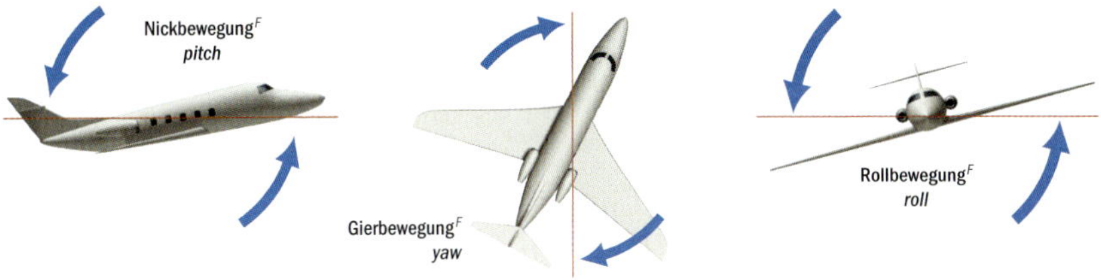

Hubschrauber[M]

helicopter

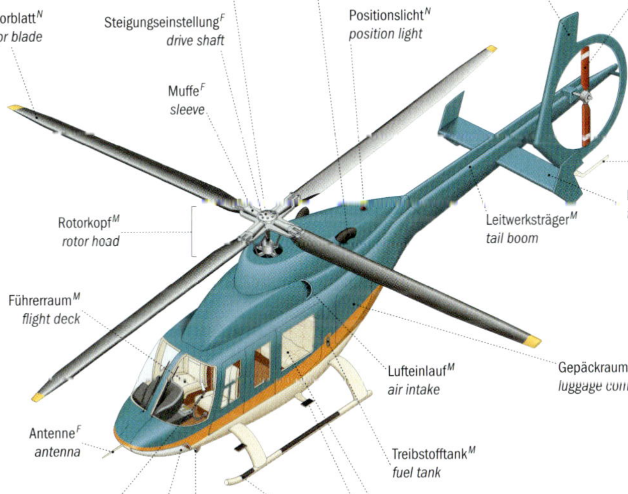

Lastenfortbewegung^F
material handling

Gabelstapler^M
forklift truck

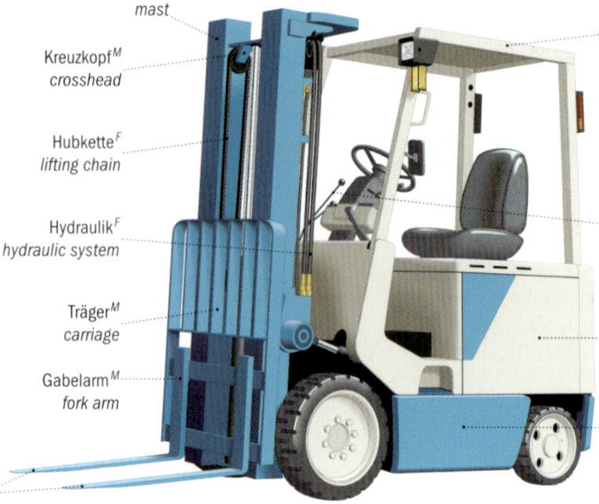

Sackkarren^M
barrow

Palettenhubwagen^M
pallet truck

Rücksprungpalette^F
wing pallet

Kräne[M]
cranes

Turmkran[M]
tower crane

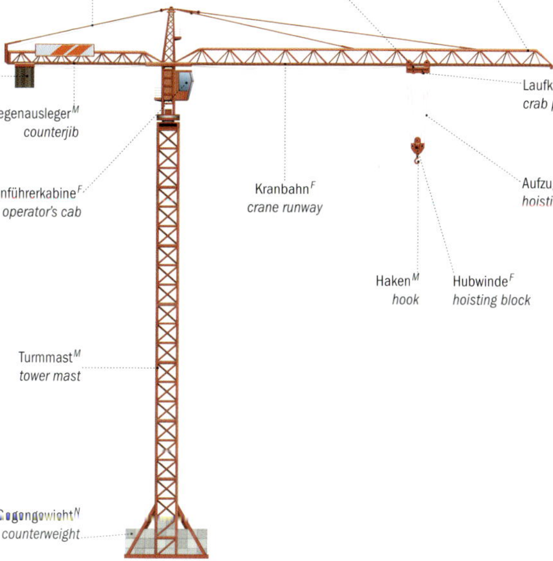

Fahrkran[M]
truck crane

Planierraupe[F]

bulldozer

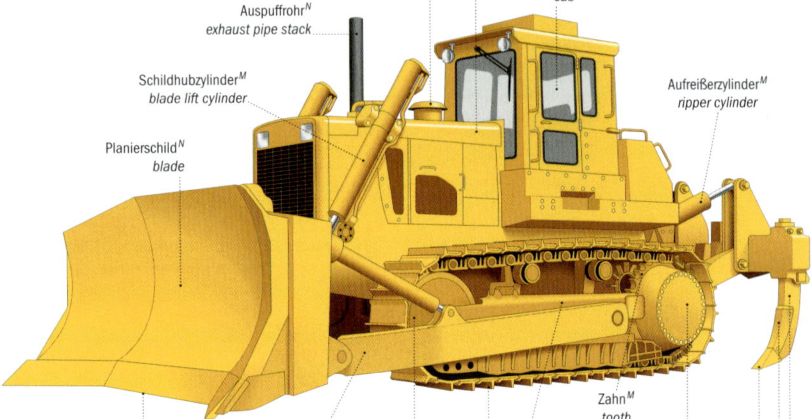

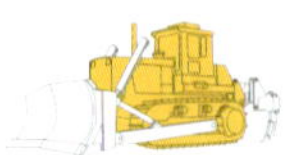

Gleiskettenschlepper[M]
tracklaying tractor

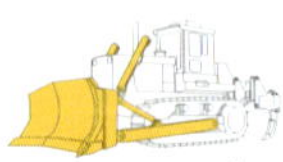

Planierschaufel[F]
blade

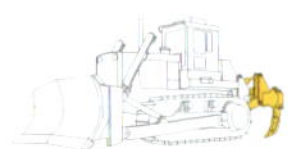

Aufreißer[M]
ripper

Radlader[M]
backhoe loader

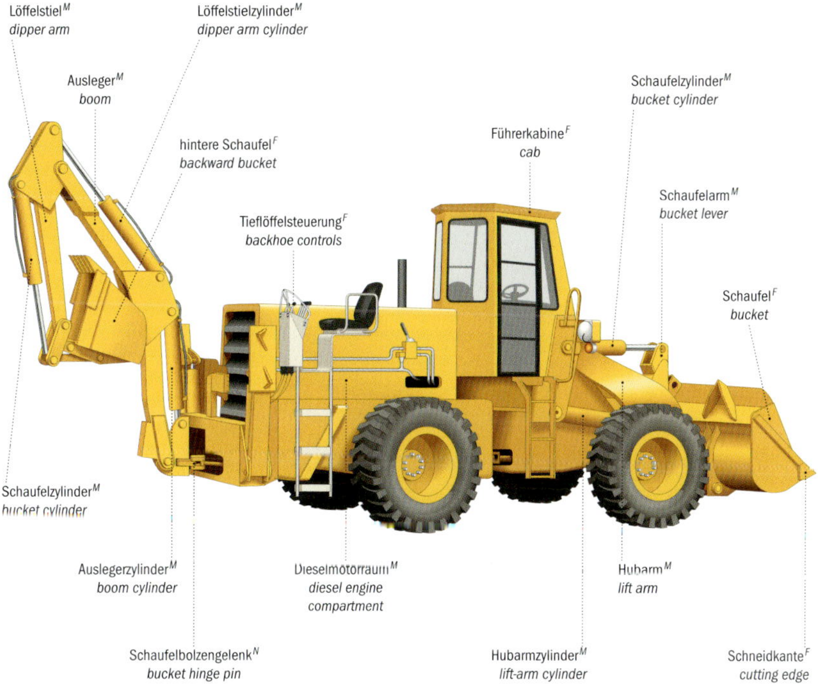

Schaufellader[M]
front-end loader

Radtraktor[M]
wheel tractor

Tieflöffel[M]
backhoe

Schrapper[M]

scraper

Hydraulik-Hochlöffelbagger[M]

hydraulic shovel

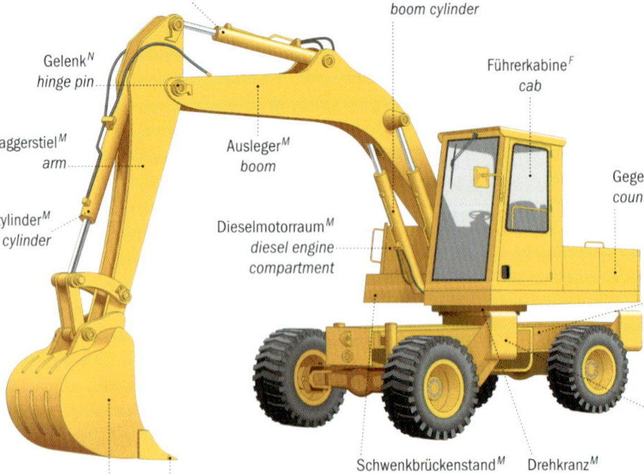

Straßenhobel[M]
grader

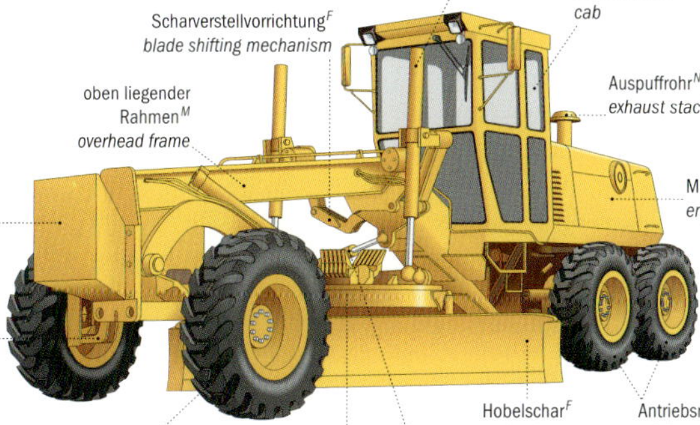

Muldenkipper[M]
tipper truck

Elektrizitätserzeugung^F aus geothermischer Energie^F

production of electricity from geothermal energy

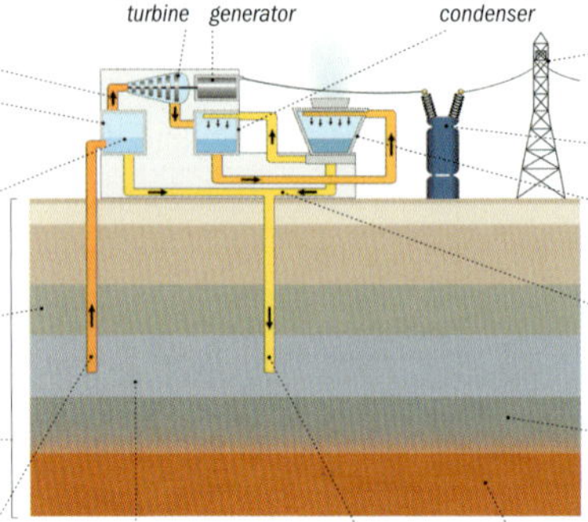

Wärmeenergie^F

thermal energy

Elektrizitätserzeugung^F aus Wärmeenergie^F
production of electricity from thermal energy

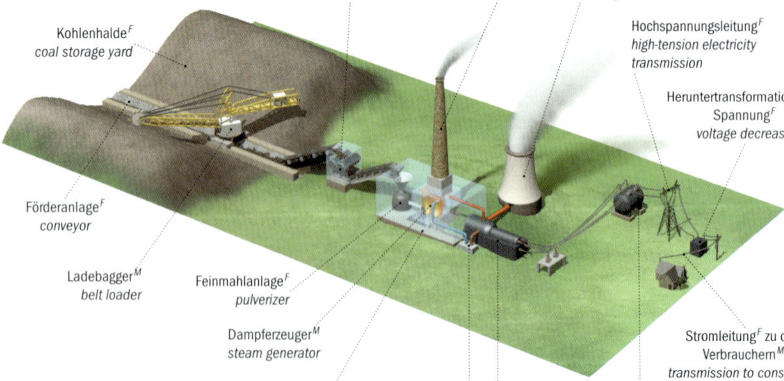

Erdöl[N]
oil

Oberflächenerkundung[F]
surface prospecting

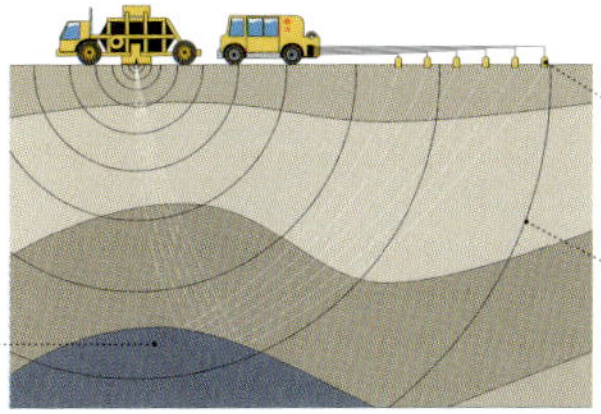

Bohranlage[F]
drilling rig

Drehbohrverfahren[F]
rotary system

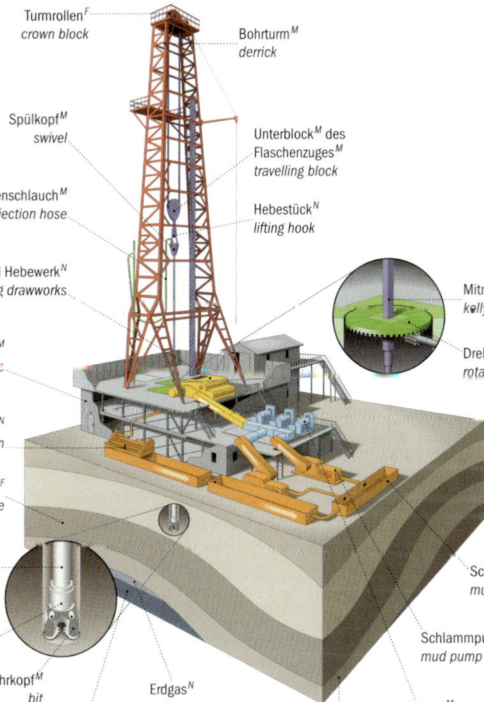

Schwimmdachtank^M
floating-roof tank

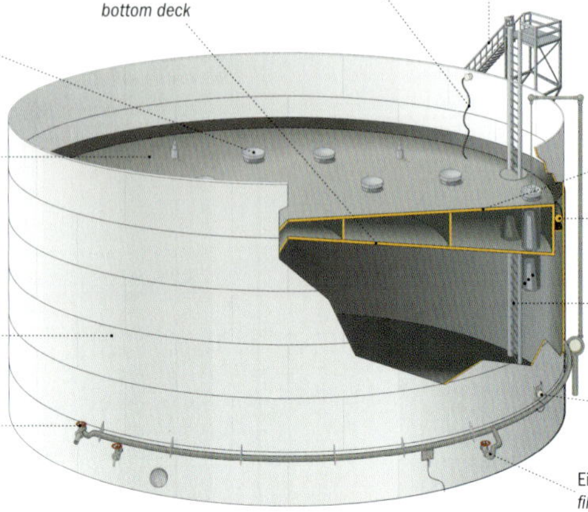

Rohölpipeline^F
crude-oil pipeline

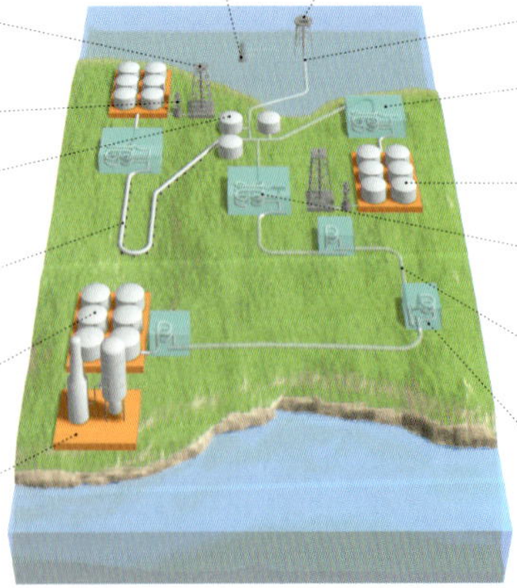

Raffinerieerzeugnisse N
refinery products

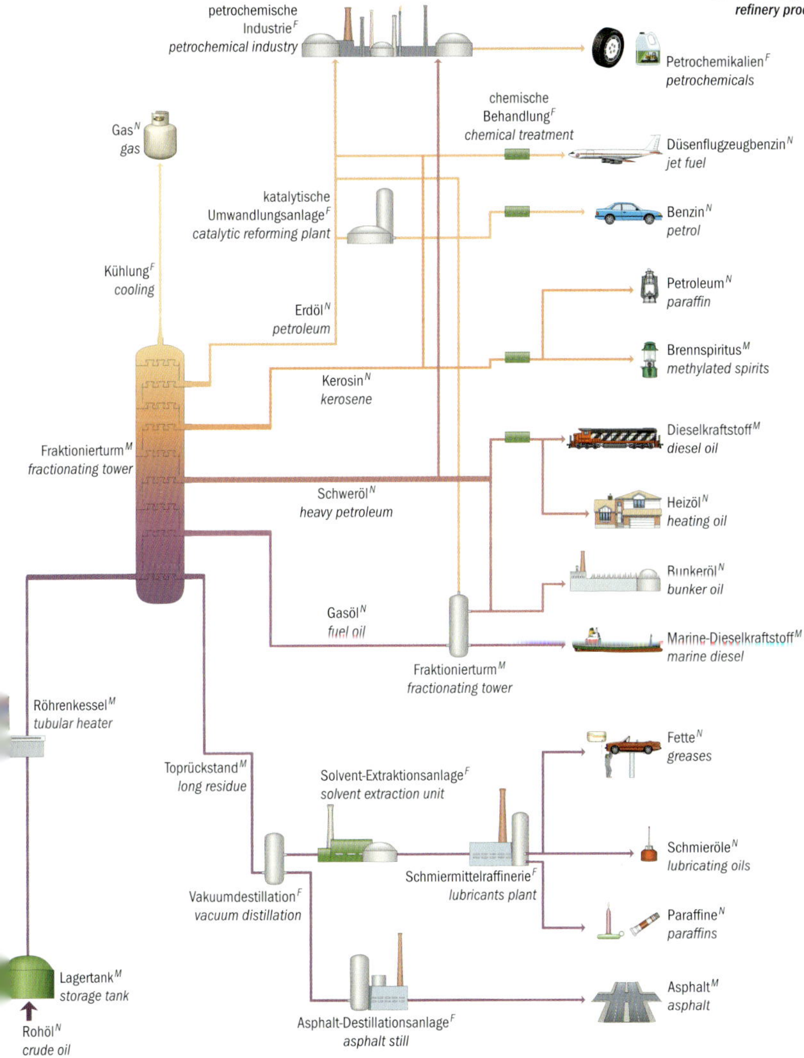

ENERGIE

Wasserkraftwerk[N]

hydroelectric complex

ENERGIE

Wasserkraftwerk[N] im Querschnitt[M]
cross section of a hydroelectric power plant

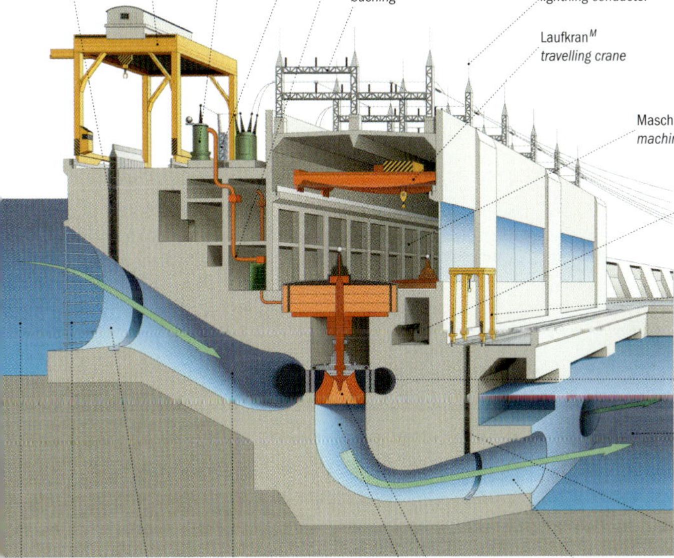

ENERGIE

Elektrizitätserzeugung^F aus Kernenergie^F

production of electricity from nuclear energy

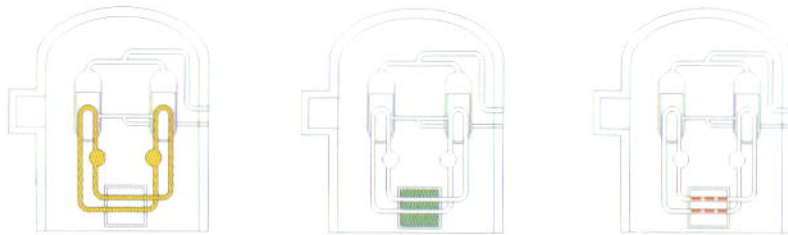

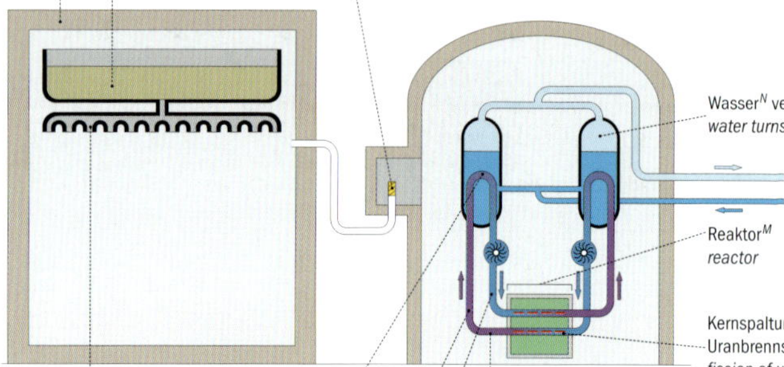

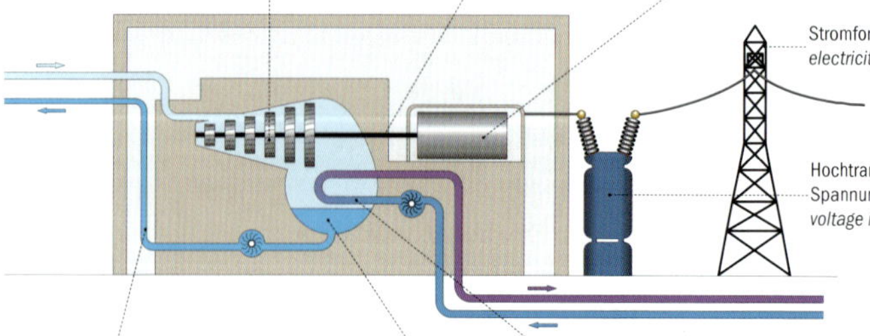

Brennstabbündel[N]
fuel bundle

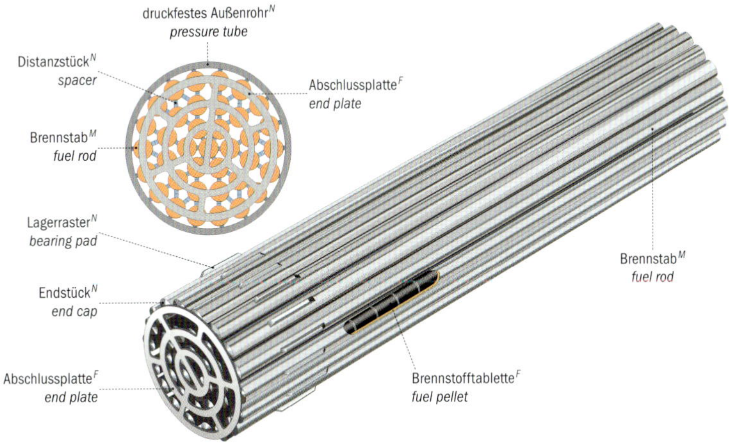

Kernreaktor[M]
nuclear reactor

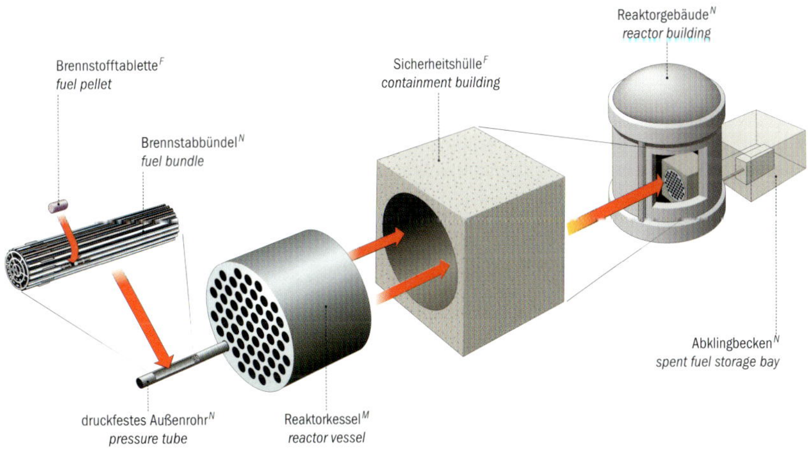

Solarzelle^F

solar cell

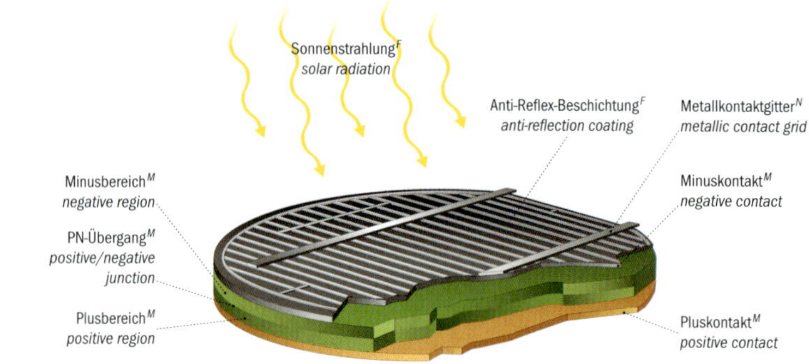

Flachkollektor^M

flat-plate solar collector

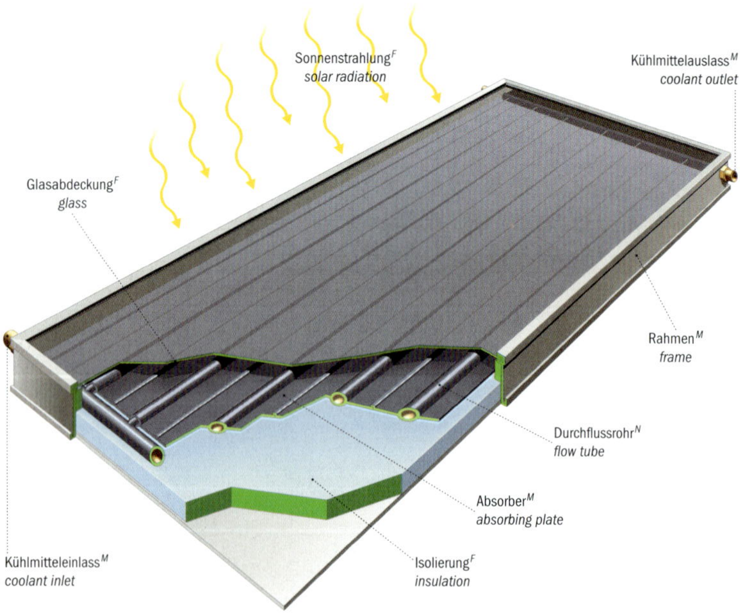

Solarzellensystem[N]

solar-cell system

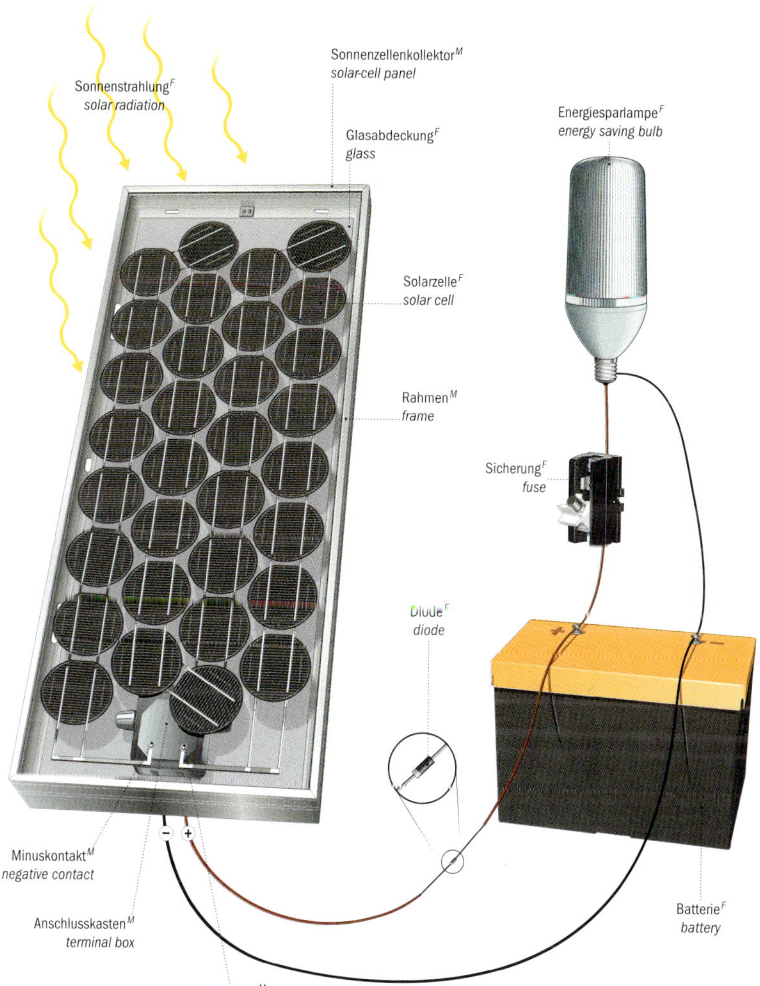

Windmühle[F]

windmill

Turmwindmühle[F]
tower mill

Bockmühle[F]
post mill

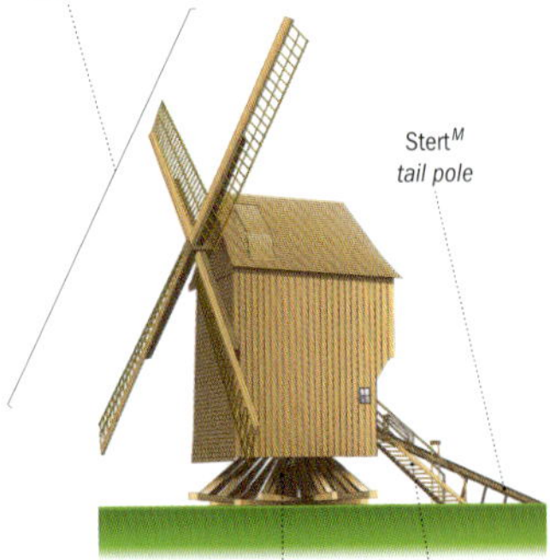

Windkraftwerke[N] und Elektrizitätserzeugung[F]

wind turbines and electricity production

Windkraftwerk mit vertikaler Achse[F]
vertical-axis wind turbine

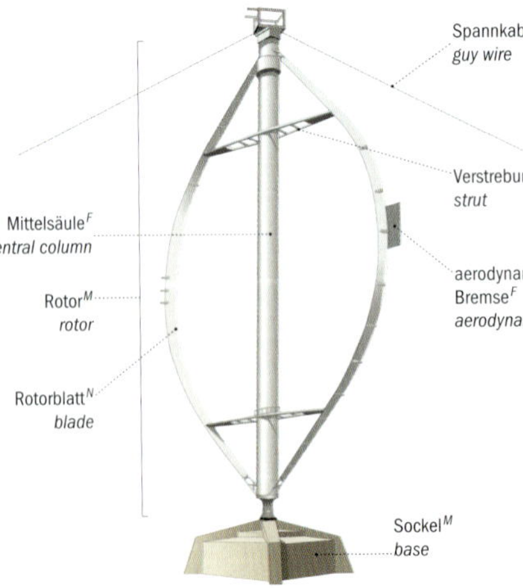

Windkraftwerk mit horizontaler Achse[F]
horizontal-axis wind turbine

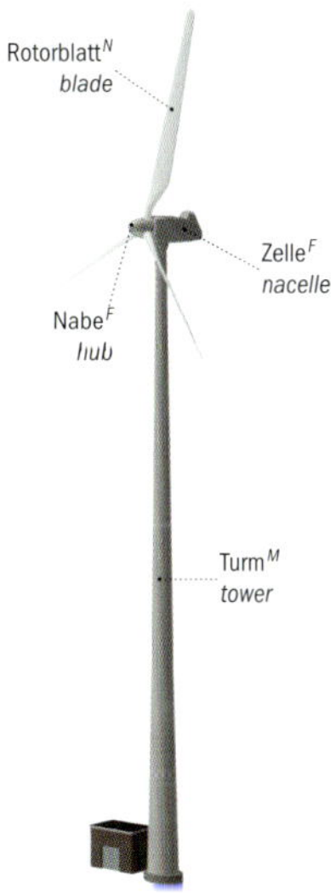

Rotorgondel[F] im Querschnitt[M]
nacelle cross-section

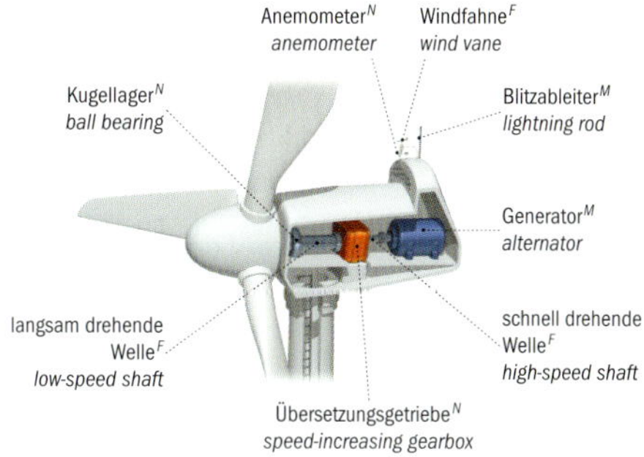

Elektrizitätserzeugung[F] aus Windenergie[F]
production of electricity from wind energy

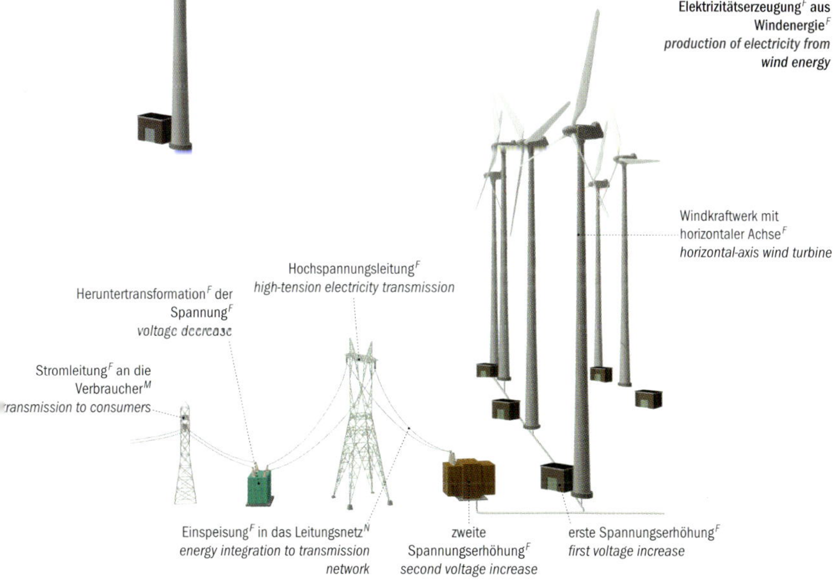

Materie^F
matter

Atom^N
atom

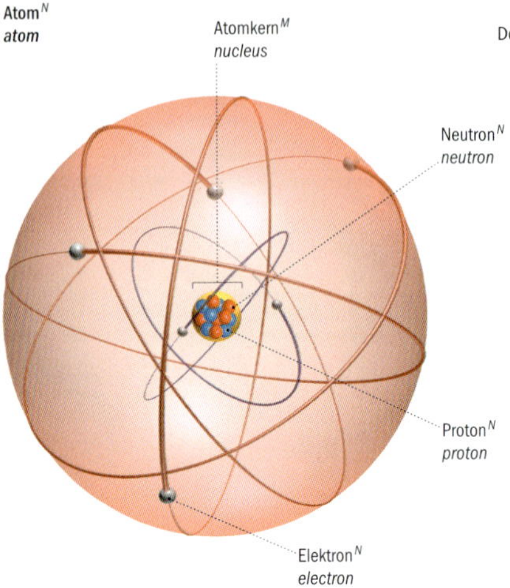

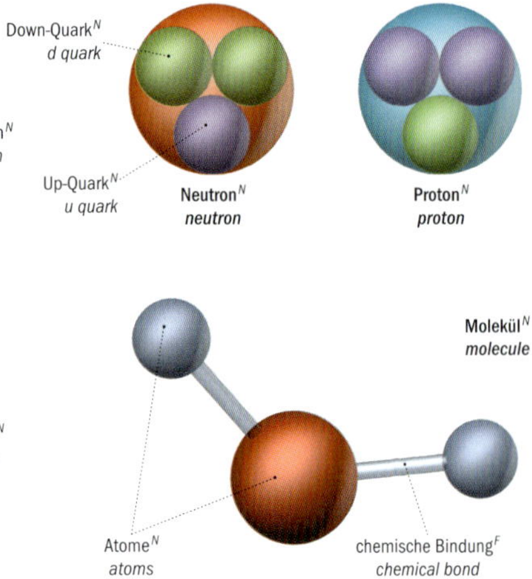

Aggregatzustände^M
states of matter

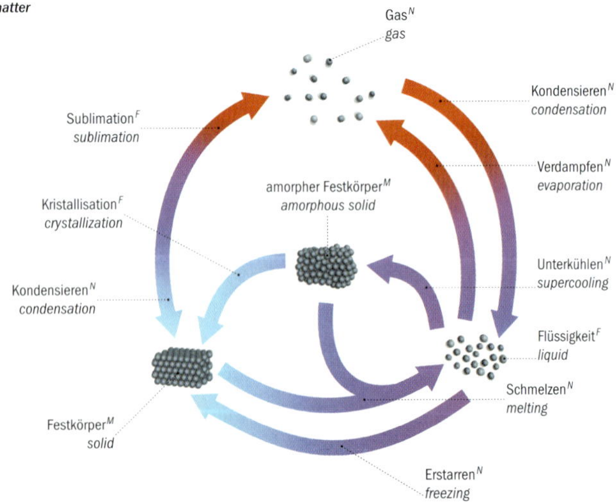

WISSENSCHAFT

Kernspaltung[F]
nuclear fission

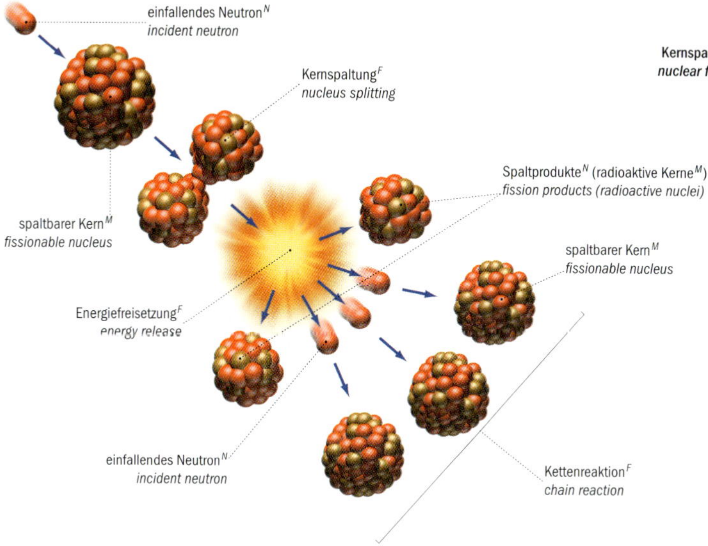

Wärmeübertragung[F]
heat transfer

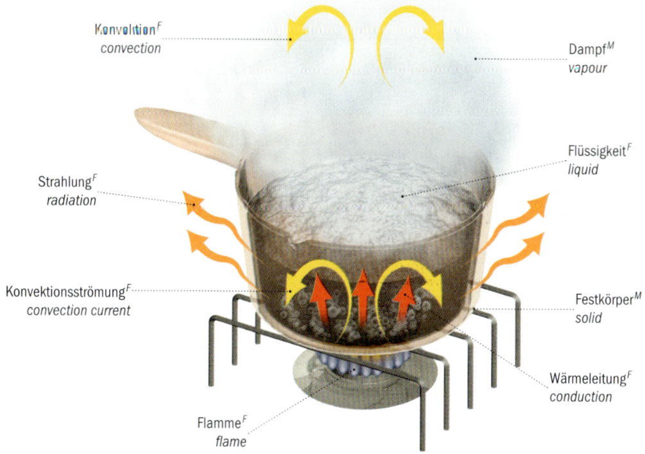

Magnetismus[M]

magnetism

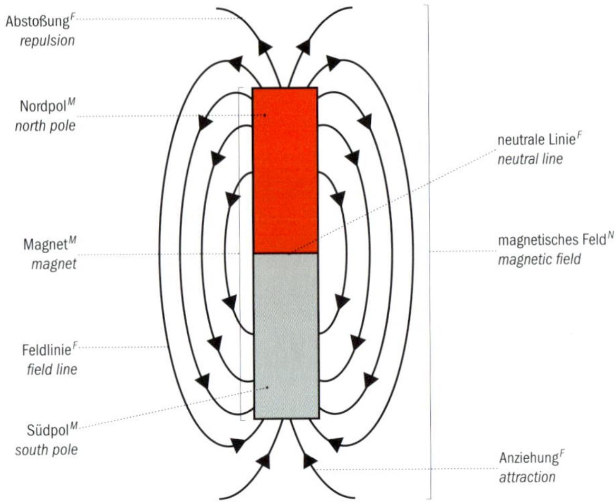

Parallelschaltung[F]

parallel electrical circuit

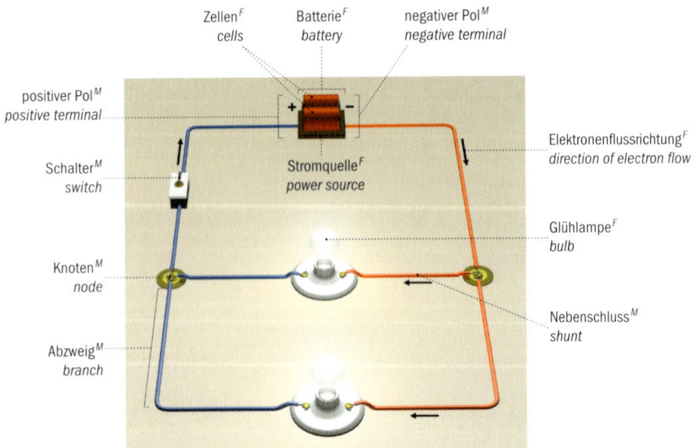

Trockenelemente[N]
dry cells

Kohle[F]-Zink[N]-Zelle[F]
carbon-zinc cell

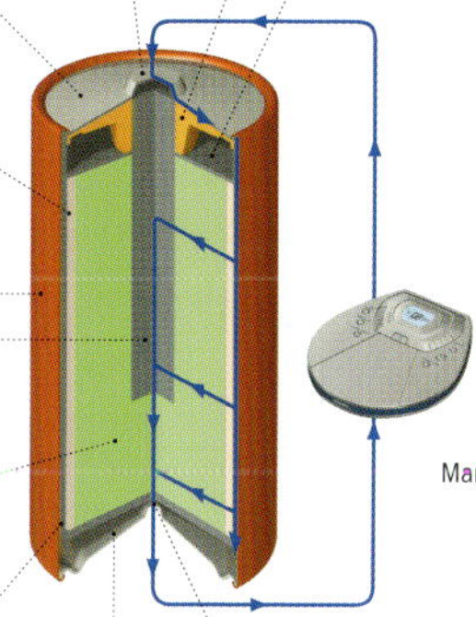

alkalische Zink[N]-Mangan[N]-Zelle[F]
alkaline manganese-zinc cell

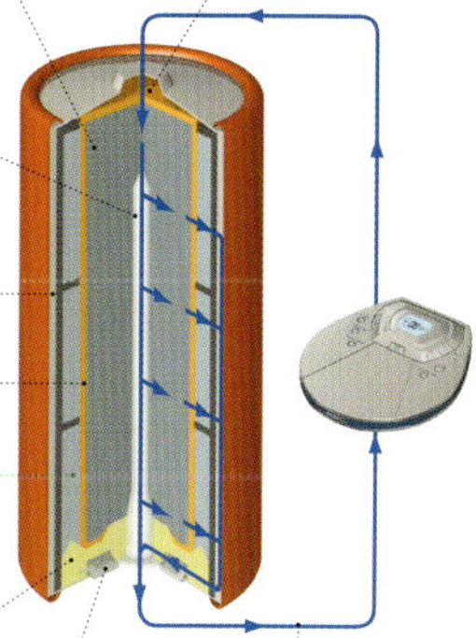

Elektronik[F]
electronics

Leiterplatte[F]
printed circuit board

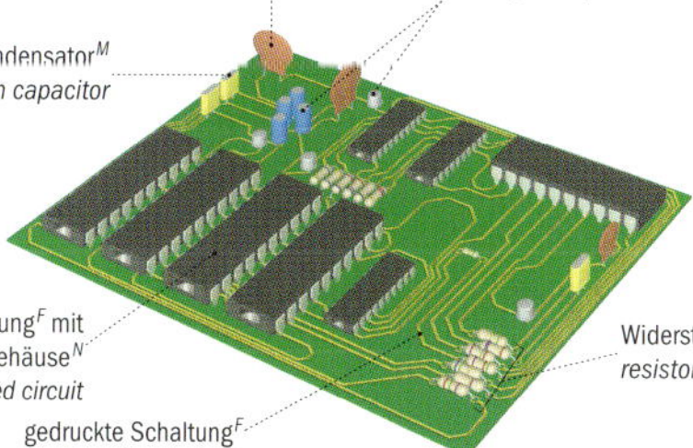

integrierte Schaltung[F] mit Gehäuse[N]
packaged integrated circuit

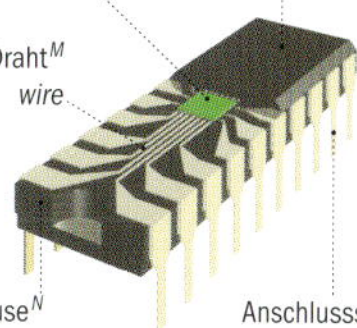

WISSENSCHAFT

elektromagnetisches Spektrum[N]

electromagnetic spectrum

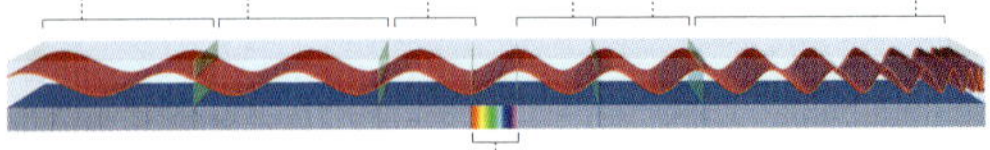

Welle[F]

wave

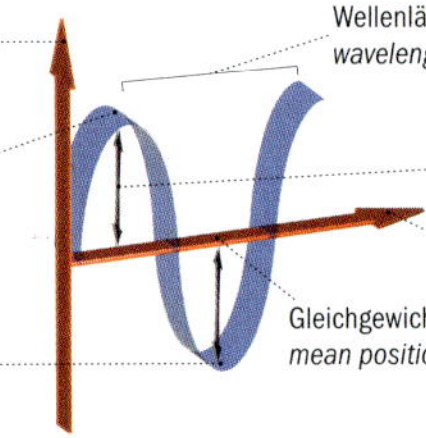

Farbmischung[F]

colour synthesis

additive Farbmischung[F]
additive colour synthesis

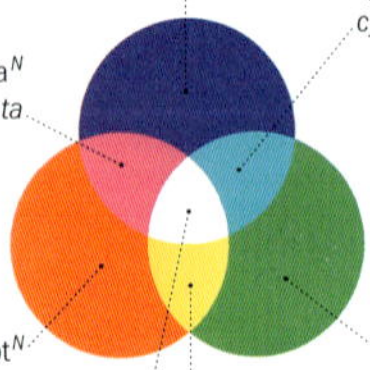

subtraktive Farbmischung[F]
subtractive colour synthesis

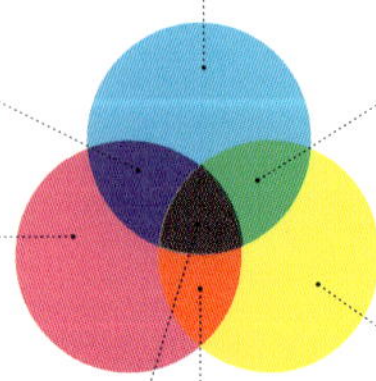

WISSENSCHAFT

Sehen[N]
vision

Normalsichtigkeit[F]
normal sight

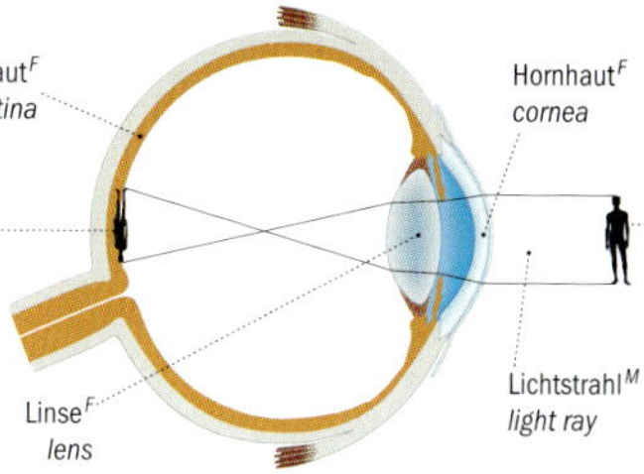

Sehfehler[M]
vision defects

Kurzsichtigkeit[F]
myopia

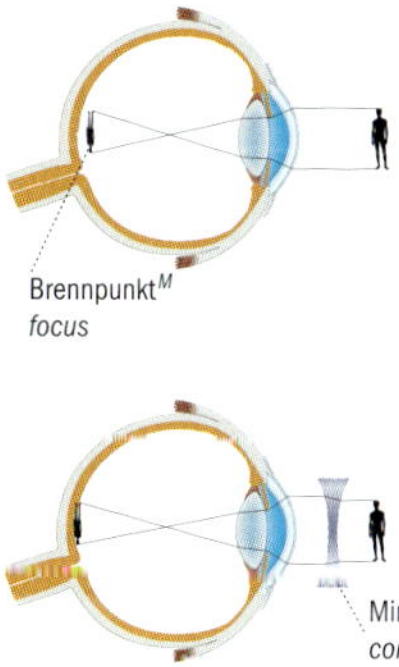

Weitsichtigkeit[F]
hyperopia

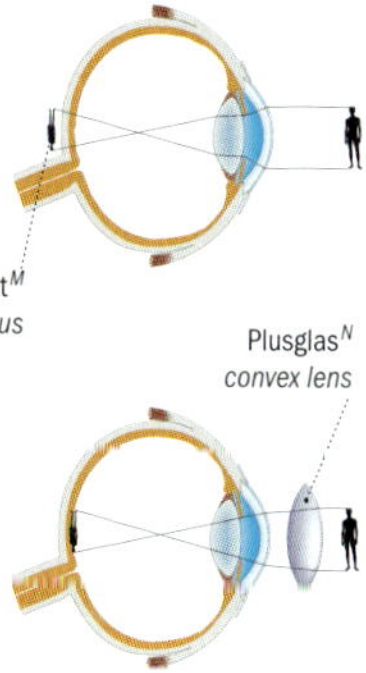

Astigmatismus[M]
astigmatism

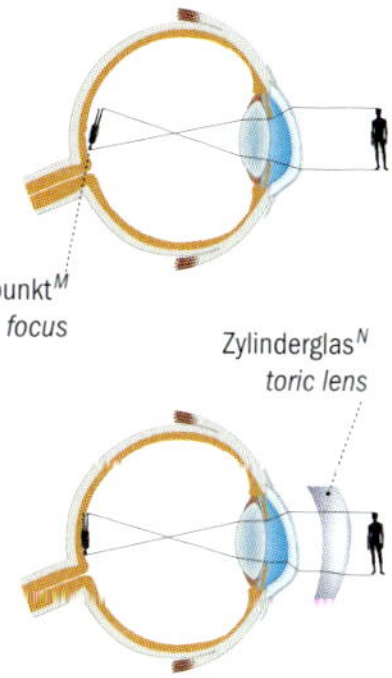

WISSENSCHAFT

Linsen[F]
lenses

Sammellinsen[F]
converging lenses

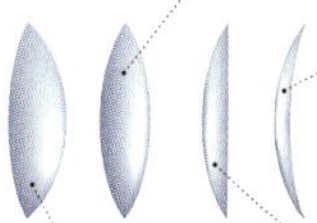

Zerstreuungslinsen[F]
diverging lenses

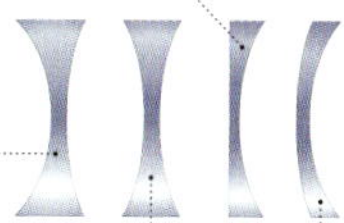

Rubin^M^-Impulslaser^M^

pulsed ruby laser

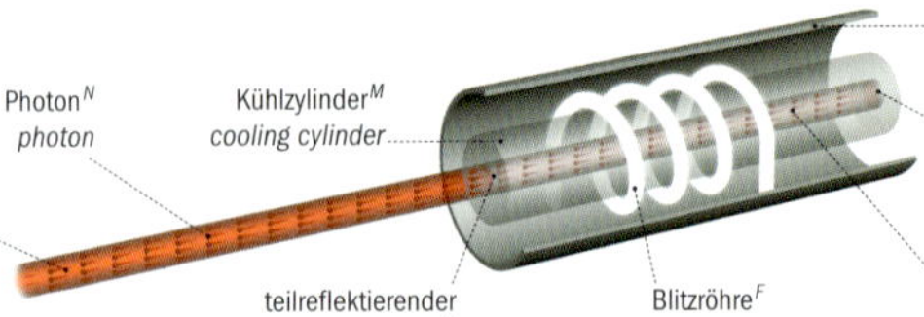

Prismenfernglas^N^

prism binoculars

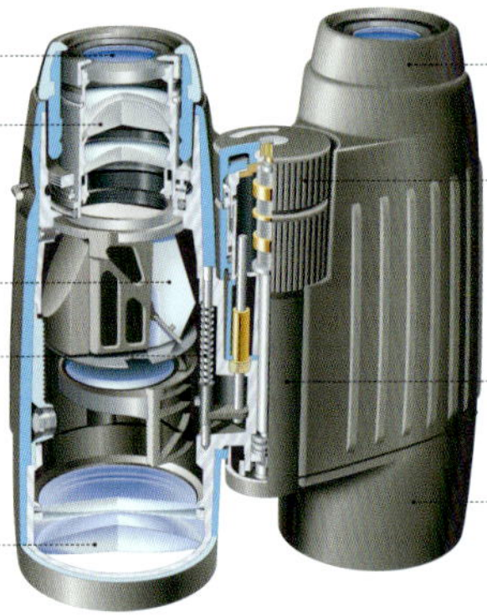

Zielfernrohr^N^

telescopic sight

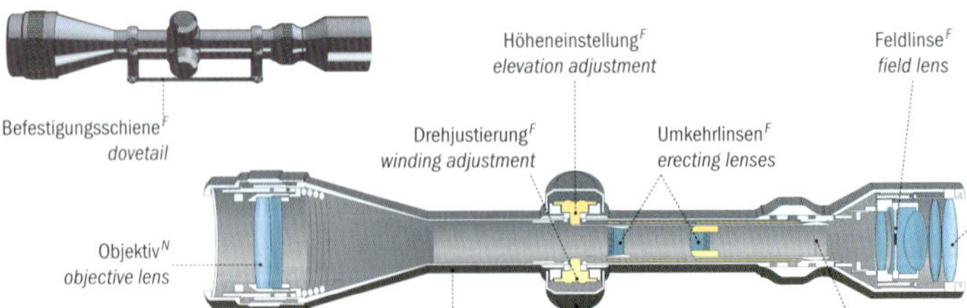

WISSENSCHAFT

Lupe[F] und Mikroskope[N]

magnifying glass and microscopes

Lupe[F]
magnifying glass

Mikroskop[N]
microscope

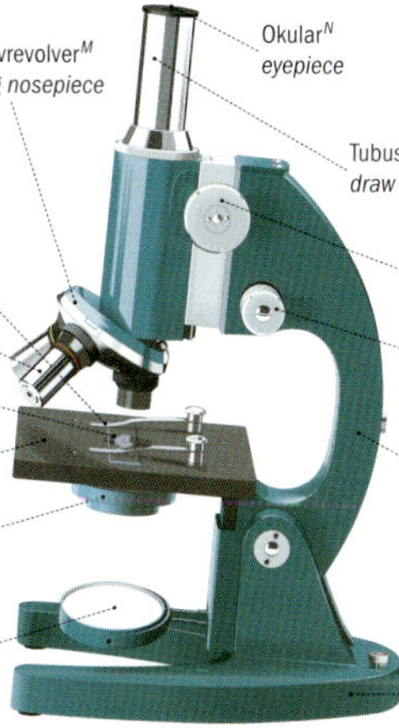

Binokularmikroskop[N]
binocular microscope

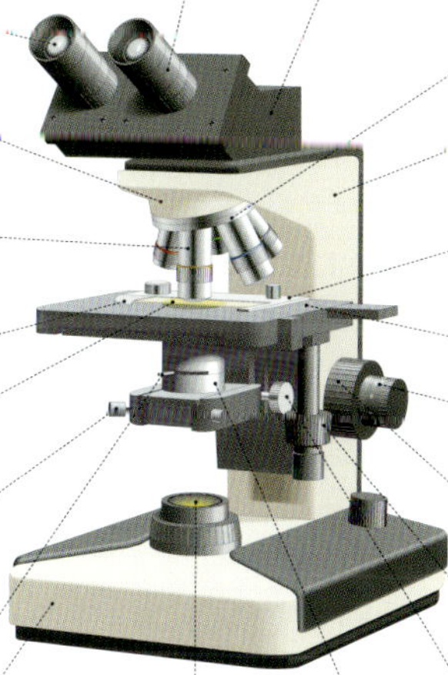

Wiegen[N]

measurement of weight

Balkenwaage[F]
beam balance

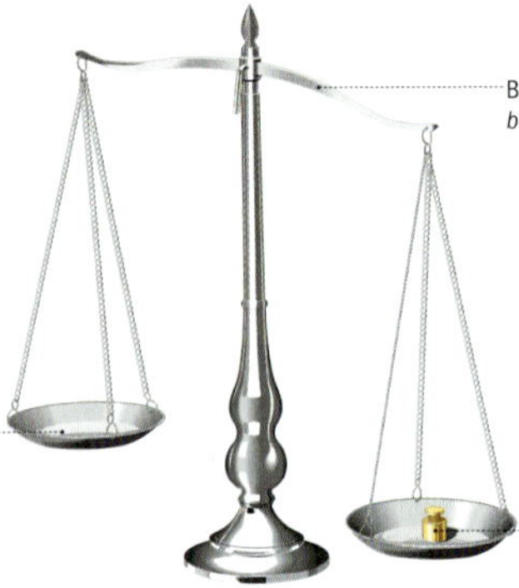

Handwaage[F]
steelyard

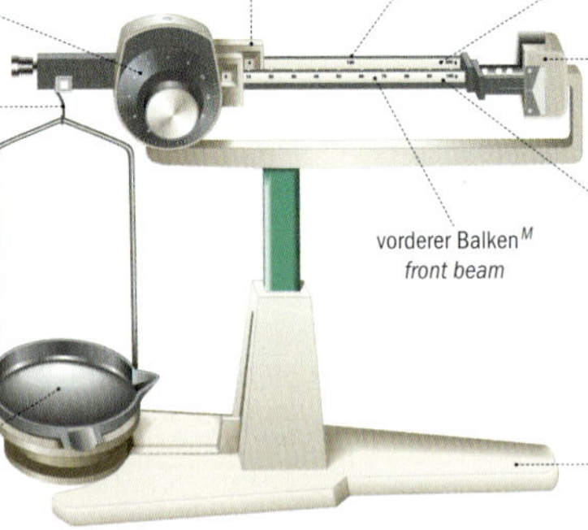

Roberval-Waage[F]
Roberval's balance

Federwaage[F]
spring balance

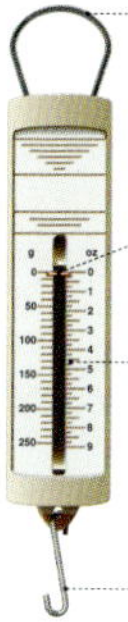

elektronische Waage[F]
electronic scale

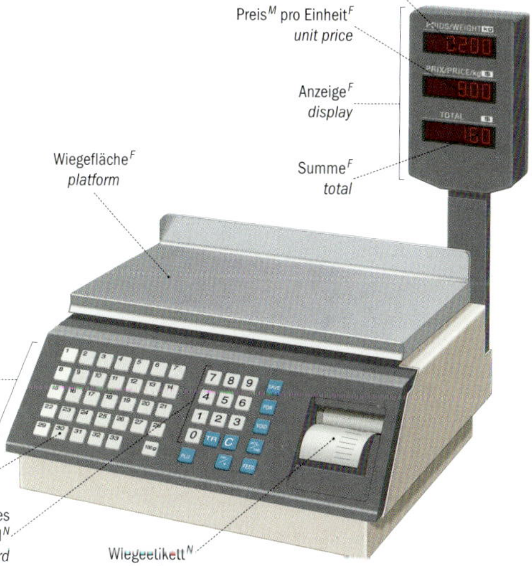

Personenwaage[F]
bathroom scale

Präzisionswaage[F]
analytical balance

Temperaturmessung[F]

measurement of temperature

Thermometer[N]
thermometer

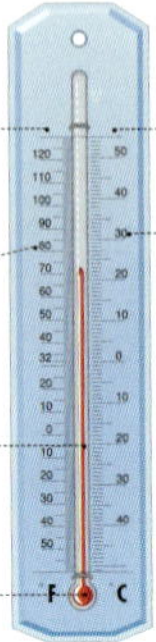

Fieberthermometer[N]
clinical thermometer

Zeitmessung[F]

measurement of time

Stoppuhr[F]
stopwatch

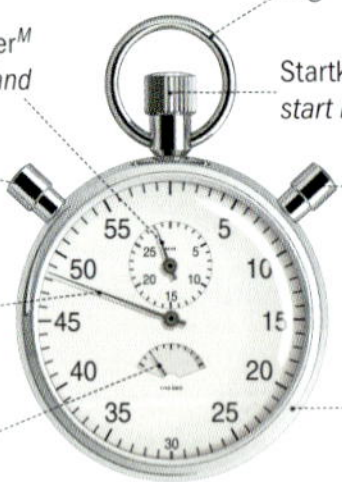

Analoguhr[F]
analogue watch

Digitaluhr[F]
digital watch

Sonnenuhr[F]
sundial

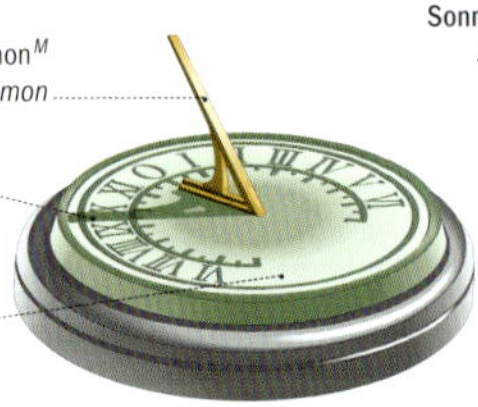

WISSENSCHAFT

Längenmessung[F]

measurement of length

Lineal[N]
ruler

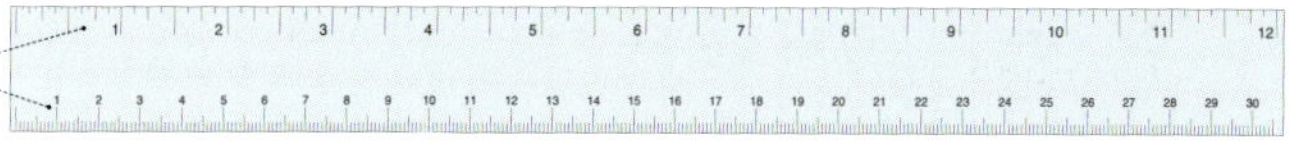

Dickemessung[F]

measurement of thickness

Schieblehre[F], Messschieber[M]
vernier caliper

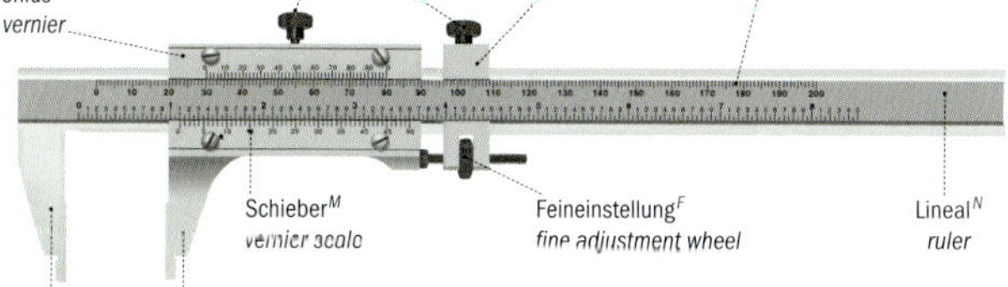

Mikrometerschraube[F]
micrometer caliper

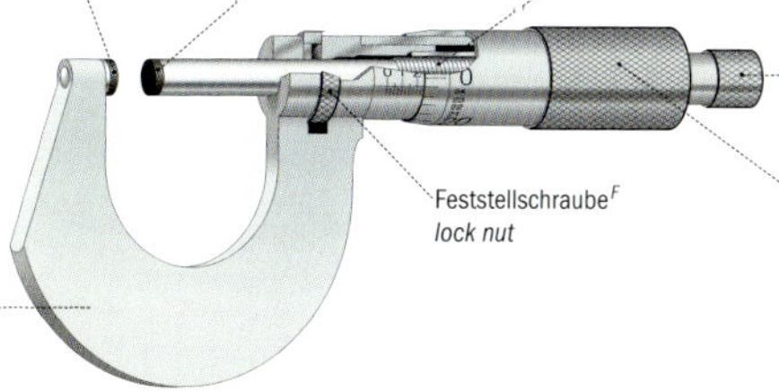

WISSENSCHAFT

internationales Einheitensystem[N]

international system of units

Maßeinheit[F] der Frequenz[F]
measurement of frequency

Hz
Hertz[N]
hertz

Maßeinheit[F] der elektrischen Spannung[F]
measurement of electric potential difference

V
Volt[N]
volt

Maßeinheit[F] der elektrischen Ladung[F]
measurement of electric charge

C
Coulomb[N]
coulomb

Maßeinheit[F] der Energie[F]
measurement of energy

J
Joule[N]
joule

Maßeinheit[F] der Leistung[F]
measurement of power

W
Watt[N]
watt

Maßeinheit[F] der Kraft[F]
measurement of force

N
Newton[N]
newton

Maßeinheit[F] des elektrischen Widerstands[M]
measurement of electric resistance

Ω
Ohm[N]
ohm

Maßeinheit[F] der elektrischen Stromstärke[F]
measurement of electric curren

A
Ampere[N]
ampere

Maßeinheit[F] der Länge[F]
measurement of length

m
Meter[M]
metre

Maßeinheit[F] der Masse[F]
measurement of mass

kg
Kilogramm[N]
kilogram

Maßeinheit[F] der Celsius-Temperatur[F]
measurement of Celsius temperature

°C
Grad[M] Celsius
degree Celsius

Maßeinheit[F] der thermodynamischen Temperatur[F]
measurement of thermodynamic temperature

K
Kelvin[N]
kelvin

Maßeinheit[F] der Stoffmenge[F]
measurement of amount of substance

mol
Mol[N]
mole

Maßeinheit[F] der Radioaktivität[F]
measurement of radioactivity

Bq
Becquerel[N]
becquerel

Maßeinheit[F] des Drucks[M]
measurement of pressure

Pa
Pascal[N]
pascal

Maßeinheit[F] der Lichtstärke[F]
measurement of luminous intensity

cd
Candela[F]
candela

Biologie[F]

biology

♂
männlich
male

♀
weiblich
female

Rh+
Rhesusfaktor[M] positiv
blood factor positive

Rh-
Rhesusfaktor[M] negativ
blood factor negative

†
gestorben
died

*
geboren
born

WISSENSCHAFT

Mathematik[F]
mathematics

$-$ Subtraktion[F] *subtraction*	$+$ Addition[F] *addition*	X Multiplikation[F] *multiplication*	$\div$ Division[F] *division*	$=$ ist gleich *is equal to*
$\neq$ ist ungleich *is not equal to*	$\approx$ ist annähernd gleich *is approximately equal to*	$\sim$ ist äquivalent mit *is equivalent to*	$\equiv$ ist identisch mit *is identical with*	$\not\equiv$ ist nicht identisch mit *is not identical with*
$\pm$ plus oder minus *plus or minus*	$\leqslant$ ist gleich oder kleiner als *is equal to or less than*	$>$ ist größer als *is greater than*	$\geqslant$ ist gleich oder größer als *is equal to or greater than*	$<$ ist kleiner als *is less than*
$\varnothing$ leere Menge[F] *empty set*	$\cup$ Mengenvereinigung[F] *union*	$\cap$ Mengenschnitt[M] *intersection*	$\subset$ echte Teilmenge[F] von *is contained in*	% Prozent[N] *percent*
$\in$ Element[N] von *belongs to*	$\notin$ nicht Element[N] von *does not belong to*	Σ Summe[F] *sum*	$\sqrt{}$ Quadratwurzel[F] aus *square root of*	$1/2$ Bruch[M] *fraction*
	∞ unendlich *infinity*	$\int$ Integral[N] *integral*	! Fakultät[F] *factorial*	

römische Ziffern[F]
Roman numerals

I Eins[F] *one*	V Fünf[F] *five*	X Zehn[F] *ten*	
L Fünfzig[F] *fifty*	C Hundert[F] *one hundred*	D Fünfhundert[F] *five hundred*	M Tausend[F] *one thousand*

Geometrie^F
geometry

°	′	″	π	⊥
Grad^M *degree*	Bogenminute^F *minute*	Bogensekunde^F *second*	Pi^N *pi*	ist senkrecht zu *perpendicular*
∥	∦	∟	⦦	∠
ist parallel zu *is parallel to*	ist nicht parallel zu *is not parallel to*	rechter Winkel^M *right angle*	stumpfer Winkel^M *obtuse angle*	spitzer Winkel^M *acute angle*

geometrische Formen^F
geometrical shapes

Beispiele^N für Winkel^M
examples of angles

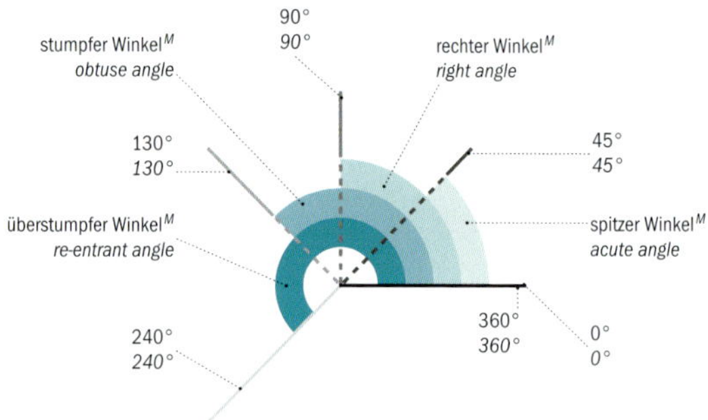

ebene Flächen^F
plane surfaces

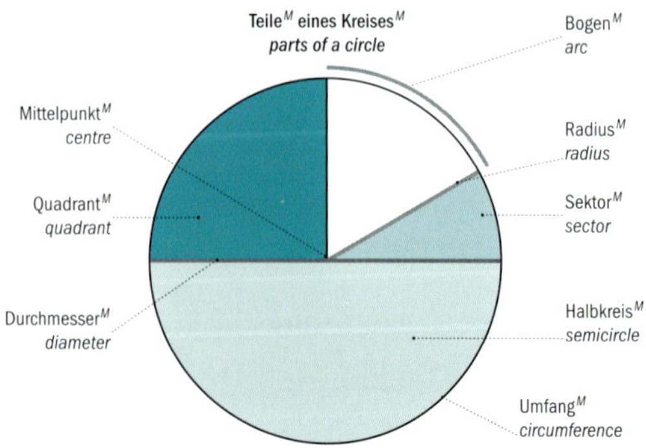

Vielecke[N]
polygons

Dreieck[N]
triangle

Quadrat[N]
square

Rechteck[N]
rectangle

Rhombus[M]
rhombus

unregelmäßiges Trapez[N]
trapezoid

Parallelogramm[N]
parallelogram

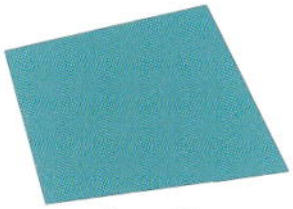
Viereck[N]
quadrilateral

regelmäßiges Fünfeck[N]
regular pentagon

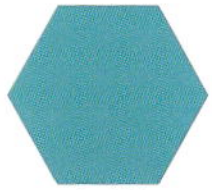
regelmäßiges Sechseck[N]
regular hexagon

regelmäßiges Siebeneck[N]
regular heptagon

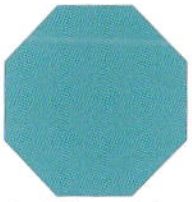
regelmäßiges Achteck[N]
regular octagon

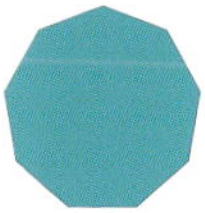
regelmäßiges Neuneck[N]
regular nonagon

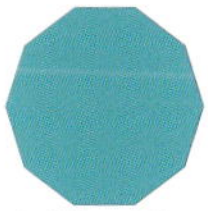
regelmäßiges Zehneck[N]
regular decagon

regelmäßiges Elfeck[N]
regular hendecagon

regelmäßiges Zwölfeck[N]
regular dodecagon

Körper[M]
solids

Helix[F]
helix

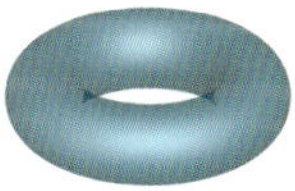
Torus[M]
torus

Halbkugel[F]
hemisphere

Kugel[F]
sphere

Würfel[M]
cube

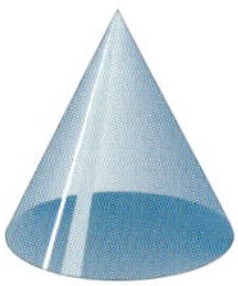
Kegel[M]
cone

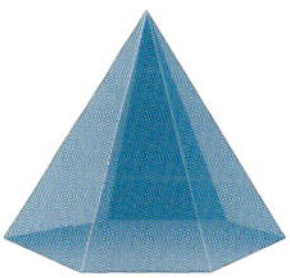
Pyramide[F]
pyramid

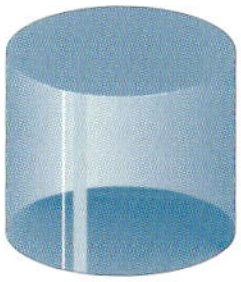
Zylinder[M]
cylinder

Parallelepiped[N]
parallelepiped

regelmäßiges Oktaeder[N]
regular octahedron

Ballungsgebiet^N

conurbation

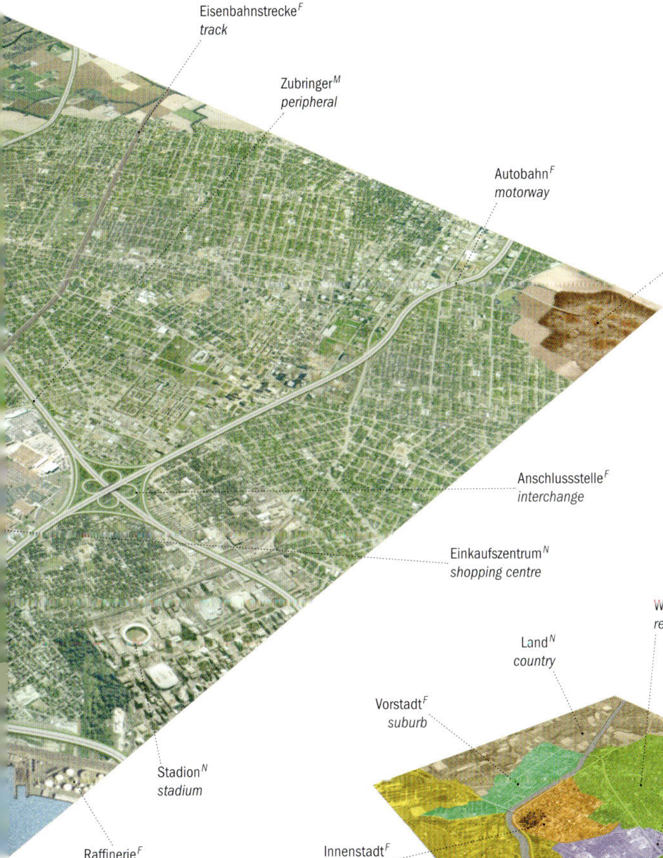
Eisenbahnstrecke^{F}
track
Zubringer^{M}
peripheral
Autobahn^{F}
motorway
Mülldeponie^{F}
landfill
Anschlussstelle^{F}
interchange
Einkaufszentrum^{N}
shopping centre
Stadion^{N}
stadium
Raffinerie^{F}
refinery

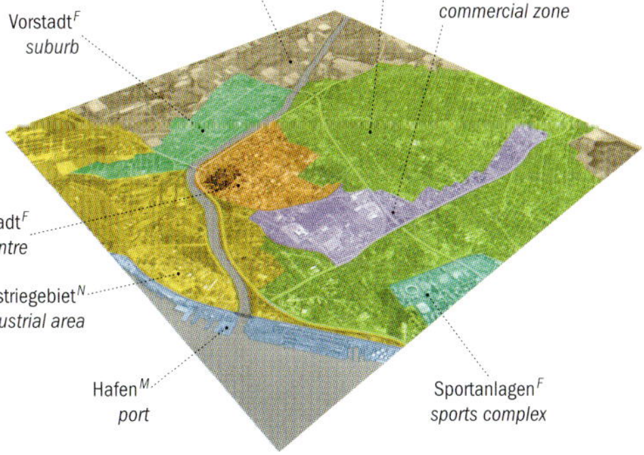
Wohngebiet^{N}
residential district
Land^{N}
country
Gewerbegebiet^{N}
commercial zone
Vorstadt^{F}
suburb
Innenstadt^{F}
city centre
Industriegebiet^{N}
industrial area
Hafen^{M}
port
Sportanlagen^{F}
sports complex

Innenstadt[F]

city centre

Kongresszentrum[N]
convention centre
Bildungseinrichtung[F]
educational institution
Boulevard[M]
boulevard
Straße[F]
street
Querstraße[F], Allee[F]
avenue
Feuerwache[F]
fire station
Friedhof[M]
cemetery
Kirche[F]
church
Gasse[F]
lane
Wohnblock[M]
apartment building
Polizeirevier[N]
police station
Park[M]
park
Postamt[N]
post office
Bibliothek[F]
library
Tankstelle[F]
service station
Museum[N]
museum
Supermarkt[M]
supermarket
Theater[N]
theatre
Autohaus[N]
car dealer
Krankenhaus[N]
hospital

Straße[F] im Querschnitt[M]

cross section of a street

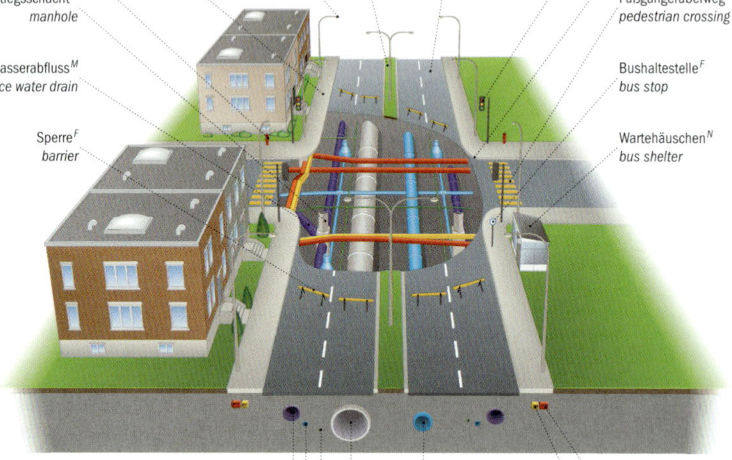

Verkehrsampel[F]
traffic lights

GESELLSCHAFT

Bürogebäude[N]
office building

Breitfußgeschoss[N]
podium

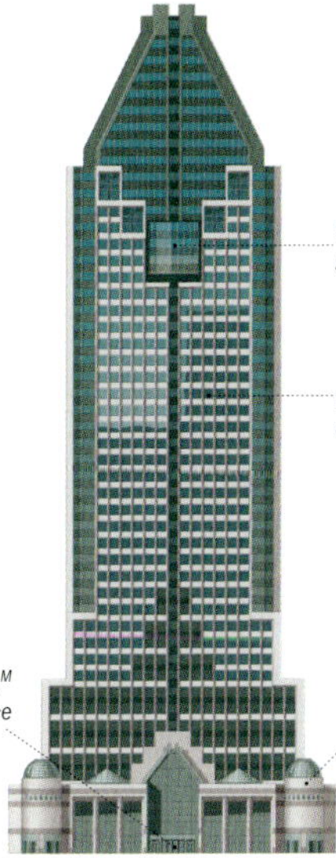

Breitfußgeschoss[N] **und Untergeschoss**[N]
podium and basements

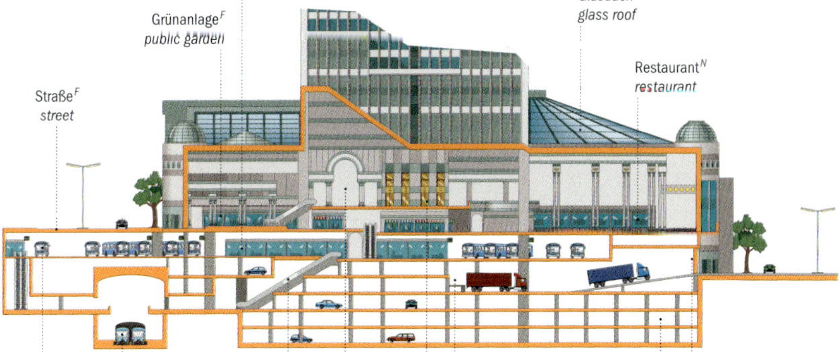

GESELLSCHAFT

Einkaufszentrum^{N}

shopping centre

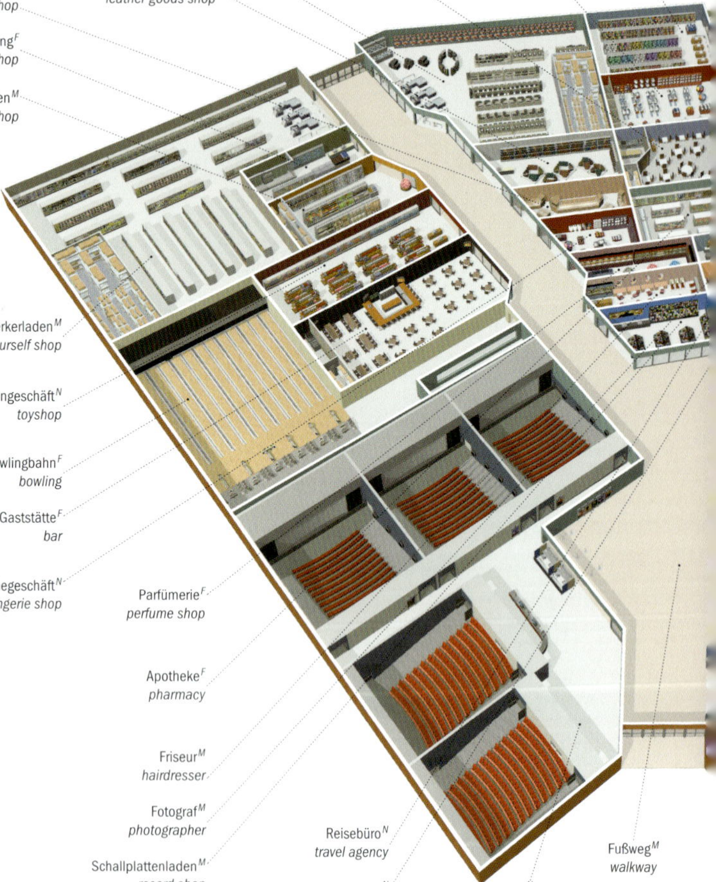

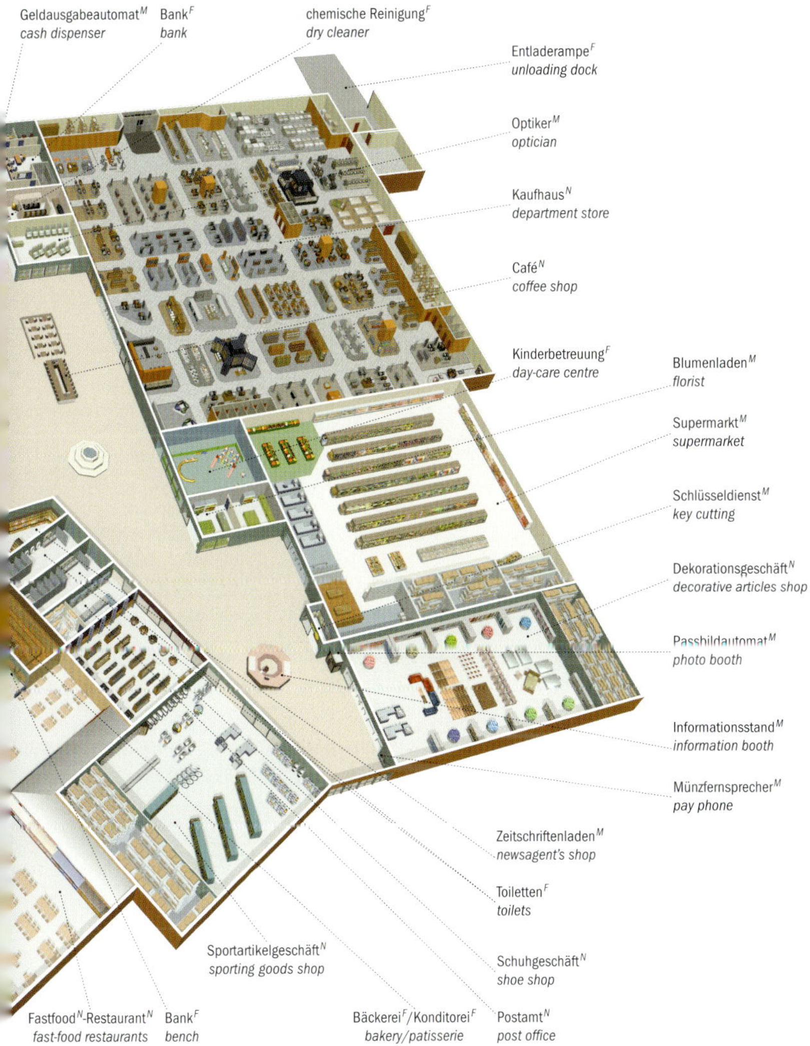

GESELLSCHAFT

Restaurant[M]

restaurant

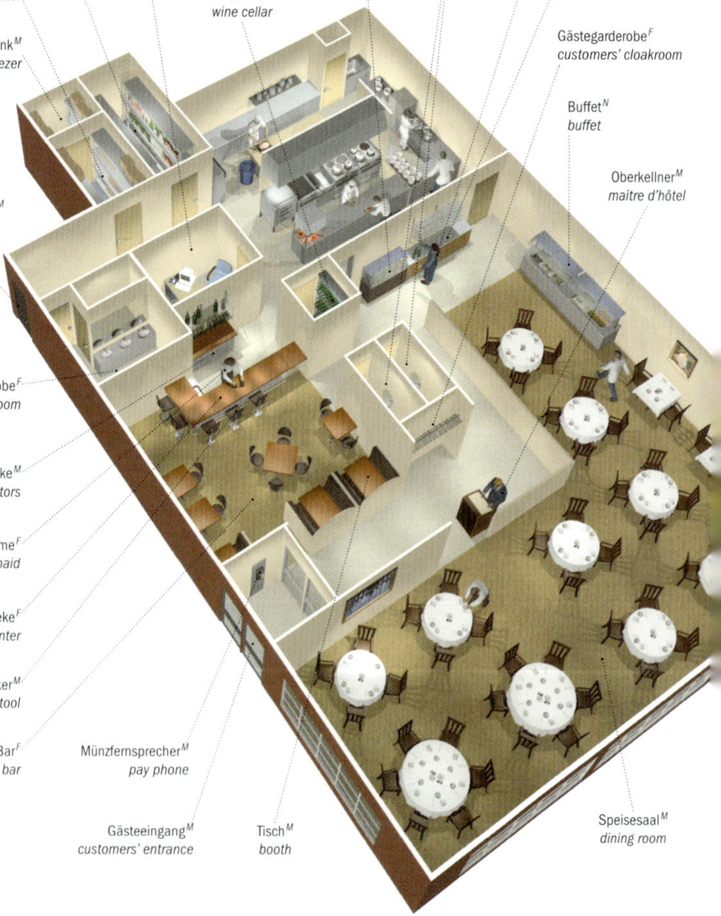

Hotel[N]
hotel

Empfangsebene[F]
reception level

Hotelzimmer[N]
hotel room

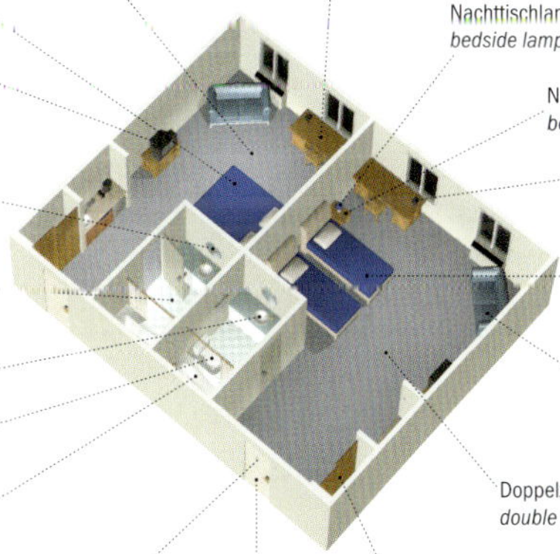

GESELLSCHAFT

Gericht[N]

court

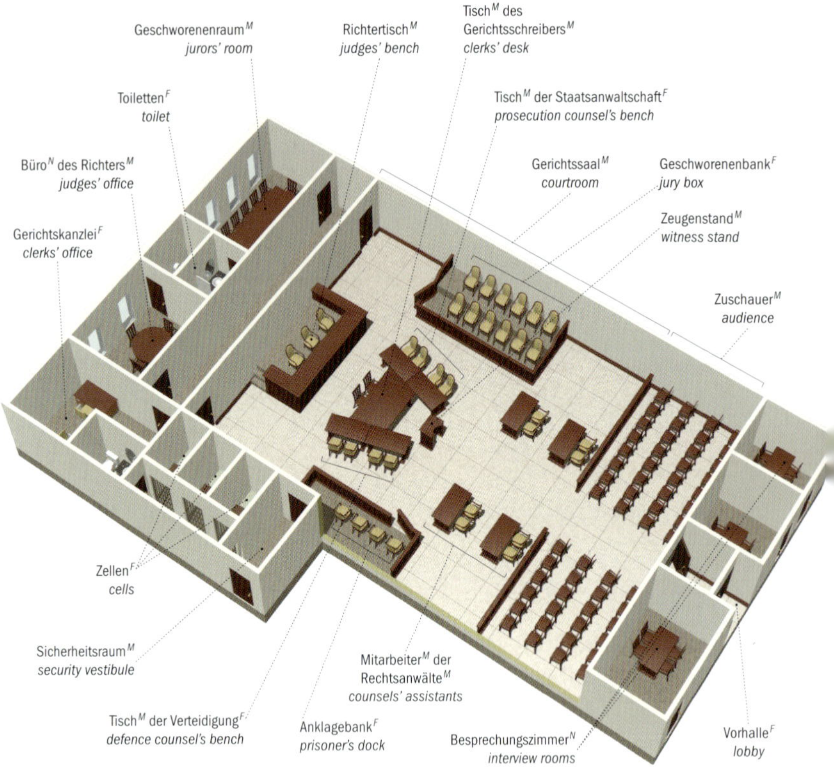

Beispiele[N] für Währungsabkürzungen[F]

examples of currency abbreviations

$	¢	Rs	€	₪	₱	¥	£
Dollar[M] *dollar*	Cent[M] *cent*	Rupie[F] *rupee*	Euro[M] *euro*	neuer Schekel[M] *new shekel*	Peso[M] *peso*	Yen[M] *yen*	Pfund[N] *pound*

GESELLSCHAFT

Geld^{N} und Zahlungsmodalitäten^{F}

money and modes of payment

Münze^{F}: Vorderseite^{F}
coin: obverse

Jahreszahl^{F}
date

Rand^{M}
edge

Banknote^{F}: Vorderseite^{F}
banknote: front

Kürzel^{N} der Ausgabebank^{F}
initials of issuing bank

Sicherheitsfaden^{M}
security thread

metallisiertes Hologramm^{N}
hologram foil strip

amtliche Unterschrift^{F}
official signature

Wasserzeichen^{N}
watermark

metallische Tinte^{F}
colour shifting ink

Porträt^{N}
portrait

Seriennummer^{F}
serial number

Münze^{F}: Rückseite^{F}
coin: reverse

Außenring^{M}
outer ring

Wertangabe^{F}
denomination

Banknote^{F}: Rückseite^{F}
banknote: back

Flagge^{F} der Europäischen Union^{F}
European Union flag

Seriennummer^{F}
serial number

Leitspruch^{M}
motto

Wertangabe^{F}
denomination

Währungsangabe^{F}
currency name

Schecks^{M}
cheques

Magnetstreifen^{M}
magnetic strip

Unterschrift^{F} des Inhabers^{M}
holder's signature

Kreditkarte^{F}
credit card

Kartennummer^{F}
card number

Name^{M} des Inhabers^{M}
holder's name

Verfallsdatum^{N}
expiry date

Travellerscheck^{M}
traveller's cheque

GESELLSCHAFT

Bank[F]

bank

Geldausgabeautomat[M]
cash dispenser

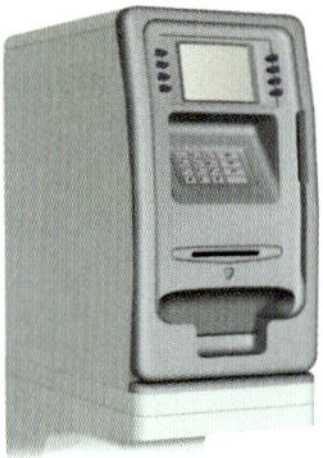

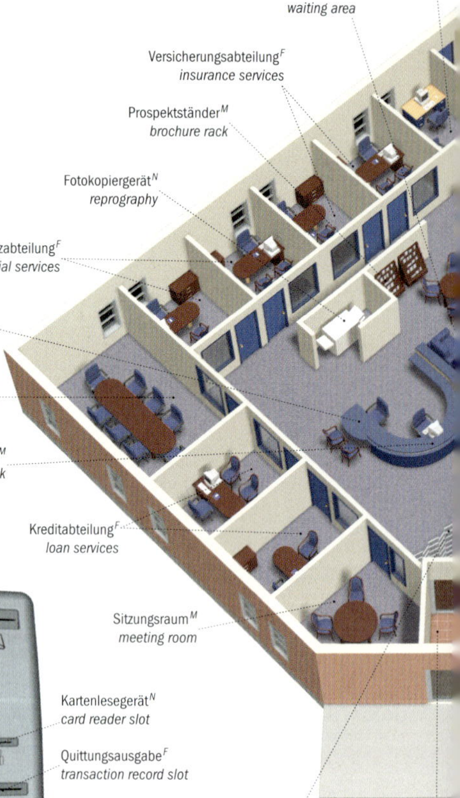

automatischer Bankschalter[M]
automatic teller machine

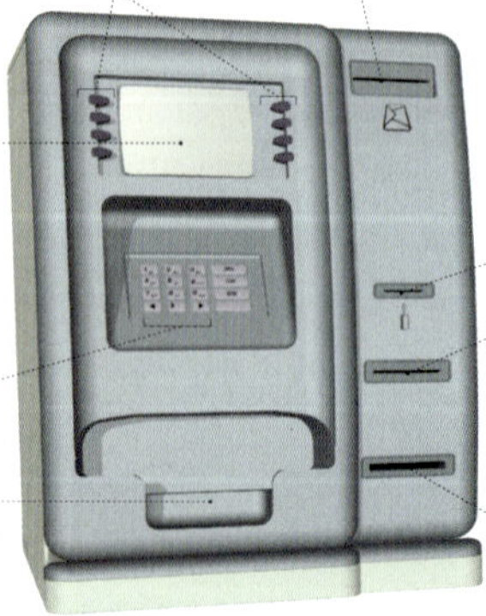

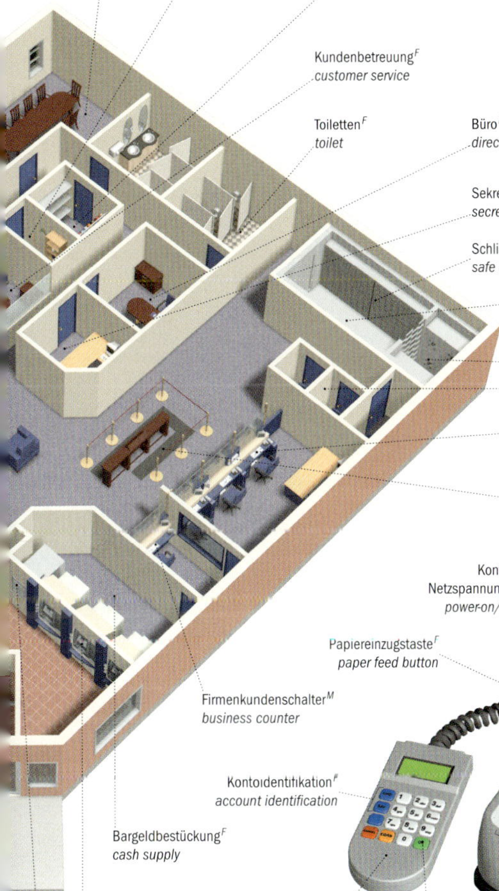

Scheckkarte^F
debit card

elektronisches Zahlungsterminal^N
electronic payment terminal

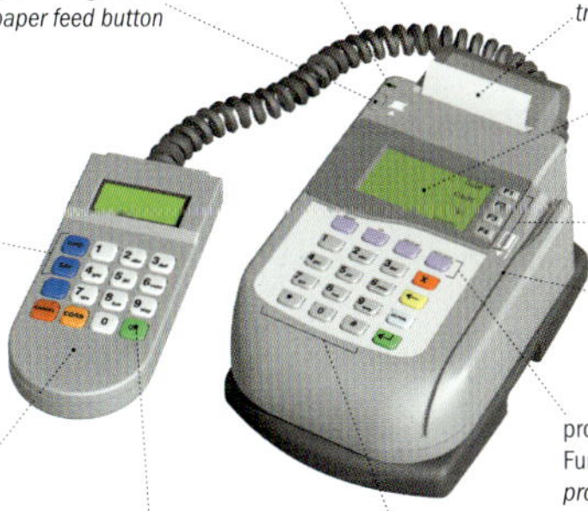

GESELLSCHAFT

Schule^F
school

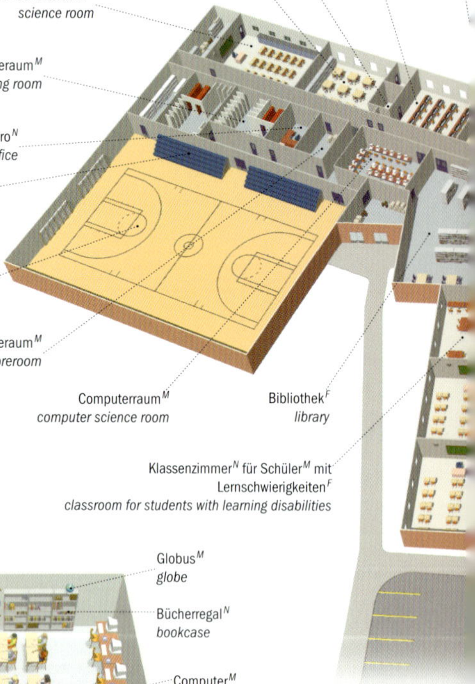

Klassenzimmer^N
classroom

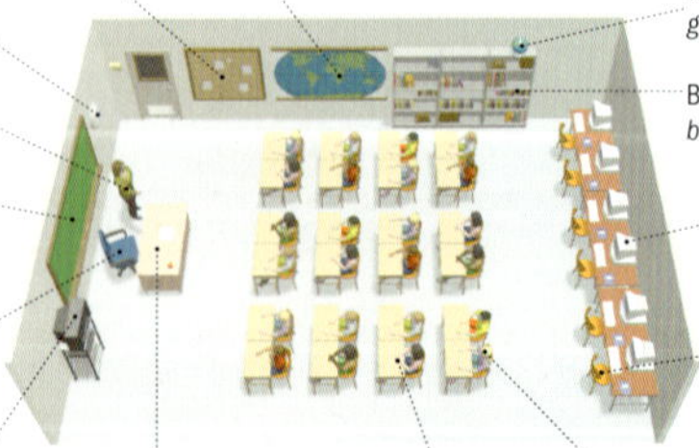

GESELLSCHAFT

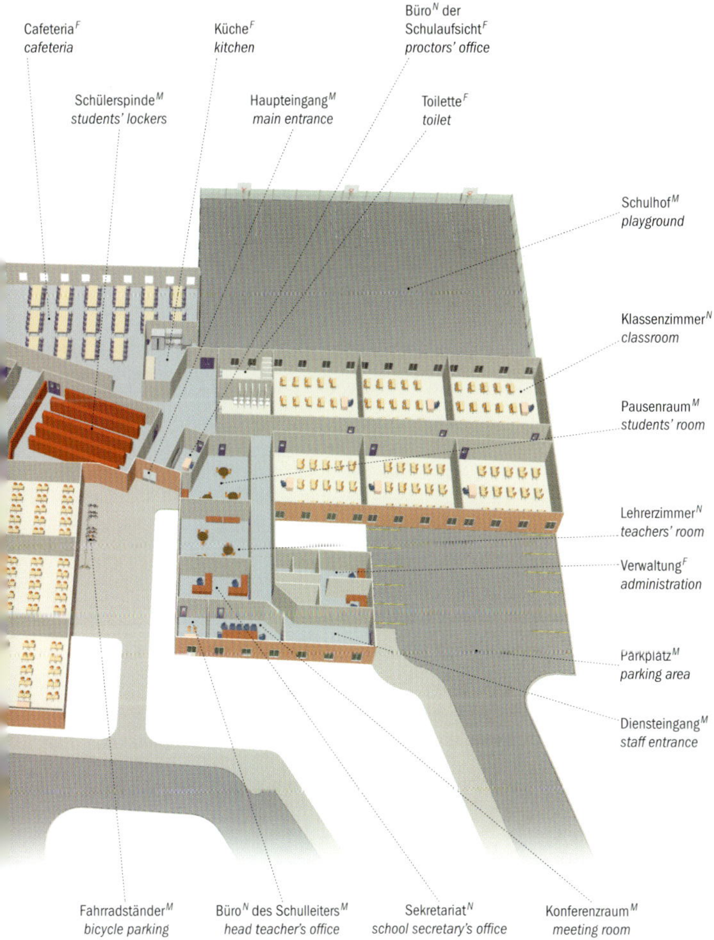
Cafeteria^F
cafeteria
Küche^F
kitchen
Büro^N der Schulaufsicht^F
proctors' office
Schülerspinde^M
students' lockers
Haupteingang^M
main entrance
Toilette^F
toilet
Schulhof^M
playground
Klassenzimmer^N
classroom
Pausenraum^M
students' room
Lehrerzimmer^N
teachers' room
Verwaltung^F
administration
Parkplatz^M
parking area
Diensteingang^M
staff entrance
Fahrradständer^M
bicycle parking
Büro^N des Schulleiters^M
head teacher's office
Sekretariat^N
school secretary's office
Konferenzraum^M
meeting room

Kirche[F]
church

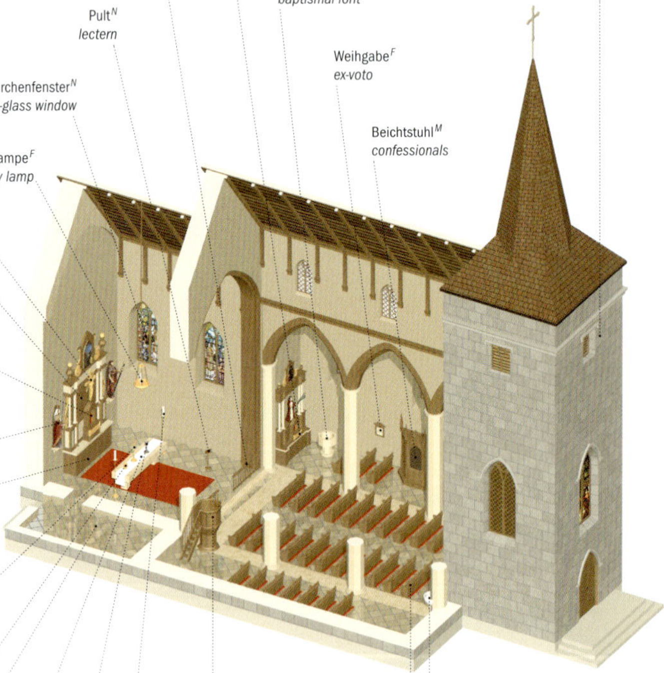

Synagoge[F]
synagogue

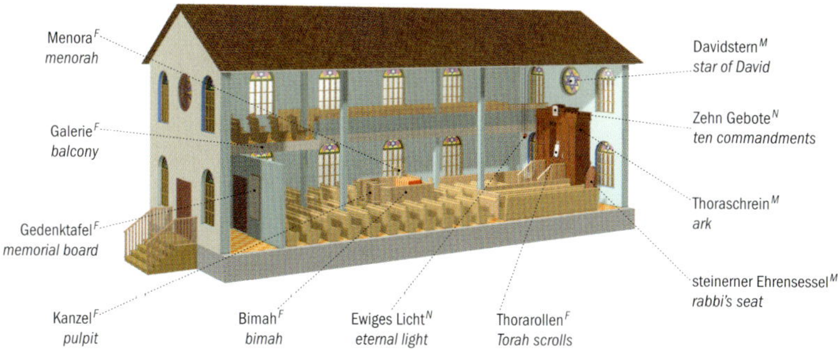

Moschee[F]
mosque

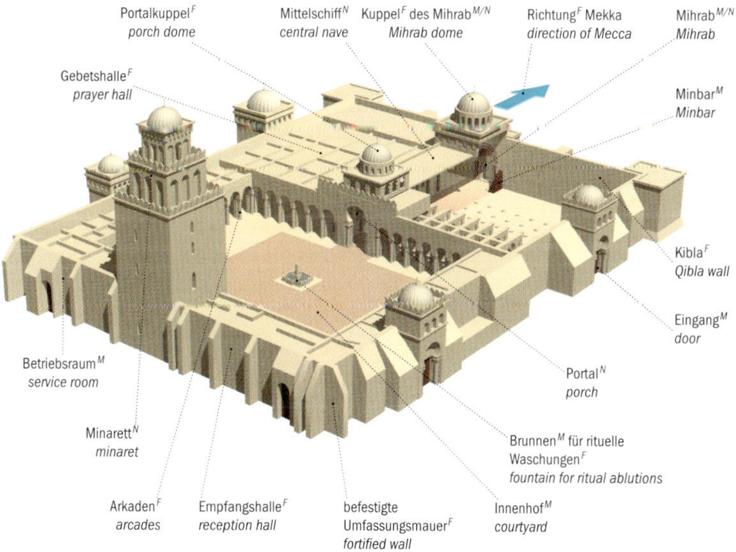

Flaggen[F]
flags

Amerika
Americas

1 
Kanada
Canada

2 
Vereinigte Staaten[M] von Amerika
United States of America

3 
Mexiko
Mexico

4 
Honduras
Honduras

5 
Guatemala
Guatemala

6 
Belize
Belize

7 
El Salvador
El Salvador

8 
Nicaragua
Nicaragua

9 
Costa Rica
Costa Rica

10 
Panama
Panama

11 
Kolumbien
Colombia

12 
Venezuela
Venezuela

13 
Guyana
Guyana

14 
Surinam
Suriname

15 
Ecuador
Ecuador

16 
Peru
Peru

17 
Brasilien
Brazil

18 
Bolivien
Bolivia

19 
Paraguay
Paraguay

20 
Chile
Chile

21 
Argentinien
Argentina

22 
Uruguay
Uruguay

Karibische Inseln[F]
Caribbean Islands

23 
Bahamas[F]
Bahamas

24 
Kuba
Cuba

25 
Jamaika
Jamaica

26 
Haiti
Haiti

GESELLSCHAFT

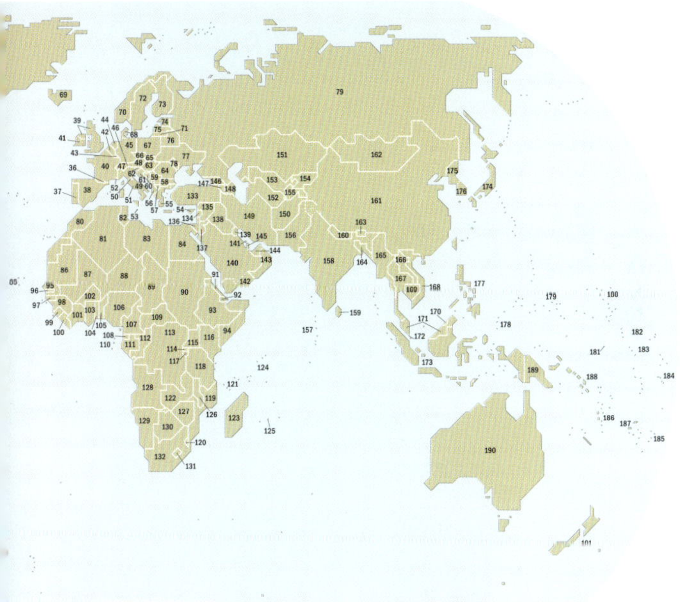

27

Saint Kitts und Nevis
Saint Kitts and Nevis

28

Antigua und Barbuda
Antigua and Barbuda

29

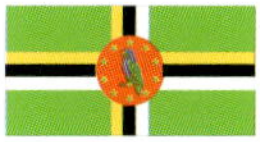

Dominica
Dominica

30

St. Lucia
Saint Lucia

31

Saint Vincent und die Grenadinen
Saint Vincent and the Grenadines

32

Dominikanische Republik[F]
Dominican Republic

33

Barbados
Barbados

34

Grenada
Grenada

35

Trinidad und Tobago
Trinidad and Tobago

Europa
Europe

36

Andorra
Andorra

37

Portugal
Portugal

38

Spanien
Spain

39

Vereinigtes Königreich[N] von Großbritannien und Nordirland
United Kingdom of Great Britain and Northern Ireland

40

Frankreich
France

41

Irland
Ireland

42

Belgien
Belgium

43

Luxemburg
Luxembourg

44

Niederlande[F]
Netherlands

Flaggen[F]

45 
Deutschland
Germany

46 
Liechtenstein
Liechtenstein

47 
Schweiz[F]
Switzerland

48 
Österreich
Austria

49 
Italien
Italy

50 
San Marino
San Marino

51 
Vatikanstaat[M]
Vatican City State

52 
Monaco
Monaco

53 
Malta
Malta

54 
Zypern
Cyprus

55 
Griechenland
Greece

56 
Albanien
Albania

57 
Mazedonien
Macedonia

58 
Bulgarien
Bulgaria

59 
Jugoslawien
Yugoslavia

60 
Bosnien und Herzegowina[F]
Bosnia-Herzegovina

61 
Kroatien
Croatia

62 
Slowenien
Slovenia

63 
Ungarn
Hungary

64 
Rumänien
Romania

65 
Slowakische Republik[F]
Slovakia

66 
Tschechische Republik[F]
Czech Republic

67 
Polen
Poland

68 
Dänemark
Denmark

69 
Island
Iceland

70 
Norwegen
Norway

71 
Litauen
Lithuania

72 
Schweden
Sweden

73 
Finnland
Finland

74 
Estland
Estonia

75 
Lettland
Latvia

76 
Weißrussland
Belarus

77 
Ukraine[F]
Ukraine

78 
Moldawien
Moldova

79 
Russland
Russian Federation

GESELLSCHAFT

Afrika
Africa

80 
Marokko
Morocco

81 
Algerien
Algeria

82 
Tunesien
Tunisia

83 
Libyen
Libya

84 
Ägypten
Egypt

85 
Kap Verde
Cape Verde Islands

86 
Mauretanien
Mauritania

87 
Mali
Mali

88 
Niger^{M}
Niger

89 
Tschad^{M}
Chad

90 
Sudan^{M}
Sudan

91 
Eritrea
Eritrea

92 
Dschibuti
Djibouti

93 
Äthiopien
Ethiopia

94 
Somalia
Somalia

95 
Senegal^{M}
Senegal

96 
Gambia
Gambia

97 
Guinea-Bissau
Guinea-Bissau

98 
Guinea
Guinea

99 
Sierra Leone
Sierra Leone

100 
Liberia
Liberia

101 
Elfenbeinküste^{F}
Ivory Coast

102 
Burkina Faso
Burkina Faso

103 
Ghana
Ghana

104 
Togo
Togo

105 
Benin
Benin

106 
Nigeria
Nigeria

107 
Kamerun
Cameroon

108 
Äquatorialguinea
Equatorial Guinea

109 
Zentralafrikanische Republik^{F}
Central African Republic

110 
São Tomé und Príncipe
Sao Tome and Principe

111 
Gabun
Gabon

112 
Kongo^{M}
Congo

113 
Republik^{F} Kongo^{M}
Democratic Republic of Congo

114 
Ruanda
Rwanda

115 
Uganda
Uganda

116 
Kenia
Kenya

117 
Burundi
Burundi

118 
Tansania
Tanzania

119 
Mosambik
Mozambique

120 
Swasiland[N]
Swaziland

121 
Komoren[F]
Comoros

122 
Sambia
Zambia

123 
Madagaskar
Madagascar

124 
Seychellen[F]
Seychelles

125 
Mauritius
Mauritius

126 
Malawi
Malawi

127 
Simbabwe
Zimbabwe

128 
Angola
Angola

129 
Namibia
Namibia

130 
Botswana
Botswana

131 
Lesotho
Lesotho

132 
Südafrika
South Africa

Asien
Asia

133 
Türkei[F]
Turkey

134 
Libanon[M]
Lebanon

135 
Syrien
Syria

136 
Israel
Israel

137 
Jordanien
Jordan

138 
Irak[M]
Iraq

139 
Kuwait
Kuwait

140 
Saudi-Arabien
Saudi Arabia

141 
Bahrain
Bahrain

142 
Jemen[M]
Yemen

143 
Oman
Oman

144 
Vereinigte Arabische Emirate[N]
United Arab Emirates

145 
Katar
Qatar

146 
Georgien
Georgia

147 
Armenien
Armenia

148 
Aserbeidschan
Azerbaijan

149 
Iran[M]
Iran

150 
Afghanistan
Afghanistan

151 
Kasachstan
Kazakhstan

152 
Turkmenistan
Turkmenistan

153 
Usbekistan
Uzbekistan

154 
Kirgisistan
Kyrgyzstan

155 
Tadschikistan
Tajikistan

156 
Pakistan
Pakistan

157 
Malediven[F]
Maldives

158 
Indien
India

159 
Sri Lanka
Sri Lanka

160 
Nepal
Nepal

161 
China
China

162 
Mongolei[F]
Mongolia

163 
Bhutan
Bhutan

164 
Bangladesch
Bangladesh

165 
Myanmar
Myanmar

166 
Laos
Laos

167 
Thailand
Thailand

168 
Vietnam
Vietnam

169 
Kambodscha
Cambodia

170 
Brunei
Brunei Darussalam

171 
Malaysia
Malaysia

172 
Singapur
Singapore

173 
Indonesien
Indonesia

174 
Japan
Japan

175 
Nord-Korea
Democratic People's Republic of Korea

176 
Süd-Korea
Republic of Korea

Ozeanien und Polynesien
Oceania and Polynesia

177 
Philippinen[F]
Philippines

178 
Palau
Palau

179 
Mikronesien
Micronesia

180 
Marshallinseln[F]
Marshall Islands

181 
Nauru
Nauru

182 
Kiribati
Kiribati

183 
Tuvalu
Tuvalu

184 
Samoa
Samoa

185 
Tonga
Tonga

186 
Vanuatu
Vanuatu

187 
Fidschi
Fiji

188 
Salomoninseln[F]
Solomon Islands

189 
Papua-Neuguinea
Papua New Guinea

190 
Australien
Australia

191 
Neuseeland
New Zealand

Brandbekämpfung^F
fire prevention

Brandbekämpfungsmaterial^N
fire-fighting material

Rauchmelder^M
smoke detector

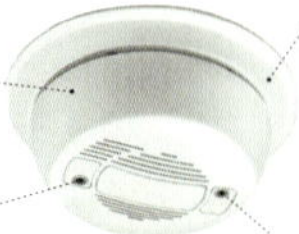

Unterteil^N
base

Abdeckung^F
cover

Testknopf^M
test button

Kontrollleuchte^F
indicator light

Handfeuerlöscher^M
portable fire extinguisher

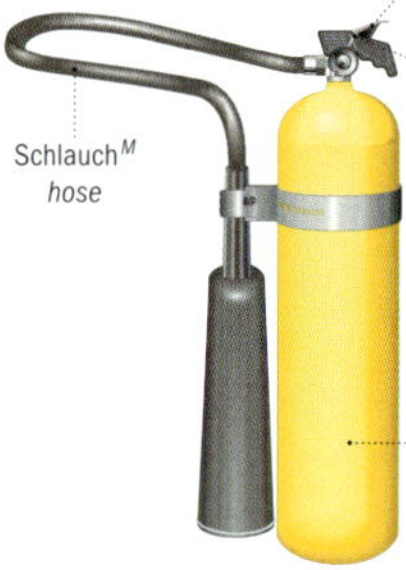

Abzug^M
trigger

Sicherungsstift^M
pin

Schlauch^M
hose

Löschmittelbehälter^M
tank

Einreißhaken^M
pike pole

Beil^N
hatchet

Schlauchleitung^F
fire hose

Überflurhydrant^M
fire hydrant

Feuerwehrmann^M
firefighter

Feuerschutzhelm^M
helmet

Druckluftflasche^F
compressed-air cylinder

geschlossener Gesichtsschutz^M
full face mask

geschlossenes Atemschutzsystem^N
self-contained breathing apparatus

Atemluftzufuhrschlauch^M
air-supply tube

Druckregler^M
pressure demand regulator

Funkmeldeempfänger^M
mandown alarm

Einsatzkleidung^F
turnouts

Gummistiefel^M
rubber boot

Löschfahrzeuge[N]
fire engines

Pumplöschfahrzeug[N]
pumper

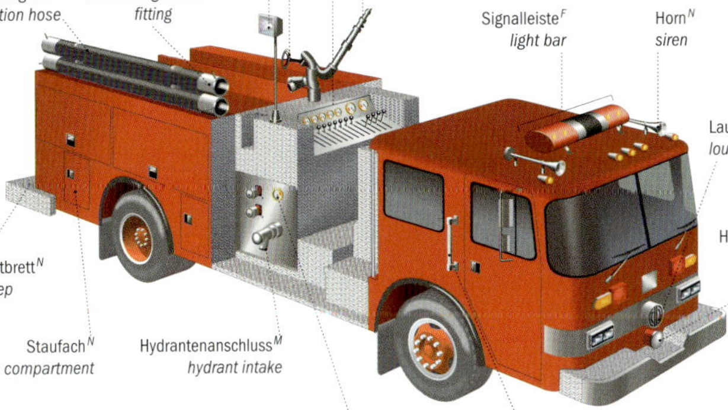

Drehleiterfahrzeug[N]
aerial ladder truck

vorbeugende Verbrechensbekämpfung^F
crime prevention

Polizeibeamter^M
police officer

Dienstgürtel^M
duty belt

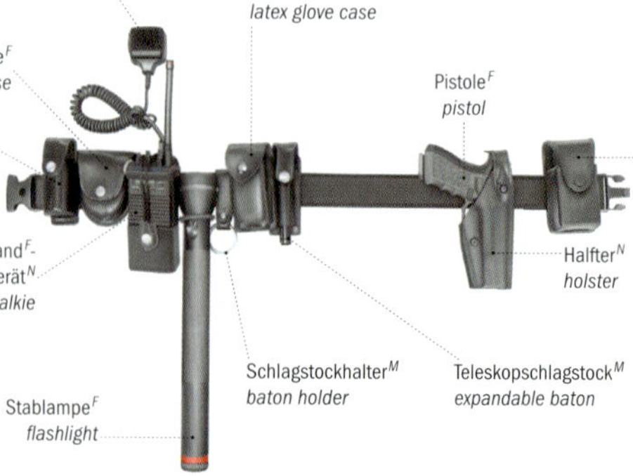

GESELLSCHAFT

Armaturenbrettausrüstung^F
dashboard equipment

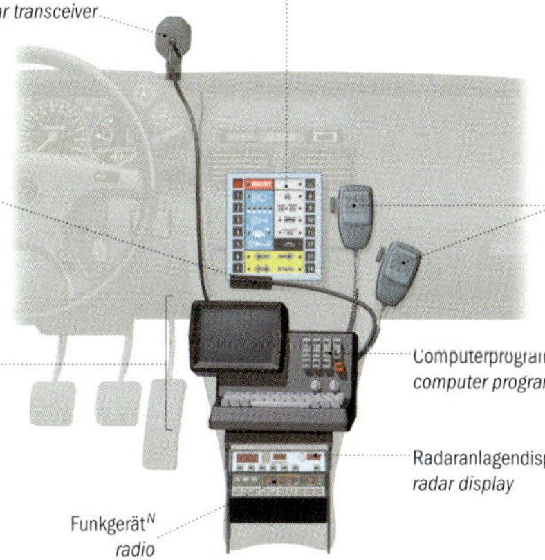

Polizeifahrzeug^N
police car

Gehörschutz[M]
ear protection

Ohrenschützer[M]
safety earmuffs

Ohrstöpsel[M]
earplugs

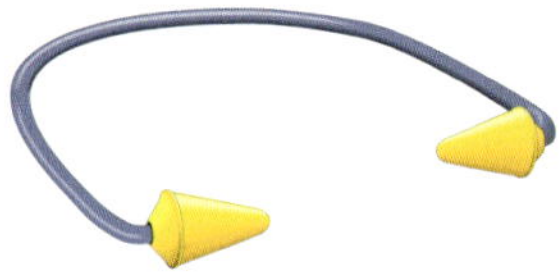

Augenschutz[M]
eye protection

Schutzbrille[F]
safety glasses

Schutzmaske[F]
safety goggles

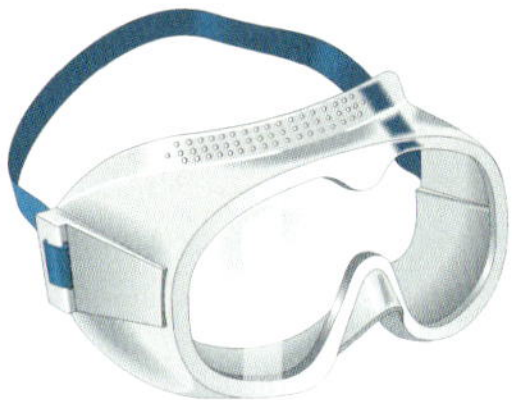

Kopfschutz[M]
head protection

Schutzhelm[M]
hard hat

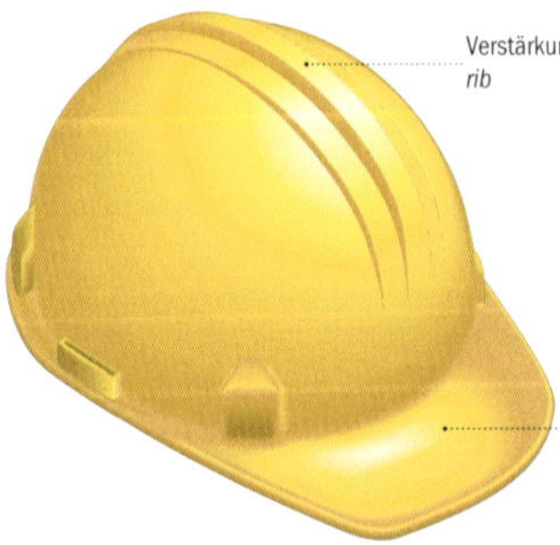

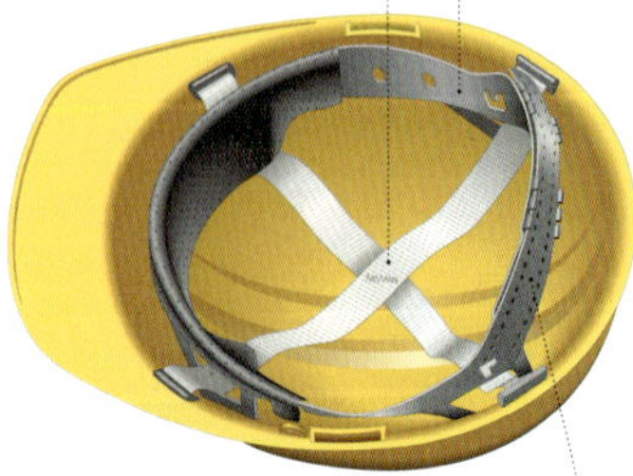

Atemschutz[M]
respiratory system protection

Gasmaske[F]
respirator

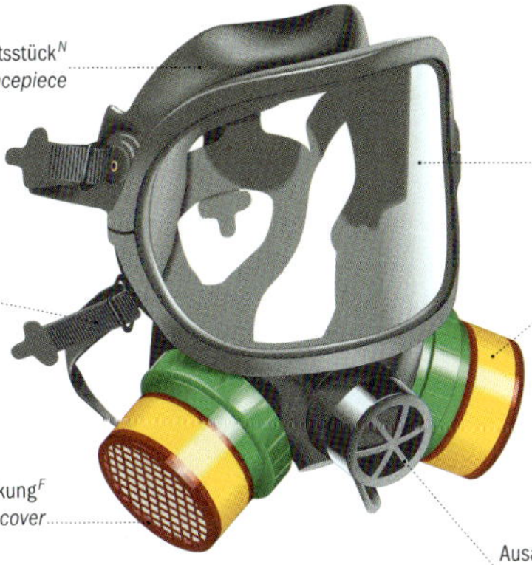

leichte Atemschutzmaske[F]
half-mask respirator

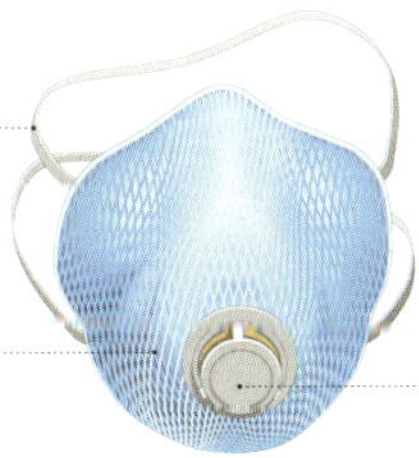

Fußschutz[M]
foot protection

Sicherheitsschuh[M]
safety boot

Zehenschützer[M]
toe guard

Notfallausrüstung[F]
first aid equipment

Stethoskop[N]
stethoscope

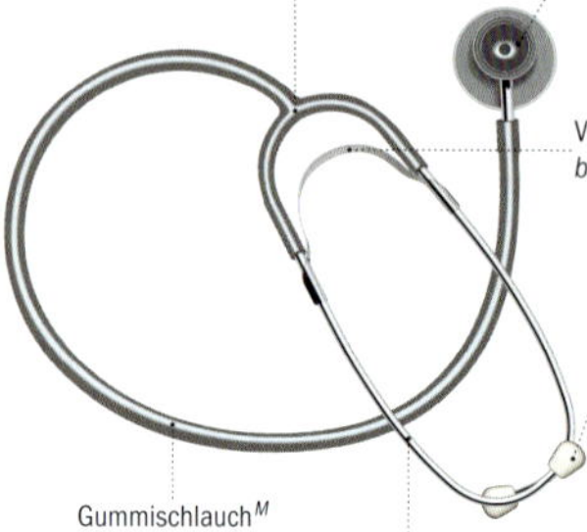

Spritze[F]
syringe

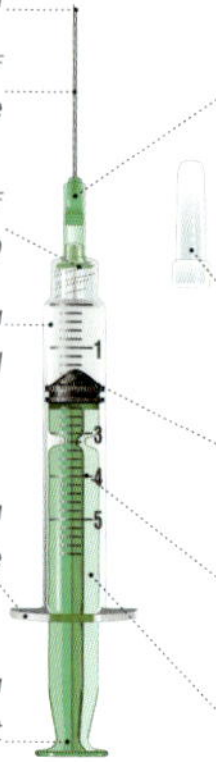

Latexhandschuh[M]
latex glove

Klistierspritze[F]
syringe for irrigation

Fahrtrage[F]
hospital trolley

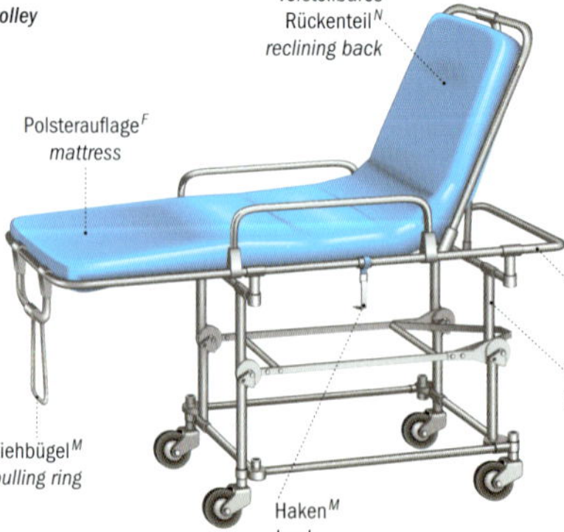

Krankentrage[F]
stretcher

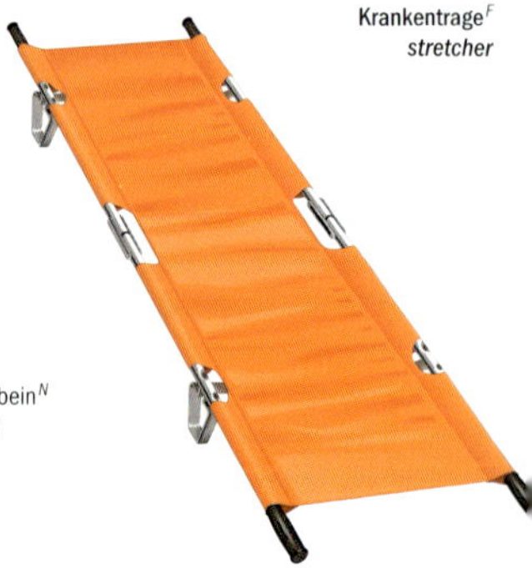

Erste-Hilfe-Kasten^M
first aid kit

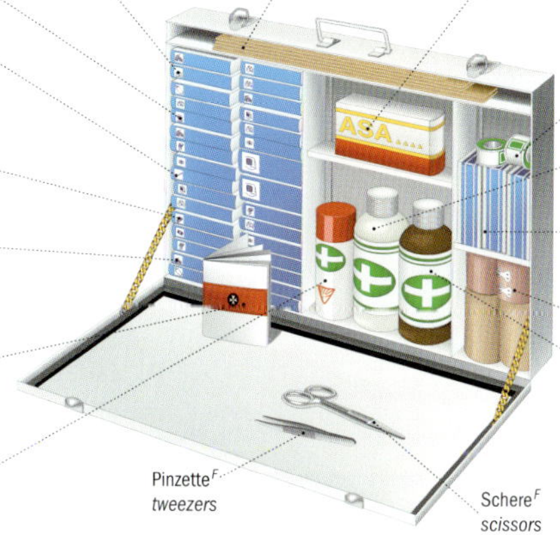

Fieberthermometer^N
clinical thermometers

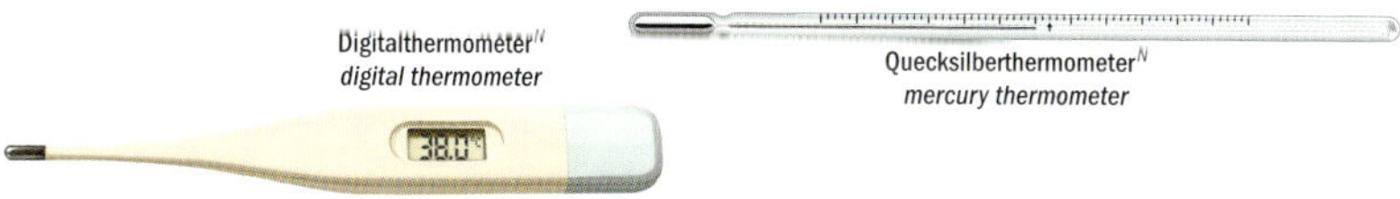

Blutdruckmessgerät^N
blood pressure monitor

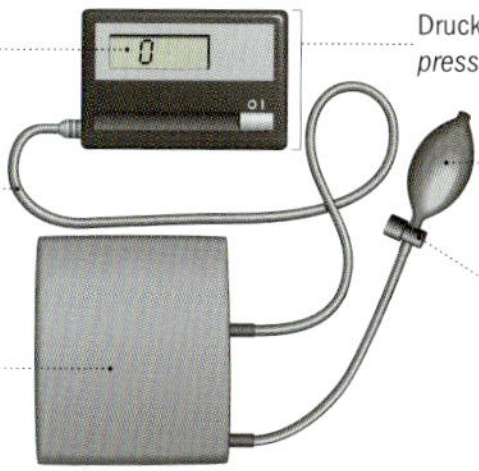

Krankenhaus[N]

hospital

Unfallstation[F]
emergency

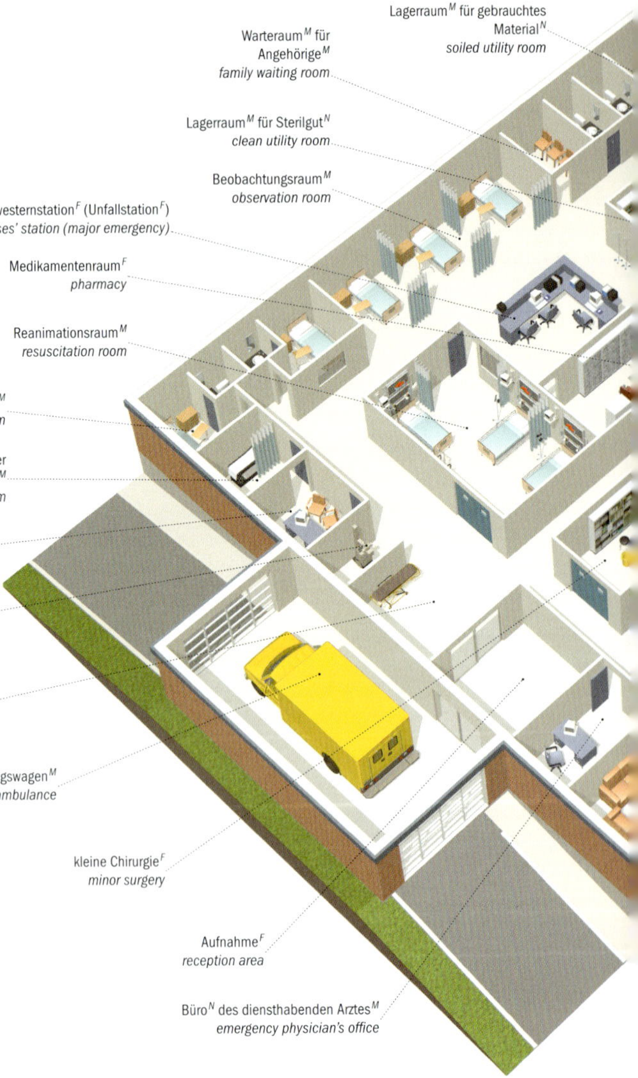

Lagerraum[M] für gebrauchtes Material[N]
soiled utility room

Warteraum[M] für Angehörige[M]
family waiting room

Lagerraum[M] für Sterilgut[N]
clean utility room

Beobachtungsraum[M]
observation room

Schwesternstation[F] (Unfallstation[F])
nurses' station (major emergency)

Medikamentenraum[F]
pharmacy

Reanimationsraum[M]
resuscitation room

Isolierraum[M]
isolation room

psychiatrischer Beobachtungsraum[M]
psychiatric observation room

psychiatrischer Untersuchungsraum[M]
psychiatric examination

fahrbares Röntgengerät[N]
mobile X-ray unit

Tragen[F]-Abstellraum[M]
stretcher area

Rettungswagen[M]
ambulance

kleine Chirurgie[F]
minor surgery

Aufnahme[F]
reception area

Büro[N] des diensthabenden Arztes[M]
emergency physician's office

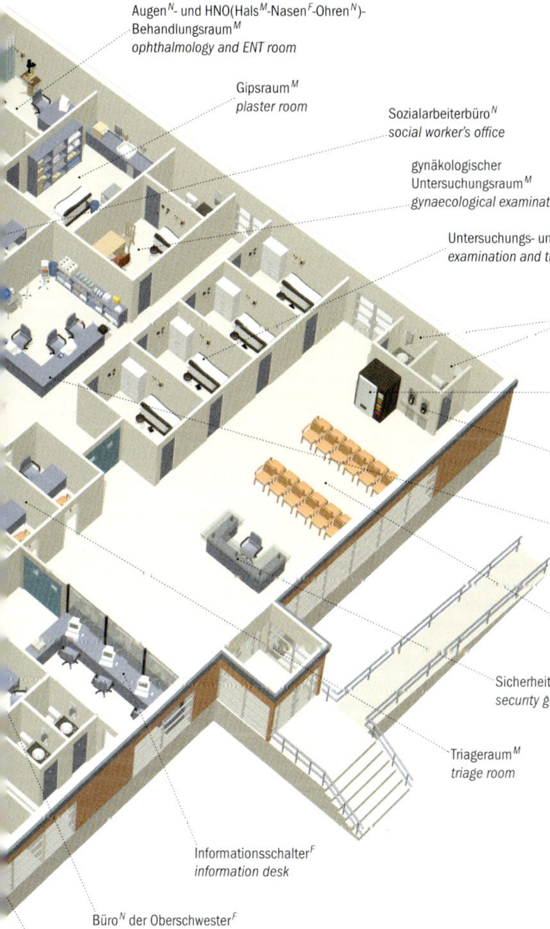
Augen[N]- und HNO(Hals[M]-Nasen[F]-Ohren[N])-Behandlungsraum[M]
ophthalmology and ENT room
Gipsraum[M]
plaster room
Sozialarbeiterbüro[N]
social worker's office
gynäkologischer Untersuchungsraum[M]
gynaecological examination room
Untersuchungs- und Behandlungsraum[M]
examination and treatment room
Toiletten[F]
toilets
Getränkeautomat[M]
beverage dispenser
Münzfernsprecher[M]
pay phone
Schwesternstation[F] (ambulante Unfallstation[F])
nurses' station (ambulatory emergency)
Warteraum[M]
waiting room
Sicherheitsdienst[M]
security guard's workstation
Triageraum[M]
triage room
Informationsschalter[F]
information desk
Büro[N] der Oberschwester[F]
head nurse's office
Personalraum[M]
staff lounge

Krankenzimmer^N
patient room

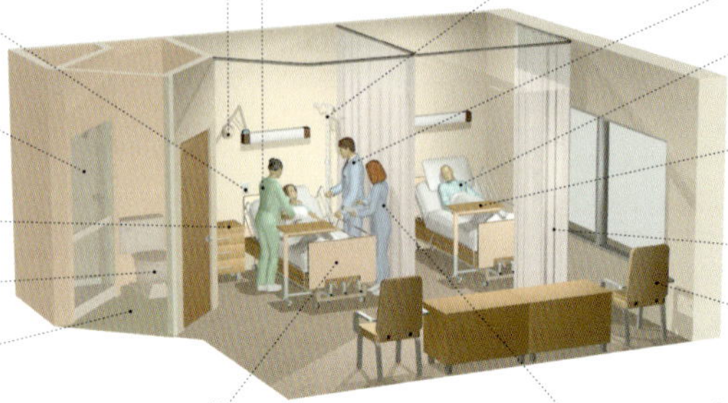

Operationsabteilung^F
operating suite

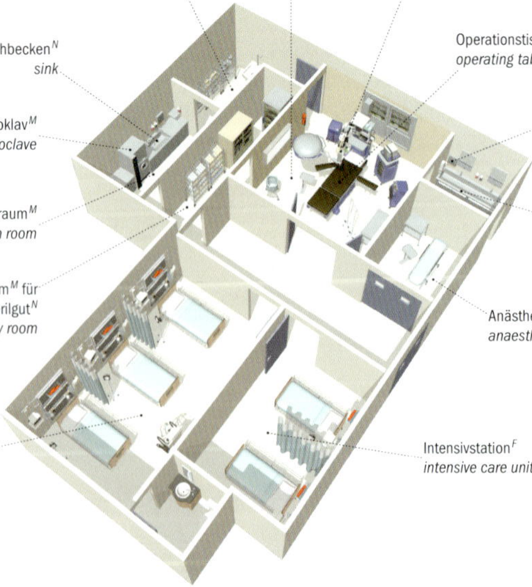

Poliklinik[F]
ambulatory care unit

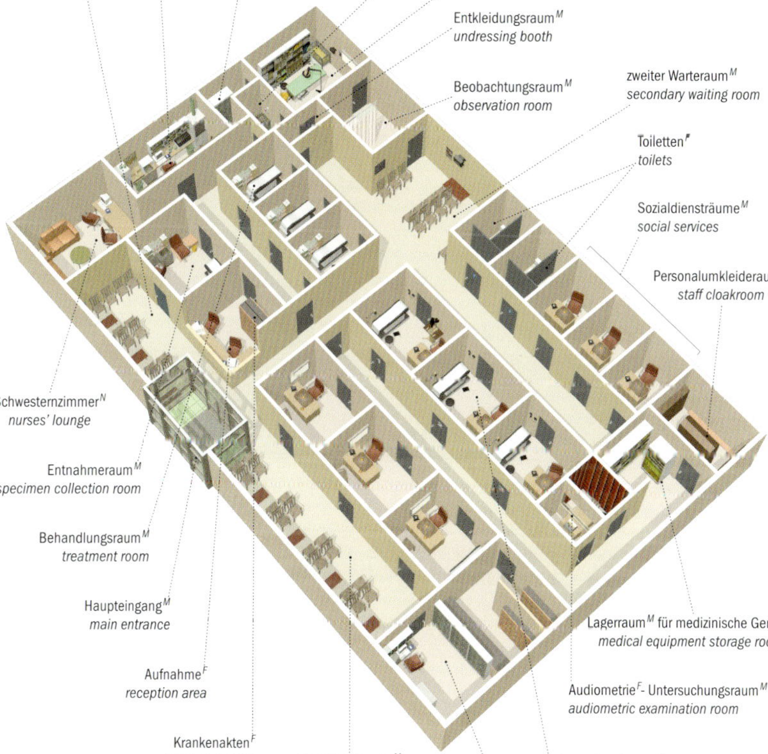

Gehhilfen[F]

walking aids

Gehkrücke[F]
forearm crutch

Achselkrücke[F]
underarm crutch

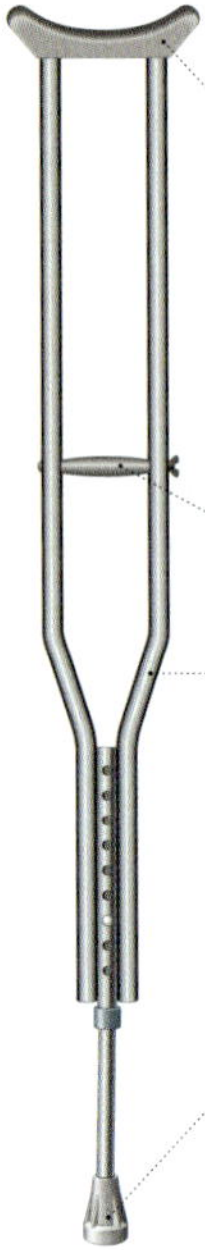

Spazierstock[M]
walking stick

vierfüßiger Stock[M]
quadruped stick

englischer Stock[M]
English stick

orthopädischer Stock[M]
ortho-stick

Gehgestell[N]
walking frame

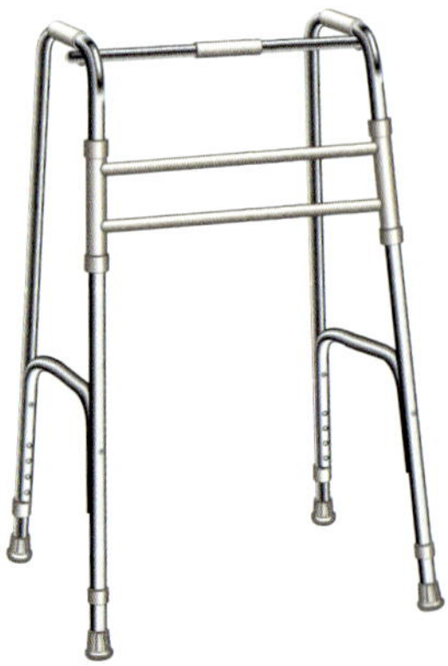

Rollstuhl[M]
wheelchair

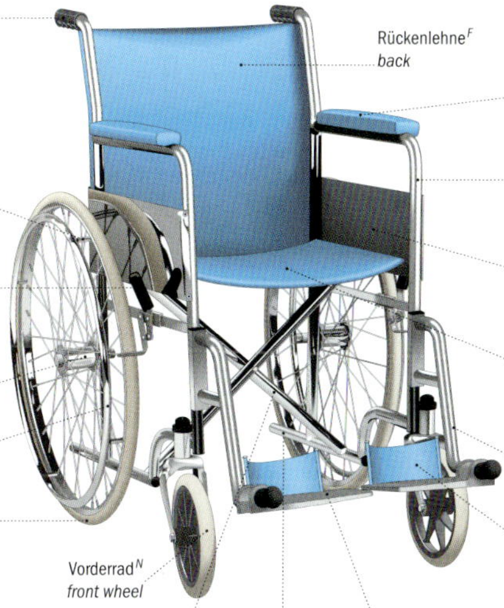

Arzneimittel[N]-Darreichungsformen[F]
pharmaceutical forms of medication

Hustensirup[M]
cough syrup

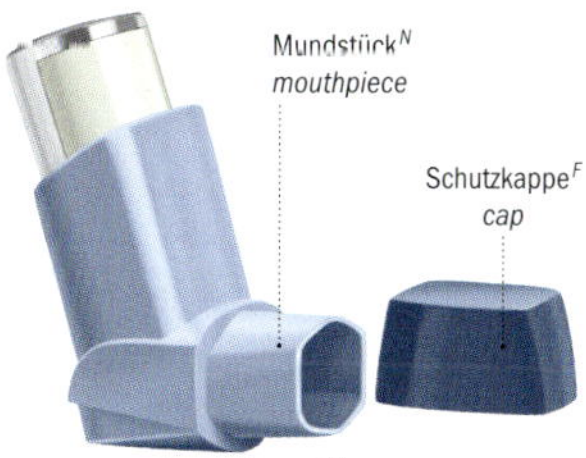

Dosier-Aerosol[N]
metered dose inhaler

Kapsel[F]
capsule

Gelatinekapsel[F]
gelatin capsule

Tablette[F]
tablet

Ampulle[F]
ampoule

Würfel[M] und Dominosteine[M]

dice and dominoes

gewöhnlicher Würfel[M]
ordinary die

Pokerwürfel[M]
poker die

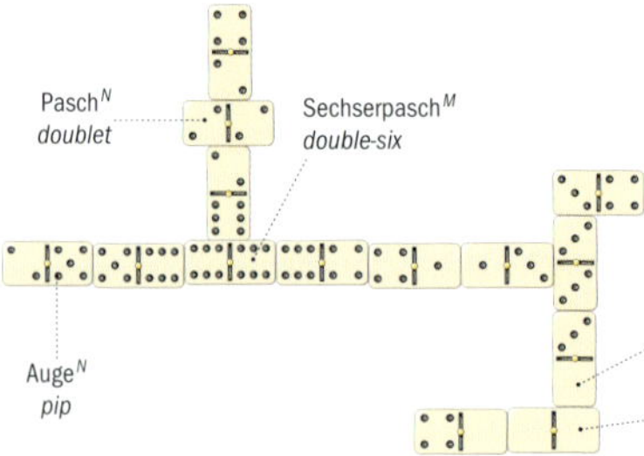

Dominosteine[F]
dominos

Kartenspiele[N]

card games

Farben[F]
symbols

Herz[N]
heart

Karo[N]
diamond

Kreuz[N]
club

Pik[N]
spade

Joker[M]
Joker

Ass[N]
Ace

König[M]
King

Dame[F]
Queen

Bube[M]
Jack

normale Pokerblätter[N]
standard poker hands

höchste Karte[F]
high card

ein Pärchen[N]
one pair

zwei Pärchen[N]
two pairs

Drilling[M]
three-of-a-kind

Straße[F]
straight

Flush[M]
flush

Full House[N]
full house

Vierling[M]
four-of-a-kind

Straight Flush[M]
straight flush

Royal Flush[M]
royal flush

Brettspiel[N]
board game

Backgammon[N]
backgammon

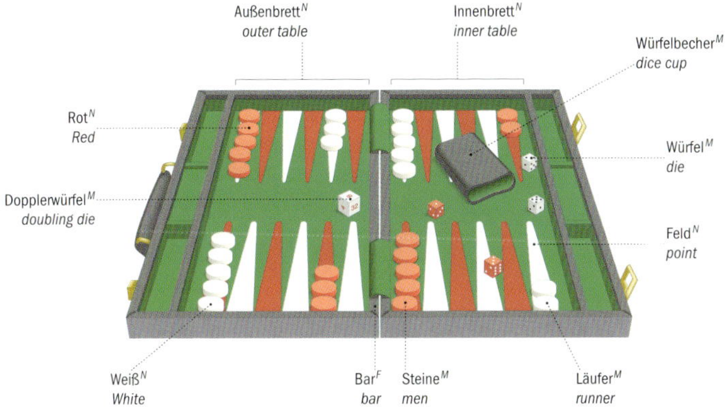

Monopoly®[N]
Monopoly®

Brettspiel^N

Schach^N
chess

Schachbrett^N
chessboard

Damenflanke^F
Queen's side

Königsflanke^F
King's side

Schwarz^N
Black

weißes Feld^N
white square

schwarzes Feld^N
black square

Notation^F
chess notation

Weiß^N
White

Schachfiguren^F
men

Bauer^M
Pawn

Turm^M
Castle

Läufer^M
Bishop

Springer^M
Knight

König^M
King

Dame^F
Queen

Zugarten^F
types of move

diagonaler Zug^M
diagonal move

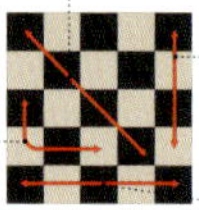

vertikaler Zug^M
vertical move

Rösselsprung^M
square move

horizontaler Zug^M
horizontal move

Go^N
go

Spielbrett^N
board

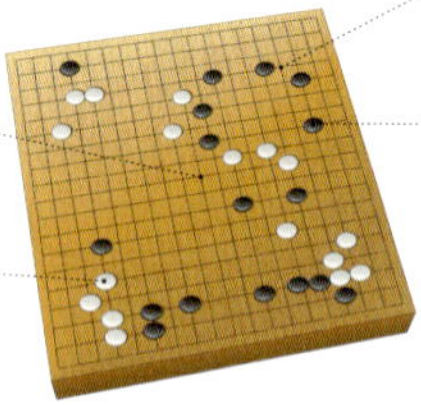

schwacher Punkt^M
handicap spot

Mittelpunkt^M
centre

schwarzer Stein^M
black stone

weißer Stein^M
white stone

Hauptspielzüge^M
major motions

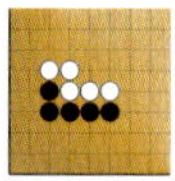

Verbindung^F
connection

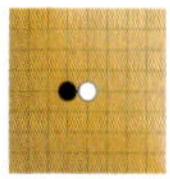

Berührung^F
contact

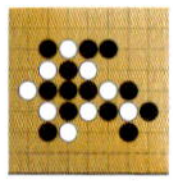

Fangen^N
capture

Dame^F
draughts

Spielstein^M
draught

Spielbrett^N
draughtboard

Videospielsystem^N
video entertainment system

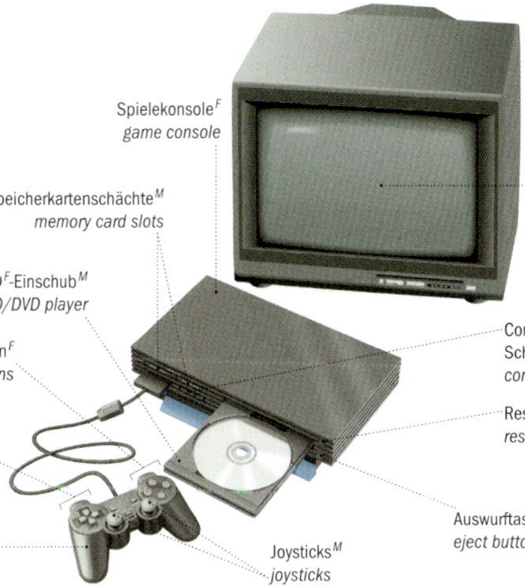

Dartspiel^N
game of darts

Dartscheibe^F
dartboard

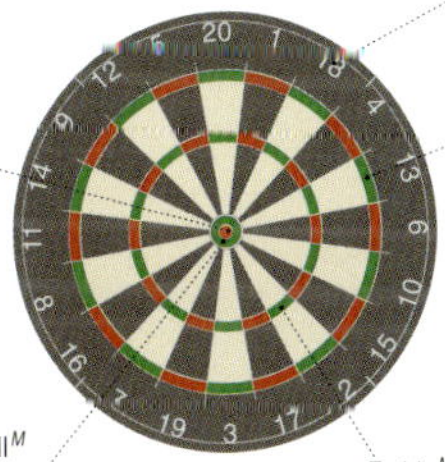

Spielbereich^M
playing area

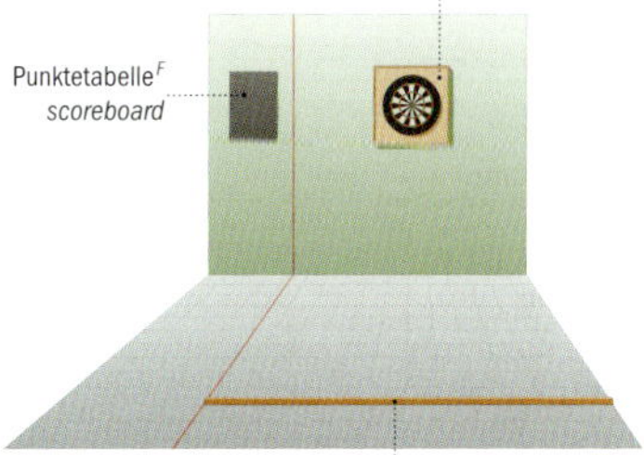

Wurfpfeil^M
dart

SPORT UND SPIELE

Stadion[N]
arena

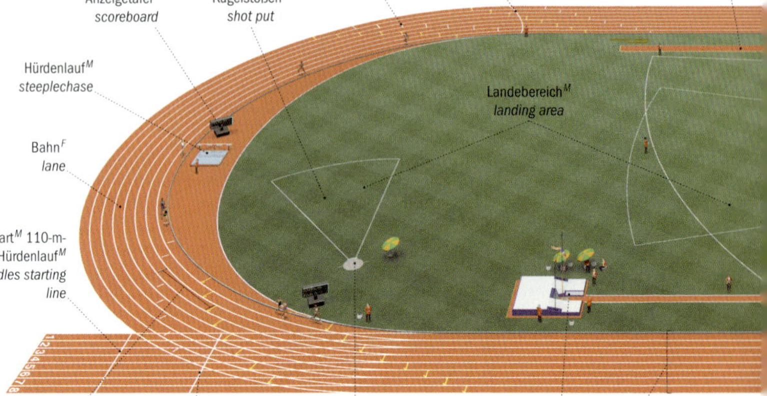

Geräte[N]
equipment

Startpistole[F]
starting pistol

Kugel[F]
shot

Staffelstab[M]
baton

Diskus[M]
discus

Hammer[M]
hammer

Speer[M]
javelin

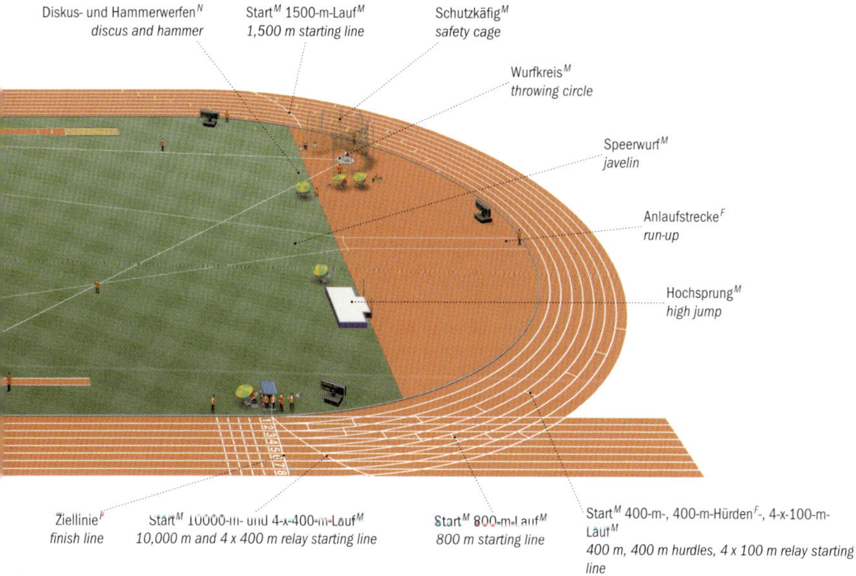

Athletin[F], Startblock[M]
athlete: starting block

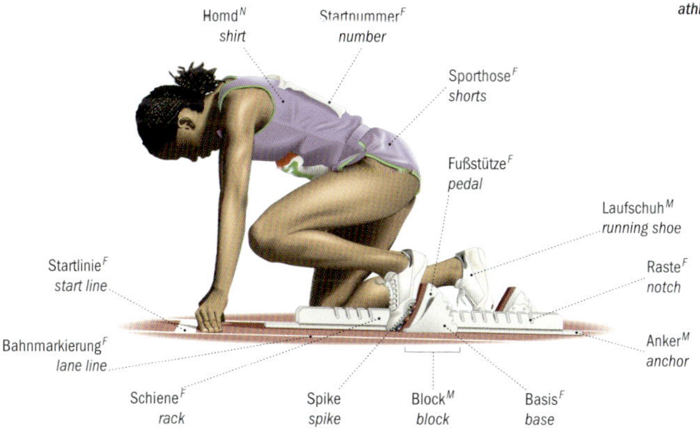

Baseball[M]

baseball

Spielerpositionen[F]
player positions

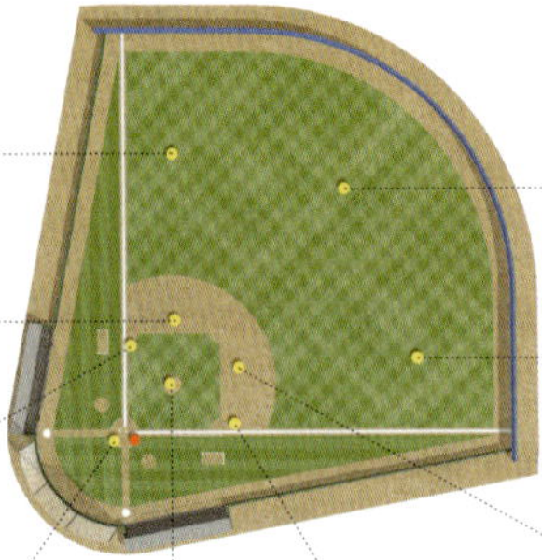

Spielfeld[N]
field

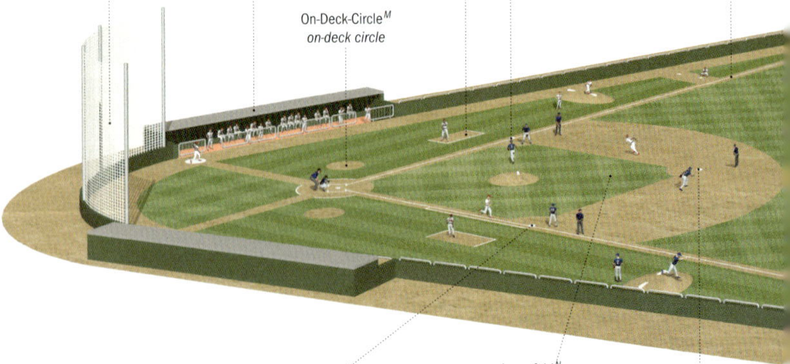

Wurf^M
pitch

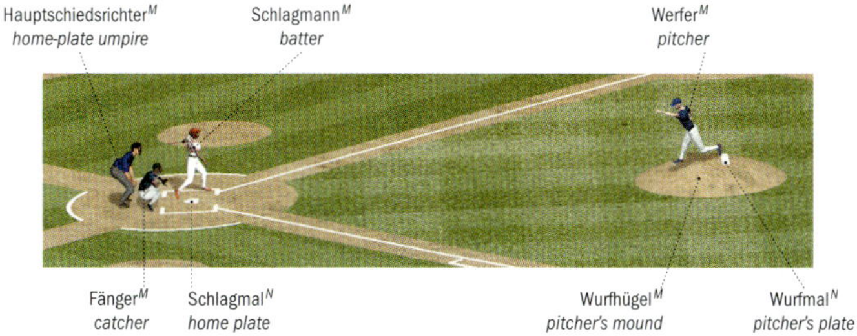
Hauptschiedsrichter^M
home-plate umpire
Schlagmann^M
batter
Werfer^M
pitcher
Fänger^M
catcher
Schlagmal^N
home plate
Wurfhügel^M
pitcher's mound
Wurfmal^N
pitcher's plate

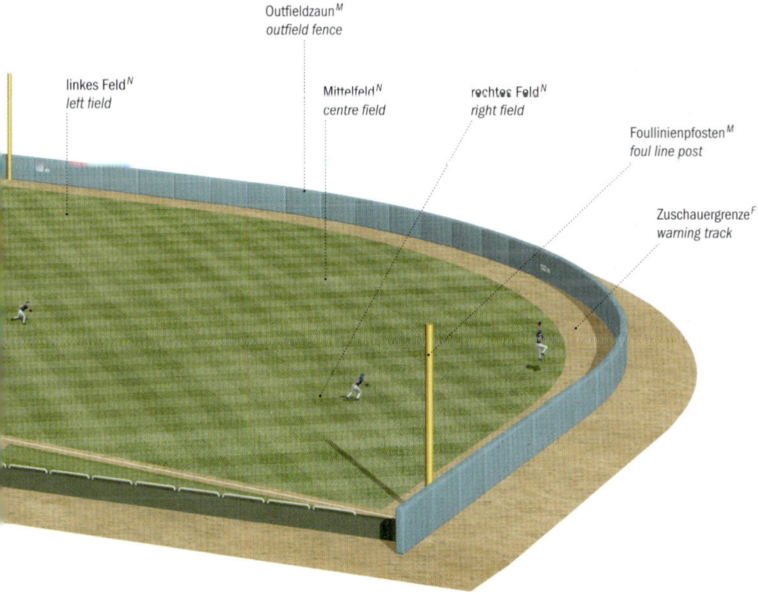
Outfieldzaun^M
outfield fence
linkes Feld^N
left field
Mittelfeld^N
centre field
rechtes Feld^N
right field
Foullinienpfosten^M
foul line post
Zuschauergrenze^F
warning track

Baseball[M]

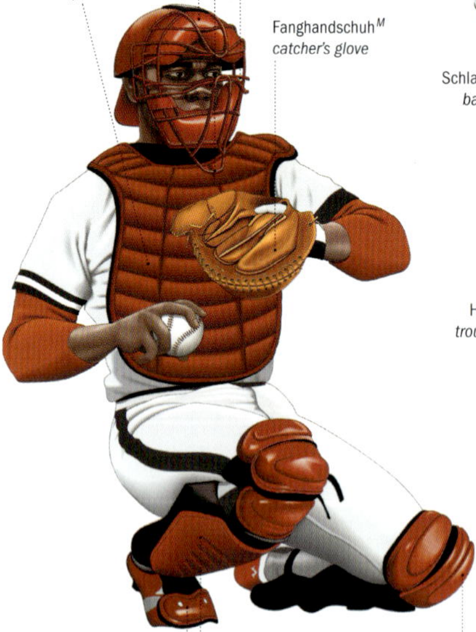

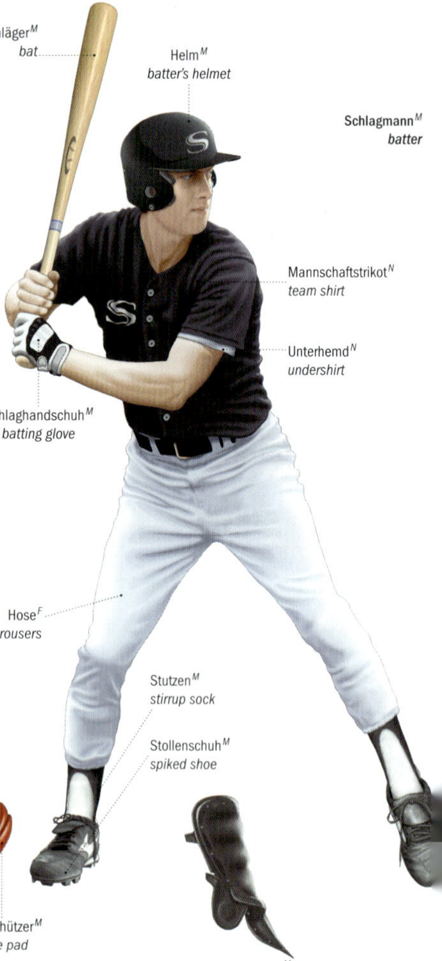

SPORT UND SPIELE

Baseball[M]

Schläger[M]
bat

Baseball[M] im Querschnitt[M]
cross section of a baseball

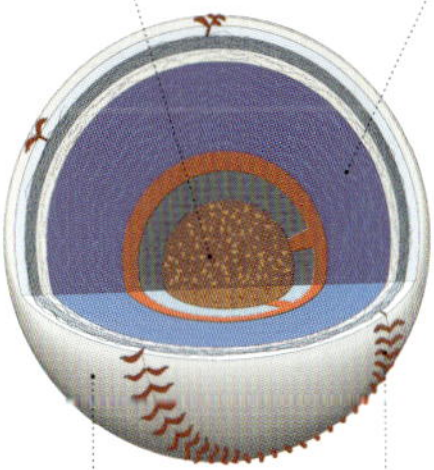

Handschuh[M]
fielder's glove

Softball[M]
softball

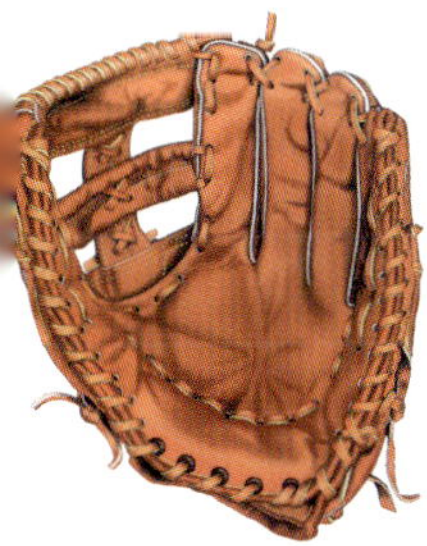

Softballhandschuh[M]
softball glove

Softball[M]
softball

Softballschläger[M]
softball bat

Cricket[N]

cricket

Cricketspieler[M]: Schlagmann[M]
cricket player: batsman

Cricketball[M]
cricket ball

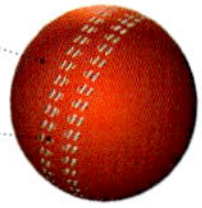

Schlagholz[N]
bat

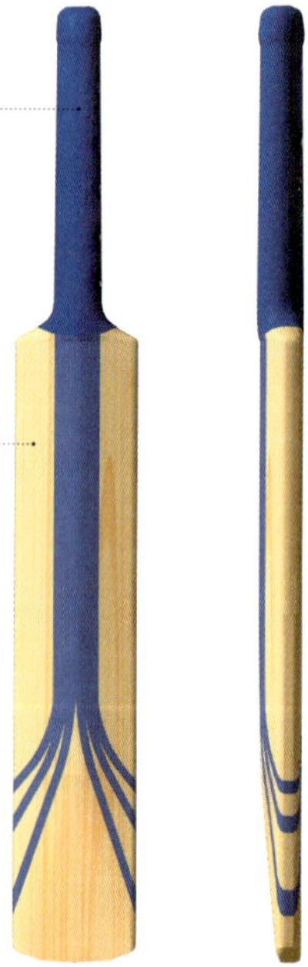

Feld[N]
field

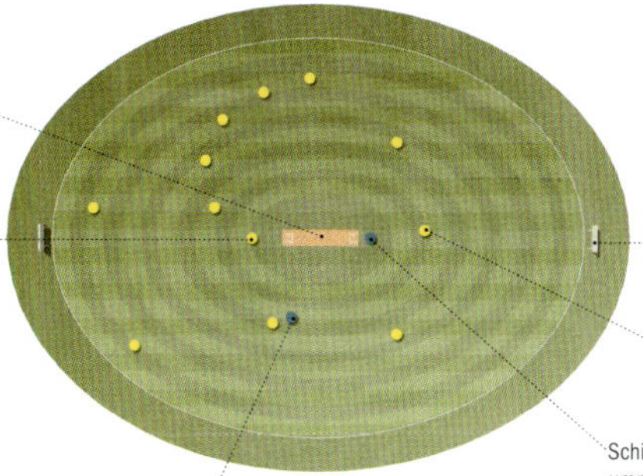

Feldspieler[M]
fielders

Mal[N]
wicket

Spielfeld[N]
pitch

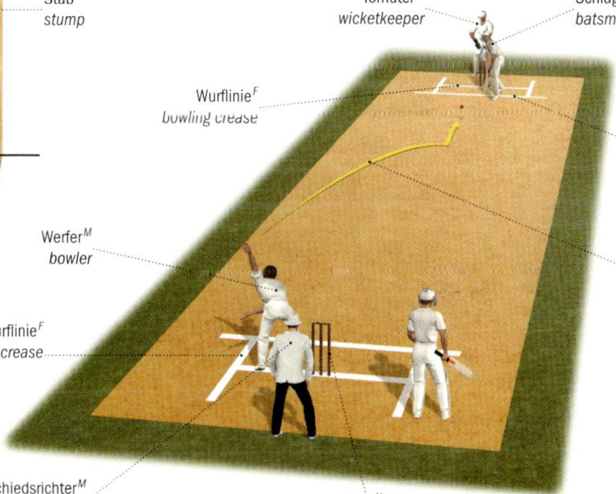

Fußball[M]
association football

Fußballspieler[M]
footballer

Torwarthandschuhe[M]
goalkeeper's gloves

Fußballschuh[M]
football boot

Spielfeld[N]
playing field

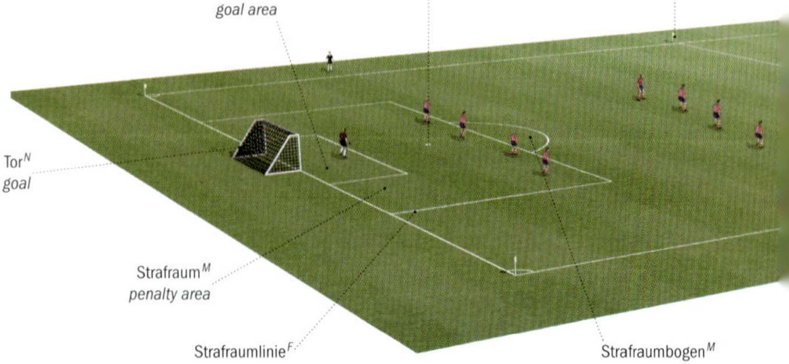

Spielerpositionen[F]
player positions

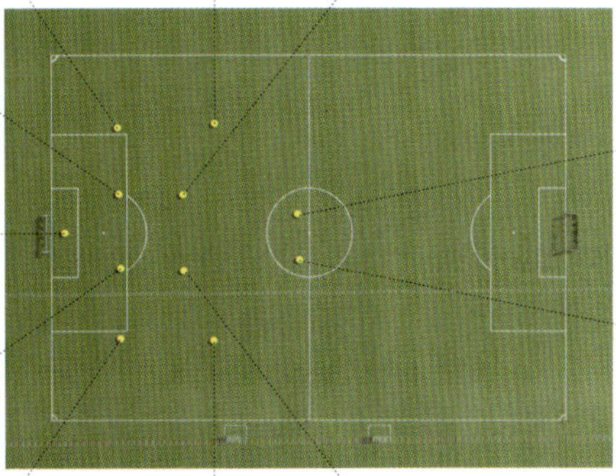

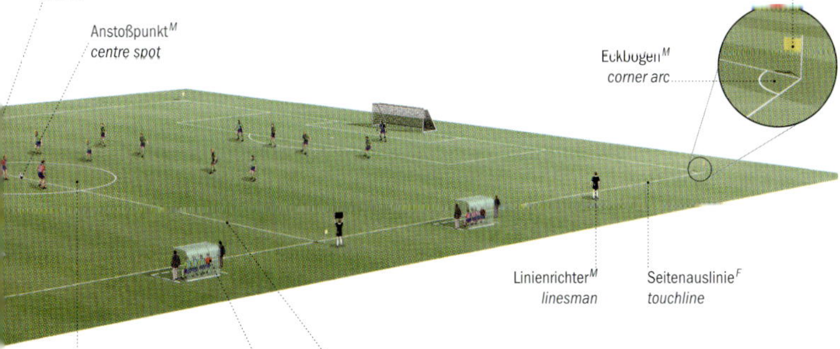

Rugby^{N}

rugby

Spielerpositionen^{F}
player positions

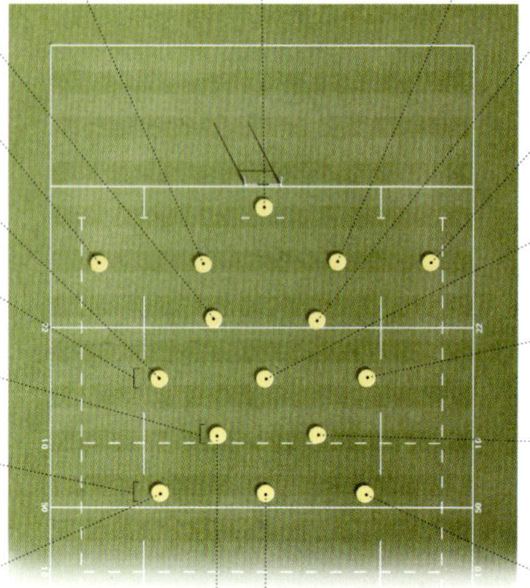

Spielfeld^{N}
field

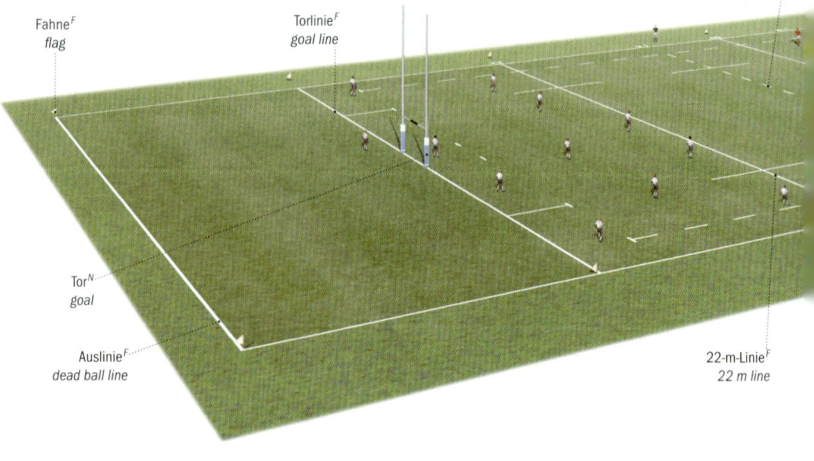

Rugbyball[M]
rugby ball

Rugbyspieler[M]
rugby player

Gedränge[N]
ruck

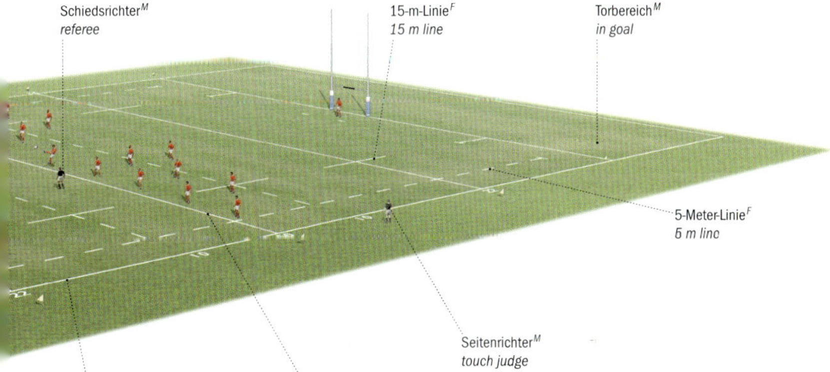

American Football^{M}

American football

Gedränge^{N}: Verteidigung^{F}
scrimmage: defence

Spielfeld^{N} für American Football^{M}
playing field for American football

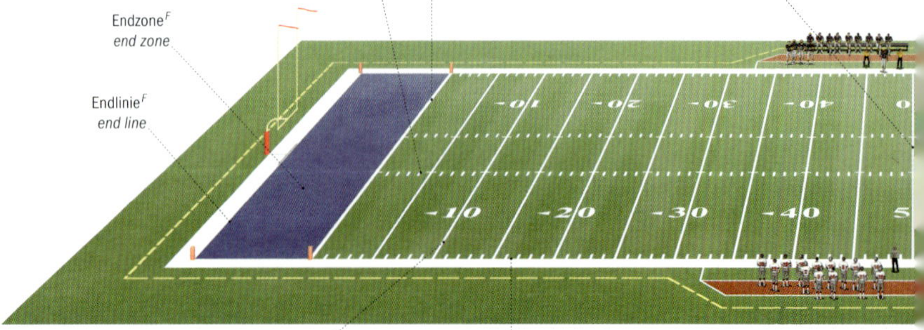

Gedränge^{N}: Angriff^{M}
scrimmage: offence

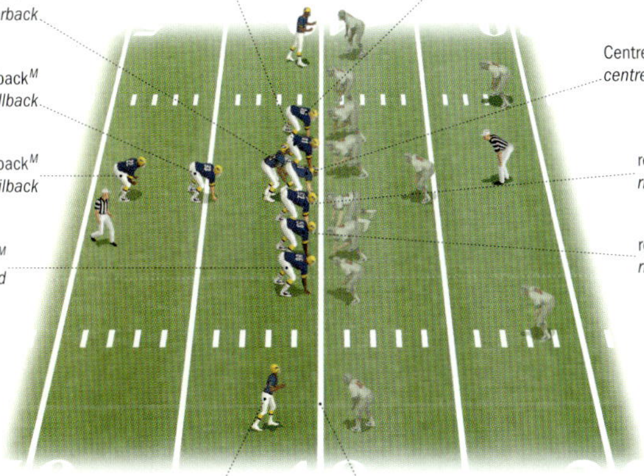

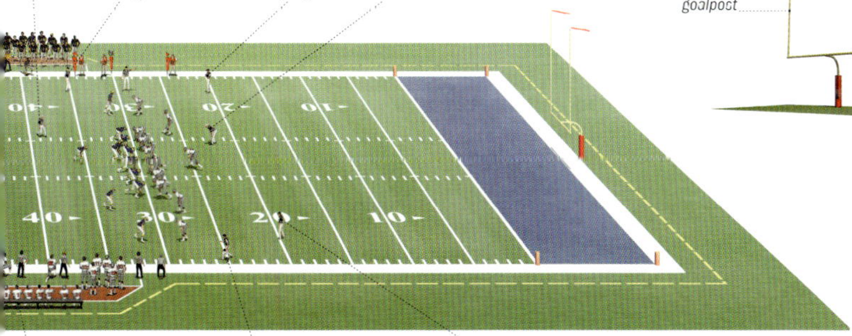

Tor^{N}
goal

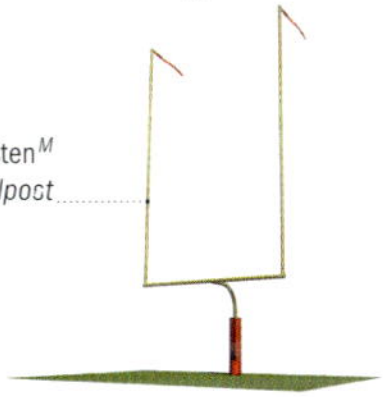

American Football^M

Footballspieler^M
American football player

Schutzausrüstung^F
protective equipment

Kieferschutz^M
tooth guard

Nackenschutz^M
neck pad

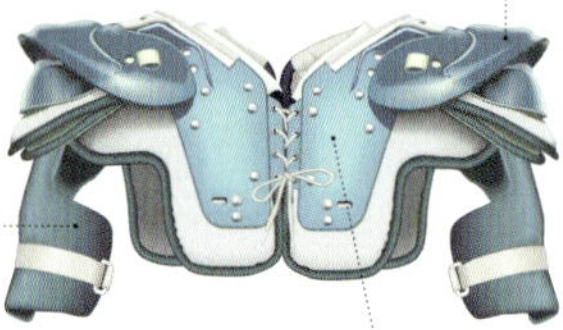

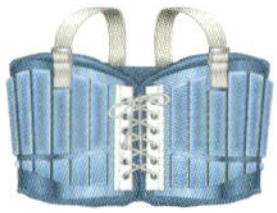

Rippenpolster^N
rib pad

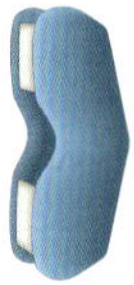

Ellbogenpolster^N
elbow pad

Football^M
football

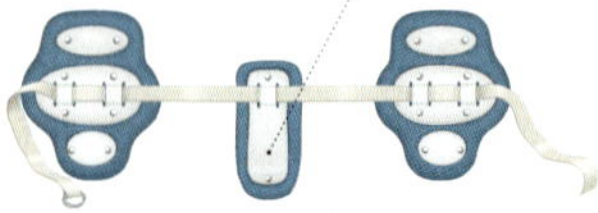

Hüftpolster^N
hip pad

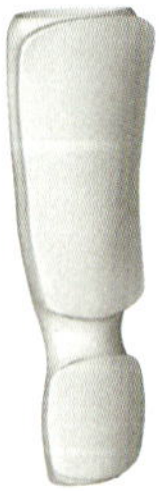

Armschutz^M
forearm pad

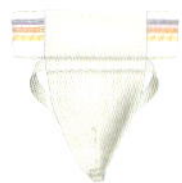

Suspensorium^N
protective cup

Volleyballspiel^{N}
volleyball

Spielfeld^{N}
court

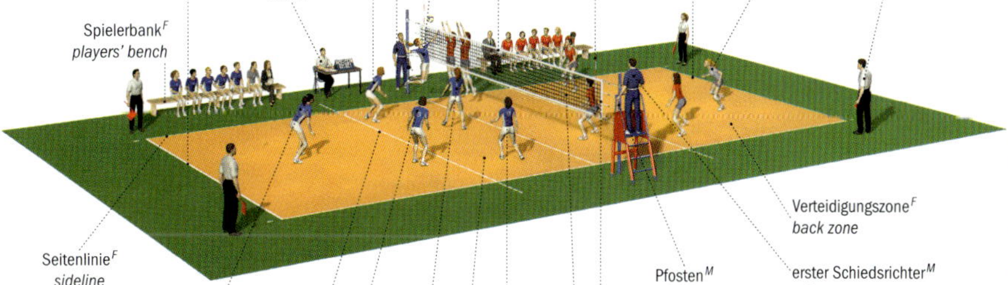

Volleyball^{M}
volleyball

Techniken^{F}
techniques

pritschen
tip

baggern
bump

Aufschlag^{M}
serve

Basketballspiel[N]

basketball

Basketballspieler[M]
basketball player

Spielfeld[N]
court

SPORT UND SPIELE

Spielerpositionen^F
player positions

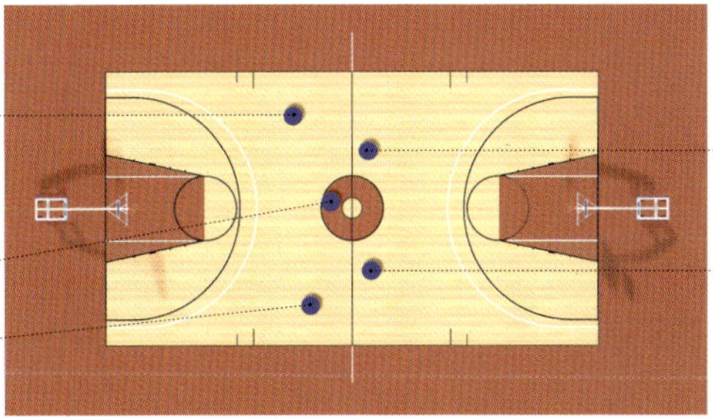

Korbanlage^F
backstop

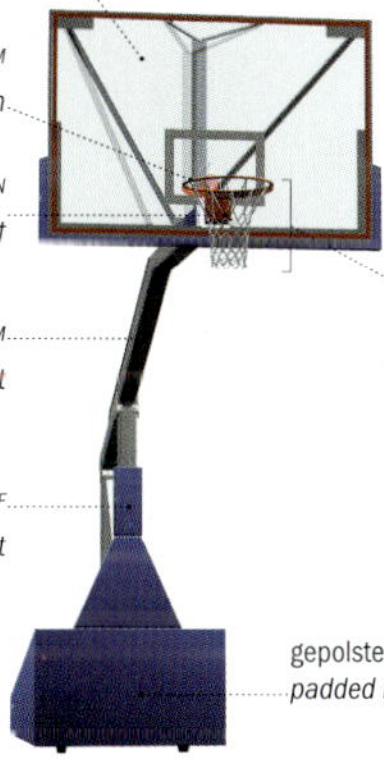

Tennis^N
tennis

Tennisplatz^M
court

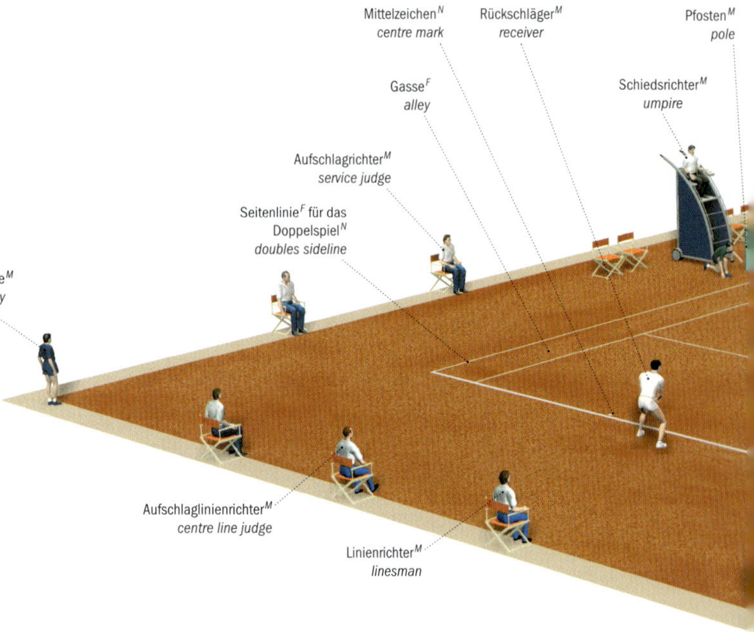

Schläge^M
strokes

Aufschlag^M
serve

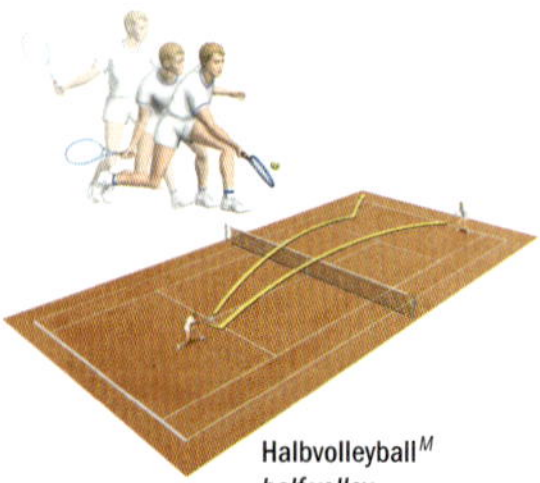

Halbvolleyball^M
half-volley

Volleyball^M
volley

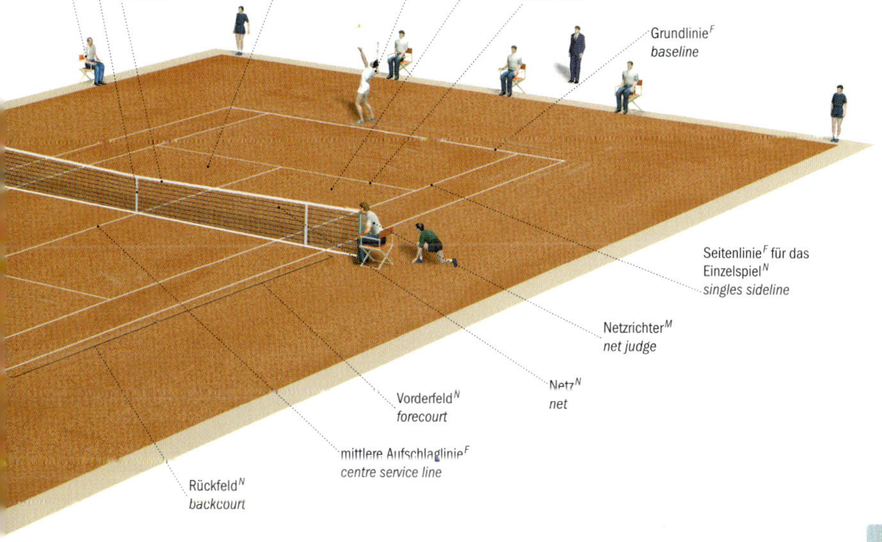

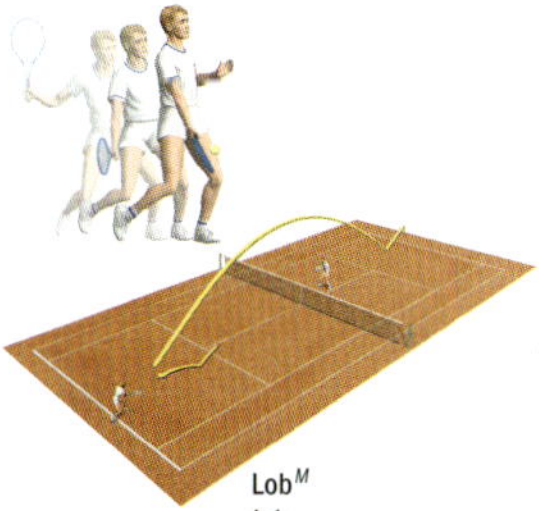

Lob[M]
lob

Stoppball[M]
drop shot

Schmetterball[M]
smash

Tennis[N]

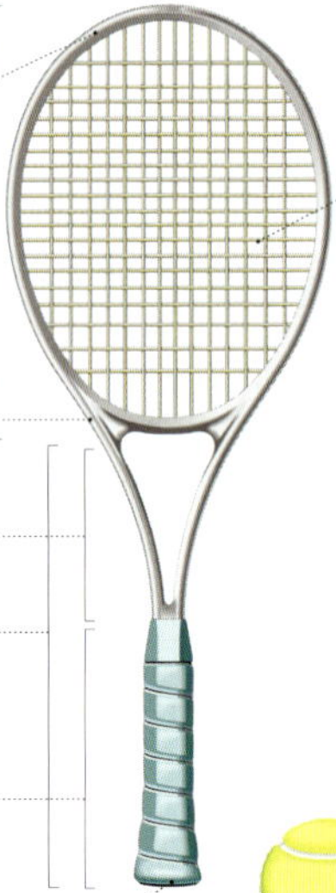

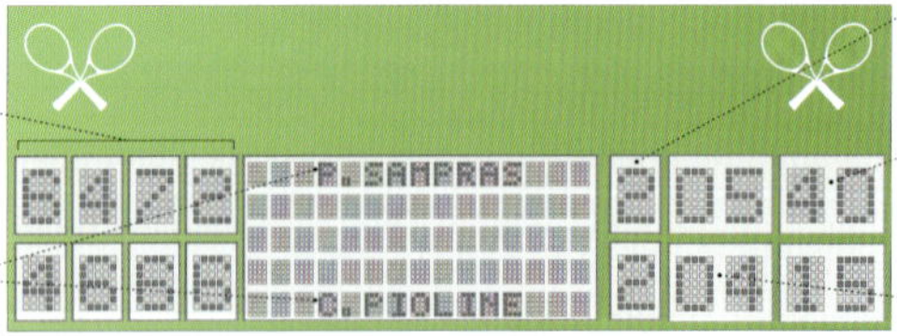

Spielfeldbeläge[M]
playing surfaces

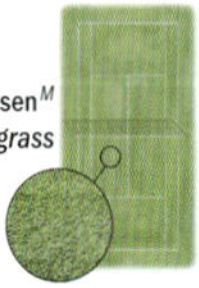

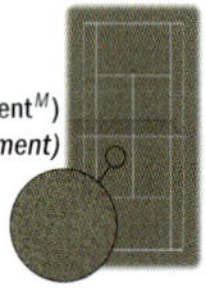

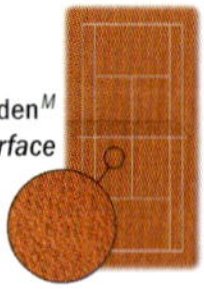

Tischtennis[N]
table tennis

Tischtennisplatte[F]
table

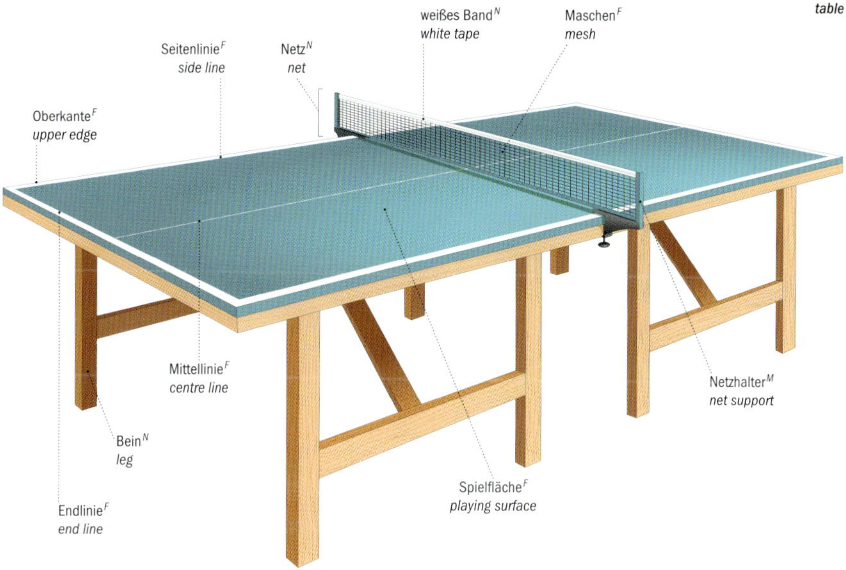

Tischtennisschläger[M]
table tennis bat

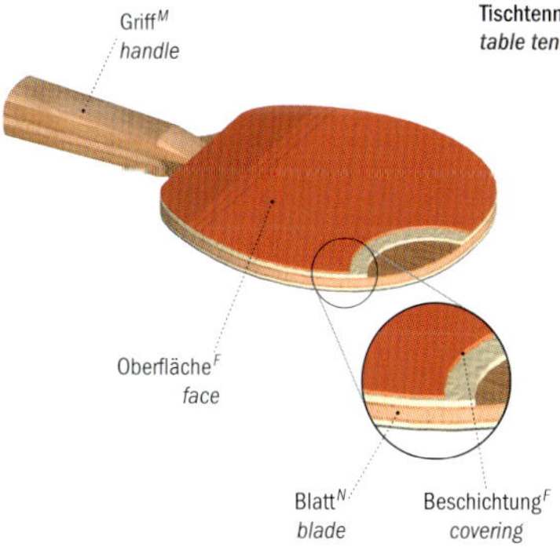

Tischtennisball[M]
table tennis ball

Grifftechniken[F]
types of grip

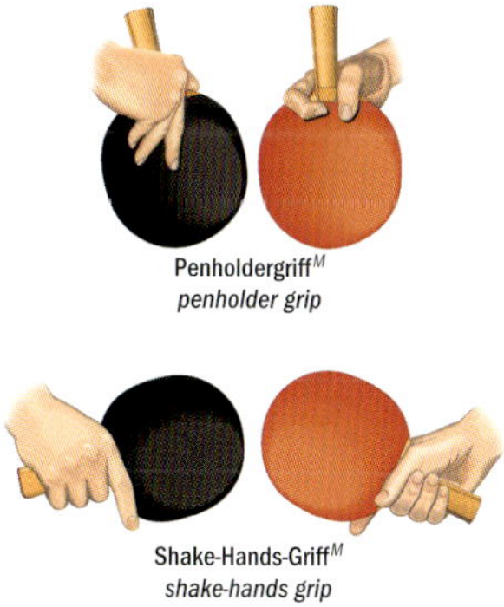

Badminton[N]

badminton

Badmintonplatz[M]
court

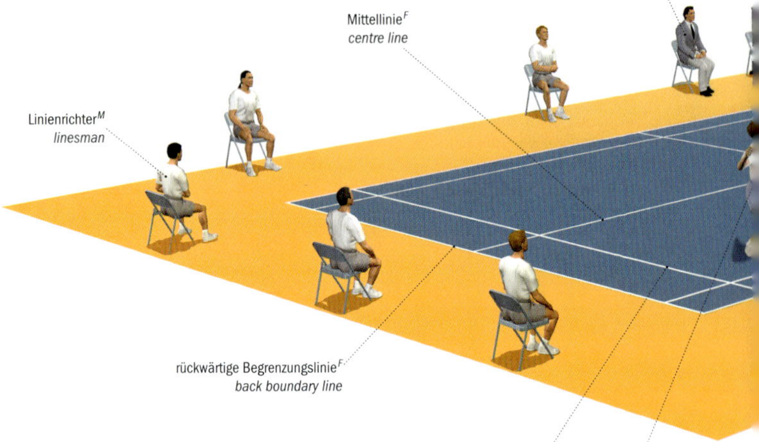

Badmintonschläger[M]
badminton racket

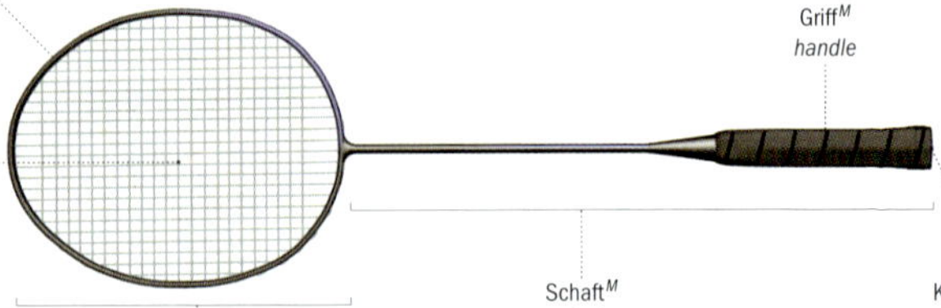

Badminton[N]

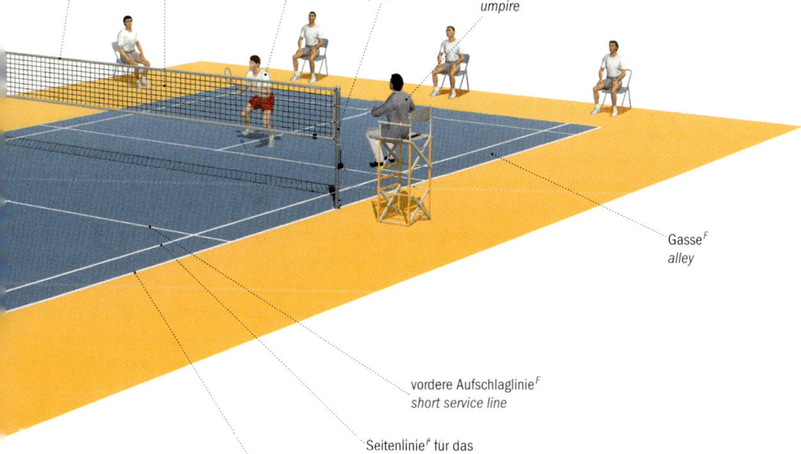

Aufschlagfelder[N]
service zones

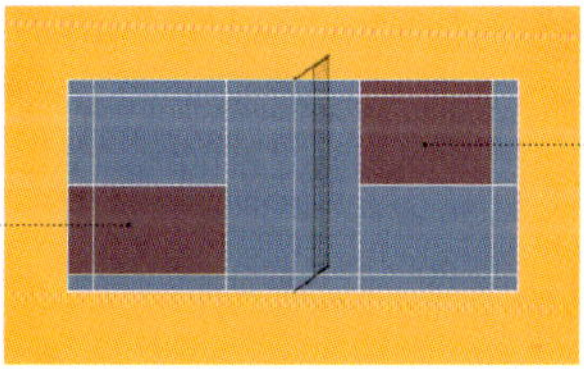

Kunststoff[M]-Federball[M]
synthetic shuttlecock

Federball[M]
feathered shuttlecock

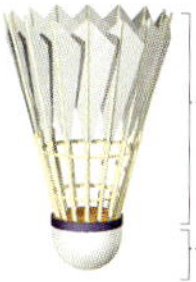

Geräteturnen^N
gymnastics

Geräteturnanlage^F
event platform

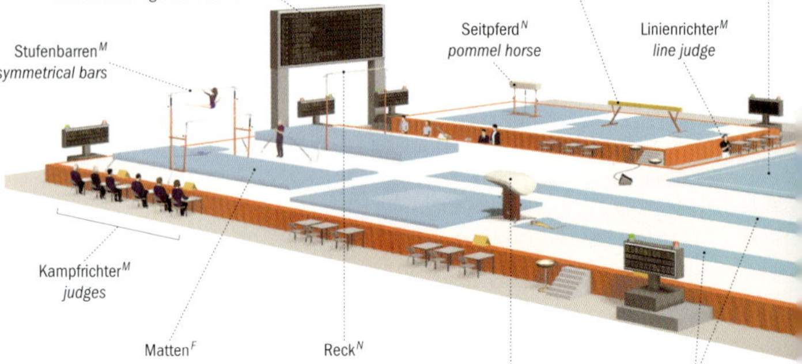

Sprungbrett^N
springboard

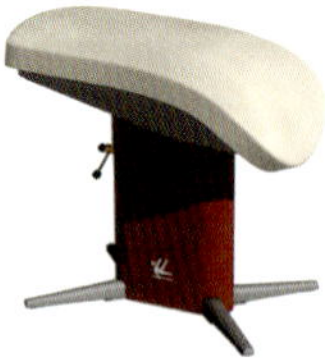

Sprungpferd^N
vaulting horse

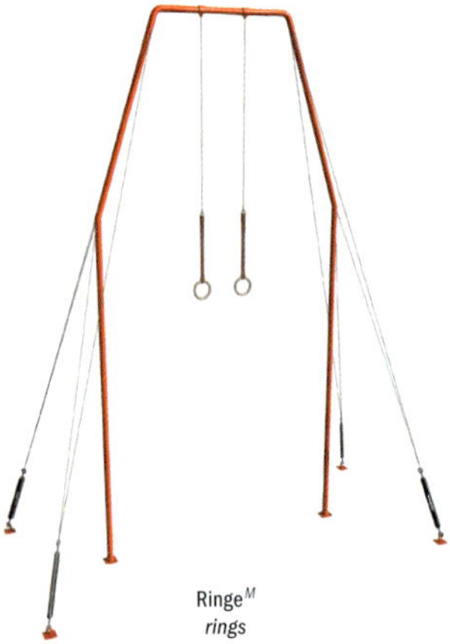

Ringe^M
rings

Seitpferd^N
pommel horse

Barren^M
parallel bars

Anzeigetafel^F
scoreboard
Name^M des Turners^M/der Turnerin^F
gymnast's name
Nationalität^F
nationality
Note^F
score

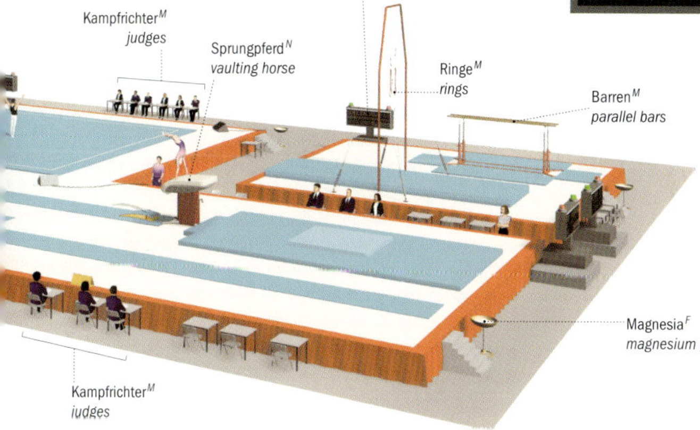
Anzeigetafel^F für die Einzeldisziplin^F
current event scoreboard
Kampfrichter^M
judges
Sprungpferd^N
vaulting horse
Ringe^M
rings
Barren^M
parallel bars
Magnesia^F
magnesium powder
Kampfrichter^M
judges

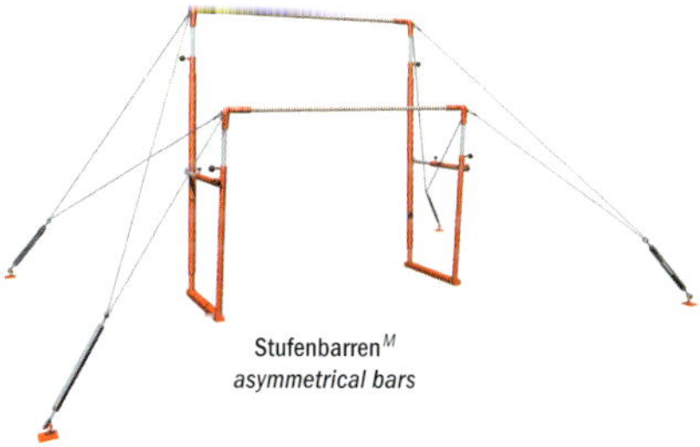
Stufenbarren^M
asymmetrical bars

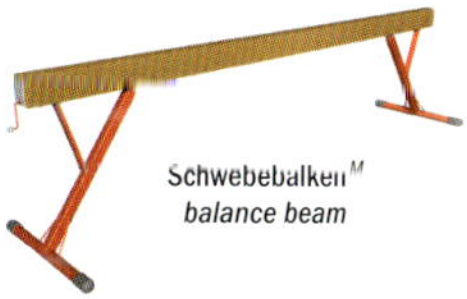
Schwebebalken^M
balance beam

Reck^N
horizontal bar

Boxen^N

boxing

Boxer^M
boxer

Punchingball^M
punchball

Sandsack^M
punchbag

Boxhandschuhe^M
boxing gloves

Mundschutz^M
gumshield

Ring^M
ring

Judo^{N}
judo

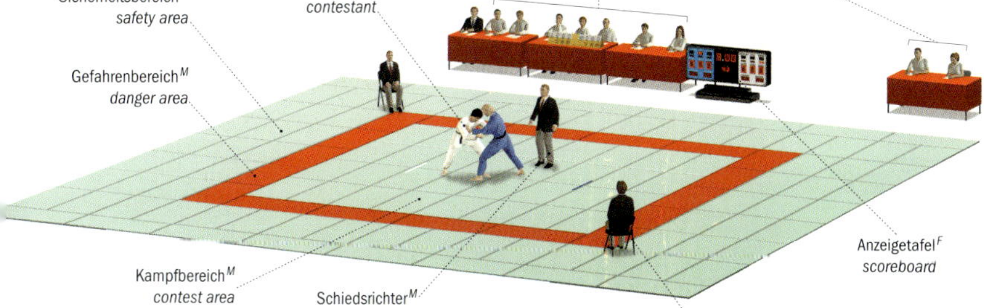

Judogi^{M}
judogi

Griff- und Wurfbeispiele^{N}
examples of holds

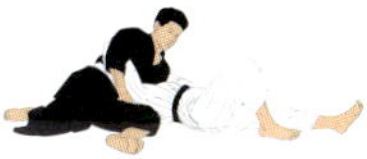

Haltegriffe^{M}
holding

Kopfwurf^{M}
stomach throw

Hüftwurf^{M}
sweeping hip throw

Große Außensichel^{F}
major outer reaping throw

Große Innensichel^{F}
major inner reaping throw

Halsumklammerung^{F}
naked strangle

Armhebel^{M}
arm lock

einarmiger Schulterwurf^{M}
one-arm shoulder throw

Gewichtheben[N]

weightlifting

Stoßen[N]
clean and jerk

Reißen[N]
snatch

Fitnessgeräte[N]

fitness equipment

Hantel[F]
dumbbell

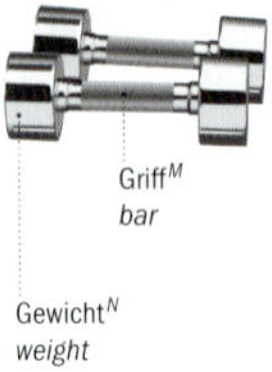

Handmuskeltrainer[M]
handgrips

Fuß-/Handgelenksgewicht[N]
ankle/wrist weight

Springseil[N]
skipping-rope

Federstange[F]
twist bar

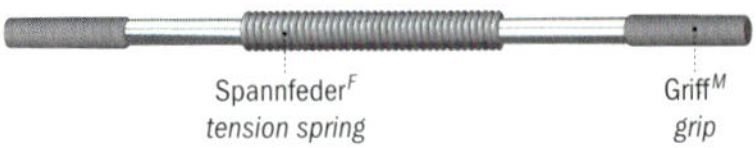

Expander[M]
chest expander

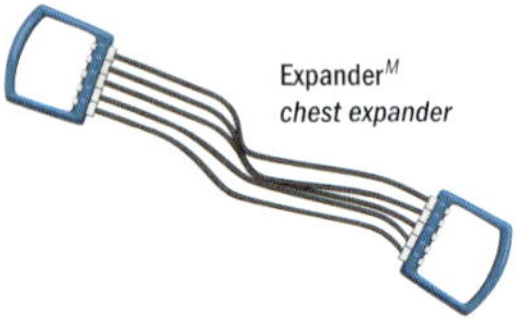

SPORT UND SPIELE

Hantel[F]
barbell

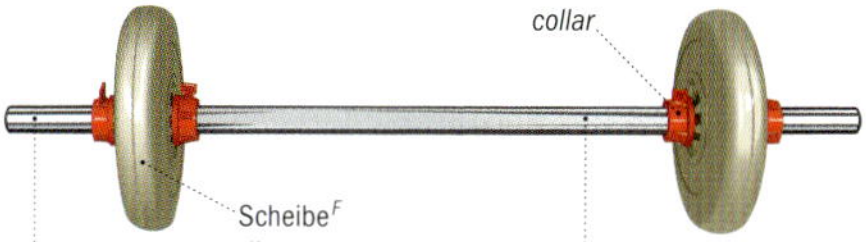

Heimtrainer[M]
exercise cycle

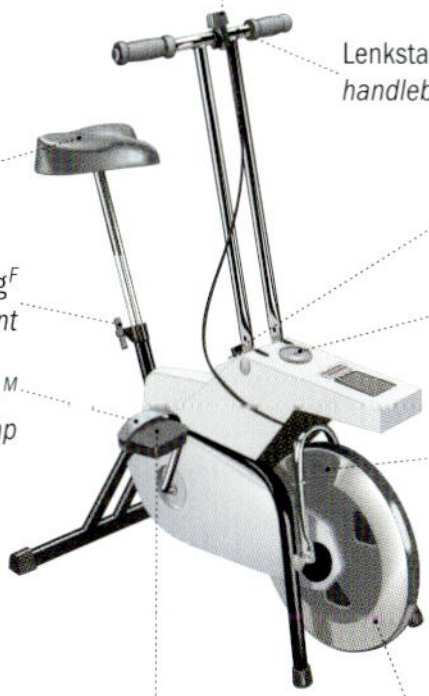

Multitrainer[M]
weight trainer

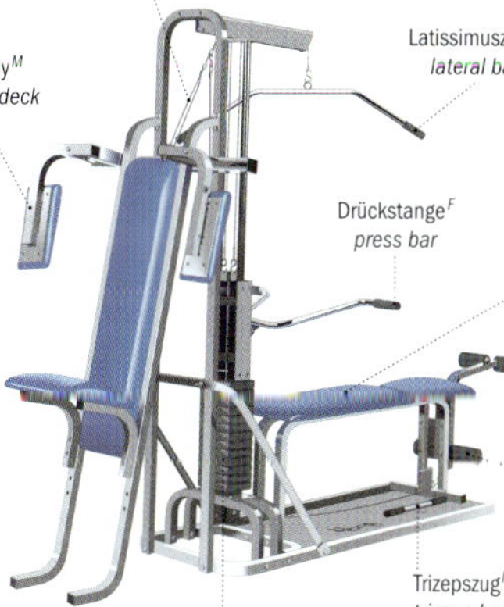

Climber[M]
stepper

Rudergerät[N]
rowing machine

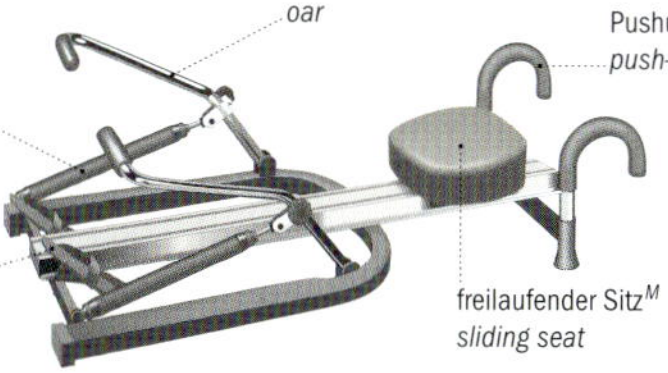

SPORT UND SPIELE

Billard[N]

billiards

Karambolagebillard[N]
carom billiards

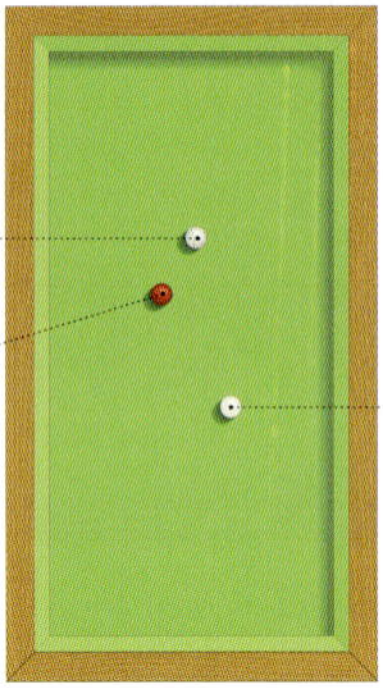

Pool[N]
pool

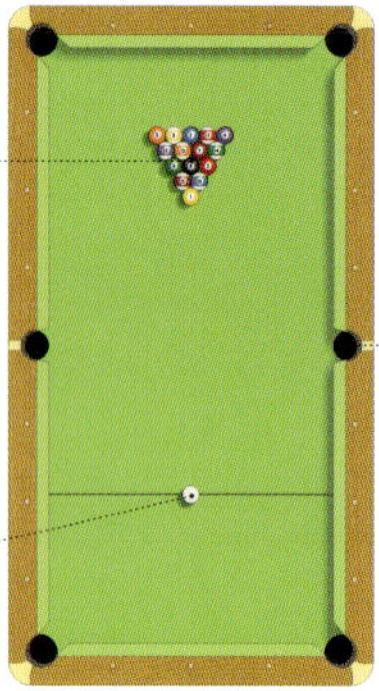

Billardtisch[M]
table

Billard[N]

Snooker[N]
snooker

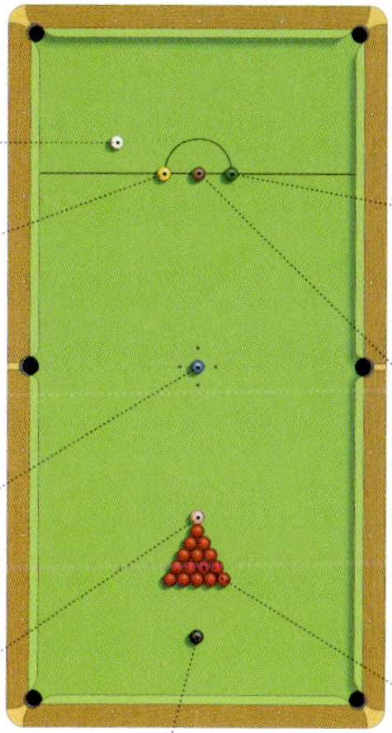

Lochbillard[N]
English billiards

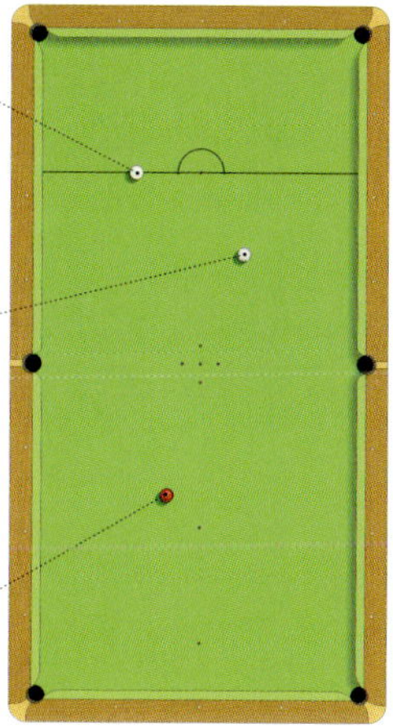

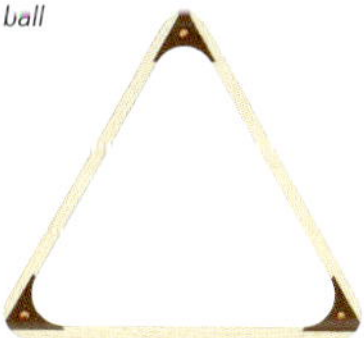

Dreieck[N]
rack

Kreide[F]
chalk

Billardqueue[N/M]
billiard cue

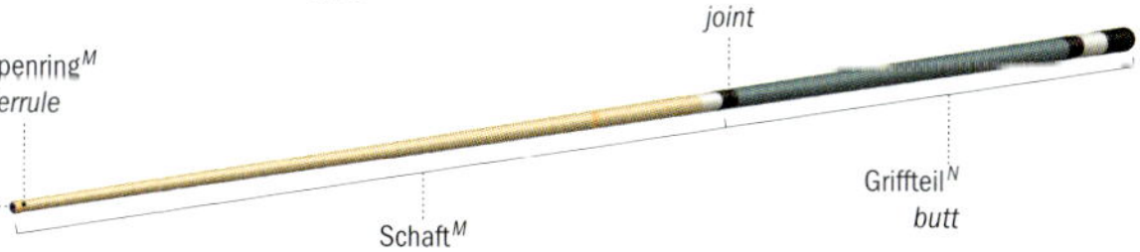

Steg[M]
bridge

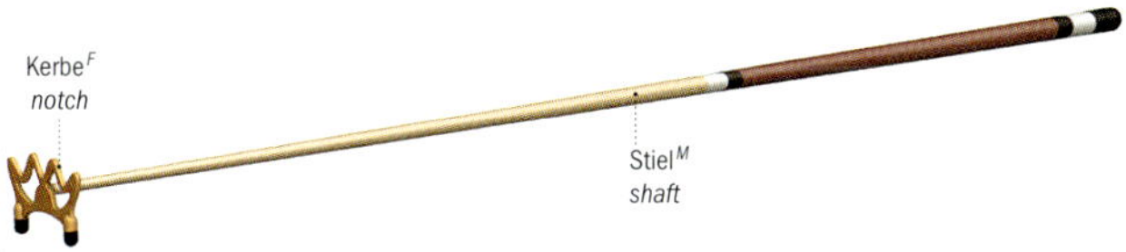

SPORT UND SPIELE

Golfspiel^N
golf

Golfplatz^M
course

Par^N-5-Loch^N
par 5 hole

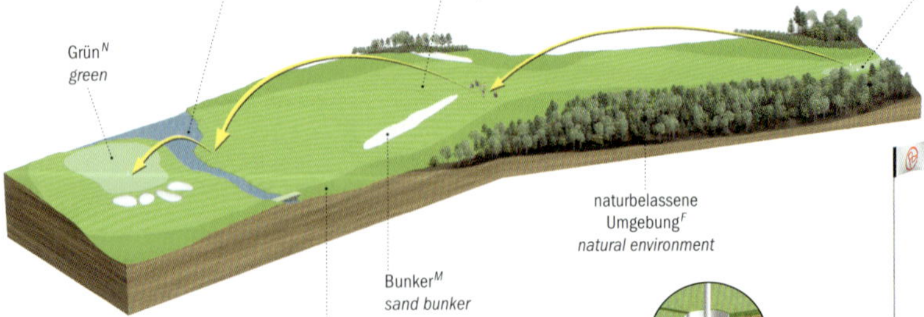

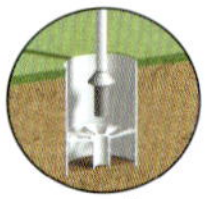

Loch^N
hole

umsetzbare Flagge^F
removable flag pole

Arten^{F} von Golfschläger^{M}
types of golf club

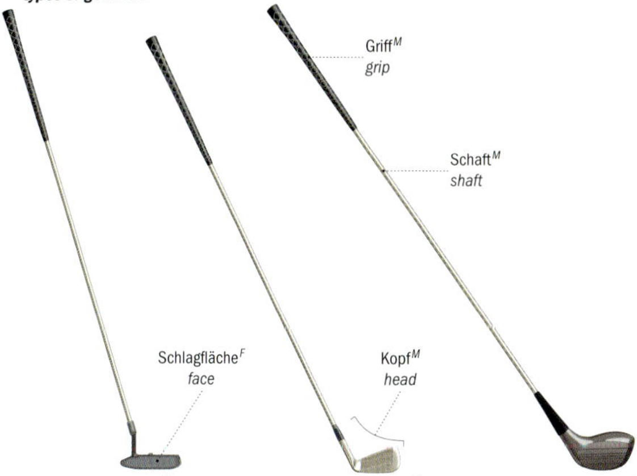

Putter^{M}
putter

Eisenschläger^{M}
iron

Holzschläger^{M}
wood

Golfball^{M}
golf ball

Schlägerabdeckung^{F}
head cover

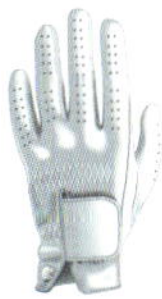

Golfhandschuh^{M}
golf glove

Golfschuhe^{M}
golf shoes

Golftasche^{F}
golf bag

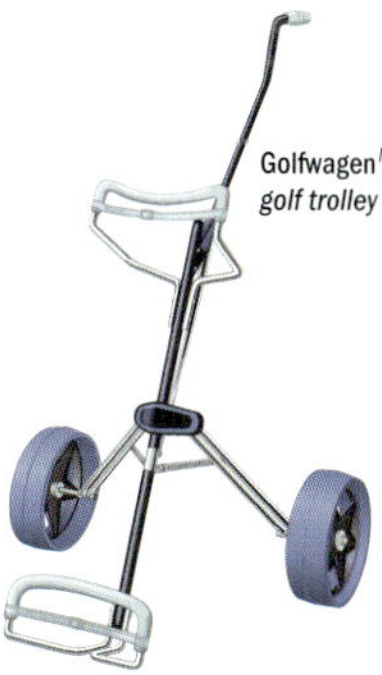

Golfwagen^{M}
golf trolley

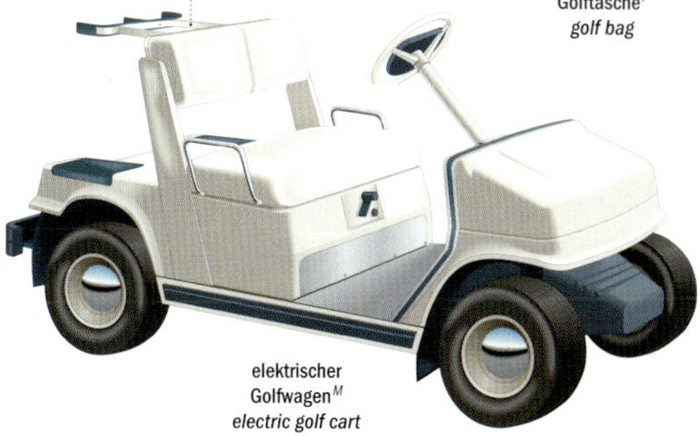

elektrischer Golfwagen^{M}
electric golf cart

SPORT UND SPIELE

Eishockey[N]

ice hockey

Eishockeyspieler[M]
ice hockey player

Eishockeyschläger[M]
player's stick

Eisfläche[F]
rink

Torwart^M
goalkeeper
Gesichtsschutzmaske^F
face mask
Abwehrhandschuh^M
blocking glove
Fanghandschuh^M
catching glove
Beinpolster^N
goalkeeper's pad
Torwartschläger^M
goalkeeper's stick

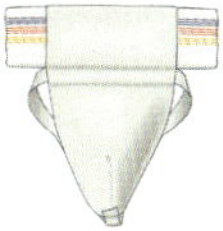
Suspensorium^N
protective cup

Puck^M
puck

Torwartschlittschuh^M
goalkeeper's skate

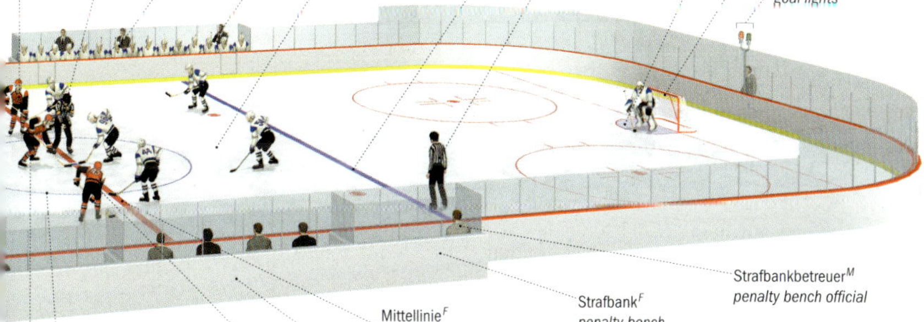
linker Stürmer^M
left wing
Trainer^M
coach
Assistenztrainer^M
assistant coach
Torraum^M
goal crease
blaue Linie^F
blue line
Schiedsrichter^M
referee
neutrale Zone^F
neutral zone
Tor^N
goal
Linienrichter^M
linesman
Torlampen^F
goal lights
Strafbankbetreuer^M
penalty bench official
Strafbank^F
penalty bench
Mittellinie^F
centre line
mittlerer Anspielpunkt^M
centre face-off circle
Sturmspitze^F
centre
rechter Stürmer^M
right wing
Offiziellenbank^F
officials' bench

Eisschnelllauf[M]

speed skating

Eisschnelllläufer[M]: Langstrecke[F]
skater: long track

Eisschnelllläufer[M]: Kurzstrecke[F]
skater: short track

Eisschnelllauf[M]-Schlittschuhe[M]
speed skates

Klappschlittschuh[M]
clapskate

Kurzstreckenschlittschuh[M]
short track skate

Kurzstrecke[F]
short track

Eisschnelllaufbahn[F]
long track

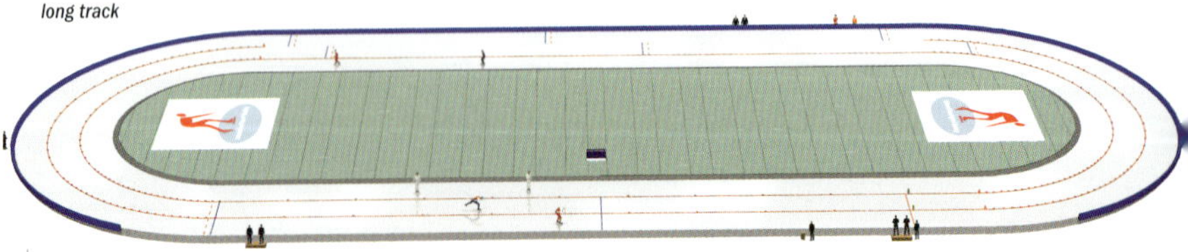

Eiskunstlauf[M]
figure skating

Eistanzkufe[F]
dance blade

Eiskunstlaufkufe[F]
free-skating blade

Eiskunstlaufstiefel[M]
figure skate

Beispiele[N] für Sprünge[M]
examples of jumps

Salchow[M]
Salchow

Axel[M]
Axel

Toeloop[M]
toe loop

Flip[M]
flip

Lutz[M]
Lutz

Eisfläche[F]
rink

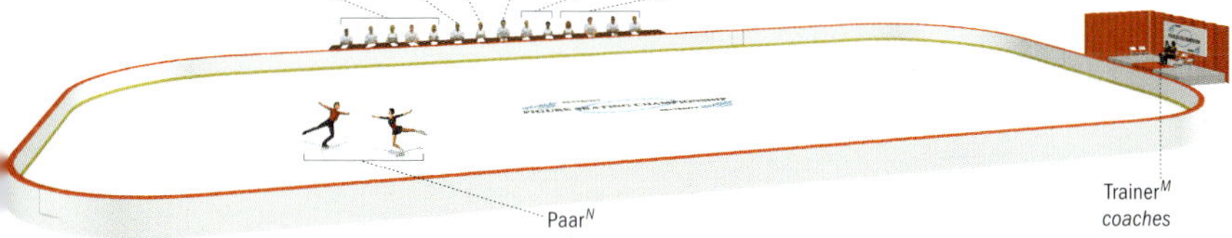

alpines Skilaufen^N

alpine skiing

alpiner Skiläufer^M
alpine skier

Ski^M
ski

Beispiele^N für Skier^M
examples of skis

Slalomski^M
slalom ski

Riesenslalomski^M
slalom G ski

Abfahrts- und Superriesenslalom^M-Ski^M
downhill/Super G ski

Disziplinen[F]
technical events

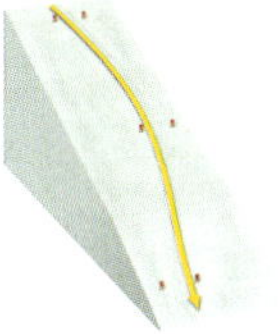

Abfahrtslauf[M]
downhill

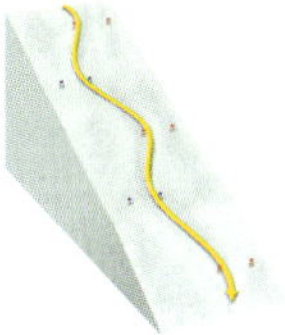

Superriesenslalom[M]
super giant slalom

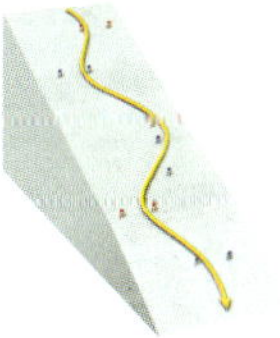

Riesenslalom[M]
giant slalom

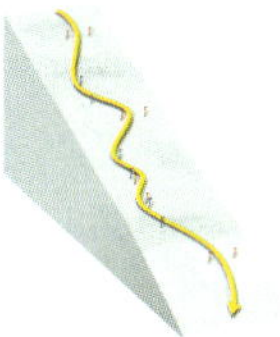

Spezialslalom[M]
special slalom

Skistiefel[M]
ski boot

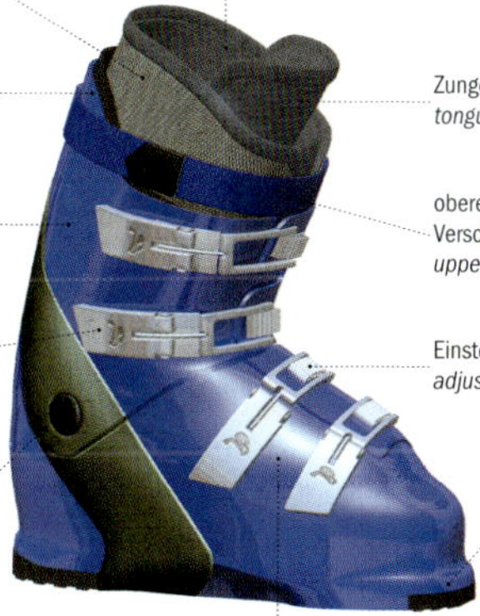

Sicherheitsbindung[F]
safety binding

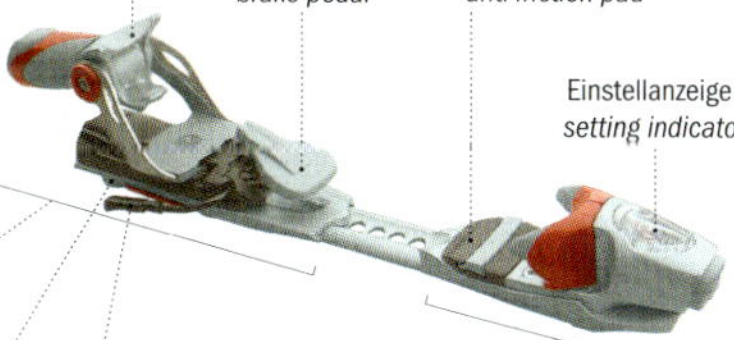

Skigebiet[N]

ski resort

Snowboarden [N]
snowboarding

Hardboots [M]
hard boot

Softboots [M]
flexible boot

Snowboarder [M]
snowboarder

Freestyleboard [N]
freestyle snowboard

Alpinboard [N]
alpine snowboard

Skispringen [N]
ski jumping

Skispringer [M]
ski jumper

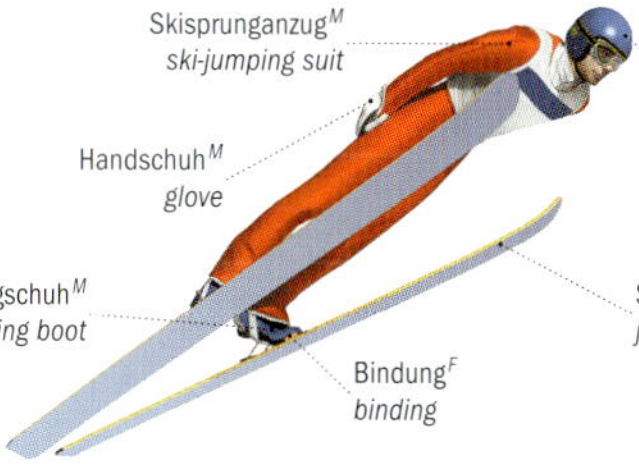

Skilanglauf^M^

cross-country skiing

Langläufer^M^
cross-country skier

Wachsausrüstung^F^
waxing kit

Langlaufski^M^
cross-country ski

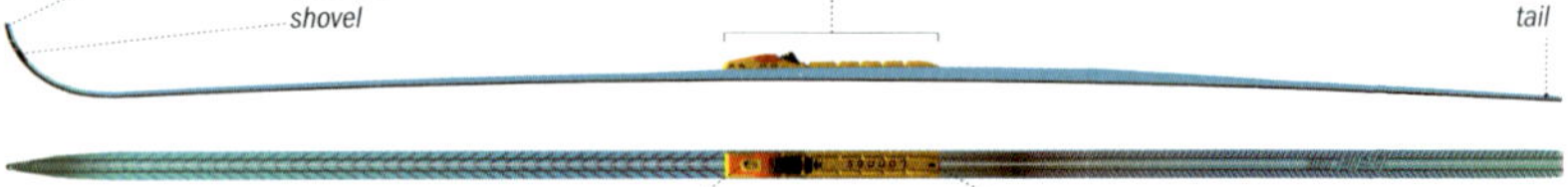

Schlittschuhschritt^M^
skating step

diagonaler Schlittschuhschritt^M^
diagonal step

Curling[N]
curling

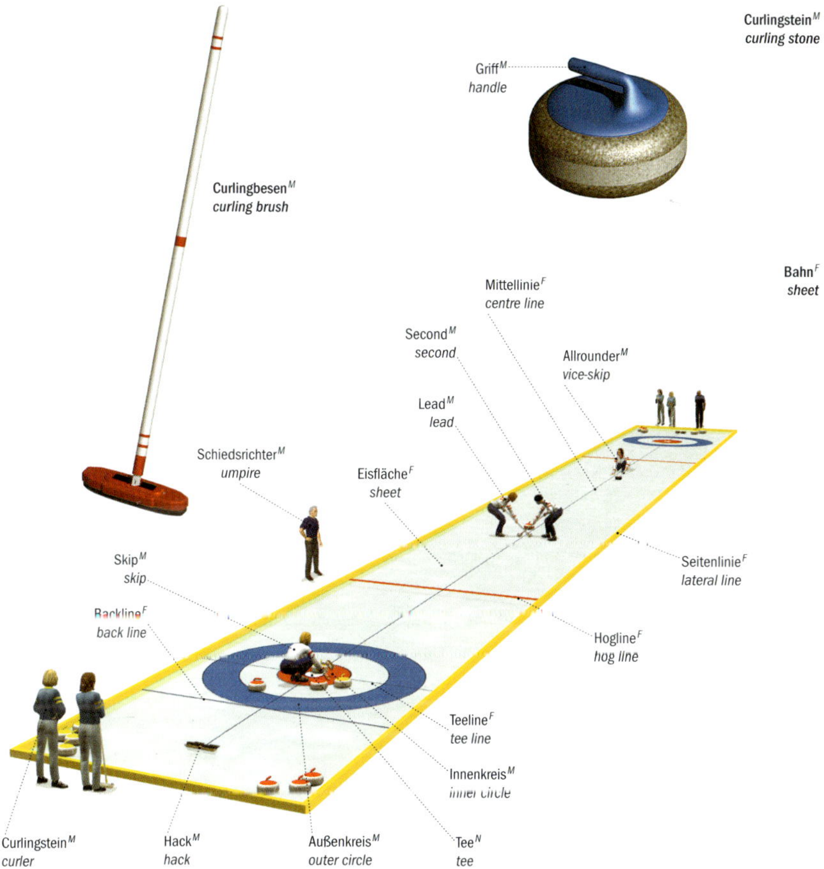

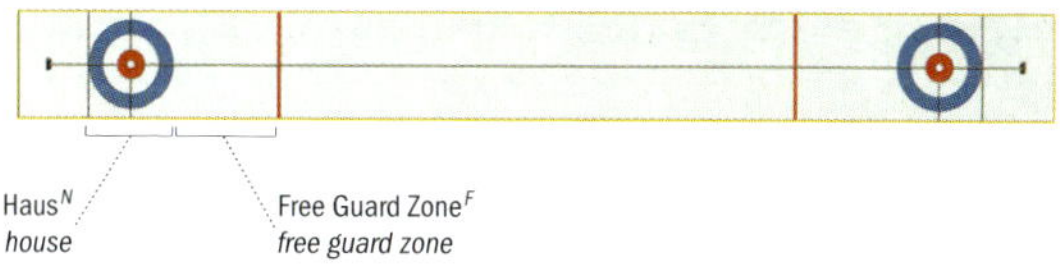

Schwimmen[N]

swimming

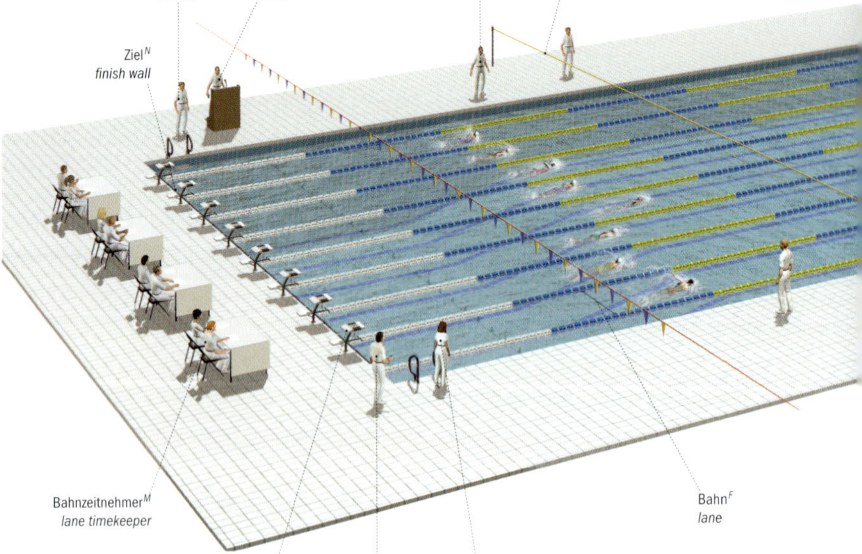

verschiedene Schwimmstile^M
types of stroke

Kraulen^N
crawl stroke

Brustschwimmen^N
breaststroke

Schmetterlingsstil^M
butterfly stroke

Rückenschwimmen^N
backstroke

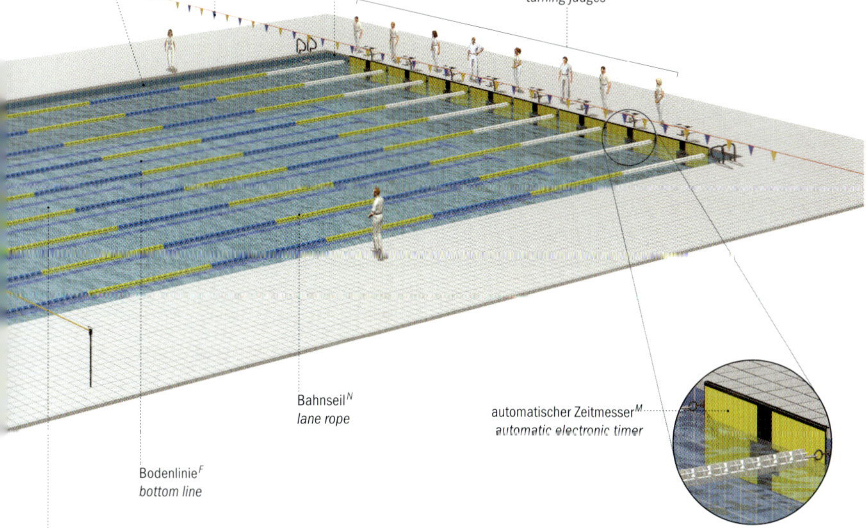

SPORT UND SPIELE

Kunstspringen[N]

diving

Startpositionen[F]
starting positions

Sprungfiguren[F]
flights

Springeinrichtungen[F]
diving apparatus

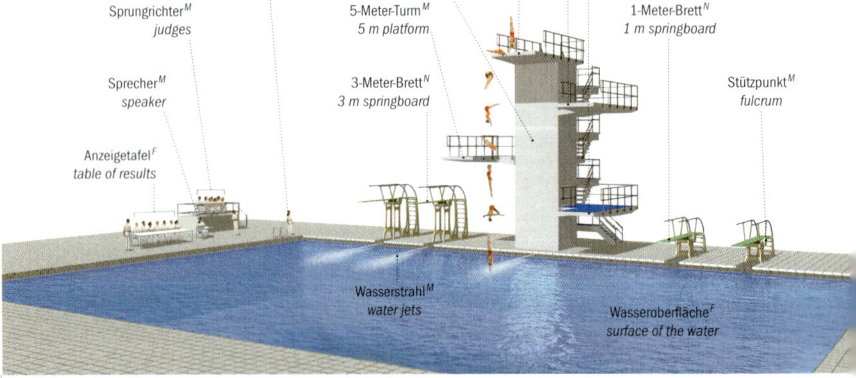

SPORT UND SPIELE

Surfbrett^N
sailboard

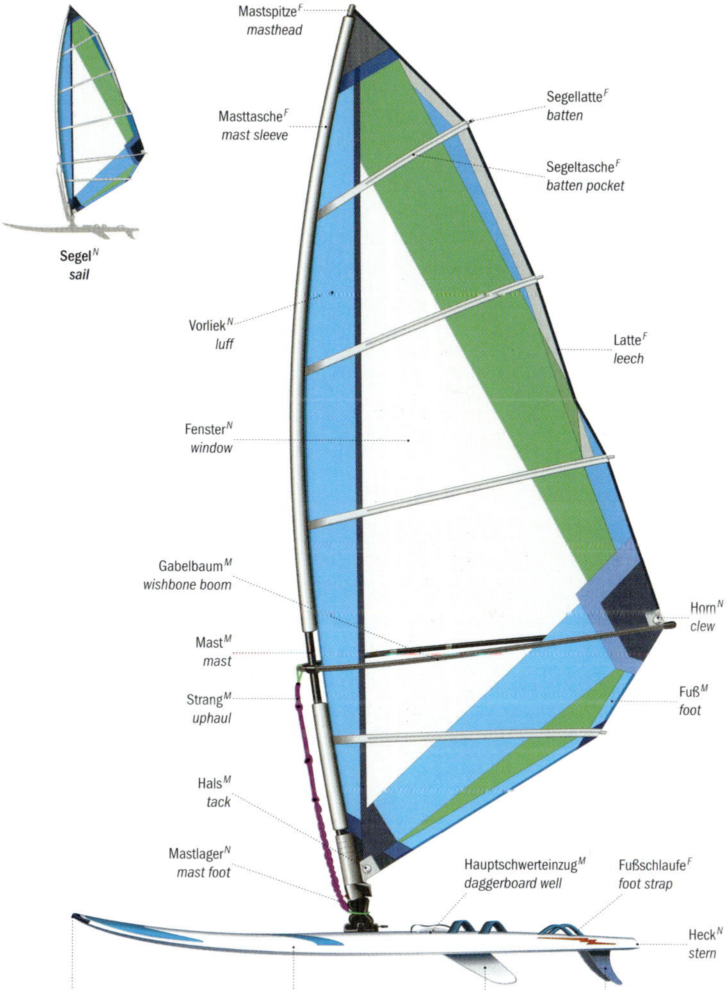

Segelsport[M]

sailing

Segelboot[N]
sailing boat

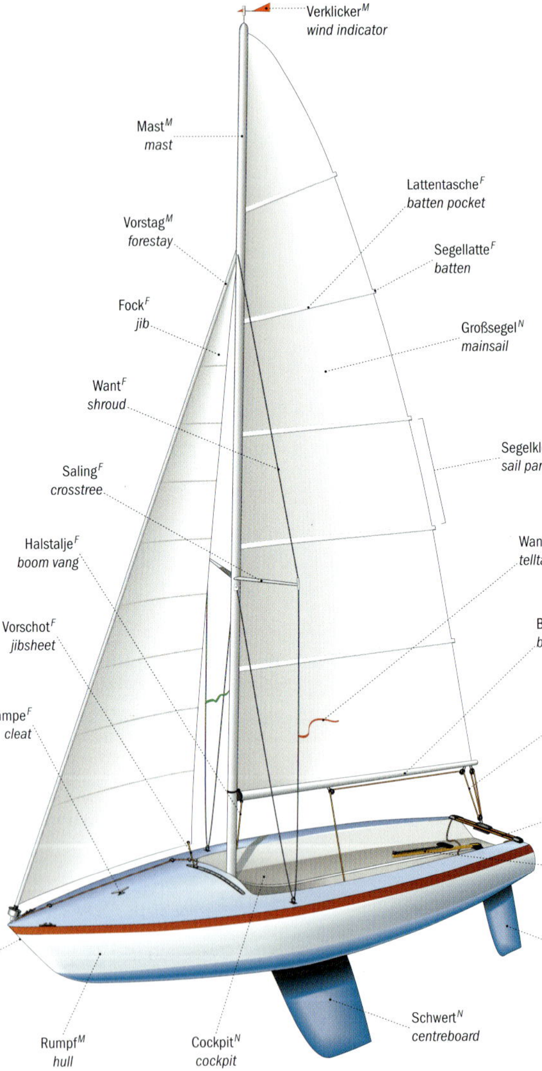

Mehrrumpfboote^{N}
multi-hulls

Trimaran^{M}
trimaran

Katamaran^{M}
catamaran

Einrumpfboote^{N}
mono-hulls

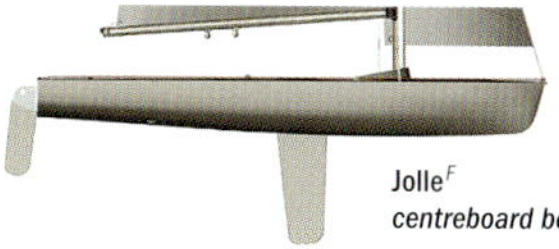

Jolle^{F}
centreboard boat

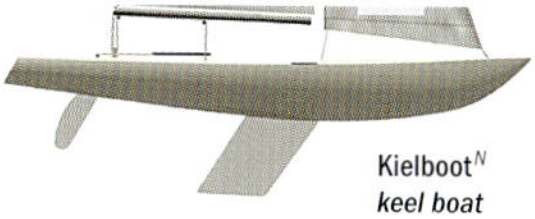

Kielboot^{N}
keel boat

Beschläge^{M}
upperworks

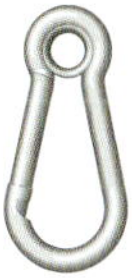

Karabinerhaken^{M}
snap shackle

Gelenkschäkel^{M}
hank

Schäkel^{M}
shackle

Wantenspanner^{M}
turnbuckle

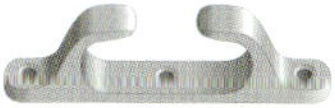

Lippe^{F}
fairlead

Klampe^{F}
cleat

Winsch^{F}
winch

Curryklemme^{F}
clam cleat

Leitöse^{F}
sheet lead

Traveller^{M}
traveller

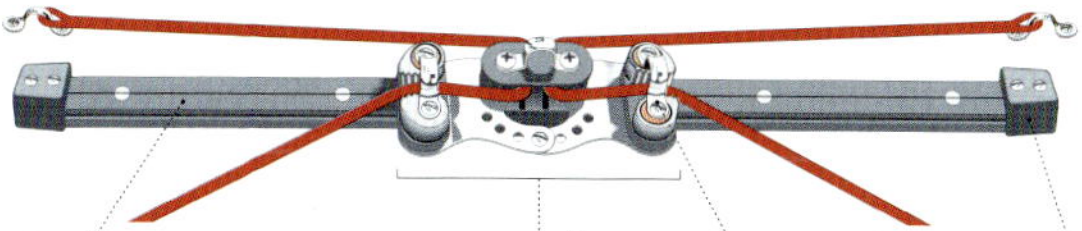

Straßenradsport^{M}

road racing

Straßenrennrad^{N} und Fahrer^{M}
road-racing bicycle and cyclist

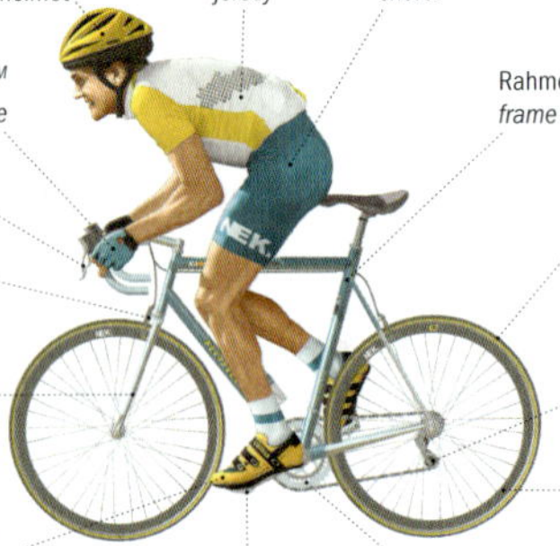

Straßenradrennen^{N}
road cycling competition

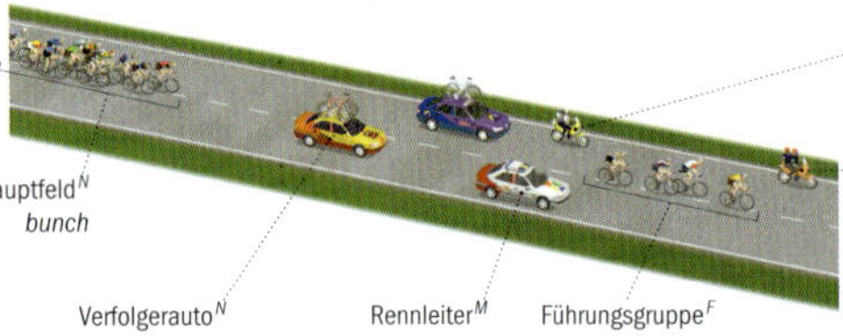

Mountainbike^{N}

mountain biking

Querfeldeinrad^{N} und Fahrer^{M}
cross-country bicycle and cyclist

Downhillrad^{N} und Fahrer^{M}
downhill bicycle and cyclist

Jetski^{M}
personal watercraft

Schneemobil^{N}
snowmobile

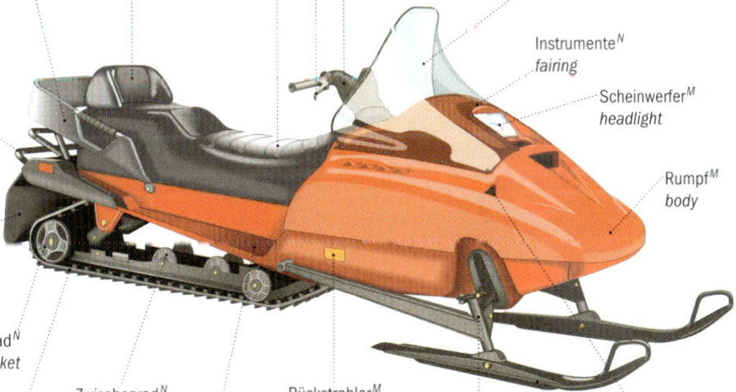

Autorennen[N]

motor racing

Rennfahrer[M]
driver

Geländefahrzeug[N]
rally car

Formel-Indy-Auto[N]
formula Indy car

Formel-3000-Auto[N]
formula 3000 car

Startaufstellung[F]
starting grid

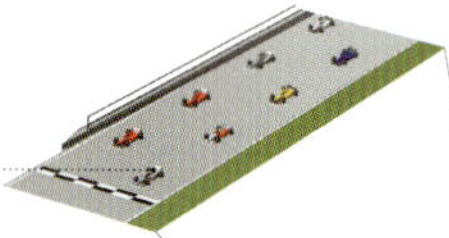

Kurs[M]
circuit

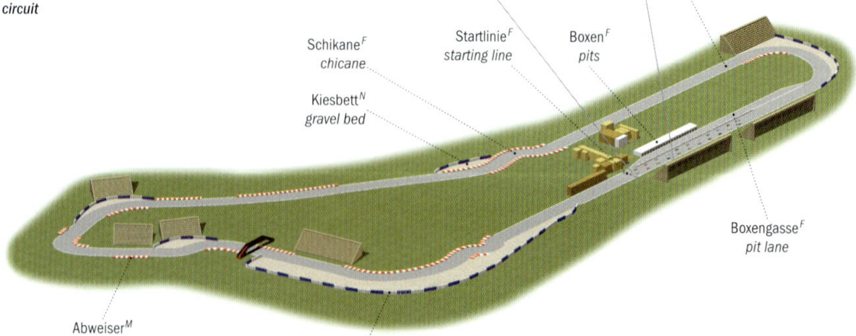

Autorennen^{N}

Formel-1-Auto^{N}
formula 1 car

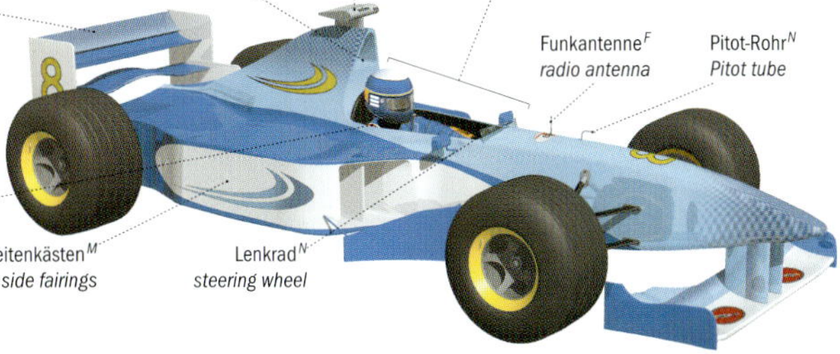

Motorradsport^{M}
motorcycling

Motocross^{N}- und Supercross^{N}-Motorrad^{N}
motocross and supercross motorcycle

Grand-Prix^{M}-Rennmaschine^{F} und Motorradfahrer^{M}
speed grand prix motorcycle and rider

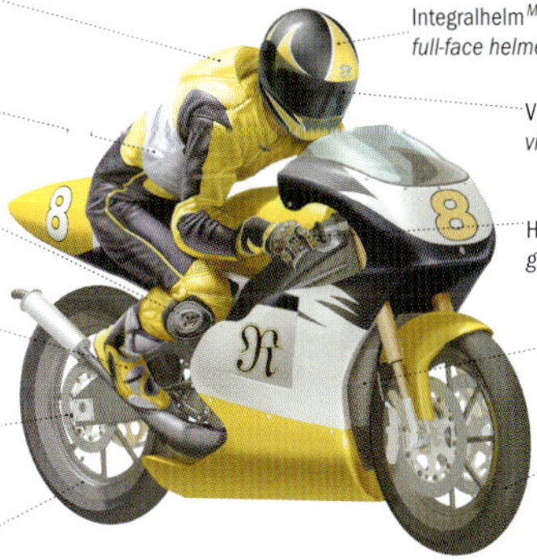

Skateboarding[N]
skateboarding

Skateboard[N]
skateboard

Skateboarder[M]
skateboarder

Rampe[F]
ramp

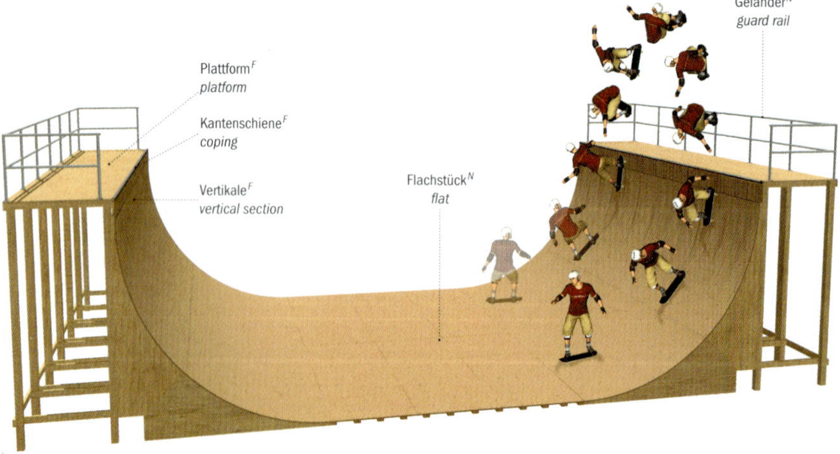

Inlineskating[N]
inline skating

Stuntskate[M]
acrobatic skate

Skaterin[F]
skater

Speedskate[M]
roller speed skate

Hockeyskate[M]
roller hockey skate

Rollschuh[M]
roller skate

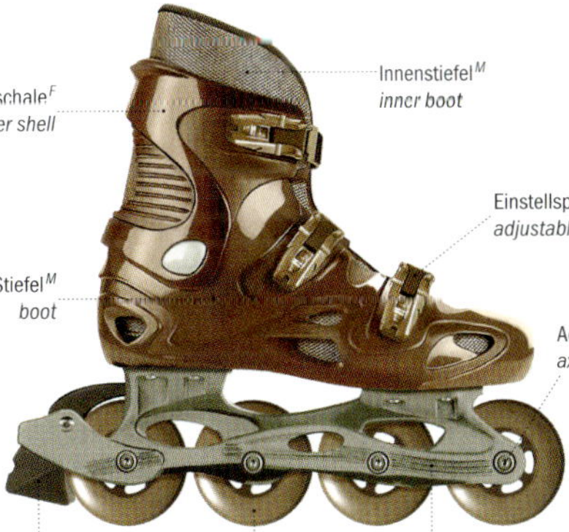

Camping[N]
camping

Beispiele[N] für Zelte[N]
examples of tents

Zweipersonenzelt[N]
two-person tent

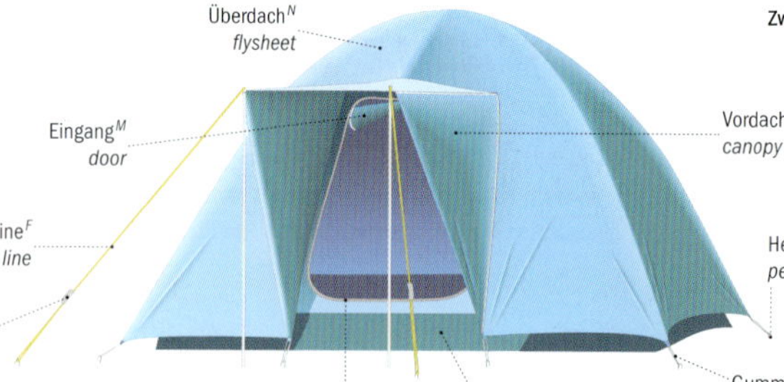

Familienzelt[N]
family tent

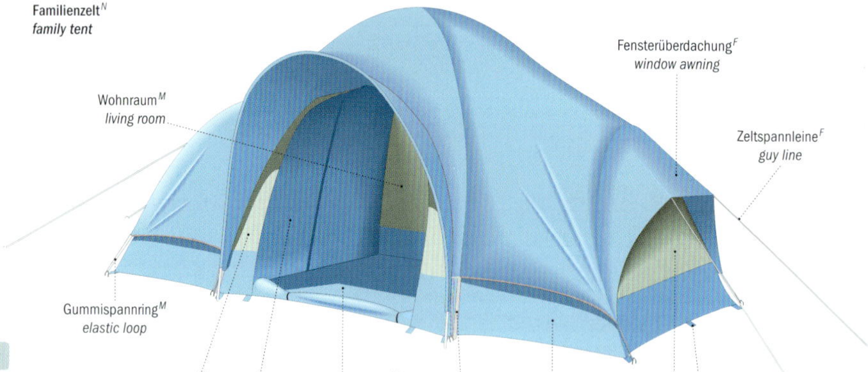

Mannschaftszelt[N]
wagon tent

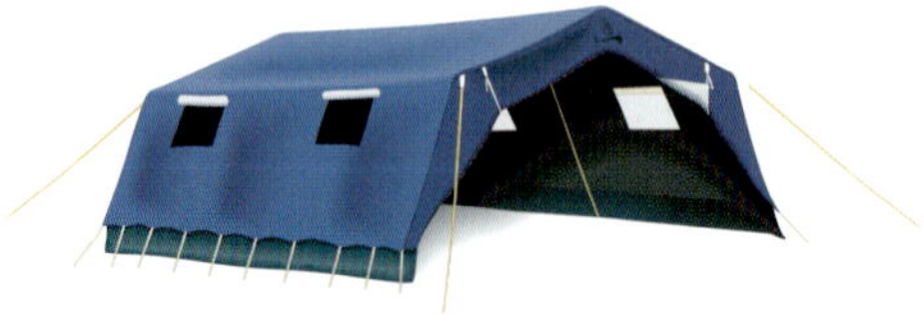

Steilwandzelt[N]
wall tent

Camping[N]

Hauszelt[N]
ridge tent

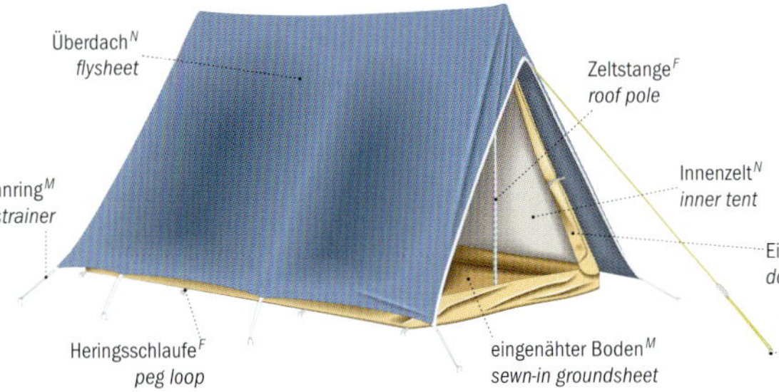

Einpersonenzelt[N]
one-person tent

Kuppelzelt[N]
dome tent

Igluzelt[N]
igloo tent

Propan- oder Butangas-Geräte[N]
propane or butane appliances

Lampe[F]
lantern

Heizstrahler[M]
heater

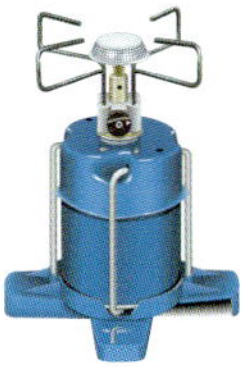

einflammiger Gasbrenner[M]
single-burner camp stove

zweiflammiger Gasbrenner[M]
two-burner camp stove

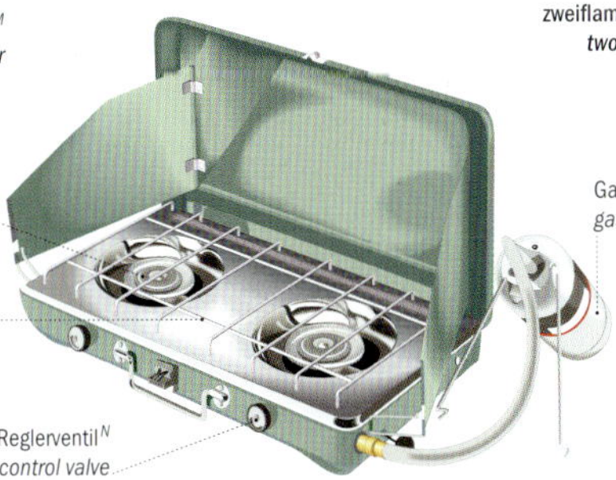

SPORT UND SPIELE

Beispiele[N] für Schlafsäcke[M]
examples of sleeping bags

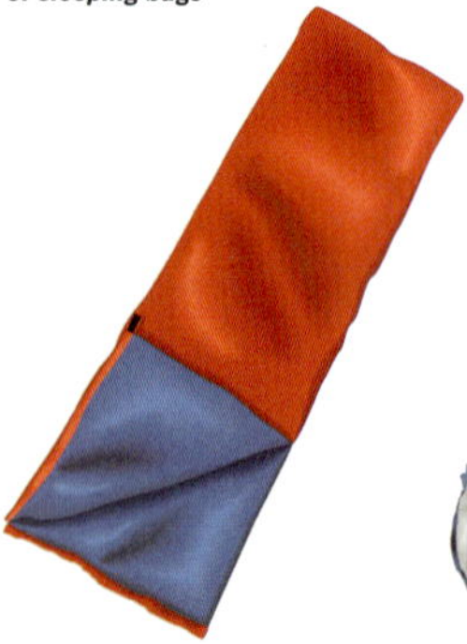

Rechteckschlafsack[M]
rectangular

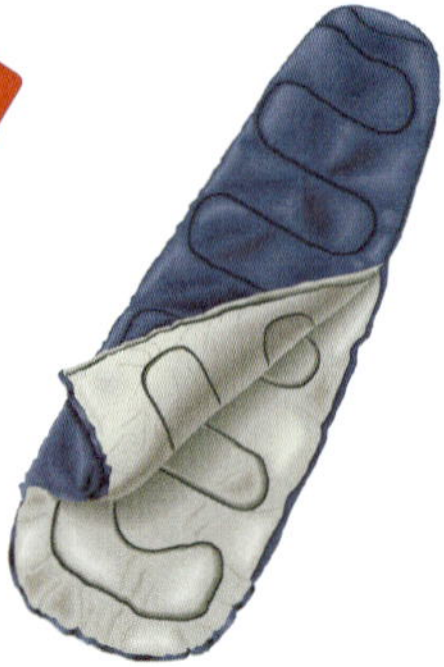

Halbmumienschlafsack[M]
semi-mummy

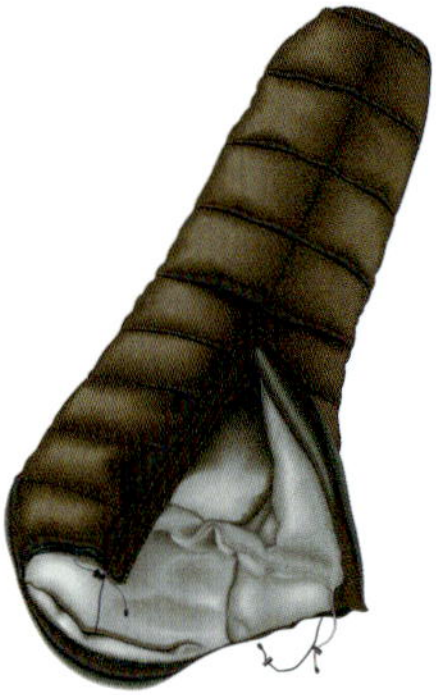

Mumienschlafsack[M]
mummy

Bett[N] mit Matratze[F]
bed and mattress

Feldbett[N]
camp bed

Luftmatratze[F]
air mattress

selbstaufblasbare Luftmatratze[F]
self-inflating mattress

Schaumgummimatratze[F]
foam pad

Kombipumpe[F]
inflator-deflator

Blasebalg[M]
inflator

Essbesteck[N]
cutlery set

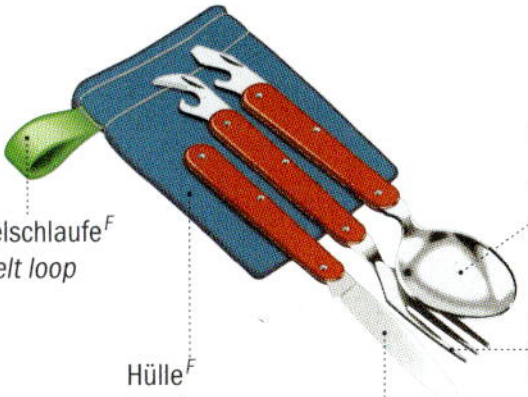

Kochgeschirr[N]
cooking set

Teller[M]
plate

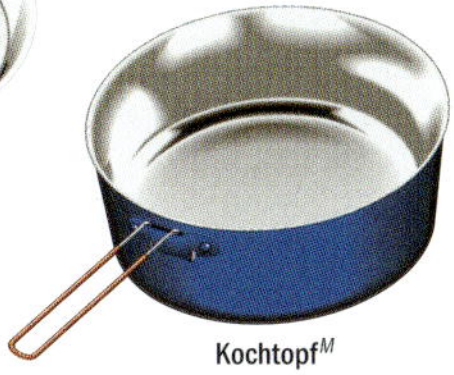

Kochtopf[M]
saucepan

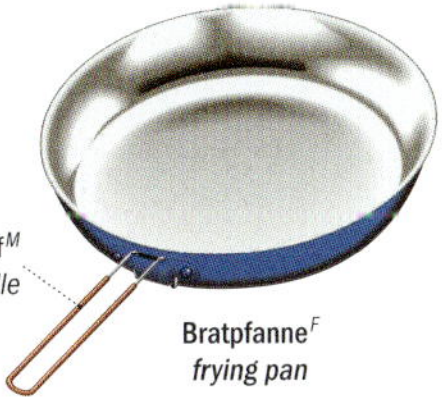

Bratpfanne[F]
frying pan

Kaffeekanne[F]
coffee pot

Tasse[F]
cup

Campingausrüstung[F]
camping equipment

schweizer Offiziersmesser[N]
Swiss army knife

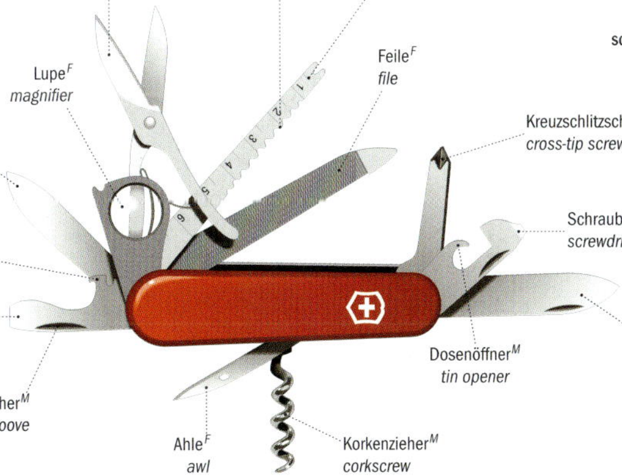

Camping[N]

Rucksack[M]
backpack

Deckeltasche[F]
top flap

Schultergurt[M]
shoulder strap

Schließe[F]
tightening buckle

seitlicher Kompressionsgurt[M]
side compression strap

vorderer Straffergurt[M]
front compression strap

Riemenschlaufe[F]
strap loop

Hüftgurt[M]
waist belt

Klappspaten[M]
folding shovel

Sturmlampe[F]
hurricane lamp

Thermosflasche[F]
vacuum flask

Flasche[F]
bottle

Verschluss[M]
stopper

Becher[M]
cup

Feldflasche[F]
canteen

Kühlbox[F]
cooler

Wasserkanister[M]
water carrier

SPORT UND SPIELE

Bogensäge[F]
bow saw

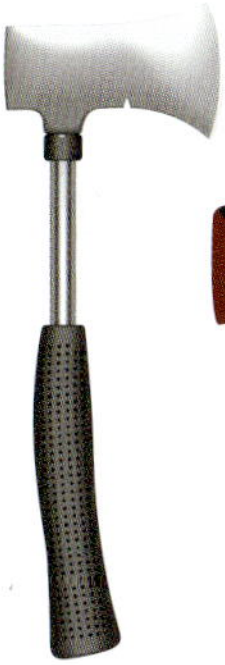

Beil[N]
hatchet

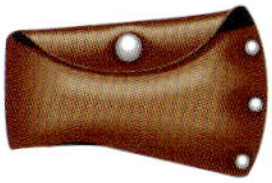

Lederschutz[M]
leather sheath

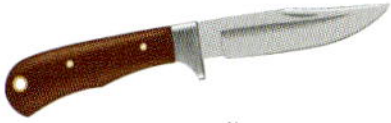

Messer[N]
knife

Scheide[F]
sheath

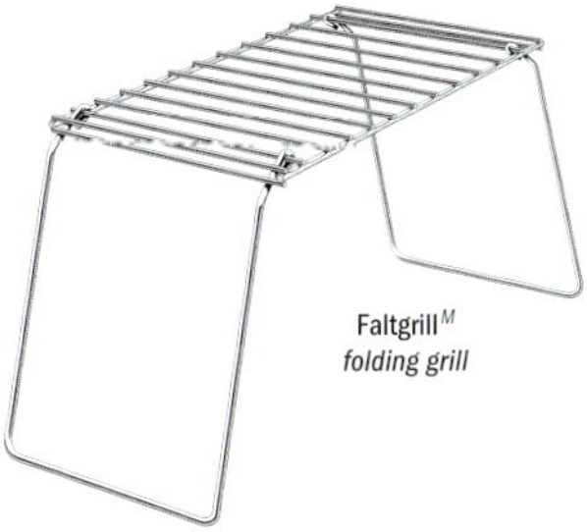

Faltgrill[M]
folding grill

Magnetkompass[M]
magnetic compass

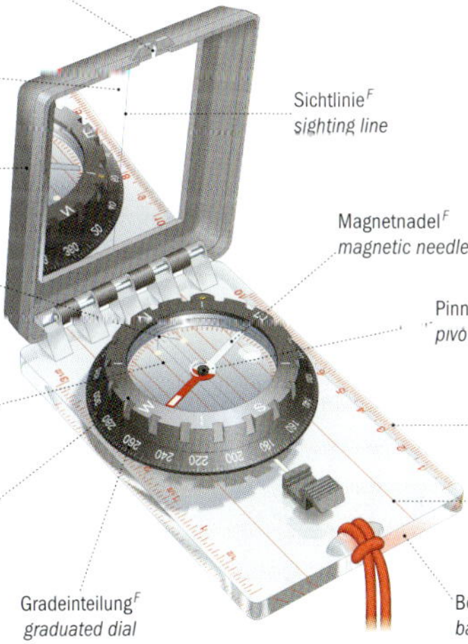

Jagen[N]
hunting

Gewehr[N] (gezogener Lauf[M])
rifle (rifled bore)

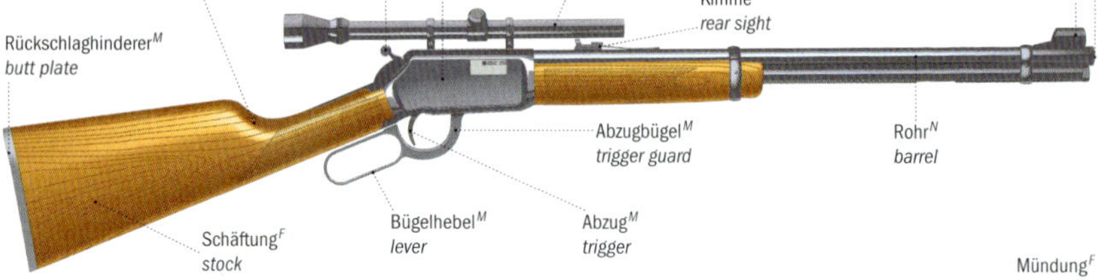

Schrotflinte[F] (glatter Lauf[M])
shotgun (smooth-bore)

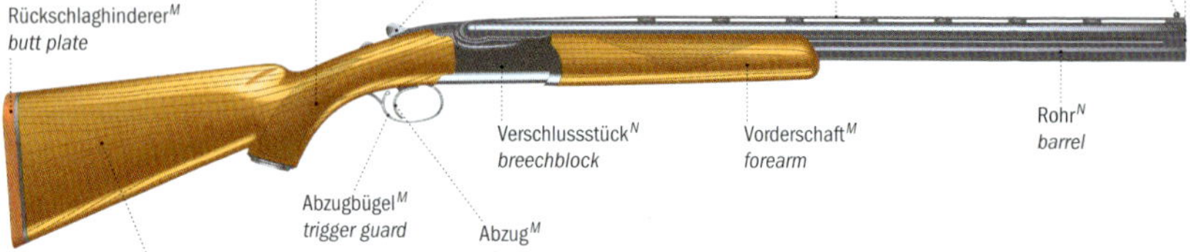

Patrone[F] (Schrotflinte[F])
cartridge (shotgun)

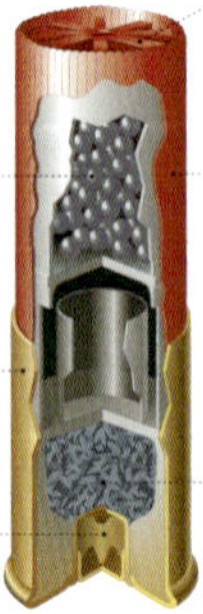

Patrone[F] (Gewehr[N])
cartridge (rifle)

SPORT UND SPIELE

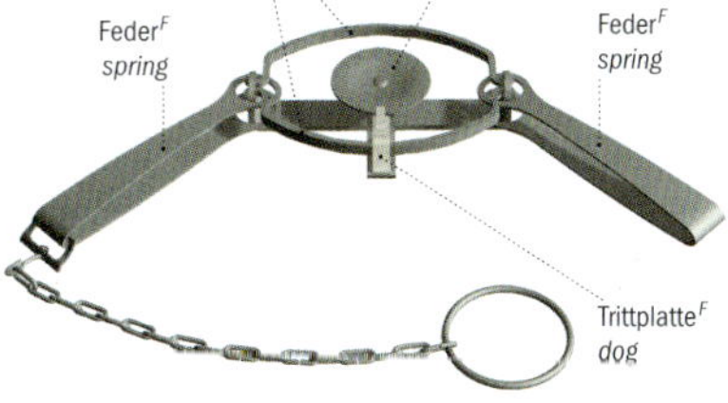

Tellereisen[N]
leghold trap

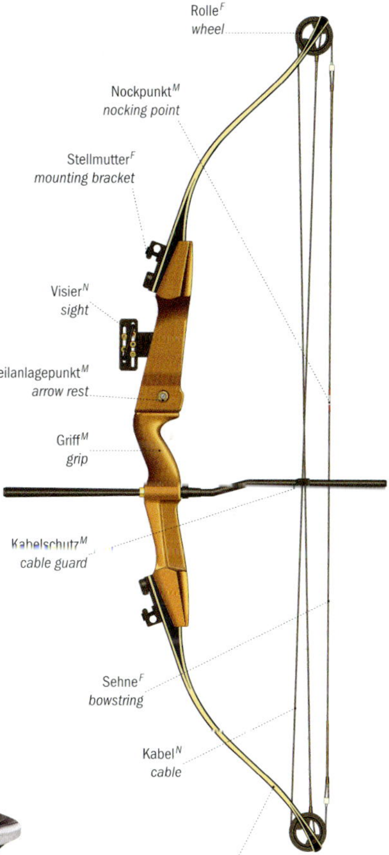

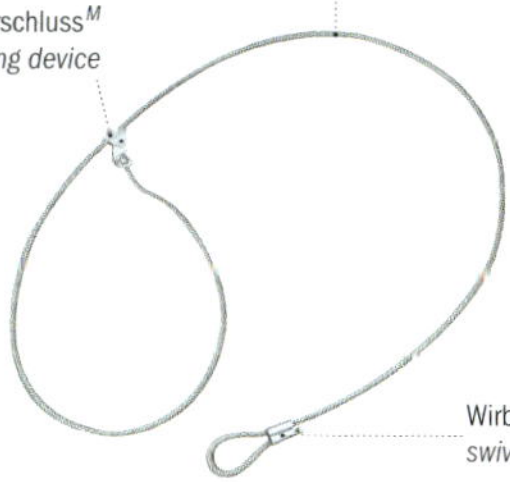

Schlinge[F]
snare

Lockente[F]
decoy

Sportfischerei[F]
fishing

Fliegenfischen[N]
flyfishing

Fliegenrolle[F]
fly reel

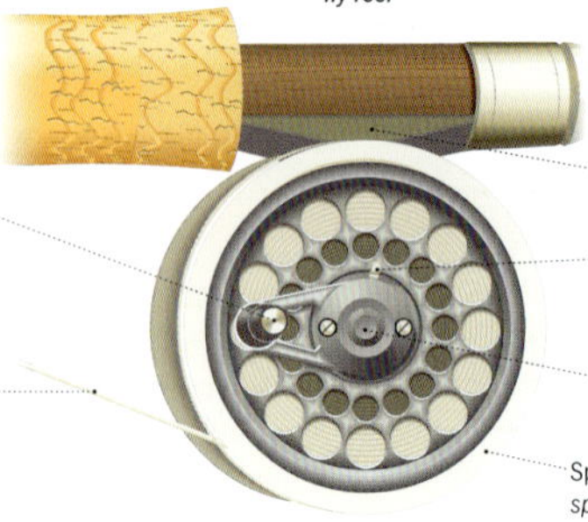

Fliegenrute[F]
fly rod

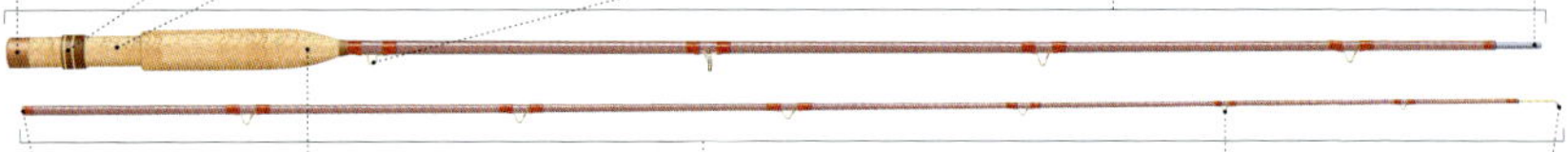

Kunstfliege[F]
artificial fly

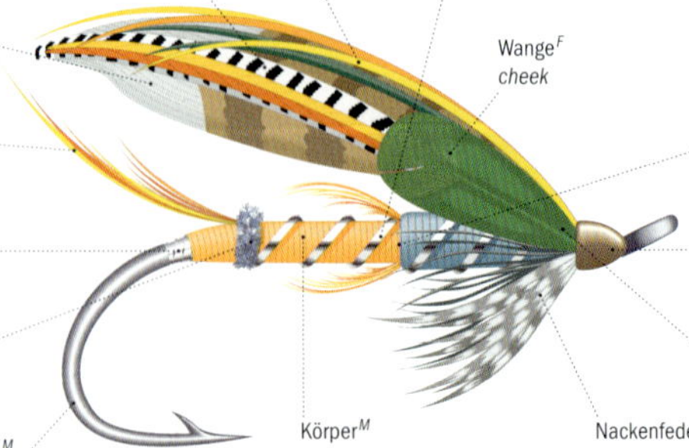

Casting[N]
casting

Spinnrute[F]
spinning rod

offene Spinnrolle[F]
open-face spinning reel

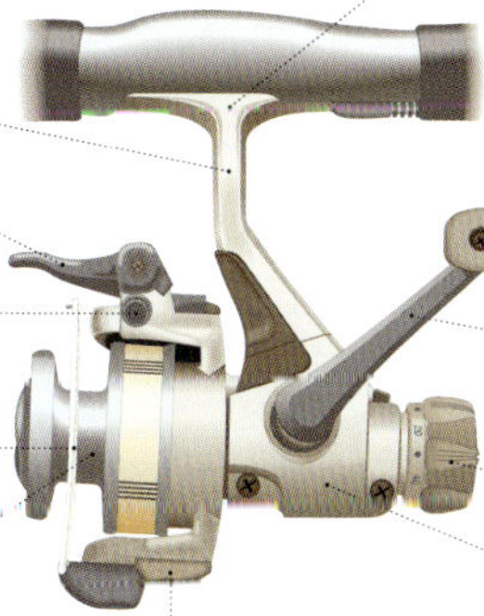

Multirolle[F]
baitcasting reel

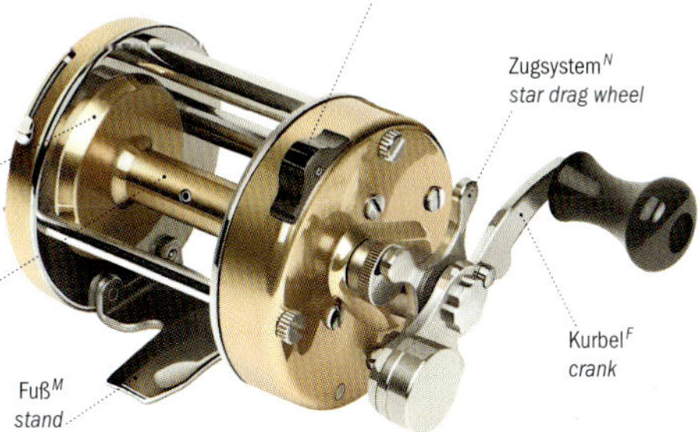

Sportfischerei[F]

Angelhaken[M]
fishhook

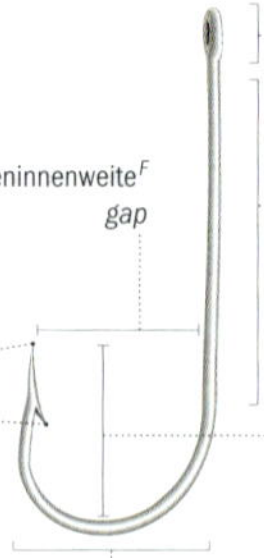

Fangzubehör[N]
terminal tackles

Blinker[M]
spinner

Kleidung[F] und Zubehör[N]
clothing and accessories

Spinnerschachtel[F]
tackle box

Fischkorb[M]
creel

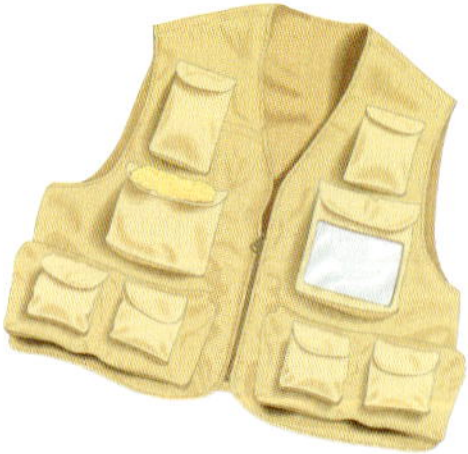
Anglerweste[F]
fishing jacket

Watstiefel[M]
waders

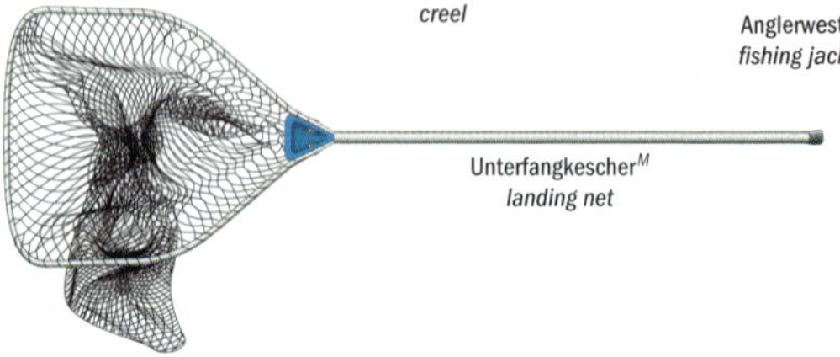
Unterfangkescher[M]
landing net

SPORT UND SPIELE

Deutsches Register

1-Meter-Brett 518
10-m-Linie 482
10-Meter-Turm 518
100-m- und 100-m-Hürdenlauf, Start 472
10000-m- und 4-x-400-m-Lauf, Start 473
110-m-Hürdenlauf, Start 472
15-m-Linie 483
1500-m-Lauf, Start 473
200-m-Lauf, Start 472
22-m-Linie 482
3-Meter-Brett 518
3-Meter-Turm 518
35mm-Fotoapparat 10
400-m-, 400-m-Hürden-, 4-x-100-m-Lauf, Start 473
4x4-Geländemotorrad 369
5-Meter-Linie 483
5-Meter-Turm 518
5000-m-Lauf, Start 472
7,5-Meter-Turm 518
800-m-Lauf, Start 473

A

A 298
Aal 159
Abblendlicht 352
Abblendschalter 368
Abbruch 330
Abbruchtaste 333, 337
Abdeckscheibe 417
Abdeckung 210, 315, 324, 454
Abdomenarterie 71
Abendhandschuh, langer 243
Abessinierkatze 87
Abfahrt, Seilbahn 512
Abfahrt, Sessellift 512
Abfahrtslauf 511
Abfahrtsski 510
Abfahrtzeiten 374
Abfall, radioaktiver 48
Abfalleimer 215
abfallendes Revers 248
Abflugwartehalle 391
Abfluss 32, 194
Abfluss, oberirdischer 45
Abfluss, unterirdischer 45
Abflusskreislauf 194
Abflusssieb 197
Abflußrohr 197
Abgabe von Sauerstoff 54
Abgasleitung 395
abgesenkte Nase 394
abgesteppte Falte 253
Abhalter 372
Abisolierzange 217
Abklingbecken 409
Ablage 219, 339
Ablassventil 404
Ablauf, Boden 184
Ablaufrohr 196
Ablaufschlauch 212, 214
Abluftleitung 345
abnehmbare Handballenauflage 330
abnehmender Mond 5
Abreißkalender 338
Abrollbahn 391
Absatz 240, 262, 509
Absatzoberflecken 240
Absatzplatte 514
Absatzstopper 527
Absatzteil 511
Abscheider 384
Abschlagplatz 504
Abschlagsbereich 504
Abschleppkran 364
Abschleppwagen 364
Abschluss, oberer 205
Abschlusskappe 536
Abschlusskappe, obere 417
Abschlusskappe, untere 417
Abschlussplatte 409
Abschlussring 536, 537
Abseihkelle 173
Abseihlöffel 173
absinkende kalte Luft 43
Absorber 410
absorbierte Sonneneinstrahlung 46
Absorption der Erdoberfläche 46
Absperrarm 362
Absperrband 457
Absperrventil 194, 196, 197
Abspieltaste 319
Abstandstück 467
absteigende Aorta 103
absteigender Dickdarm 106
absteigender Gang 278
Abstellfläche 345
Abstellplatz 389
Abstellrost 211
Abstoßsäge 509
Abstoßung 416
Abteilklammer 268
Abteilung 121
Abtropfen 171
Abwasser 48
Abwasserkanal 434
Abwehrhandschuh 507
Abwehrspieler, mittlerer 487
Abwehrspieler, rechter 487
Abweiser 524
Abzeichen 456
abziehbarer Temperaturregler 179
Abziehklinge 514
Abzug 454, 534
Abzugbügel 534
Abzweig 416
Abzweigleitung 194
Achse 272, 526, 527
Achselarterie 102
Achselhöhle 92, 94
Achselknospe 53
Achselkrücke 466
Achselnerv 108
Achselstütze 466
Achselvene 102
Achswelle 351
Achteck, regelmäßiges 429
Achtelnote 299
Achtelpause 299
Adamsapfel 92
Adapter 198, 271, 330
Adapterschnittstelle 336
Addition 427
Additionstaste 337
additive Farbmischung 418
Aden, Golf 19, 20
Aderhaut 119
Adler 81
Adria 18
aerodynamische Bremse 412
Afghanistan 452
Afrika 14, 20, 34, 451
Afrikanische Platte 27
After 71, 73, 106, 111, 112
Afterflosse 74
Afterfurche 93
Afterschließmuskel 106
Ägäis 18
Agar-Agar 123
Aggregatzustände 414
Ägypten 451
Ahle 531
Ahorn 64
Ahornsirup 149
Ährchen 61
Ähre 57, 61
Ährenbrot 144
Ährenrispe 61
Airbag 354
Airbag-Rückhaltesystem 354
Ajowan 139
Akanthusblatt 200
Akkord 299
Akkordeon 296
Akku 228, 320
Akku-Bohrschrauber 228
Akku-Mini-Staubsauger 208
Akkumulator 357
Akromion 99
Akroterion 279
Aktenbox 340
Aktenkoffer 274
Aktenmappe 340
Aktenordner 339
Aktentasche 274, 275
Aktenvernichter 341
Aktionstasten 471
Akustikdecke 293
akustische Gitarre 302
Alarm, Kontrollleuchte 337
Alaska, Golf 16
Albanien 450
Albatros 80
Aleuten 16
Aleutengraben 34
Alge 51
Alge, Aufbau 51
Algen, Beispiele 51
Algerien 451
alkalische Zink-Mangan-Zelle 417
Alkoholkolben 424
Alkoholsäule 424
Allee 25
Alligator 77
Alluvion 32
Alpen 18
alphabetische Tastatur 338
alphanumerische Tastatur 327, 330, 346, 442, 443
Alpin-Skipiste 512
Alpinboard 513
alpiner Skiläufer 510
alpines Skilaufen 510
Alse 160
Alt-Taste 330
Altaluminium-Sammelbehälter 49
Altarbild 446
Altarkreuz 446
Altarm 32
Alternative 330
Altglas-Container 49
Altglas-Sammelbehälter 49
Altokumulus 42
Altostratus 42
Altpapier-Container 49
Altpapier-Sammelbehälter 49
Altschlüssel 298
Aluminiumfolie 162
Alveolarknochen 101
Amarant 143
Amazonas 17
Amboss 116, 534
ambulante Unfallstation 463
Ameise 69
American Football 484
Amerika 448
Amerika, Vereinigte Staaten 448
amerikanischer Bacon 156
amerikanischer Senf 140
amerikanisches Labor 11
amerikanisches Maisbrot 145
amerikanisches Wohnmodul 11
Amery-Eisschelf 15
Amöbe 66
amorpher Festkörper 414
Ampel 230
Ampere 426
Amphibien 75
Amphibien, Beispiele 75
Amphibien-Löschflugzeug 394
Amphitheater, römisches 281
Amplitude 418
Amplituner: Rückansicht 322
Ampulle 467
amtliche Unterschrift 441
An-/Aus-Kontrolllampe 327
Analfuß 67
Analog-Camcorder: Rückansicht 320
Analog-Camcorder: Vorderansicht 320
Analoguhr 424
Ananas 136
Ananasguave 137
Anästhesieraum 464
Anatomie 96
Anatomie einer zweischaligen Muschel 73
Anatomie eines Hummers 71
Anden 17
andere Zeichen 299
Andorra 449
Anemometer 413
angehobener Lenkerbügel 522
Angehörige, Warteraum 462
Angel 167, 169, 216
Angelhaken 536, 538

Angelhaken mit Vorfach 538
Angelwurzel 169
Anglerweste 538
Angola 452
Angriff 485
Angriffslinie 487
Angriffszone 487
Anhänger 264
Anhängerkupplung 356, 361
Anik 317
Anis 142
Anker 473
Ankerbolzen 357
Ankerklüse 383, 387
Anklagebank 440
Ankleideraum 189, 290
Ankleideraum, privater 290
Anlage 182
Anlage, elektrische 351
Anlagen, unterirdische 281
Anlasser 237
Anlaufbahn 496
Anlaufhülse 229
Anlaufstrecke 473
annähernd gleich 427
Anode 417
Anorak 263
anorganische Substanzen 45
Anrufbeantworter 328
Ansagekassette 328
Ansatz 223
Ansatzrohr 209
Ansauggitter 270
Anschlag 226, 425, 521
Anschlagfläche 341
Anschlagrahmen 202
Anschluss 210
Anschluss für Zündkabel 359
Anschlussbuchse 303
Anschlussbuchsen für Video- und Digitalübertragung 315
Anschlüsse, Beispiele 197
Anschlusskabel 227, 324
Anschlusskasten 411
Anschlussklemme 198
Anschlussleitung 194
Anschlussstelle 431
Anschlussstellen, Beispiele 342
Anschlussstifte 417
Anschreiber 487, 488
Ansicht 182
Anspielkreis 506
Anspielpunkt 506
Anstoßlinie 502
Anstoßpunkt 481, 502
Anstoßraum 502
Anstreichen 219
Antarktis 14, 15
Antarktische Halbinsel 15
Antarktische Platte 27
Antenne 7, 67, 68, 71, 326, 327, 349, 369, 392, 395, 457, 487
Antenne für die Linienzugbeeinflussung 376
Antennenbuchsen 322
Antennula 71
Antependium 446
anthropogener Treibhauseffekt 46
Anti-Reflex-Beschichtung 410
Antiblockiersystem (ABS) 357
Antigua und Barbuda 449
Antiklinale 403
Antilope 84
Antiseptikum 461
antiseptische Flüssigkeit 461
Antriebsmodul 316
Antriebsrad 398, 523
Antriebsräder 401
Antriebsriemen 360
Antriebssystem 351
Antriebswelle 177
Antriebswerk 403
Antrittspfosten 191
Antrittsstufe 191
Anwendungsstarttasten 337
Anzeige 313, 337, 346, 422, 423
Anzeige "Sicherheitsgurte anlegen" 355
Anzeigen 323
Anzeigeskala 423
Anzeigetafel 472, 492, 497, 499, 518
Anzeigetafel für das Gesamtergebnis 496
Anzeigetafel für die Einzeldisziplin 497
Anzeigetaste 320
Anziehung 416
Anzünder 218
Aorta 104, 105
Aorta, absteigende 103
Aorta, aufsteigende 103
Aortenbogen 102, 103, 104
Aortenklappe 104
Apex 72, 73
Apfel 133
Apfel im Querschnitt 58
Apfelessig 141
Apfelfrucht, fleischige 58
Apfelfrüchte 133
apokrine Schweißdrüse 114
Apotheke 436
Appalachen 16
Appartements 512
Aprikose 132
Äquator 17, 20, 21, 22, 43
Äquatorialguinea 451
äquivalent 427
Ara 80
Arabische Halbinsel 19
Arabisches Meer 19
Arachnoidea 109
Aralsee 19
Arame 123
Arbeiterin 68
Arbeitsbrett 219
Arbeitskittel 255
Arbeitsleuchte 206
Arbeitsplatte 164, 224
Arbeitsstiefel 240
Arbeitszimmer 189
Archipel 24
Architektur 278
Architekturelemente 286
Architrav 279
Archivolte 285
Arena 281
Arenberg-Parkett 190
Argentinien 448
Ariel 3
Arkade 281, 284
Arkaden 447
Arktis 14
Arm 83, 91, 93, 95, 206, 467
Armaturenbrett 354
Armaturenbrettausrüstung 457
Armausschnitt 247
Armband 264
Armbänder 264
Armbeuger 96
Armdecken, große 78
Armdecken, kleine 78
Armdecken, mittlere 78
Ärmel 244
Ärmel, eingesetzter 245
Ärmelkanal 18
Ärmellasche 248
ärmelloses Sporthemd 500
Ärmelschlitz 245
Armenien 452
Armgeflecht 108
Armhebel 499
Armlehne 200, 205
Armlehnstuhl 200
Armreif 264
Armschutz 486
Armschützer 486
Armschwingen 78
Armstrecker, dreiköpfiger 97
Armstrecker, zweiköpfiger 96
Armstuhl 444
Armstühle, Beispiele 200
Armstütze 200, 352, 353, 467
Arpeggio 299
Arretierhebel 224, 229
Arretierknopf 229
Art der hohen Wolken 39
Art der mittelhohen Wolken 39
Art der tiefen Wolken 39
Arten von Blütenständen 57
Arten von Golfschläger 505
Arterien 102
Artikel 313
Artischocke 127
Arzneimittel-Darreichungsformen 467
Arzt 498
Ärzteteam 499
Asche, vulkanische 28
Aschenbahn 472
Ascheschicht 28
Aserbeidschan 452
asiatische Birne 137
asiatische Eiernudeln 147
asiatische Teigwaren 147
Asien 14, 19, 34, 452
Asphalt 405
Asphalt-Destillationsanlage 405
Aspirin 461
Ass 468
Assistenzarzt 464
Assistenzschiedsrichter 509
Assistenztrainer 507
Ast 63, 65
Äste 63
Asteroidengürtel 3
Asthenosphäre 26
Astigmatismus 419
Astronomie 2
astronomische Einheit 2, 3
Astschere 234
Asukibohne 131
Atacama-Wüste 17
Atemluftzufuhrschlauch 454
Atemschutz 459
Atemschutzmaske, leichte 459
Atemschutzsystem, geschlossenes 454
Äthiopien 451
Athletin 473
Atlantik 14
atlantischer Kabeljau 161
atlantischer Lachs 161
Atlantischer Ozean 15, 18, 20
Atlas 99
Atlasgebirge 20
Atlasspinner 69
Atmosphäre 44, 48
Atoll 35
Atom 414
Atome 414
Atomkern 414
Atrium 280
Aubergine 128
Audio-Ausgänge 337
Audio-Eingänge 337
Audiobuchse 329
Audiometrie-Untersuchungsraum 465
Aufbau 361
Aufbau der Biosphäre 44
Aufbau der Sonne 4
Aufbau des Ohres 116
Aufbau des Rückenmarks 109
Aufbau einer Alge 51
Aufbau einer Blume 56
Aufbau einer Flechte 50
Aufbau einer Pflanze 53
Aufbau eines Baumes 63
Aufbau eines Blatts 55
Aufbau eines Farns 52
Aufbau eines Mooses 51
Aufbau eines Pilzes 52
Aufbauspieler, linker 489
Aufbauspieler, rechter 489
Aufbewahrungsmöbel 202
aufblasbare Manschette 461
Aufdruck 260
Aufenthaltsraum 439
Auffahrt 343, 344
Auffangschale 181
Auffangschüssel 210
Aufgeber 494
aufgesetzte Tasche 244, 249, 260
aufgewirbelter Staub 43
Aufhängeband 119
Aufhängeöse 270
Aufhänger 250
Aufhängung 308, 351
Aufladen, Kontrollleuchte 337
Auflage 204
Auflagehumus 54
Auflaufförmchen 166
Auflösungszeichen 299
Aufnahme 462, 465
Aufnahme von Kohlendioxid 54
Aufnahme von Wasser und Mineralstoffen 54
Aufnahme-Starttaste 320
Aufnahme-Stopptaste 320
Aufnahme-Taste 323
Aufnahme-Ziffer 291
Aufnahmebühne 290
Aufnahmetaste 319
Aufprallsensor 354
Aufreißer 398
Aufreißerspitze 398
Aufreißerzylinder 398
Aufsatz 174
Aufsatzstück 296
Aufschäumdüse 181
Aufschlag 246, 487, 490
Aufschläger 491
Aufschlagfeld für das Doppelspiel 495
Aufschlagfeld für das Einzelspiel 495
Aufschlagfelder 495
Aufschlaglinie 491
Aufschlaglinienrichter 490
Aufschlagrichter 490, 494
Aufschnitt 305
Aufsetzzonenmarkierungen 391
Aufsteckbürste 272
Aufsteckdüse 272
aufsteigende Aorta 103
aufsteigende warme Luft 43
aufsteigender Dickdarm 106
aufsteigender Gang 278
Aufstellpunkt 502
Aufwachraum 464
Aufzeichnung, seismologische 403
Aufzeichnungskassette 328
Aufzeichnungstaste 328
Aufziehbrett 216
Aufzug 281, 287, 435, 439
Aufzugseil 397
Augapfel 75, 119
Auge 43, 70, 71, 72, 76, 90, 94, 119, 220, 270, 468
Augen-Make-up 266
Augenbehandlungsraum 463
Augenbrauenpinzette 265
Augenbrauenstift 266
Augengläser, Beispiele 273
Augenkammer, hintere 119
Augenkammer, vordere 119
Augenlid 76
Augenlid, oberes 75, 87
Augenlid, unteres 75, 87
Augenmuskel, unterer gerader 119
Augenring 78
Augenringmuskel 96
Augenschutz 458
Augenstreif 78
Augenträger 72
Augenwand 43
Ausatmungsventil 459
Ausbeinmesser 169
Ausbreitung, Fortpflanzung 418
Ausbruchstätigkeit, Vulkan 28
Ausdehnungskammer 424
ausfahrbarer Baum 397
ausfahrbarer Leiterbaum 455
Ausfahrt 343
Ausfahrtspur 343
Ausführungsgang, Schweißdrüse 114
Ausgabebank, Kürzel 441
Ausgabegeräte 333
Ausgangssperre 378
Ausgangstür, zweiflügelige 362
Ausgleichsbecken 406, 407
Ausguss 215
Ausgussreiniger 216
Ausklapparretierung 219
ausklappbare Stützvorrichtung 365
Auslassventil 360, 461
Auslauf 122
Auslaufgarnitur 197
Auslaufrohr 407
Ausleger 397, 399, 400
Auslegerbrücke 344
Auslegerseil 397
Auslegerzylinder 399, 400
Auslenkungsrichtung 418
Auslinie 482
Auslöser 314
Auspressen 177
Auspuffanlage 351
Auspuffendrohr 351
Auspuffkrümmer 350, 360
Auspuffrohr 364, 367, 368, 369, 398, 401
Auspuffrohr, hinteres 351
Auspuffrohr, vorderes 350
Ausrichtschraube 423
Ausschalter 235
Ausschnitt, halsnaher 250, 255, 260
Ausstatter 290
Ausstattung, persönliche 264
Ausstechformen 172
Aussteuerung, manuelle 323
Auster 157
Austerngabel 168
Austernmesser 169
Austernseitling 123
Australien 14, 34, 453
Australische Kordilleren 15
Austrittskante 392
auswärts 518
Auswaschung 48
Auswechselbank 481
Auswurf-Taste 323
Auswurftaste 176, 315, 471
Auswurftaste für das 323
ausziehbare Fluggastbrücke 389
ausziehbarer Griff 274
Ausziehbein 202
Ausziehleiter 219
Ausziehtisch 202
Auszug 202, 210
Außenangreifer, linker 487
Außenangreifer, rechter 487
Außenansicht eines Hauses 182
Außenbordmotor 385
Außenbrett 469
Außendreiviertel links 482
Außendreiviertel rechts 482
Außenfeldspieler, linker 474
Außenfeldspieler, mittlerer 474
Außenfeldspieler, rechter 474
Außengewinde 537
außengezahnte Fächerscheibe 222
Außenkelch 59
Außenkreis 515

Außenlippe 73
Außenring 441
Außenrohr, druckfestes 409
Außenschicht 477
Außenspiegel 362, 363
Außensteckhülse 536
Außenstürmer links 482
Außenstürmer rechts 482
Außentank 12
Außentasche 274, 276
äußere Drosselvene 102
äußere Kappe 240
äußere Kuppelhülle 7
äußere Merkmale einer einschaligen Muschel 73
äußere Merkmale einer Giftschlange: Kopf 76
äußere Merkmale einer Honigbiene: Arbeiterin 68
äußere Merkmale einer Ratte 82
äußere Merkmale einer Schildkröte 76
äußere Merkmale einer Schnecke 72
äußere Merkmale einer Spinne 70
äußere Merkmale einer zweischaligen Muschel 73
äußere Merkmale eines Delphins 90
äußere Merkmale eines Flußbarschs 74
äußere Merkmale eines Froschs 75
äußere Merkmale eines Gorillas 91
äußere Merkmale eines Hais 74
äußere Merkmale eines Hummers 71
äußere Merkmale eines Hundes 86
äußere Merkmale eines Pferdes 83
äußere Merkmale eines Schmetterlings 67
äußere Merkmale eines Tintenfischs 72
äußere Merkmale eines Vogels 78
äußere Nase 117
äußere Oberschenkelkondyle 99
äußere Planeten 2
äußerer Bull 171
äußerer Gehörgang 100
äußerer Hausflur 280
äußerer Kern 26
äußerer Linebacker 484
äußerer Ohrmuschelrand 115
äußerer Schenkelmuskel 96, 97
äußerer Schneidezahn 101
äußerer schräger Bauchmuskel 96, 97
äußeres Ohr 116
Auto 347
Autobahn 25, 343, 431
Autobahnnummer 25
Autoboot 261
Autofocus-Umschalter 314
Autohandschuh 243
Autohaus 433
Autoklav 464
Automat für Umsteigekarten 379
automatische Schiebetür 286
automatische Tür 390
automatischer Bankschalter 442, 443
automatischer Zeitmesser 517
Autoplane 356
Autorennen 524
Autoreverse-Taste 326
Autotransportwagen 377
autotrophe Organismen 45
Autowaschanlage 346
Avocado 128
Axel 509
Axialrippe 73
Axon 110
Axt 234
Azimutalprojektion 22
Azimutfeineinstellung 8, 9
Azimutfesteller 8
Azimutfeststeller 9
aztekischer Tempel 283

B

B 299
Baby-Doll 256
Babybekleidung 260
Bach 32
Bachsaibling 161
Back 383, 387
Backblech 172
Backbordseite 387
Backe 86, 273
Backe, bewegliche 223, 224
Backe, feste 223, 224
Backen 217, 221, 224, 228, 511
Backenhörnchen 82
Backenzahn im Längsschnitt 101
Backenzahn, erster 101
Backenzahn, erster vorderer 101
Backenzahn, zweiter 101
Backenzahn, zweiter vorderer 101
Backenzähne 101
Backenzähne, vordere 101
Bäckerei 437
Backfell 149
Backform 179
Backgammon 469
Backgerät 172
Backline 515
Backofen 164, 210
Backofenfolie 162
Backofenschalter 210
Backofenthermometer 171
Backofentür 210
Backrost 210
Backsteinhaus 288
Backwaren 121
Bacon, amerikanischer 156
Bacon, kanadischer 156
Bad 189, 439, 464
Badeanzug 263
Badebürste 267
Badehose 263, 516
Badekappe 516
Badeleiter 104
Bademantel 256
Badetuch 267
Badetuch mit Kapuze 260
Badewanne 189, 194, 195, 439
Badezimmer-Oberlicht 189
Badminton 494
Badmintonplatz 494
Badmintonschläger 494
Baffinland 16
Baggern 487
Baggerstiel 400
Baggerstielzylinder 400
Baguette 144
Bahamas 448
Bahn 220, 472, 515, 516
Bahnende 517
Bahnenplissee 253
Bahnenrock 253
Bahnhof 25, 374, 375, 430, 432
Bahnhofshalle 374
Bahnmarkierung 473
Bahnseil 517
Bahnsteig 374, 375, 379, 390
Bahnsteigkante 374, 379
Bahnsteigüberdachung 375
Bahnübergang 375
Bahnzeitnehmer 516
Bahrain 452
Baikalsee 19
Bajonettfassung 199
Balalaika 297
Balanceregler 322
Balg 296
Balg, Schnitt 60
Balgenverschluss 296
Balkanhalbinsel 18
Balken 109, 279, 280, 283, 288, 422
Balken, hinterer 422
Balken, vorderer 422
Balkenbrücke 344
Balkenwaage 422
Balkon 189
Balkontür 189
Ballerinaschuh 241
Ballfangzaun 474
Balljunge 490
Ballonsonde 38
Ballsportarten 474
Ballungsgebiet 430
Balsamessig 141
Balustrade 283
Bambussprosse 125
Banane 136
Bande 506
Bandführung 341
Bandring 264
Bandsortenschalter 323
Bandsperre 225
Bandwahltaste 322
Bangladesch 453
Banjo 296
Bank 201, 432, 437, 442, 469, 501
Bankett 342
Banknote: Rückseite 441
Banknote: Vorderseite 441
Bankschalter, automatischer 442, 443
Bar 293, 432, 438, 469
Barbados 449
Barbakane 282
Bardame 438
Barentssee 18
Bargeldbestückung 443
Barhocker 201, 438
Baronstange 302
Barren 496, 497
Barrierriff, Großes 15
Barsch 160
Bart 61
Bartregion 78
Basalschicht 114
Basaltschicht 26
Baseball 474, 476
Baseball im Querschnitt 477
Basilikum 142
Basis 318, 473
Basis der Rückenlehne 200
Baskenmütze 239
Basketball 488
Basketballspiel 488
Basketballspieler 488
Basmatireis 147
Bass-Straße 15
Bass-Tonabnehmer 303
Bassgitarre 303
Bassklarinette 295
Bassregister 296
Bassregler 322, 325
Bassschlüssel 298
Basssteg 304
Basstastatur 296
Basstrommel 295, 308
Bast 63
Batterie 221, 350, 359, 411, 416
Batterie-Schraubendreher 221
Batteriegehäuse 359
Batteriekasten 365
Batterieladekontrollleuchte 355
Bauch 78, 83, 92, 94
Bauchaorta 102, 107
Baucharterie 71
Bauchfell 111, 112
Bauchflosse 74
Bauchfuß 67
Bauchhöhle 111, 112
Bauchmuskel, äußerer Schräger 96
Bauchmuskel, äußerer schräger 97
Bauchmuskel, gerader 96
Bauchpanzer 76
Bauchspeck 156
Bauchspeicheldrüse 106
Bauer 470
Bauernbrot 145
Bauernhof 122
Baum 63, 520
Baum, Aufbau 63
Baum, ausfahrbarer 397
Bäume 504
Baumfarn 52
Baumsäge 234
Baumschere 234
Baumstamm im Querschnitt 63
Baumstütze 231
Baumtomate 136
Baumvogel 79
Bauschmuskel 97
Bautischlerei 220, 221, 222, 225, 226, 228, 229
Beaufortsee 16
Becher 163, 166, 532
Becken 184, 295, 308, 309
Becken, oberes 308
Becken, unteres 308
Beckengurt 353
Becquerel 426
Bedienblende 178
Bedienkonsole 455
Bedienleiste 210, 212, 213, 214
Bedientasten 318
Bedienungsanleitung 346
Bedienungsfeld 179
Bedienungstafel 287
Bedienungstasten 328
Beere 59
Beeren 132
Beet 183
Beete, rote 129
befestigte Umfassungsmauer 447
Befestigungshebel 207
Befestigungsschiene 420
Befeuchter 339
begehbarer Kleiderschrank 189
Begonie 56
begrenzte Zone 489
Begrenzungsleuchte 352
Behaarung 82, 91
Behälter 176, 180
Behälter für gebrauchte Spritzen 457
Behälter mit Gießer 177
Behandlung, chemische 405
Behandlungsraum 463, 465
Beichtstuhl 446
Beifahrer-Fußraste 368
Beifahrerfußraste 367
Beil 454, 533
Beilage, farbige 313
Bein 76, 91, 93, 95, 202, 247, 308, 493
Beinausschnitt, elastischer 247
Beincurler 501
Beininnenseite 260, 261
Beinpolster 507
Beinschutz 476
Beinstreckerzug 501
Beispiele für Algen 51
Beispiele für Amphibien 75
Beispiele für Anschlussstellen 342
Beispiele für Armstühle 200
Beispiele für Augengläser 273
Beispiele für Bits und Bohrer 228
Beispiele für Blumen 56
Beispiele für Blusen und Hemden 255
Beispiele für Boote und Schiffe 382
Beispiele für Fahrräder 373
Beispiele für Falten 253
Beispiele für Farne 52
Beispiele für Fenster 287
Beispiele für Flechten 50
Beispiele für Flugzeuge 394
Beispiele für Gabeln 168
Beispiele für Güterwagen 377
Beispiele für Hasentiere 82
Beispiele für Hosen 254
Beispiele für Huftiere 84
Beispiele für Insekten 69
Beispiele für Instrumentalgruppierungen 300
Beispiele für Karosserien 347
Beispiele für Kleider 252
Beispiele für Küchenmesser 169
Beispiele für Lastkraftwagen 364
Beispiele für Laubhölzer 64
Beispiele für Löffel 168
Beispiele für Meeressäugetiere 90
Beispiele für Messer 168
Beispiele für Moose 51
Beispiele für Motorräder 360
Beispiele für Nadelblätter 65
Beispiele für Nadelhölzer 65
Beispiele für Nägel 220
Beispiele für Nagetiere 82
Beispiele für Primaten 91
Beispiele für Raubtiere 88
Beispiele für Reptilien 77
Beispiele für Röcke 253
Beispiele für Schlafsäcke 530
Beispiele für Skier 510
Beispiele für Spinnentiere 70
Beispiele für Sprünge 509
Beispiele für Stühle 201
Beispiele für Tische 202
Beispiele für Türen 286
Beispiele für Vogelfüße 79
Beispiele für Vogelschnäbel 70
Beispiele für Währungsabkürzungen 440
Beispiele für Winkel 428
Beispiele für Zelte 528
Beitrag, redaktioneller 313
Beiwagen 380
Bekleidungsgeschäft 436
Belegausgabe 346
Beleuchterbrücke 292
beleuchteter Spiegel 269
Beleuchtung 199, 269
Beleuchtungsgitter 291
Beleuchtungsschiene 207
Belgien 449
Belichtungseinstellung 314
Belichtungskorrekturknopf 314
Belichtungsmesser 314
Belize 448
Belüftungsfenster 182
Belüftungsschlitz 214
bemannte Manövriereinheit 10
Bengalen, Golf 19
Benin 451
Benzin 405
Benzinmotor 351
Benzintankverschluss 368
Beobachtung des Weltraums 7
Beobachtungsposten 7
Beobachtungsraum 462, 465
Beobachtungsraum, psychiatrischer 462
Bereitschaftsanzeige 269, 328
Berg 29

Bergamotte 134
Bergère 200
Bergfried 282
Berghang 29
Berghütte 512
Bergkette 5
Bergschrund 30
Bergwacht 512
Beringsee 14
Beringstraße 16
Berme 342
Bermudashorts 254
Bernhardiner 86
Berührung 470
Besatzungsunterkünfte 382
Beschichtung 493
Beschläge 521
Beschleunigungsspur 343
Besen 193, 215
Besitzkarte 469
Bespannung 492, 494, 502
Besprechungszimmer 440
Besteckkorb 214
Bestückung 227
Besucherterrasse 391
Betriebsanzeigen 318
Betriebseinstellung 326
Betriebsraum 447
Betriebsschalter 337
Bett 204, 361
Bett mit Matratze 530
Betttuch 204
Bettwäsche 204
Beutel 162
Beutelfach 209
Beutelklammern 341
Beuteltasche 275
Beuteltasche, kleine 276
Beweger 212
bewegliche Backe 223, 224
bewegliche Brücken 344
bewegliche Tribünen 444
beweglicher Oberkiefer 76
Bewegungen eines Flugzeugs 395
Bewegungsmelder 286
Bezeichnungen tropischer Wirbelstürme 43
Bezugsstoff 273
BH 259
Bhutan 453
Biber 82
Bibliothek 433, 444
Bidet 195
Bienenstock 122
Bier 120
Bierkrug 165
bikonkave Linse 419
bikonvexe Linse 419
Bildanzeige 315
Bildeinstelltasten 320
Bildröhre 318
Bildschirm 318, 329
Bildschirminhalt drucken 331
Bildschirmverriegelung 336
Bildung 444
Bildungseinrichtung 335, 433
Bildunterschrift 313
Bildvorlauf 315
Billard 502
Billardqueue 503
Billardtisch 502
Billettasche 244
Bimah 447
Binde, elastische 461
Bindebogen 299
Bindegewebe 114
Bindehaut 119
Bindeteil 245
Bindung 513
Bindung, chemische 414
Binokularmikroskop 421
Binsenstängel 312
Bioabfallbehälter 49
Biologie 426
biologisch nicht abbaubare Schadstoffe 47
Biosphäre 44
Biosphäre, Aufbau 44
Birke 64
Birne 133
Birne, asiatische 137
birnenförmiger Korpus 297
Birnenmelone 137
Bison 84
Bit 221
Bits und Bohrer, Beispiele 228
Bittermelone 128
Bitterschokolade 148
Blank 468
Blase 51
Blasebalg 530
Blasebalgtasche 255
Blasinstrumente 306
Blaspfeife 296
Blassynthesizer 311
Blatt 53, 54, 55, 125, 216, 219, 226, 227, 270, 493, 506
Blatt, Aufbau 55
Blatt, Säge 226, 227
Blattachsel 55
Blattader 55
Blattansatz 55
Blättchen 51
Blätter, einfache 55
Blätter, zusammengesetzte 55
Blätterpapille 118
Blätterteig 145
Blattgemüse 126
Blattgrund 53
Blattrand 55
Blattscheide 55
Blattschraube 306
Blattspindel 52
Blattstiel 55
Blattstieleinschnitt 62
Blau 418
blaue Linie 507
blaue Luzerne 130
blauer Ball 503
Blaufisch 160
Blaulicht 455
Blaustrahl 318
Blazer 251, 254
Blechbläser 295
Blechverkleidung 192
Bleikopf 305
Bleistift 312
Bleistiftspitzer 341
Blende 210, 212, 213, 277
Blendenöffnung 7
Blendrahmen 186
Blendrahmen oben 186
Blinddarm 106
blinde Tasche 251
blinder Fleck 119
Blinker 538
Blinkerhebel 354
Blinkerkontrollleuchte 368
Blinkleuchte 352, 366, 367, 368
Blinklichter 362
Blinklichtkontrolle 355
Blitz 41
Blitzableiter 183, 407, 413
Blitzkontakt 314
Blitzröhre 420
Block 473
Block, numerischer 331
Blockdeckel 359
Blouson 249
Blume, Aufbau 56
Blumen, Beispiele 56
Blumenbeet 230
Blumenkohl 127
Blumenkrone 56
Blumenladen 437
Blumenrabatte 230
Bluse, klassische 255
Blusen und Hemden, Beispiele 255
Blut, sauerstoffarmes 104
Blut, sauerstoffreiches 104
Blutbestandteile 104
Blutdruckmessgerät 461
Blüte 53, 56, 62
Blütenblatt 56
Blütenboden 56, 59
Blütengemüse 127
Blütenkelch 56
Blütenknospe 53
Blütenständen, Arten 57
Blütenstandstiel 54
Blütenstiel 56, 62
Blutgefäß 104, 114
Blutkörperchen, rotes 104
Blutkörperchen, weißes 104
Blutkreislauf 102
Blutkreislauf, Schema 103
Blutplasma 104
Blutwurst 156
BMX-Rad, Mountainbike 373
Boa 77
Böckchen 308
Bockkran 406, 407
Bockmühle 412
Bocksfuß 200
Bockshornkleesamen 138
Boden 48, 180, 534
Boden, gewachsener 342
Bodenablauf 184, 194
Bodenbalken 187
Bodenbeläge, textile 190
Bodenbewegung, horizontale 27
Bodenbewegung, vertikale 27
Bodenbewegungen 31
Bodendiele 190
Bodendüngung 47
Bodendüse 209
Bodenkriechen 31
Bodenlinie 517
Bodenplättchen 302
Bodenplatte 308, 533
Bodenprofil 54
Bodenstaubsauger 209
Bodenturnfläche 496
Bodenverschmutzung 47
Bodyshirt 255
Bodysuit 258
Bogen 301, 306, 428
Bogenansatz 301
Bogenarm 535
Bogenfeld 285
Bogengang, äußerer knöcherner 116
Bogengang, hinterer knöcherner 116
Bogengang, oberer knöcherner 116
Bogenminute 428
Bogensäge 533
Bogenschutz 306
Bogensekunde 428
Bohne, Flageolet 131
Bohne, grüne 131
Bohne, römische 131
Bohne, schwarzäugige 130
Bohne, schwarze 131
Bohnen 130, 131
Bohnen, dicke 130
Bohnenkraut 142
Bohranlage 403
Bohrerstellung 518
Bohrfutter 221, 228
Bohrfutterschlüssel 228
Bohrgestänge 403
Bohrkopf 403
Bohrkörper 228
Bohrkragen 403
Bohrmaschine, elektrische 228
Bohrschiff 382
Bohrturm 403, 404
Bohrwerkzeuge 228
Bolero 254
Bolivien 448
Bolzen 222, 224, 270, 271
Bombe, vulkanische 28
Bongos 309
Boot 240
Boote und Schiffe, Beispiele 382
Bordcomputer 354, 457
Bordeauxglas 165
Bordküche 392
Bordstein 434
Bordunpfeife 296
borealer Wald 44
Boretsch 142
Borke 63
Borste 271, 272
Borsten 215, 219
Böschung 182
Böschung im Auftrag 342
Bosnien und Herzegowina 450
Botswana 452
Bottich 214
Bottichrand 212
Bottnischer Meerbusen 18
Boulevard 25, 433
Boulevardblatt 313
Bowlingbahn 436
Box 272
Box für die Aufsteckbürsten 272
Boxen 498, 524
Boxengasse 524
Boxer 498
Boxerhose 498
Boxershorts 247
Boxhandschuhe 498
Boxtasche 276
Brachacker 122
Brandbekämpfung 454
Brandbekämpfungsmaterial 454
Brandungspfeiler 35
Brandungstor 35
Brasilien 448
Braten 153
Bratenthermometer, digitales 171
Bratentopf, flacher 175
Bräter 174
Bratpfanne 175, 531
Bratsche 301
Bratschen 295
Bratwurst 156
Brauchdampf 408
Brauenbürstchen 266
Braunalge 51
brauner Ball 503
brauner Zucker 149
Braunreis 147
Brause 236
Brausegarnitur 194
Brausenkopf 195, 197
Brauseschlauch 195, 197
Brecher 33
Breiapfel 137
Breitbild-Fernseher 321
Breitengrade 22
Breitenkreis 22
breiter Rückenmuskel 97
breites Mutterband 113
Breitfußgeschoss 435
Bremsanlage 351
Bremsbacke 357
Bremsbelag 357
Bremse 69, 467, 501, 522, 525, 536
Bremsen 357
Bremsflüssigkeitsbehälter 357
Bremsgriff 371, 522
Bremshebel 523
Bremskraftregler 357
Bremskraftverstärker 350, 357
Bremskreis 357
Bremsleitung 350
Bremsleuchte 352
Bremspedal 350, 354, 357, 368
Bremssattel 357, 366
Bremsscheibe 357
Bremsschlauch 357
Bremsträger 357
Bremstrommel 357
Bremswagen 377
Bremszug 371
Bremszylinder 357
Brenner 174, 210, 529
Brennholzstauraum 192
Brennpunkt 419
Brennraum 192
Brennsockel 529
Brennspiritus 405
Brennstab 409
Brennstabbündel 409
Brennstoff 408
Brennstoff, fossiler 48
Brennstofftablette 409
Brett 519
Brett, schwarzes 444
Brettspiel 469
Brie 151
Brieföffner 339
Brieftasche 275
Briefwaage 339
Brille 273, 513, 522
Brille, Teile 273
Brillenetui 275
Broccoli 127
Brombeere 132
Brot 144
Brotbackautomat 179
Brothalter 178
Brotmesser 169
Browser 334
Bruch 427
Brücke 25, 109, 273, 420
Brücken, bewegliche 344
Brücken, starre 344
Brückenlift 381
Brunei 453
Brunnen für rituelle Waschungen 447
Brunnenkresse 127
Brust 78, 83, 92, 94, 113
Brustbein 98
Brustbeine 71
Brustdrüse 113
Brustflosse 74, 90
Brustkorb 92, 94
Brustleistentasche 244
Brustmuskel, großer 96
Brustschutz 476, 486
Brustschwimmen 517
Brusttasche 245, 248
Brüstungsriegel 187
Brustwarze 92, 94, 113
Brustwirbel 99
Brutzwiebel 54
Bube 468
Buche 64
Buchecker 133
Bücherregal 444
Bücherstütze 341
Buchhandlung 436
Buchsenhalter 198
Büchsenöffner 170
Bucht 5, 24
Bucht, Große Australische 15
Buchweizen 61, 143
Buckelwal 90
Büfett 203
Büffel 84
Buffet 438
Bug 384, 387, 392, 519, 520
Bügel 226, 273, 301, 324, 535
Bügel, verstellbarer 226
Bügelanschlag 273
Bügelende 273
Bügelfalte 246
Bügelhebel 534
Bügelheck 208
Bügelhorn 307
Bügelrundung 273

Bügelsäge 226
Bügelsohle 208
Bügelspannmechanismus 537
Bugfahrwerk 392
Bugladeklappe 386
Bugpropeller 384
Bugstrahler 387
Bugtür 383
Bugwulst 385, 387
Bühne 278, 292, 293
Bühnenhaus 278, 292
Bühnenhintergrund 292
Bulbospongiosus 111
Bulgarien 450
Bull's eye 471
Bullauge 386
Bulldogge 86
Bund 125, 249, 302, 303
Bund mit Druckknöpfen 260
Bund, elastischer 249
Bündchen 247
Bundesstaat 23
Bundmarkierung 303
Bundverlängerung 246
Bunker 504
Bunkeröl 405
Burg 282
Bürgersteig 434
Burggraben 282
Burghof 282
Burkina Faso 451
Büro 374, 438, 439
Büro der Oberschwester 463
Büro der Schulaufsicht 445
Büro des diensthabenden Arztes 462
Büro des Direktors 443
Büro des Richters 440
Büro des Schulleiters 445
Bürotechnik 329
Bürogebäude 381, 432, 435
Büroklammerhalter 341
Büroklammern 341
Bürotechnik 312
Büroturm 435
Bürste 209, 215, 272
Bürstenkörper 215
Burundi 451
Bürzel 78
Bus 362, 435
Busbahnhof 432
Bushaltestelle 434
Büstenhalter, trägerloser 259
Büstenschale 259
Butter 150
Butterdose 103, 100
Butterfach 211
Butterfly 501
Buttermesser 168
Buttermilch 150
Butterroller 169
Button-Down-Kragen 245

C

C 298
Cabanjacke 251
Café 432, 437
Cafeteria 445
Cajun-Gewürzmischung 139
Callisto 2
Camcorder 320
Camembert 151
Camisol 258
Camping 528
Campingausrüstung 531
Candela 426
Cannelloni 146
Cañon, unterseeischer 33
Cape 251
Caprihose 254
Carapax 71
Cardigan 255
Carina 74
Carpentariagolf 15
Casabamelone 135
Cashewkern 133
Cassegrain-Fokus 7
Casting 537
Cayennepfeffer 139
CD 326
CD-/DVD-Auswurftaste 329
CD-/DVD-Laufwerk 329, 336
CD-Einschub 471
CD-Fach 323
CD-Rekorder 325
CD-Spieler 323, 325, 326
CD-Spieler, tragbarer 325
CD-Tasten 326
Celli 295
Cello 301
Celsius-Temperatur, Maßeinheit 426
Celsiusskala 424
Cent 440
Centerlautsprecher 321
Centre 485
Cephalica 102
Cephalothorax 70
Chac-Mool 283
Chaiselongue 200
Chamäleon 77
Chantilly-Parkett 190
Charlestonmaschine 308
Charlottenform 172
Charon 3
Chatroom 335
Chayote 129
Check-in-Schalter 390
Checkliste 10
Chef-Kameramann 291
Chefmaschinist 290
Chemie 414
chemische Behandlung 405
chemische Bindung 414
chemische Reinigung 437
Chesterfieldsofa 200
Chicorée 127
Chiffonière 203
Chile 448
Chili, Jalapeño 139
Chilipulver 139
Chilis, getrocknete 139
Chilis, zerstoßene 139
China 453
China-Broccoli 127
Chinakohl 126
chinesische Dattel 137
Chirimoya 136
Chirurgen-Waschraum 465
Chirurgie, kleine 462
Chloroplast 50
Chokerkette 264
Chor 284, 285
Chorhaupt 285
Chorizo-Wurst 156
Chorlampe 446
Chorscheitelkapelle 284, 285
Chorumgang 285
Chromatin 66
Chromosphäre 4
Chutney 141
Climber 501
Clip 312
Cliphalterung 199
Clubsessel 200
Coach-Box 474
Cockpit 12, 392, 520, 525
Cocktailbar 203, 439
Cocktailglas 165
Cocos-Platte 27
Collie 86
Compluvium 280
Computer 444
Computerbildschirm 10
Computerprogramme 457
Computerraum 444
Conchiglie 146
Container 383
Containerbrücke 381
Containerflachwagen 377
Containerlaschsystem 383
Containerschiff 381, 382
Containerterminal 381, 430
Controller 471
Controller-Schnittstellen 471
Cookstraße 15
Costa Rica 448
Costalschild 76
Coudé-Fokus 7
Coulomb 426
Coulommiers 151
Coupé 347
Couscous 144
Couscoustopf 175
Cowper-Drüse 111
Coyolxauhqui-Stein 283
Crêpe-Pfanne 175
Cricket 478
Cricketball 478
Cricketschuh 478
Cricketspieler 478
Crochetwinkel 244
Croissant 144
Crottin de Chavignol 150
Cubiculum 280
Curling 515
Curlingbesen 515
Curlingstein 515
Curry 138
Curryklemme 521
Cursor an Zeilenanfang 331
Cursor an Zeilenende 331
Cursor nach links 331
Cursor nach oben 331
Cursor nach rechts 331
Cursor nach unten 331

D

D 298
Dach 183, 193, 283, 349, 361
Dachfenster 183
Dachkranz, vorkragender 283
Dachluke 361
Dachrinne 182
Dachs 88
Dachziegel 283
Dalmatiner 86
Dame 468, 470
Damenflanke 470
Damenhandschuhe 243
Damenkleidung 251
Damenkopfbedeckungen 239
Damenschuhe 241
Damentoilette 294, 439
Damm 406
Dammkrone 406
Dampf 402, 408, 415
Dampfbügeleisen 208
Dampfdruck 408
Dampfdüse 208
Dämpfeinsatz 175
Dämpfer 307
Dampferzeuger 402
Dampfgenerator 408
Dampfkochtopf 175
Dampfregler 181
Dampfstärkeregler 208
Dämpfung, magnetische 422
Dänemark 450
Dänische Dogge 86
dänisches Roggenbrot 145
Danish Blue 151
Darm 71, 73, 103
Darmbein 98
Darreichungsformen, Arzneimittel 467
darstellende Künste 294
Dartscheibe 471
Dartspiel 471
Datei 334
Dateiformat 334
Datenauswertung 38
Datenbank 335
Datendisplay 328
Dateneingabe, Feinregler 310
Dateneingabe, Grobregler 310
Dattel 132
Dattel, chinesische 137
Datumaufnahmetaste 320
Datumeinblendetaste 320
Datumstempel 338
Dauerbrand 192
Daumen 115, 243, 477
Daumen, opponierbarer 91
Daumenauflage 306
Daumenfittich 78
Daumenring 307
Daumenteil 460
Daunendecke 204
Davidstern 447
Deckblatt 60
Decke 193, 204, 342
Deckel 174, 177, 178, 179, 180, 181, 211, 212, 215, 225, 533
Deckelhalter, magnetischer 180
Deckelknopf 176
Deckeltasche 532
Deckenbalken 187, 190
Deckendurchführung 193
Deckenleuchte 206
Deckfeder 78
Deckleiste 186
Deimos 2
Deklinationsachse 8, 9
Dekorateur 291
Dekorationsgeschäft 437
Delegierte, technische 509
Delle 505
Delphin 90
Delphin, äußere Merkmale 90
Delta 32, 35
Delta-Arm 32
Deltaflügel 394
Deltamuskel 96
Dendrit 110
Denkmal 25
Deodorant 267
Depolarisationsgemisch 417
Derrickkran 302
Dessertgabel 168
Dessertlöffel 168
Dessertmesser 168
Deutscher Schäferhund 86
deutscher Senf 140
Deutsches Register 539
deutsches Roggenbrot 145
Deutschland 450
diagonaler Schlittschuhschritt 514
diagonaler Zug 470
Dichtemesser 359
dichtes Windelhöschen 260
Dichtring 404
Dichtung, magnetische 211
Dichtungsring 214
Dichtverschluss 529
Dickdarm 106
Dickdarm, absteigender 106
Dickdarm, aufsteigender 106
Dickdarm, quer verlaufender 106
dicke Bohnen 130
Dickemessung 425
Diele 188, 190
Diensteingang 445
Dienstgradabzeichen 456
Dienstgürtel 456
diensthabender Arzt, Büro 462
dieselelektrische Lokomotive 377
Dieselkraftstoff 405
Dieselmotor 383
Dieselmotorraum 398, 399, 400, 401
Dieseltriebwerk 383
Differenzial 351
Digitalanzeige 423, 461
digitale Spiegelreflexkamera: Rückansicht 315
digitales Bratenthermometer 171
Digitalkamera 315
Digitalthermometer 461
Digitaluhr 424
Digitus 82
Dijon-Senf 140
Dill 142
Dimmerschalter 198
Dinkel 143
Diode 314, 411
Dione 3
Direktor, Büro 443
Dirigent(in) 295
Dirigentenpult 295
Dirndl-BH 259
Diskantregister 296
Diskantsteg 304
Diskanttastatur 296
Diskette 333
Disketten-Auswurftaste 329
Diskettenlaufwerk 310, 329
Diskettenlaufwerk, externes 333
Diskus 472
Diskus- und Hammerwerfen 473
Display 314, 318, 319, 322, 325, 327, 336, 338, 442, 443
Display-Panel 320
Displayeinstellung 327
Distanzstück 409
Disziplinen 511
Ditali 146
divergierende Plattengrenzen 27
Division 427
Divisionstaste 337
Djembe 297
Dnjepr 18
Dock 381
Docking-Station 337
Dogge, Dänische 86
Dokumente 328
Dokumentenablage 338
Dokumentenmappe 339
Dolde 57
Doldenrispe 61
Doldentraube 57
Doline 31
Dollar 440
Dolly 290
Dollyschienen 290
Dom 284
Dom, gotischer 284
Dom, Grundriss 285
Domain zweiten Grades 334
Domain, Toplevel 334
Domainname 334
Dominica 449
Dominikanische Republik 449
Dominosteine 468
Donau 18
Doppel-B 299
Doppel-Kassettendeck 325
Doppelbett 439
Doppelblank 468
Doppelblatt 306
Doppeldeckerbus 363
Doppelhaus 289
Doppelklappbrücke 345
Doppelkreuz 299
Doppelmaulschlüssel 223
Doppelriegel 187
Doppelringschlüssel 223
Doppelringschlüssel, offener 223
Doppelschlag 299
Doppelschrägstrich 334
Doppelsitz 380
Doppelspiel 490
Doppelspüle 194
Doppelstockschub 514
doppelt gesägt 55
Doppelzimmer 439

Dopplerwürfel 469
Dorf 430, 512
dorische Halbsäule 281
Dorn 246
Dornablage 341
Dornfortsatz 110
Dose 163
Dose, Konserven 163
Dosenöffner 163, 180, 531
Dosier-Aerosol 467
Dotterhaut 79
Double 471
Douglasscher Raum 112
Down-Quark 414
Downhillrad 522
Draht 417, 501
Drahtbesen 176
Drahtbürste 268
Drahtschneider 217
Drahtschneidezange 217
Drakestraße 15, 17
Drehbohrverfahren 403
Drehbrücke 344
Drehdüse 236
Drehflügel nach außen 287
Drehflügel nach innen 287
Drehflügeltür 286
Drehgehäuse 286
Drehgeschwindigkeitssensor, Räder 357
Drehgestell 376
Drehgestellflachwagen 377
Drehgriff 332
Drehjustierung 420
Drehkartei 338
Drehknopf 536, 537
Drehkranz 344, 400
Drehkuppel 7
Drehleiterfahrzeug 455
Drehmoment-Einstellring 228
Drehmomentwandler 212
Drehscheibe 176, 455
Drehspiegel 269
Drehtisch 403
Drehtür 286
Drehwalze 27
Drehzahlmesser 355, 368
Drehzahlschalter 228
Drehzapfen 217
Dreieck 429, 503
Dreieckfenster 349
dreieckiger Korpus 297
Dreiecksgruppe 115
Dreiecktuch 461
dreiflügeliger Propeller 394
Dreifußständer 308
dreiköpfiger Armstrecker 97
Dreipass 285
dreipolige Steckdose 198
dreipoliger, amerikanischer Stecker 198
Dreirad 373
Dreisprung 472
dreitürige Kombilimousine 347
dreiviertellange Jacke 248
Dreivierteltakt 298
dreizählig 55
Dressiernadel 173
Drilling 468
Drillingshaken 538
Drillschraubenzieher 221
Drittbelegung 330
dritte Reihe 482
dritte Zehe 78
dritter Malspieler 474
dritter Ventilzug 307
drittes Mal 474
Drohne 68
Dromedar 85
Drosselvene, äußere 102
Drosselvene, innere 102
Druck, Maßeinheit 426
Druckbleistift 312
Drücker 307
Drückerbügel 216
druckfestes Außenrohr 409
Druckkammer 345
Druckknopf 243, 249, 305, 312
Druckknopfleiste 249, 261
Druckknopfleiste an der Beininnenseite 260, 261
Druckluft 346
Druckluftflasche 454
Druckmechanik 312
Druckmessgerät 461
Druckmotiv 261
Druckregler 272, 454
Druckrohr 312
Druckschalter 227, 228, 229, 235
Drückstange 501
Drucksteg 304
Drucktaste 176, 214
Drucktendenz 39
Druckverschluss 274
Druckverstärkerpumpanlage 404
Druckwelle 403
Druckzahnrädchen 180
Drumlin 29
Dschibuti 451
Dual-in-line-Gehäuse 417
Dudelsack 296
Dufflecoat 249
Dulse 123
Düne 35
Düne, komplexe 36
Dünenformen 36
Dünenzug 36
Dung 48
Düngemitteln, Einsatz 47
dunkles Roggenbrot 144
Dünndarm 106
Dunst 41
Dunstabzugshaube 164, 210
Dunstrohrabzug 194
Duo 300
Durchflussrohr 410
Durchführung 406, 407
durchgehende Linie 342
Durchgrifftasche 251
Durchlaufträger 344
Durchmesser 428
Durchschnitt, Erdatmosphäre 37
durchsichtiger Reiter 340
Durchziehschnur 249
Durianfrucht 137
Dusche 189, 439, 464
Duschkabine 195
Düse 12, 216, 219, 236
Düsenflugzeugbenzin 405
Düsenreiniger 218
Duty-free-Shop 391
DVD 318
DVD-Einschub 471
DVD-Lade 318
DVD-Rekorder 333
DVD-Spieler 318
Dynamo 370

E

E 298
E-Commerce 335
E-Mail-Software 334
E-Mail-Taste 330
Eau de parfum 267
Eau de toilette 267
Ebene 24
ebene Flächen 428
ebener Spiegel 7
Echinodermen 66
echte Teilmenge von 427
echter Reizker 123
Eckballfahne 481
Eckbogen 481
Ecke 498, 506
Eckhocker 498
Eckpfosten 187
Eckpolster 498
Eckschrank 203
Eckstück 277
Eckturm 282
Eckzahn 101
Ecuador 448
Edelgas 199
Edelpilzkäse 151
Editier-Such-Taste 320
Effiliermesser 269
Effilierschere, einseitig gezahnte 270
Effilierschere, zweiseitig gezahnte 270
effusiver Vulkan 28
Ehering 264
Ehrensessel, steinerner 447
Ei 79
Eiche 64
Eichel 111
Eichelhäher 80
Eichelkürbis 129
Eichhörnchen 82
Eidechse 77
Eier 155
Eier, Karton 162
Eierfach 211
Eierkarton 162
Eiernudeln, asiatische 147
Eierschneider 173
Eierstock 112, 113
Eieruhr 171
eiförmig 55
Eigelb 79
Eigentumswohnungen 289
Eileiter 112, 113
Eileiterampulle 113
Eileiterenge 113
Eileitertrichter 113
Eimer 215
Eimer, Abfall 215
ein Pärchen 468
Ein- und Ausschalter 177, 180, 181
Ein-/Ausschalter 206, 208, 209, 218, 314, 318, 327, 329, 333, 336
Ein/Aus 326
Ein/Aus/Lautstärke 326
einarmiger Schulterwurf 499
Einatmungsventil 459
Einbauwaschtisch 195
Einbuchtung, vordere 115
einfache Blätter 55
einfache Falte 246, 253
einfache Organismen 66
Einfahröffnung 396
Einfahrt 343
einfallendes Neutron 415
Einfassband 238
Einfassung 230, 240
Einfassung, seitliche 192
einflammiger Gasbrenner 529
Einfügen 331
Einfügetaste 331
Einfüllöffnung 208
Einfüllschacht 177, 180
Einfüllstutzen 237, 351, 404
Eingabe 331
Eingabe-Löschtaste 337
Eingabegerät für persönliche Identifikationsnummer (PIN) 443
Eingabegeräte 330
Eingabetaste 331, 443
Eingang 278, 378, 447, 528, 529
Eingangshalle 188, 390, 435
Eingangsschalter 322
Eingangssperre 378
Eingangstüren 294
eingebautes Schwimmbecken 184
eingehängte Spannweite 344
eingenähter Boden 528, 529
eingerollter junger Wedel 52
eingeschlossenes Grundwasser 402
eingesetzter Ärmel 245
Eingeweideganglion 73
eingliedrige Trugdolde 57
Einhand-Mischbatterie 197
Einhand-Rohrzange 216
Einheit, mobile 316
Einheitensystem, internationales 426
Einkaufsstraße 432
Einkaufstasche 276
Einkaufstasche, große 276
Einkaufstüten 121
Einkaufswagen 121
Einkaufszentrum 431, 436
Einlage 225, 301, 302
Einlassventil 360
Einlegegurke 128
Einmachthermometer 171
Einpackhilfe 121
Einpersonenzelt 529
Einreiher 244
Einreißhaken 454
Einrumpfboote 521
Eins 427
Einsatz 277
Einsatz für Imbusschrauben 221
Einsatz für Kreuzschlitzschrauben 221
Einsatz für Schlitzschrauben 221
Einsatz von Düngemitteln 47
Einsätze 179
Einsatzkleidung 454
einschalige Muschel 73
einschalige Muschel, äußere Merkmale 73
Einschalter 213
Einschalttaste 328
Einschnitt, oberer seitlicher 62
Einschnitt, unterer seitlicher 62
einseitig gezahnte Effilierschere 270
Einspangenschuh 241
Einspeisung in das Leitungsnetz 413
Einspritzdüse 360
Einstechhebel 180
Einstecktuch 244
Einsteigegriff 380
Einsteigestation, radiale 389
Einsteigetreppe 395
Einstellanzeige 511
einstellbare Bremse 537
Einstellkerbe 511
Einstellrad 353
Einstellspanner 527
Einstellung 324
Einstellung der Deklinationsachse 8, 9
Einstellung der Rektaszensionsachse 8, 9
Einstellung, horizontale 329
Einstellung, Pendelhub 227
Einstellung, vertikale 329
Einstellungsanzeige 315
Einstiegsloch 31
Einstiegsluke 13, 404
Einstiegstür 362, 363, 380
einstöckiges Haus 289
einteilige Klappbrücke 345
Einteilung 274
Eintrittskante 393
Eintrittskartenautomat 294
einwärts 518
Einwärtsdreher, runder 96
Einweg-Brennstoffflasche 218
Einwegkamera 315
Einwegkontaktlinse 272
Einwegrasierer 271
Einzahlungsschlitz 442
Einzelbett 439
Einzeldisziplin, Anzeigetafel 497
Einzeller 66
Einzelsitz 380
Einzelspiel 491
Einzelzimmer 439
Eipochierer 175
Eis 45
Eisautomat 346
Eisbär 89
Eisbehälter 180
Eisbein 153
Eisbergsalat 126
Eisbrecher 384
Eisenbahn 25
Eisenbahnstrecke 431
Eisenschläger 505
Eisenträger 374
eiserner Vorhang 292
Eisfläche 506, 509, 515
Eishockey 506
Eishockeyschläger 506
Eishockeyspieler 506
Eiskappe 40
Eiskratzer 356
Eiskunstlauf 509
Eiskunstlaufkufe 509
Eiskunstlaufstiefel 509
Eislaufplatz 512
Eismaschine 180
Eisportionierer 173
Eisschelf, Amery 15
Eisschnelllauf 508
Eisschnelllauf-Schlittschuhe 508
Eisschnelllaufbahn 508
Eisschnellläufer: Kurzstrecke 508
Eisschnellläufer: Langstrecke 508
Eistanzkufe 509
Eisvogel 80
Eiswürfelschale 211
Eiswürfelspender 164
Eiweiß 79
Eizelle 112
Ejakulationsgang 111
ekkrine Schweißdrüse 114
El Salvador 448
elastische Binde 461
elastische Schürze 383
elastischer Beinausschnitt 247
elastischer Bund 249
elastischer Fingerhut 339
Elch 85
Elefant 85
elektrische Anlage 351
elektrische Bohrmaschine 228
elektrische Gitarre 303
elektrische Heckenschere 235
elektrische Schiebetür 363
elektrische Steuereinheit 357
elektrische Stichsäge 227
elektrische Stromstärke, Maßeinheit 426
elektrische Zahnbürste 272
elektrischer Golfwagen 505
elektrischer Schnellkocher 179
Elektrischer Tischgrill 179
elektrischer Widerstand, Maßeinheit 426
elektrisches Potential, Maßeinheit 426
Elektrizität 198
Elektrizität aus Wasserkraft 406
Elektrizität und Magnetismus 416
Elektrizitätserzeugung 412
Elektrizitätserzeugung aus geothermischer Energie 402
Elektrizitätserzeugung aus Kernenergie 408
Elektrizitätserzeugung aus Wärmeenergie 402
Elektrizitätserzeugung aus Windenergie 413
Elektrizitätserzeugung durch den Generator 408
Elektrizitätsmenge, Maßeinheit 426

Elektroherd 210
Elektroinstallateurwerkzeuge 217
Elektrokabel 354
Elektrolytkondensatoren 417
Elektrolytseparator 417
elektromagnetisches Spektrum 418
Elektromesser 177
Elektromotor 235, 237, 358
Elektron 414
Elektronenflussrichtung 416, 417
Elektronenkanone 318
Elektronenkollektor 417
Elektronenstrahl 318
Elektronik 417
Elektronikgeschäft 436
elektronische Instrumente 310
elektronische Post 335
elektronische Waage 423
elektronischer Sucher 320
elektronisches Piano 311
elektronisches Schlagpolster 311
elektronisches Vorschaltgerät 199
elektronisches Zahlungsterminal 121, 443
Elektropumpe 357
Elektrorasierer 271
Element 427
Element von 427
Elfeck, regelmäßiges 429
Elfenbeinküste 451
Elfmeterpunkt 480
Ellbogen 83, 86, 93, 95
Ellbogenfortsatz 99
Ellbogenpolster 486
Ellbogenschützer 526, 527
Elle 98
Ellennerv 108
Ellenseite, Handbeuger 96, 97
Ellenseite, Handstrecker 97
Elsassglas 165
Embryonalgewinde 73
Emission schädlicher Gase 47
Emission von Salpetersäure 48
Emission von Schwefeldioxid 48
Emission von Schwefelsäure 48
Emission von Stickoxiden 48
Emmentaler 151
Empfang 439, 442
Empfang von Dokumenten 328
Empfangsantenne 316
Empfangsebene 439
Empfangshalle 439, 447
Empfangsteil 326
End-Suchtaste 320
Endanschlag 226
Endbande 502
Ende 510, 514
Ende, hinteres 73, 226, 229
Ende, vorderes 73
Endfaden 109
Endivie, krause 127
Endknospe 53
Endlagerung 49
Endlappen 62
Endlinie 484, 487, 489, 493
Endlosperlenkette 264
Endmoräne 30
Endokarp 57, 58
endoplasmatisches Retikulum 50, 66
Endplatte, motorische 110
Endschalter 287
Endstück 111, 409, 503, 526
Endteil 245
Endverzweigung 110
Endzone 484
Energie 402
Energie, fossile 402
Energie, geothermische 402
Energie, Maßeinheit 426
Energiefreisetzung 415
Energiesparlampe 199, 411
englischer Senf 140
englischer Stock 466
englisches Weißbrot 145
Englischhorn 306
Englischhörner 295
Enoki 123
Ente 81, 155
Entenei 155
Entklammerer 341
Entkleidungsraum 465
Entladerampe 437, 439
Entladungsröhre 199
Entlastungsraum 278
Entleerungsschlauch 212
Entlüftungskreis 194
Entlüftungskreislauf 194
Entlüftungsventil 385
Entnahmeraum 465
Entnahmeraum, Wartebereich 465
Entriegelungstaste 208
Entsafter 180
Entsteiner 173
Entwaldung 47
Entwässerungsrinne 342
Epiduralraum 110
Epizentrum 27
Erbse 60
Erbsen 130
Erbsen, gespaltene 130
Erbsen, grüne 130
Erdatmosphäre im Querschnitt 37
Erdaufbau 26
Erdaufschüttung 342
Erdbahn 4, 5
Erdbeben 27
Erdbeere 132
Erdbeere im Querschnitt 59
Erdbewegung, Geräte 233
Erde 2, 3, 4, 5, 14
Erdeaufbau 26
Erdefunkstelle 335
Erdgas 403
Erdgeschoß 182, 188
Erdkröte, gemeine 75
Erdkruste 26, 27
Erdkruste im Querschnitt 26
Erdkugel, Koordinatensystem 21
Erdleitung 198
Erdnuss 130
Erdnussöl 149
Erdoberfläche 14
Erdoberfläche, Absorption 46
Erdöl 403, 405
Erdöleruptionskreuz 404
Erdölterminal 404
Erdölvorkommen 403
Erdrutsch 31
Erdsatellit, künstlicher 37
Erdung 404
Erdungsklemme 198
Erdungsstift 198
Ereigniskarte 469
Eritrea 451
Erstarren 414
erste Holzlage 187
erste Laubblätter 53
erste Reihe 482
erste Rückenflosse 74
erste Spannungserhöhung 413
erste Violinen 295
Erste-Hilfe-Anleitung 461
Erste-Hilfe-Kasten 457, 461
erster Backenzahn 101
erster Führungsring 537
erster Kamera-Assistent 290
erster Malspieler 474
erster Rang 293
erster Raum 489
erster Schiedsrichter 485, 487
erster Stock 182, 189
erster Ventilzug 307
erster vorderer Backenzahn 101
erstes Mal 474
Eruptivgesteine 26
Erwärmung, globale 46
Erweiterungskartei 340
Erythrozyt 104
Escapetaste 330
Esel 84
Eskariol 126
Espadrille 242
Espresso-Maschine 181
Espressomaschine 181
Essbesteck 531
Essecke 164
Essig 141
Esskastanie 133
Esslöffel 168
Esstablett 205
Esszimmer 188
Estland 450
Estragon 142
Ethernet-Schnittstelle 336
Etui 265, 337
Etui für Taschenrechner und Scheckheft 274
Etuirock 253
Eurasiatische Platte 27
Eurasien 14
Euro 440
Europa 2, 14, 18, 34, 449
Europäische Union, Flagge 441
europäisches Experimentiermodul 11
Eutelsat 316
Euthynterie 279
Evakuierungskapsel 11
ewiger Schnee 29
Ewiges Licht 447
Exokarp 57, 58, 59
Exosphäre 37
Expander 310, 500
Experimentiermodul, europäisches 11
Experimentiermodul, japanisches 11
Expertenpiste 512
explosiver Vulkan 20
externes Diskettenlaufwerk 333
externes Festplattenlaufwerk 333
Extrakt, Vanille 140
Exzenterschleifer 229
Eyeliner, flüssiger 266
Eyresee 15

F

F 298
Fabrik 430
Facettenauge 67, 68
Fach 203, 274
Fach für Molkereiprodukte 211
Facharzt 464
Fächerpinsel 266
Fächerscheibe, außengezahnte 222
Fächerscheibe, innengezahnte 222
Fackeln 4
fadenförmige Papille 118
Fadenkreuz 420
Fagott 306
Fagotte 295
Fahne 482
Fahrbahn 342, 344, 345, 434
fahrbares Röntgengerät 462
Fähre 386
Fahrenheitskala 424
Fahrer 522
Fahrersitz 369
Fahrgastanlage 381
Fahrkartenkontrolleur 374
Fahrkartenschalter 378
Fahrkorb 287
Fahrkorb-Fangvorrichtung 287
Fahrkorb-Führungsschiene 287
Fahrkorbboden 287
Fahrkorbdecke 287
Fahrkran 397
Fahrmotor 376
Fahrplan 374
Fahrrad 370
Fahrrad, Teile 370
Fahrräder, Beispiele 373
Fahrradhelm 372
Fahrradständer 445
Fahrradträger 356
Fahrtrage 460
Fahrtreppe 294
Fahrtrichtungsanzeige 379
Fahrzeuge 342
Fairway 504
Fakultät 427
Falke 81
Falkland-Inseln 17
Falle 186
Fallleitung 406, 407
Fallschirm für die Feststoffrakete 12
Fallstrang 194
Falltür 281
Falte, abgesteppte 253
Falte, einfache 253
Falten, Beispiele 253
Faltfenster 287
Faltgrill 533
Falttür 286
Faltverschluss 534
Falz 186
Familie der Blechbläser 295
Familie der Holzblasinstrumente 295
Familienzelt 528
Fanfare 364
Fangen 470
Fänger 474, 475, 476
Fanghandschuh 476, 507
Fangvorrichtung, Fahrkorb 287
Fangzubehör 538
Farbabbrennervorsatz 218
Farben 468
Farbfernsehkamera 10
Farbfilter 318
farbige Beilage 313
Farbmasse 312
Farbmischung 418
Farbmischung, additive 418
Farbmischung, subtraktive 418
Farbroller 219
Farn 52
Farn, Aufbau 52
Farne, Beispiele 52
Farnspitze 125
Fasan 81, 154
Fasanenei 155
Fase 228
Faserwurzel 53, 63
Fassade 285
Fastfood-Restaurant 437
Faulbecken 48
Fausthandschuh 498
Fäustling 243
Feder 27, 206, 212, 222, 273, 312, 535
Federball 495
Federball, Kunststoff 495
Federflügel 221
Federkiel 312
Federkranz 495
Federring 222
Federstange 500
Federung 380
Federwaage 423
Fehlstartleine 516
Feige 137
Feile 531
feine Salami 156
Feineinstellung 421, 422, 425
Feinkost 120
Feinmahlanlage 402
Feinnachführungssystem 7
Feinregler für Dateneingabe 310
Feintrieb 421
Feld 469, 479
Feld, geothermisches 402
Feld, magnetisches 318, 416
Feldbett 530
Feldflasche 532
Feldlinie 416
Feldlinse 420
Feldlinseneinstellung 421
Feldmaus 82
Feldsalat 127
Feldspieler 479
Feldstärkeregler 322
Felge 366, 371
Felgenbremse, hintere 370
Felgenbremse, vordere 371
Fell 309
Fellmütze 238
Felsen 5
Felsenbecken 30
Felseninselchen 35
Felssäule 35
Fenchel 125
Fenster 186, 189, 352, 361, 380, 392, 519
Fenster, Beispiele 287
Fensterbrett 186
Fensterheber 352
Fensterladen 186
Fensterüberdachung 528
Fernbedienung 319, 321
Fernbedienungssensor 323
ferngesteuertes Servicemodul 11
Fernlicht 352
Fernlichtanzeige 355
Fernlichthebel 354
Fernlichtkontrollleuchte 368
Fernmeldeantenne 386
Fernmeldesatelliten 316
Fernmeldeturm 316
Fernsehapparat 318
Fernsehen 318
Fernsehgerät 439, 444
Fernsehprogramm 319
Fernsteuerungsanschlussbuchse 315
Ferse 93, 95, 247
Fersenautomatik 511
Fersenbein 99
Fersenhalter 240
Fersenrand 262
Fersenriemen 241
Fersenstütze 467
Fertiggerichte 121
Fessel 83
Festabstandmarkierung 391
feste Backe 223, 224
fester Sockel 224
Festkörper 414, 415
Festkörper, amorpher 414
Festplatte, herausnehmbare 333
Festplattenlaufwerk 333
Festplattenlaufwerk, externes 333
feststehender Messschnabel 425
Feststellknopf 227, 228
Feststellring 221
Feststellschraube 341, 425
Feststellschraube für das Blatt 227
Feststellschraube für Schrägstellung 227
Feststellschrauben 425
Feststellspitze 308
Feststelltaste, Scrollen 331
Feststoff-Booster 12
Feststoffrakete, Fallschirm 12
Fett-Tröpfchen 50
Fettauffangschale 179
Fette 149, 405

Fettgewebe 113, 114
Fettgießer 173
Fettpfanne 174, 179
Fettuccine 146
feucht-kontinental - heißer Sommer 40
feucht-kontinental - warmer Sommer 40
feuchte Subtropen 40
Feuerbecken 283
Feuerbock 193
Feuerbohne 131
feuerfester Rennanzug 524
Feuerland 17
Feuerlöscher 457
Feuerschutzhelm 454
Feuerschutztür 286
Feuerstätte 192
Feuerstein 218
Feuertaste 332
Feuerwache 433
Feuerwehrmann 454
Feuerzange 193
Fiale 282, 284
Fichte 65
Fidschi 453
Fidschiinseln 15
Fieberthermometer 424, 461
Fieder 52
fiederteilig 55
Filchner-Schelfeis 15
Filiermesser 169
Filigrangewinde 425
Filmempfindlichkeit 314
Filmkamera 290
Filmset 291
Filmtitel 294
Filmtransporteinstellung 314
Filter 178, 184, 210
Filterabdeckung 459
Filterhalter 181
filum terminale 109
Filzhut 238, 239
Finanzabteilung 442
Finanzwesen 440
Finger 75, 114, 243, 477
Finger, kleiner 115
Fingerbeere 114
Fingerendglied 114
Fingerhut, elastischer 339
fingerloser Spitzenhandschuh 243
Fingermittelglied 114
Fingernagel 115
Fingernerv 108
Fingerrand 460
Fingerstrecker, gemeinsamer 97
Fink 80
Finnland 450
Finsternis, partielle 4, 5
Finsternis, ringförmige 4
Finsternis, totale 4, 5
Finsternisarten 4, 5
FireWire-Schnittstelle 336
Firmenkundenschalter 443
Firn 30
Firstpfette 187
Fisch 121
Fische 74
Fischgabel 168
Fischgrätmuster 190
Fischgrätparkett 190
Fischkochtopf 174
Fischkorb 538
Fischmesser 168
Fischplatte 166
Fischschupper 531
Fitnessgeräte 500
Fjordküste 35
flache Frisierbürste 268
flache Kuchenform 172
Flächen, ebene 428
flacher Bratentopf 175
flacher Teller 166
Flachfeile 229
Flachfräsbohrer 228
Flachkollektor 410
Flachland 32
Flachsilo 122
Flachstück 526
Flachwurzel 63
Flageolet-Bohne 131
Flagge der Europäischen Union 441
Flagge, umsetzbare 504
Flaggen 448
Flamingo 81
Flamme 415
Flanke 78, 83
Flare 4
Flasche 267, 532
Flasche, Glas 163
Flaschenöffner 170, 531
Flechte 50
Flechte, Aufbau 50
Flechten, Beispiele 50
Fleck, blinder 119
Fleck, gelber 119
Fleisch 152
Fleisch- und Wurstfach 211
Fleisch-Selbstbedienungstheke 120
Fleischfresser 45
fleischige Apfelfrucht 58
fleischige Frucht 58, 59
fleischige Steinfrucht 57
Fleischtheke 120
Fleischthermometer 171
Fleischwolf 170
flexibler Schlauch 209
Fliege 69, 245
Fliegenfenster 528
Fliegenfischen 536
Fliegengittertür 361
Fliegenpilz 52
Fliegenrolle 536
Fliegenrute 536
Fliegenschnur 536
Flip 509
Floh 69
Flosse 394
Flossenstrahl 74
Flügel 68, 78, 186, 286, 295, 412, 525, 536
Flügelader 67
Flügelmutter 223
Flügelrahmen 186
Flügelstrebe 394
Flügeltasche 246
Flügelwurzel 392
Fluggastbrücke 389
Fluggastbrücke, ausziehbare 389
Flughafen 25, 388, 430
Fluginformationsanzeige 391
Flugtasche 276
Flugzeug, Bewegungen 395
Flugzeuge, Beispiele 394
Flugzeugwartungshalle 389
Flunder 161
Flusensieb 212
Flush 468
Fluss 24, 25, 32
Flussbarsch 160
flüssige Grundierung 266
flüssiger Eyeliner 266
flüssiges Mascara 266
Flüssigkeit 414, 415
Flüssigkeit, antiseptische 461
Flüssigkeits-/Gasscheider 359
Flüssigkristallanzeige 315, 320
Flusskrebs 158
Flusslandschaft 32
Flussmündung 24, 35
Flußbarsch, äußere Merkmale 74
Fly-Half 482
Fock 520
Fokussiersteuerung 320
Folie 163
Folie, Aluminium 162
Fön 270
Fondue-Set 174
Fonduegabel 168
Fonduetopf 174
Fongehäuse 270
Fontanelle, hintere 100
Football 486
Football, American 484
Footballspieler 486
Foramen caecum 118
Förderanlage 402
Förderband 49, 390
Förderplattform 404
Förderwagen 374
Forelle 161
Formel 1 525
Formel 3000 524
Formel Indy 524
Formel-1-Auto 525
Formel-3000-Auto 524
Formel-Indy-Auto 524
Formen, geometrische 428
Formwerkzeuge 229
Fortbildungsbüro 442
Fortepedal 304, 311
fossiler Brennstoff 46, 48
Fotoapparate 315
Fotograf 436
Fotografie 314
Fotokopiergerät 442
Foullinie 474
Foullinienpfosten 475
Foyers 293
Frachtempfang 391
Frachtflugzeug 394
Frachtraum 393
Frachtschiff 382
Frachtversand 391
Fraktionierturm 405
Frankfurter Würstchen 156
Frankreich 449
französisches Weißbrot 144
Frau 94
Free Guard Zone 515
Freestyleboard 513
frei endende Rippe 98
freie Rippe 99
freier Nagelrand 114
Freilauf 372
freilaufender Sitz 501
Freileitungen, Verteilung 316
Freiluftterrasse 387
Freiraum 487
Freisaiten 296
freistehendes Schwimmbecken 184
Freiwange 191
Freiwurflinie 489
Freizeit in der Natur 528
Frequenz, Maßeinheit 426
Frequenzanzeige 325
Frequenzwähler 325
Fresko 280
Friedhof 25, 433
Fries 202, 279
Frischhaltefolie 162
Frischkäse 150
Friséesalat 126
Friseur 290, 436
Frisierbürste, flache 268
Fritteuse 178
Frittierkorb 171, 178
Frontabdeckung 333
Frontblech 369
Frontscheibe 210
Frontscheinwerfer 352
Frontstoßdämpfer 369
Frontstoßfänger 348
Frosch 75, 301
Frosch, äußere Merkmale 75
Fruchtbecher 60
Fruchtbildung 62
Fruchtblatt 60
Früchte 57
Fruchtfach 58
Fruchtfleisch 57, 58, 59
Fruchtgemüse 128
Fruchtholz 62
Fruchtkapsel 60
Fruchtknoten 56
Fruchtknotenfach 58
Fruchtkörper 50
Fruchtwand 58, 60
Frühling 38
Frühlingsäquinoktium 38
Frühlingszwiebel 124
Fuchs 88
Fuchsschwanz 226
Fugendüse 209
Fugenkelle 216
Führerhaus 401
Führerkabine 397, 398, 399, 400, 401
Führerraum 395
Führerstand 376, 377
Führungsgriff 227, 229
Führungsgruppe 522
Führungsmotorrad 522
Führungsrille 510
Führungsring 536
Führungsschiene 353
Führungsschiene, Fahrkorb 287
Führungsständer 396
Führungsturm 345
Full House 468
Fullback 482, 485
Füllfederhalter 312
Füllmengenanzeige 346
Füllrohr 196
Fülltür 192
Füllung 185
Fumarole 28
Fundament 187
Fundamentstreifen 187
Fünf 427
Fünf-Kräuter-Gewürz 139
Fünfeck, regelmäßiges 429
Fünfhundert 427
Fünfzig 427
Fungizid 47
Funkantenne 382, 384, 386, 387, 394, 525
Funkenstrecke 359
Funkgerät 457
Funkmaus 332
Funkmeldeempfänger 454
Funktionsanzeige 310
Funktionsdisplay 310
Funktionsschalter 320
Funktionstasten 328, 330, 423, 442, 443
Funktionstasten, programmierbare 443
Funktionswahltaste 327
Funkübertragungssystem 10
Furche 118
Fusilli 146
Fusselfilter 213
Fuß 72, 73, 91, 92, 93, 94, 95, 202, 204, 206, 229, 236, 247, 260, 302, 305, 332, 421, 519, 537
Fuß, geschwungener 200
Fuß-/Handgelenksgewicht 500
Fußball 480
Fußballschuh 480
Fußballspieler 480
Fußboden 193
Fußbohrung 305
Fußende 204
Fußgängerampel 434
Fußgängerbrücke 375, 379
Fußgängerknopf 434
Fußgängerüberweg 434
Fußgelenk 86
Fußgestell 201
Fußgewölbearterie 102
Fußholz 185
Fußnagelschere 265
Fußplatte 227
Fußraste, vordere 367, 368
Fußraummatte 356
Fußriemen 501
Fußrückenarterie 102
Fußschlaufe 519
Fußschutz 459
Fußstütze 205, 224, 369, 467, 473, 501
Fußtritt 305
Fußweg 436
Futter 240, 244, 245, 262, 274, 509
Futtergetreide 122

G

G 298
Gabel 8, 167, 396, 525, 531
Gabelarm 396
Gabelbaum 519
Gabeln, Beispiele 168
Gabelstapler 396
Gabun 451
Galaxie 6
Galerie 285, 292, 412, 447
Galerie, Große 278
Gallenblase 106
Galopp 83
Gambia 451
Gammastrahlen 418
Ganasche 83
Gang 28, 120, 278
Gang, absteigender 278
Gang, aufsteigender 278
Gangarten 83
Ganglion, symphatisches 109
Gans 81, 155
Gänseei 155
Ganymed 2
ganze Note 299
ganze Pause 299
Ganzjahresreifen 358
ganzrandig 55
Garage 182
Garam Masala 139
Garderobe 188, 293, 443
Garderobier 290
Garnball 477
Garnele 158
Garnierspritze 172
Garten 280
Garten-Sauerampfer 127
Gartenarbeit 216, 230
Gartenhandschuhe 232
Gartenkresse 127
Gartenkreuzspinne 70
Gartenkürbis 128
Gartenschlauch 236
Gartenspritze 236
Gartenteich 230
Gartenweg 182, 230
Gas 405, 414
Gasbehälter 529
Gasflasche, medizinische 464
Gashebel 235, 368
Gasherd 210
Gasleitung 434
Gasmaske 459
Gasöl 405
Gaspedal 354
Gasse 433, 490, 495
Gasstromregulierung 529
Gästeeingang 438
Gästegarderobe 438
Gästetoiletten 438
Gaststätte 436
Gaszug 237
Gaumen, harter 116, 117
Gaumen, weicher 116, 117
Gaumenbogen, vorderer 116
Gaumenmandel 118
Gebälk 185, 279
Gebärmutter 112, 113
Gebärmutterhals 112

Gebäude, öffentliches 25
Gebetshalle 447
Gebirge, Transantarktisches 15
Gebirgsbach 29
Gebirgskette 24, 26
Gebirgsmassiv 24
Gebiss, menschliches 101
Gebläse 213
geboren 426
gebräuchliche Bezeichnungen 57, 58, 59
gebrauchte Spritzen, Behälter 457
gebrauchtes Material, Lagerraum 462, 464
gebuchtet 55
gedeckter Wehrgang 282
Gedenktafel 447
Gedränge 483, 484, 485
Gedrängehalbspieler 482
gedruckte Schaltung 417
Gefahrenbereich 499
Gefängnis 469
Geflügel 155
Geflügelschere 173
Gefrierbeutel 162
gefrierender Regen 41
Gefrierfach 211
Gefrierschrank 120, 164, 438
Gefriertruhe 211
Gegenausleger 397
Gegenauslegerballast 397
Gegengewicht 8, 287, 345, 397, 400, 401
Gegengewichtsführung 207
Gegenleiste 115
Gegenlichtblende 314
Gegensprechanlage 380
gegenwärtige Wetterlage 39
Gehäuse 72, 180, 199, 208, 212, 213, 218, 225, 228, 229, 237, 271, 304, 318, 424
Gehäuse, hinteres 7
Gehäusedach 286
Gehäuselüfter 329
Gehfalte 253
Gehgestell 466
Gehhilfen 466
Gehirn 71
Gehirn-Rückenmark-Flüssigkeit 110
Gehkrücke 466
Gehörgang 115, 116
Gehörgang, äußerer 100
Gehörknöchelchen 116
Gehörschutz 458
Gehrmaß 226
Gehrungssäge 226
Gehrungsschneidlade 226
Gehweg 183
Geier 80
Geigenfamilie 295
gekerbt 55
gekerbtes Scherenblatt 270
gekochter Schinken 150
Gekröse 154
gekrümmte Greifbacke 222
Geländefahrzeug 524
Geländemotorrad 369
Geländemotorrad, 4x4 369
Geländer 188, 189, 191, 344, 526
Geländerstab 191
Geländewagen 347
Gelatinekapsel 467
Gelb 418
gelbe Zucchini 129
gelber Ball 503
gelber Fleck 119
gelber Paprika 128
gelbes Licht 434
Geld 441
Geldausgabeautomat 437, 442
Geldbeutel 275
Geldbeutel für Münzen 275
Geldscheinausgabe 442
Geldscheinfach 274
Gelenk 240, 355, 363, 400, 511
Gelenkbus 363
Gelenkhöcker 99
Gelenkschäkel 521
gemahlener Pfeffer 139
gemäßigter Wald 44
gemeine Erdkröte 75
gemeiner Tüpfelfarn 52
gemeines Widertonmoos 51
gemeinsame Hüftarterie 102, 107
gemeinsame Hüftvene 107
gemeinsamer Fingerstrecker 97
gemeinsamer Wadenbeinnerv 108
Gemeinschaftskarte 469
Gemüse 120, 124
Gemüsebürste 173
Gemüsegarten 122, 182
Gemüseterrine 166
Gemüsezwiebel 124
Generator 402, 408, 413
Generator, Elektrizitätserzeugung 408
Generatoreinheit 407
Genicklasche 458
Geographie 14
Geologie 26
Geometrie 428
geometrische Formen 428
Georgien 452
geothermische Energie, Elektrizitätserzeugung 402
geothermisches Feld 402
Gepäck 276
Gepäckanhänger 277
Gepäckaufbewahrung 374
Gepäckausgabe 390
Gepäckcontainer 383
Gepäckraum 362, 376, 395
Gepäckroller 277
Gepäckschließfächer 374
Gepäckschnur 277
Gepäckträger 361, 369, 370, 523
Gepard 89
gepolsterte Korbstütze 489
gepolsterter Sockel 403
gerade Greifbacke 222
gerader Bauchmuskel 96
gerader Rock 253
gerader Schenkelmuskel 96
gerades Rippenbündchen 247
Geradseite 385
Geräte 472
Geräte zur Erdbewegung 233
Geräte, verschiedene 231
Geräteanschluss 271
Gerätefach 376
Geräteraum 444
Geräteschuppen 122
Geräteturnanlage 490
Geräteturnen 496
geräumige Tasche 276
Gericht 440
Gerichtsgebäude 432
Gerichtskanzlei 440
Gerichtssaal 440
Gerichtsschreiber, Tisch 440
geröstete Kaffeebohnen 148
Gerste 61, 143
Geruchssinn 116
Geruchsverschluss 194, 196, 197
gesägt 55
Gesamtansicht 186
Gesamtergebnis, Anzeigetafel 496
Gesäß 93, 95, 111, 112
Gesäßmuskel, großer 97
Gesäßnerv 108
Gesäßspalte 95
Gesäßtasche 246
Geschäft 432
Geschäftsbeleg 443
Geschäftsviertel 430, 432
geschaltete Steckdose 322
Geschenkwarenladen 436
Geschirr 166
Geschirrspüler 164
Geschirrspülmaschine 214
Geschirrtuch 215
Geschlechtsorgane, männliche 111
Geschlechtsorgane, weibliche 112
geschlossene Traube 57
geschlossener Gesichtsschutz 454
geschlossenes Atemschutzsystem 454
Geschmacksknospe 118
Geschmacksrezeptoren 118
Geschmackssinn 116
geschnittener Nagel 220
geschütztes Leerzeichen 330
Geschwindigkeitsregelung 176, 177
Geschwindigkeitsregler 237, 287
Geschwindigkeitswähler 176
Geschworenenbank 440
Geschworenenraum 440
geschwungener Fuß 200
Gesellschaft 430
Gesicht 91, 92
Gesichtsmaske 478, 486
Gesichtsschutz 506
Gesichtsschutz, geschlossener 454
Gesichtsschutzmaske 507
Gesichtsstück 459
Gesims 183, 185
gespaltene Erbsen 130
gespaltene Zunge 76
gespreizter Kragen 245
Gestänge 528
gestanztes Loch 240, 246, 263
Gestein, undurchlässiges 403
Gestell 205, 219, 273, 460
gestorben 426
Gesundheit 460
Gesundheitsorganisation 335
Getränke 120
Getränkeautomat 346, 463
Getränkedose 163
Getränkekarton 163
Getränkekarton, kleiner 163
Getreide 61, 143
Getreideprodukte 144
Getreidesilo 381
getrennte Sammlung 49
Getriebe 212, 350
getrocknete Chilis 139
gewachsener Boden 342
Gewände 285
Gewebe-Einstellskala 208
Gewehr (gezogener Lauf) 534
Gewerbegebiet 431
Gewicht 422, 423, 500
Gewichte 501
Gewichtheben 500
Gewichthebergürtel 500
Gewichtheberschuh 500
gewimpert 55
Gewinde 221, 503
Gewindegang 228
Gewindeschaft 223
Gewitterwolken 43
gewöhnlicher Nagel 220
gewöhnlicher Würfel 468
Gewölbe 284
Gewölbekörper 109
gewölbter Zentralbereich 6
Gewürz, Fünf-Kräuter 139
Gewürze 138
Gewürzmischung, Cajun 139
Gewürznelke 138
Geysir 28
gezahnte Greifbacke 222
Ghana 451
Ghee 150
Gibbon 91
Gibraltar, Straße 18
Giebel 163, 182
Giebeldach 189
Giebeldecke 189
Giebeldreieck 279
Giebelständer 187
Gierbewegung 395
Gießbrause 236
Gießgeräte 236
Gießkanne 236
Gießpistole 236
Gift-Leitfurche 76
Giftdrüse 76
Giftkanal 76
Giftklaue 70
Giftpilz 52
Giftschlange, äußere Merkmale 76
Giftzahn 76
Ginkgonuss 133
Gipfel 29, 512
Gipfel, Hütte 512
Gipfelhütte 512
Gipsbinden 461
Gipsraum 463
Giraffe 85
Gitarre, akustische 302
Gitarre, elektrische 303
Gitter 279, 296, 318
Gitterbett 205
Gittereinsatz 174
Glanzschicht 114
Glas 273, 529
Glas, Sortierung 49
Glasabdeckung 410, 411
Glasdach 188, 435
Gläser 165
Glasflasche 163
Glasgehäuse 423
Glaskolben, oberer 181
Glaskolben, unterer 181
Glaskörper 119
Glasmalerei 285
Glasnudeln 147
Glasplatte 211
Glasscheibe 421
Glasüberdachung 374
gleich 427
gleich oder größer als 427
gleich oder kleiner als 427
Gleichgewichtslage 418
Gleichstrom-Netzkabel 336
Gleichtaste 337
Gleis 374, 378, 432
Gleiskette 398
Gleiskettenschlepper 398
Gleiskreuzung 375
Gleisnummer 374
Gleitfuge 222
Gleitphase 514
Gleitschuh 227
Gleitschutz 511
Gletscher 30, 32, 44
Gletschersee 32
Gletscherspalte 30
Gletscherzunge 30
Gliedmaßen, obere 103
Gliedmaßen, untere 103
Glimmlampe 217
globale Erwärmung 46
Globus 444
Glockenband 309
Glockendichtung 196
Glockenstube 284, 285
Glockenturm 285, 446
Glottis 76
Glühbirne 217
Glühfaden 199
Glühlampe 199, 416
Glukose 54
Gnocchi 146
Gnomon 424
Go 470
Goldbrasse 159
Golf 24
Golf von Aden 19, 20
Golf von Alaska 16
Golf von Bengalen 19
Golf von Guinea 20
Golf von Kalifornien 16
Golf von Mexiko 16
Golf von Oman 19
Golf von Panama 17
Golf, Persischer 19
Golfball 505
Golfhandschuh 505
Golfplatz 430, 504
Golfschuhe 505
Golfspiel 504
Golftasche 505
Golfwagen 505
Golgi-Apparat 50, 66
Gonade 73
Gong 295, 309
Gorgonzola 151
Gorilla 91
Gorilla, äußere Merkmale 91
gotischer Dom 284
Gottesanbeterin 69
Graben, Kermadec-Tonga 34
Graben, Peru-Chile 34
Graben, Puerto-Rico 34
Grabgabel 233
Grabkammer der Königin 278
Grabkammer des Königs 278
Grabschaufel 233
Grad 428
Grad Celsius 424, 426
Grad Fahrenheit 424
Gradeinteilung 533
Gradnetz 22
Granatapfel 136
Grand Canyon 16
Grand-Prix-Rennmaschine 525
Granitschicht 26
Granne 61
Granulation 4
Grapefruit 134
Grapefruitmesser 169
Graphitstift 312
Grasfang 237
grasgrüner Täubling 123
Grasland 44
Grat 29
graue Substanz 109, 110
Greif- und Spannwerkzeuge 222
Greifbacke, gekrümmte 222
Greifbacke, gerade 222
Greiffinger 91
Grenada 449
Griechenland 450
griechischer Tempel 279
griechischer Tempel, Grundriss 279
griechisches Brot 144
griechisches Theater 278
Grieß 144
Griff 167, 170, 176, 177, 178, 179, 180, 192, 204, 208, 210, 211, 215, 216, 217, 219, 222, 223, 225, 226, 227, 229, 231, 235, 236, 237, 269, 270, 271, 272, 273, 274, 275, 276, 277, 301, 341, 466, 477, 478, 492, 493, 494, 500, 505, 510, 515, 531, 535, 536
Griff, ausziehbarer 274
Griff, isolierter 217
Griff, wärmeisolierter 179
Griff, zusätzlicher 228
Griff- und Wurfbeispiele 499
Griffband 526

Griffbrett 296, 301, 303
Griffel 56, 57, 58, 60
Griffelfortsatz 100
Griffhebel für S-Bogen 306
Griffkamm 268
Grifftechniken 493
Griffteil 503
Grill, Raclette 179
Grillfläche 179
Grillplatte 179
Grillrost 210
Gripzange 222
grobe Salami 156
Grobeinstellung 421
grobes Salz 141
Grobregler für Dateneingabe 310
Grobtrieb 421
Grönland 16
Grönlandsee 14
groß gefleckter Katzenhai 158
große Armdecken 78
Große Australische Bucht 15
Große Außensichel 499
große Einkaufstasche 276
Große Galerie 278
große Handdecken 78
Große Innensichel 499
große Klinge 531
große Nackenrolle 204
große Rosenvene 102
Große Sandwüste 15
große Schamlippe 112, 113
Große Seen 16
Große Victoriawüste 15
größer als 427
großer Brustmuskel 96
großer Gesäßmuskel 97
großer Nasenflügelknorpel 117
großer Oberschenkelanzieher 97
großer Rundmuskel 97
Großes Barriereriff 15
großes Kettenblatt 372
Großformatkamera 315
Großhirn 109
Großrad 467
Großraumwagen 376
Großschot 520
Großschriftfeststellung 330
Großschriftfeststellungstaste 330
Großschriftumschaltung 330
Großsegel 520
Grubenorgan 76
Grün 418, 504
Grünalge 51
Grünanlage 435
Grundgestein 27
Grundierung, flüssige 266
Grundlinie 491
Grundlinienrichter 491
Grundmoräne 30
Grundplatte 511
Grundriss 279, 285
Grundstücksgrenze 182
Grundwasser, eingeschlossenes 402
Grundwasserspiegel 31, 48
grüne Bohne 131
grüne Erbsen 130
grüne Tagliatelle 146
grüner Ball 503
grüner Paprika 128
grüner Pfeffer 138
grüner Tee 148
grünes Licht 434
Grünkohl 126
Grünstrahl 318
Gruppenwahl 330
Gruyèrekäse 151
Guatemala 448
Guave 137
Guinea 451
Guinea, Golf 20
Guinea-Bissau 451
Gummiband 204, 246
Gummihöschen 260
Gummikappe 466
Gummipfropfen 460
Gummiring 197
Gummischlauch 460
Gummispannring 528, 529
Gummistiefel 454
Gummistöpsel 219
Gurke 128
Gurt 205
Gurtbefestigung 303
Gurtbogen 284
Gürtel 246, 248, 499
Gürtelband 246
Gürtelclip 327
Gürtelschlaufe 246, 248, 531
Gürtelschnalle 246
Gürtelspitze 246
Gurtschließe 353
Gusserker 282
Gutenberg-Diskontinuität 26
Güterbahnhof 375, 430
Güterwagen 375
Güterwagen, Beispiele 377
Guyana 448
Guyot 33
gynäkologischer Untersuchungsraum 463

H

H 298
Haar 93, 95, 114, 301
Haaraufrichter 114
Haarbalg 114
Haarbürsten 268
Haarclip 268
Haarfärbemittel 267
Haarglätter 269
Haarklemme 268
Haarliftkamm 268
Haarpflege 268
Haarschaft 114
Haarschneidekamm 268
Haarschneider 269
Haarschneideschere 270
Haarspange 268
Haarspülung 267
Haarstecker 268
Haarzwiebel 114
Hachse 152, 153
Hack 515
Hafen 381, 431
Hafenbahn 381
Hafenfähre 381
Hafenzollamt 381
Hafer 61, 143
Hafermehl 144
Haferwurz 129
Haftgurtband 260
Haftorgan 51
Haftscheibe 75
Hagelschnur 79
Hahn 81, 534
Hai, äußere Merkmale 74
Haiti 448
Haken 217, 225, 364, 397, 423, 460, 502
Hakenbogen 538
Hakenbogentiefe 538
Hakenhalteöse 536
Hakeninnenweite 538
Hakenspitze 538
Hakenverriegelung 186
Hakler 482
Halbbrille 273
halbe Note 299
halbe Pause 299
halbes Heft 169
Halbinsel 24
Halbinsel, Antarktische 15
Halbinsel, Arabische 19
Halbinsel, Iberische 18
Halbinsel, Kamtschatka 19
Halbinsel, Kola 18
Halbinsel, Skandinavische 18
Halbinsel, Yucatan 16
Halbkreis 428, 488
Halbkugel 429
Halbmond (erstes Viertel) 5
Halbmond (letztes Viertel) 5
Halbmumienschlafsack 530
Halbsäule, dorische 281
Halbsäule, ionische 281
Halbsäule, korinthische 281
Halbschale 259
Halbschatten 4, 5
Halbsehnenmuskel 97
Halbspieler 474
Halbstiefel 240
Halbvolleyball 490
Halfter 456
Halm 270
Halo 6
Halogen-Tischleuchte 206
Hals 53, 76, 83, 93, 94, 95, 101, 111, 167, 297, 301, 302, 303, 318, 492, 519
Halsausschnitt 247
Halskette in Matineelänge 264
Halskette in Opernlänge 264
Halskette, mehrreihige 264
Halsketten 264
halsnaher Ausschnitt 260
Halsschlagader 102
Halsschutz 476
Halstalje 520
Halsumklammerung 499
Halswirbel 99
Haltebügel 467
Haltegriff 361, 363, 455
Haltegriffe 499
Haltemutter 536, 537
Halteplatte 514
Halter 199
Halterung 9, 371, 423
Haltestange 364
Hammer 116, 220, 236, 304, 472
Hammer mit runder Bahn 220
Hammerhalter 225
Hammerleiste 304
Hamster 82
Hand 91, 93, 95, 115
Hand-Funksprechgerät 456
Hand-Gehrungssäge 226
Handauflage 332
Handballenauflage, abnehmbare 330
Handbeuger der Ellenseite 96, 97
Handblasebalg 461
Handbrause 195
Handbremse 350
Handbremshebel 354
Handdecken, große 78
Handdecken, mittlere 78
Handelsunternehmen 335
Handfeuerlöscher 454
Handfläche 115, 477
handförmig 55
Handgabel 232
Handgelenk 93, 95, 115
Handgelenkpolster 486
Handgelenksbandage 500
Handgelenkschützer 527
Handgriff 229, 286, 297
Handhabung 396
Handheld-Computer 337
Handkreissäge 227
Handkultivator 233
Handkurbel 225
Handlampe 217
Handlauf 191, 287
Handlöser 511
Handmuskeltrainer 500
Handrücken 115
Handrührgerät 176
Handschellentasche 456
Handschlaufe 510, 514
Handschuh 10, 477, 478, 506, 508, 513, 514, 522, 525
Handschuh-Außenseite 243
Handschuh-Innenseite 243
Handschuhe 243
Handschuhfach 354
Handschuhspender 464
Handschutz 235, 525
Handschwingen 78
Handstand 518
Handstange 380
Handstaubsauger 209
Handstrecker der Ellenseite 97
Handstrecker, kurzer 97
Handstrecker, langer 97
Handtaschen 275
Handtuch 267
Handtuchhalter 195
Handwaage 422
Handwerkzeuge 232
Handwurzel 477
Handy 327
Hängebrücke 344
Hängegletscher 30
Hängeleuchte 206
Hängemappe 340
Hänger 344
Hantel 500, 501
Hantelstange 501
Hardboots 513
Harfe 302
Harfen 295
Harissasoße 141
Harmonikatür 286
Harnapparat 107
Harnblase 107, 111, 112
Harnleiter 107
Harnröhre 107, 111, 112
Harnröhrengang 111
harte Kontaktlinse 272
harte Rückenmarkshaut 109, 110
harter Gaumen 116, 117
Hartkäse 151
Hartplatz (Zement) 492
Hase 82, 154
Haselnuss 133
Haselnuss, Längsschnitt 60
Hasentiere 82
Hasentiere, Beispiele 82
Hat-Switch 332
Haube 209
Hauptanschluss 198
Hauptapsis 285
Hauptbronchus 105
Hauptdeck 385
Haupteingang 188, 435, 445, 465
Hauptentlüftungssteigrohr 194
Hauptfahrwerk 393
Hauptfeld 522
Hauptgleis 375
Hauptlautsprecher 321
Hauptlinienrichter 485
Hauptmaßstab 425
Hauptträume 188
Hauptschalter 198, 315, 320
Hauptschiedsrichter 475
Hauptschlot 28
Hauptschwert 519
Hauptschwerteinzug 519
Hauptspiegel 7, 9
Hauptspielzüge 470
Hauptspuren 343
Hauptstadt 23
Hauptständer 367
Hauptstiel 62
Haupttransformator 376
Haupttriebwerk 13
Hauptunterkunft 512
Hauptvorhang 292, 293
Hauptwarteraum 465
Hauptwurzel 53
Hauptzeitnehmer 516
Hauptzylinder 357
Haus 182, 469, 515
Haus, einstöckiges 289
Haus, Teile 185
Haus, zweistöckiges 289
Hausanschluss 198
Hausantenne 316
Hausboot 385
Hauseinrichtung 200
Häuserformen in der Stadt 289
Hausflur, äußerer 280
Haushaltsartikel 120
Haushaltsgegenstände 215
Haushaltsgeräte 176, 208
Haushaltsgeräte, verschiedene 180
Haushaltsmehl 144
Hauskleid 252
Hausmeisterraum 443
Hausmüll 47, 48
Haustür 185
Hauszelt 529
Haut 57, 59, 110, 114
Hautnerv, seitlicher 108
Hautoberfläche 114
Hebel 178, 197, 222, 265, 368
Hebel für den Klemmbügel 269
Hebel-Korkenzieher 170
Hebeleisen 220
Hebeleiste der unteren Schutzhaube 227
Heber 400
Hebestück 403
Hebewerk 403
Hecht 160
Hechtsprungstellung 518
Heck 176, 386, 393, 519
Hecke 183, 230
Heckenschere 234
Heckleuchten 352
Heckpropeller 384
Heckrotor 395
Hecksporn 395
Heft 221
Heft, halbes 169
Hefter 339, 341
heftige Regenfälle 43
Heftklammern 341
Heftpflaster 461
Heidelbeere 132
Heilbutt 161
Heimkino 321
Heimtierbedarf 121
Heimtrainer 501
Heimwerken 216
Heimwerkerladen 436
Heißluftaustritt 192
Heißluftpistole 219
heißversiegelte Folie 163
Heizelement 213, 214, 218
Heizöl 405
Heizspirale 210
Heizstrahler 529
Heizung 192, 386
Heizungsgitter 380
Helix 429
Helixende 115
Helligkeitsregelung 10
Helligkeitsregler 329
Helm 10, 476, 478, 508, 513, 522, 524, 525, 526, 527
Helmbohne 130
Hemd 245, 473
Hemdblusenkleid 252
Hemdchen 260
Hemdhose 247
Hemisphäre, nördliche 21
Hemisphäre, östliche 21
Hemisphäre, südliche 21
Hemisphäre, westliche 21
Hemisphären 21
Henkel 215
heranwachsende Nahrungsvakuole 66

herausklappbare Schreibplatte 203
herausnehmbare Festplatte 333
Herbizid 47
Herbst 38
Herbstäquinoktium 38
Herd 27
Herdkante 210
Herdtiefe 27
Hering 159, 528, 529
Heringskönig 161
Heringsschlaufe 528, 529
Herrenhalbschuh 240
Herrenhandschuhe 243
Herrenkleidung 244
Herrenkopfbedeckungen 238
Herrenring 264
Herrenschuhe 240
Herrentasche 276
Herrentoilette 294, 439
Hertz 426
Heruntertransformation der Spannung 402, 413
Herz 71, 73, 104, 105, 154, 468, 492
Herzbeutel 105
Herzförmig 55
Herzkammer, linke 103, 104
Herzkammer, rechte 103, 104
Herzmuschel 157
Herzmuskel 104
Herzwandschicht 104
heterotrophe Organismen 45
Heuboden 122
HiFi-System 325
Hijiki 123
Hilfe 121
Hilfslinie 298
Hilfsschwert 519
Himalaja 19
Himbeere 132
Himbeere im Querschnitt 59
Himmel, stürmischer 41
Himmelsbedeckung 39
Himmelskörper 2
Hinterbein 67, 68, 75, 201
Hinterbühne 293
hintere Aufschlaglinie für das Doppelspiel 494
hintere Augenkammer 119
hintere Felgenbremse 370
hintere Fontanelle 100
hintere Klappe 13
hintere Nervenwurzel 109, 110
hintere Schaufel 399
hintere Seitenfontanelle 100
hinterer Balken 422
hinterer knöcherner Bogengang 116
hinterer Kotflügel 369
hinterer Schließmuskel 73
hinterer Stoßdämpfer 367
hinterer Streben 370
hinterer Tragflügel 387
hinterer Umwerfer 370, 372
hinteres Auspuffrohr 351
hinteres Ende 73, 226, 229
hinteres Gehäuse 7
hinteres Trittbrett 455
Hinterflügel 67
Hintergrundbeleuchtung 337
Hinterhauptbein 100
Hinterhauptmuskel 97
Hinterhauptsbein 99, 100
Hinterhorn 109
Hinterkappe 262
Hinterleib 67, 68, 70, 71
Hinterleibssegment 67
Hinterpartie 536
Hinterzehe 78, 79
Hippe 234
Hirn 154
Hirnanhangdrüse 109
Hirnnerven 108
Hirse 61, 143
Hitzeschild 12
HNO(Hals-Nasen-Ohren)-Behandlungsraum 463
Hobel 229
Hobeleisen 229
Hobeleisen-Stellschraube 229
Hobelschar 401
Hobelzahn 235
Hochaltar 446
Hochdruckgebiet 39, 43
Hochebene 29
Hochgebirge 40
Hochgeschwindigkeitszug 376
Hochland 5
Hochlandklimate 40
Hochschrank 164
Hochsilo 122
Hochspannungsleitung 402, 413
Hochsprung 473
höchste Karte 468
Hochstuhl 205
Hochtöner 324
Hochtransformation der Spannung 402, 408
Hochwasserentlastungswehr 406
Hochwasserentlastungswehr, Verschluss 406
Hocker 164, 201
Hockey 471
Hockeyskate 527
Hoden 71, 111
Hodensack 92, 111
Hof 122
Hogline 515
hohe Rippe 152
hohe Wolken 42
Höhen-Tonabnehmer 303
Höheneinstellung 420
Höhenfeineinstellung 8, 9
Höhenfeststeller 8, 9
Höhenflosse 393, 395
Höhenlagen, Vegetationsbild 44
Höhenregler 303, 322, 325
Höhenruder 393
Höhenskala 37
Höhenverstellskala 227
Höhenverstellung 209, 501
Höhle 31, 35
Höhlenraum, trocken liegender 31
Hohlhandmuskel, kurzer 96
Hohlhandmuskel, langer 96
Hohlvene, obere 102, 103, 104
Hohlvene, untere 102, 103, 104, 107
Hoisinsoße 140
Hollandrad 373
Holm 219, 392, 466
Hologramm, metallisiertes 441
Holzbeheizung 192
Holzblasinstrumente 295
Holzhammer 220
Holzkiste 162
Holzleibung 186
Holzohr 123
Holzschläger 505
Holzträger 193
Holzunterbau 190
homogenisierte Milch 150
Honduras 448
Honig 149
Honigbiene 68
Honigbiene, äußere Merkmale 68
Honigmelone 135
Höraufsatz 460
Hörer 327
horizontale Bodenbewegung 27
horizontale Einstellung 329
horizontaler Zug 470
horizontales Schiebefenster 287
Horizontalseismograph 27
Hörmuschel 327
Horn 455, 519
Hörnchennudeln 146
Hörnerv 116
Hornhaut 119, 419
Hornisse 69
Hornschicht 114
Hornschnabel 76
Hornschuppe 79
Hors-d'Oeuvre-Schale 166
Hose 83, 246, 263, 476, 480, 486, 499, 500, 506, 525
Hose, kurze 261, 483, 488
Hosen, Beispiele 254
Hosenbluse 255
Hosenbund 246
Hosenrock 253
Hosenschlitz 246
Hosenträger 246
Hotel 432, 439, 469, 512
Hotelreservierungsschalter 390
Hotelzimmer 439
Hubarm 399
Hubarmzylinder 399
Hubble-Weltraumteleskop 7, 37
Hubbrücke 345
Hubgebläse 383
Hubkette 396
Hubschrauber 395
Hubwinde 397
Hubzahlvorwahl 227
Hubzylinder 364, 397, 455
Hudson Bay 16
Huf 83
Hufeisenmontierung 7
Hüft-Becken-Nerv 108
Hüft-Leisten-Nerv 108
Hüftarterie, gemeinsame 102, 107
Hüftarterie, innere 102, 103, 107
Hüfte 93, 95
Hüftgurt 532
Huftiere 83
Huftiere, Beispiele 84
Hüftlochnerv 108
Hüftpolster 486
Hüftvene, gemeinsame 107
Hüftvene, innere 103
Hüftwurf 499
Hügel 29
Huhn 81, 155
Hühnerei 155
Hühnerstall 122
Huitzilopochtli-Tempel 283
Hülle 60, 505, 531
Hüllen, Wan-tan 147
Hülse 61, 534
Hülse, Schnitt 60
Hülsenfrüchte 130
Humeruskopf 99
Hummel 69
Hummer 71, 158
Hummer, Anatomie 71
Hummer, äußere Merkmale 71
Hummus 140
Hund 86
Hund, äußere Merkmale 86
Hunderassen 86
Hundert 427
Hundshai 158
Hupe 354, 368
Hürdenlauf 472
Hurrikan 43
Hustensirup 467
Hut 52
Hutband 238
Hutmutter 223
Hüttenkäse 150
Hyäne 88
Hydrant 434
Hydrantenanschluss 455
Hydraulik 396
Hydraulik-Heber 361
Hydraulik-Hochlöffelbagger 400
hydraulische Scheibenbremse 522
hydraulischer Widerstand 501
Hydrosphäre 44
Hyperlinks 334

I

Iapetus 3
Iberische Halbinsel 18
identisch 427
Identitätsband 264
Idiotenhügel 512
Iglu 288
Igluzelt 529
Ileum 106
Imbusschrauben 221
Impluvium 280
Impressum 313
Impulslaser, Rubin 420
Impulsregner 236
Inbound-Linie 484
Incisura intertragica 115
Indexanzeigeregler 315
Indien 453
Indisch-Antarktischer Rücken 34
Indisch-Australische Platte 27
Indischer Ozean 14, 15, 19, 20
indisches Fladenbrot 145
indisches Naanbrot 145
Indonesien 19, 453
Industrie 335
Industrie, petrochemische 405
Industrieabfälle 47, 48
Industriegebiet 431
industrielle Telekommunikation 317
industrielle Verschmutzung 47
Infiltration 45, 47
Informationsschalter 390, 442, 463, 512
Informationsstand 437
Informationsverbreitung 335
Infrarotschnittstelle 336, 337
Infrarotstrahlung 46, 418
Infusionsständer 464
Ingwer 139
Inhaber, Name 441
Inhaber, Unterschrift 441
Inhalt 313
Injektionsbohrung 402
Inlineskating 527
Innenbeleuchtung 380
Innenbrett 469
Innenfeld 474
Innenfläche 243
Innengewinde 537
innengezahnte Fächerscheibe 222
Innenhof 447
Innenkreis 515
Innenlippe 73
Innenohr 116
Innenohrvorhof 116
Innenstadt 431, 432
Innensteckhülse 536
Innenstiefel 511, 527
Innentasche 277
Innentür 211
Innenverteidiger 481
Innenzelt 528, 529
innere Drosselvene 102
innere Hüftarterie 102, 103, 107
innere Hüftvene 103
innere Kuppelhülle 7
innere Oberschenkelkondyle 99
innere Planeten 3
Innereien 154
innerer Kern 26
innerer Oberarmgelenkhöcker 99
innerer Schenkelmuskel 96
Insekten 67
Insekten, Beispiele 69
Insektenfresser 79
Insel 24, 343
Inselkette 33
Instrumentalgruppierungen, Beispiele 300
Instrumente 7, 523
Instrumente, elektronische 310
Instrumente, wissenschaftliche 13
Instrumententafel 355, 366, 368
Integral 427
Integralhelm 525
integrierte Schaltung 417
integrierte Schaltung mit Gehäuse 417
Intelsat 317
intensive Kultur 46, 47
intensive Landwirtschaft 46, 48
Intensivstation 464
Interlobärspalt, schräger 105
internationale Raumstation 11
internationales Einheitensystem 426
interne Modemschnittstelle 329, 336
Internet 334
Internet-Nutzer 334
Internet-Nutzungen 335
Internet-Provider 335
Internet-Tasten 330
Intervalle 298
Interview 313
Intrusivgesteine 26
Io 2
Ionenschweif, Plasmaschweif 6
ionische Halbsäule 281
Irak 452
Iran 452
Iris 119
Irisch Moos 123
Irische See 18
irisches Brot 145
Irland 449
Isba 288
Ischiasnerv 108
Ischiasnerv, kleiner 108
Island 18, 450
Isobare 39
Isolator 359
Isoliermaterial 214
Isolierraum 463
Isolierstoff 190
isolierte Klinge 217
isolierter Griff 217
Isolierung 410
Isoseiste 27
Israel 452
ist annähernd gleich 427
ist äquivalent mit 427
ist gleich 427
ist gleich oder größer als 427
ist gleich oder kleiner als 427
ist größer als 427
ist identisch mit 427
ist kleiner als 427
ist nicht identisch mit 427
ist nicht parallel zu 428
ist parallel zu 428
ist senkrecht zu 428
ist ungleich 427
Italien 450

J

Jaboticaba 137
Jacke 251, 499
Jacke, dreiviertellange 248
Jacken 248, 251, 254
Jackett 244
Jackfrucht 136
Jagdkappe 238
Jagen 534
Jaguar 89
Jahresring 63

Jahreszahl 441
Jahreszeiten 38
Jakobsmuschel 157
Jalapeño-Chili 139
Jalousie 186
Jalousiefenster 287
Jalousieschweller 305
Jamaika 448
Jamaikapfeffer 138
Japan 19, 453
Japangraben 34
japanischer Rettich 129
japanisches Experimentiermodul 11
Japanisches Meer 19
Jarlsberg 151
Javagraben 34
Jazzband 300
Jazzbesen 309
Jeans 254
Jemen 452
Jetski 523
Jicama 124
Jocharm 297
Jochbein 98, 100
Jochweite 344
Joggingschuh 262
Joghurt 150
Johannisbeere 132
Johannisbeere, schwarze 132
Joker 468
Jolle 521
Jordanien 452
Joule 426
Joystick 332
Joysticks 471
jüdisches Weißbrot 145
Judo 499
Judogi 499
Judokämpfer Wettkampfteilnehmer 499
Jugoslawien 450
Jupiter 2
Jurte 288
Justierring 271
Justiz 440
Juweliergeschäft 436

K

Kabel 209, 217, 228, 235, 237, 326, 332, 356, 364, 535
Kabel der Schnittstelle für digitale Musikinstrumente (MIDI) 311
Kabel, Anschluss 227
Kabeljau, atlantischer 161
Kabelleitung 335
Kabelmantel 218, 229
Kabelmodem 335
Kabelmuffe 228
Kabelschutz 535
Kabeltülle 217
Kabelversteifung 208
Kabelverteiler 316
Kabine 386, 443
Kabriolett 347
Kachel 12
Kaffee 148
Kaffee-Filterkanne 181
Kaffeebohnen, geröstete 148
Kaffeekanne 531
Kaffeelöffel 168
Kaffeemaschine 181
Kaffeemaschinen 181
Kaffeemühle 180
Kaffeepresser 181
Käfig 281
Kai 381
Kaianlage 430
Kaiman 77
Kairampe 381
Kaiserling 123
Kakao 148
Kaki 137
Kaktusfeige 137
Kalahari 20
Kalb 84
Kalbfleisch 152
Kalbfleischwürfel 152
Kalbshackfleisch 152
Kaldaune 154
Kalifornien, Golf 16
Kalmar 157
kalte Luft 41
kaltes Kühlmittel 408
kaltgemäßigte Klimate 40
Kaltwasserkreislauf 194
Kaltwassersteigleitung 194
Kaltwasserzulauf 196, 197
Kambium 63
Kambodscha 453
Kamel 85
Kamera 525
Kamera-Assistent, erster 290
Kamera-Assistent, zweiter 290
Kameragehäuse 314
Kameramann 290
Kamerun 451
Kamille 148
Kamin 188, 192, 193
Kaminabdeckung 193
Kaminabdichtung 193
Kaminanschluss 192
Kaminaufsatz 183
Kaminbesteck 193
Kamineinfassung 192, 193
Kamingitter 193
Kaminsims 192
Kamm 29
Kämme 268
Kammer, unterirdische 278
Kammerseptum 104
Kammerwasser 119
Kammmuschel 157
Kampfbereich 499
Kampfrichter 496, 497, 498, 499, 509
Kampfsportarten 498
Kamtschatka-Halbinsel 19
Kanada 448
kanadischer Bacon 156
Kanal, linker 324
Kanal, rechter 324
Kanaleinstiegsschacht 434
Kanalisation 194
Kanalschleuse 381
Kanalsuchtasten 319
Kanalwahltasten für Lautsprecher 322
Kanapee 200
kanarische Melone 135
Kandiszucker 149
Kaninchen 82, 154
Kanne 181
Kante 533
Kantenschiene 526
Kantenstecher 233
Kanüle 460
Kanülenansatz 460
Kanzel 446, 447
Kap 24
Kap der Guten Hoffnung 20
Kap Horn 17
Kap Verde 451
Kapaun 155
Kapelle 282
Kapillargefäß 114
Kapillarröhrchen 424
Käppchen 238
Kappe 198, 312, 494
Kappe, äußere 240
Kapsel 51, 467
Kapsel, Schnitt 60
Kapuze 249, 260, 508
Kapuze mit Zugband 261
Kapuzenmuskel 96, 97
Kapuzenmütze 239
Kar 5, 30
Karabiner 538
Karabinerhaken 521
Karaffe 165
Karaffe, kleine 165
Karambolagebillard 502
Kardamom 138
Kardinal 80
Kardone 125
Karibik 14, 16
Karibische Inseln 448
Karibische Platte 27
Karikatur 313
Karo 468
Karosserie 348, 361
Karosserien, Beispiele 347
Karotte 129
Karpaten 18
Karpfen 160
Karte 469
Karte, politische 23
Karteiregister 340
Kartendarstellungen 22
Kartenkontrolleur 294
Kartenlesegerät 442, 443
Kartenleser 321
Kartenleserschlitz 346
Kartennummer 441, 443
Kartenraum 382
Kartenschacht, PC 336
Kartenspiele 468
Kartoffel 124
Kartoffelstampfer 173
Kartographie 21
Karton 163
Kartusche 216, 459
Kartuschenpistole 216
Kasachstan 452
Käsemesser 168
Käsereibe 170
Käseschachtel 163
Käsetheke 121
Kaspisches Meer 14, 19
Kasse 121, 294, 346
Kassen 121
Kassette 326, 333
Kassettenauswurfschalter 319
Kassettendeck 323, 325
Kassettendecktasten 326
Kassettenfach 323
Kassettenlaufwerk 333
Kassettenrekorder-Wahltaste 322
Kassettenschacht 319
Kassettenteil 326
Kassiererin 121
Kastagnetten 295, 309
Kasten 68
Katalysator 351
katalytische Umwandlungsanlage 405
Katamaran 521
Katar 452
Kathode 417
Katze 87
Katze, Kopf 87
Katzenhai, groß gefleckter 158
Katzenrassen 87
Kaufhaus 437
Kaumuskel 96
Kegel 177, 429
Kegelprojektion 22
Kehldeckel 105, 118
Kehle 78, 305
Kehlkopf 105
Kehrschaufel 215
Keil 243, 274, 276, 305
Keilbein 100
Keilbeinhöhle 117
Keilhebel 229
Keilriemen 212, 350, 360
Keim 61
Keimblatt, verwelkendes 53
Keimscheibe 79
Keimung 53
Keimwurzel 53
Kelch 59, 60, 446
Kelchblatt 56, 59
Keller 182
Kellerfalte 253
Kellerfenster 183
Kellnerbesteck 170
Kelvin 426
Kenia 451
Kennzeichnung 358
Keramikkondensator 417
Kerbe 422, 503
Kerbel 142
Kermadec-Tonga-Graben 34
Kern 6, 57, 58, 59, 61, 305, 534
Kern, äußerer 26
Kern, innerer 26
Kern, spaltbarer 415
Kernenergie 408
Kernenergie, Elektrizitätserzeugung 408
Kerngehäuse 58
Kerngehäuseausstecher 173
Kernholz 63
Kernkörperchen 50, 112
kernlose Salatgurke 128
Kernmembran 50, 66
Kernreaktor 409
Kernschatten 4, 5
Kernspalte 305
Kernspaltung 415
Kernspaltung des Uranbrennstoffs 408
Kerosin 405
Kerze 446
Kessel 29, 308
Kesselpauke 308
Kesselwagen 377
Ketchup 141
Kette 196, 370, 372, 523
Kettenblatt, großes 372
Kettenblatt, kleines 372
Kettenblattumwerfer 370, 372
Kettenbremse 235
Kettenführung 372
Kettenlaufwerkrahmen 398
Kettenrad 522
Kettenreaktion 415
Kettensäge 235
Kettenstrebe 370
Keule 86
Kibla 447
Kichererbsen 130
Kidneybohne, rote 131
Kiefernnadeln 65
Kieferschutz 486
Kiefertaster 70
Kielbasa-Wurst 156
Kielboot 521
Kiemen 73
Kiemendeckel 74
Kiemenspalten 74
Kiesbett 524
Kilogramm 426
Kilometerzähler 355
Kimme 534
Kimono 256
Kinderbekleidung 261
Kinderbetreuung 437
Kindermöbel 205
Kindersessel 205
Kindersitz 356, 372
Kinn 78, 94
Kinnriemen 486
Kinnschutz 367, 522
Kinnstütze 301
Kino 294, 386, 432, 436
Kinoleinwand 294
Kinosaal 294
Kiosk 346, 379
Kippermulde 401
Kipphebel 467
Kirche 433, 446
Kirchenbank 446
Kirchenfenster 446
Kirgisistan 452
Kiribati 453
Kirsche 132
Kirschtomate 128
Kissen, kleines 204
Kiste 162
Kittelbluse 255
Kiwano 136
Kiwi 136
Klaffmuschel 157
Klampe 520, 521
Klangfarbenregler 303
Klangfell 297
Klangwahlanzeige 322
Klangwahlschalter 322
klappbare Laderampe 386
klappbare Nagelfeile 265
Klappbrücke, einteilige 345
Klappe 73, 202, 229, 244, 291, 306
Klappe, hintere 13
Klappendrücker 306
Klappenschutz 306
Klappenstiel 306
Klappentasche 244, 248
Klapperschlange 77
Klappschlittschuh 508
Klappspaten 532
Klappstufe 361
Klappstuhl 201
Klapptisch 202
Klarinette 306
Klarinetten 295
Klarsichtfenster 274
Klarsichthüllen 274
Klarsichtscheibe 523
Klarspülmittelbehälter 214
Klassenzimmer 444, 445
Klassenzimmer für Schüler mit Lernschwierigkeiten 444
klassische Bluse 255
Klaue 71, 82, 220
Klaviaturboden 304
Klavier 304
Klebeband 190
Klebebandabroller 341
Klebefilmspender 341
Klebestift 341
Klebfaden 70
Klebstoff 190
Kleeblatt 342, 343
Kleid in Trapez-Form 252
Kleid mit angesetztem Schoß 252
Kleid, mit angesetztem Schoß 252
Kleider, Beispiele 252
Kleidersack 277
Kleiderschrank 189, 202, 203, 439
Kleiderschutz 467
Kleidung 238, 538
Kleidung, feuer- und wasserfeste 454
Kleinanzeigen 313
Kleinbus 363
kleine Armdecken 78
kleine Beuteltasche 276
kleine Chirurgie 462
kleine Karaffe 165
kleine Klinge 531
kleine Schamlippe 112, 113
kleine Trommel 295, 308
kleiner als 427
kleiner Finger 115
Kleiner Getränkekarton 163
kleiner Ischiasnerv 108
kleiner Lehnstuhl 200
kleiner Rundmuskel 97
kleiner Teller 166
kleiner Tentakel 72
kleines Kettenblatt 372
kleines Kissen 204
Kleinfingerhaken 307
Kleinhirn 109

Kleinwagen 347
Klemmbacke 265
Klemmbrett 340
Klemmbügel 269
Klemmbügel, Hebel 269
Klemme, rote 356
Klemme, schwarze 356
Klemme, verstellbare 206
Klemmhefter 339
Klemmspot 206
Klemmverschraubung 197
Klemmvorrichtung 425
Klempnerwerkzeuge 216
Klettenwurzel 129
Kletterpflanze 230
Klickpedal 522
Kliff, Klippe 35
Klimaanlage 46, 361, 386
Klimate der Welt 40
Klimate, kaltgemäßigte 40
Klimate, tropische 40
Klimate, warmgemäßigte 40
Klinge 167, 169, 177, 221, 271
Klinge, isolierte 217
Klinge, zweischneidige 271
Klingenarten 221
Klingendose 271
Klingenstopper 270
Klips 246, 264
Klistierspritze 460
Klitoris 112
Klosettbecken 196
Klosettdeckel 196
Klubhaus 504
Knarre 223, 536
Knauf 201, 202, 477, 492, 506
Knebel 224
Knebelbolzen 221
Knebelverschluss 249
Kneten 176
Knethaken 176
Knickschutztülle 269
Knie 83, 86, 92, 94
Kniebandage 500
Kniebundhose 254
Kniepolster 486
Kniescheibe 83, 98
Knieschützer 476, 525, 526, 527
Kniestrumpf 247, 257
Knoblauch 121
Knoblauchpresse 170
Knöchel 92, 94
knöchelhohe Stiefelette 241
Knöchelschutz 476
Knöchelsocke 247
Knochenfisch 74
Knochenfische 159
Knolle 125
Knollenblätterpilz 52
Knollengemüse 124
Knollensellerie 129
Knollenziest 124
Knopf 199, 227, 245, 250, 296
Knopflasche 246
Knopfleiste 245, 250
Knopfleiste, verdeckte 251, 261
Knopfloch 248
Knorpelfisch 74
Knorpelfische 158
Knorrenmuskel 97
Knospe 54
Knoten 416
Knurrhahn 159
Kobra 77
Kochen 178
Kochfeld 179
Kochgeräte 174
Kochgeschirr 531
Kochmesser 169
Kochmulde 164, 210
Kochplatte 210
Kochtopf 531
Koffer 277
Kofferradio 325
Kofferraum 349
Kognakschwenker 165
Kohl 126
Kohle-Zink-Zelle 417
Kohlekraftwerk 402
Kohlendioxid, Aufnahme 54
Kohlenhalde 402
Kohlenschaufel 193
Kohlestab (Kathode) 417
Kohlrabi 125
Kohlrübe 129
Kokosnuss 133
Kola-Halbinsel 18
Kolanuss 133
Kolben 57, 61, 199, 357, 360
Kolbenhals 534
Kolbenring 360
Kolbenschaft 360
Kolibri 80
Kolk 31
Kollaterale 110
Kollegmappe 274
Kollegmappe mit Griff 274
Koller 248
Kolumbien 448
Koma 8
Kombi 347
Kombi-Pflegelösung 272
Kombihacke 233
Kombilimousine, dreitürige 347
Kombipumpe 530
Kombizange 217, 222
Kombu 123
Komet 6
Kommandobrücke 383
Kommataste 337
Kommode 203
Kommunikation 312
Kommunikationsmodul 316
Kommunikationsprotokoll 334
Kommunionbank 446
Komoren 452
Kompaktpuder 266
Kompaktspeisesystem 321
Kompassrose 533
komplexe Düne 36
Kompositbogen 535
Kompostkiste 231
Kompressionsgurt, seitlicher 532
Kompressor für Klimaanlage 360
Kondensation 45
Kondensationskammer 402
Kondensieren 414
Kondensmilch 150
Kondensor 402, 421
Kondensoreinstellung 421
Kondensorhöhenverstellung 421
Konditorei 437
Kondor 80
Konferenzraum 442, 445
Kongo 20, 451
Kongresszentrum 433
König 468, 470
König, Grabkammer 278
Königin 68
Königin, Grabkammer 278
Königin-Maud-Land 15
königliche Vene 102
Königsbaum 412
Königsflanke 470
konkave Linse 419
konkavkonvexe Linse 419
Konserven 121
Konservendose 163
Konsole 283
Konstruktion 186
Konstruktion eines Hauses 188
Konsument 317
Kontaktelemente 198
Kontaktlinse, harte 272
Kontaktlinse, weiche 272
Kontaktlinsen 272
Kontaktlinsenbehälter 272
Kontermutter 197
Kontinent 33
kontinentale Kruste 26
Kontinentalfuß 33
Kontinentalhang 33
Kontinentalrand 33
Kontinentalschelf 33
Kontinente, Lage 14
Kontoidentifikation 443
Kontrabass 301
Kontrabasse 295
Kontrafagotte 295
Kontrastregler 329
Kontrolllampe 269
Kontrollleuchte 178, 179, 180, 181, 208, 210, 214, 443, 454
Kontrollleuchte Netzspannung 443
Kontrollleuchte Papiereinzug 333
Kontrollleuchte, Tintenpatrone 333
Kontrollleuchten 331
Kontrollleuchten für Tonsignalquellen 322
Kontrollmonitore, Regie 290
Kontrollraum 388
Kontrolltower 388
Konvektion 415
Konvektionsströmung 415
Konvektionszelle 43
Konvektionszone 4
konvergierende Plattengrenzen 27
konvexe Linse 419
konvexkonkave Linse 419
Koordinatensystem der Erdkugel 21
Kopf 6, 67, 72, 78, 93, 95, 103, 111, 220, 221, 223, 229, 271, 272, 301, 303, 492, 494, 505, 536
Kopf der Katze 87
Kopfarten 221
Kopfband 458, 459
Kopfbedeckungen 238, 239
Kopfbruststück 71
Kopfbügel 326
Kopfende 204
Kopfganglion 73
Kopfhörer 324, 325, 326
Kopfhöreranschlussbuchse 310, 311, 320
Kopfhörerbuchse 322, 326
Kopfhörerstecker 326
Kopfkissen 204
Kopfkissenbezug 204
Kopfkissenschonbezug 204
Kopfnicker 96
Kopfregal 121
Kopfriegel 185
Kopfriemen 459
Kopfsalat 126
Kopfschutz 458, 498
Kopfstütze 353
Kopfteil 191, 205, 238, 239
Kopfwurf 499
Koppel-Kipptaste 305
Koppelungsmodul 11
Koppen 207
Kora 297
Korallenmeer 15
Korallennatter 77
Korb 211, 214, 489
Korbanlage 489
Korbbrett 489
Korbbretthalter 489
Körbchen 57
Korbring 489
Korbstütze, gepolsterte 489
Kordilleren, Australische 15
Korea 19
Koriander 142
korinthische Halbsäule 281
korinthischer Pilaster 281
Kork 514
Korkball 477
Korkenzieher 531
Korkspitze 495
Korn 534
Körner 220
Körnerfresser 79
Körnerschicht 114
Kornett 295, 307
Korona 4
Körper 118, 305, 429, 536
Körper, menschlicher 92
Körperchen, Ruffinisches 114
Körperchen, Vater-Pacinisches 114
Körperpflege 121, 267
Körpertemperaturregelung 10
Korpus 303, 306
Korpus, birnenförmiger 297
Korpus, dreieckiger 297
Korpus, massiver 303
Korpus, runder 296
Korrespondenz 338
Korselett 258
Korsett 259
Kosakenmütze 238
Kosmetikeinsatz 277
Kosmetikkoffer 277
Kostüm 251, 290
Köte 83
Kotelett 152, 153
Kötengelenk 83
Kotflügel 348, 364
Kotflügel, hinterer 369
Krabbe 158
Krabbenspinne 70
Kraft, Maßeinheit 426
Kraftfahrzeuganlagen 351
Kraftfahrzeuge: Hauptbauteile 350
Kraftsport 500
Kraftstoffanlage 351
Kraftstoffanzeige 355
Kraftstoffleitung 351
Kraftstoffreserveanzeige 355
Kraftstofftank 235, 351, 364, 366, 369, 377
Kraftübertragung 372
Kragen 244, 245, 248, 302, 303
Kragen, gespreizter 245
Kragenspitze 245
Kragenstäbchen 245
Kragstein 192, 282
Kragträger 344
Krake 157
Kralle 76, 78, 79, 232
Kranbahn 397
Kräne 397
Kranführerkabine 397
Krankenakten 465
Krankenhaus 433, 462
Krankenhausbett 464
Krankenschwester 464
Krankentisch 464
Krankentrage 460
Krankenzimmer 464
Kranzgesims 279
Kranznaht 100
Kranzprofil 202
Krater 5, 28
Kraterstrahlen 5
Kraterwall 5
Kraulen 517
krause Endivie 127
Kräuselfalte 255
Kräuselrock 253
Kräuter 142
Kräutertees 148
Krawatte 245
Krawattenschal 245
Krebs, Wendekreis 20, 21, 22
Krebse 71
Krebstiere 158
Kreditabteilung 442
Kreditkarte 441
Kreditkartenetui 274
Kreditkartenfach 274
Kreide 503
Kreis, Teile 428
Kreisregner 236
Kreissägeblatt 227
Kreisverkehr 25
Krempe 238, 239
Kreolen 264
Krepis 279
Kreuz 299, 468
Kreuzaussteifung 187
Kreuzbein 98, 99
Kreuzgeflecht 108
Kreuzhacke 233
Kreuzkopf 396
Kreuzkümmel 138
Kreuzmuster-Teppichmuschel 157
Kreuzrippe 284
Kreuzschlitzschrauben 221
Kreuzschlitzschraubenzieher 531
Kreuzschlüssel 356
Kreuztisch 421
Kreuztischeinstellung 421
Kriechstrombarriere 359
Kringel 144
Kristallisation 414
Kristalltropfen 207
Kristallzucker 149
Kroatien 450
Krokodil 77
Krokus 56
Krone 63, 83, 101, 167, 169, 283, 302, 424
Kronenabschnitt der Pulpahöhle 101
Kronleuchter 207
Krummhalskürbis 129
Krümmling 191
Kruppe 83
Kruste, kontinentale 26
Kruste, ozeanische 26
Krustenflechte 50
Kruzifix 446
Kuba 448
Kübel 230
Küche 120, 162, 164, 188, 280, 439, 445
Küchenbeil 169
Kuchenform 172
Kuchenform, flache 172
Kücheninsel 164
Küchenmaschine 177
Küchenmesser 169
Küchenmesser, Beispiele 169
Kuchenpinsel 172
Kuchenrad 172
Küchenreibe 170
Küchenschere 173
Küchenset 173
Küchenuhr 171
Küchenutensilien 169
Küchenwaage 171
Kufe 395, 506, 509, 523
Kugel 312, 332, 429, 472, 534
Kugel-Sternhaufen 6
Kugelhalterung 332
Kugellager 413
Kugelmaus 332
Kugelschreiber 312
Kugelstoßen 472
Kuh 84
Kühlabteilung 120, 121
Kühlaggregat 365
Kühlbox 532
Kühler 350, 358
Kühleranlage 351
Kühleranschluss, unterer 358
Kühlerblock 358
Kühlergrill 348, 364
Kühlerhaube 364

Kühlerverschlussdeckel 358
Kühlfach 211
Kühlhaus 381
Kühlmittel 408
Kühlmittel, erwärmtes 408
Kühlmittel, kaltes 408
Kühlmittelauslass 410
Kühlmitteleinlass 410
Kühlraum 121
Kühlsattelschlepper 365
Kühlschrank 164, 211, 438
Kühlschränke 438
Kühlturm 402
Kühlung 405
Kühlvitrine 438
Kühlwagen 377
Kühlwassertank 408
Kühlzylinder 420
Kuhstall 122
Kuiper-Gürtel 2
Kulissen 292
Kultbild, Standort 279
Kultur, intensive 46, 47
Kulturbeutel 276
Kulturorganisation 335
Kümmel 138
Kumquat 134
Kumulonimbus 42
Kumulus 42
Kundenbetreuung 443
Kunst 278
Künste, darstellende 294
Kunstfliege 536
künstlerischer Leiter 290
künstlicher Erdsatellit 37
künstlicher See 32
Kunstraum 444
Kunstschwamm 266
Kunstspringen 518
Kunststoff, Sortierung 49
Kunststoff-Federball 495
Kunststoffboden 492
Kunststoffkondensator 417
kunststoffummantelter Stoßfänger 348
Kunstturnen 496
Kuppe 503
Kuppel 394
Kuppel des Mihrab 447
Kuppelhülle, äußere 7
Kuppelhülle, innere 7
Kuppelspaltabdeckung 7
Kuppelzelt 529
Kuppenring 503
Kupplung 350
Kupplungsbügel 377
Kupplungsgehäuse 368
Kupplungshebel 366, 368
Kupplungspedal 354
Kurbel 170, 224, 236, 356, 372, 537
Kurbel der Stützvorrichtung 365
Kurbelwelle 360
Kürbis 129
Kurilengraben 34
Kurkuma 138
Kurs 524
Kursbuchtafeln 374
Kurtine 282
kurze Hose 261, 483, 488, 522
Kürzel der Ausgabebank 441
kurzer Hohlhandmuskel 96
kurzer Wadenbeinmuskel 97
kurzer Zehenstrecker 96
Kurzhandschuh 243
Kurzmeldungen 313
Kurzsichtigkeit 419
Kurzsocke 257
Kurzstrecke 508
Kurzstreckenschlittschuh 508
Küste 33
Küstenformen 35
Küstenformen, typische 35
Kuttelwurst 156
Kuwait 452

L

Labor 7
Labor, amerikanisches 11
Labor, pathologisches 465
Lachs, atlantischer 161
Lachs, pazifischer 161
Lackieren 219
Lade-Anschlussbuchse 208
Ladeanzeige 271
Ladebagger 402
Ladebaum 384, 385
Ladegerät 228
Ladekontrolllampe 271
Lademast 385
Laden 280
Ladenpassage 435
Laderampe 435
Laderampe, klappbare 386
Ladevorrichtung 364
Ladogasee 18
Ladung 534
Laffe 167
Lage der Kontinente 14
Lageplan 183
Lagergang 28
Lagerhaus 430
Lagerholz 187
Lagerraster 409
Lagerraum 438
Lagerraum für gebrauchtes Material 462, 464
Lagerraum für medizinische Geräte 465
Lagerraum für Sterilgut 462, 464
Lagertank 405
Lagune 35
Lakkolith 28
Lama 84
Lambdanaht 100
Lamelle 52
Lammfelljacke 249
Lammfleisch 153
Lammfleischwürfel 153
Lammhackfleisch 153
Lampe 421, 529
Lampen 206
Lampenfassung 199
Lampenreihe 207
Land 23, 431
Landebereich 472
Landefenster 395
Landeklappe 392
Landenge 24
Landenge von Panama 16
Landescheinwerfer 395
Landkarte 444
landschaftlich schöne Strecke 25
Landspitze 35
Landwirtschaft, intensive 46, 48
landwirtschaftliche Verschmutzung 47
Landzunge 35
lange Unterhose 247
Länge, Maßeinheit 426
Längengrade 22
Längenmessung 425
Längenverstellung 466
langer Abendhandschuh 243
langer Hohlhandmuskel 96
langer Oberschenkelanzieher 96
langer Wadenbeinmuskel 96
langer Zehenstrecker 96
Langhaarschneider 271
Langhandschuh 243
Langlauf-Rattenfallbindung 514
Langläufer 514
Langlaufloipe 512
Langlaufski 514
langsam drehende Welle 413
Längsdünen 36
Längslenkerachse 351
Längsschnitt durch ein Weizenkorn 61
Längsschnitt durch eine Haselnuss 60
Längsschnitt durch eine Walnuss 60
Längsschnitt, Backenzahn 101
Längsschott 384
Langstrecke 508
Langstrecken-Düsenflugzeug 392
Languste 158
Langustine 158
lanzettförmig 55
Laos 453
Lappen 79
Lappen, oberer seitlicher 62
Lappen, unterer seitlicher 62
Lappenbronchus 105
Laptop 336
Laptop: Rückansicht 336
Laptop: Vorderansicht 336
Lärche 65
Lasagne 146
Lasche 249, 274
Lasche, selbstklebende 339
Laserstrahl 420
Lastenfortbewegung 396
Lastkraftfahrzeuge 364
Lastkraftwagen, Beispiele 364
Laterne 230
Latexhandschuh 460
Latissimuszug 501
Latrinen 280
Latte 519
Lattentasche 520
Lattenzaun 230
Lätzchen 260, 261
Latzhose 254
Latzhose mit gekreuzten Rückenträgern 261
Latzhose mit hohem Rückenteil 260
Laub 63
Laubblatt 54
Laubblätter, erste 53
Laubflechte 50
Laubfrosch 75
Laubheuschrecke 69
Laubhölzer, Beispiele 64
Laubsäge 226
Laubwald 44
Laubwerk 200
Lauch 124
Lauf 78
Laufbein 67, 70
Laufbrett 377
Laufbrücke 385
Läufer 469, 470
Laufgewicht 422
Laufkatze 397
Laufkatzenrolle 397
Laufkran 407
Laufrad, pneubereiftes 380
Laufrolle 205, 332
Laufschiene 534
Laufschuh 473
Laufsohle 240, 263, 510
Laugenbottich 212
Laus 69
Lautsprecher 294, 320, 321, 325, 326, 327, 328, 336, 455
Lautsprecher, Kanalwahltasten 322
Lautsprecherbox 324
Lautsprecherbuchsen 322
Lautstärkeregler 10, 303, 310, 311, 319, 322, 325, 326, 328, 329
Lautstärkeregler für den Hörer 327
Lautstärkeregler für den Rufton 327
Lavaschicht 28
Lavastrom 28
LCD-Anzeige 424
Lead 515
Lebenserhaltungssystem 10
Lebenserhaltungssystem, Steuerung 10
Leber 103, 106, 154
Lebervene 103
LED-Pegelanzeige 323
Lederhaut 114, 119, 478
Lederschutz 533
Lederstrippe 246
Lederwaren 274
Lederwarengeschäft 436
Leerdarm 106
leere Menge 427
Leerlaufanzeige 368
Leertaste 330
Leerzeichen 330
Leerzeichen, geschütztes 330
Left-Wing 482
Lefzen 86
Leggins 263
Leguan 77
Legwarmer 263
Lehmhütte 288
Lehnstuhl, kleiner 200
Lehrer/Lehrerin 444
Lehrerpult 444
Lehrerzimmer 445
Leichtathletik 472
leichte Atemschutzmaske 459
leichtes Sonnenkleid 252
Leichtflugzeug 394
Leinwand 439
Leiste 92, 94
Leistentasche 244
Leistung, Maßeinheit 426
Leiter 184, 288, 361, 401, 404
Leiter, künstlerischer 290
Leiterbaum, ausfahrbarer 455
Leitern 219
Leiterplatte 417
Leiterstrahlrohr 455
Leitöse 521
Leitrad, pneubereiftes 380
Leitspruch 441
Leitungsnetz, Einspeisung 413
Leitwerk 393, 406
Leitwerksträger 395
Lemure 91
Lende 83, 93, 95
Lendengeflecht 108
Lendenpolster 486
Lendenwirbel 99, 110
Lenkanlage 351
Lenker 523
Lenkerbügel, angehobener 522
Lenkergriff 366, 369
Lenkkopf 371
Lenkrad 350, 354, 385, 525
Lenkrolle 209
Lenksäule 350
Lenkstange 501
Lenkzylinder 400
Leopard 89
Leopardfrosch 75
Leselampe 457, 464
Leseleuchte 206
Leserbriefe 313
Lesetaste 327
Lesotho 452
Lettland 450
Leuchtanzeige 329
Leuchtrakete 457
Leuchtstoffröhre 199
Leuchtturm 381
Leukoplast 50
Leukozyt 104
Libanon 452
Libanonzeder 65
Libelle 69
Liberia 451
Libero 487
Libyen 451
Licht 7, 8, 9
Licht, Ewiges 447
Licht, gelbes 434
Licht, grünes 434
Licht, rotes 434
Licht, sichtbares 418
Lichtleiste 457
Lichtleistensteuerung 457
Lichtmaschine 350, 360
Lichtrezeptoren 119
Lichtschutzschirm 7
Lichtstärke, Maßeinheit 426
Lichtstrahl 419
Lichttechniker 291
Lidschatten 266
Liebstöckel 142
Liechtenstein 450
Lieferanteneinfahrt 435
Liegestuhl 201
Likörglas 165
Lilie 56
Limabohne 131
Limette 134
Limonadenlöffel 168
Limousine, viertürige 347
Linde 148
Lineal 425, 531
linealisch 55
Linie, durchgehende 342
Linie, neutrale 416
Linie, unterbrochene 342, 343
Linienanzeige 362, 363
Linienbus 362
Linienrichter 481, 485, 487, 490, 494, 496, 507
Liniensystem 298
linke Herzkammer 103, 104
linke Lunge 103, 105
linke Lungenvene 104
linke Niere 107
linke Seite 272
linker Abwehrspieler 487
linker Angriffsspieler 489
linker Aufbauspieler 489
linker Außenangreifer 487
linker Außenfeldspieler 474
linker Centre 482
linker Corner Back 484
linker Defensive End 484
linker Defensive Tackle 484
linker Guard 485
linker Kanal 324
linker Mittelfeldspieler 481
linker Safety 484
linker Stürmer 507
linker Tackle 485
linker Verteidiger 481, 506
linker Vorhof 103, 104
linkes Aufschlagfeld 491
linkes Feld 475
links 293
Linse 119, 419
Linse, bikonkave 419
Linse, bikonvexe 419
Linse, konkave 419
Linse, konkavkonvexe 419
Linse, konvexe 419
Linse, konvexkonkave 419
Linse, plankonkave 419
Linse, plankonvexe 419
Linsen 130, 419
Linsenfernrohr 8
Linsenfernrohr im Querschnitt 8
Linsenkopf mit Schlitz 221
Linsensystem 420
Lippe 83, 87, 521
Lippen-Make-up 266
Lippenkonturenstift 266
Lippenpfeife 305
Lippenpinsel 266
Lippenstift 266
Lippentaster 67, 73
Litauen 450
Litchi 137
Literaturbeilage 313

Lithosphäre 26, 44
Litze 273
Lob 491
Loch 504
Loch, gestanztes 240, 246
Loch, Par-5 504
Lochbillard 503
Locher 340
Lockennadel 268
Lockenstab 269
Lockente 535
Lockenwickler 268
Löffel 167, 400, 531, 538
Löffel, Beispiele 168
Löffelstiel 399
Löffelstielzylinder 399
Loge 293
Lokale Station 316
Lokomotive 376
Lokomotive, dieselelektrische 377
Lokschuppen 375
Longanfrucht 136
Longdrinkglas 165
Lorbeer 142
Löschen 331
löschender Rückschritt 331
Löschfahrzeuge 455
Löschflugzeug 394
Löschmittelbehälter 454
Löschtaste 315, 323, 328, 331, 337
loser Puder 266
Löshebel 222
Lötkolben 218
Lötlampe 218
Lötpistole 218
Lötspitze 218
Lötwerkzeuge 218
Lötzinn 218
Lounge 386
Löwe 89
Löwenzahn 127
Luchs 88
Luer-Lock-Spitze 460
Luffaschwamm 207
Luft, absinkende kalte 43
Luft, aufsteigende warme 43
Luft, kalte 41
Luft, warme 41
Luftansaugrohr 383
Luftaustrittsöffnung 270
Luftaustrittsschlitz 209
Luftdruck 39
Luftdruck in Meereshöhe 39
Luftdruckänderung 39
Luftdüse 354
Lufteinlass 361, 362, 367, 383, 523
Lufteinlauf 395
Lüfter 322, 336, 350, 358, 360
Luftfahrt 317
Luftfilter 235, 350, 398
Luftkammer 79
Luftkissenfahrzeug 383
Luftklappe 365
Luftkompressor 376
Luftloch 312
Luftmasse 39
Luftmatratze 530
Luftmatratze, selbstaufblasbare 530
Luftpolster 262, 339
Luftpolsterumschlag 339
Luftpropeller 383
Luftpumpe 370
Luftröhre 105
Luftschacht 278
Luftschadstoffe 47
Luftschleuse 13
Luftstromrichtdüse 270
Luftstromschalter 270
Lufttemperatur 39
Lüftung 380
Luftverkehr 388
Luftverschmutzung 47
Luftwege 105
Luftzufuhr 525
Luftzufuhrregler 192
Lunge, linke 103, 105
Lunge, rechte 103, 105
Lungen 105
Lungenarterie 102, 105
Lungenarterienstamm 104
Lungenfell 105
Lungenmittellappen 105
Lungenoberlappen 105
Lungenunterlappen 105
Lungenvene 102
Lungenvene, linke 104
Lungenvene, rechte 104
Lunula 73
Lupe 421, 531
Lupine 130
Lutz 509
Luxemburg 449
Luzerne, blaue 130
Lyra 297
Lysosom 66

M

Mäander 32
Macadamianuss 133
Macchie 44
Mackenzie 16
Madagaskar 20, 452
Magen 73, 103, 106
Magenmund 71
Magenpförtner 71
Magenstütze 259
Magenta 418
Magma 28, 33
Magmakammer 28, 402
Magnesia 497
Magnet 341, 416
Magnetband 319
magnetische Dämpfung 422
magnetische Dichtung 211
magnetische Trennung 49
magnetischer Deckelhalter 180
magnetisches Feld 318, 416
Magnetismus 416
Magnetkompass 533
Magnetnadel 533
Magnetstreifen 441
Mähne 83
Maiglöckchen 56
Maikäfer 69
Maine Coon 87
Mais 61, 143
Maismehl 144
Maisöl 149
Maissirup 149
Makak 91
Make-up 266
Makrele 159
Makronukleus 66
Makroobjektiv 314
Mal 479
Mal, drittes 474
Mal, zweites 474
Malawi 452
Malawisee 20
Malaysia 453
Malediven 453
Malerpinsel 219
Mali 451
Malspieler, dritter 474
Malspieler, erster 474
Malspieler, zweiter 474
Malta 450
Malzessig 141
Mandarine 134
Mandel 116, 133
Mandoline 297
Manganmischung (Kathode) 417
Mango 137
Mangochutney 141
Mangold 125
Mangostane 136
Maniküre 265
Maniok 124
Mann 92
männlich 426
männliche Blütenstände 65
männliche Geschlechtsorgane 111
Mannschaftsabzeichen 506
Mannschaftstrikot 476, 480, 486
Mannschaftszelt 528
Manövriereinheit, bemannte 10
Mansardenfenster 182
Manschette 245, 501
Manschette, aufblasbare 461
Mantel 72, 73, 248, 251, 417, 534
Mäntel 248, 251
Mantel, oberer 26
Mantel, unterer 26
Mantelblech 404
Mantelkleid 252
Mantelmauer 282
Manual für das Hauptwerk 305
Manual für das Oberwerk 305
Manual für das Rückpositiv 305
Manuale 305
manuelle Aussteuerung 323
Manxkatze 87
Marcato-Zeichen 299
Marder 88
Margarine 149
Marginalschild 76
Marianengraben 34
Marie-Byrd-Land 15
Marienkäfer 69
Marine-Dieselkraftstoff 405
Mariniergewürze 139
maritim 40
Mark 63, 107, 140, 154
Mark, verlängertes 109
Marker 312
Markierschnur 225
Markierungslinie 533
Markscheide 110
Markstrahlen 63
Marokko 451
Mars 2, 3
Marshallinseln 453
Mascara, flüssiges 266
Mascarabürstchen 266
Mascarastein 266
Maschen 493
Maschinenhalle 406, 407
Maschinenraum 384, 386
Maschinist 290
Maske 476
Maskenbildner 290
Maskendichtung 459
Massagebürste 267
Massagehandschuh 267
Massagespitze 272
Masse 27
Masse, Maßeinheit 426
Masseelektrode 359
Massekontakt 322
Massengut-Terminal 381
massiver Korpus 303
Mast 519, 520
Mastdarm 106, 111, 112
Masthalterung 321
Mastlager 519
Mastspitze 519
Maststeuerhebel 396
Masttasche 519
Maß 171
Maßband 225
Maßeinheit der Celsius-Temperatur 426
Maßeinheit der elektrischen Ladung 426
Maßeinheit der elektrischen Spannung 426
Maßeinheit der elektrischen Stromstärke 426
Maßeinheit der Energie 426
Maßeinheit der Frequenz 426
Maßeinheit der Kraft 426
Maßeinheit der Länge 426
Maßeinheit der Leistung 426
Maßeinheit der Lichtstärke 426
Maßeinheit der Masse 426
Maßeinheit der Radioaktivität 426
Maßeinheit der Stoffmenge 426
Maßeinheit der thermodynamischen Temperatur 426
Maßeinheit der Zeit 426
Maßeinheit des Drucks 426
Maßeinheit des elektrischen Widerstands 426
Maßwerk 285
Matchbeutel 276
Materialraum 444
Materie 414
Mathematik 427
Matratze 204, 205
Matratzenauflage 204
Matrosenbluse 255
Matte 498, 499
Matten 496
Mauernagel 220
Mauersegler 80
Mauerturm 282
Mauertürmchen 282
Maul 74, 83, 90
Maul-Ringschlüssel 223
Maultier 84
Maultrommel 297
Maurerhammer 216
Maurerkelle 216
Maurerwerkzeuge 216
Mauretanien 451
Mauritius 452
Maus, mechanische 332
Maus, optische 332
Mauspad 332
Mausschnittstelle 329
Mazedonien 450
mechanische Maus 332
Medaillon 264
mediane Zungenfurche 118
Medikamentenraum 462, 465
mediterrane Subtropen 40
medizinische Gasflasche 464
medizinische Geräte, Lagerraum 465
Meer 24
Meer, Arabisches 19
Meer, Japanisches 19
Meer, Kaspisches 19
Meer, Mare 5
Meer, Ostchinesisches 19
Meer, Rotes 19, 20
Meer, Schwarzes 18, 19
Meer, Südchinesisches 19
Meeräsche 160
Meerbarbe, rote 159
Meerbusen, Bottnischer 18
Meerenge 24
Meeresalgen 123
Meeresboden 33
Meeressäugetiere 90
Meeressäugetiere, Beispiele 90
Meeresspiegel 26, 33, 37
Meerkohl 126
Meerneunauge 159
Meerohr 157
Meerrettich 129
Meersalat 123
Meersalz 141
Meerschweinchen 82
Mehl 144
Mehl, ungebleichtes 144
Mehlsieb 171, 172
Mehrkornbrot 145
mehrreihige Halskette 264
Mehrrumpfboote 521
Mehrzweckzange 217
Meissnersches Tast-Körperchen 114
Melanesien 15
Melasse 149
Melodiepfeife 296
Melodiesaiten 296
Melone 238
Melone, kanarische 135
Melonen 135
Melonenlöffel 173
Membran 324
Mengenschnitt 427
Mengenvereinigung 427
Menora 447
Mensch 92
menschlicher Körper 92
menschliches Gebiss 101
Menügabel 168
Menümesser 168
Menütaste 315, 327
Merguez-Wurst 156
Meridian, östlicher 22
Meridian, westlicher 22
Meridianlinie 533
Merkur 2, 3
Mesenterialarterie, obere 102, 107
Mesenterialarterie, untere 107
Mesenterialvene, obere 102
Mesokarp 57, 58, 59
Mesopause 37
Mesosphäre 37
Mess- und Markierinstrumente 225
Messband 225
Messbecher 171
Messbügel 425
Messen 171
Messer 167, 180, 235, 341, 531, 533
Messer, Beispiele 168
Messermuschel 157
Messerschutz 176
Messezentrum 100
Messingkörper 197
Messinstrumente 424
Messlöffel 171
Messschnabel, feststehender 425
Messschnabel, verschiebbarer 425
Messspindel 425
Messtrommel 425
Metall, Sortierung 49
Metallaufsatz 529
Metallfeder, römische 312
metallische Tinte 441
metallisiertes Hologramm 441
Metallkontaktgitter 410
Metallrahmen 304
Metallspannreifen 308
Metallwinkel 225
metamorphe Gesteine 26
Meteorologie 37
Meter 426
Mexikanische Rotkniegvogelspinne 70
Mexiko 448
Mexiko, Golf 16
Middle Linebacker 484
MIDI (Schnittstelle für digitale Musikinstrumente), Kabel 311
MIDI-Schnittstelle 329
Mieder 259
Miederhose 259
Miesmuschel 157
Mihrab 447

Mikrofilament 66
Mikrofon 320, 327, 328, 332, 337, 456, 457
Mikrometerschraube 425
Mikronesien 453
Mikronukleus 66
Mikroskop 421
Mikroskope 421
Mikrotubulus 66
Mikrowellen 418
Mikrowellen-Relaisstation 334
Mikrowellengerät 178
Mikrowellenherd 164
Milch 150
Milch, homogenisierte 150
Milchbecher 163
Milchgang 113
Milchkammer 122
Milchkännchen 166
Milchprodukte 120, 150
Milchprodukte, Wareneingang 120
Milchpulver 150
Milchschokolade 148
Milchstraße 6
Milchstraße (Ansicht von oben) 6
Milchstraße (Seitenansicht) 6
militärische Telekommunikation 317
Milz 103
Mimas 3
Minarett 447
Minbar 447
Mine 312
Mini-HiFi-System 325
Minibus 347
Minislip 247
Minusbereich 410
Minusglas 419
Minuskontakt 410, 411
Minusplatte 359
Minuspol 359, 417
Minuspolbrücke 359
Minutenzeiger 424
Minze 142
Miranda 3
Mischwald 44
Mischwasserkanal 434
Mispel 133
Mississippi 16
Mitarbeiter der Rechtsanwälte 440
Mithörtaste 328
Mitnehmerrippe 213
Mitnehmerstange 403
Mitochondrium 50, 66
Mitralklappe 104
Mitte 293
Mittelamerika 14, 16
Mittelangreifer 487
Mittelarmnerv 108
Mittelatlantischer Rücken 34
Mittelbein 67, 68
Mitteldarmdrüse 71, 73
Mittelelektrode 359
Mittelfahne 480
Mittelfeld 475
Mittelfeldspieler, linker 481
Mittelfeldspieler, rechter 481
Mittelfeldspieler, zentraler 481
Mittelfinger 115
Mittelformatkamera SLR (6 x 6) 315
Mittelfuß 83
mittelhohe Wolken 42
Mittelkielschwein 385
Mittelkonsole 354
Mittelkreis 481, 488
Mittellage-Tonabnehmer 303
Mittellinie 481, 483, 484, 488, 493, 494, 507, 515
Mittelmeer 14, 18, 20
Mittelmoräne 30
Mittelohr 116
Mittelpaneele 185
Mittelpunkt 428, 470, 502
Mittelrippe 51, 55, 60
Mittelsäule 207, 349, 412
Mittelschiff 285, 447
mittelschwere Piste 512
Mittelspannungsleitung 198
Mittelspur 343
Mittelsteg 259
Mittelstreifen 343, 434, 491
Mittelstück 111
Mitteltasche 502
Mitteltöner 324
Mittelwagen 376, 380
Mittelzeichen 490
mittlere Armdecken 78
mittlere Aufschlaglinie 491
mittlere Handdecken 78
mittlere Nasenmuschel 117
mittlerer Abwehrspieler 487
mittlerer Angriffsspieler 489
mittlerer Anspielpunkt 507
mittlerer Außenfeldspieler 474
mittlerer Linebacker 484
mittlerer Schneidezahn 101
Mixen 176
Mixer 176
mobile Einheit 316
Modem 334
Modemschnittstelle, interne 329, 336
Moderator 408
Moderatorfilz 304
Moderatorpedal 304
Modul, russisches 11
Modulationsrad 310
Mofa 369
Mohn 56, 60
Mohnsamen 139
Mohorovicic-Diskontinuität 26
Mohrenhirse 61
Mokassin 242
Mokkatasse 166
Mol 426
Molch 75
Moldawien 450
Molekül 414
Mollusken 157
Monaco 450
Mond 2, 4, 5
Mond, Oberflächenformationen 5
Mondbahn 4, 5
Monde 2
Mondfinsternis 5
Mondphasen 5
Mondsichel (abnehmender Mond) 5
Mondsichel (zunehmender Mond) 5
Mongolei 453
Monitor 471
Monopoly® 469
Moos 51
Moos, Aufbau 51
Moose, Beispiele 51
Mop 215
Morchel 123
Mordent 299
Mörser 170
Mortadella 156
Mosaik 280
Mosaikparkett 190
Mosambik 452
Moschee 447
Moskito 69
Motocross-Motorrad 525
Motor 212, 213, 214, 227, 229, 237, 366, 403
Motorblock 176, 177, 180, 208, 272, 360
Motorboot 385
Motorgehäuse 235
Motorhaube 348
motorische Endplatte 110
motorisches Neuron 110
Motorjacht 385
Motorkühlung 525
Motorlufteinlass 362
Motorrad 366
Motorrad, Touring 369
Motorrad: Draufsicht 368
Motorräder, Beispiele 369
Motorradfahrer 525
Motorradkamera 522
Motorradsport 525
Motorrasenmäher 237
Motorraum 362, 396, 400, 401
Motorroller 369
Motorsport 524
Mount Everest 37
Mountain Bike 373
Mountainbike 522
Mozambique, Straße 20
Mozzarella 150
MP3-Spieler 325
Muffe 395
Muffinform 172
Mufflon 84
Mufftasche 249, 251, 276
Mulde 231
Muldenkipper 401
Müllabfuhrwagen 364
Mülldeponie 47, 431
Müllschichten 47
Müllschlucker 197
Mülltrennung 49
Mullverband 461
Multipack 163
Multiplikation 427
Multiplikationstaste 337
Multirolle 537
Multitrainer 501
Mumienschlafsack 530
Mund 71, 72, 75, 94, 116
Munddusche 272
Mundharmonika 296
Mundhöhle 105, 106
Mundöffnung 73
Mundrohr 307
Mundschutz 498
Mundspeicheldrüse 106
Mundstück 306, 307, 311, 467
Mundstückaufnahme 307
Mündung 73, 534
Mundwasser 272
Mundwerkzeuge 68
Mundwinkel 116
Mungo 88
Mungobohne 131
Mungobohne, schwarze 131
Munster 151
Münze: Rückseite 441
Münze: Vorderseite 441
Münzfernsprecher 294, 437, 438, 463
Muschel 200
Muschel, einschalige 73
Muschel, zweischalige 73
Museum 433
Musik 296
Musikinstrumente, traditionelle 296
Musiknotation 298
Musikraum 444
Muskatnuss 138
Muskatnussreibe 170
Muskel, oberer gerader 119
Muskelfaser 110
Muskeln 96
Musselin 171
Mutter 222, 223
Mutterband, breites 113
Muttergestein 54
Muttern 223
Mütze 456
Mützenschirm 238, 239
Myanmar 453
Myzel 52

N

Nabe 70, 341, 371, 413, 467
Nabel 92, 94
Nabelschwein 84
Nabelstrang 59, 60
Nachfüllmine 312
Nachfüllrohr 196
Nachläufer, steifer 363
Nachrichten 313
Nachrichtenanzeige 328
Nachrichtensatellit 317
Nachsortierung von Hand 49
nächste Seite 331
Nachtaufnahmeschalter 320
Nachthemd 256
Nachtigall 80
Nachtigall-Grashüpfer 69
Nachtschalter 443
Nachttisch 439, 464
Nachttischlampe 439
Nachtwäsche 256
Nacken 78, 93, 95
Nackenfeder 536
Nackenrolle 204
Nackenrolle, große 204
Nackenschutz 486
Nadel 36
Nadelbaum 65
Nadelblätter, Beispiele 65
Nadelhölzer, Beispiele 65
Nadelwald 44
Nagel 220
Nägel, Beispiele 220
Nagel, geschnittener 220
Nagel, gewöhnlicher 220
Nagelbett 114
Nagelbettepitel 114
Nagelfeile 265
Nagelfeile, klappbare 265
Nagelhalbmond 114, 115
Nagelhautentferner 265
Nagelhautschaber 265
Nagelhautschere 265
Nagelhautschieber 265
Nagelknipser 265
Nagelkörper 114
Nagellack 265
Nagelnecessaire 265
Nagelrand, freier 114
Nagelreiniger 265
Nagelschere 265
Nagelweißstift 265
Nagelwerkzeuge 220
Nagelwurzel 114
Nagelzange 265
Nagelzieher 531
Nagetier 82
Nagetiere 82
Nagetiere, Beispiele 82
Nahrungskette 45
Nahrungsmittel 120
Nahrungsmittelquelle, primäre 45
Nahrungsvakuole 66
Nahrungsvakuole, heranwachsende 66
Naht 60, 73, 240, 243, 262
Nähte 477
Nahttasche 251
Nahverkehrszug 375
Name der Station 378
Name des Inhabers 441
Name des Turners/der Turnerin 497
Namensschild 456
Namib 20
Namibia 452
Naos 279
Napfschnecke 157
Narbe 56, 60
Narzisse 56
Nase 74, 82, 83, 94, 526
Nase, abgesenkte 394
Nase, äußere 117
Nasen-Bartschere 265
Nasenbein 100, 117
Nasenflügel 117
Nasenflügelknorpel, großer 117
Nasenhöhle 105, 117
Nasenloch 75, 76, 78, 117
Nasenmuschel, mittlere 117
Nasenmuschel, obere 117
Nasenmuschel, untere 117
Nasenöffnung 74
Nasenrachenraum 117
Nasenrücken 117
Nasenspiegel 87
Nasenspitze 117
Nasenstachel 100
Nasenwurzel 117
Nashorn 85
Nationalität 497
Nationalpark 25
Natur, Freizeit 528
naturbelassene Umgebung 504
natürlicher Treibhauseffekt 46
Naturschwamm 267
Nauru 453
Nazca-Platte 27
Neapolitanische Tropfkanne 181
Nebel 41
Nebelleuchte 352
Nebelscheinwerfer 364
Nebenaltar 446
Nebengleis 375
Nebenhoden 111
Nebenniere 107
Nebenschluss 416
Nebenstraße 25
negativer Pol 416
Negligé 256
Nehrung 35
Nektarine 132
Nelke 56
Nepal 453
Nephridium 71
Neptun 2, 3
Nerv 114
Nervenendung 114
Nervenfaser 114
Nervengeflecht 101
Nervenimpuls 110
Nervenstrang, ventraler 71
Nervensystem 108
Nervensystem, peripheres 108
Nervensystem, zentrales 109
Nervenwurzel, hintere 109, 110
Nervenwurzel, vordere 109, 110
Nerz 88
Nessel 127
Nestfarn 52
Netz 162, 205, 477, 487, 489, 491, 493, 495
Netzanschluss 326
Netzanschlussbuchse 329
Netzband 491
Netzhalter 493
Netzhaut 119, 419
Netzhautgrube 119
Netzkabel 177, 208, 229, 269, 270, 271, 322
Netzkabel, Gleichstrom 336
Netzkabel, Wechselstrom 336
Netzkante 487
Netzkontrolllampe 328
Netzkontrollleuchte 333
Netzplan 378
Netzrichter 491
Netzschalter 311, 318, 319, 322, 323, 328, 329
Netzstecker 337
Netzstrumpf 257
Netzteillüfter 329
Netzwerkschnittstelle 329
neuer Schekel 440
Neufundland 16
Neukaledonien 15
Neumond 5
Neuneck, regelmäßiges 429

Neuron, motorisches 110
Neuron, peripher-sensorisches 110
Neuron, sensibles 110
Neuronenkette 110
Neuseeland 15, 453
neutrale Linie 416
neutrale Zone 484, 507
Neutron 414
Neutron, einfallendes 415
Newton 426
Nicaragua 448
nicht Element von 427
nicht identisch 427
nicht wärmeleitende Spitze 269
nicht wieder verwertbarer Restmüll 49
Nickbewegung 395
Nickhaut 87
Niederlande 449
Niederschlag 45
Niederschläge 41
Niederschlagsgebiet 39
Niederspannungsleitung 198
Niere 73, 103, 154
Niere, linke 107
Niere, rechte 107
Nierenarterie 102, 107
Nierenbecken 107
nierenförmig 55
Nierenhilus 107
Nierenkelch 107
Nierenpapille 107
Nierenvene 102, 107
Niete 169, 222
Niger 20, 451
Nigeria 451
Nil 20
Nilpferd 85
Nimbostratus 42
Nivellierfuß 212, 213, 214
Nockenwelle 360
Nockpunkt 535
Nonius 425
Nord 23
Nord-Korea 453
Nord-Nordost 23
Nord-Nordwest 23
Nordamerika 14, 16, 34
Nordamerikanische Platte 27
nördliche Halbkugel 21
nördliche Hemisphäre 21
nördlicher Polarkreis 21, 22
Nordmeer 18
Nordost 23
Nordpol 21, 410
Nordpolarmeer 14
Nordsee 14, 18
Nordwest 23
Nori 123
normale Pokerblätter 468
Normalsichtigkeit 419
Norwegen 450
Notation 470
Notbremse 380
Note 497
Note, ganze 299
Note, halbe 299
Notenablage 305, 311
Notenlinie 298
Notenschlüssel 298
Notenwerte 299
Notizblock 338
Notrufnische 345
Notschalter 368
Nudelholz 172
Nudelmaschine 170
Nukleolus 66
Nullleiter 198
Nullmeridian 22
numerische Tastatur 338
numerischer Block 331
numerisches Tastenfeld 331, 423
Nummer-8-Forward 482
Nummerierstempel 338
Nummernschildbeleuchtung 352
Nummerntasten 328
Nussknacker 170
Nüster 83
Nut 191
Nutzer, Internet 334
Nutzer, privater 335
Nutzlastraum 12
Nutzlastraum, Tür 13
Nylonschnur 237

O

Oase 32, 36
oben liegender Rahmen 401
Oberarmarterie 102
Oberarmgelenkhöcker, innerer 99
Oberarmknochen 98
Oberarmspeichenmuskel 96, 97
Oberbeleuchter 291
Oberboden 54
Oberdeck 363, 392, 404
obere Abschlusskappe 417
obere Gliedmaßen 103
obere Hohlvene 102, 103, 104
obere Manschette 511
obere Mesenterialarterie 102, 107
obere Mesenterialvene 102
obere Nasenmuschel 117
obere Querleiste 202
obere Schale 511
obere Schutzhaube 227
obere Sohlschicht 402
obere Sprosse 201
obere Tasche 502
obere Tragschicht 342
obere Vertäfelung 396
obere Zahnreihe 116
oberer Abschluss 205
oberer gerader Muskel 119
oberer Glaskolben 181
oberer knöcherner Bogengang 116
oberer Mantel 26
oberer seitlicher Einschnitt 62
oberer seitlicher Lappen 62
oberes Augenlid 75, 87
oberes Becken 308
oberes Verschlussband 511
Oberfläche 493
Oberflächenerkundung 403
Oberflächenformationen des Mondes 5
Oberflächenisolierung 12
oberflächlicher Wadenbeinnerv 108
Oberfräse 229
Oberhaut 114
oberirdischer Abfluss 45
Oberkante 493
Oberkellner 438
Oberkiefer 74, 98, 117
Oberkiefer, beweglicher 76
Oberkiefer, vorderer 74
Oberkieferknochen 100, 101
Oberleiter 455
Oberleitung 376
Oberlicht, Badezimmer 189
Oberlicht, Treppenhaus 189
Oberlid 119
Oberlippe 116, 305
Oberlippenrinne 117
Obermaschinerie 292
Oberon 3
Oberpartie 536
Oberrohr 370
Oberschale 367, 527
Oberschenkel 93, 95, 186
Oberschenkelanzieher, großer 97
Oberschenkelanzieher, langer 96
Oberschenkelarterie 102
Oberschenkelbereich 112
Oberschenkelknochen 98
Oberschenkelkopf 99
Oberschenkelnerv 108
Oberschenkelpolster 486
Oberschenkelregion 111
Oberschenkelvene 102
Oberschiedsrichter 509
Oberschnabel 78
Oberschrank 164
Oberschwanzdecken 78
Oberschwester, Büro 463
Oberwasser 406
Objekt 419
Objektiv 8, 314, 332, 420, 421
Objektivauswurf 314
Objektive 314
Objektivrevolver 421
Objektivschutzdeckel 314
Objektivzubehör 314
Objektklammer 421
Objekttisch 421
Oboe 306
Oboen 295
Obst 120, 132
Obst- und Gemüseschale 211
Obstbaum 122
Obstgarten 122
Ochse 85
Ofen 192
offene Spinnrolle 537
offener Doppelringschlüssel 223
öffentliches Gebäude 25
öffentliches Übertragungsnetz 316
Offiziellenbank 507
Offizierskabine 387
Öffnen 170
Öffner, Dosen 163
Öffnung 243
Ogenmelone 135
Ohm 426
Ohr 92
Ohr, Aufbau 116
Ohr, äußeres 116
Ohrdecken 78
Ohrenschützer 238, 458
Ohrgehänge 264
Ohrläppchen 115
Ohrmuschel 82, 115, 116, 324
Ohrmuschelhöcker 115
Ohrmuschelhöhlung 115
Ohrmuschelrand, äußerer 115
Ohrmuschelwindung 115
Ohrringe 264
Öhrringe mit Schraubverschluss 264
Ohrstecker 264
Ohrstöpsel 458, 460
Ohrtrompete 116, 117
Okapi 84
Okraschote 128
Oktaeder, regelmäßiges 429
Oktave 298
Oktavmechanik 306
Okular 8, 9, 420, 421
Okularhalterung 8
Okulartubus 421
Ölablassschraube 360
Ölausfluss 48
Öldruckkontrollleuchte 368
Öldruckwarnleuchte 355
Öle 149
Olive 128
Olivenöl 149
Öllöschbrücke 381
Ölsumpf 235
Ölverschmutzung 48
Ölwanne 360
Ölwannendichtung 360
Oman 452
Oman, Golf 19
On-Deck-Circle 474
Online-Spiel 335
Oolong-Tee 148
Oortsche Wolke 2
Operationsabteilung 464
Operationssaal 464, 465
Operationstisch 464
Operngias 273
Opernhaus 432
Opferstein 283
Opisthodomos 279
opponierbarer Daumen 91
Optik 418
Optiker 437
optische Maus 332
optische Sortierung 49
optischer Sensor 332
Orang-Utan 91
Orange 134
Orange im Querschnitt 58
Orbiter 12
Orchester 278
Orchestergraben 292
Orchidee 56
Ordner, Verzeichnis 334
Organismen, autotrophe 45
Organismen, heterotrophe 45
Organizer 338
Orgel 305
Orgelspieltisch 305
Orientierungseinlage 302, 303
Origano 142
Originaleinzug 328
Originalrückführung 328
Orinoko 17
orthopädischer Stock 466
Öse 263, 275, 535, 538
Öse für Tragriemen 315
Ost 23
Ost-Nordost 23
Ost-Südost 23
Ostchinesisches Meer 19
Österreich 450
östliche Hemisphäre 21
Östlicher Indischer Rücken 34
östlicher Meridian 22
Ostpazifischer Rücken 34
Ostsee 18
Ottomotor 360
Outfieldzaun 475
Overall 254, 261
Overknee-Strumpf 257
Ozean 5, 24, 45
Ozean, Atlantischer 15, 18, 20
Ozean, Indischer 15, 19, 20
Ozean, Pazifischer 15, 19
Ozeanien 14, 15, 453
ozeanische Gräben 34
ozeanische Kruste 26
ozeanische Rücken 34
ozeanischer Rücken 33
Ozonschicht 37

P

Paar 509
paarig gefiedert 55
Packlage 342
Packriemen 277
Packung 163
Pager 327
Pagode 283
Pak-Choi 126
Paketannahme 374
Pakistan 452
Palau 453
Palette 173
Palettenhubwagen 396
Palisade 282
Palme 64
Palmenhain 36
Palmette 200
Pampelmuse 134
Panama 448
Panama, Golf 17
Panama, Landenge 16
Panamahut 238
Panflöte 297
Panoramafenster 435
Pantoffel 242
Pantolette 242
Panty-Korselett 258
Papaya 137
Papier/Pappe, Sortierung 49
Papierausgabe 333
Papiereinzug, Kontrollleuchte 333
Papiereinzugstaste 443
Papiereinzugtaste 333
Papierführung 328
Papierkassette 333
Papierkorb 341
Papillarmuskel 104
Papille 114
Papille, fadenförmige 118
Pappel 64
Paprika 139
Paprika, gelber 128
Paprika, grüner 128
Paprika, roter 128
Papua-Neuguinea 15, 453
Par-5-Loch 504
Parabeldüne 36
Parabolantenne 316, 321
Paraffine 405
Paraguay 448
parallel 428
Parallelanschlag 227
Parallelepiped 429
Parallelogramm 429
Parallelschaltung 416
Parallelschnittstelle 329
Paramecium 66
Paraná 17
Paranuss 133
Parboiled Reis 147
Parfümerie 436
Park 25, 433
Parka 249
Parkdeck 435
Parkettboden 190
Parkettmuster 190
Parkplatz 375, 381, 390, 430, 445, 504, 512
Parmesan 151
Parterre 293
partielle Finsternis 4, 5
Partlow-Schreiber 365
Pascal 426
Pasch 468
Paspel 260
Paspeltasche 250
Pass 29
Passagierdampfer 386
Passagierkabine 383, 386, 387
Passagierraum 393, 395
Passagierraum 1. Klasse 392
Passagierterminal 389, 390
Passagiertransferfahrzeug 391
Passbildautomat 437
Passiergerät 170
Passiersieb 171
Passierte Tomaten 140
Passionsfrucht 136
Passkontrolle 391
Paste 141
Pastinake 129
Paßgang 83
Patagonien 17
Patent-Strickbündchen 250
Patera 200
pathologisches Labor 465
Patient 464
Patientenstuhl 464
Patisson 129
Patisson-Kürbis 129
Patrone (Gewehr) 534
Patrone (Schrotflinte) 534
Patronentasche 456
Patte 244
Pattentasche, schräge 248, 251
Pauken 295
Pause 299, 331

Pause, ganze 299
Pause, halbe 299
Pause-Taste 323
Pausenraum 445
Pausenzeichen 299
Pausetaste 319
Pavian 91
Pavillon 432
Pazifik 14
Pazifische Platte 27
pazifischer Lachs 161
Pazifischer Ozean 15, 19
PC 329
PC-Kartenschacht 336
Pecannuss 133
Pechnase 282
Pecorino Romano 151
Pedal 302, 308, 370, 372, 501, 522
Pedalhaken 370, 372
Pedalklaviatur 305
Pedalstange 304
Pedaltaste 305
Peildeck 382, 386, 387
Peilstableuchte 364, 365
Pelerine 251
Pelikan 80
Pendelaufhängung 27
Pendelhub-Einstellung 227
Pendelzug 390
Penholdergriff 493
Penis 92, 111
Penne 146
Pepperoniwurst 156
perforierte Vorderkappe 240
Perforierung 243
Pergola 230
peripher-sensorisches Neuron 110
peripheres Nervensystem 108
Peristom 66
Peristyl 279, 280
Perlhuhn 81, 154
Perlzwiebel 124
Peroxyd 461
Peroxysom 66
Perserkatze 87
Persischer Golf 19
Personalcomputer 329
Personaleingang 438
Personalgarderobe 438
Personalraum 443, 463
Personalumkleideraum 465
Personenbahnhof 375
Personenwaage 423
Personenzüge 376
Persönliche Artikel 271
persönliche Ausstattung 264
persönliche Identifikationsnummer (PIN), Eingabegerät 443
Peru 448
Peru-Chile-Graben 34
Peso 440
Pestizid 47, 48
Petersilie 142
Petrochemikalien 405
petrochemische Industrie 405
Petroleum 405
Pfahlbau 288
Pfahlwurzel 63
Pfännchen 179
Pfanne 175
Pfannenwender 173
Pfau 81
Pfeffer, gemahlener 139
Pfeffer, grüner 138
Pfeffer, rosa 138
Pfeffer, schwarzer 138
Pfeffer, weißer 138
Pfefferschote 128
Pfefferspray 456
Pfefferstreuer 166
Pfeife 180
Pfeifhase 82
Pfeilanlagepunkt 535
Pfeiler 281, 283, 284, 285, 344, 375
Pfeilerfundament 344
Pfeilförmig 55
Pferd 83, 85
Pferd, äußere Merkmale 83
Pfifferling 123
Pfirsich 132
Pfirsich im Querschnitt 57
Pflanze 53
Pflanze, Aufbau 53
Pflanzenfresser 45
Pflanzenreich 50
Pflanzenzelle 50
Pflanzholz 231
Pflanzkelle 232
Pflanzlochstecher 231
Pflanzschnur 231
Pflanzwerkzeuge 231
Pflasterstein 230
Pflaume 132
Pflaumensoße 141
Pflegelösung 272
Pfortader 103
Pfosten 187, 487, 490, 495
Pfropf 534
Pfund 440
Phase 198
Philippinen 19, 453
Philippinen-Platte 27
Philippinengraben 34
Phobos 2
Phosphorschicht 199
Photon 420
Photosphäre 4
Photosynthese 54
Physalis 132
Physik 416, 418
Physiotherapeut 489
physische Karte 24
Pi 428
Pia Mater 109
Piano, elektronisches 311
Pianopedal 304, 311
Pickup 347
Pik 468
Pikkoloflöte 295, 306
Piktogramme 330
Pilaster, korinthischer 281
Pillbox 239
Pilz 52
Pilz, Aufbau 52
Pilz, tödlich giftiger 52
Pilze 123
Pilzfaden 52
Pilzpapille 118
Pinguin 80
Pinie 65
Pinienkern 65, 133
Pinne 520, 533
Pinnwand 341
Pinseläffchen 91
Pintobohne 131
Pinzette 461
Pipeline 404
Pipeline, überirdische 404
Pistazie 133
Piste, Anfänger 512
Piste, Experte 512
Piste, mittelschwere 512
Piste, schwere 512
Pisten-Mittelliniemarkierungen 390
Pistenbezeichnungsmarkierung 390
Pistenrandmarkierungen 390
Pistenraupe 512
Pistole 216, 456
Pistolengriff 218, 228, 534
Pitot-Rohr 525
Pittabrot 145
Plakat 294
Planeten 2
Planeten, äußere 2
Planeten, innere 3
Planierraupe 398
Planierschaufel 398
Planierschild 398
plankonkave Linse 419
plankonvexe Linse 419
Plantainbanane 136
Planum 342
Plasmabrücke 50
Plasmamembran 66
Plastikhülse 534
Plateau, Hochebene 24
Platte 178, 269, 309, 333
Platte, Afrikanische 27
Platte, Antarktische 27
Platte, Cocos 27
Platte, Eurasiatische 27
Platte, Indisch-Australische 27
Platte, Karibische 27
Platte, Nazca 27
Platte, Nordamerikanische 27
Platte, Pazifische 27
Platte, Philippinen 27
Platte, Scotia 27
Platte, Südamerikanische 27
Platten, tektonische 27
Plattengitter 359
Plattengrenzen, divergierende 27
Plattengrenzen, konvergierende 27
Plattenstift 304
Plattform 219, 363, 516, 526
Plattformpedal 522
Plattsehnenmuskel 97
Platzierungsrichter 516
Play-Taste 323
Plektron 297
Pleuelstange 360
Pleurahöhle 105
plus oder minus 427
Plusbereich 410
Plusglas 419
Pluskontakt 410, 411
Plusplatte 359
Pluspol 359, 417
Pluspolbrücke 359
Pluto 2, 3
PN-Übergang 410
pneubereiftes Laufrad 380
pneubereiftes Leitrad 380
Podest 7, 191, 195, 219
Podium 283, 444
Pokerwürfel 468
Pol, negativer 416
Pol, positiver 416
Polachse 7
Polarisationsfilter 314
Polarklimate 40
Polarkreis, nördlicher 22
Polarkreis, südlicher 15, 22
Polarlicht 37
Polartundra 40
Polen 450
Poleposition 524
Poliklinik 465
Politik 448
politische Karte 23
Polizeibeamter 456
Polizeifahrzeug 457
Polizeirevier 433
Pollenkörbchen 68
Poller 385
Polohemd 255, 492
Polokleid 252
Poloshirt 250
Polster 478
Polsterauflage 460
Polsterdüse 209
Polynesien 453
Poncho 251
Pont-l'Évêque 151
Pool 502
Pore 50, 60, 114
Porro-Prisma 420
Portal 285, 447
Portalkuppel 447
Portierszimmer 439
Porträt 441
Portugal 449
Portulak 127
Portweinglas 165
Posaune 307
Posaunen 295
Positionsleuchte 376
Positionslicht 383, 393, 395
positiver Pol 416
Post, elektronische 335
Postamt 433, 437
Poterne 282
Pottwal 90
Präger 340
Prärie 24
Präzisionssport 502
Präzisionswaage 423
Preis pro Einheit 423
Preis pro Liter/Gallone 346
Preiselbeere 132
Prellbock 375
Pressfilterkanne 181
Presshebel 170, 216
primäre Nahrungsmittelquelle 45
Primärfokus 7
Primärfokuskabine 7
Primärkonsumenten 45
Primärspiegel 7
Primärwurzel 53
Primaten 91
Primaten, Beispiele 91
Prime 298
Prinzesskleid 252
Prinzessnaht 258
Prismenfernglas 420
pritschen 487
private Telekommunikation 317
privater Ankleideraum 290
privater Nutzer 335
privates Rundfunknetz 316
Privatflugzeug 394
Probierlöffel 173
Produktionsbohrung 402
Produzent 291
Profil 358
programmierbare Funktionstasten 443
programmierbare Tasten 332
Programmiertasten 319
Programmwähler 212, 213, 214
Programmwahlschalter 310
Programmwählscheibe 314
Programmwahltasten 319
Projektor 294
Promenadendeck 386
Pronaos 279
Propan- oder Butangas-Geräte 529
Propanflasche 361
Propeller, dreiflügeliger 394
Propeller, zweiflügeliger 394
Propellerummantelung 383
Prospektständer 442
Prospektzug 292
Prostata 111
Proton 414
Protuberanz 4
Provider, Internet 335
Provinz 23
Provinzgrenze 23
Prozent 427
Prozenttaste 337
Prüflampe 217
Pseudopodium 66
psychiatrischer Beobachtungsraum 462
psychiatrischer Untersuchungsraum 462
Publikumseingang 278
Puck 507
Pudel 86
Pudelmütze 239
Puder, loser 266
Puderdose 266
Puderkissen 266
Puderpinsel 266
Puderrouge 266
Puderzucker 149
Puerto-Rico-Graben 34
Puff 201
Puffer 287
Puffertank 404
Pullman Limousine 347
Pullover 250, 255
Pullunder 250
Pulmonalklappe 104
Pulpa 101
Pulpahöhle, Kronenabschnitt 101
pulsierende Vakuole 66
Pult 446
Pulver 140
Puma 88
Pumpe 184, 212, 214, 529
Pumpenraum 384
Pumplöschfahrzeug 455
Pumps 241
Pumpstation 404
Pumpstation, zentrale 404
Punchingball 498
Punktauge 67
Punktbrenner 218
Punkte 492
Punktetabelle 471
Pupille 87, 119
Pupille, senkrechte 76
Puppe 67
Pushup-Griff 501
Puter 155
Putter 505
Putzkelle 216
Putzschwamm 215
Pygalschild 76
Pylon 344
Pylon zur Aufhängung des Triebwerks 393
Pyramide 278, 429
Pyrenäen 18
Python 77

Q

Quadrant 428
Quadrat 429
Quadratwurzel 427
Quadratwurzel aus 427
Quadratwurzeltaste 337
Quark 414
Quarte 298
Quarterback 485
Quarterdeck 386
Quartett 300
Quartier 240, 262
Quecksilberkolben 424
Quecksilbersäule 424
Quecksilberthermometer 461
Quelle 32
Quellenangabe 313
Quellwolken 42
quer verlaufender Dickdarm 106
Querdünen 36
Querfeldeinrad 522
Querflöte 306
Querflöten 295
Querfortsatz 110
Querholz 201, 479
Querjoch 297
Querleiste 202
Querleiste, obere 202
Querleiste, untere 202
Querriegel 185
Querrippe 152
Querruder 13, 392
Querschiff 285
Querschnitt durch eine Sternwarte 7

Querschnitt, Apfel 58
Querschnitt, Baseball 477
Querschnitt, Baumstamm 63
Querschnitt, Erdbeere 59
Querschnitt, Erdkruste 26
Querschnitt, Himbeere 59
Querschnitt, Linsenfernrohr 8
Querschnitt, Orange 58
Querschnitt, Pfirsich 57
Querschnitt, Rotorgondel 413
Querschnitt, Spiegelteleskop 9
Querschnitt, Straße 342, 434
Querschnitt, Wasserkraftwerk 407
Querschnitt, Weintraube 59
Querschnitt, Zwiebel 54
Querschott 384
Querstraße, Allee 433
Querstrebe 467
Querstück 202, 466
Quetschfuß 199
Quetschverschraubung 197
Quicheform 172
Quinte 298
Quintett 300
Quitte 133
Quittungsausgabe 442

R

Rabatte 182
Rabe 80
Rachen 105, 106
Rachenenge 116
Raclette 151
Raclette-Grill 179
Rad 231, 364, 522, 525
Rad-Schneeschläger 172
Radar 382, 383, 386, 387
Radaranlage 457
Radaranlagendisplay 457
Radarmast 384
Radbefestigungsbolzen 357
Rädelung 223
Räder-Drehgeschwindigkeitssensor 357
Radgabel 522
radiale Einsteigestation 389
Radialkapelle 284, 285
Radiator 11
Radiatoren 12
Radicchio 126
Radiergummi 341
Radieschen 129
Radio-/Kassettengerät 354
Radio-Wellen 316
radioaktive Kerne 415
radioaktiver Abfall 48
Radioaktivität, Maßeinheit 426
Radiorecorder mit CD-Spieler 326
Radiowellen 418
Radius 428
Radkappe 349
Radlader 399
Radsport 522
Radtraktor 399
Raffinerie 404, 431
Raffinerieerzeugnisse 405
Raglanärmel 248, 251, 261
Raglanmantel 251
Rahmen 187, 192, 202, 204, 224, 240, 274, 277, 297, 309, 367, 396, 400, 401, 410, 411, 412, 492, 494, 502, 522
Rahmen, oben liegender 401
Rahmenleiste 202
Rahmenspant 385
Rambutan 137
Rampe 279, 281, 343, 526
Rampenlicht 293
Rand 273, 441
Rändelbolzen 219
Rang, erster 293
Ränge 278, 281
Ranviersche Schnürringe 110
Ras-El-Hanout 139
Rasen 183, 230, 492
Rasenbesen 237
Rasenpflege 237
Rasentrimmer 237
Rasierer, zweischneidiger 271
Rasiermesser 271
Rasierpinsel 271
Rasierschaum 271
Rasierwasser 271
Raste 473
Rasterleiste 211
Rasthebel 235
Rastplatz 25
Raststätte 25
Raststütze 369
Rasur 271
Rathaus 432
Ratsche 221
Ratschenringschlüssel 223
Ratte 82
Ratte, äußere Merkmale 82
Rau 504
Raubtiere 86
Raubtiere, Beispiele 88
Raubvogel 79
Räucherschinken 153
Rauchklappe 192
Rauchmantel 192
Rauchmelder 454
Rauke 127
Raum, Douglasscher 112
Raum, Douglasscher, vorderer 112
Raumanzug 10
Raumfähre 12, 13, 37
Raumfähre beim Start 12
Raumfahrt 10
Raumlaboratorium 13
Raumsonde 37
Raumstation, internationale 11
Raumteiler 528
Raupe 67
Raupenschere mit Teleskopstiel 234
Raureif 41
Raute 342
Rautenspitze 202
Ravioli 146
Reaktor 408
Reaktorgebäude 409
Reaktorkessel 409
Reanimationsraum 462
Rebe 62
Rebhuhn 80
Rebstock 62
Receiver 321, 325
Receiver: Vorderansicht 322
Rechen 233, 407
rechte Herzkammer 103, 104
rechte Lunge 103, 105
rechte Lungenvene 104
rechte Niere 107
rechte Seite 272
rechte Spur 343
Rechteck 429
Rechteckschlafsack 530
rechter Abwehrspieler 487
rechter Angriffsspieler 489
rechter Aufbauspieler 489
rechter Außenangreifer 487
rechter Außenfeldspieler 474
rechter Centre 482
rechter Corner Back 484
rechter Defensive End 484
rechter Defensive Tackle 484
rechter Guard 485
rechter Kanal 324
rechter Mittelfeldspieler 481
rechter Safety 484
rechter Stürmer 507
rechter Tackle 485
rechter Verteidiger 481, 506
rechter Vorhof 103, 104
rechter Winkel 428
rechtes Aufschlagfeld 491
rechtes Feld 475
rechts 293
Rechtsanwälte, Mitarbeiter 440
Reck 496, 497
Recycling 49
redaktioneller Beitrag 313
Redaktionsteil 313
Redingote 251
reflektierte Sonneneinstrahlung 46
Reflektor 217, 321
Regal 121
regelbarer Thermostat 179
regelmäßiges Achteck 429
regelmäßiges Elfeck 429
regelmäßiges Fünfeck 429
regelmäßiges Neuneck 429
regelmäßiges Oktaeder 429
regelmäßiges Sechseck 429
regelmäßiges Siebeneck 429
regelmäßiges Zehneck 429
regelmäßiges Zwölfeck 429
Regelschalter 210
Regen 41
Regen, gefrierender 41
Regen, saurer 47, 48
Regenbogen 41
Regenfälle, heftige 43
Regenhut 239
Regenleiste 349
Regenmantel 248
Regenrohr 182
Regenwald, tropischer 40, 44
Regenwasserabfluss 434
Regie-Kontrollmonitore 290
Regieassistent 291
Regieraum 293
Regierungsorganisation 335
Regiestuhl 200, 291
Regisseur 291
Register 539
Registerzug 305
Registraturen 499
Registriereinlagen 339
Registrierkasse 121
Registriertrommel 27
Regler 178
Reglerspanngewicht 287
Reglerventil 529
Regnerschlauch 236
Reh 84
Reibe 170
Reibefläche 218
Reif 41
Reife, Stufen 62
Reifen 349, 358, 364, 371, 522, 525
Reifenarten 358
Reifenflanke 358
Reifenstapel 524
Reifeprozess 62
Reihe 272, 293
Reihe, dritte 482
Reihe, erste 482
Reihe, zweite 482
Reihenhaus 289
Reiher 80
Reinigung, chemische 437
Reinigungsbürste 271
Reinigungsmittelbehälter 214
Reinigungsöffnung 194, 197
Reinigungswelle 216
Reis 61, 143, 147
Reis, weißer 147
Reisebett mit Wickelauflage 205
Reisebüro 436
Reisebus 362
Reisessig 141
Reisetasche 276
Reisezug 374
Reisfadennudeln 147
Reisfeld 47
Reismelde 143
Reisnudeln 147
Reispapier 147
Reißen 500
Reißnägel 341
Reißschenkelschutz 398
Reißverschluss 249, 261, 265, 277, 528
Reiter 340
Reiter, durchsichtiger 340
Rektaszensionsachse 8, 9
Relaisstation 316
Relaisstation, Mikrowellen 334
Relaisstelle 317
Religion 446
Reling 384, 385
Rennanzug 508, 525
Rennanzug, feuerfester 524
Rennbügel 371
Rennfahrer 524
Rennleiter 522
Rennrad 373
Rentier 84
Reparaturwerkstatt 346
Reportage 313
Reptilien 76
Reptilien, Beispiele 77
Republik Kongo 451
Requisiteur 291
Requisiteurassistent 291
Reserverad 361
Resettaste 329, 471
Resonanzboden 304
Resonanzdecke 296, 297, 301, 302
Resonanzfell 308
Resonanzkasten 302
Resonanzkörper 297, 302
Resonanzröhren 309
Ressourcenzugriff, vereinheitlichter 334
Restaurant 386, 432, 435, 436, 438
Restaurantkritik 313
Restmüll, nicht wieder verwertbarer 49
Retikulum, endoplasmatisches 50, 66
Rettich 129
Rettich, japanischer 125
Rettungsboot 382, 386
Rettungsfloß 383
Rettungsring 387, 457
Rettungsschacht 345
Rettungsstation 345
Rettungswagen 345, 460, 462
Revers 244
Revers, abfallendes 248
Revers, steigendes 244
Revisionsöffnung 193
Rewritable-Rekorder 333
Rezeptakel 51
Rezeptor, sensorischer 110
Rhabarber 125
Rhea 3
Rhesusfaktor negativ 426
Rhesusfaktor positiv 426
Rhizoid 51
Rhizom 52
Rhombus 429
Rhythmuswahlschalter 311
Riasküste 35
Ribosom 50, 66
Richter, Büro 440
Richtertisch 440
Richtung Mekka 447
Richtungstasten 331, 471
Ricotta 150
Riechbahn 117
Riechkolben 117
Riechnerv 117
Riechschleimhaut 117
Riegel 30, 178, 186, 214, 248, 277
Riemen 225, 477, 500
Riemenantrieb 383
Riemenmuskel 97
Riemenscheibe 360
Riemenschlaufe 532
Riesenkohl 126
Riesenslalom 511
Riesenslalomski 510
Riffküste 35
Rigatoni 146
Right-Wing 482
Rillettes 156
Rinde 107
Rinderfilet 152
Rinderhackfleisch 152
Rindfleisch 152
Rindfleischwürfel 152
Ring 52, 271, 307, 424, 498
Ringablage 340
Ringbuch 339
Ringbuchkalender 338
Ringe 264, 496, 497
Ringelnatter 77
Ringfinger 115
ringförmige Finsternis 4
Ringpfosten 498
Ringstufe 498
Ringumgebung 498
Ringumrandung 498
Ringverschluss 10
Rippe 125
Rippe, frei endende 98
Rippe, freie 99
Rippe, hohe 152
Rippen 98
Rippenbündchen 261
Rippenbündchen, gerades 247
Rippenfell 105
Rippenpolster 486
Rispe 61
Roberval-Waage 422
Roboterarm 11, 12
Robotersystem 11
Rochen 158
Rock 251, 492
Rock, gerader 253
Röcke, Beispiele 253
Rocky Mountains 16
Rodehacke 233
Roggen 61, 143
Roggenknäckebrot 145
roher Schinken 156
Rohkaffee 148
Rohöl 405
Rohölpipeline 404
Rohr 224, 534
Rohrabschnitt 193
Rohrblatt 306
Röhre 181, 424
Röhrenfassung 199
Röhrenglocken 295, 309
Röhrenkessel 405
Rohrfeder 312
Rohrschraubstock 224
Rohrstück 460
Rohrzangen 216
Rollbahn 388
Rollbahnmarkierung 389
Rollbewegung 395
Rollbraten 152
Rolle 277, 308, 526, 527, 535
Rollenfuß 536, 537
Rollenhaltepartie 537
Rollenhalterung 536, 537
Rollgabelschlüssel 223
Rollkragen 514
Rollkragenpullover 250
Rollring 196
Rollschuh 527
Rollschweller 305
Rollsport 526
Rollstuhl 467

Rollstuhllift 363
Rolltreppe 378, 435
Romagna-Salat 126
Römerpantolette 242
Römertopf 175
römische Bohne 131
römische Metallfeder 312
römische Ziffern 427
römisches Amphitheater 281
römisches Wohnhaus 280
Röntgengerät, fahrbares 462
Röntgenstrahlen 418
Roquefort 151
rosa Ball 503
rosa Pfeffer 138
Rose 56
Rosenkohl 126
Rosennerv 108
Rosenvene, große 102
Rosette 186, 285
Rosmarin 142
Ross-Schelfeis 15
Rösselsprung 470
Rost 210
Rot 418, 469
Rotalge 51
Rotbarsch 161
rote Bälle 503
rote Beete 129
rote Heidelbeere 132
rote Kidneybohne 131
rote Klemme 356
rote Meerbarbe 159
rote Zwiebel 124
roter Ball 503
roter Paprika 128
roter Stoßball 502
rotes Licht 434
Rotes Meer 14, 19, 20
Rotini 146
Rotkehlchen 80
Rotknievogelspinne, Mexikanische 70
Rotkohl 126
Rotor 412, 537
Rotorblatt 395, 412, 413
Rotorgondel im Querschnitt 413
Rotorkopf 395
Rotornabe 395
Rotstrahl 318
Rotunde 435
Rotweinglas 165
Rougepinsel 266
Router 334
Royal Flush 468
Ruanda 451
Rübe 129
Rübenhacke 233
Rübenspross 127
Rubin-Impulslaser 420
Rubinzylinder 420
Rückansicht 97, 99, 113
Rückbank 353
Rücken 78, 83, 86, 93, 95, 167, 169, 226, 228, 244
Rücken, Indisch-Antarktischer 34
Rücken, Mittelatlantischer 34
Rücken, Östlicher Indischer 34
Rücken, Ostpazifischer 34
Rücken, ozeanischer 33
Rücken, Westlicher Indischer 34
Rücken, Zentralindischer 34
Rückenansicht 93, 95
Rückenflosse 90
Rückenflosse, erste 74
Rückenflosse, zweite 74
Rückenlehne 200, 201, 205, 353, 369, 467, 523
Rückenlehne, Basis 200
Rückenmark 109, 110
Rückenmark, Aufbau 109
Rückenmarkshaut 109
Rückenmarkshaut, harte 109, 110
Rückenmarksnerv 109, 110
Rückenmittelschlitz 244
Rückenmuskel, breiter 97
Rückenpanzer 76
Rückenschlitz, seitlicher 244
Rückenschutz 525
Rückenschwimmen 517
Rückenschwimmen, Startgriffe 516
Rückenspange 244
Rückenteil 260
Rückenteil, verstellbares 460
Rückenträger, gekreuzt 261
Rückenverstärkung 509
Rückfahrscheinwerfer 352
Rückfeld 491
Rückfeldschiedsrichter 485
Rückgrat 536
Rückhaltesystem, Airbag 354
Rückholfeder 357
Rücklagenstütze 511
Rücklauf 323
Rücklauf-Taste 323
Rücklauftaste 326, 328
Rücklicht 370
Rucksack 532
Rückschläger 490, 495
Rückschlaghinderer 534
Rückschritt, löschender 331
Rückspiegel 354, 366, 523
Rücksprungpalette 396
Rückspulknopf 314
Rückspultaste 319
Rückstellknopf 424
Rückstelltaste 319, 323, 328
Rückstoßtriebwerk, vorderes 12
Rückstrahler 365, 370, 523
rückwärtige Begrenzungslinie 494
rückwärts 518
Rückwurflinie 479
Ruder 13, 383, 384, 386, 501, 520
Ruderblatt 384
Rudergerät 501
Ruderhaus 384
Ruf-beenden-Taste 327
Ruffinisches Körperchen 114
Rufnummernregister 327
Rufnummernregister für automatische Wahl 327
Ruftaste 287, 327
Rugby 482
Rugbyball 483
Rugbyschuhe 483
Rugbyspieler 483
Rührbesen 176
Rührschüssel 176
Rührschüsseln 172
Rumänien 450
Rumpf 75, 93, 95, 393, 471, 520, 523
rund 55
Rundbürste 268
runde Bahn 220
runder Einwärtsdreher 96
runder Korpus 296
Rundfunknetz, privates 316
Rundkopf mit Schlitz 221
Rundmuskel, großer 97
Rundmuskel, kleiner 97
Rupie 440
Rüschen 260
Rüschenhöschen 260
Rüschenstrumpfhose 260
Rüssel 67
russischer Pumpernickel 145
russisches Modul 11
Russland 450
Rutengriff 537
Rutenschwellkörper 111
rutschfester Fuß 219
Ryukyugraben 34

S

S-Bahn-Strecke 375
S-Bogen 306
S-Bogen, Griffhebel 306
S-Video-Ausgang 336
Saal 386
Sackkarren 396
Safarijacke 255
Safran 138
Saftrinne 169
Sägeblatt 226, 227
Sägekette 235
Sägewerkzeuge 226
Sagittalschnitt 111, 112
Sahara 20
Sahne 150
Sahne, saure 150
Sahnebecher 163
Saint Kitts und Nevis 449
Saint Vincent und die Grenadinen 449
Saite 301, 302
Saiten 297
Saitenaufhängung 303
Saitenbezug 304
Saitenhalter 301
Saitenhalterung 297
Saiteninstrumente 301
Säkelle 231
Sakristei 446
Salamander 75
Salami, feine 156
Salami, grobe 156
Salatgabel 168
Salatgurke, kernlose 128
Salatschale 166
Salatschleuder 171
Salatschüssel 166
Salatteller 166
Salbei 142
Salchow 509
Saling 520
Salomoninseln 453
Salpetersäure, Emission 48
Saltostellung 518
Salz, grobes 141
Salzsee 36
Salzstreuer 166
Sambal Oelek 141
Sambia 452
Samen 53, 57, 58, 59, 60
Samenanlage 56
Samenbläschen 111
Samenleiter 111
Samenmantel 57
Samenschale 61
Sammelbehälter 365
Sammellinsen 419
Sammelschiene 407
Sammlung, getrennte 49
Samoa 453
Sampler 310
Samtkropfband 264
San Marino 450
Sand 492
Sandale 242
Sandale mit Zehenriemchen 242
Sandalette 241
Sandbank 33
Sandblattfeilen 265
Sandinsel 35
Sandkasten 377
Sandsack 498
Sandwüste 36
Sandwüste, Große 15
Sanitärinstallation 194, 195, 197
Sanitärinstallationssystem 194
Sankt-Lorenz-Strom 16
São Tomé und Príncipe 451
Sardelle 159
Sardine 159
Sarong 253
Satellit 316
Satelliten-Direktempfang 316
Satellitenübertragungstechnik 316
Sattel 245, 249, 255, 301, 302, 303, 370
Sattelkupplung 364
Sattelrock 253
Sattelschlepper 364
Sattelstütze 370
Satteltasche 372
Saturn 2, 3
Satz 492
Sätze, vorherige 492
Satztische 202
Sauciere 166
Saudi-Arabien 452
Sauerstoff, Abgabe 54
Sauerstoffanschluss 464
sauerstoffarmes Blut 104
Sauerstoffdruck-Stelleinrichtung 10
sauerstoffreiches Blut 104
Saugarm 400
Saugbürste 209
Saugnapf 72
Saugrohr 209, 360, 400, 407, 455
Saugzubehör 209
Säule 31, 279
Saum 478
Saumlatte 412
saure Sahne 150
saurer Regen 47, 48
saurer Schnee 48
Savanne 40, 44
Säwerkzeuge 231
Saxhorn 307
Saxophon 306
Scanner 121
Schaber 219
Schach 470
Schachbrett 470
Schachfiguren 470
Schachtel, Käse 163
Schädel 92, 100
Schädel eines Kleinkindes 100
Schädel, Seitenansicht 100
schädliche Gase, Emission 47
Schadstoffe, biologisch nicht abbaubare 47
Schaf 84
Schäferhund, Deutscher 86
Schafstall 122
Schaft 220, 221, 228, 471, 492, 494, 503, 505, 506
Schaftstiefel 241
Schäftung 534
Schäkel 521
Schale 58, 60, 73, 79, 162, 277
Schalenhaut 79
Schalenschuh 527
Schalensitz: Seitenansicht 353
Schalensitz: Vorderansicht 353
Schäler 169
Schallbecher 305
Schallbecherstütze 306
Schallbrett 285
Schalldämpfer 351
Schalloch 301
Schallplattenladen 436
Schallrose 302
Schälmesser 169
Schalotte 124
Schalter 198, 210, 211, 219, 227, 229, 269, 270, 271, 272, 416, 443
Schalter für Belüftung 354
Schalter für Heizung 354
Schalterabdeckplatte 198
Schalthebel 350, 354, 369, 371, 372, 522
Schaltpedal 367, 368
Schaltuhr 210
Schaltung, gedruckte 417
Schaltung, integrierte 417
Schaltzug 372
Scham 94, 113
Schambein 92, 94
Schamhügel 112
Schamlippe, große 112, 113
Schamlippe, kleine 112, 113
Schamotteplatte 192
Schamottestein 192
Schardrehkranz 401
Schardrehzylinder 401
Scharfeinstellung 8, 9
Schärfentiefenknopf 314
Scharfstellrad, zentrales 420
Scharfstellring 420
Scharhubzylinder 401
Scharnier 178, 185, 186, 202, 214, 274, 277, 352, 367, 420
Scharverstellvorrichtung 401
Scharwachturm 282
Schatten 424
Schaufel 399, 510, 514
Schaufel, hintere 399
Schaufelarm 399
Schaufelbolzengelenk 399
Schaufellader 399
Schaufelzahn 400
Schaufelzylinder 399, 400
Schaukelstuhl 200, 201
Schaum 33
Schaumanzeiger 385
Schaumbad 267
Schaumgummimatratze 530
Schaumgummipolsterung 458
Schauspieler 290
Schauspielereingang 278
Schauspielerin 291
Schauspielerstühle 290
Scheckheft 274
Scheckhülle 275
Scheckkarte 443
Schecks 441
Scheibe 6, 186, 501
Scheiben 177
Scheibenbremse 350, 357, 366, 525
Scheibenbremse, hydraulische 522
Scheibenhantel 500
Scheibenwaschdüse 348
Scheibenwischer 348, 355
Scheibenwischerhebel 354
Scheide 52, 112, 113, 533
Scheide, Schwannsche 110
Scheider 359
Scheidewand 58, 60, 117
Scheidewandknorpel 117
Scheinwerfer 290, 293, 348, 364, 366, 368, 371, 376, 377, 455, 523
Scheitel 78
Scheitelbein 99, 100
Scheitelrippe 284
Schekel, neuer 440
Schelfeis, Filchner 15
Schelfeis, Ross 15
Schelle 309
Schellen 309
Schellfisch 161
Schema des Blutkreislaufs 103
Schenkel 78, 83, 538
Schenkelbein 99
Schenkelbindenspanner 96
Schenkelhals 99
Schenkelmuskel, äußerer 96, 97
Schenkelmuskel, gerader 96
Schenkelmuskel, innerer 96
Schenkelmuskel, zweiköpfiger 97
Schere 71, 461, 531
Scherenblatt, gekerbtes 270
Scherenleuchte 207
Scherenstromabnehmer 376

Scherkopf 271
Scherkopfhalter 271
Scheuerleiste 358
Scheune 122
Schiebedach 349
Schiebefenster, horizontales 287
Schiebefenster, vertikales 287
Schiebegriff 467
Schiebeleiter 455
Schiebeöffnung 423
Schieber 273, 425
Schieberad 467
Schiebetür 195, 286
Schiebetür, automatische 286
Schiebetür, elektrische 363
Schieblehre, Messschieber 425
Schiedsrichter 479, 481, 483, 488, 490, 495, 498, 499, 507, 515, 516, 518
Schienbein 98
Schienbeinarterie, vordere 102
Schienbeinmuskel, vorderer 96
Schienbeinnerv 108
Schienbeinschützer 480, 513
Schiene 207, 214, 473, 527
Schienen 461
Schienenräumer 376, 377
Schienenverkehr 374
Schifffahrt 381
Schiffsbodenverband 190
Schiffsschraube 384
Schiitakepilz 123
Schikane 524
Schild 169, 458
Schildbogen 284
Schildchen 73
schildförmig 55
Schildhubzylinder 398
Schildkröte 76
Schildkröte, äußere Merkmale 76
Schildwanze 69
Schimpanse 91
Schinken, gekochter 156
Schinken, roher 156
Schinkenmesser 169
Schirm 206, 273, 470
Schirmfeder 78
Schirmmütze 238
Schirmständer 273
Schlafanzug 256, 261
Schlafanzug in Schlupfform 261
Schlafanzug, zweiteilig 260
Schlafcouch 204
Schläfe 92
Schläfenbein 98, 100
Schlafkabine 364
Schlafraum 528
Schlafsäcke, Beispiele 530
Schlafwagen 376
Schlafzimmer 189
Schlafzimmer, großes 189
Schlagbereich 477
Schläge 490
Schläger 476, 477
Schlägerabdeckung 505
Schlagfläche 505
Schlaghandschuh 476
Schlagholz 478
Schlaghose 254
Schlaginstrumente 295, 308
Schlagmal 475
Schlagmallinie 479
Schlagmann 475, 476, 478, 479
Schlagpolster, elektronisches 311
Schlagsahne 150
Schlagschutz 303
Schlagstockhalter 456
Schlagzeile 313
Schlammfluss 31
Schlammgrube 403
Schlammpumpe 403
Schlammpumpenschlauch 403
Schlange 76
Schlangenbohrer mit doppeltem Gewindegang 228
Schlankmuskel 97
Schlauch 209, 454, 461
Schlauch, flexibler 209
Schlauchdüse 236
Schlauchkleid 252
Schlauchkupplung 236
Schlauchleitung 454
Schlauchwagen 236
Schlaufe 245, 265, 343
Schlegel 308, 309
Schleier 536
Schleifblatt 229
Schleife 238
Schleifpapier 229
Schleifteller 229
Schlepper 384
Schlepplift 512
Schleppvorrichtung 364
Schleuder 365
Schließe 532
Schließfach 443
Schließfrucht 60
Schließmuskel, hinterer 73
Schließmuskel, vorderer 73
Schlinge 535
Schlitten 521
Schlittschuh 506
Schlittschuhe, Eisschnelllauf 508
Schlittschuhschritt 514
Schlittschuhschritt, diagonaler 514
Schlitz 167, 178, 221, 247, 260
Schlitzschrauben 221
Schloss 186, 202, 211, 275, 277, 372
Schlossbrett 185
Schloßband 73
Schlucht 31, 32
Schluckloch 31
Schlupfform 261
Schlüssel 223
Schlüsselbein 98
Schlüsselbeinarterie 102
Schlüsselbeinvene 102
Schlüsseldienst 437
Schlüsseletui 275
Schlüsselschild 186
Schlüsselschloss 274
Schlussleuchte 352, 367, 368
Schlussstein 284
Schmelz 101
Schmelzen 414
Schmelzwasser 30
Schmetterball 491
Schmetterling 67
Schmetterling, äußere Merkmale 67
Schmetterlingsstil 517
Schmiermittelraffinerie 405
Schmieröle 405
Schmorpfanne 175
Schmuck 264
Schmuck und Schönheitspflege 264
Schmutzfänger 349, 364, 365
Schnabel 78
Schnalle 248, 276
Schnappmechanismus 537
Schnappschloss 274
Schnappverschluss 275
Schnarrsaite 308
Schnarrsaitenspanner 308
Schnauze 75, 86, 87
Schnauzer 86
Schnecke 72, 116, 157, 301, 365
Schnecke, äußere Merkmale 72
Schneckenbohrer 228
Schneckenpfännchen 173
Schneckenzange 173
Schnee 41
Schnee, ewiger 29
Schnee, saurer 48
Schneeanzug 261
Schneebesen 172
Schneefeger 356
Schneefräse 365
Schneemobil 523
Schneeregen 41
Schneesack 260
Schneidbrett 169
Schneide 167, 169, 221, 270, 509
Schneiden 177
Schneiderkragen 251
Schneidermuskel 96
Schneidezahn, äußerer 101
Schneidezahn, mittlerer 101
Schneidezähne 101
Schneidkante 398, 399, 400
Schneidklinge 180
Schneidkopf 341
Schneidlade, Gehrung 226
Schneidmesser 176, 177
Schneidwerkzeuge 234
schnell drehende Welle 413
Schnellabrollbahn 388
Schnellhefter 339
Schnellkocher, elektrischer 179
Schnellkochtopf 174
Schnellspannbohrfutter 228
Schnellstraße 343
Schnellvorlauf-Taste 323
Schnellvorlauftaste 326
Schnittfläche 235
Schnittlauch 124
Schnittstelle, Ethernet 336
Schnittstelle, FireWire 336
Schnittstelle, serielle 329
Schnittstelle, USB 329, 336
Schnittstellen, Controller 471
Schnitzel 152
Schnur 225, 327
Schnürband 477
Schnurfangbügel 537
Schnürhaken 509
Schnurlaufröllchen 537
Schnürloch 240
Schnürlochteil 240
Schnüröse 509
Schnurrhaare 87
Schnürringe, Ranviersche 110
Schnürschuh 240
Schnürsenkel 240, 262, 498, 509
Schnürsenkelende 240, 262
Schokolade 148
Schokolade, weiße 148
Scholle 161
Schollenmuskel 96
Schöpflöffel 173
Schöpfteil 167
Schornstein 183, 382, 386, 402
Schössling 53, 63
Schoß 245, 255
Schote 60
Schote, Schnitt 60
Schottenrock 253
Schotterfläche 30
Schräge 460
schräge Pattentasche 248, 251
schräger Interlobärspalt 105
Schrägeison 279
Schrägmaß 225
Schrägstellungsvorrichtung 227
Schrankteil 203
Schrapper 400
Schratten 31
Schraube 221, 301, 384, 386, 387
Schrauben 223
Schraubenbolzen 223
Schraubenbolzen mit Ansatz 223
Schraubendreher 221
Schraubenfeder 351
Schraubenwelle 383, 387
Schraubenzieher 221, 531
Schrauberbit 228
Schraubfassung 199
Schraubstock 224
Schraubstollen 480
Schraubverschluss 163
Schraubwerkzeuge 221
Schreib-/Lesekopf 333
Schreiber 27
Schreibgeräte 312
Schreibmappe 275
Schreibpinsel 312
Schreibplatte, herausklappbare 203
Schreibschutz 333
Schreibspitze 27
Schreibtisch 439
Schreibtischleuchte 206
Schreibwaren 337
Schritt 83, 247, 255
Schrot 534
Schrotflinte (glatter Lauf) 534
Schubdüse 10
Schubkarre 231
Schubkasten 205
Schubkontrolle 332
Schublade 164, 202, 203
Schubphase 514
Schubrahmen 398
Schuh 240, 488, 522, 524
Schuh mit Stoßplatten 486
Schuhe 240
Schuhgeschäft 437
Schukosteckdose 198
Schukostecker 198
Schulaufsicht, Büro 445
Schulbank 444
Schulbus 362
Schule 444
Schüler mit Lernschwierigkeiten, Klassenzimmer 444
Schüler/Schülerin 444
Schülerspinde 445
Schulhof 445
Schulleiter, Büro 445
Schulter 83, 86, 92, 94, 302, 536
Schulterblatt 93, 95, 98, 99
Schulterblattgräte 99
Schulterfeder 78
Schultergurt 353, 505, 532
Schulterklappe 248, 456
Schulterpolster 486
Schulterriemen 276
Schultertasche 276
Schuppe 74, 76
Schuppen 182, 230
Schuppenblatt 54
Schuppennaht 100
Schürfkübel 400
Schürhaken 193
Schürze, elastische 383
Schürzenfinger 383
Schüssel 177
Schüttelsieb 403
Schutz 227
Schutzanzug 525
Schutzausrüstung 486
Schutzbezug 204
Schutzblech 370, 523
Schutzblech, vorderes 366
Schutzbrille 218, 458, 522, 525
Schutzdach 396
Schutzdeckel 329
Schützer, Schienbein 513
Schutzgehäuse 237
Schutzgeländer 377
Schutzgitter 205, 217, 442
Schutzglas 318
Schutzhaube, obere 227
Schutzhaube, untere 227
Schutzhelm 367, 458, 486, 506
Schutzkäfig 473
Schutzkante 277
Schutzkappe 420, 460, 467
Schutzkontaktbügel 198
Schutzmaske 458
Schutzplatte 525
Schutzraum 345
Schutzring 210
Schutzschicht 10
Schutzumrandung 471
Schutzwand 506
schwacher Punkt 470
Schwadenblech 237
Schwalbe 80
Schwamm 215
Schwammstäbchen 266
Schwanenhals 400
Schwannsche Scheide 110
Schwanz 71, 76, 82, 83, 86, 90, 111, 536
Schwanzfächer 71
Schwanzfeder 78
Schwanzflosse 74, 90
Schwarz 418, 470
schwarzäugige Bohne 130
Schwarzbär 89
schwarze Bohne 131
schwarze Johannisbeere 132
schwarze Klemme 356
schwarze Mungobohne 131
schwarze Senfkörner 138
schwarzer Ball 503
schwarzer Pfeffer 138
schwarzer Stein 470
schwarzer Tee 148
schwarzes Brett 444
schwarzes Feld 470
Schwarzes Meer 14, 18, 19
Schwarzrettich 129
Schwarzwurzel 129
Schwebebalken 496, 497
Schweden 450
Schwefeldioxid, Emission 48
Schwefelsäure, Emission 48
Schwein 84
Schweinefleisch 153
Schweinehackfleisch 153
Schweinespeck 149
Schweinestall 122
Schweißband 402
Schweißdrüse, apokrine 114
Schweißdrüse, Ausführungsgang 114
Schweißdrüse, ekkrine 114
Schweißwerkzeuge 218
Schweiz 450
schweizer Offiziersmesser 531
Schwelle 185
Schwellenmarkierungen 391
Schwenkarm 176
Schwenkbrückenstand 400
Schwenkkopf 224
Schwenksockel 224
Schwenkverschluss 224
schwere Piste 512
Schwerfahrzeugen, Transport 377
Schwerkraftmodul 11
Schwermaschinen 398
Schweröl 405
Schwert 235, 520
Schwertfisch 159
Schwertwal 90
Schwesternstation 462, 463
Schwesternzimmer 465
Schwimmbecken 184, 517
Schwimmbecken, eingebautes 184
Schwimmbrille 516
Schwimmdach 404
Schwimmdachtank 404
Schwimmen 516
Schwimmer 196, 538

DEUTSCHES REGISTER

Schwimmerventil 196
Schwimmfuß 75
Schwimmhaut 75, 79
Schwimmhautzeh 79
Schwimmkörper 394
Schwimmkran 381
Schwimmlappenzeh 79
Schwingflügel 287
Schwinggaragentor 286
Schwinghebel 360
schwingungsdämpfender Bügelgriff 235
Schwingungsdämpfer 212
Schwungrad 360, 501
Scotia-Platte 27
Scrimmage-Linie 485
Scriptgirl 291
Scrollen 331
Scrollen-Feststelltaste 331
Scrollrad 327, 332
Sechseck, regelmäßiges 429
Sechserpasch 468
Sechskantmutter 223, 359
Sechzehntelnote 299
Sechzehntelpause 299
Second 515
Sedimentgesteine 26
See 5, 24, 29, 32
See, Irische 18
See, künstlicher 32
See, tektonischer 32
See, vulkanischer 32
Seebarsch 160
Seehund 90
Seelachs 161
Seelöwe 90
Seen 32
Seen, Große 16
Seenversauerung 48
Seeotter 88
Seeteufel 160
Segel 519
Segelboot 520
Segelkleid 520
Segellatte 519, 520
Segelsport 520
Segelstange 412
Segeltasche 519
Segeltuchbespannung 412
Segmentpunktzahl 471
Sehen 419
Sehenswürdigkeit 25
Sehfehler 419
Sehne 535
Sehnerv 119
Sehnervenkreuzung 109
Seifenbecher 271
Seifenschale 195
Seiher 171
Seil 219, 498
Seilbahn 512
Seilbahnabfahrt 512
Seilverspannung 498
Seilzug 219
seismische Welle 27
Seismogramm 27
Seismographen 27
seismologische Aufzeichnung 403
Seite 167, 293
Seite, linke 272
Seite, nächste 331
Seite, rechte 272
Seite, vorherige 331
Seitenansicht 478
Seitenansicht eines Schädels 100
Seitenauslinie 481
Seitenband, vertikales 487
Seitenfach 352
Seitenfenster 349
Seitenflosse 393, 395
Seitenfontanelle, hintere 100
Seitenfontanelle, vordere 100
Seitengriff 352
Seitenkapelle 284
Seitenkästen 525
Seitenkoffer 369
Seitenlinie 74, 483, 484, 487, 488, 493, 515
Seitenlinie für das Doppelspiel 490, 495
Seitenlinie für das Einzelspiel 491, 495
Seitenluke 12
Seitenmoräne 30
Seitenöffnung 344
Seitenrad 412
Seitenrichter 483
Seitenruder 393
Seitenschiff 285
Seitenschlot 28
Seitenspiegel 269, 348, 364, 368
Seitenspiegelverstellhebel 352
Seitenspur 343
Seitenständer 367
Seitensteg 273
Seitenstück 201
Seitentasche 505
Seitenteil 248
Seitenverkleidung 349
Seitenverstellhebel 229
Seitenwand 365, 517
Seitenwurzel 53
seitliche Einfassung 192
seitlicher Hautnerv des Oberschenkels 108
seitlicher knöcherner Bogengang 116
seitlicher Kompressionsgurt 532
seitlicher Rückenschlitz 244
Seitpferd 496
Sekretär 203
Sekretariat 443, 445
Sektionalgaragentor 286
Sektkelch 165
Sektor 428
Sektschale 165
Sekundant 498
Sekundärkonsumenten 45
Sekundärspiegel 7, 9
Sekunde 298, 426
Sekundenzeiger 424
selbstaufblasbare Luftmatratze 530
Selbstauslöser 314
Selbstauslöser-Lichtsignal 314
Selbstbedienungstheke 120
Selbstklebeetiketten 340
selbstklebende Lasche 339
Sendeantenne 316
Sendereinstellung 326
Sendersuchlauftasten 322
Sendung mit Radio-Wellen 316
Senegal 20, 451
Senf 60, 140
Senf, amerikanischer 140
Senf, deutscher 140
Senf, englischer 140
Senfkörner 140
Senfkörner, schwarze 138
Senfkörner, weiße 138
Senfpulver 140
Senkkopf mit Imbus 221
Senkkopf mit Kreuzschlitz 221
Senkkopf mit Schlitz 221
senkrechte Pupille 76
sensibles Neuron 110
Sensor 178
Sensor für Fernbedienung 318
Sensor, optischer 332
Sensorhülse 178
sensorischer Rezeptor 110
Sensorkreis 357
Sepalum 58
Separator 417
Septime 298
Septum pellucidum 109
Sequencer 310
Sequenzerregler 310
Serac 30
serielle Schnittstelle 329
Seriennummer 441
Server 334, 335
Service-Bereich 346
Servicemodul, ferngesteuertes 11
Servierplatte 166
Serviertisch 438
Servierwagen 202
Sesamöl 149
Sessellift 512
Sesselliftabfahrt 512
Setzholz 202
Setzstufe 191
Sexte 298
Sextett 300
Seychellen 452
Shake-Hands-Griff 493
Shampoo 267
Shorts 254, 263
Siamkatze 87
Sichel 234
Sicheldüne 36
Sicherheit 454
Sicherheitsbereich 499
Sicherheitsbindung 510, 511
Sicherheitsdienst 463
Sicherheitsfaden 441
Sicherheitsgriff 237
Sicherheitsgurt 353, 525
Sicherheitshinweisschild 228
Sicherheitsholm 219
Sicherheitshülle 408, 409
Sicherheitskette 361
Sicherheitskontrolle 391
Sicherheitsleiste 211
Sicherheitsleuchte 457
Sicherheitsraum 440
Sicherheitsriemen 10
Sicherheitsschuh 459
Sicherheitssensor 354
Sicherheitsspiegel 362
Sicherheitsstreifen 379
Sicherheitsthermostat 213
Sicherheitsventil 174, 408
Sicherung 198, 411
Sicherungsautomat 407
Sicherungsknopf 352
Sicherungskopf 221
Sicherungsstift 454
sichtbares Licht 418
Sichtfenster 13, 178, 179, 210
Sichtlinie 533
Sieb 177, 180
Siebbeinplatte 117
Sieben 171
Siebeneck, regelmäßiges 429
Sierra Leone 451
Sigmoid 106
Signal 375
Signalbrücke 375
Signalhorn 377
Signalleiste 455
Silberbesteck 167
Silos 381
Simbabwe 452
Sinfonieorchester 295
Singapur 453
Sinkblei 538
Sinnesorgane 114, 115, 119
Sinushaar 82
Siphonalkanal 73
Sistrum 309
Sitz 195, 196, 200, 201, 205, 353, 369, 467, 501, 523
Sitzbank 201, 353, 367, 379, 523
Sitzbein 99
Sitzmöbel 201
Sitzplatz 294
Sitzplätze 293
Sitzrohr 370
Sitzsack 201
Sitzungsraum 442
Sitzungssaal 439
Sitzverstellung 353
Skala 225, 422, 424, 425, 460, 533
Skandinavische Halbinsel 18
skandinavisches Knäckebrot 145
Skateboard 526
Skateboarder 526
Skateboarding 526
Skaterin 527
Skelett 98
Skelettbürste 268
Ski 510
Skianzug 510, 513, 514
Skibremse 511
Skibrille 510, 513
Skier, Beispiele 510
Skigebiet 512
Skihandschuhe 510
Skihütte 512
Skilanglauf 514
Skiliftankunft 512
Skimmer 184
Skimütze 514
Skip 515
Skipiste 512
Skipisten 512
Skischule 512
Skispitze 514
Skispringen 513
Skispringer 513
Skisprunganzug 513
Skisprungschuh 513
Skistiefel 510, 511, 514
Skistock 510, 514
Skiträger 356
Skorpion 70
Slalomski 510
Slingpumps 241
Slip 247, 259
Slipper 242
Slowakische Republik 450
Slowenien 450
SLR-Kamera 314
Smog 47
Snackbar 294
Snooker 503
Snowboard 513
Snowboarden 513
Snowboarder 513
Sobanudeln 147
Söckchen 257
Socke 257, 486, 492
Sockel 192, 199, 206, 269, 283, 302, 412, 422
Sockel, fester 224
Sockel, gepolsterter 489
Sockelgeschoß 412
Sockelleiste 191
Sockelprofil 202
Socken 247
Sofa 200
Sofa, zweisitziges 439
Soffitte 293
Soffitten 292
Sofortbildkamera 315
Softball 477
Softballhandschuh 477
Softballschläger 477
Softboots 513
Software, E-Mail 334
Sohle 229, 247, 509, 511
Sohlenspanner 97
Sohlschicht, obere 402
Sohlschicht, untere 402
Sojabohnen 131
Sojasoße 140
Sojasprossen 131
Solarreflektoren 316
Solarzelle 337, 410, 411
Solarzellengenerator 11
Solarzellensystem 411
Solitärring 264
Solvent-Extraktionsanlage 405
Somalia 451
Somennudeln 147
Sommer 38
Sommersonnenwende 38
Sonne 2, 4, 5, 38
Sonne, Aufbau 4
Sonnenblende 8, 354, 361
Sonnenblume 56
Sonnenblumenöl 149
Sonnenbrille 273
Sonnendeck 385, 387
Sonneneinstrahlung 46
Sonneneinstrahlung, absorbierte 46
Sonneneinstrahlung, reflektierte 46
Sonnenenergie 54, 410
Sonnenfinsternis 4
Sonnenfleck 4
Sonnenkleid, leichtes 252
Sonnenrollo 356
Sonnenschutz, Windschutzscheiben 356
Sonnenschutzblende 320
Sonnenschutzschicht 10
Sonnensegel 7
Sonnenstrahlen 45
Sonnenstrahlung 410, 411
Sonnensystem 2
Sonnenuhr 424
Sonnenzellenausleger 316
Sonnenzellenkollektor 411
Sortieranlage 49
Sortierung von Glas 49
Sortierung von Kunststoff 49
Sortierung von Metall 49
Sortierung von Papier/Pappe 49
Sortierung, optische 49
Sorus 52
Soufflèform 172
Sozialarbeiterbüro 463
Sozialdiensträume 465
Soziussitz 369
Spaghetti 146
Spaghettikürbis 129
Spaghettini 146
Spaghettizange 173
Spalier 230
Spalierbogen 230
Spalt 58
spaltbarer Kern 415
Spalte 313
Spaltprodukte (radioaktive Kerne) 415
Späneschutz 227
Spangang 228
Spange 248
Spanien 449
Spann 92
Spannbetttuch 204
Spanner 528
Spanner, Werkstück 226
Spannfeder 500
Spanngriff 224
Spannkabel 412
Spannpratze 224
Spannrad 398
Spannschnur 297
Spannschraube 224, 229, 308
Spannungserhöhung, erste 413
Spannungserhöhung, zweite 413
Spannungsprüfer 217
Spannungsstift 198
Spannweite 224
Spannweite, eingehängte 344
Sparbuchnachtrag 442
Spareribs/Schälrippchen 153
Spargel 125
Spargelbohne 130
Spargelsalat 126
Sparren 187
sparriges Torfmoos 51
spatelförmig 55

Spaten 233
Spazierstock 273, 466
Specht 80
Speedskate 527
Speer 472
Speerwurf 473
Speiche 70, 98, 371
Speicheldrüse 118
Speichennerv 108
Speichenseite, Handstrecker 97
Speicheradditionstaste 337
Speicheranzeigetaste 337
Speichergeräte 333
Speicherkarte 315
Speicherkartenschächte 471
Speicherkraftwerk 406
Speicherlöschtaste 337
Speichersubtraktionstaste 337
Speichertaste 322, 323, 327
Speisekammer 188
Speiseröhre 105, 106
Speisesaal 386, 438, 439
Speisewagen 376
Spektrum, elektromagnetisches 418
Spenzer 254
Sperling 80
Spermium 111
Sperrdrehknopf 425
Sperre 434
Sperrengeschoss 378
Spezialflachwagen 377
Spezialitäten 156
Spezialslalom 511
Spicknadel 173
Spiegel 10, 195, 277, 354, 369, 421, 439, 533
Spiegel, beleuchteter 269
Spiegel, ebener 7
Spiegel, teilreflektierender 420
Spiegel, vollreflektierender 420
Spiegelreflexkamera, digitale 315
Spiegelreflexkamera, einäugige 314
Spiegelteleskop 9
Spiegelteleskop im Querschnitt 9
Spiegelzylinder 420
Spiel 492
Spielanzug 261
Spielball 502, 503
Spielbereich 471
Spielbrett 469, 470
Spiele 468
Spiele mit Schlägern 493
Spielekonsole 471
Spieler 492
Spielerbank 474, 485, 487, 506
Spielerinnen 492
Spielernummer 486, 488, 506
Spielerpositionen 474, 481, 482, 489
Spieleschnittstelle 329
Spielfeld 469, 474, 479, 480, 482, 487, 488
Spielfeld für American Football 484
Spielfeldbeläge 492
Spielfigur 469
Spielfläche 493
Spielgeld 469
Spielstein 470
Spielwarengeschäft 436
Spike 473
Spikereifen 358
Spikulen 4
Spinalganglion 109, 110
Spinat 127
Spindel 73
Spindelfalte 73
Spinne 70
Spinne, äußere Merkmale 70
Spinnennetz 70
Spinnentiere 67
Spinnentiere, Beispiele 70
Spinnerschachtel 538
Spinnrute 537
Spinnwarze 70
Spiralarm 6
Spiralbindung 536
Spiralbohrer 228
Spirale 228
spiralförmiges Wolkenband 43
Spiralheftung 340
Spiralkneter 176
Spiralnagel 220
Spiralringbuch 340
Spiralskulptur 73
Spiralspindel 221
Spirulina 123
Spitze 29, 55, 101, 125, 167, 169, 208, 216, 220, 221, 226, 247, 273, 301, 312, 471, 510, 534, 536
Spitze, nicht wärmeleitend 269
Spitzenhandschuh, fingerloser 243
spitzer Winkel 428
Spitzsieb 171
Spitzzange 217
Splintholz 63
Spoiler 366
Sporen 52
Sport 468
Sportanlagen 431
Sportartikelgeschäft 437
Sportfischerei 536
Sporthalle 386
Sporthose 473
Sportkleidung 262, 263
Sportplatz 386
Sportreifen 358
Sportset 261
Sportwagen 347
Spot 207
Sprachaufnahmetaste 337
Sprecher 518
Sprechmuschel 327
Sprechtrommel 297
Spreite 51, 52, 55
Spreizdübel 221
Sprengring 538
Springeinrichtungen 518
Springer 470
Springform 172
Springseil 500
Sprinkler 408
Spritzbeutel 172
Spritze 460
Spritzenkolben 460
Spritzenkörper 460
Spritzloch 90
Spross 54
Sprosse 185, 186, 205, 219
Sprosse, obere 201
Sprossenarretierung 219
Sprossengemüse 125
sproßbürtige Wurzeln 52
Sprüharm 214
Sprühflasche 236
Sprühknopf 208
Sprungbein 99
Sprungbrett 184, 496
Sprünge, Beispiele 509
Sprungfederrahmen 204
Sprungfiguren 518
Sprunggelenk 83, 86
Sprungpferd 496, 497
Sprungrichter 518
Sprungski 513
Sprungturm 518
Spülarm 196
Spule 319, 536, 537
Spüle 164, 197
Spulenachse 537
Spülhebel 196
Spülkasten 195
Spülkastendeckel 196
Spülkopf 403
Spur, rechte 343
Sri Lanka 453
St. Lucia 449
Staatsanwaltschaft, Tisch 440
Staatsgrenze 23
Stab 199, 230, 259, 479
Stäbchen 119
Stabhochsprung 472
Stabilisator 523
Stabilisierungsflosse 386
Stabkranz 112
Stablampe 456
Stabmixer 176
Stabparkett 190
Stachel 68
Stachelbeere 132
Stachelschwein 82
Stachelzellenschicht 114
Stadion 431, 472
Stadt 23, 430
Stadtplan 25
Stadtrad 373
Stadtteil 25
Staffelstab 472
Staffelübergabebereich 472
Stahldraht 535
Stahlkante 510
Stahlkappe 459
Stahlmantel 417
Stahlschreibfeder 312
Stahlstab 309
Stalagmit 31
Stalaktit 31
Stamm 52, 62, 63
Stämmchen 51
Ständer 174, 176, 269, 277, 308
Standfotograf 291
Standhahn-Mutternschlüssel 216
Standleitung 334
Standleuchte 206
Standort des Kultbildes 279
Standortanzeiger 287
Standsockel 27
Standtom 308
Stange 125, 273, 301, 501
Stangensellerie 125
Stapelstühle 201
Star 80
Stärke 61
Stärkekörnchen 50
starre Brücken 344
Start 469
Start 100-m- und 100-m-Hürdenlauf 472
Start 10000-m- und 4-x-400-m-Lauf 473
Start 110-m-Hürdenlauf 472
Start 1500-m-Lauf 473
Start 200-m-Lauf 472
Start 400-m-, 400-m-Hürden-, 4-x-100-m-Lauf 473
Start 5000-m-Lauf 472
Start 800-m-Lauf 473
Start- und Landebahn 390
Start/Pause 323
Startaufstellung 524
Startblock 473, 516
Starter 516
Startergriff 235
Startgriffe (Rückenschwimmen) 516
Starthilfekabel 356
Startknopf 424
Startlinie 473, 524
Startmenütaste 330
Startnummer 473, 525
Startpistole 472
Startpositionen 518
Starttaste 328
Stationskreis 39
Stationsmodell 39
Stativ 8, 421
Stativablage 8
Statue 446
Staub, aufgewirbelter 43
Staubbehälter 208, 229
Staubbeutel 56
Staubblatt 56, 58
Staubfaden 56
Staubschweif 6
Staufach 455
Staumoräne 30
Stauraum 361, 364
Stausee 406, 407
Steak 152
Steakmesser 168
Steckbuchse 198
Steckdose 361
Steckdose, dreipolige 198
Steckdose, geschaltete 322
Steckdosenprüfer 217
Stecker 228, 324
Stecker, dreipoliger, amerikanischer 198
Steckschlüsselsatz 223
Steg 201, 254, 273, 282, 297, 301, 302, 303, 503
Steghose 254
Stegplättchen 273
Stegspangenschuh 241
Stegstütze 273
Stehleiter 219
Stehleitern 219
steifer Nachläufer 363
steifes Vorderteil 363
Steigbügel 116
steigendes Revers 244
Steigleitung 194
Steigung 191
Steigungseinstellung 395
Steilhang 29
Steilküste 35
Steilwandzelt 528
Stein 57
Steinbock, Wendekreis 20, 21, 22
Steinbohrer 228
Steinbutt 161
Steine 469
steinerner Ehrensessel 447
Steinfrucht, fleischige 57
Steinfrüchtchen 59
Steinfrüchte 132
Steingarten 230
Steinmarder 88
Steinpilz 123
Steinschlag 31
Steinwüste 36
Steißbein 98
Stellmutter 535
Stellring 236
Stellschraube 224, 308
Stellwerk 375
Stemmeisen 229
Stempel 56, 338
Stempelkissen 338
Stengel 53
Stengelgemüse 125
Stengelglied 53
Steppe 40
Stereotaste 326
sterile Wundauflage 461
Sterilgut, Lagerraum 462, 464
Sterilisationsraum 464, 465
Sternalarterie 71
Sternanis 60
Sternfrucht 137
Sternschnuppe 37
Sternwarte 7
Sternwarte, Querschnitt 7
Stert 412
Stethoskop 460
Steuerbordseite 387
Steuereinheit, elektrische 357
Steuerfeder 471
Steuerhaus 385
Steuerknüppel 395
Steuertaste 332
Steuertriebwerk 13
Steuerung 330
Steuerung des Lebenserhaltungssystems 10
Steuerungstaste 330
Steuerzentrale 406
Stichsäge 226
Stichsäge, elektrische 227
Stickoxiden, Emission 48
Stiefel 241, 305, 509, 525, 527
Stiefelette, knöchelhohe 241
Stiel 51, 52, 54, 57, 58, 59, 125, 167, 215, 220, 503
Stielgrund 125
Stielkamm 268
Stielkasserolle 175
Stift 198, 199, 337
Stifthalter 274
Stiftsockel 199
Stigma 67
Stillwasserspiegel 33
Stilton 151
Stilus 312
Stimmanzeiger 308
Stimmband 105
Stimmeinrichtung 308
Stimmenwahlschalter 310, 311
Stimmkrücke 305
Stimmnagel 304
Stimmring 297
Stimmstock 304
Stimmwirbel 302, 303
Stimmzug 307
Stinktier 88
Stint 159
Stirn 78, 92, 96, 229
Stirnbalken 187
Stirnbande 502
Stirnbein 98, 100
Stirnfontanelle 100
Stirnhöhle 117
Stirnschopf 83
Stirnwand 365, 401
Stirnziegel 279
Stock 219, 273
Stock, orthopädischer 466
Stock, vierfüßiger 466
Stöcke 309
Stockgriff 514
Stockschaft 514
Stockteller 510
Stoffmenge, Maßeinheit 426
Stollen 263, 470
Stollenreifen 369, 525
Stollenschuh 476
Stop 86
Stopfen 267
Stopfer 177, 180
Stopfleber 156
Stopp-Taste 323
Stoppball 491
Stoppknopf 424
Stopptaste 319, 323, 328
Stoppuhr 424
Stör 158
Storch 80
Störklappe 392
Stoßdämpfer 351, 523
Stoßdämpfer hinten 522
Stoßdämpfer, hinterer 367
Stößel 170
Stoßen 500
Stoßfänger 364, 369
Stoßfänger, kunststoffummantelter 348
Stoßleiste 209
Stoßstange 523
Strafbank 507
Strafbankbetreuer 507
Straffergurt, vorderer 532
Strafraum 480
Strafraumbogen 480
Strafraumlinie 480

Strahlenkörper 119
Strahler 184
Strahlstörer 236
Strahlung 415
Strahlung, ultraviolette 418
Strahlungszone 4
Strähnenkamm 268
Straight Flush 468
Strampelhöschen 260
Strand 35
Strandschnecke 157
Strang 519
Straße 25, 430, 433, 435, 468
Straße im Querschnitt 342, 434
Straße von Gibraltar 18
Straße von Mozambique 20
Straße, Bass 15
Straßenbau 342
Straßengüterverkehr 381
Straßenhobel 401
Straßenkarte 25
Straßenkehrmaschine 365
Straßenlaterne 207, 434
Straßennummer 25
Straßenradrennen 522
Straßenradsport 522
Straßenrennrad 522
Straßenschuh 241
Straßentunnel 345
Straßenverkehr 317, 342
Stratokumulus 42
Stratopause 37
Stratosphäre 37
Stratus 42
Strauch 230
Strauchflechte 50
Strauß 81
Straußenei 155
Strebe 187, 308
Strebebogen 284, 285
Streben, hinterer 370
Strebepfeiler 284
Strecke 524
Strecke, landschaftlich schöne 25
Streichkäse 150
Streifen 286
Streifenvorhang 286
Streuer 172
Streuscheibe 290
Strickjacke 250
Strickjacke mit V-Ausschnitt 250
Strohhalm 163
Strohhut 238
Strohhütte 288
Stromanschluss 365
Stromanschlusskabel 361
Stromanschlusspunkt 198
Stromfortleitung 408
Stromleitung an die Verbraucher 413
Stromleitung zu den Verbrauchern 402
Stromquelle 416
Stromversorgungskabel 434
Stromzähler 198
Strumpf 257, 259
Strümpfe 257
Strumpfhalter 259
Strumpfhaltergürtel 259
Strumpfhose 257
Stufe 191, 219
Stufen 184, 283
Stufen der Reife 62
Stufenbarren 496, 497
Stufenrock 253
Stuhl 201, 444
Stühle, Beispiele 201
Stulp 186
Stulpe 243
Stulpen 480, 483
Stulpenhandschuh 243
Stummaufnahme-Taste 323
Stummel 536
Stumpf 63
stumpfer Winkel 428
Stundenwinkelantrieb 7
Stuntskate 527
Stürmer 481
stürmischer Himmel 41
Sturmlampe 532
Sturmspitze 507
Sturz 185, 187, 192
Sturzhelm 510, 513
Stützarm 397
Stützausleger 455
Stütze 184, 231, 361, 387
Stutzen 476, 506
Stützfuß 361, 365
Stützpunkt 518
Stützvorrichtung, ausklappbare 365
Stützvorrichtung, Kurbel 365
Stylobat 279
Stylus 59
subarktisch 40
Subduktionszone 27
Sublimation 414
Substanz, graue 109, 110
Substanz, weiße 109, 110
Substanzen, anorganische 45
Subtraktion 427
Subtraktionstaste 337
subtraktive Farbmischung 418
Subtropen, feuchte 40
Subtropen, mediterrane 40
Subwoofer 321
Sucharm 333
Suche 335
Sucher 320
Sucher, elektronischer 320
Sucherkamera 315
Sucherokular 315
Suchfernrohr 8, 9
Süd 23
Süd-Korea 453
Süd-Südost 23
Süd-Südwest 23
Südafrika 452
Südamerika 14, 17, 34
Südamerikanische Platte 27
Sudan 451
Südchinesisches Meer 14, 19
Südfrüchte 136
südliche Halbkugel 21
südliche Hemisphäre 21
südlicher Polarkreis 15, 21, 22
Südost 23
Südpol 15, 21, 416
Südwest 23
Südwester 239
Sulcus terminalis 118
Sumach 139
Summe 423, 427
Super-G 511
Supercross-Motorrad 525
Supermarkt 120, 433, 437
Superriesenslalom 511
Superriesenslalom-Ski 510
Suppenlöffel 168
Suppenschale 166
Suppenteller 166
Suppenterrine 166
Suppentopf 175
Surfbrett 519
Surinam 448
Surround-Lautsprecher 321
Suspensorium 486, 507
Süßkartoffel 124
Swasiland 452
Sweatshirt 262
Sweatshirt mit Kapuze 262
Swimmingpool 386
Symbole, wissenschaftliche 426
symphatisches Ganglion 109
Symphyse 111, 112
Synagoge 447
Synapse 110
Synchronisationskabel 337
Synthesizer 310
Syrien 452
Systemschalter 310

T

T-Shirt Kleid 261
Tabakwarengeschäft 436
Tabasco™-Soße 140
Tabernakel 446
Tablette 467
Tablinum 280
Tabulator nach links 330
Tabulator nach rechts 330
Tabulatortaste 330
Tachometer 355, 368, 501
Tadschikistan 452
Tafel 444
Tafelberg 36
Tafelsalz 141
Tageskilometerzähler 355
Tagliatelle, grüne 146
Tahinisoße 140
Taifun 43
Tailback 485
Taille 93, 95
Taillenabnäher 248
Tajine 174
Taktarten 298
Taktstrich 298
Tal 29, 32
Talgdrüse 114
Tamarin 91
Tamarindenmark 140
Tamburin 309
Tandem 373
Tanganjikasee 20
Tank 13, 364, 385
Tankanlage 404
Tankdeckel 349, 364
Tanker 381, 384
Tanklukendeckel 385
Tankstelle 346, 433
Tankwagen 364
Tanne 65
Tannennadeln 65
Tansania 451
Tanzsaal 387
Taro 124
Tasche 225, 274, 502
Tasche für Latexhandschuhe 456
Tasche, aufgesetzte 244, 249, 260
Tasche, blinde 251
Tasche, geräumige 276
Taschenrechner 274, 337
Taschenrechner, wissenschaftlicher 337
Taschenträger 505
Tasmanien 15
Tasmansee 15
Tasse 166, 531
Tast-Körperchen, Meissnersches 114
Tastatur 304, 310, 330, 336
Tastatur, alphabetische 338
Tastatur, alphanumerische 327, 330, 346, 442, 443
Tastatur, numerische 338
Tastaturschnittstelle 329
Tastaturschutz, verschiebbarer 327
Taste 296, 304
Taste Cursor an Zeilenanfang 331
Taste Druck 331
Taste Ende 331
Taste löschender Rückschritt 331
Taste nächste Seite 331
Taste numerischer Block 331
Taste Pause 331
Taste Systemabfrage 331
Taste Unterbrechung 331
Taste vorherige Seite 331
Tasten 311, 327
Tasten, programmierbare 332
Tastenfeld, numerisches 331, 423
Tasteninstrumente 304
Tau 41
Taube 81, 154
Täubling, grasgrüner 123
Taufbecken 446
Taupunkttemperatur 39
Tausend 427
Tauwasserablauf 211
Techniken 487
technische Delegierte 509
Teddy 258
Tee 148, 505, 515
Tee, grüner 148
Tee, Oolong 148
Tee, schwarzer 148
Tee-Ei 173
Teebeutel 148
Teekanne 166
Teeline 515
Teelöffel 168
Teflonband 216
Teich 504
Teigmischer 172
Teigwaren 146
Teigwaren, asiatische 147
Teile 200, 201, 204
Teile der Brille 273
Teile des Schuhs 240
Teile eines Fahrrads 370
Teile eines Hauses 185
Teile eines Kreises 428
teilgetauchter Tragflügel 387
Teilmenge, echte 427
teilreflektierender Spiegel 420
Teilungsnaht 244
tektonische Platten 27
tektonischer See 32
Telefaxgerät 328
Telefon 439
Telefonapparat 327
Telefonieren 327
Telefonkabel 434
Telefonleitung 334
Telefonnetz 317
Telefonnummernverzeichnis 338
Telekommunikation 317
Telekommunikation für die Schifffahrt 317
Telekommunikation, industrielle 317
Telekommunikation, militärische 317
Telekommunikation, private 317
Telekommunikation, Schifffahrt 317
Telekommunikationsantenne 387
Telekommunikationssatellit 335
Teleobjektiv 314
Teleport 317
Teleskop 7
Teleskopantenne 325
Teleskopgabel 366, 369
Teleskopschlagstock 456
Teleskoptragebein 460
Teller 207, 531, 535
Teller, flacher 166
Teller, kleiner 166
Tellerbürste 365
Tellereisen 535
Telson 71
Tempel, aztekischer 283
Tempel, griechischer 279
Tempel, Huitzilopochtli 283
Tempel, Tlaloc 283
Temperaturanzeige 355
Temperaturfühler 358
Temperaturmessung 424
Temperaturregler 178, 208, 211
Temperaturregler, abziehbarer 179
Temperaturschalter 270
Temperaturskala 37
Temperaturwähler 178, 212, 213
Tempomat 354
Temporegler 311
Tennis 490
Tennisball 492
Tennisplatz 490
Tennisschläger 492
Tennisschuh 242, 492
Tennisspielerin 492
Tentakel 72
Tentakel, kleiner 72
Teppich 190
Teppichboden 190
Teppichmuschel, Kreuzmuster 157
Terminalbronchiole 105
Terminkalender 338
Terminplanung 338
Termite 69
Terrasse 182, 230
Terrassentür 188
Terrine 174
Tertiärkonsumenten 45
Terz 298
Testknopf 454
Teufelsdreck 139
textile Bodenbeläge 190
Thailand 453
Thallus 50, 51
Theater 292, 432, 433
Theater, griechisches 278
Theke 438
thermodynamische Temperatur, Maßeinheit 426
Thermometer 404, 424
Thermopause 37
Thermoschutzhaube 524
Thermosflasche 532
Thermosphäre 37
Thermostat 178
Thermostat, regelbarer 179
Thetys 3
Third 515
Thorarollen 447
Thoraschrein 447
Thorax 67, 68
Thrombozyt 104
Thunfisch 160
Thymian 142
Ticketschalter 390
Tiefdruckgebiet 39, 43
tiefe Wolken 42
Tiefeneinstellung 229
Tiefenregler 303
tiefer Wadenbeinnerv 108
Tiefkühlprodukte 121
Tieflöffel 399
Tieflöffelsteuerung 399
Tiefsee-Ebene 33
Tiefseeberg 33
Tiefseeboden 26
Tiefseegraben 33
Tiefseehügel 33
Tiefseekabel 334
Tiefseekabel, Verteilung 317
Tieftöner 324
Tierceron 284
Tierhandlung 436
tierische Zelle 66
Tierreich 66
Tiger 89
Tight End 485
Timer 501
Tinte, metallische 441
Tintenfisch 72, 157
Tintenfisch, äußere Merkmale 72
Tintenpatronen-Kontrollleuchte 333
Tintenraum 312
Tintenstrahldrucker 333
Tipi 288
Tisch 202, 438
Tisch der Staatsanwaltschaft 440

Tisch der Verteidigung 440
Tisch des Gerichtsschreibers 440
Tischcomputer 334
Tische, Beispiele 202
Tischklammer 421
Tischleuchte 206
Tischleuchte, Halogen 206
Tischplatte 202
Tischrechner mit Druckerteil 337
Tischrührgerät 176
Tischtennis 493
Tischtennisball 493
Tischtennisplatte 493
Tischtennisschläger 493
Titan 3
Titania 3
Titeleinblendetaste 320
Titelfoto 313
Titelnummer 323
Titelseite 313
Titelsuchtasten 323
Titelzeile 313
Titicacasee 17
TL-Triebwerk 393
Tlaloc-Tempel 283
Toaster 178
Todesanzeigen 313
tödlich giftiger Pilz 52
Toeloop 509
Togo 451
Toilette 194, 195, 196, 445
Toiletten 437, 440, 443, 463, 465
Toilettenpapierhalter 195
Toilettenseife 267
Tomate 128
Tomatenmark 140
Tomatillo 128
Tomtom 308
Tonabnehmer 303
Tonabnehmer-Wahlschalter 303
Tonabnehmerregler 303
Tonartvorzeichen 299
Tonassistent 291
Tonaufnahmegeräte 291
Tonga 453
Tonhöhenrad 310
Tonleiter 298
Tonmeister 291
Tonnengewölbe 281
Tonsignalquellen, Kontrollleuchten 322
Tonsignalquellen-Wahltaster 322
Tonwiedergabesystem 322
Tonwiedergabesysteme, tragbare 325
Topcase 369
Topfhut 239
Topinambur 124
Toplevel-Domain 334
Topplicht 383
Toprückstand 405
Toque 239
Tor 381, 480, 482, 485, 507
Torbereich 483
Torfmoos, sparriges 51
Torhüter 479
Torlampen 507
Torlinie 482, 484, 506
Tornado 43
Torpfosten 485
Torraum 480, 507
Torresstraße 15
Torrichter 506
Torselett 259
Tortellini 146
Tortilla 145
Torus 429
Torwart 481, 506, 507
Torwarthandschuhe 480
Torwartschläger 507
Torwartschlittschuh 507
totale Finsternis 4, 5
Touchpad 336
Touchpad-Taste 336
Touchscreen 337
Toulouser Wurst 156
Toupierkamm 268
Tourenrad 373
Touring-Motorrad 369
Touringreifen 358
Towergehäuse: Rückansicht 329
Towergehäuse: Vorderansicht 329
Trab 83
traditionelle Musikinstrumente 296
traditionelle Wohnhäuser 288
tragbare Tonwiedergabesysteme 325
tragbarer CD-Spieler 325
Trageband 458
Tragebügel 325, 326
Tragegriff 209
Tragen-Abstellraum 462
Träger 187, 259, 396, 509
Träger mit Knopf 261
Träger, verstellbarer 260
Trägerhemd 247, 263
Trägerhemdchen 261
trägerloser Büstenhalter 259
Trägerrock 252
Trägerstruktur 11
Tragfaden 70
Tragflügel 13, 393, 394
Tragflügel, hinterer 387
Tragflügel, teilgetauchter 387
Tragflügel, vorderer 387
Tragflügelschiff 387
Tragkabel 344
Tragriemen, Öse 315
Tragschicht, obere 342
Tragschicht, untere 342
Tragseil 287
Tragus 115
Trainer 489, 498, 507, 509
Trainerassistent 489
Trainingsanzug 262
Trainingshose 262
Tranchiergabel 169
Tranchiermesser 160
Tränendrüse 119
Tränengang 119
Tränenwarze 119
Transantarktisches Gebirge 15
Transformator 207, 407
Transformstörungen 27
Transitlagerschuppen 381
Transpiration 45
Transport 342
Transporter 365
Transportmischer 365
Traube, geschlossene 57
Traubenhenkel 62
Trauerweide 64
Traveller 520, 521
Travellerscheck 441
Traverse 202
Trawler 384
Treble 471
Treibhaus 122
Treibhauseffekt 46
Treibhauseffekt, anthropogener 46
Treibhauseffekt, natürlicher 46
Treibhausgas 46
Treibhausgaskonzentration 46
Treibladung 534
Treibscheibe 287
Treibstoffart 346
Treibstofftank 395
Trenchcoat 248
Trennklappe 277
Trennlinie 313
Trennvorhang 464
Trennwand 457
Treppe 188, 189, 191, 283, 293, 294, 345, 378, 412, 439
Treppenabsatz 189
Treppenaufgang 404
Treppenhaus 189
Treppenhaus-Oberlicht 189
Treppenlauf 191
Treppenstufe 191
Treppenvorbau 183
Tresor 443
Tresorraum 443
Tretlager 372
Triageraum 463
Triangel 295, 309
Tribünen, bewegliche 444
Trichter 72, 171, 306, 307, 318
Trickeffektetasten 320
Trickeffektewähler 320
Trieb 62
Triebdrehgestell 376
Triebwagen 380
Triebwerk 393
Trift 406
Triklinium 280
Trikot 263, 483, 488, 522
Trikuspidalklappe 104
Triller 299
Trimaran 521
Trinidad und Tobago 449
Trinkflasche 371
Trinkpackung 163
Trinkwasserleitung 434
Trio 300
Triticale 143
Triton 3
Tritt 219
Trittbrett 523
Trittbrett, hinteres 455
Tritthocker 201, 219
Trittleiter 219
Trittplatte 535
Trittstufe 191, 364
Trizepszug 501
trocken liegender Höhlenraum 31
Trockendock 381
Trockenelemente 417
Trockenfrüchte 60, 133
Trockenklimate 40
Trog 39
Trommel 170, 212, 213, 236
Trommel, kleine 295, 308
Trommelbremse 357
Trommelfell 75, 116, 297, 308
Trommeln 308
Trommelschlegel 297
Trompete 307, 342
Trompeten 295
Tropenwald 44
Tropfen für trockene Augen 272
tropisch feucht und trocken 40
tropische Klimate 40
tropische Wirbelstürme, Bezeichnungen 43
tropischer Regenwald 40, 44
tropischer Wirbelsturm 43
Tropopause 37, 46
Troposphäre 37
Trüffel 123
Trugdolde, eingliedrige 57
Trugdolde, zweigliedrige 57
Truhe 203
Truhenkörper 211
Truncus coeliacus 103, 107
Truthahn 81
Tschad 451
Tschadsee 20
Tschechische Republik 450
Tsetsefliege 69
Tuba 295, 307
Tube 163
Tubus 8, 9, 420, 421
Tubusträger 421
Tuch, Geschirr 215
Tukan 80
Tülle 180, 181
Tüllen 172
Tulpe 56
Tundra 44
Tunesien 451
Tunika 255
Tunikakleid 252
Tunnel 378
Tüpfelfarn, gemeiner 52
Tür 178, 202, 211, 213, 287, 349, 361, 392, 439
Tür zum Nutzlastraum 13
Tür, automatische 390
Turban 239
Turbine 402, 408
Turbinengenerator 402
Turbinenwelle 408
Türen, Beispiele 286
Türfach 211
Türfüllung 202
Türgriff 186, 349
Türinnenverschalung 352
Türkei 452
Turkmenistan 452
Türknopf 185
Turm 284, 412, 413, 470
Turmkran 397
Turmmast 397
Turmrollen 403
Turmspitze 285
Turmwindmühle 412
Turners/Turnerin, Name 497
Turnhalle 444
Turnhallenbüro 444
Türöffnungshebel 352
Türpfosten 185
Türschloss 185, 213, 349, 352
Türstopper 211
Türsturz 285
Türverkleidung 352
Türzapfen 185
Tuvalu 453
TV-Einstellung 319
TV-Netzschalter 319
TV/Video-Taste 319
Twinset 255
Tympanon 279
Typenschild 228
typische Küstenformen 35

U

U-Bahn 378, 435
U-Bahn-Netzplan 379, 380
U-Bahn-Schild 378
U-Bahn-Station 378, 432
U-Bahn-Zug 378, 380
Überbau 345
Überdach 528, 529
Überdruckventil 174
Überfallrinne 406
Überfallschloss 277
Überflurhydrant 454
Überführung 343, 344
Überholrollbahn 388
Überholspur 343
überirdische Pipeline 404
Überlauf 184, 194, 195, 196
Überlaufkrone 406
Überlaufschutz 214
Überrollschutz 525
Überschallflugzeug 37, 394
Überschlag 275
Überschwemmungsebene 32
Überseekoffer 277
Übersetzungsgehäuse 537
Übersetzungsgetriebe 413
Überstand 191
überstumpfer Winkel 428
Übertragungsnetz, öffentliches 316
Überwachungsraum 345
Überwurfmutter 197
Überziehschuh 240
Übungsgrün 504
Udonnudeln 147
Uganda 451
Uhr 444
Uhrband 424
Uhrenmeister 488
Uhrenradio 325
Uhu 81
Ukraine 450
UKW-Wahltaste 322
ultraviolette Strahlung 418
Umbriel 3
Umfang 428
Umgebung, naturbelassene 504
Umgehungsstraße 25, 431
Umhängetasche mit Dehnfalte 276
Umhängetasche mit Reißverschluss 276
Umkehrlinsen 420
Umkleideraum 444
Umladeabschnitt 385
Umlaufkammer 407
Umleitungskanal 406
Umlenkstern 235
Umschalter 221, 228
Umschalttasten 330
umsetzbare Flagge 504
Umwandlungsanlage, katalytische 405
Umwelt 44
Umwerfer 522
Umwerfer, hinterer 370, 372
undurchlässiges Gestein 403
unendlich 427
Unfallstation 462
Ungarn 450
ungebleichtes Mehl 144
ungesäuertes Brot 145
ungleich 427
Uniform 456
Unisex-Kopfbedeckungen 239
Unisex-Schuhe 242
Universität 432
Unkrautstecher 232
unpaarig gefiedert 55
unregelmäßiges Trapez 429
Unterarm 86, 93, 95
Unterarmmappe 275
Unterarmstütze 466
Unterbau 403
Unterblock des Flaschenzuges 403
Unterboden 54, 187, 190
Unterbrechung 221
unterbrochene Linie 342, 343
Unterbruststäbchen 259
Unterbühne 292
Unterdeck 404
untere Abschlusskappe 417
untere Gliedmaßen 103
untere Hohlvene 102, 103, 104, 107
untere Mesenterialarterie 107
untere Nasenmuschel 117
untere Querleiste 202
untere Schale 511
untere Schutzhaube 227
untere Sohlschicht 403
untere Tasche 502
untere Tragschicht 342
untere Vertäfelung 396
untere Zahnreihe 116
unterer gerader Augenmuskel 119
unterer Glaskolben 181
unterer Kühleranschluss 358
unterer Mantel 26
unterer seitlicher Einschnitt 62
unterer seitlicher Lappen 62
unteres Augenlid 75, 87
unteres Becken 308
Unterfach 274
Unterfangkescher 538
Unterführung 344, 375
Untergeschoß 435
Untergrätenmuskel 97
Untergrund 342

Unterhautbindegewebe 114
Unterhemd 476
Unterhose, lange 247
unterirdische Anlagen 281
unterirdische Kammer 278
unterirdischer Abfluss 45
unterirdisches Gerinne 31
unterirdisches Kabelnetz, Verteilung 317
Unterkante 506
Unterkiefer 67, 74, 98
Unterkieferknochen 100
Unterkleid 258
Unterkühlen 414
Unterkunft 512
Unterkünfte 512
Unterlage 190
Unterlegscheibe 222
Unterlegscheiben 222
Unterlid 119
Unterlippe 116, 305
Unternehmen 335
Unterrock 258
Unterrohr 371
Untersattel 301
unterschiedliche Vogeltypen 80
Unterschnabel 78
Unterschrank 164
Unterschrift des Inhabers 441
Unterschrift, amtliche 441
Unterschwanzdecken 78
unterseeischer Cañon 33
Unterstock 273
Untersuchungsraum 463, 465
Untersuchungsraum, Audiometrie 465
Untersuchungsraum, gynäkologischer 463
Untersuchungsraum, psychiatrischer 462
Unterteil 179, 356, 454
Untertitel 313
Unterwäsche 247, 258, 524
Unterwäschegeschäft 436
Unterwasser-Strahler 184
Unterwasserbohrung 404
Unterwasserpipeline 404
Up-Quark 414
Ural 18
Uranbrennstoff, Kernspaltung 408
Uranus 2, 3
URL-Adresse 334
Ursprungskegel 110
Uruguay 448
USB-Schnittstelle 329, 336
Usbekistan 452
Utensilien, verschiedene 173

V

V-Ausschnitt 244, 250
Vakuole 50, 66
Vakuole, pulsierende 66
Vakuum-Kaffeemaschine 181
Vakuumdestillation 405
Vanille-Extrakt 140
Vanuatu 453
Vater-Pacinisches Körperchen 114
Vatikanstaat 450
VCR-Einstellung 319
VCR-Netzschalter 319
VCR-Tasten 319
Vegetation 44
Vegetationsbild nach Höhenlagen 44
Vegetationspunkt 53
Vegetationszonen 44
Veilchen 56
Velarium 281
Velours 190
Vene, königliche 102
Venen 102
Venezuela 448
Ventil 196, 307, 371
Ventilbüchse 307
Ventilfeder 360
Ventilsitz 196
Ventilzug, dritter 307
Ventilzug, erster 307
Ventilzug, zweiter 307
ventraler Nervenstrang 71
Venus 2, 3
Venusmuschel 157
Verandatür 164
Verankerung 344
Verankerungspunkt 70
Verbene 148
Verbindung 312, 470
Verbindungsast 110
Verbindungsclip 460
Verbindungsgang 345
Verbindungskabel 332
Verbindungspunkt 198
Verbindungsstutzen 455
Verbindungstunnel 13
Verbraucher, Stromleitung 402, 413
Verbrechensbekämpfung, vorbeugende 456
Verbrennen 49
Verbrennungsraum 360
Verdampfen 414
Verdauungsapparat 106
verdeckte Knopfleiste 251
Verdichter 364
Verdichtung 49
Verdunstung 45
Vereinigte Arabische Emirate 452
Vereinigte Staaten von Amerika 448
Vereinigtes Königreich von Großbritannien und Nordirland 449
Verengung 424
Verfallsdatum 441
Verfolgerauto 522
Vergaser 366
Verhol-Winde 385
Verkehrsampel 434
Verkehrsflugzeug 37
Verkleidung 187, 366
Verklicker 520
verlängertes Mark 109
Verlobungsring 264
Verpackung 49
Verpackungen 162
Verpackungsmaterial 120
Verpackungsraum 120
Versailles-Parkett 190
verschiebbarer Messschnabel 425
verschiebbarer Tastaturschutz 327
verschiedene Geräte 231
verschiedene Haushaltsgeräte 180
verschiedene Schwimmstile 517
verschiedene Utensilien 173
Verschiedenes 341
verschiedenes Zubehör 225
Verschlagwagen 377
Verschluss 163, 209, 226, 261, 333, 511, 532, 535
Verschluss des Hochwasserentlastungswehrs 406
Verschlussdeckel 417
Verschlussmaterial 417
Verschlussstopfen 417
Verschlussstück 534
Verschmutzung 47
Verschmutzung durch Autoabgase 47
Verschmutzung durch Haushalte 47
Verschmutzung, industrielle 47
Verschmutzung, landwirtschaftliche 47
Versenknagel 220
Versenkpodium 292
Versetzungszeichen 299
Versicherungsabteilung 442
Versorgungsbereich 389
Versorgungsmodul 316
Versorgungsstraße 388
Verstärkungsrippe 401
Verstärkungsschwelle 458
Versteifungsrippe 392
verstellbare Klemme 206
verstellbarer Bügel 226
verstellbarer Träger 260
verstellbares Rückenteil 460
Verstelldüse 394
Versteller 246
Verstellnut 222
Verstellung 222
Verstrebung 412
Vertäfelung, obere 396
Vertäfelung, untere 396
Vertebralschild 76
Verteidiger, rechter 481
Verteidigung 484
Verteidigungszone 487
Verteiler 342
Verteilerkasten 198
Verteilerschleife 198
Verteilung über Freileitungen 316
Verteilung über Tiefseekabel 317
Verteilung über unterirdisches Kabelnetz 317
Vertikale 526
vertikale Bodenbewegung 27
vertikale Einstellung 329
vertikaler Zug 470
vertikales Schiebefenster 287
vertikales Seitenband 487
Vertikalseismograph 27
Vertikutierer 237
Verwaltung 445
verwelkendes Keimblatt 53
Verwerfung 27
Verziehnaht 245
Verzierungen 299
Vestibularnerv 116
Vibratohebel 303
Victoriasee 20
Victoriawüste, Große 15
Video- und Digitalübertragung, Anschlussbuchsen 315
Video-Ausgänge 322
Video-Eingänge 322
Videobandsteuerungen 320
Videokassette 319
Videokassettenadapter 320
Videokassettenschacht 320
Videorecorder 319
Videoschnittstelle 329, 336
Videospielsystem 471
Vielecke 429
Viereck 429
Viereckregner 236
vierfüßiger Stock 466
Vierling 468
vierte Zehe 78
Viertelnote 299
Viertelpause 299
viertürige Limousine 347
Vierundsechzigstelnote 299
Vierundsechzigstelpause 299
Vierung 284, 285
Vierungsturm 284
Viervierteltakt 298
Vierwegeregler 315
Vietnam 453
Vinyl-Laufsohle 261
Violine 301
Violinen, erste 295
Violinen, zweite 295
Violinfamilie 301
Violinschlüssel 298
Viper 77
Visier 367, 459, 525, 533, 535
Visiergestell 476
Vitrine 203
Vitrinenschrank 203
Vizeskip 515
Vogel 78
Vögel 78
Vogel, äußere Merkmale 78
Vogelaugenchili 139
Vogelfüße, Beispiele 79
Vogelschnäbel, Beispiele 79
Vogeltypen, unterschiedliche 80
Volant 204
Vollachsel-Unterkleid 258
Volleyball 487, 490
Volleyballspiel 487
Vollkornbrot 145
Vollkornmehl 144
Vollmond 5
vollreflektierender Spiegel 420
Vollreife 62
Volt 426
Volute 200
Vorbau 183, 371
vorbeugende Verbrechensbekämpfung 456
Vorbühne 292
Vordach 361, 528
Vordachrille 361
Vorderachse 401
Vorderansicht 92, 94, 96, 98, 478
Vorderbein 67, 68, 75, 201
Vorderblatt 240, 263
Vorderbremse 368
vordere Aufschlaglinie 495
vordere Augenkammer 119
vordere Backenzähne 101
vordere Druckknopfleiste 261
vordere Einbuchtung 115
vordere Felgenbremse 371
vordere Fußraste 367, 368
vordere Nervenwurzel 109, 110
vordere Schienbeinarterie 102
vordere Seitenfontanelle 100
vorderer Balken 422
vorderer Douglasscher Raum 112
vorderer Gaumenbogen 116
vorderer Oberkiefer 74
vorderer Schienbeinmuskel 96
vorderer Schließmuskel 73
vorderer Straffergurt 532
vorderer Tragflügel 387
vorderes Auspuffrohr 350
vorderes Ende 73
vorderes Rückstoßtriebwerk 12
vorderes Schutzblech 366
Vorderfeld 491
Vorderflügel 67
Vordergabel 371
Vorderhorn 109
Vorderkappe, perforierte 240
Vordermast 385
Vorderrad 401, 467
Vorderschaft 534
Vorderseite 244, 245
Vorderteil 240, 245, 262
Vorderteil, steifes 363
Vorfach 538
Vorfeld 388
Vorflügel 393
Vorführraum 294
Vorführzeiten 294
Vorfußbindung 514
Vorhalle 439, 440, 442
Vorhang, eiserner 292
Vorhaut 111
vorherige Sätze 492
vorherige Seite 331
vorherrschender Wind 43
Vorhof 346
Vorhof, linker 103, 104
Vorhof, rechter 103, 104
Vorkommen 403
vorkragender Dachkranz 283
Vorlauf 323
Vorlauftaste 328
Vorliek 519
Vororte 25
Vorratsdosen 162
Vorratsschrank 439
Vorschaltgerät, elektronisches 199
Vorschlag 299
Vorschneider 228
Vorschot 520
Vorsprung 29
Vorspultaste 319
Vorstadt 431
Vorstag 520
Vortasche 275
Vortitel 313
Vorwahlsender-Wahltaste 322
vorwärts 518
Vorzeichentaste 337
Vulkan 26, 28
Vulkan mit Ausbruchstätigkeit 28
Vulkan, effusiver 28
Vulkan, explosiver 28
vulkanische Asche 28
vulkanische Bombe 28
vulkanische Insel 33
vulkanischer See 32
Vulkantypen 28

W

Waage, elektronische 423
Waagschale 422, 423
Waagschalenhaken 422
Wache 282
Wacholderbeere 138
Wachs 514
Wachsausrüstung 514
Wachsbohne 131
Wachskürbis 128
Wachspapier 162
Wachtel 81, 154
Wachtelei 155
Wade 93, 95
Wadenbein 98
Wadenbeinmuskel, kurzer 97
Wadenbeinmuskel, langer 96
Wadenbeinnerv, gemeinsamer 108
Wadenbeinnerv, oberflächlicher 108
Wadenbeinnerv, tiefer 108
Wadennerv 108
Wadenstrumpf 247
Wadi 36
Waffeleisen 178
Wagen 121, 521, 527
Wagenanzug 261
Wagendeck 386
Wagenheber 356
Wagenradhut 239
Wagentür 352
Wagentypen 376
Wahlrad 337
Wahltaste 327
Währungsangabe 441
Wakame 123

Wal 90
Wald 25, 29
Wald, borealer 44
Wald, gemäßigter 44
Waldbrand 47
Waldfrosch 75
Waldhorn 307
Waldhörner 295
Waldmurmeltier 82
Walkman® mit Radioteil 326
Wallpapille 118
Wallpapillen 118
Walnuss 64, 133
Walnuss, Längsschnitt 60
Walze 219
Walzenbefestigung 219
Walzenbürste 365
Wan-tan-Teigblätter 147
Wand 184
Wand-Untergurt 365
Wanderschuh 242
Wandlaterne 207
Wandleuchte 207
Wandwange 191
Wange 94, 220, 536
Wanne 219
Wannengarnitur 194
Want 520
Wantenspanner 521
Wantenverklicker 520
Wapitihirsch 84
Wappen 477
Waran 77
Warencode 423
Wareneingang 120
Wareneingang für Milchprodukte 120
Warengeschäfte 335
warme Luft 41
Wärmeabgabe an Wasser 408
Wärmedeflektorscheibe 199
Wärmeenergie 46, 402
Wärmeenergie, Elektrizitätserzeugung 402
Wärmeerzeugung 408
wärmeisolierter Griff 179
Wärmeleitung 415
Wärmeübertragung 415
Wärmeverlust 46
warmgemäßigte Klimate 40
Warmhalteplatte 101
Warmluftklappe 192
Warmluftzufuhr 213
Warmwasserbereiter 101
Warmwasserkreislauf 194
Warmwassersteigleitung 194
Warmwasserzulauf 197
Warnblinklicht 392
Warnleuchte "Tür offen" 355
Warnleuchten 355
Wartebereich 442
Wartebereich für den Entnahmeraum 465
Wartebereichmarkierung 390
Wartehäuschen 434
Warteraum 463
Warteraum für Angehörige 462
Warteraum, zweiter 465
Warteschlange 443
Wartungskasten 198
Warzenfortsatz 100
Warzenhof 113
Wasabipaste 141
Waschbär 88
Waschbecken 194, 195, 464
Wäschekammer 439
Wascherarm 214
Wäscherei 439
Wäschetrockner 213
Waschhandschuh 267
Waschküche 188
Waschlappen 267
Waschmaschine 194, 212
Waschraum 464
Waschtisch 439
Wasser 402, 408
Wasser verdampft 408
Wasser, Wärmeabgabe 408
Wasser-Dampf-Gemisch 402
Wasserbadtopf 175
Wasserbehälter 181, 272
Wasserdruckanzeiger 455
Wassereinlass 407
Wasserfall 31, 32
Wasserflugzeug 394
Wasserfrosch 75
Wasserglas 165
Wasserhahn 195, 455
Wasserhindernis 504
Wasserhose 43
Wasserkanister 532
Wasserkanone 455
Wasserkessel 180
Wasserklappe 307
Wasserkraftwerk 406
Wasserkraftwerk im Querschnitt 407
Wasserkreislauf 45
Wasserkrug 166
Wasserlauf 48
Wasserläufer 69
Wassermelone 135
Wassernuss 124
Wasseroberfläche 518
Wasserpumpen-Zange 222
Wasserschlauch 214
Wasserspinne 70
Wassersport 516
Wassersprühdüse 365
Wasserstand 181
Wasserstandsanzeige 208
Wasserstandsanzeiger 179
Wasserstandsregler 212
Wasserstrahl 518
Wassertank 181, 394
Wasserverschmutzung 48
Wasservogel 79
Wasserwaage 225
Wasserzähler 194
Wasserzeichen 441
Wassily-Stuhl 200
Watstiefel 538
Watt 426
Wattestäbchen 461
Wattetupfer 461
Watvogel 79
WC 188, 189, 439, 464
Webcam 332
Wechselanzeige für die Rückenlage 517
Wechselstrom-Netzkabel 336
Weddellmeer 15
Wedel 52
Wedel, eingerollter junger 52
Weg 504
Wehrgang 282
Wehrgang, gedeckter 282
Wehrmauer 282
weiblich 426
weibliche Blütenstände 65
weibliche Geschlechtsorgane 112
Weiche 375
weiche Kontaktlinse 272
weicher Gaumen 116, 117
Weichkäse 151
Weichsel 18
Weichstrahl 74
Weichtiere 72
Weideland 122
Weidenholz 478
Weihgabe 446
Weihrauchkessel 446
Weihwasserbecken 446
Wein 120
Weinblatt 62, 126
Weinessig 141
Weinkeller 438
Weinkellner, Sommelier 438
Weinranke 62
Weintraube 62, 132
Weintraube im Querschnitt 59
Weisheitszahn 101
Weiß 418, 469, 470
Weißbrot 145
weiße Schokolade 148
weiße Senfkörner 138
weiße Substanz 109, 110
weiße Zwiebel 124
weißer Pfeffer 138
weißer Punktball 502, 503
weißer Reis 147
weißer Spielball 503
weißer Stein 470
weißes Band 493, 495
weißes Feld 470
Weißfisch 161
Weißkohl 126
Weißrussland 450
Weißweinglas 165
Weitsichtigkeit 419
Weitsprung 472
Weitwinkelobjektiv 314
Weitwinkelspiegel 362, 363
Weizen 61, 143
Weizenkorn, Längsschnitt 61
Welle 33, 412, 418
Welle, langsam drehende 413
Welle, schnell drehende 413
Wellenbasis 33
Wellenberg 418
Wellenhöhe 33
Wellenkamm 33
Wellenlänge 33, 418
Wellental 33, 418
Wellhornschnecke 157
Weltraum, Beobachtung 7
Weltraumteleskop, Hubble 37
Wendeflügel 287
Wendekampfrichter 517
Wendekragen 248
Wendekreis des Krebses 20, 21, 22
Wendekreis des Steinbocks 20, 21, 22
Wendewand 517
Werbetafel 378, 380
Werfer 474, 475, 479
Werftkran 381
Werkbank 224
Werkstückspanner 226
Werkzeugfutter 229
Werkzeuggürtel 225
Werkzeughalter 10
Werkzeugkasten 225
Werkzeugsatz 372
Wertangabe 441
Wertstoff-Sammelbehälter 49
Wespe 69
West 23
West-Nordwest 23
West-Südwest 23
Weste 244, 255
Westen 254
Westindien 16
westliche Hemisphäre 21
Westlicher Indischer Rücken 34
westlicher Meridian 22
Wetterboje 38
Wetterflugzeug 38
Wetterkarte 38, 39
Wetterlage, gegenwärtige 39
Wetterradar 38, 392
Wettersatellit 38
Wetterschenkel 185, 186
Wetterschiff 38
Wetterstation 38
Wettervorhersage 38
Wettkampfbecken 517
Wetzstahl 169
Wetzstein 169
Whiskyglas 165
Wickelauflage 205
Wickelbluse 255
Wickelkleid 252
Wickelkommode 205
Wickelrock 253
Wickler 268
Wicklung 536
Wide Receiver 485
Widerhaken 538
Widerlager 284, 344
Widerrist 83, 86
Widerstände 417
Widerstandseinstellung 501
Widertonmoos, gemeines 51
Wiederaustritt 31
Wiedergabetaste 319, 326, 328
Wiederholungstasten 323
Wiederholungszeichen 298
Wiege 8, 9
Wiegeetikett 423
Wiegefläche 423
Wiegen 422
Wiese 122
Wiesel 88
Wigwam 288
Wild 154
Wildleder 265
Wildreis 143
Wildschwein 84
Wilkesland 15
Wimper 66, 119
Wimperg 285
Wimpern 87
Wimpernkämmchen 266
Wimpernzange 266
Wind 47, 48
Wind, vorherrschender 43
Wind, Wirkung 45
Windabweiser 364
Winde 364
Windel 260
Windelhöschen, dichtes 200
Windenergie 412
Windenergie, Elektrizitätserzeugung 413
Windensteuerung 364
Windfahne 413
Windgeschwindigkeit 39
Windjacke 249
Windkraftwerk mit horizontaler Achse 413
Windkraftwerk mit vertikaler Achse 412
Windkraftwerke 412
Windlaufquerteil 348
Windmühle 412
Windmühlenhaube 412
Windrichtung 39
Windrose 23
Windrute 412
Windsack 296
Windschutzscheibe 348, 364, 366, 369, 385, 392
Windschutzscheiben-Sonnenschutz 356
Windung 72, 73
Winglet 393
Winkel, Beispiele 428
Winkel, rechter 428
Winkel, spitzer 428
Winkel, stumpfer 428
Winkel, überstumpfer 428
Winsch 521
Winter 38
Winterniederschläge 41
Winterreifen 358
Wintersonnenwende 38
Wintersport 515
Wipfel 63
Wirbel 73, 301, 302, 538
Wirbelkasten 301
Wirbelkörper 110
Wirbelsäule 98, 109
Wirbelschäkel 535
Wirbelschraube 303
Wirbelsturm 43
Wirbelsturm, tropischer 43
Wirkung des Windes 45
Wirsing 126
Wirtschaft 440
Wischblatt 355
Wischerachse 355
Wischerarm 355
Wischgummi 355
Wissenschaft 414
wissenschaftliche Bezeichnungen 57, 58, 59
wissenschaftliche Instrumente 13
wissenschaftliche Symbole 426
wissenschaftlicher Taschenrechner 337
Wissenschaftsraum 444
Wochenendkoffer 277
Wohnblock 289, 433
Wohngebiet 431
Wohnhaus 122
Wohnhaus, römisches 280
Wohnhäuser, traditionelle 288
Wohnküche 188
Wohnmobil 361
Wohnmodul, amerikanisches 11
Wohnraum 528
Wohnwagen 361
Wohnzimmer 188
Wok 174
Wok-Set 174
Wolf 88
Wolfram-Halogenlampe 199
Wolga 18
Wolke 37, 41
Wolke, Oortsche 2
Wolken 42
Wolken, hohe 39, 42
Wolken, mittelhohe 39, 42
Wolken, tiefe 39, 42
Wolkenabsorption 46
Wolkenband, spiralförmiges 43
Wolkentrichter 43
Wolkenwasser 48
Worcestershire Soße 140
Wulst 358
Wundauflage, sterile 461
Wurf 475, 479
Würfel 429, 468, 469
Würfelbecher 469
Würfelmusterparkett 190
Wurfhügel 475
Wurfkreis 472, 473
Wurflinie 479
Wurfmal 475
Wurfpfeil 471
Wurmfortsatz 106
Wurst, Chorizo 156
Wurst, Kielbasa 150
Wurst, Merguez 156
Wurst, Toulouser 156
Würstchen, Frankfurter 156
Wurzel 54, 101, 167
Wurzelgemüse 129
Wurzelhaare 53
Wurzelhaarzone 63
Wurzelhaube 53
Wurzelhaut 101
Wurzelkanal 101
Wurzeln, sproßbürtige 52
Wurzelspitzenöffnung 101
Wurzelsystem 53, 62
Würzen 140
Wüste 36, 40, 44
Wüste Gobi 19
Wüste, Atacama 17
Wüstenfuchs 88
Wüstenspringmaus 82

X

Xylophon 295, 309

Y

Y-Schlauch 460
Yak 85
Yardlinie 484
Yen 440
Ysop 142
Yucatan-Halbinsel 16

Z

Zahlenschloss 274
Zahlungsbetragsanzeige 346
Zahlungsmodalitäten 441
Zahlungsterminal, elektronisches 121, 443
Zählwerk 323
Zahn 74, 76, 226, 227, 270, 398
Zahnbein 101
Zahnbürste 272
Zahnbürste, elektrische 272
Zähne 101
Zahnfach 101
Zahnfleisch 101, 116
Zahnpasta 272
Zahnpflege 272
Zahnreihe, obere 116
Zahnreihe, untere 116
Zahnseide 272
Zahnseidenhalter 272
Zander 160
Zange 173
Zangen 222
Zäpfchen 116, 117
Zapfen 65, 119, 202
Zapfhahn 346
Zapfsäule 346
Zapfsäulennummer 346
Zapfschlauch 346
Zarge 200, 201, 202, 301, 302
Zaun 122, 182
Zebra 84
Zecke 70
Zeh 86, 92, 94
Zehe 79
Zehe, dritte 78
Zehe, vierte 78
Zehe, zweite 78
Zehenriemchen 242
Zehenschützer 459, 476
Zehenstrecker, kurzer 96
Zehenstrecker, langer 96
Zehn 427
Zehn Gebote 447
Zehneck, regelmäßiges 429
Zehntelsekundenzeiger 424
Zeichen 299
Zeigefinger 115
Zeiger 422, 423
Zeit, Maßeinheit 426
Zeitaufnahmetaste 320
Zeiteinblendetaste 320
Zeitlupe 319
Zeitmesser, automatischer 517
Zeitmessung 424
Zeitnehmer 488, 498, 499, 509
Zeitschalter 178
Zeitschaltuhr 179
Zeitschrift 313
Zeitschriftenladen 437
Zeituhr 178
Zeitung 313
Zeitungskopf 313
Zeitungsname 313
Zellafter 66
Zelle 67, 281, 286, 413
Zelle, tierische 66
Zellen 416, 440
Zellkern 50, 66, 110, 112
Zellkörper 110
Zellwand 50
Zelte, Beispiele 528
Zeltspannleine 528
Zeltstange 529
Zeltwagen 361
Zeltwand 528
Zement 101
Zement, Hartplatz 492
Zementestrich 190
Zenitprisma 8
Zentralafrikanische Republik 451
Zentralbereich 4
Zentralbereich, gewölbter 6
zentrale Pumpstation 404
zentraler Mittelfeldspieler 481
zentrales Scharfstellrad 420
Zentralindischer Rücken 34
Zentralnervensystem 109
Zentriereinstellung 329
Zentrierspitze 228
Zentriol 66
Zerkleinerer 49
Zerkleinern 170
Zerkleinerung 49
Zerkleinerungswerk 402
zerlappte Projektion 22
Zerreiben 170
zersetzende Organismen 45
Zerstäuberstift 236
zerstoßene Chilis 139
Zerstreuungslinsen 419
Zeugenberg 36
Zeugenstand 440
Ziege 84
Ziegel 279, 280
Ziegenfrischkäse 150
Ziegenkäse 150
Ziegenmilch 150
Ziehbügel 460
Ziehhacke 233
Ziehharmonikafach 274
Ziel 516
Zielbahnhof 374
Zielbälle 502
Zielfernrohr 420, 534
Ziellinie 473
Zier-Steppnaht 246, 260
Zierbaum 122, 182, 230
Zierborte 260
Ziergarten 230
Zierkohl 126
Ziernaht 243
Zifferblatt 424
Ziffern, römische 427
Zifferntaste 337
Zikade 69
Zimmermannshammer 220
Zimmernummer 439
Zimtstangen 138
Zink-Elektrolytmischung (Anode) 417
Zink-Mangan-Zelle, alkalische 417
Zinke 167
Zinkzylinder (Anode) 417
Zinnenkranz 282
Zirbeldrüse 109
Zirrokumulus 42
Zirrostratus 42
Zirrus 42
Zither 296
Zitronatzitrone 134
Zitrone 134
Zitronenmelisse 142
Zitronenpresse 170
Zitronenschaber 169
Zitrusfrucht 58
Zitrusfrüchte 134
Zitruspresse 177
Zollkontrolle 391
Zona pellucida 112
Zoomer 320
Zoomobjektiv 314, 320
Zoomregler 315
Zoomwippe 320
Zubehör 209, 356, 372, 538
Zubehörfach 209
Zubehörschuh 314
Zubringer 431
Zucchini 128
Zucchini, gelbe 129
Zuchtchampignon 123
Zucker 149
Zucker, brauner 149
Zuckerdose 166
Zuckererbsen 130
Zuckermelone 135
Zufahrtsstraße 388
Zufahrtsweg 183
Zufluss 32
Zugang 407
Zugang zum Gleis 374
Zugangsserver 335
Zugarten 470
Zugbrücke 282
Zügel 78
Zugentlastungsklemme 198
Zugfeder 355
Zugrichter 516
Zugriemen 277
Zugriffsöffnung 333
Zugsattelzapfen 365
Zugschnur 275
Zugsystem 537
Zulauf 197
Zuleitungsdraht 199
Zuluftleitung 345
Zündhütchen 534
Zündkabel 360
Zündkabel, Anschluss 359
Zündkerze 237, 359, 360
Zündkerzendichtring 359
Zündkerzengehäuse 359
Zündkerzenkabel 350
Zündschalter 368
Zündschloss 354
Zündschlüssel 237
Zündversteller 360
Zündverteiler 350, 360
zunehmender Mond 5
Zunge 106, 116, 117, 154, 240, 262, 297, 305, 509, 511
Zunge, gespaltene 76
Zungenmandel 118
Zungenpfeife 305
Zungenrücken 118
Zungenscheide 76
Zungenspitze 118
Zungenwurzel 118
Zusammenfassung 313
Zusammenfluss 32
zusammengesetzte Blätter 55
zusätzlicher Griff 228
Zusatzsteckdose 217
Zusatzstecker 210
Zusatztank 365
Zuschauer 440
Zuschauergrenze 475
Zuschauerraum 293
Zuwachsstreifen 72, 73
Zwecke 220
zwei Pärchen 468
zweiflammiger Gasbrenner 529
zweiflügelige Ausgangstür 362
zweiflügeliger Propeller 394
Zweig 53, 63
zweigliedrige Trugdolde 57
Zweihalbetakt 298
zweiköpfiger Armstrecker 96
zweiköpfiger Schenkelmuskel 97
Zweipersonenzelt 528
Zweireiher 244
zweireihig 248
zweischalige Muschel 73
zweischalige Muschel, Anatomie 73
zweischalige Muschel, äußere Merkmale 73
zweischneidige Klinge 271
zweischneidiger Rasierer 271
zweiseitig gezahnte Effilierschere 270
Zweisitzer 200
zweisitziges Sofa 439
zweistöckiges Haus 289
Zweitbelegung 330
zweite Reihe 482
zweite Rückenflosse 74
zweite Spannungserhöhung 413
zweite Violinen 295
zweite Zehe 78
Zweite-Reihe-Stürmer links 482
Zweite-Reihe-Stürmer rechts 482
zweiteiliger Schlafanzug 260
zweiter Backenzahn 101
zweiter Halswirbel 99
zweiter Kamera-Assistent 290
zweiter Malspieler 474
zweiter Raum 489
zweiter Schiedsrichter 485, 487
zweiter Ventilzug 307
zweiter vorderer Backenzahn 101
zweiter Warteraum 465
zweites Mal 474
Zweiunddreißigstelnote 299
Zweiunddreißigstelpause 299
Zwerchfell 105
Zwiebel im Querschnitt 54
Zwiebel, rote 124
Zwiebel, weiße 124
Zwiebelgemüse 124
Zwillingswadenmuskel 96, 97
Zwinge 224
Zwinger 282
Zwischengeschoß 182, 189
Zwischenknochenmuskel 96
Zwischenrad 523
Zwischenraum 298
Zwischenrippennerv 108
Zwischensohle 262
Zwischentitel 313
Zwölfeck, regelmäßiges 429
Zwölffingerdarm 106
Zyan 418
Zylinder 238, 269, 270, 429
Zylinderglas 419
Zylinderkopfabdeckung 350
Zylinderkopfdeckel 360
Zylinderprojektion 22
Zypern 450
Zypressennadeln 65
Zytopharynx 66
Zytoplasma 50, 66, 112
Zytoplasmamembran 50, 66
Zytostom 66

English Index

A

a 298
A-line dress 252
abalone 157
abdomen 67, 68, 70, 71, 78, 92, 94
abdominal aorta 102, 107
abdominal cavity 111, 112
abdominal rectus 96
abdominal segment 67
above ground swimming pool 184
aboveground pipeline 404
absorbed solar radiation 46
absorber, shock 351
absorbing plate 410
absorption by clouds 46
absorption by Earth surface 46
absorption of water and mineral salts 54
absorption, carbon dioxide 54
abutment 284, 344
abyssal hill 33
abyssal plain 33
Abyssinian 87
acanthus leaf 200
acceleration lane 343
accelerator pedal 354
accent mark 299
access door 423
access gallery 407
access road 343, 388
access server 335
access window 333
accessories 356, 372
accessories, clothing and 538
accessory shoe 314
accidentals 299
accordion 296
accordion bag 276
accordion pleat 253
account identification 443
accumulator 357
Ace 468
achene 59, 60
acid rain 47, 48
acid snow 48
acidification, lake 48
acorn squash 129
acoustic ceiling 293
acoustic guitar 302
acoustic meatus 115, 116
acrobatic skate 527
acromion 99
acroterion 279
action buttons 471
action of wind 45
actor 290
actors' entrance 278
actors' seats 290
actress 291
actuator arm 333
acute angle 428
Adam's apple 92
adapter, plug 271
adapter, power 336
adaptor, mating 11
add in memory 337
add key 337
addition 427
additive colour synthesis 418
adductor muscle, anterior 73
adductor muscle, posterior 73
Aden, Gulf of 19, 20
adhesive disc 75
adhesive tape 461
adipose tissue 113, 114
adjustable buckle 527
adjustable catch 511
adjustable channel 222
adjustable clamp 206
adjustable frame 226
adjustable lamp 206
adjustable spanner 223
adjustable strap 260
adjustable thermostat 179
adjustable waist tab 244
adjuster 466
adjusting band 324
adjusting ring 236
adjusting screw 222
adjustment slide 246
administration 445
adobe house 288
adrenal gland 107
Adriatic Sea 18
adventitious roots 52
advertisement 313
advertisements, classified 313
advertising panel 378
advertising poster 380
adzuki bean 131
Aegean Sea 18
aerial 326, 327, 349
aerial ladder truck 455
aerial terminals 322
aerial, dish 321
aerial, home 316
aerial, telescopic 325
aerial, transceiving parabolic 316
aerocyst 51
aerodynamic brake 412
affluent 32
Afghanistan 452
Africa 14, 20, 34, 451
African Plate 27
Afro pick 268
aft shroud 7
afterbay 406, 407
aftershave 271
agar-agar 123
agency, travel 436
agitator 212
agricultural pollution 47
aileron 392
air bag 354
air bag restraint system 354
air bubbles 339
air compression unit 376
air concentrator 270
air conditioner 361
air conditioner compressor 360
air conditioning system 46
air cushion 262
air filter 235, 350
air hole 312
air horn 364
air inlet 367
air inlet control 192
air intake 362, 383, 395
air intake for engine cooling 525
air intake, engine 362
air mattress 530
air pollutants 47
air pollution 47
air pre-cleaner filter 398
air relief valve 385
air scoop 523
air shaft 278
air space 79
air temperature 39
air transport 388
air vent 214
air, cold 41
air, rising warm 43
air, subsiding cold 43
air, warm 41
air-inlet grille 270
air-outlet grille 270
air-pressure pump 461
air-supply tube 454
aircraft weather station 38
aircraft, business 394
aircraft, cargo 394
aircraft, examples of 394
aircraft, light 394
aircraft, movements of 395
airliner 37
airport 25, 388, 430
aisle 120, 285
ajowan 139
ala 117
alarm/charge indicator light 337
Alaska, Gulf of 16
Albania 450
albatross 80
albumen 79
alcohol bulb 424
alcohol column 424
Aleutian Islands 16
Aleutian Trench 34
alfalfa 130
alga 51
alga, brown 51
alga, green 51
alga, red 51
alga, structure of 51
algae, examples of 51
Algeria 451
alkaline manganese-zinc cell 417
alhalongi 102
all-season tyre 358
all-terrain bicycle 373
all-terrain vehicle 347
alley 490, 495
alligator 77
allspice 138
alluvial deposits 32
almond 57, 133
alphabetical keypad 338
alphanumeric keyboard 346, 442, 443
alphanumeric keypad 327, 330
alpine ski trail 512
alpine skier 510
alpine skiing 510
alpine snowboard 513
Alps 18
altar cross 446
altar, high 446
altar, secondary 446
altarpiece 446
alternate 330
alternate: level 3 select 330
alternating-current power cord 336
alternative key 330
alternator 350, 360, 413
altitude clamp 8, 9
altitude fine adjustment 8, 9
altitude scale 37
alto clef 298
altocumulus 42
altostratus 42
alula 78
aluminium foil 162
aluminum recycling container 49
alveolar bone 101
amaranth 143
Amazon River 17
amber light 434
amble 83
ambulance 460, 462
ambulatory 285
ambulatory care unit 465
America, Central 16
America, North 16, 34
America, South 17, 34
American bacon 156
American corn bread 145
American football 484
American football player 486
American mustard 140
American plug 198
Americas 448
Amery Ice Shelf 15
ammunition pouch 456
amoeba 66
amorphous solid 414
amount of substance, measurement of 420
ampere 426
amphibians 75
amphibians, examples of 75
amphibious firefighting aircraft 394
amphitheatre, Roman 281
ampli-tuner 325
ampli-tuner: back view 322
ampli-tuner: front view 322
amplitude 418
ampoule 467
ampulla of fallopian tube 113
anaesthesia room 464
anal cleft 93
anal fin 74
anal proleg 67
analogue camcorder: back view 320
analogue camcorder: front view 320
analogue watch 424
analytical balance 423
anatomy 96
anatomy of a bivalve shell 73
anatomy of a lobster 71
anchor 473
anchor pin 357
anchor point 70
anchorage block 344
anchovy 159
anconeus 97
Andes Cordillera 17
andirons 193

Andorra 449
andouillette 156
anemometer 413
angle, acute 428
angle, obtuse 428
angle, re-entrant 428
angle, right 428
angles, examples of 428
Angola 452
Anik 317
animal cell 66
animal dung 48
animal kingdom 66
anise 142
ankle 92, 94
ankle boot 241
ankle guard 476
ankle sock 247, 257
ankle-strap 241
ankle/wrist weight 500
annual ring 63
annular eclipse 4
anorak 263
ant 69
Antarctic Circle 15, 21, 22
Antarctic Peninsula 15
Antarctic Plate 27
Antarctica 14, 15
antefix 279
antelope 84
antenna 7, 67, 68, 71, 369, 392, 395, 457, 487
antenna cable, high-frequency 394
antenna, radio 525
antennule 71
anterior adductor muscle 73
anterior chamber 119
anterior end 73
anterior fontanelle 100
anterior horn 109
anterior nasal spine 100
anterior notch 115
anterior root 110
anterior tibial 96
anterior tibial artery 102
anterior view 92, 94, 96, 98
anther 56
anti-friction pad 511
anti-reflection coating 410
anti-slip foot 219
anti-torque tail rotor 395
anti-vibration handle 235
anticline 403
anticollision light 392
anticyclone 39
Antigua and Barbuda 449
antihelix 115
antilock braking system (ABS) 357
antiseptic 461
antitragus 115
anus 71, 73, 106, 111, 112
anvil 425
aorta 104, 105
aortic valve 104
apartment block 512
apartment building 433
aperture 73
aperture door 7
apex 72, 73, 101, 118
apical foramen 101
apocrine sweat gland 114
apothecium 50
Appalachian Mountains 16
apple 133
apple corer 173
apple, section of 58
application launch buttons 337
application, fertilizer 47
appoggiatura 299
appointment book 338
approach ramp 344
approach runs 496
apricot 132
apron 200, 201, 202, 369, 388, 498
apse 285
apsidiole 284, 285
aquatic bird 79
aquatic sports 516
aqueous humour 119
aquifer, confined 402
Arabian Peninsula 19
Arabian Sea 19
arachnids, examples of 70
arachnids, insects and 67
arachnoid 109
Aral Sea 19
arame 123
arc 428
arc, island 33
arcade 281, 284
arcades 447
arch of aorta 102, 103, 104
arch of foot artery 102
archboard 340
archipelago 24
architecture 278
architecture, elements of 286
architrave 279
Arctic 14
Arctic Circle 21, 22
Arctic Ocean 14
area, floor exercise 496
area, high pressure 43
area, industrial 431
area, low pressure 43
area, parking 430, 445
area, receiving 120
area, reception 462, 465
area, ski 512
area, stretcher 462
area, waiting 442
area, water-tank 394
arena 281, 472
Arenberg parquet 190
areola 113
Argentina 448
Ariel 3
ark 447
arm 83, 91, 93, 95, 200, 206, 236, 297, 400, 421, 467
arm cylinder 400
arm guard 486
arm lock 499
arm slit 251
arm stump 200
arm, crossing 362
arm, remote-control 11
arm, suspension 351
armchair 200, 444
armchairs, examples of 200
Armenia 452
armhole 247
armless chair 444
armoire 202
armpit 92, 94
armrest 205, 352, 353, 467
armstand 518
arpeggio 299
arrays, photovoltaic 11
arrector pili muscle 114
arrival, ski lift 512
arrow rest 535
art director 290
arteries 102
artery, dorsal abdominal 71
artery, sternal 71
artery, ventral 71
artichoke 127
article 313
articles, miscellaneous 341
articulated bus 363
articulated joint 363
artificial fly 536
artificial lake 32
artificial satellite 37
artist, make-up 290
arts and architecture 278
arts, performing 294
asafœtida 139
ascending aorta 103
ascending colon 106
ascending passage 278
ash layer 28
Asia 14, 19, 34, 452
Asian noodles 147
Asian pear 137
asparagus 125
asphalt 405
asphalt still 405
aspirin 461
ass 84
assistant camera operator, first 290
assistant camera operator, second 290
assistant coach 489, 507
assistant director 291
assistant property man 291
assistant referee 509
assistants, counsels' 440
association football 480
asteroid belt 3
asthenosphere 26
astigmatism 419
astrakhan cap 238
astronautics 10
astronomical observation 7
astronomical observatory 7
astronomical observatory, cross section of an 7
astronomical unit 3
astronomical units 2
astronomy 2
asymmetrical bars 496, 497
Atacama Desert 17
athlete: starting block 473
Atlantic cod 161
Atlantic Ocean 14, 15, 18, 20
Atlantic salmon 161
atlas 99
atlas moth 69
Atlas Mountains 20
atmosphere 44, 48
atoll 35
atom 414
atoms 414
atrium 280
attaché case 274
attack line 487
attack zone 487
attacker, left 487
attacker, middle 487
attacker, right 487
attitude control thrusters 12
attraction 416
aubergine 128
audience 440
audio input/output jack 337
audio jack 329
audiometric examination room 465
auditory ossicles 116
auricle 116
auricle, ear 115
auriculars 78
Australia 14, 34, 453
Australian-Indian Plate 27
Austria 450
authorized landfill site 47
auto answer indicator 328
auto reverse button 326
autoclave 464
automatic dialling index 327
automatic electronic timer 517
automatic filter coffee maker 181
automatic sliding door 286
automatic teller machine 442, 443
automatically-controlled door 390
autotrophs 45
autumn 38
autumn squash 129
autumnal equinox 38
auxiliary handle 228
auxiliary tank 365
avenue 25, 433
avocado 128
awl 531
awning channel 361
axe 234
Axel 509
axial rib 73
axillary artery 102
axillary bud 53
axillary nerve 108
axillary vein 102
axis 99
axle 527
axle shaft 351
axle, spool 537
axon 110
axon hillock 110
Azerbaijan 452
azimuth clamp 8, 9
azimuth fine adjustment 8, 9
Aztec temple 283

B

b 298
baboon 91
baby doll 256
babygro 260
back 78, 83, 86, 93, 95, 115, 167, 169, 201, 205, 226, 244, 467
back boundary line 494
back brush 267
back judge 485
back line 515
back of a glove 243
back panel 210, 213
back pocket 246
back ribs 152
back suspension 522
back zone 487
back, middle 487
back, right 481, 487
backboard 489
backboard support 489
backcourt 491
backdrop 292
backgammon 469
backguard 212
backhoe 399
backhoe controls 399
backhoe loader 399
backpack 532
backplate 357
backrest 369, 523
backspace 331
backspace key 331
backstay 509
backstop 474, 489
backstroke 517
backstroke turn indicator 517
backward 518
backward bucket 399, 400
bacon, American 156
bacon, Canadian 156
badge 456
badge, identification 456
badger 88
badminton 494
badminton racket 494
Baffin Island 16
bag compartment 209
bag well 505
bag, air 354
bag, freezer 162
bag, mesh 162
bag, tea 148
bagel 144
baggage check-in counter 390
baggage claim area 390
baggage compartment 362
bagpipes 296
bags, carrier 121
Bahamas 448
Bahrain 452
Baikal, Lake 19
bail 479
bail arm 537
bail arm opening mechanism 537
bailey 282
baitcasting reel 537
baize 502
bakery 121
bakery/patisserie 437
baking sheet 172
baking utensils 172
balaclava 239, 524
balalaika 297
balance beam 496, 497
balance control 322
balancer 303
balcony 189, 447
balcony window 189
baling 49
Balkan Peninsula 18
ball 312, 332
ball bearing 413
ball boy 490
ball mount 356
ball peen 220
ball sports 474
ball, hitch 356
ball-cock supply valve 196
ball-peen hammer 220
baller, melon 173
balloon, sounding 38
ballpoint pen 312
ballroom 387
balm, lemon 142
balsamic vinegar 141
Baltic Sea 18
baluster 191
balustrade 283
bamboo shoot 125
banana 136
band ring 264
band select button 322
band, spiral cloud 43
band, wrist 500
Bangladesh 453
bangle 264
banister 188, 189, 191
banjo 296
bank 182, 342, 432, 437, 442, 469
bank note 469
banknote: back 441
banknote: front 441
banner 313
banquette 201
baptismal font 446
bar 273, 293, 309, 432, 436, 438, 469, 500, 501
bar counter 438
bar line 298
bar nose 235
bar stool 201, 438
bar, glazing 186
bar, horizontal 496
bar, push 286
barb 538
Barbados 449
barbell 500, 501
barber comb 268
barbican 282
Barents Sea 18
bark 63
barley 61, 143
barley: spike 61
barmaid 438
barn 122
barometric pressure 39
barometric tendency 39
barrel 269, 270, 312, 471, 534
barrel vault 281
barrier 205, 434
barrier barricade tape 457
barrier beach 35
barrier, tyre 524
barrow 396
bars, asymmetrical 496
bars, parallel 497
bartizan 282
basaltic layer 26
base 54, 179, 180, 192, 206, 227, 229, 269, 283, 318, 332, 342, 412, 421, 422, 454, 473, 534
base cabinet 164
base course 342
base line 533
base of splat 200
base plate 227, 511, 533
base, padded 489
baseball 474, 476
baseball, cross section of 477
baseline 491
basement 182

ASTRONOMY > 2-13; EARTH > 14-49; PLANT KINGDOM >50-65; ANIMAL KINGDOM > 66-91; HUMAN BEING > 92-119; FOOD AND KITCHEN > 120-181; HOUSE > 182-215; DO-IT-YOURSELF AND GARDENING > 216-237; CLOTHING > 238-263; PERSONAL ADORNMENT AND ARTICLES > 264-277; ARTS AND ARCHITECTURE > 278-311; COMMUNICATIONS AND OFFICE AUTOMATION > 312-341; TRANSPORT AND MACHINERY > 342-401; ENERGY > 402-413; SCIENCE > 414-429; SOCIETY > 430-467; SPORTS AND GAMES > 468-538

basement window 183
basic source of food 45
basil 142
basilic vein 102
basket 178, 211, 489, 510
basket weave pattern 190
basket, frying 171
basket, steamer 175
basket, waste 341
basketball 488
basketball player 488
basmati rice 147
bass 160
bass bridge 304
bass clarinet 295
bass clef 298
bass drum 295, 308
bass guitar 303
bass keyboard 296
bass pickup 303
bass register 296
Bass Strait 15
bass tone control 303, 322, 325
bass, sea 160
bassoon 306
bassoons 295
baster 173
bat 476, 477, 478
bat, softball 477
bath 189, 194, 195
bath and shower 439
bath and shower mixer 194
bath brush 267
bath platform 195
bath sheet 267
bath towel 267
bath, bubble 207
bathrobe 256
bathroom 189, 195, 439, 464
bathroom scale 423
bathroom skylight 189
baton 472
baton holder 456
baton, expandable 456
batsman 479
batten 292, 519, 520
batten pocket 519, 520
batter 475, 476
batter skin 297
batter's helmet 476
battery 221, 350, 359, 411, 416
battery box 365
battery case 359
[illegible]
battery pack 228
battery pack, rechargeable 320
battery warning light 355
batting glove 476
battlement 282
baulk 502
baulk line 502
baulk line spot 502
bay 5, 24, 142
bay filler panel 329
Bay of Bengal 19
bay, cargo 12
Bay, Hudson 16
bayonet cap 199
beach 35
beach, barrier 35
bead 358
beaker, measuring 171
beam 283, 288, 422
beam balance 422
beam bridge 344
beam, balance 496
beam, laser 420
bean bag chair 201
bean thread cellophane noodles 147
bean, adzuki 131
bean, black 131
bean, lablab 130
bean, Lima 131
bean, mung 131
bean, pinto 131
bean, roman 131
bean, scarlet runner 131
bean, wax 131
bean, yard-long 130
beans 131
beans, dolichos 130
beans, green coffee 148
bear, black 89
bear, polar 89
bearing pad 409
beater 176
beater ejector 176
beaters 176
Beaufort Sea 16
beaver 82
becquerel 426
bed 183, 204, 342
bed and mattress 530
bed chamber 280
bed lamp 206
bed linen 204
bed, double 439
bed, gravel 524
bed, hospital 464
bed, single 439
bed, sofa 204
bedrock 27, 54
bedroom 189, 528
bedside lamp 439, 464
bedside table 439, 464
beech 64
beechnut 133
beef cubes 152
beef, cuts of 152
beef, minced 152
beehive 122
beer and wine 120
beer glass 165
beetroot 129
beginners' slope 512
begonia 56
Belarus 450
belfry 284
Belgium 449
Belize 448
bell 306, 307
bell bottoms 254
bell brace 306
bell tower 285, 446
bellows 296
bellows strap 296
belly 83
belongs to 427
below-stage 292
belt 223, 246, 248, 499
belt drive 383
belt loader 402
belt loop 246, 248, 531
belt, conveyor 49
belt, duty 456
belt, fan 350
belt, Kuiper 2
belt, safety 525
belt, tool 225
belt, waist 205, 532
beltclip 327
bench 201, 379, 437, 501
bench seat 353
bench, defence counsel's 440
bench, judges' 440
bench, prosecution counsel's 440
bench, substitutes' 481
bend 273, 538
Bengal, Bay of 19
Benin 451
beret 239
bergamot 134
bergère 200
bergschrund 30
Bering Sea 14
Bering Strait 16
Bermuda shorts 254
Bernard, Saint 86
berries 132
berry, juniper 138
bevel 460
bevel square 225
beverage can 163
beverage dispenser 463
Bhutan 453
bib 260, 261
bib necklace 264
biceps of arm 96
biceps of thigh 97
biconcave lens 419
biconvex lens 419
bicycle 370
bicycle parking 445
bicycle, accessories 372
bicycle, all-terrain 373
bicycle, city 373
bicycle, Dutch 373
bicycle, parts of a 370
bicycle, road 373
bicycle, touring 373
bicycles, examples of 373
bidet 195
Bight, Great Australian 15
bike carrier 356
bike, BMX 373
bike, quad 369
biking, mountain 522
bikini 259
bilberry 132
bill 78
billhook 234
billiard cue 503
billiard spot 502
billiards 502
bills, examples of 79
bimah 447
bin, compost 231
bin, recycling 49
binding 238, 513, 514
binding, comb 340
binding, safety 510
binocular microscope 421
biology 426
biosphere, structure of 44
biparous cyme 57
birch 64
bird 78
bird of prey 79
bird's eye chilli 139
bird's nest fern 52
bird, morphology of 78
birds 78
birds, examples of 80
biscuit cutters 172
Bishop 470
bison 84
bit 221, 403
bit, screwdriver 228
bit, spade 228
bit, twist 228
bits and drills, examples of 228
bitt 385
bitter melon 128
bivalve shell 73
bivalve shell, anatomy of 73
bivalve shell, morphology of 73
Black 470
black 418
black ball 503
black bean 131
black bear 89
black bread 144
black clamp 356
black gram 131
black mustard 138
black pepper 138
black pollock 161
black pudding 156
black radish 129
black salsify 129
Black Sea 14, 18, 19
black square 470
black stone 470
black tea 148
black-eyed pea 130
blackberry 132
blackboard 444
blackcurrant 132
blade 52, 55, 167, 169, 177, 180, 216, 219, 221, 226, 227, 229, 235, 270, 271, 398, 401, 412, 413, 493, 506, 509, 538
blade close stop 270
blade dispenser 271
blade lift cylinder 398, 401
blade lift fan 383
blade locking bolt 227
blade rotation cylinder 401
blade shifting mechanism 401
blade tilting lock 227
blade tilting mechanism 227
blade, cutting 341
blade, dance 509
blade, free-skating 509
blade, rudder 384
blank 468
blanket 204
blanket sleepsuit 261
blastodisc 79
blazer 254
blender 176
blender, pastry 172
blending attachment 176
blind spot mirror 362, 363
blinking lights 362
block 215, 305, 473
block, apartment 512
block, clamping 425
blocking glove 507
blood circulation 102
blood factor negative 426
blood factor positive 426
blood pressure monitor 461
blood vessel 104, 114
blood, composition of 104
blood, deoxygenated 104
blood, oxygenated 104
blouses, examples of 255
blow pipe 296
blowhole 90
blowtorch 218
blue 418
blue ball 503
blue beam 318
blue line 507
blue mussel 157
Blue, Danish 151
blue-veined cheeses 151
blueberry 132
bluefish 160
blusher brush 266
BMX bike 373
boa 77
boar, wild 84
board 470, 519
board game 469
board, bulletin 341, 444
board, cutting 169
board, diving 184
board, game 469
board, memorial 447
boarding step 395
boarding walkway 389
boards 506
boat, centreboard 521
boat, keel 521
boater 238
boats and ships, examples of 382
bobble hat 239
bodies, celestial 2
body 118, 180, 208, 228, 255, 258, 303, 305, 306, 348, 361, 420, 523, 536
body care 267
body flap 13
body of fornix 109
body of nail 114
body side moulding 349
body temperature control unit 10
body tube 421
body, collection 365
body, packer 364
body, tanker 364
bodywork, examples of 347
bogie tank wagon 377
bole 63
bolero 254
boletus, edible 123
Bolivia 448
bolster 167, 169, 204
bolt 222, 223, 224
bolts 223
bomb, volcanic 28
bond, chemical 414
bone, frontal 100
bone, nasal 100
bone, occipital 100
bone, parietal 100
bone, sphenoid 100
bone, temporal 100
bone, zygomatic 100
bongos 309
boning knife 169
bonnet 348, 364
bony fish 74
bony fishes 159
book ends 341
bookcase 444
bookshop 436
boom 364, 399, 400, 520
boom cylinder 399, 400
boom operator 291
boom vang 520
booster parachute 12
booster seat 205
booster, brake 350, 357
booster, solid rocket 12
boot 241, 349, 509, 514, 525, 527
boot, flexible 513
boot, football 480
boot, hard 513
boot, hiking 242
boot, inner 527
boot, ski-jumping 513
bootee 240
booth 438
booth, coupon 443
booth, information 437
booth, photo 437
booth, projection 294
booth, ticket collecting 378
booth, undressing 465
borage 142
bordeaux glass 165
border 182, 293
borders 292
boreal forest 44
born 426
Bosnia-Herzegovina 450
Bothnia, Gulf of 18
Botswana 452
bottle 267, 532
bottle opener 170, 531
bottle, glass 163
bottom cap 417
bottom cushion 502
bottom deck 404
bottom deckboard 396
bottom face 510
bottom line 517
bottom pocket 502
bottom rail 185, 202
bottom stair 191
bottom-fold document case 274
boulevard 25, 433
bow 238, 301, 387, 519, 520
bow door 383
bow loading door 386
bow saw 533
bow thruster 387
bow tie 245
bow, compound 535
bow-winged grasshopper 69
bowl 167, 177, 180
bowl with serving spout 177
bowler 238, 479
bowling 436
bowling crease 479
bowstring 535
box 192, 293

box bag 276
box office 294
box sealing tape dispenser 341
box, cheese 163
box, drink 163
box, jury 440
box, mitre 226
box, night deposit 443
box, safe deposit 443
box, sound 297
box, tool 225
box, top 369
boxer 498
boxer shorts 247
boxing 498
boxing gloves 498
boxing trunks 498
bra 259
brace 187, 219
brace clip 246
bracelets 264
braces 246
brachial 96
brachial artery 102
brachial plexus 108
brachioradialis 96, 97
bracket 283
bracket base 202
bracket, mounting 535
bract 60
brain 71
brains 154
brake 467, 501, 522
brake booster 350, 357
brake cable 371
brake caliper 366
brake fluid reservoir 357
brake handle 523
brake hose 357
brake lever 371
brake lever and shifter 522
brake light 352
brake lining 357
brake pad 357
brake pedal 350, 354, 357, 511
brake pressure modulator 357
brake shoe 357
brake van 377
brake, disc 350, 357, 525
brakes 357
braking circuit 350, 357
braking system 351
branch 62, 63, 65, 125, 194, 416, 460
branch clip 460
branches 63
branching, examples of 197
brandy glass 165
brass family 295
brassiere cup 259
brattice 282
brazier 283
Brazil 448
Brazil nut 133
bread 144
bread guide 178
bread knife 169
bread maker 179
bread, multigrain 145
bread, white 145
break 331
breaker 33
bream, sea 159
breast 78, 92, 94, 113
breast dart 248
breast pocket 245, 248
breast welt pocket 244
breaststroke 517
breech 306
breech guard 306
breechblock 534
breeds, dog 86
brick carton 163
brick-bond woodstrip flooring 190
bricklayer's hammer 216
bridge 25, 273, 297, 301, 302, 303, 420, 503
bridge assembly 303
bridge of nose 117
bridging 187
Brie 151
briefcase 274
briefs 247, 259
brightness control 329
brim 238, 239
bristle 271, 272
bristles 219
broad beans 130
broad ligament of uterus 113
broad welt side pocket 248, 251
broadleaved trees, examples of 64
broccoli 127
broccoli raab 127
brochure rack 442
broken line 342, 343
bronchus, lobe 105
bronchus, main 105
brook 32
brook charr 161
broom 193, 215
brow brush and lash comb 266
brown alga 51
brown ball 503
brown rice 147
brown sugar 149
browser 334
Brunei Darussalam 453
brush 61, 209, 215, 272
brush, back 267
brush, bath 267
brush, central 365
brush, curling 515
brush, lateral 365
Brussels sprouts 126
bubble 367
bubble bath 267
bubbles, air 339
bucket 215, 399
bucket cylinder 399, 400
bucket hinge pin 399
bucket lever 399
bucket seat: front view 353
bucket seat: side view 353
buckle 246, 248, 276, 353, 511
buckle, tightening 532
buckwheat 61, 143
buckwheat: raceme 61
bud 54
bud, flower 53
bud, taste 118
bud, terminal 53
buffalo 84
buffer 287
buffer tank 404
buffers 375
buffet 438
bug, shield 69
bugle 307
building, apartment 433
building, office 432
bulb 125, 199, 217, 385, 416
bulb dibber 231
bulb vegetables 124
bulb, section of 54
bulbil 54
bulbocavernous muscle 111
Bulgaria 450
bulge 6
bulk carrier 382
bulk terminal 381
bull's-eye 471
bulldog 86
bulldozer 398
bullet 534
bulletin board 341, 444
bumblebee 69
bump 487
bumper 209, 364, 369
bumper moulding 348
bumper, rear 369
bun tin 172
bunch 522
bunch of grapes 62
bunch, leading 522
bundle 125
bunk 361
bunker oil 405
bunker silo 122
bunker, sand 504
buoy weather station 38
burdock 129
bureau 203
burgundy glass 165
burial 49
Burkina Faso 451
burner 174, 210, 529
burner control knobs 210
burner frame 529
burner ring 174
Burundi 451
bus 362, 435
bus shelter 434
bus station 432
bus stop 434
bus, articulated 363
bus, city 362
bus, double-decker 363
bus, school 362
busbar 407
bush 230
bushing 406, 407
business aircraft 394
business counter 443
business district 430, 432
business transactions 335
butt 492, 494, 503, 536
butt cap 536
butt end 506
butt grip 537
butt guide 537
butt plate 534
butt section 536
butt-strap 273
butte 36
butter 150
butter compartment 211
butter cup 163
butter curler 169
butter dish 166
butter knife 168
butterfly 67
butterfly stroke 517
butterfly, morphology of 67
butterhead lettuce 126
buttermilk 150
buttock 93, 95, 111, 112
button 199, 245, 250, 296
button facing 245, 250
button loop 246
button strap 261
button, band select 322
button, call 287
button, cancel 333
button, CD/DVD-ROM eject 329
button, control 332
button, dial/action 337
button, display release 336
button, edit search 320
button, eject 315, 471
button, end search 320
button, erase 315
button, exit 337
button, floppy disk eject 329
button, image review 315
button, index/enlarge 315
button, indicators display 320
button, input select 322
button, lock-on 227, 229
button, memory 322
button, menu 315, 327
button, multi-image jump 315
button, paper feed 333, 443
button, power 318, 329, 333, 336
button, power and backlight 337
button, power zoom 320
button, preset tuning 322
button, read 327
button, reset 329, 471
button, select 327
button, settings display 315
button, test 454
button, title display 320
button, touch pad 336
button, voice recorder 337
button-through smock 255
buttondown collar 245
buttonhole 248
buttons, action 471
buttons, application launch 337
buttons, directional 471
buttons, image adjustment 320
buttons, programmable 332
buttons, special effects 320
buttons, tuning 322
buttress 284
by-pass taxiway 388

C

c 298
cab 398, 399, 400, 401
cabbage, red 126
cabbage, savoy 126
cabin 386, 395
cabinet 211, 212, 213, 318
cabinet, base 164
cabinet, wall 164
cable 228, 332, 356, 364, 535
cable distributor 316
cable guard 535
cable line 335
cable modem 335
cable sleeve 228
cable, electrical 354
cable, spark plug 350
cable, steel 535
cable, sync 337
cables, jumper 356
cabriole chair 200
cabriole leg 200
caecum 106
cafeteria 445
cafetière with plunger 181
cage 281
caiman 77
cajun spice seasoning 139
cake mascara 266
cake tin 172
calcaneus 99
calculator 274
calculator, scientific 337
calculator/cheque book holder 274
calendar pad 338
calf 84, 93, 95
California, Gulf of 16
caliper 357
caliper, vernier 425
call button 287
call button, pedestrian 434
Callisto 2
calls indicator 328
calyx 56, 59, 60, 107
cambium 63
Cambodia 453
camel 85
Camembert 151
camera 290, 525
camera body 314
camera operator 290
camera, digital 315
camera, motorcycle-mounted 522
Cameroon 451
camisole 258
camp bed 530
camper 361
camping 528
camping equipment 531
camshaft 360
can, beverage 163
can, food 163
Canada 448
Canadian bacon 156
Canadian elk 84
canal lock 381
canary melon 135
cancel button 333
Cancer, Tropic of 20
candela 426
candle 446
candy, rock 149
cane pen 312
canine 101
canister, dust 229
canisters 162
canned goods 121
cannelloni 146
cannon 83
canopy 273, 286, 361, 394, 401, 528
cantaloupe 135
canteen 532
cantilever bridge 344
cantilever span 344
canvas 498
canvas divider 528
Canyon, Grand 16
cap 52, 176, 191, 199, 238, 312, 412, 456, 467, 516
cap iron 229
cap nut 223
cap, bottom 417
cap, distributor 350
cap, lever 229
cap, screw 163
cap, top 417
capacitor, ceramic 417
capacitor, plastic film 417
capacitors, electrolytic 417
cape 24, 251
Cape Horn 17
Cape of Good Hope 20
Cape Verde Islands 451
capillary blood vessel 114
capillary tube 424
capital 23
capitals lock 330
capitals lock key 330
capitulum 57
capon 155
capped tee 193
Capricorn, Tropic of 20
capsule 51, 467
captain's quarters 387
caption 313
capture 470
car 347, 521
car ceiling 287
car coat 251
car cover 356
car dealer 433
car deck 386
car floor 287
car guide rail 287
car park 375, 381, 390
car safety 287
car systems 351
car systems: main parts 350
car wash 346
car, following 522
car, formula 1 525
car, formula 3000 524
car, formula Indy 524
car, lift 287
car, Micro Compact 347
car, police 457
car, rally 524
car, trailer 380
carafe 165
carambola 137
carapace 71, 76
caravan 361
caraway 138
carbon dioxide absorption 54
carbon rod (cathode) 417
carbon-zinc cell 417
carburettor 366
card 469
card games 468
card number 441, 443
card reader 321
card reader slot 346, 442, 443
card, Chance 469
card, Community chest 469
card, compass 23
card, credit 441
card, debit 443
cardamom 138
cardiac stomach 71
cardigan 250, 255

cardinal 80
cardoon 125
care, body 267
care, health and beauty 121
care, lawn 237
cargo aircraft 394
cargo bay 12
cargo bay door 13
cargo dispatch 391
cargo hold 393
cargo rack, rear 369
cargo reception 391
Caribbean Islands 448
Caribbean Plate 27
Caribbean Sea 14, 16
carina 74
carnation 56
carnivores 45
carnivorous mammals 86
carnivorous mammals, examples of 88
carom billiards 502
carp 160
Carpathian Mountains 18
Carpentaria, Gulf of 15
carpenter's hammer 220
carpentry: drilling tools 228
carpentry: gripping and tightening tools 222
carpentry: measuring and marking tools 225
carpentry: miscellaneous material 225
carpentry: nailing tools 220
carpentry: sawing tools 226
carpentry: screwing tools 221
carpentry: shaping tools 229
carpet and floor brush 209
carpet, pile 190
carriage 396
carrier 369, 370
carrier bags 121
carrier, bike 356
carrier, bulk 382
carrier, child 372
carrot 129
carrying handle 326
cartilaginous fish 74
cartilaginous fishes 158
cartography 21
carton 163
carton, brick 163
carton, egg 162
carton, small 163
cartoon 313
cartridge 216, 312, 459
cartridge (rifle) 534
cartridge (shotgun) 534
cartwheel hat 239
carving fork 169
carving knife 169
casaba melon 135
case 225, 265, 304, 424, 534
case fan 329
case, handcuff 456
case, lens 272
casement 186
casement window 287
casement window opening inwards 287
cash dispenser 437, 442
cash readout 346
cash register 121
cash supply 443
cashew 133
cashier 121
casing 186, 237
casing, steel 417
Caspian Sea 14, 19
cassava 124
Cassegrain focus 7
cassette 326, 333
cassette compartment 319, 320
cassette drive 333
cassette eject button 319
cassette holder 323
cassette player 326
cassette player controls 326
cassette tape deck 323
cassette, video 319
castanets 295, 309
caster 205, 209, 308
castes 68
casting 537
Castle 470
castle 282
casual shoe 241
cat 87
cat breeds 87
cat's head 87
catalytic converter 351
catalytic reforming plant 405
catamaran 521
catch 273, 536
catcher 474, 475, 476
catcher's glove 476
catching glove 507
catering foods 121
caterpillar 67
cathedral 284
cathedral, plan 285
catwalk 292
caudal fin 74, 90
cauliflower 127
caulking gun 216
cave 31, 35
cayenne 139
CD/DVD player 471
CD/DVD-ROM drive 329, 336
CD/DVD-ROM eject button 329
cedar of Lebanon 65
ceiling 193
ceiling collar 193
ceiling fitting 206
ceiling joist 187
ceiling, acoustic 293
ceiling, car 287
celeriac 129
celery 125
celestial bodies 2
cell 67, 281
cell body 110
cell membrane 50, 66
cell wall 50
cell, alkaline manganese-zinc 417
cell, carbon-zinc 417
cell, convective 43
cell, red blood 104
cell, white blood 104
cellar, wine 438
cello 301
cellos 295
cells 416, 440
cells, dry 417
Celsius scale 424
Celsius temperature, measurement of 426
Celsius, degree 426
celtuce 126
cement screed 190
cementum 101
cemetery 25, 433
censer 446
cent 440
Central African Republic 451
Central America 14, 16
central brush 365
central column 412
central focusing wheel 420
central incisor 101
central midfielder 481
central nave 447
central nervous system 109
central pumping station 404
central reservation 343, 434
central stile 185
centre 293, 428, 470, 485, 489, 507
centre back vent 244
centre circle 481, 488
centre console 354
centre electrode 359
centre face-off circle 507
centre field 475
centre fielder 474
centre flag 480
centre half 481
centre Keelson 385
centre lanes 343
centre line 484, 488, 493, 494, 507, 515
centre line judge 490
centre loudspeaker 321
centre mark 490
centre pocket 502
centre post 202
centre service line 491
centre span 344
centre spot 481, 502
centre strap 491
centre, city 431, 432
centre, convention 433
centre, day-care 437
centre, exhibition 430
centre, shopping 431, 436
centreboard 520
centreboard boat 521
centrifuge module 11
centring control 329
centring point 228
centriole 66
cephalic vein 102
cephalothorax 70, 71
ceramic capacitor 417
cereal products 144
cereals 61, 143
cerebellum 109
cerebro-spinal fluid 110
cerebropleural ganglion 73
cerebrum 109
cervical vertebra 99
cervix of uterus 112
Chac-Mool 283
Chad 451
Chad, Lake 20
chain 372
chain brake 235
chain guide 372
chain of dunes 36
chain of neurons 110
chain reaction 415
chain stay 370
chain wheel 522
chain wheel A 372
chain wheel B 372
chain, food 45
chainsaw 235
chainsaw chain 235
chair lift 512
chair lift departure 512
chair, armless 444
chair, high 205
chair, patient's 404
chairs, examples of 201
chaise longue 200
chalaza 79
chalice 446
chalk 503
chalk line 225
chamber, cold storage 120, 121
chamber, king's 278
chamber, magma 402
chamber, queen's 278
chamber, relieving 278
chamber, underground 278
chameleon 77
chamois leather 265
chamomile 148
champagne flute 165
champagne glass 165
Chance card 469
chandelier 207
change sign key 337
changing room 444
changing table 205
changing table 205
channel scan buttons 319
channel selector controls 319
Channel, English 18
Channel, Mozambique 20
chanter 296
chanterelle 123
Chantilly parquet 190
chapel 282
charge 534
charge indicator 271
charger 228
charging light 271
charging socket 271
Charleston cymbal 308
charlotte mould 172
charm bracelet 264
Charon 3
charr, brook 161
chart room 382
chat room 335
chayote 129
checkout 121
checkouts 121
cheek 83, 86, 94, 220, 536
cheese box 163
cheese counter 121
cheese knife 168
cheese, Chèvre 150
cheese, cottage 150
cheese, cream 150
cheeses, blue-veined 151
cheeses, fresh 150
cheeses, goat's-milk 150
cheeses, pressed 151
cheeses, soft 151
cheetah 89
chemical bond 414
chemical treatment 405
chemise 282
chemistry 414
cheque book 274
cheque book cover 275
cheque, traveller's 441
cheques 441
cherimoya 136
cherry 132
chervil 142
chess 470
chess notation 470
chessboard 470
chest 83
chest expander 500
chest freezer 211
chest protector 476, 486
chesterfield 200
chestnut 133
chestnut, water 124
chevet 285
Chèvre cheese 150
chicane 521
chick peas 130
chicken 155
chicory 127
chief timekeeper 516
chiffonier 203
child carrier 372
child seat 356
child's skull 100
child's tricycle 373
children's clothing 261
children's furniture 205
Chile 448
chilli 128
chilli powder 139
chilli, bird's eye 139
chilli, jalapeño 139
chillis, crushed 139
chillis, dried 139
chimney 183, 193
chimney connection 192
chimney pot 183
chimpanzee 91
chin 78, 94
chin protector 367
chin rest 301
chin strap 486, 522
China 453
chinois 171
chip cover 227
chipmunk 82
chipolata sausage 156
chive 124
chloroplast 50
chocolate 148
chocolate, dark 148
chocolate, milk 148
chocolate, white 148
choir 284, 285
choir organ manual 305
choker 264
chop 152, 153
chop, loin 153
chord 299
chorizo 156
choroid 119
Christmas tree 404
chromatin 66
chromosphere 4
chrysalis 67
chuck 221, 228
chuck key 228
chuck, keyless 228
chukka 240
church 433, 446
chutney, mango 141
cicada 69
cider vinegar 141
cilia 66
ciliary body 119
ciliate 55
cilium 66
cinema 294, 386, 432, 436
cinnamon 138
Circle, Antarctic 15, 22
circle, parts of 428
circuit 524
circuit board, printed 417
circuit breaker 407
circuit vent 194
circuit, braking 350, 357
circuit, integrated 417
circuit, printed 417
circular body 296
circular saw 227
circular saw blade 227
circulation diagram 103
circumference 428
circumvallate papilla 118
cirque 5
cirrocumulus 42
cirrostratus 42
cirrus 42
cistern 195
cistern ball 196
cistern lid 196
citron 134
citrus fruits 134
city 23, 430
city bicycle 373
city bus 362
city centre 431, 432
clam 157
clam cleat 521
clam, hard-shell 157
clamp 198, 226, 269
clamp binder 339
clamp lever 269
clamp spotlight 206
clamp, black 356
clamp, pipe 224
clamp, red 356
clamping block 425
clamping screw 224
clamping screws 425
clapperboard 291
clapskate 508
clarinet 306
clarinets 295
clasp 274, 275
classic blouse 255
classified advertisements 313
classroom 444, 445
classroom for students with learning disabilities 444
clavicle 98
claw 71, 76, 78, 82, 220
claw hammer 220
clay 492
clean and jerk 500
clean utility room 462
cleaner height adjustment knob 209
cleaner, dry 437
cleaning brush 271
cleaning eye 197
cleaning tools 209
clear key 337
clear space 487
clear-entry key 337
cleat 520, 521

cleated shoe 486
cleaver 169
clefs 298
cleg 69
clerks' desk 440
clerks' office 440
clew 519
cliff 5, 29, 35
cliff, shore 35
climate control 354
climates of the world 40
climates, cold temperate 40
climates, dry 40
climates, warm temperate 40
climbing plant 230
clinical thermometer 424
clinical thermometers 461
clip 312, 535
clip earrings 264
clipboard 340
clipless pedal 522
clippers 269
clitoris 112
cloakroom 188, 443
cloakroom, customers' 438
cloakroom, staff 438, 465
cloche 239
clock 444
clock operator 488
clock radio 325
clock timer 178, 210
clog 242
closeness setting 271
clothing 238
clothing and accessories 538
clothing guard 467
clothing shop 436
clothing, children's 261
clothing, newborn children's 260
cloud 37, 41
cloud of volcanic ash 28
cloud, funnel 43
cloud, Oort 2
cloud, wall 43
clouds 42
clouds with vertical development 42
cloudwater 48
clove 138
cloverleaf 342, 343
club 468
club chair 200
clubhouse 504
clump of flowers 230
cluster, globular 6
clutch 350
clutch housing 368
clutch lever 366, 368
clutch pedal 354
coach 362, 489, 507
coach's box 474
coach, assistant 489, 507
coaches 509
coal storage yard 402
coal-fired thermal power station 402
coarse adjustment knob 421
coarse salt 141
coastal features 35
coat dress 252
coats 248, 251
cob 61
cobra 77
coccyx 98
cochlea 116
cochlear nerve 116
cockchafer 69
cockle 157
cockleshell 200
cockpit 520, 525
cocktail cabinet 203
cocktail glass 165
cocktail lounge 439
cocoa 148
coconut 133
Cocos Plate 27
cod, Atlantic 161
code, time 291
coeliac trunk 103, 107
coffee 148
coffee and infusions 148
coffee beans, roasted 148
coffee makers 181
coffee mill 180
coffee mug 166
coffee pot 531
coffee shop 432, 437
coffee spoon 168
coil spring 351
coin purse 275
coin: obverse 441
coin: reverse 441
cola nut 133
colander 171
cold air 41
cold coolant 408
cold storage chamber 120, 121
cold store 381
cold temperate climates 40
cold-water circuit 194
cold-water riser 194
cold-water supply 196, 197
collar 53, 244, 245, 248, 262, 271, 501
collar point 245
collar stiffener 245
collar, torque adjustment 228
collards 126
collateral 110
collection body 365
collection truck 364
collection, separate 49
collector, electron 417
collet 229
collie 86
Colombia 448
colour selection filter 318
colour shifting ink 441
colour supplement 313
colour synthesis 418
colour synthesis, additive 418
colour synthesis, subtractive 418
colour television camera 10
colour, hair 267
columella 73
columella fold 73
column 31, 207, 279, 313
column of mercury 424
column, steering 350
coma 6
comb binding 340
combat sports 498
combination lock 274
combination pliers 217
combination spanner 223
combinations 247
combs 268
combustion chamber 360
combustion space 192
comet 6
commandments, ten 447
commercial area 435
commercial concern 335
commercial zone 431
commissure of lips of mouth 116
common carotid artery 102
common coastal features 35
common extensor of fingers 97
common frog 75
common hair cap moss 51
common iliac artery 102, 107
common iliac vein 107
common nail 220
common periwinkle 157
common peroneal nerve 108
common plaice 161
common polypody 52
common toad 75
communicating ramus 110
communication by telephone 327
communication module 316
communication protocol 334
communication set 380
communication tunnel 13
communications 312
communications and office automation 312
communications volume controls 10
communion rail 446
Community chest card 469
commuter train 375
Comoros 452
comouter, on-board 354
compact 266
compact disc 326
compact disc player 323, 325, 326
compact disc player controls 326
compact disc player, portable 325
compact disc recorder 325
compact disc rewritable recorder 333
compact memory card 315
compact video cassette adapter 320
compacting 49
compartment 203, 286
compartment, bag 209
compartment, baggage 362
compartment, cassette 320
compartment, engine 362
compartment, glove 354
compass bridge 382, 386, 387
compass card 23, 533
compass meridian line 533
compass saw 226
competition, road cycling 522
competitive course 517
complex dune 36
complex, sports 431
complexus 97
compluvium 280
composition of the blood 104
compost bin 231
compound bow 535
compound eye 67, 68
compound leaves 55
compressed-air cylinder 454
compression coupling 197
compression strap, front 532
compression strap, side 532
computer 444
computer programs 457
computer science room 444
computer screen 10
computer, dashboard 457
computer, desktop 334
computer, laptop 336
computer, pocket 337
concave lens 419
concave primary mirror 9
concern, commercial 335
concertina-type folding door 286
concha 115
conchiglie 146
concrete mixer truck 365
condensation 45, 414
condensation of steam into water 408
condenser 402, 421
condenser adjustment knob 421
condenser height adjustment 421
condiments 140
conditioner, hair 267
condor 80
conduction 415
conductor's podium 295
conduit, fuel 351
cone 65, 119, 429
conference room 442
confessionals 446
configuration of the continents 14
confined aquifer 402
confining bed, lower 402
confining bed, upper 402
confirmation key 443
confluent 32
Congo 451
Congo River 20
conic projection 22
conical washer 196
conifer 65
coniferous forest 44
conifers, examples of 65
conjunctiva 119
connecting cable 324
connecting gallery 345
connecting rod 360
connection 470
connection cable 332
connection pin 417
connection point 198
connection, network 198
connective tissue 114
console, game 471
constriction 424
consumer 317
contact 470
contact devices 198
contact lens, disposable 272
contact lens, hard 272
contact lens, soft 272
contact lenses 272
contact lever 207
container 176, 231, 383
container hold 383
container ship 381, 382
container terminal 381, 430
container truck 377
container, aluminum recycling 49
container, glass recycling 49
container, paper recycling 49
container, refuse 215
container-loading bridge 381
containers, recycling 49
containment building 408, 409
contest area 499
contestant 499
continent 33
continental crust 26
continental margin 33
continental rise 33
continental shelf 33
continental slope 33
continents, configuration 14
continuity person 291
continuous beam 344
contrabassoons 295
contractile vacuole 66
contrast control 329
control 330
control button 332
control deck 383
control key 330
control keys 328
control knob 210, 212
control knobs, burner 210
control monitors, director's 290
control panel 178, 179, 210, 212, 213, 214, 455
control room 293, 406
control stick 395
control tower 388
control unit, electronic 357
control valve 529
control wheel 455
control, bass tone 325
control, cruise 354
control, remote 321
control, sound field 322
control, temperature 211
control, treble tone 325
control, tuning 325
control, volume 303, 325, 329
control: group select 330
controller 471
controller ports 471
controller, lightbar 457
controls, videotape operation 320
controls, winch 364
conurbation 430
convection 415
convection current 415
convection zone 4
convective cell 43
convenience food 121
convenience outlet 217
convention centre 433
conventional door 286
convergent plate boundaries 27
converging lenses 419
convertible 347
convex lens 419
conveyor 402
conveyor belt 49, 390
Cook Strait 15
cook's knife 169
cooked ham 156
cooker hood 164
cooker ring 210
cooker, gas 210
cooking dishes 179
cooking plate 179
cooking set 531
cooking surface 179
cooking utensils 174
cool tip 269
coolant 408
coolant inlet 410
coolant outlet 410
coolant, cold 408
coolant, hot 408
cooler 532
cooling 405
cooling cylinder 420
cooling fan 322, 350, 358, 360
cooling system 351
cooling tower 402
cooling vent 336
Coon, Maine 87
coping 526
coping saw 226
cor anglais 306
Coral Sea 15
coral snake 77
corbeille 293
corbel 282
corbel piece 192
cord, power 177, 227, 229, 269, 322
cord, spinal 109
cord, ventral nerve 71
cordate 55
Cordillera, Andes 17
cordless drill-driver 228
cordless mouse 332
cordless screwdriver 221
core 4, 58, 534
corer, apple 173
coriander 142
Corinthian column, engaged 281
Corinthian pilaster 281
cork 514
cork ball 477
cork tip 495
corkscrew 531
corn 143
corn oil 149
corn salad 127
corn syrup 149
corn: cob 61
cornea 119, 419
corner 498
corner arc 481
corner cupboard 203
corner flag 481
corner pad 498
corner stool 498
corner stud 187
corner tower 282
cornerpiece 277
cornet 295, 307
cornflour 144
cornice 183, 185, 202, 279
corolla 56
corona 4
corona radiata 112
coronal suture 100
coronet 83
corpus callosum 109
corpus cavernosum 111
cors anglais 295
corselette 258
corset 259
cortex 107
corymb 57
cos lettuce 126
cosmetic tray 277
Costa Rica 448
costal shield 76
costume 290
cot 205
cottage cheese 150
cottage loaf 145

ASTRONOMY > 2-13; EARTH > 14-49; PLANT KINGDOM >50-65; ANIMAL KINGDOM > 66-91; HUMAN BEING > 92-119; FOOD AND KITCHEN > 120-181; HOUSE > 182-215; DO-IT-YOURSELF AND GARDENING > 216-237; CLOTHING > 238-263; PERSONAL ADORNMENT AND ARTICLES > 264-277; ARTS AND ARCHITECTURE > 278-311; COMMUNICATIONS AND OFFICE AUTOMATION > 312-341; TRANSPORT AND MACHINERY > 342-401; ENERGY > 402-413; SCIENCE > 414-429; SOCIETY > 430-467; SPORTS AND GAMES > 468-538

cotton applicators 461
cotton wool ball 461
cotyledon 53
coudé focus 7
cougar 88
cough syrup 467
coulis, tomato 140
coulomb 426
Coulommiers 151
counsels' assistants 440
counter 262, 443
counter reset button 323
counter, bar 438
counter, business 443
counter, cheese 121
counter, fresh meat 120
counterjib 397
counterjib ballast 397
countersunk head 221
counterweight 8, 287, 345, 397, 400, 401
counterweight guide rail 287
country 23, 431
coupé 347
coupler-tilt tablet 305
coupling 377
coupling guide device 376
coupon booth 443
courgette 128
course 504
course, golf 430
court 241, 440, 487, 488, 490, 494
courthouse 432
courtroom 440
courtyard 447
couscous 144
couscous kettle 175
cover 180, 198, 315, 454, 477, 505, 533
cover, car 356
cover, chip 227
cover, cylinder head 350
cover, front 333
cover, sliding 327
coverage, sky 39
coveralls 513
covered parapet walk 282
covering 493
cow 84
Cowper's gland 111
cowshed 122
Coyolxauhqui stone 283
crab 158
crab pulley 397
crab spider 70
cradle 8, 9
cradle, docking 337
cranberry 132
crane runway 397
cranes 397
cranial nerves 108
crank 170, 224, 372, 537
crank handle 225
crank, landing gear 365
crankshaft 360
crash helmet 367, 524
crash sensor, primary 354
crate, small 162
crate, small open 162
crater 5, 28
crater ray 5
cravat 245
crawl stroke 517
crayfish 158
cream 150
cream cheese 150
cream jug 166
cream, sour 150
cream, whipping 150
crease 246
credit card 441
credit card wallet 274
credit line 313
creel 538
creep 31
crenate 55
crepidoma 279
crescendo pedal 305
crescentic dune 36
cress, garden 127
crest 29, 33, 418, 477
crest of spillway 406
crevasse 30
crevice tool 209
crew neck 260
crew neck sweater 250, 255
crew quarters 382
crew return vehicle 11
cribriform plate of ethmoid 117
cricket 478
cricket ball 478
cricket player: batsman 478
cricket shoe 478
crime prevention 456
crimping 534
Croatia 450
crockery 166
crocodile 77
crocus 56
croissant 144
crook 306
crook key 306
crookneck squash 129
crosne 124
cross brace 407
cross head 221
cross rail 201
cross section of a baseball 477
cross section of a hydroelectric power plant 407
cross section of a molar 101
cross section of a reflecting telescope 9
cross section of a refracting telescope 8
cross section of a road 342
cross section of a street 434
cross section of an astronomical observatory 7
cross, altar 446
cross-country bicycle and cyclist 522
cross-country ski 514
cross-country ski trail 512
cross-country skier 514
cross-country skiing 514
cross-headed tip 221
cross-tip screwdriver 531
crossbar 297, 370
crosshead 396
crossing 284, 285
crossing arm 362
crossover 375
crossover cargo deck line 385
crossover mirror 362
crosspiece 202, 466
crosstree 520
crotch 247
crotch piece 255
crotchet 299
crotchet rest 299
Crottin de Chavignol 150
croup 83
crowbar 220
crown 63, 78, 101, 238, 239, 302, 308, 424
crown block 403
crucifix 446
crude oil 405
crude-oil pipeline 404
cruise control 354
cruiseliner 386
crus of helix 115
crushed chillis 139
crusher 49, 402
crust, continental 26
crust, oceanic 26
crustaceans 71, 158
crustose lichen 50
crystal button 207
crystal drop 207
crystallization 414
Cuba 448
cube 429
cubes, beef 152
cubes, lamb 153
cubes, veal 152
cucumber 128
cucumber, seedless 128
cue ball 502, 503
cuff 240, 245
culottes 253
cultivated mushroom 123
cultural organization 335
cumin 138
cumulonimbus 42
cumulus 42
cup 163, 531, 532, 534
cup gasket 459
cup, butter 163
cup, milk/cream 163
cupboard 164
cupboard, janitor's 439, 443
cupule 60
curler 515
curling 515
curling brush 515
curling iron 269
curling stone 515
curly endive 127
curly kale 126
currant tomato 128
currency name 441
current event scoreboard 497
current, convection 415
curry 138
cursor down 331
cursor left 331
cursor movement keys 331
cursor right 331
cursor up 331
curtain wall 282
curtain, iron 292
curtain, privacy 464
curtain, stage 292
curved jaw 222
customer service 443
customer's supply 198
customers' cloakroom 438
customers' entrance 438
customers' toilets 438
customs control 391
customs house 381
cut nail 220
cut-throat razor 271
cuticle nippers 265
cuticle pusher 265
cuticle scissors 265
cuticle trimmer 265
cutlery 167
cutlery basket 214
cutlery set 531
cuts of beef 152
cuts of lamb 153
cuts of pork 153
cuts of veal 152
cutter link 235
cutting blade 176, 180, 341
cutting board 169
cutting edge 167, 169, 270, 398, 399, 400
cutting head 341
cutting, key 437
cuttlefish 157
cyan 418
cycle lock 372
cycle, hydrologic 45
cycling 522
cycling helmet 372
cyclone 43
cyclone, tropical 43
cylinder 429
cylinder head cover 350
cylinder vacuum cleaner 209
cylinder, cooling 420
cylinder, elevating 364
cylinder, master 357
cylinder, reflecting 420
cylinder, ruby 420
cylindrical projection 22
cymbal 308
cymbals 295, 309
Cyprus 450
cytopharynx 66
cytoplasm 50, 66, 112
cytoproct 66
cytostome 66
Czech Republic 450

D

d 298
d quark 414
daffodil 56
daggerboard 519
daggerboard well 519
daikon 129
dairy 122
dairy compartment 211
dairy products 120, 150
dairy products receiving area 120
dalmatian 86
dam 406
dance blade 509
dandelion 127
Dane, Great 86
danger area 499
Danish Blue 151
Danish rye bread 145
Danube River 18
dark chocolate 148
dart 471
dartboard 471
dashboard 354
dashboard computer 457
dashboard equipment 457
data display 319, 328
data panel 314
data processing 38
data storage devices 333
database 335
date 132, 441
date display/recording button 320
date stamp 338
date, expiry 441
David, star of 447
davit 384
day-care centre 437
dead ball line 482
dead bolt 186
deadly poisonous mushroom 52
dealer, car 433
debit card 443
debris 43
decagon, regular 429
decanter 165
deceleration lane 343
deciduous forest 44
decimal key 337
deck 313, 344
deck, dual cassette 325
deck, sun 385
deck, upper 363
declination setting scale 8, 9
décolleté bra 259
decomposers 45
decorative articles shop 437
decorative braid 260
decoy 535
decrease, voltage 402
dedicated line 334
deed, title 469
deep fryer 178
deep peroneal nerve 108
deep-sea floor 26
defects, vision 419
defence counsel's bench 440
deferent duct 111
deflector 236, 237
deforestation 47
defrost drain 211
degree 428
degree Celsius 426
degrees Celsius 424
degrees Fahrenheit 424
Deimos 2
delegates, technical 509
delete 331
delete key 331
delicatessen 120, 156
delicious lactarius 123
delivery 479
delivery entrance 435
delta 32, 35
delta distributary 32
delta wing 394
deltoid 96
demisemiquaver 299
demisemiquaver rest 299
demitasse 166
Democratic People's Republic of Korea 453
Democratic Republic of Congo 451
dendrite 110
Denmark 450
denomination 441
dental alveolus 101
dental care 272
dental floss 272
dental floss holder 272
dentin 101
deodorant 267
deoxygenated blood 104
department store 437
departure lounge 391
departure time indicator 374
departure, chair lift 512
departure, gondola 512
depolarizing mix 417
deposit slot 442
deposits, alluvial 32
depression 39
depth adjustment 229
depth of focus 27
depth-of-cut adjustment knob 229
depth-of-field preview button 314
derailleur 522
dermis 114
derrick 382, 385, 403, 404
derrick mast 385
descending aorta 103
descending colon 106
descending passage 278
desert 36, 40, 44
Desert, Atacama 17
Desert, Gobi 19
Desert, Great Sandy 15
Desert, Great Victoria 15
Desert, Kalahari 20
Desert, Namib 20
Desert, Sahara 20
designer, production 290
desk 439
desk lamp 206
desk lamp, halogen 206
desk tray 338
desk, clerks' 440
desk, front 439
desk, information 442, 463, 512
desk, reception 442
desk, student's 444
desk, teacher's 444
desktop computer 334
dessert fork 168
dessert knife 168
dessert spoon 168
destination 374
destroying angel 52
detachable control 179
detachable palm rest 330
detector, motion 286
detector, smoke 454
detergent dispenser 214
device, locking 535
device, projection 365
device, towing 364
devices, contact 198
dew 41
diable 175
diagonal buttress 284
diagonal move 470
diagonal step 514
dial 422, 424
dial, near/far 320

dial/action button 337
diameter 428
diamond 468
diamond interchange 342
diamond point 202
diaphragm 105, 324
dibber 231
dice and dominoes 468
dice cup 469
die 469
died 426
diesel engine compartment 399, 400, 401
diesel engine shed 375
diesel lift engine 383
diesel motor compartment 398
diesel oil 405
diesel propulsion engine 383
diesel-electric locomotive 377
differential 351
difficult slope 512
diffuser 290
diffuser pin 236
digestive gland 71, 73
digestive system 106
digging fork 233
digit 75, 82
digit, prehensile 91
digital audio player, portable 325
digital camera 315
digital display 423, 461
digital nerve 108
digital pulp 114
digital reflex camera: camera back 315
digital thermometer 461
digital versatile disc (DVD) 318
digital watch 424
Dijon mustard 140
dike 28
dill 142
dimmer switch 198
dimple 505
dinette 164
dining room 188, 280, 386, 438, 439
dinner fork 168
dinner knife 168
dinner plate 166
diode 411
Dione 3
dip switch 368
dipped beam headlight 352
dipper arm 399
dipper arm cylinder 399
dipping/indicator stalk 354
direct home reception 316
direct-current power cord 336
direction of electron flow 416, 417
direction of Mecca 447
directional buttons 471
director 291
director of photography 291
director's chair 200
director's control monitors 290
director's office 443
director's seat 291
director, art 290
director, assistant 291
director, race 522
directory 334
disc 357, 501
disc brake 350, 357, 366, 525
disc brake, hydraulic 522
disc compartment 323
disc compartment control 323
disc drive 310
disc tray 318
disc, sanding 229
discharge outlet 184
discharge tube 199
discs 177
discus 472
discus and hammer 473
dish 179, 321
dish aerial 321
dish, soufflé 172
dishes, cooking 179
dishwasher 164, 214
disk 6, 333
diskette, floppy disk 333
dispenser, beverage 463
dispenser, cash 437, 442
dispenser, ice cube 164
displacement 418
display 318, 322, 325, 327, 336, 337, 338, 346, 423, 442, 443
display cabinet 203
display case, refrigerated 438
display panel 320
display preparation area 120
display release button 336
display setting 327
display, end aisle 121
display, frequency 325
display, liquid crystal 315, 320
display, radar 457
disposable camera 315
disposable contact lens 272
disposable gas cylinder 218
disposable nappy 260
disposable razor 271
dissemination of information 335
distal phalanx 114
distributary, delta 32
distribution board 198
distribution by aerial cable network 316
distribution by submarine cable 317
distribution by underground cable network 317
distributor 360
distributor cap 350
distributor service loop 198
district 25
district, business 430, 432
district, residential 431
ditali 146
ditch 342
divergent plate boundaries 27
diverging lenses 419
diversion tunnel 406
divide key 337
divider 274, 277
dividers 339
diving 518
diving apparatus 518
diving board 184
diving tower 518
diving well 184
division 427
djembe 297
Djibouti 451
Dnieper River 18
do-it-yourself 216
do-it-yourself and gardening 216
do-it-yourself shop 436
dock 381
dock, prisoner's 440
dock, unloading 437, 439
docking cradle 337
doctor, junior 464
document folder 339
document receiving 328
document-to-be-sent position 328
dodecagon, regular 429
does not belong to 427
dog 86, 535
dog breeds 86
dog, morphology of 86
dogfish, larger spotted 158
dolichos beans 130
dolina 31
dollar 440
dolly 290
dolly tracks 290
dolphin 90
dolphin, morphology of 90
domain name 334
domain, second-level 334
domain, top-level 334
dome 177
dome shutter 7
dome tent 529
domestic appliances 176, 208
domestic appliances, miscellaneous 180
domestic pollution 47
Dominica 449
Dominican Republic 449
dominoes, dice and 468
dominos 468
door 178, 202, 210, 213, 287, 349, 352, 361, 392, 439, 447, 528, 529
door grip 352
door handle 185, 186, 349
door lock 349
door open warning light 355
door panel 202
door pillar 349
door pocket 352
door shelf 211
door stop 211
door switch 213
door, cargo bay 13
door, entrance 362, 363
door, fire 286
door, lift 363
door, patio 164
door, screen 361
door, strip 286
door, two-leaf 362
doors, entrance 294
doors, examples of 286
Doric column, engaged 281
dormer window 182
dorsal abdominal artery 71
dorsal fin 90
dorsalis pedis artery 102
dorsum of nose 117
dorsum of tongue 118
double bass 301
double basses 295
double bed 439
double boiler 175
double flat 299
double plate 187
double reed 306
double ring 471
double room 439
double seat 380
double sharp 299
double sink 194
double slash 334
double-blank 468
double-breasted buttoning 248
double-breasted jacket 244
double-decker bus 363
double-edged razor 271
double-edged razor blade 271
double-leaf bascule bridge 345
double-six 468
double-twist auger bit 228
doubles service court 495
doubles sideline 490, 495
doublet 468
doubling die 469
doubly toothed 55
dough hook 176
dough, filo 145
dousing water tank 408
dovetail 420
down tube 371
downhill 511
downhill bicycle and cyclist 522
downhill/Super G ski 510
downpipe 182
drag 536
drag wheel, star 537
dragonfly 69
drain 197
drain hose 212, 214
drain valve 404
drain, defrost 211
drain, main 184
drainage circuit 194
draining spoon 173
Drake Passage 15, 17
draught 470
draught arm 400
draught tube 400, 407
draughtboard 470
draughts 470
draw hoe 233
draw tube 421
drawbridge 282
drawer 164, 202, 203, 205, 210
drawing pins 341
drawstring 249, 275
drawstring bag 275
drawstring hood 261
dredger 172
dress circle 293
dress, A-line 252
dresser 290
dresser, set 291
dresses, examples of 252
dressing room 290, 293
dressing room, private 290
dressing table 203
dried chillis 139
drill collar 403
drill pipe 403
drill ship 382
drill, masonry 228
drill, twist 228
drill-driver, cordless 228
drilling drawworks 403
drilling rig 403
drink box 163
drinks 120
drip bowl 210
drip moulding 349
drip tray 181
dripping pan 174, 179
drive belt 212
drive chain 370
drive shaft 383, 395
drive shaft, longitudinal 351
drive wheel 180
drive, CD/DVD-ROM 329, 336
drive, floppy disk 329
driver 524
driver seat 369
driver's cab 376, 377
driveway 183
driving glove 243
driving propeller 383
driving wheels 401
dromedary 85
drone 68
drone pipe 296
droop nose 394
drop earrings 264
drop shot 491
drop waist dress 252
drop-leaf 202
drum 170, 212, 213, 357
drum brake 357
drum, rotating 27
drum, talking 297
drumhead 308
drumlin 29
drums 308
drumstick 297
drupelet 59
dry cells 417
dry cleaner 437
dry climates 40
dry dock 381
dry fruits 60, 133
dry gallery 31
dual cassette deck 325
dual seat 367
dual swivel mirror 269
dual-in-line package 417
duck 81, 155
duck egg 155
duct, exhaust air 345
duct, fresh-air 345
duffle bag 276
duffle coat 249
dugout 474
dulse 123
dumbbell 500
dune 35
dunes, examples of 36
dung, animal 48
dungarees 254
dungarees with crossover back straps 261
duo 300
duodenum 106
dura mater 109, 110
durian 137
dust canister 229
dust receiver 208
dust tail 6
dusting brush 209
dustpan 215
Dutch bicycle 373
Dutch oven 175
duty belt 456
duty-free shop 391
DVD player 318
DVD recorder 333
dynamo 370

E

e 298
e-commerce 335
eagle 81
ear 92, 201
ear drum 116
ear flap 238
ear loaf 144
ear protection 458
ear studs 264
ear, auricle 115
ear, structure of 116
ear, wood 123
earlobe 115
earphone 324
earphone jack 329
earphones 325
earpiece 273, 460
earplugs 458
earrings 264
Earth 2, 3, 4, 5, 14
Earth coordinate system 21
earth foundation 342
earth station, satellite 335
earth terminal 198
earth wire 198
Earth's atmosphere, profile 37
Earth's crust 26, 27
Earth's crust, section 26
Earth's orbit 4, 5
Earth, structure 26
earthflow 31
earthing pin 198
earthquake 27
East 23
East China Sea 19
East Pacific Rise 34
East-Northeast 23
East-Southeast 23
Eastern hemisphere 21
Eastern meridian 22
eau de parfum 267
eau de toilette 267
eave 283
eccrine sweat gland 114
eclipses, types 4, 5
economy and finance 441
Ecuador 448
edge 441, 509, 510, 533
edging 230
edible boletus 123
edit search button 320
editorial 313
education 444
educational institution 335, 433
eel 159
effect, greenhouse 46
effluent 32
effusive volcano 28
egg 79, 112

egg beater 172
egg carton 162
egg noodles 147
egg poacher 175
egg slicer 173
egg timer 171
egg tray 211
egg, duck 155
egg, goose 155
egg, hen 155
egg, ostrich 155
egg, pheasant 155
egg, quail 155
eggs 155
Egypt 451
Egyptian reed pen 312
eiderdown 204
ejaculatory duct 111
eject button 315, 323, 471
ejector nozzle, variable 394
El Salvador 448
elastic 204
elastic loop 528
elastic strainer 529
elastic support bandage 461
elastic waistband 249
elastic webbing 246
elasticized leg opening 247
elbow 83, 86, 93, 95
elbow pad 486, 526, 527
elbows 146
electric charge, measurement of 426
electric cooker 210
electric current, measurement of 426
electric drill 228
electric fan motor 358
electric golf cart 505
electric guitar 303
electric knife 177
electric motor 235, 237
electric potential difference, measurement of 426
electric razor 271
electric resistance, measurement of 426
electric steamer 179
electric toothbrush 272
electric tumble dryer 213
electrical box 198
electrical cable 354
electrical circuit, parallel 416
electrical connection 365
electrical system 351
electricity 198
electricity cable 434
electricity meter 198
electricity tools 217
electricity transmission 408
electrolytic capacitors 417
electrolytic separator 417
electromagnetic spectrum 418
electron 414
electron beam 318
electron collector 417
electron flow, direction of 416, 417
electron gun 318
electronic ballast 199
electronic control unit 357
electronic drum pad 311
electronic instruments 310
electronic payment terminal 121, 443
electronic piano 311
electronic scale 423
electronic timer, automatic 517
electronic viewfinder 320
electronics 417
electronics shop 436
element, surface 210
elements of a house 185
elements of architecture 286
elephant 85
elevating cylinder 364, 397, 455
elevation 182
elevation adjustment 420
elevation zones and vegetation 44
elevator 393, 400
elevon 13
elk 85
email 335
email key 330
email software 334
embankment 342
emblem, team's 506
emergency 462
emergency brake 380
emergency physician's office 462
emergency station 345
emergency switch 368
emergency truck 345
emery boards 265
emission, nitric acid 48
emission, nitrogen oxide 48
emission, polluting gas 47
emission, sulphur dioxide 48
emission, sulphuric acid 48
Emmenthal 151
empty set 427
emptying hose 212
enamel 101
enclosure 122, 286
end 331
end aisle display 121
end button 301
end cap 409
end joist 187
end key 327, 331
end line 484, 487, 489, 493
end moraine 30
end piece 111
end plate 409
end search button 320
end stop 226, 521
end zone 484
end-piece 503
endocardium 104
endocarp 57, 58
endoplasmic reticulum 50, 66
endpiece 273
energy 402
energy integration to transmission network 413
energy release 415
energy saving bulb 199, 411
energy, heat 46
energy, measurement of 426
energy, solar 54
energy, thermal 402
engaged Corinthian column 281
engaged Doric column 281
engaged Ionic column 281
engagement ring 264
engine 366, 403
engine air intake 362
engine block 360
engine compartment 362, 396, 401
engine housing 235
engine mounting pylon 393
engine room 384, 386
engine, main 13
engine, outboard 385
engine, petrol 351
engineer, sound 291
engines, fire 455
English billiards 503
English Channel 18
English Index 539
English mustard 140
English stick 466
enhanced greenhouse effect 46
enoki mushroom 123
entablature 185, 279
enter key 331
enterprise 335
entire 55
entrance door 362, 363
entrance doors 294
entrance hall 188
entrance turnstile 378
entrance, actors' 278
entrance, customers' 438
entrance, main 445, 465
entrance, public 278
entrance, pyramid 278
entrance, staff 438, 445
entry 396
envelope, padded 339
environment 44
environment, natural 504
epaulet 248
epicalyx 59
epicentre 27
epicondyle 99
epidermis 114
epididymis 111
epidural space 110
epiglottis 105, 118
epitrochlea 99
equals key 337
Equator 22
equator 17, 20, 21, 43
Equatorial Guinea 451
equipment 472
equipment compartment 376
equipment storage room 444
equipment, dashboard 457
equipment, household 215
equipment, miscellaneous 231
equipment, sound recording 291
erase button 315, 328
eraser 341
erecting lenses 420
Eritrea 451
escalator 294, 378, 435
escape 330
escape key 330
escarole 126
escutcheon 73, 186, 197
escutcheon plate 198
espadrille 242
espresso coffee maker 181
espresso machine 181
estate car 347
Estonia 450
estuary 24, 35
eternal light 447
Ethernet port 336
Ethiopia 451
Eurasia 14
Eurasian Plate 27
euro 440
Europa 2
Europe 14, 18, 34, 449
European experiment module 11
European outlet 198
European plug 198
European robin 80
European Union flag 441
Eustachian tube 116, 117
Eutelsat 316
euthynteria 279
evacuation route 345
evaporated milk 150
evaporation 45, 414
evening glove 243
event platform 496
events, technical 511
ex voto 446
examination and treatment room 463
examination room 465
examination, psychiatric 462
examples of aircraft 394
examples of algae 51
examples of amphibians 75
examples of angles 428
examples of arachnids 70
examples of armchairs 200
examples of bicycles 373
examples of bills 79
examples of birds 80
examples of bits and drills 228
examples of blouses 255
examples of boats and ships 382
examples of bodywork 347
examples of branching 197
examples of broadleaved trees 64
examples of carnivorous mammals 88
examples of chairs 201
examples of conifers 65
examples of currency abbreviations 440
examples of doors 286
examples of dresses 252
examples of dunes 36
examples of feet 79
examples of ferns 52
examples of flowers 56
examples of forks 168
examples of freight wagons 377
examples of heads 221
examples of holds 499
examples of insects 69
examples of instrumental groups 300
examples of interchanges 342
examples of jumps 509
examples of kitchen knives 169
examples of knives 168
examples of lagomorphs 82
examples of leaves 65
examples of lichens 50
examples of marine mammals 90
examples of mosses 51
examples of motorcycles 369
examples of nails 220
examples of pleats 253
examples of primates 91
examples of reptiles 77
examples of rodents 82
examples of shorelines 35
examples of skirts 253
examples of skis 510
examples of sleeping bags 530
examples of spectacles 273
examples of spoons 168
examples of tables 202
examples of tents 528
examples of tips 221
examples of trousers 254
examples of trucks 364
examples of tyres 358
examples of ungulate mammals 84
examples of volcanoes 28
examples of windows 287
exercise cycle 501
exercise wear 263
exhalation valve 459
exhaust air duct 345
exhaust manifold 350, 360
exhaust pipe 395
exhaust pipe stack 398
exhaust stack 364, 401
exhaust system 351
exhaust valve 360
exhibition centre 430
exit 343
exit button 337
exit taxiway 391
exit turnstile 378
exocarp 57, 58, 59
exosphere 37
expandable baton 456
expandable file pouch 274
expander 310
expanding file 340
expansion bolt 221
expansion chamber 424
expert slope 512
expiry date 441
explosive volcano 28
exposure adjustment knob 314
exposure mode 314
extending table 202
extension 202
extension ladder 219
extension tube 209
exterior dome shell 7
exterior door 185
exterior of a house 182
exterior pocket 274, 276
exterior sign 378
external auditory meatus 100
external ear 116
external floppy disk drive 333
external fuel tank 12
external jugular vein 102
external nose 117
external oblique 96, 97
external socket 361
external tooth lock washer 222
extinguisher, fire 457
extractor hood 210
eye 43, 70, 71, 72, 76, 90, 94, 119, 220, 538
eye drops, lubricant 272
eye make-up 266
eye protection 458
eye ring 78
eye wall 43
eyeball 75, 119
eyebrow pencil 266
eyebrow stripe 78
eyebrow tweezers 265
eyecup 320
eyelash 119
eyelash curler 266
eyelashes 87
eyelet 240, 263, 275, 509
eyelet tab 240
eyelet, strap 315
eyelid 76
eyepiece 8, 9, 320, 420, 421
eyepiece holder 8
eyeshadow 266
eyestalk 72

F

f 298
fabric guide 208
façade 285
face 91, 92, 220, 493, 505
face flannel 267
face mask 478, 486, 507
face-off circle 506
face-off spot 506
facepiece 459
faceplate 186
factorial 427
factory 430
faculae 4
Fahrenheit scale 424
fairing 366, 523
fairings, side 525
fairlead 521
fairway 504
falcon 81
Falkland Islands 17
fall front 203
fallopian tube 112
fallopian tubes 113
fallow land 122
false rib 99
false start rope 516
false tuck 260
family tent 528
family waiting room 462
fan 213
fan belt 350, 360
fan brush 266
fan housing 270
fan trellis 230
fan, case 329
fan, cooling 322, 350
fan, power supply 329
fang 70, 76
fantail 412
farmhouse 122
farmhouse loaf 145
farming, intensive 46, 48
farmstead 122
farmyard 122
fascia, front 348
fast data entry control 310
fast forward 319
fast forward key 319
fast-food restaurants 437

ENGLISH INDEX

fast-forward button 323, 326, 328
fastener binder 339
fats and oils 149
fault 27
fax machine 328
feather crown 495
feathered shuttlecock 495
feed tube 177, 180
feeder lane 343
feedhorn 321
feet, examples of 79
feijoa 137
female 426
female cone 65
female ferrule 536, 537
female genital organs 112
femoral artery 102
femoral nerve 108
femoral vein 102
femur 98
fence 122, 182, 226
fence, outfield 475
fennec 88
fennel 125
fenugreek 138
fern 52
fern, bird's nest 52
fern, fiddlehead 125
fern, structure of 52
fern, tree 52
ferns, examples of 52
ferrule 219, 503
ferrule, female 537
ferrule, male 537
ferry boat 386
ferryboat 381
fertilization, soil 47
fertilizer application 47
fetlock 83
fetlock joint 83
fettucine 146
fibres 215
fibula 98
fiddlehead 52
fiddlehead fern 125
field 474, 479, 482
field lens 420
field lens adjustment 421
field line 416
field magnetic 416
field mouse 82
field, geothermal 402
field, paddy 47
field, track and 472
fielder's glove 477
fielders 479
fifth 298
fifth wheel 364
fifty 427
fig 137
figure skate 509
figure skating 509
Fiji 453
Fiji Islands 15
filament 56, 199
Filchner Ice Shelf 15
file 229, 334, 531
file format 334
file guides 340
file, nail 265
filiform papilla 118
filing box 340
filler cap 237, 358, 364
filler hole 208
filler neck 351
filler pipe 196
filleting knife 169
filling inlet 404
film advance mode 314
film rewind knob 314
film speed 314
film titles and schedules 294
film, heat-sealed 163
film, plastic 162
filo dough 145
filter 178, 181, 184, 210
filter cover 459
filter holder 181
filter, air 350
filtration, intrusive 47
fin, anal 74
fin, caudal 74, 90
fin, dorsal 90
fin, first dorsal 74
fin, pectoral 74, 90
fin, pelvic 74
fin, second dorsal 74
final drive 398
finance, economy and 441
financial services 442
finch 80
finderscope 8, 9
fine adjustment knob 421
fine adjustment wheel 425
fine data entry control 310
fine guidance system 7
finely threaded screw 425
finger 114, 477
finger button 307
finger flange 460
finger tip 339
fingerboard 296, 301, 303
fingerless mitt 243
fingernail 115
finial 283
finish line 473
finish wall 516
finishing nail 220
Finland 450
fir 65
fir needles 65
fire door 286
fire engines 455
fire extinguisher 457
fire hose 454
fire hydrant 434, 454
fire irons 193
fire prevention 454
fire station 433
fire, forest 47
fire-fighting material 454
firebrick 192
firebrick back 192
firefighter 454
firefighting aircraft, amphibious 394
fireplace 188, 192
fireplace screen 193
FireWire port 336
firing, wood 192
first aid equipment 460
first aid kit 457, 461
first aid manual 461
first assistant camera operator 290
first base 474
first baseman 474
first dorsal fin 74
first floor 182, 189
first leaves 53
first molar 101
first premolar 101
first quarter 5
first row 482
first space 489
first valve slide 307
first violins 295
first voltage increase 413
first-class cabin 392
fish dish 166
fish fork 168
fish kettle 174
fish knife 168
fish scaler 531
fish, bony 74
fish, cartilaginous 74
fishes 74
fishes, bony 159
fishes, cartilaginous 158
fishhook 536, 538
fishing 536
fishing jacket 538
fishnet stocking 257
fission of uranium fuel 408
fission products (radioactive nuclei) 415
fission, nuclear 415
fissionable nucleus 415
fissure, oblique 105
fitness equipment 500
fitted sheet 204
fitting 455
five 427
five hundred 427
five spice powder 139
fixed base 224
fixed bridges 344
fixed distance marking 391
fixed jaw 223, 224, 425
fjords 35
flag 482
flag pole, removable 504
flag, European Union 441
flageolet 131
flags 448
flagstone 230
flame 415
flame spreader 218
flame-resistant driving suit 524
flamingo 81
flank 78, 83
flank forward 482
flanking tower 282
flannel, face 267
flap 244, 275
flap pocket 244, 248
flap, fuel tank 349
flap, self-sealing 339
flap, top 532
flare 4
flare nut spanner 223
flare, road 457
flash tube 420
flashing 193
flashlight 456
flask, vacuum 532
flat 299, 526
flat mirror 7
flat sheet 204
flat tip 221
flat truck 377
flat washer 222
flat-back brush 268
flat-plate solar collector 410
flea 69
flesh 57, 58, 59
fleshy fruit: berry fruit 59
fleshy fruit: citrus fruit 58
fleshy leaf 54
fleshy pome fruit 58
fleshy stone fruit 57
flews 86
flex 208, 209, 217, 235, 237, 270, 271
flex sleeve 218, 229
flex support 208
flexible boot 513
flexible hose 209
flexible skirt 383
flexible tube 460
flies 292
flight 471
flight bag 276
flight deck 12, 392, 395
flight information board 391
flight of stairs 191
flights 518
flint 218
flip 509
flip-flop 242
float 394, 538
float ball 196
float seaplane 394
floating crane 381
floating head 271
floating rib 98
floating roof 404
floating-roof tank 404
floodplain 32
floor 193, 412
floor brush 209
floor coverings, textile 190
floor drain 194
floor exercise area 496
floor joist 187
floor mat 356
floor mats 496
floor, car 287
floor, mezzanine 182
floor, ocean 33
floorboard 369
flooring strip 190
floppy disk drive 329
floppy disk drive, external 333
floppy disk eject button 329
florist 437
floss, dental 272
flour and semolina 144
flour, oat 144
flour, plain 144
flour, unbleached 144
flour, whole wheat 144
flow tube 410
flower 53, 56
flower bed 230
flower bud 53
flower, structure 56
flowering 62
flowers, examples of 56
flue 305
flue pipe 305
fluff trap 213
fluid, cerebro-spinal 110
fluorescent tube 199
flush 468
flush handle 196
flute 228
fluted land 228
flutes 295
fly 69, 246, 247, 260
fly agaric 52
fly front closing 251, 261
fly half 482
fly line 536
fly reel 536
fly rod 536
fly, tsetse 69
flyfishing 536
flying buttress 284, 285
flyover 343, 344
flysheet 528, 529
flywheel 360, 501
FM mode select button 322
foam 33
foam cushion 458
foam gun 385
foam pad 530
foam, shaving 271
focus 27, 419
focus mode selector 314
focus selector 320
focus, Cassegrain 7
focus, coudé 7
focusing knob 8, 9
focusing ring 420
fodder corn 122
fog 41
fog lamp 352
fog light 364
foie gras 156
foil stip, hologram 441
foil, aluminium 162
folder 340
folding chair 201
folding door 286
folding grill 533
folding nail file 265
folding ramp 386
folding shovel 532
foliage 63
foliate papilla 118
foliose lichen 50
follicle 60
following car 522
fondue fork 168
fondue pot 174
fondue set 174
fongiform papilla 118
font, baptismal 446
font, holy water 446
fontanelle, anterior 100
fontanelle, mastoid 100
fontanelle, posterior 100
fontanelle, sphenoidal 100
food 120
food and kitchen 120
food can 163
food chain 45
food mill 170
food processor 177
food store 439
food tray 162
food vacuole 66
food, convenience 121
foods, catering 121
foods, frozen 121
foot 72, 73, 91, 92, 93, 94, 95, 202, 247, 260, 302, 305, 308, 519, 536, 537
foot fault judge 491
foot hole 305
foot plate 501
foot protection 459
foot strap 519
football 480, 486
football boot 480
football, American 484
footballer 480
footboard 204, 523
footbridge 282, 375, 379
footing 187
footless tights 263
footlights 293
footrest 205, 224, 467
footstool 164, 201
footstrap 254, 501
for cooking 178
for correspondence 338
for cutting 177
for filing 339
for juicing 177
for measuring 171
for mixing and blending 176
for opening 170
for time use 338
foramen caecum 118
force, measurement of 426
fore-and-aft passage 385
forearm 86, 93, 95, 534
forearm crutch 466
forearm pad 486
forearm support 466
forecast, meteorological 38
forecastle 383, 387
forecourt 346, 491
forehead 78, 92
foreleg 67, 68
forelimb 75
forelock 83
foremast 385
forest 29
forest fire 47
forest, boreal 44
forest, coniferous 44
forest, deciduous 44
forest, mixed 44
forest, temporal 44
forest, tropical 44
forest, tropical rain 44
forestay 520
forewing 67
fork 8, 167, 371, 396, 522, 525, 531
fork arm 396
fork, front 522
forked tongue 76
forklift truck 396
forks, examples of 168
format, file 334
formeret 284
forming food vacuole 66
formula 1 car 525

formula 3000 car 524
formula Indy car 524
fortified wall 447
forward 518
fossil energy, geothermy and 402
fossil fuel 46, 48
foul line 474
foul line post 475
foundation 187
foundation of tower 344
foundation slip 258
fountain for ritual ablutions 447
fountain pen 312
four-blade beater 176
four-door saloon 347
four-four time 298
four-of-a-kind 468
four-way lug wrench 356
four-way selector 315
fourchette 243
fourth 298
fovea 119
fowl, guinea 81, 154
fox 88
foyers 293
fraction 427
fractionating tower 405
frame 192, 202, 204, 219, 224, 226, 274, 277, 297, 309, 367, 396, 400, 401, 410, 411, 412, 425, 460, 476, 492, 494, 522, 527, 528
frame stile 202
France 449
frankfurter 156
free guard zone 515
free margin 114
free throw line 489
free-skating blade 509
freehold flats 289
freestyle snowboard 513
freewheel 372
freezer 164, 438
freezer bag 162
freezer compartment 211
freezer door 211
freezer, chest 211
freezer, reach-in 120
freezing 414
freezing rain 41
freight wagon 375
freight wagons, examples of 377
French bread 144
French horn 307
French horns 295
French loaf 144
frequency display 325
frequency, measurement of 426
fresco 280
fresh cheeses 150
fresh meat counter 120
fresh-air duct 345
fret 302, 303
friction strip 218
frieze 202, 279
frilly nylon tights 260
frilly pants 260
frog 75, 249, 301
frog, common 75
frog, morphology of 75
frog, Northern leopard 75
frog, wood 75
frog-adjustment screw 229
frond 52
front 244, 245
front apron 245
front axle 401
front beam 422
front brake 371
front brake lever 368
front compression strap 532
front cover 333
front derailleur 370, 372
front desk 439
front fascia 348
front foil 387
front footrest 367, 368
front fork 522
front fork, telescopic 369
front indicator 366, 368
front lamp 371
front leg 201
front lights 352
front mudguard 366
front page 313
front picture 313
front pipe 350
front pocket 275
front rigid section 363
front shock absorber 369
front sight 534
front tip 208
front top pocket 246
front view 478
front wheel 401, 467
front-end loader 399
frontal 96, 446
frontal bone 98, 100
frontal sinus 117
frontier 23
frontwall 365
frozen food storage 121
frozen foods 121
fruit branch 62
fruit tree 122
fruit vegetables 128
fruit, fleshy pome 58
fruit, fleshy stone 57
fruit, fleshy: berry fruit 59
fruit, fleshy: citrus fruit 58
fruit, passion 136
fruiting 62
fruits 57, 132
fruits and vegetables 120
fruits, citrus 134
fruits, dry 60, 133
fruits, pome 133
fruits, stone 132
fruticose lichen 50
frying basket 171
frying pan 175, 531
fuel 408
fuel bundle 409
fuel conduit 351
fuel gauge 355
fuel injector 360
fuel oil 405
fuel pellet 409
fuel rod 409
fuel supply system 351
fuel tank 235, 351, 364, 366, 369, 377, 395
fuel tank flap 349
fuel, fossil 46, 48
fulcrum 518
full back 482
full face mask 454
full house 468
full moon 5
full-face helmet 525
fullback 485
fumarole 28
function display 310
function keys 328, 330, 423
function keys, programmable 443
function selectors 327
fungicide 47
funiculus 59, 60
funnel 171, 318, 382, 386
funnel cloud 43
fur 82, 91
furniture, children's 205
furniture, house 200
furrow 118
fuse 198, 411
fuselage 393
fusilli 146
futon 204

G

g 298
G-clamp 224
gable 182, 285
gable stud 187
gable vent 182
gabletop 163
Gabon 451
gaffer 291
Gai-lohn 127
gaits, horse 83
galaxy 6
gall-bladder 106
gallery 285, 412
gallery, connecting 345
Gallery, Grand 278
galley 392
gallop 83
galosh 240
Gambia 451
game 154, 492
game board 469
game console 471
game of darts 471
game, board 469
game, online 335
game/MIDI port 329
games 468
games area 386
games, sports and 468
gamma rays 418
ganglion, cerebropleural 73
ganglion, spiral 109
ganglion, visceral 73
gantry crane 406, 407
Ganymede 2
gap 538
garage 182
garage door, sectional 286
garage door, up-and-over 286
garam masala 139
garden 280
garden arch 230
garden cress 127
garden hose 236
garden line 231
garden path 182
garden shears 234
garden sorrel 127
garden spider 70
gardening 216
gardening gloves 232
garlic 124
garlic press 170
garter snake 77
gas 403, 405, 414
gas container 529
gas cooker 210
gas cylinder, medical 464
gas main 434
gas, greenhouse 46
gasket 214
gaskin 83
gastrocnemius 96, 97
gate 301, 407
gate-leg 202
gate-leg table 202
gather 255
gather skirt 253
gauntlet 243
gauze roller bandage 461
gear cable 372
gear housing 537
gear lever 350, 369, 371, 372
gear, landing 361, 365
gearbox 350
gearchange lever 354
gearchange pedal 367, 368
gelatin capsule 467
general view 186
generator 402
generator unit 407
generator, steam 402
Genoa salami 156
geographical map 444
geography 14
geology 26
geometrical shapes 428
geometry 428
Georgia 452
geothermal field 402
geothermy and fossil energy 402
germ 61
German mustard 140
German rye bread 145
German salami 156
German shepherd 86
Germany 450
germination 53
geyser 28
Ghana 451
ghee 150
gherkin 128
giant slalom 511
gibbon 91
Gibraltar, Strait of 18
gift shop 436
gill 52
gill openings 74
gills 73
ginger 139
ginkgo nut 133
giraffe 85
girder 187
girdle 259
glacial cirque 30
glacial lake 32
glacier 30, 32, 44
glacier tongue 30
gland, digestive 71, 73
gland, green 71
gland, salivary 118
glans penis 111
glass 410, 411
glass bottle 163
glass case 423
glass collection unit 49
glass cover 211
glass protector 506
glass recycling container 49
glass roof 188, 374, 435
glass slide 421
glass sorting 49
glass, magnifying 421
glass-fronted display cabinet 203
glassware 165
glazed frost 41
glazing bar 186
gliding phase 514
global warming 46
globe 444, 529
globular cluster 6
glottis 76
glove 10, 478, 498, 506, 508, 513, 514, 522, 525
glove compartment 354
glove finger 243
glove storage 464
glove, back of 243
glove, blocking 507
glove, catching 507
glove, latex 460
glove, massage 267
glove, palm of 243
glove, softball 477
gloves 243
gloves, gardening 232
gloves, goalkeeper's 480
gloves, men's 243
gloves, women's 243
glucose 54
glue 190
glue stick 341
gluteal nerve 108
gluteus maximus 97
gnocchi 146
gnomon 424
go 469, 470
goal 480, 482, 485, 507
goal area 480
goal crease 507
goal judge 506
goal lights 507
goal line 482, 484, 506
goalkeeper 481, 506, 507
goalkeeper's gloves 480
goalkeeper's pad 507
goalkeeper's skate 507
goalkeeper's stick 507
goalpost 485
goat 84
goat's milk 150
goat's-milk cheeses 150
goatfish 159
Gobi Desert 19
goggles 218, 513, 522
goggles, protective 522, 525
goggles, swimming 516
golf 504
golf bag 505
golf ball 505
golf course 430
golf glove 505
golf shoes 505
golf trolley 505
Golgi apparatus 50, 66
gonad 73
gondola 121, 512
gondola departure 512
gong 295, 309
Good Hope, Cape of 20
goods station 375
goods, canned 121
goose 81, 155
goose egg 155
goose-neck 191
gooseberry 132
gooseneck 400
gored skirt 253
gorge 31, 32
Gorgonzola 151
gorilla 91
gorilla, morphology of 91
Gothic cathedral 284
gour 31
gourd, wax 128
government organization 335
governor tension sheave 287
governor, speed 287
grab handle 361, 364, 455
gracile 97
grader 401
graduated dial 500
graduated scale 422, 423
grain of wheat, section 61
grain terminal 381
gram, black 131
Grand Canyon 16
Grand Gallery 278
granitic layer 26
granivorous bird 79
granulated sugar 149
granulation 4
grape 62, 132
grape, section of 59
grapefruit 134
grapefruit knife 169
grass 492
grassbox 237
grasshopper, bow-winged 69
grassland 44
grate 210
grater 170
grater, nutmeg 170
grater, rotary cheese 170
grating, utensils for 170
gravel bed 524
gravy boat 166
gray matter 109
grease well 179
greases 405
great adductor 97
Great Australian Bight 15
Great Barrier Reef 15
Great Dane 86
Great Dividing Range 15
great green bush-cricket 69
great horned owl 81

Great Lakes 16
great organ manual 305
Great Sandy Desert 15
great saphenous vein 102
great scallop 157
Great Victoria Desert 15
greater alar cartilage 117
greater covert 78
greater pectoral 96
greater trochanter 99
Greece 450
Greek bread 144
Greek temple 279
Greek temple, plan 279
Greek theatre 278
green 418, 504
green alga 51
green ball 503
green beam 318
green bean 131
green cabbage 126
green coffee beans 148
green gland 71
green light 434
green onion 124
green peas 130
green pepper 138
green russula 123
green sweet pepper 128
green tea 148
green walnut 60
greenhouse 122
greenhouse effect 46
greenhouse effect, enhanced 46
greenhouse effect, natural 46
greenhouse gas 46
greenhouse gas concentration 46
Greenland 16
Greenland Sea 14
Grenada 449
grey matter 110
grid 318
grid system 22
grid, lighting 291
grid, starting 524
griddle 179
grike 31
grill, indoor electric 179
grille 279, 296, 348
grille, security 442
grinding, utensils for 170
grip 290, 500, 505, 535
grip handle 226
grip tape 526
grip, key 290
groin 92, 94
groove 169, 359, 510
ground 404
ground floor 182, 188
ground moraine 30
ground pepper 139
ground terminal 322
ground, teeing 504
groundhog 82
growth line 72, 73
Gruyère 151
guard 169, 217, 489
guard rail 211, 526
guard, ankle 476
guard, cable 535
guard, leg 476
guard, point 489
guard, shin 513
guard, tooth 486
guard, wrist 527
guardhouse 282
guardrail 384
Guatemala 448
guava 137
guide bar 235
guide handle 229
guide rail, car 287
guide rail, counterweight 287
guide ring 536
guide, tape 341
guiding tower 345
Guinea 451
guinea fowl 81, 154
guinea pig 82
Guinea, Gulf of 20
Guinea-Bissau 451
guitar, bass 303
gulf 24
Gulf of Aden 19, 20
Gulf of Alaska 16
Gulf of Bothnia 18
Gulf of California 16
Gulf of Carpentaria 15
Gulf of Guinea 20
Gulf of Mexico 16
Gulf of Oman 19
Gulf of Panama 17
Gulf, Persian 19
gum 101, 116
gum massager 272
gumshield 498
gun 216
gun flap 248
gun, heat 219
gurnard 159
gusset 274, 276
gusset pocket 255
Gutenberg discontinuity 26
gutter 182
guy line 528
guy wire 412
Guyana 448
guyot 33
gymnasium 386, 444
gymnasium office 444
gymnast's name 497
gymnastics 496
gynaecological examination room 463
gyratory system 342

H

hack 515
hackle 536
hacksaw 226
haddock 161
hair 93, 95, 114, 301
hair bulb 114
hair clip 268
hair colour 267
hair conditioner 267
hair dryer 270
hair follicle 114
hair grip 268
hair roller 268
hair roller pin 268
hair shaft 114
hair slide 268
hair stylist 290
hairbrushes 268
haircutting scissors 270
hairdresser 436
hairdressing 268
hairpin 268
hairs, root 53
Haiti 448
half handle 169
half-glasses 273
half-mask respirator 459
half-slip 258
half-volley 490
halfway line 481, 483
halibut 161
hall 188, 386, 439
hall, entrance 188
hall, town 432
halo 6
halogen desk lamp 206
ham knife 169
ham, cooked 156
ham, smoked 153
hammer 304, 472, 534
hammer loop 225
hammer rail 304
hamster 82
hand 91, 93, 95, 115
hand blender 176
hand fork 232
hand grip 536
hand mitre saw 226
hand mixer 176
hand post 297
hand protector 235, 525
hand rest 332
hand tools 232
hand vacuum cleaner 208
hand warmer pocket 251
hand, 1/10 second 424
hand-warmer pocket 249
handbags 275
handbrake 350
handbrake lever 354
handcuff case 456
handgrip 366, 369, 466
handgrips 500
handicap spot 470
handle 167, 170, 176, 177, 178, 179, 180, 192, 204, 208, 209, 210, 211, 215, 216, 217, 219, 220, 221, 222, 223, 224, 225, 226, 227, 229, 231, 235, 236, 237, 269, 270, 271, 272, 273, 274, 275, 276, 277, 301, 325, 341, 356, 467, 477, 478, 492, 493, 494, 510, 515, 531, 536, 537
handle, crank 225
handle, insulated 179
handle, twist 332
handlebar 501, 523
handlebar stem 371
handlebar, raised 522
handlebars 371, 523
handling 396
handrail 191, 287, 363, 380, 385
handsaw 226
handset 327
handset flex 327
hang-up ring 270
hanger bracket 467
hanger loop 250
hanging basket 230
hanging cupboard 203
hanging glacier 30
hanging pendant 206
hanging stile 185, 186, 202
hank 521
hapteron 51
harbour 381
hard boot 513
hard contact lens 272
hard disk drive 333
hard disk drive, removable 333
hard disk, removable 333
hard hat 458
hard palate 116, 117
hard surface (cement) 492
hard-shell clam 157
hare 82, 154
harissa 141
harmonica 296
harp 302
harps 295
hasp 277
hastate 55
hat switch 332
hatband 238
hatch 13
hatch, side 12
hatchback 347
hatchet 454, 533
hawk 216
hawse pipe 383, 387
hayloft 122
hazard, water 504
hazelnut 133
hazelnut, section 60
head 6, 67, 72, 78, 93, 95, 103, 111, 125, 220, 221, 223, 229, 271, 272, 301, 302, 303, 309, 492, 494, 505, 536
head cover 505
head harness 459
head linesman 485
head nurse's office 463
head of femur 99
head of frame 186
head of humerus 99
head protection 458
head teacher's office 445
head, bird 78
head, cutting 341
head, snare 297
headband 324, 326, 458, 459
headbay 406
headboard 204, 205
headgear 238, 498
headgear, men's 238
headgear, unisex 239
headgear, women's 239
heading 313
headland 35
headlight 348, 364, 366, 368, 376, 377, 523
headline 313
headphone jack 310, 311, 322, 326
headphone plug 326
headphones 324, 326
headrest 353
heads, examples of 221
health 460
health and beauty care 121
health organization 335
hearing 115
heart 71, 73, 104, 105, 154, 468
heartwood 63
heat deflecting disc 199
heat energy 46
heat gun 219
heat loss 46
heat production 408
heat ready indicator 269
heat selector switch 270
heat shield 12
heat transfer 415
heat-sealed film 163
heater 529
heating 192
heating duct 213
heating element 213, 214, 218
heating grille 380
heating oil 405
heating/air conditioning equipment 386
heavy machinery 398
heavy petroleum 405
heavy rainfall 43
heavy-duty boot 240
hedge 183, 230
hedge trimmer 235
heel 93, 95, 169, 226, 229, 240, 247, 262, 301, 302, 477, 506, 509
heel grip 240
heel loop 467
heel rest 176, 208
heel stop 527
heel-piece 511
heelplate 514
height adjustment 501
height adjustment scale 227
helicopter 395
helix 115, 429
helmet 10, 454, 478, 486, 506, 508, 510, 513, 522, 525, 526, 527
helmet ring 10
helmet, crash 524
helmet, full-face 525
hemidemisemiquaver 299
hemidemisemiquaver rest 299
hemisphere 429
hemispheres 21
hemlath 412
hen 81
hen egg 155
hen house 122
hendecagon, regular 429
hepatic vein 103
heptagon, regular 429
herbal teas 148
herbicide 47
herbivores 45
herbs 142
heron 80
herring 159
herringbone parquet 190
herringbone pattern 190
hertz 426
Hertzian wave transmission 316
heterotrophs 45
hex nut 359
hexagon nut 223
hexagon, regular 429
hidden pocket 274
high altar 446
high card 468
high chair 205
high clouds 42
high jump 473
high pressure area 43
high wing 394
high-back dungarees 260
high-frequency antenna cable 394
high-rise block 289
high-speed exit taxiway 388
high-speed shaft 413
high-speed train 376
high-tension electricity transmission 402, 413
highland 5, 40
highland climates 40
hijiki 123
hiking boot 242
hill 29
Himalayas 19
hind leg 67, 68
hind limb 75
hind toe 78, 79
hind wing 67
hinge 178, 185, 186, 202, 214, 274, 277, 352, 420, 511
hinge pin 400
hip 93, 95
hip pad 486
hippopotamus 85
hitch ball 356
hitch pin 304
hitting area 477
hob 164, 210
hob edge 210
hock 83, 86, 153
hock glass 165
hoe 233
hoe-fork 233
hog line 515
hoisin sauce 140
hoisting block 397
hoisting rope 219, 287, 397
holdall 276
holder's name 441
holder's signature 441
holder, baton 456
holder, dental floss 272
holder, filter 181
holder, paper-clip 341
holding 499
holding area marking 390
hole 504
hollow barrel 460
hologram foil strip 441
holster 456
holy water font 446
home 331
home aerial 316
home key 331
home plate 475
home theatre 321
home user 335
home-plate umpire 475
homogenized milk 150
Honduras 448
honey 149
honeybee 68
honeydew melon 135
hood 192, 209, 249, 260, 508
hood, cooker 164
hooded sweat shirt 262
hooded towelling robe 260
hoof 83
hook 186, 217, 225, 364, 397, 423, 460, 502, 509
hooker 482
hoop earrings 264
hopper, loading 364
horizontal bar 496, 497
horizontal control 329
horizontal ground movement 27

horizontal move 470
horizontal pivoting window 287
horizontal seismograph 27
horizontal-axis wind turbine 413
horn 354, 368, 377
horn, anterior 109
Horn, Cape 17
horn, posterior 109
horned melon 136
hornet 69
horny beak 76
hors d'oeuvre dish 166
horse 83, 85
horse, gaits 83
horse, morphology of 83
horse, pommel 496
horse, vaulting 496, 497
horseradish 129
horseshoe mount 7
hose 209, 257, 454
hose connector 236
hose nozzle 236
hose trolley 236
hospital 433, 462
hospital bed 464
hospital trolley 460
hot coolant 408
hot-air outlet 192
hot-shoe contact 314
hot-water circuit 194
hot-water heater 194
hot-water riser 194
hot-water supply 197
hotel 432, 439, 469, 512
hotel reservation desk 390
hotel room 439
hound, smooth 158
hour angle gear 7
house 182, 293, 469, 515
house dress 252
house furniture 200
house, adobe 288
house, elements of 185
house, exterior 182
house, one-storey 289
house, pilot 385
house, structure 188
house, two-storey 289
houseboat 385
household equipment 215
household products 120
household waste 47, 48
housing 199, 218, 228, 229, 271
hovercraft 383
hub 70, 341, 371, 413, 467
Hubble space telescope 7, 37
Hudson Bay 16
Huitzilopochtli, Temple of 283
hull 60, 520, 523
human being 92
human body 92
human denture 101
humerus 98
humid continental - hot summer 40
humid continental - warm summer 40
humid subtropical 40
hummingbird 80
hummus 140
Hungary 450
hunting 534
hunting cap 238
hurricane 43
hurricane lamp 532
husbandry, intensive 46, 47
husk 60, 61
hydrant intake 455
hydrant, fire 454
hydraulic disc brake 522
hydraulic jack 361
hydraulic resistance 501
hydraulic shovel 400
hydraulic system 396
hydroelectric complex 406
hydroelectricity 406
hydrofoil boat 387
hydrologic cycle 45
hydrometer 359
hydrosphere 44
hyena 88
hyperlinks 334
hyperopia 419
hypha 52
hyssop 142

I

Iapetus 3
Iberian Peninsula 18
ice 45
ice cream container 180
ice cream maker 180
ice cream scoop 173
ice cube dispenser 164
ice cube tray 211
ice dispenser 346
ice hockey 506
ice hockey player 506
ice rink 512
Ice Shelf, Amery 15
Ice Shelf, Filchner 15
Ice Shelf, Ross 15
ice-breaker 384
iceberg lettuce 126
Iceland 18, 450
icing syringe 172
identification badge 456
identification, account 443
identity bracelet 264
identity tag 277
idler wheel 523
igloo 288
igloo tent 529
igneous rocks 26
ignition key 237
ignition lead 360
ignition switch 354, 368
iguana 77
ileum 106
iliohypogastric nerve 108
ilioinguinal nerve 108
ilium 98
illuminated mirror 269
image adjustment buttons 320
image review button 315
impervious rock 403
impluvium 280
impulse sprinkler 236
in goal 483
in-flight communications 317
inbound line 484
incandescent light bulb 199
incident neutron 415
incineration 49
incisors 101
incoming message cassette 328
increase, voltage 402
incus 116
Index 539
index 313
index finger 115
index/enlarge button 315
India 453
Indian chapati bread 145
Indian naan bread 145
Indian Ocean 14, 15, 19, 20
indicator 352
indicator light 454
indicator lights 331
indicator telltale 355, 368
indicator, position 287
indicator, water level 179
indicators 318, 323
indicators display button 320
Indonesia 19, 453
indoor electric grill 179
industrial area 431
industrial communications 317
industrial pollution 47
industrial waste 47, 48
industry 335
inert gas 199
inferior cymbal 308
inferior dental arch 116
inferior mesenteric artery 107
inferior nasal concha 117
inferior rectus muscle 119
inferior vena cava 102, 103, 104, 107
infield 474
infiltration 45
infinity 427
inflated carrying tyre 380
inflated guiding tyre 380
inflator 530
inflator-deflator 530
inflorescent vegetables 127
information booth 437
information counter 390
information desk 442, 463, 512
information, dissemination of 335
infrared port 336, 337
infrared radiation 46, 418
infraspinatus 97
infundibulum of fallopian tube 113
infusions, coffee and 148
inhalation valve 459
inhaler, metered dose 467
initials of issuing bank 441
injection well 402
ink 312
ink, colour shifting 441
inkjet printer 333
inlaid parquet 190
inlet manifold 360
inlet valve 360
inline skating 527
inner boot 511, 527
inner circle 515
inner core 26
inner door shell 352
inner lip 73
inner planets 3
inner string 191
inner table 469
inner tent 528, 529
inner toe 78
inorganic matter 45
input devices 330
input lights 322
input select button 322
input selector 322
input tray 333
input wire 199
input/output video jacks 322
insectivorous bird 79
insects and arachnids 67
insects, examples of 69
insert 331
insert key 331
inside linebacker 484
inside-leg snap-fastening 260, 261
insignia, rank 456
inspection light 217
instant-read thermometer 171
instep 92
institution, educational 335, 433
instructions, operating 346
instrument cluster 366, 368
instrument panel 355
insulated blade 217
insulated handle 179, 217
insulating material 190, 214
insulation 410
insulator 359
insurance services 442
intake, air 362
integral 427
integrated circuit 417
integrated circuit, packaged 417
Intelsat 317
intensive care unit 464
intensive farming 46
intensive farming 48
intensive husbandry 46, 47
interchange 431
interchanges, examples of 342
intercostal nerve 108
interior dome shell 7
interior door handle 352
interior door lock button 352
interior pocket 277
intermediate booster station 404
intermediate slope 512
intermodal car 377
internal boundary 23
internal ear 116
internal filum terminale 109
internal iliac artery 102, 103, 107
internal iliac vein 103
internal jugular vein 102
internal modem port 329, 336
internal tooth lock washer 222
international space station 11
international system of units 426
Internet 334
Internet keys 330
Internet service provider 335
Internet user 334
Internet uses 335
internode 53
interrupted projection 22
intersection 427
intertragic notch 115
intervals 298
interventricular septum 104
interview 313
interview rooms 440
intestine 71, 73, 103
intravenous stand 464
intrusive filtration 47
intrusive rocks 26
inverted pleat 253
inward 518
Io 2
ion tail 6
Ionic column, engaged 281
Iran 452
Iraq 452
Ireland 449
iris 119
Irish moss 123
Irish Sea 18
Irish soda bread 145
iron 505
iron curtain 292
iron, straightening 269
is approximately equal to 427
is contained in 427
is equal to 427
is equal to or greater than 427
is equal to or less than 427
is equivalent to 427
is greater than 427
is identical with 427
is less than 427
is not equal to 427
is not identical with 427
is not parallel to 428
is parallel to 428
isba 288
ischium 99
island 24, 164, 343
island arc 33
Island, Baffin 16
Island, Newfoundland 16
Islands, Aleutian 16
Islands, Falkland 17
Islands, Fiji 15
islet, rocky 35
isobar 39
isolation room 462
isoseismal line 27
Israel 452
isthmus 24
isthmus of fallopian tube 113
isthmus of fauces 116
Isthmus of Panama 16
Italy 450
items, news 313
Ivory Coast 451

J

jaboticaba 137
Jack 468
jack 356, 397, 400, 455
jack plug 324
jack, audio 329
jack, audio input/output 337
jack, earphone 329
jack, stabilizer 361
jacket 251, 417, 499, 534
jackets 244
jackfruit 136
jaguar 89
jail 469
jalapeño chilli 139
jalousie 186
Jamaica 448
jamb 185, 192
janitor's cupboard 439, 443
Japan 19, 453
Japan Trench 34
Japan, Sea of 19
Japanese experiment module 11
Japanese persimmon 137
Jarlsberg 151
Java Trench 34
javelin 472, 473
jaw 217, 221, 224, 228, 265
jaw, fixed 425
jaw, sliding 425
jaws 224, 535
jay 80
jazz band 300
jeans 254
jejunum 106
jerboa 82
jerk, clean and 500
jersey 483, 522
Jerusalem artichoke 124
jet fuel 405
jet tip 272
jet, supersonic 37, 394
jets, water 518
Jew's harp 297
jewellery 264
jewellery shop 436
Jewish challah 145
jib 397, 520
jib tie 397
jibsheet 520
jicama 124
jigsaw 227
jingle 309
jockey rollers 372
jogging pants 262
John dory 161
joint 312, 355, 503, 536
joint filler 216
joint, articulated 363
joist 190
Joker 400
Jordan 452
joule 426
joystick 332
joysticks 471
judge 498, 499
judge, centre line 490
judge, line 496
judge, side 485
judges 496, 497, 509, 518
judges' bench 440
judges' office 440
judges, turning 517
judo 499
judogi 499
jug 181
jug, measuring 171
juice extractor 180
juice sac 58
jujube 137
jumper cables 356
jumper, ski 513
jumping ski 513
jumping, ski 513
jumps, examples of 509
jumpsuit 254, 261
junior doctor 464
juniper berry 138
Jupiter 2
jurors' room 440
jury box 440
justice 440

K

Kalahari Desert 20
kale, ornamental 126
kale, sea 126
Kamchatka Peninsula 19
Kazakhstan 452
keel boat 521

keep 282
keeper ring 536
kelly 403
kelvin 426
Kenya 451
kerb 434, 524
Kermadec-Tonga Trench 34
kernel 61
kerosene 405
ketchup 141
kettle 29, 180
kettledrum 308
key 296, 304, 306
key case 275
key cutting 437
key finger button 306
key grip 290
key guard 306
key lever 306
key lock 274
key signature 299
key, alternative 330
key, backspace 331
key, capitals lock 330
key, confirmation 443
key, delete 331
key, email 330
key, end 327, 331
key, enter 331
key, escape 330
key, home 331
key, insert 331
key, numeric lock 331
key, page down 331
key, page up 331
key, pause/break 331
key, power 327
key, print screen/system request 331
key, scrolling lock 331
key, selection 327
key, start 330
key, tabulation 330
key, talk 327
keybed 304
keyboard 304, 310, 336
keyboard and pictograms 330
keyboard instruments 304
keyboard port 329
keyboard, alphanumeric 340, 442, 443
keyless chuck 228
keypad, alphabetical 338
keypad, alphanumeric 327, 330
keypad, numeric 338
keys 311
keys, function 330
keys, Internet 330
keys, operation 442, 443
keystone 284
kick pleat 253
kick, skating 514
kicker 313
kickstand 367, 369
kidney 73, 103, 154
kidney bean, red 131
kielbasa sausage 156
killer whale 90
kilogram 426
kilt 253
kimono 256
King 468, 470
king's chamber 278
King's side 470
kingfisher 80
kingpin 365
kiosk 346, 379
Kiribati 453
kit, first aid 457
kit, tool 372
kit, waxing 514
kitchen 162, 164, 188, 280, 439, 445
kitchen knife 169
kitchen knives, examples of 169
kitchen scale 171
kitchen shears 173
kitchen timer 171
kitchen towel 215
kitchen utensils 169
kitchen, food and 120
kitchen-diner 188
kiwi 136
knee 83, 86, 92, 94
knee pad 476, 486, 526, 527
knee sock 257
knee wrap 500
knee-length sock 247
knickerbockers 254
knife 167, 531, 533
knife pleat 246, 253
knife, electric 177
Knight 470
knives, examples of 168
knob 202, 229, 477
knob handle 227
knob, coarse adjustment 421
knob, fine adjustment 421
knob, steam control 181
knobby tyre 369
knurled bolt 219
kohlrabi 125
Kola Peninsula 18
kombu 123
kora 297
Korean Peninsula 19
Kuiper belt 2
kumquat 134
Kuril Trench 34
Kuwait 452
Kyrgyzstan 452

L

label maker 340
labial palp 67
labium majus 112, 113
labium minus 112, 113
lablab bean 130
laboratory 7
laboratory air lock 13
laboratory, pathology 465
laboratory, U.S. 11
laccolith 28
lace 477, 498, 509
lace-up 240
lachrymal canal 110
lachrymal caruncle 119
lachrymal gland 119
lactiferous duct 113
ladder 184, 288, 361, 401, 404
ladder pipe nozzle 455
ladders 219
ladies' toilet 294, 439
ladle 173
Ladoga, Lake 18
Lady chapel 284, 285
ladybird 69
lagomorphs, examples of 82
lagomorphs, rodents and 82
lagoon 35
lake 5, 24, 29, 32
lake acidification 48
Lake Baikal 19
Lake Chad 20
Lake Eyre North 15
Lake Ladoga 18
Lake Malawi 20
Lake Tanganyika 20
Lake Titicaca 17
Lake Victoria 20
lake, artificial 32
lake, glacial 32
lake, oxbow 32
lake, tectonic 32
lake, volcanic 32
lakes 32
Lakes, Great 16
lamb cubes 153
lamb, cuts of 153
lamb, minced 153
lambdoid suture 100
lamina 51
lamp 421
lamp, bedside 439, 464
lamp, sanctuary 446
lamp, signal 179
lampholder 199
lamprey 159
lanceolate 55
land 228
land pollution 47
land station 38
landfill 431
landfill site, authorized 47
landing 189, 191
landing area 472
landing gear 361, 365
landing gear crank 365
landing light 395
landing net 538
landing window 395
landslides 31
lane 433, 472, 516
lane line 473
lane rope 517
lane timekeeper 516
lane, pit 524
languid 305
lantern 230, 529
Laos 453
lap belt 353
lapel 244
laptop computer 336
laptop computer: front view 336
laptop computer: rear view 336
larch 65
lard 149
larding needle 173
large blade 531
large intestine 106
large wheel 467
large-screen television set 321
larger spotted dogfish 158
larynx 105
lasagne 146
laser beam 420
laser, pulsed ruby 420
last quarter 5
latch 178, 214, 277
latch bolt 186
latch, mitre 226
lateral bar 501
lateral brush 365
lateral condyle of femur 99
lateral cutaneous femoral nerve 108
lateral incisor 101
lateral line 74, 515
lateral moraine 30
lateral semicircular canal 116
lateral view of skull 100
lateral-adjustment lever 229
latex glove 460
latex glove case 456
latissimus dorsi 97
latrines 280
Latvia 450
laundry 439
laundry room 188
lava flow 28
lava layer 28
lawn 183, 230
lawn aerator 237
lawn care 237
lawn edger 233
lawn rake 237
layer, ozone 37
layers, waste 47
leaching 48
lead 313, 326, 515
lead pencil 312
leader 538
leading bunch 522
leading edge 393
leading motorcycle 522
leaf 51, 53, 54, 55, 125
leaf axil 55
leaf lettuce 126
leaf margins 55
leaf node 53
leaf vegetables 126
leaf, fleshy 54
leaf, scale 54
leaf, structure of 55
leakproof cap 529
leather end 246
leather goods 274
leather goods shop 436
leather sheath 533
leather skin 478
leather, chamois 265
leaves, examples of 65
leaves, first 53
Lebanon 452
Lebanon, cedar of 65
lectern 446
ledger board 187
ledger line 298
leech 519
leek 124
left atrium 103, 104
left attacker 487
left back 481, 487
left centre 482
left channel 324
left cornerback 484
left defence 506
left defensive end 484
left defensive tackle 484
left field 475
left fielder 474
left forward 489
left guard 485
left kidney 107
left lung 103, 105
left midfielder 481
left pulmonary vein 104
left safety 484
left service court 491
left side 272
left tackle 485
left ventricle 103, 104
left wing 482, 507
left-luggage office 374
leg 76, 91, 93, 95, 202, 204, 205, 231, 247, 308, 493, 537
leg curl bar 501
leg extension bar 501
leg guard 476
leg, walking 70
leg-warmer 263
leghold trap 535
legumes 130
leisure, outdoor 528
lemon 134
lemon balm 142
lemon squeezer 170, 177
lemur 91
length, measurement of 426
lengthways bulkhead 384
lens 119, 273, 314, 332, 419
lens accessories 314
lens cap 314
lens case 272
lens hood 8, 314
lens release button 314
lens system 420
lens, concave 419
lens, convex 419
lens, macro 314
lens, toric 419
lens, zoom 320
lenses 314, 419
lenses, contact 272
lentils 130
leopard 89
leotard 263
Lesotho 452
lesser covert 78
letter opener 339
letter scale 339
letters to editor 313
lettuce, butterhead 126
lettuce, iceberg 126
lettuce, leaf 126
lettuce, sea 123
leucoplast 50
level crossing 375
level, reception 439
level, sea 37
levelling foot 212, 213, 214
levelling screw 423
lever 178, 197, 222, 265, 534
lever cap 229
lever corkscrew 170
lever kitchen-tap 197
lever, gear 350, 369
lever, locking 224
Liberia 451
libero 487
library 433, 444
Libya 451
lichen 50
lichen, crustose 50
lichen, foliose 50
lichen, fruticose 50
lichen, structure of 50
lichens, examples of 50
lid 174, 177, 178, 179, 180, 181, 210, 211, 212, 215, 225, 417
Liechtenstein 450
lierne 284
life buoy 387
life raft 383
life support system 10
life support system controls 10
lifeboat 382, 386
lifebuoy 457
lift 281, 287, 435, 439
lift arm 399
lift bridge 345
lift car 287
lift chain 196
lift door 363
lift span 345
lift, chair 512
lift, wheelchair 363
lift-arm cylinder 399
lift-fan air inlet 383
lifting chain 396
lifting hook 403
ligament 73
ligature 306
light 7, 8, 9, 380
light aircraft 394
light bar 455
light ray 419
light shield 7
light, amber 434
light, eternal 447
light, green 434
light, indicator 454
light, paper feed 333
light, power 333
light, print cartridge 333
light, reading 457
light, red 434
light, underwater 184
light, visible 418
lightbar 457
lightbar controller 457
lighthouse 381
lighting 199, 269
lighting cable 361
lighting grid 291
lighting technician 291
lighting, safety 457
lightning 41
lightning conductor 183, 407
lightning rod 413
lights 206
lights, blinking 362
lights, goal 507
lights, indicator 331
lights, input 322
lights, pedestrian 434
lights, sound mode 322
lights, traffic 434
lily 56
lily of the valley 56
Lima bean 131
limb 63, 535
limb top 421
lime 134
limit switch 287
limpet 157
linden 148
line 225, 298, 443
line guide 537

ENGLISH INDEX

line judge 485, 496
line map 378
line of scrimmage 485
line, 10 m 482
line, 15 m 483
line, 22 m 482
line, 5 m 483
line, back 515
line, broken 342, 343
line, cable 335
line, chalk 225
line, credit 313
line, dedicated 334
line, field 416
line, hog 515
line, neutral 416
line, solid 342
line, starting 524
line, submarine 334
line, tee 515
line, telephone 334
linear 55
linen chest 203
linen room 439
lines of latitude 22
lines of longitude 22
linesman 481, 487, 490, 494, 507
lingerie shop 436
lingual tonsil 118
lining 240, 244, 245, 262, 274, 509
lint filter 212
lintel 185, 187, 192, 285
lion 89
lip 83, 87
lip make-up 266
lipbrush 266
lipid droplet 50
lipliner 266
lipstick 266
liqueur glass 165
liquid 414, 415
liquid crystal display 315, 320
liquid eyeliner 266
liquid foundation 266
liquid mascara 266
liquid-crystal display 424
liquid/gas separator 359
listen button 328
lists 282
litchi; lychee 137
literary supplement 313
lithosphere 26, 44
Lithuania 450
litter, plant 54
little finger 115
little finger hook 307
liver 103, 106, 154
livestock van 377
living room 188, 528
lizard 77
lizard, monitor 77
llama 84
loader, belt 402
loading bridge 381
loading dock 435
loading door 192
loading hopper 364
loaf pan 179
loan services 442
lob 491
lobate 55
lobate toe 79
lobby 390, 435, 439, 440, 442
lobe 79
lobe bronchus 105
lobe, lower 105
lobe, upper 105
lobster 71, 158
lobster, anatomy of 71
lobster, morphology of 71
local station 316
location 182
location of the statue 279
lock 185, 186, 202, 211, 275, 277, 352
lock dial 332
lock forward 482
lock nut 425
lock rail 185
lock, capitals 330
lock, numeric 331
lock-on button 227, 229
lockers, students' 445
locket 264
locking button 208
locking device 209, 219, 535
locking lever 224
locking ring 221
locknut 197
locomotive 376
loculus 58
lodge, main 512
lodge, mountain 512
lodge, skiers' 512
lodge, summit 512
lodging 512
log carrier 193
log chute 406
loin 83, 93, 95
loin chop 153
long adductor 96
long extensor of toes 96
long johns 247
long jump and triple jump 472
long palmar 96
long peroneal 96
long radial extensor of wrist 97
long residue 405
long service line 494
long track 508
long-range jet airliner 392
longan 136
longitudinal drive shaft 351
longitudinal dunes 36
loop 245, 343
loop, hammer 225
loop, strap 532
loop, toe 509
loose head prop 482
loose powder 266
loose powder brush 266
lopping shears 234
lore 78
loss, heat 46
loudspeaker 321, 326, 455
loudspeaker system select buttons 322
loudspeaker terminals 322
loudspeaker, centre 321
loudspeaker, main 321
loudspeaker, surround 321
lounge 386, 439
lounge, cocktail 439
lounge, nurses' 465
lounge, staff 443, 463
louse 69
louvre-board 285
louvred window 287
lovage 142
love seat 439
low clouds 42
low fuel warning light 355
low pressure area 43
low-speed shaft 413
low tension distribution line 198
lower blade guard 227
lower bowl 181
lower confining bed 402
lower eyelid 75, 87, 119
lower guard retracting lever 227
lower lateral lobe 62
lower lateral sinus 62
lower limb 103
lower lip 116, 305
lower lobe 105
lower mandible 78
lower mantle 26
lower radiator hose 358
lower shell 511
lubricant eye drops 272
lubricants plant 405
lubricating oils 405
Luer-Lock tip 460
luff 519
lug 308
luggage 276
luggage compartment 376, 395
luggage elastic 277
luggage lockers 374
luggage rack 361, 369, 523
luggage racks 383
luggage trolley 277, 374
lumbar pad 486
lumbar plexus 108
lumbar vertebra 99, 110
luminous intensity, measurement of 426
lunar eclipse 5
lunar features 5
lungs 105
lunula 114, 115
lunule 73
lupine 130
Lutz 509
Luxembourg 449
lynx 88
lyre 297
lysosome 66

M

macadamia nut 133
macaque 91
macaw 80
Macedonia 450
machicolation 282
machine hall 406, 407
machine, automatic teller 442, 443
machine, espresso 181
machine, snow-grooming 512
machinery shed 122
machinery, transport and 342
Mackenzie River 16
mackerel 159
macro lens 314
macronucleus 66
macula 119
Madagascar 20, 452
magazine 313
magenta 418
magma 28, 33
magma chamber 28, 402
magnesium powder 497
magnet 341, 416
magnetic compass 533
magnetic damping system 422
magnetic field 318, 416
magnetic gasket 211
magnetic lid holder 180
magnetic needle 533
magnetic separation 49
magnetic strip 441
magnetic tape 319
magnetism 416
magnifier 531
magnifying glass 421
magnifying glass and microscopes 421
main beam headlight 352
main beam indicator light 355
main beam warning light 368
main bronchus 105
main circuit vent 194
main cleanout 194
main deck 385
main drain 184, 194
main engine 13
main entrance 188, 435, 445, 465
main junction box 198
main landing gear 393
main line 375
main lodge 512
main loudspeaker 321
main road 343
main rooms 188
main scale 425
main scope tube 420
main sewer 434
main stand 367
main switch 198
main transformer 376
main tube 8, 9
main vent 28
main waiting room 465
Maine Coon 87
mainsail 520
mainsheet 520
maintenance hangar 389
maître d'hôtel 438
major inner reaping throw 499
major motions 470
major outer reaping throw 499
make-up 266
make-up artist 290
maker, bread 179
malanga 129
malar region 78
Malawi 452
Malawi, Lake 20
Malaysia 453
Maldives 453
male 426
male cone 65
male ferrule 536, 537
male genital organs 111
male grounding pin 198
male urethra 111
Mali 451
mallet 220, 308
mallets 309
malleus 116
malt vinegar 141
Malta 450
mammals, carnivorous 86
mammals, marine 90
mammals, primate 91
mammals, ungulate 83
mammary gland 113
man 92
man, property 291
mandarin 134
mandible 67, 74, 98, 100
mandolin 297
mandoline 170
mandown alarm 454
mane 83
manganese mix (cathode) 417
mangetout 130
mango 137
mango chutney 141
mangosteen 136
manhole 404, 434
manicure 265
manicure set 265
manned manœuvring unit 10
manœuvring engine 13
mantid 69
mantle 72, 73, 192
mantlepiece 192
manual release 511
manual revolving door 286
manual sorting 49
manuals 305
Manx 87
map projections 22
map, geographical 444
map, weather 38
maple 61
maple syrup 149
maquis 44
margarine 149
margin 55
marginal shield 76
Mariana Trench 34
Marie Byrd Land 15
marinade spices 139
marine 40
marine diesel 405
marine mammals 90
marine mammals, examples of 90
maritime communications 317
maritime transport 381
marker 312
marker, position 303
marmoset 91
marrow 128, 154
Mars 2, 3
Marshall Islands 453
marten 88
marten, stone 88
mascara brush 266
mask 476
mask, face 478
mason's trowel 216
masonry drill 228
masonry nail 220
masonry tools 216
mass 27
mass, measurement of 426
massage glove 267
masseter 96
massif 24
mast 281, 396, 519, 520
mast foot 519
mast operating lever 396
mast sleeve 519
master bedroom, cathedral ceiling 189
master bedroom, cathedral roof 189
master cylinder 357
masthead 313, 519
masthead light 383
mastoid fontanelle 100
mastoid process 100
mat 499
mat, floor 356
mater, dura 109
mater, pia 109
material handling 396
material, fire-fighting 454
material, sealing 417
mathematics 427
matinee length necklace 264
mating adaptor 11
mats, floor 496
matter 414
matter, grey 109
matter, inorganic 45
matter, states of 414
matter, white 109
mattress 204, 205, 460
mattress cover 204
Mauritania 451
Mauritius 452
maxilla 74, 98, 100, 117
maxillary bone 101
meadow 122
mean position 418
meander 32
measurement of amount of substance 426
measurement of Celsius temperature 426
measurement of electric charge 426
measurement of electric current 426
measurement of electric potential difference 426
measurement of electric resistance 426
measurement of energy 426
measurement of force 426
measurement of frequency 426
measurement of length 425, 426
measurement of luminous intensity 426
measurement of mass 426
measurement of power 426
measurement of pressure 426
measurement of radioactivity 426
measurement of temperature 424
measurement of thermodynamic temperature 426
measurement of thickness 425
measurement of time 424, 426
measurement of weight 422
measuring beaker 171
measuring cups 171
measuring devices 424
measuring jug 171
measuring spoons 171
measuring, utensils 171
meat 152
meat counter, self-service 120

meat keeper 211
meat thermometer 171
meatus, external auditory 100
mechanical mouse 332
mechanical stage 421
mechanical stage control 421
mechanism, spool-release 537
medial condyle of femur 99
medial moraine 30
median lingual sulcus 118
median nerve 108
medical equipment storage room 465
medical gas cylinder 464
medical records 465
medical team 499
Mediterranean Sea 14, 18, 20
Mediterranean subtropical 40
medium format SLR (6 x 6) 315
medium-tension distribution line 198
medlar 133
medulla 107
medulla oblongata 109
medullary ray 63
meeting room 439, 442, 445
Meissner's corpuscle 114
Melanesia 15
melody strings 296
melon baller 173
melon, bitter 128
melon, canary 135
melon, casaba 135
melon, honeydew 135
melon, horned 136
melon, Ogen 135
melons 135
melting 414
meltwater 30
membrane, plasma 66
memo pad 338
memorial board 447
memory button 322, 327
memory cancel 337
memory card slots 471
memory card, compact 315
memory key 323
memory recall 337
men 469, 470
men's bag 276
men's clothing 244
men's gloves 243
men's headgear 238
men's shoes 240
men's toilet 294, 439
meninges 109
menorah 447
menu button 315, 327
Mercury 2, 3
mercury bulb 424
mercury thermometer 461
merguez sausage 156
méridienne 200
mesa 36
mesh 205, 493
mesh bag 162
mesh strainer 171
mesocarp 57, 58, 59
mesopause 37
mesosphere 37
metal arm 236
metal counterhoop 308
metal frame 304
metal rod 309
metal sorting 49
metal structure 374
metallic contact grid 410
metamorphic rocks 26
meteorological forecast 38
meteorology 37
meteorology, station model 39
metered dose inhaler 467
methylated spirits 405
metre 426
Mexico 448
Mexico, Gulf of 16
mezzanine 378
mezzanine floor 182, 189
mezzanine stairs 189
Micro Compact Car 347
microfilament 66
micrometer caliper 425
Micronesia 453
micronucleus 66
microphone 320, 327, 328, 332, 337, 456
microphones 457
microscope 421
microscopes, magnifying glass and 421
microtubule 66
microwave oven 164, 178
microwave relay station 334
microwaves 418
Mid-Atlantic Ridge 34
mid-calf length sock 247
Mid-Indian Ridge 34
mid-ocean ridge 33
middle attacker 487
middle back 487
middle clouds 42
middle covert 78
middle ear 116
middle finger 115
middle leg 67, 68
middle linebacker 484
middle lobe 105
middle nasal concha 117
middle panel 185
middle phalanx 114
middle piece 111
middle primary covert 78
middle sole 262
middle toe 78
midfielder, central 481
midfielder, left 481
midfielder, right 481
midrange pickup 303
midrange speaker 324
midrib 51, 55, 60
midriff band 259
Mihrab 447
Mihrab dome 447
mileometer 355
military communications 317
milk 150
milk chocolate 148
milk, evaporated 150
milk, goat's 150
milk, homogenized 150
milk, powdered 150
milk/cream cup 163
Milky Way 6
Milky Way (seen from above) 6
Milky Way (side view) 6
mill, food 170
millet 61, 143
millet: spike 61
Mimas 3
minaret 447
Minbar 447
minced beef 152
minced lamb 153
minced pork 153
minced veal 152
mincer 170
mini briefs 247
mini stereo sound system 325
minibus 347, 363
minim 299
minim rest 299
mink 88
minor sciatic nerve 108
minor surgery 462
mint 142
minute 428
minute hand 424
Miranda 3
mirror 195, 277, 366, 368, 369, 421, 439, 523
mirror, blind spot 362, 363
mirror, concave primary 9
mirror, crossover 362
mirror, outside 362
mirror, partially reflecting 420
mirror, secondary 7, 9
mirror, totally reflecting 420
mirror, West Coast 363
miscellaneous articles 341
miscellaneous domestic appliances 180
miscellaneous equipment 231
miscellaneous utensils 173
Mississippi River 16
mist 41
mitochondrion 50, 66
mitral valve 104
mitre box 226
mitre latch 226
mitre scale 226
mitten 243
mix, depolarizing 417
mix, water-steam 402
mixed forest 44
mixing bowl 176
mixing bowls 172
moat 282
mobile remote servicer 11
mobile telephone 327
mobile unit 316
mobile X-ray unit 462
moccasin 242
mock pocket 251
mode selectors 326
modem 334
modem, cable 335
moderator 408
modulation wheel 310
module, centrifuge 11
module, European experiment 11
module, Japanese experiment 11
module, Russian 11
module, U.S. habitation 11
Mohorovicic discontinuity 26
moistener 339
molar, cross section 101
molars 101
molasses 149
Moldova 450
mole 426
mole wrench 222
molecule 414
molluscs 72, 157
Monaco 450
money and modes of payment 441
Mongolia 453
mongoose 88
monitor lizard 77
monkfish 160
mono-hulls 521
Monopoly® 469
mons pubis 112
monument 25
Moon 2, 4, 5
Moon's orbit 4, 5
Moon, phases 5
moons 2
mooring winch 385
mop 215
moped 369
moraine, end 30
moraine, terminal 30
mordent 299
morel 123
Morocco 451
morphology of a bird 78
morphology of a bivalve shell 73
morphology of a butterfly 67
morphology of a dog 86
morphology of a dolphin 90
morphology of a frog 75
morphology of a gorilla 91
morphology of a honeybee: worker 68
morphology of a horse 83
morphology of a lobster 71
morphology of a perch 74
morphology of a rat 82
morphology of a shark 74
morphology of a snail 72
morphology of a spider 70
morphology of a turtle 76
morphology of a univalve shell 73
morphology of a venomous snake: head 76
morphology of an octopus 72
mortadella 156
mortar 170
mosaic 280
mosque 447
mosquito 69
moss 51
moss, common hair cap 51
moss, Irish 123
moss, structure of 51
mosses, examples of 51
moth, atlas 69
motion detector 286
motocross and supercross motorcycle 525
motor 212, 213, 214, 227, 229, 237
motor bogie 376
motor car 380
motor end plate 110
motor neuron 110
motor racing 524
motor root 109, 110
motor scooter 369
motor sports 524
motor unit 176, 177, 180, 208, 272, 376
motor vehicle pollution 47
motor yacht 385
motorcycle 366
motorcycle, leading 522
motorcycle, off-road 369
motorcycle, touring 369
motorcycle-mounted camera 522
motorcycle: view from above 368
motorcycles, examples of 369
motorcycling 525
motorway 25, 343, 431
motorway number 25
motto 441
mouflon 84
mould, charlotte 172
moulding, bumper 348
mount, ball 356
mountain 29
mountain biking 522
mountain lodge 512
mountain range 5, 24, 26
mountain slope 29
mountain torrent 29
Mountains, Appalachian 16
Mountains, Atlas 20
Mountains, Carpathian 18
Mountains, Rocky 16
Mountains, Transantarctic 15
Mountains, Ural 18
mounting bracket 535
mounting plate 199
mouse pad 332
mouse port 329
mouse, cordless 332
mouse, field 82
mouse, mechanical 332
mouse, optical 332
mouse, wheel 332
mouth 71, 72, 73, 75, 90, 94, 116, 305
mouthparts 68
mouthpiece 306, 307, 311, 467
mouthpiece receiver 307
mouthpipe 307
mouthwash 272
movable bridges 344
movable jaw 223, 224
movable maxillary 76
movable stands 444
movement, horizontal ground 27
movement, vertical ground 27
movements of aircraft 395
Mozambique 452
Mozambique Channel 20
mozzarella 150
Mt Everest 37
mud flap 349, 364, 365
mud hut 288
mud injection hose 403
mud pit 403
mud pump 403
mudflow 31
mudguard 370
muff 276
muffler felt 304
mule 84, 242
mullet 160
multi-hulls 521
multi-image jump button 315
multi-purpose solution 272
multigrain bread 145
multipack 163
multiple exposure mode 314
multiple light fitting 207
multiplication 427
multiply key 337
multipurpose tool 217
mummy 530
mung bean 131
Munster 151
muscle fibre 110
muscles 96
museum 433
mushroom 52
mushroom, enoki 123
mushroom, structure 52
mushrooms 123
music 296
music rest 305, 311
music room 444
musical instrument digital interface (MIDI) cable 311
musical notation 298
muskmelon 135
muslin 171
mustard, American 140
mustard, black 138
mustard, Dijon 140
mustard, English 140
mustard, German 140
mustard, powdered 140
mustard, white 138
mustard, wholegrain 140
mute 307
muzzle 83, 86, 87, 534
Myanmar 453
mycelium 52
myelin sheath 110
myocardium 104
myopia 419

N

nacelle 413
nacelle cross-section 413
nail 220
nail bed 114
nail cleaner 265
nail clippers 265
nail file 265
nail groove 531
nail matrix 114
nail scissors 265
nail set 220
nail shaper 265
nail varnish 265
nail whitener pencil 265
nail, common 220
nail, cut 220
nail, finishing 220
nail, masonry 220
nail, spiral 220
nails, examples of 220
naked strangle 499
name, currency 441
name, domain 334
name, gymnast's 497
name, holder's 441
nameplate 313

names, tropical cyclone 43
Namib Desert 20
Namibia 452
naos 279
nape 78, 93, 95
nappy 260
nappy, disposable 260
naris 117
nasal bone 100, 117
nasal cavity 105
nasal fossae 117
nasopharynx 117
national broadcasting network 316
national park 25
nationality 497
natural 299
natural arch 35
natural environment 504
natural greenhouse effect 46
natural sponge 267
Nauru 453
nautical sports 516
nave 285
navel 92, 94
navigation light 383, 393
Nazca Plate 27
Neapolitan coffee maker 181
near/far dial 320
neck 76, 83, 93, 94, 95, 101, 111, 167, 297, 301, 302, 303, 318
neck end 245
neck of femur 99
neck pad 486
neck strap 458
neck support 525
neck, filler 351
neckhole 247
necklaces 264
neckroll 204
necktie 245
nectarine 132
needle 36, 460
needle hub 460
needle, larding 173
needle, trussing 173
needle-nose pliers 217
negative contact 410, 411
negative meniscus 419
negative plate 359
negative plate strap 359
negative region 410
negative terminal 359, 416, 417
negligee 256
neon lamp 217
Nepal 453
Neptune 2, 3
nerve 114
nerve fibre 114
nerve termination 114
nerve, olfactory 117
nerve, spinal 109
nervous system 108
nest of tables 202
net 487, 489, 491, 493, 495
net band 491
net judge 491
net support 493
Netherlands 449
nettle 127
network connection 198
network port 329
neurons 110
neutral conductor 198
neutral indicator 368
neutral line 416
neutral zone 484, 507
neutron 414
neutron, incident 415
névé 30
New Caledonia 15
new crescent 5
new moon 5
new shekel 440
New Zealand 15, 453
newborn children's clothing 260
newel post 191
Newfoundland Island 16
news items 313
newsagent's shop 437
newspaper 313
newt 75
newton 426
nib 312
Nicaragua 448
niche, safety 345
nictitating membrane 87
Niger 451
Niger River 20
Nigeria 451
night deposit box 443
nightgown 256
nightingale 80
nightshot switch 320
nightwear 256
Nile 20
nimbostratus 42
nipple 92, 94, 113
nitric acid emission 48
nitrogen oxide emission 48
no. 8 forward 482
nocking point 535
node 416
node of Ranvier 110
non-biodegradable pollutants 47
non-breaking space 330
non-reusable residue waste 49
nonagon, regular 429
noodles, Asian 147
noodles, bean thread cellophane 147
noodles, egg 147
noodles, rice 147
noodles, soba 147
noodles, somen 147
noodles, udon 147
nori 123
normal sight 419
North 23
North America 14, 16, 34
North American Plate 27
North Pole 21
north pole 416
North Sea 14, 18
North-Northeast 23
North-Northwest 23
Northeast 23
Northern hemisphere 21
Northern leopard frog 75
Northwest 23
Norway 450
Norwegian Sea 18
nose 82, 83, 94, 117, 392, 526, 534
nose landing gear 392
nose leather 87
nose of the quarter 240, 262
nose pad 273
nose, droop 394
nosepiece, revolving 421
nosing 191
nostril 74, 75, 76, 78, 83
notch 244, 422, 473, 503
notched double-edged thinning scissors 270
notched edge 270
notched lapel 248
notched single-edged thinning scissors 270
note presenter 442
note values 299
note, bank 469
nozzle 12, 216, 219, 236
nozzle cleaners 218
nozzle, steam 181
nubby tyre 525
nuclear energy 408
nuclear fission 415
nuclear membrane 50, 66
nuclear reactor 409
nuclear waste 48
nuclear whorl 73
nucleolus 50, 66, 112
nucleus 6, 50, 66, 110, 112, 414
nucleus splitting 415
nucleus, fissionable 415
number 473
number key 328, 337
number plate 525
number plate light 352
number, card 441, 443
number, player's 488, 506
number, pump 346
number, room 439
number, serial 441
numbering stamp 338
numerals, Roman 427
numeric keyboard 423
numeric keypad 331, 338
numeric lock 331
numeric lock key 331
numeric pager 327
nurse 464
nursery 205
nurses' lounge 465
nurses' station (ambulatory emergency) 463
nurses' station (major emergency) 462
nut 222, 223, 301, 302, 303
nut, cola 133
nut, ginkgo 133
nut, hexagon 223
nut, macadamia 133
nutcracker 170
nutmeg 138
nutmeg grater 170
nuts 223
nylon line 237

O

oak 64
oar 501
oasis 32, 36
oat flour 144
oats 61, 143
oats: panicle 61
Oberon 3
obituary 313
object 419
object balls 502
objective 421
objective lens 8, 420
oblique fissure 105
oboe 306
oboes 295
observation deck 391
observation post 7
observation room 462, 465
observation window 13
observation, astronomical 7
observatory 7
obturator nerve 108
obtuse angle 428
occipital 97
occipital bone 99, 100
ocean 5, 24, 45
ocean floor 33
ocean trenches and ridges 34
ocean weather station 38
Ocean, Atlantic 15, 18, 20
Ocean, Indian 15, 19, 20
Ocean, Pacific 14, 15, 19
Oceania 14, 15
Oceania and Polynesia 453
oceanic crust 26
oche 471
octagon, regular 429
octahedron, regular 429
octave 298
octave mechanism 306
octopus 72, 157
octopus, morphology of 72
odd pinnate 55
oesophagus 105, 106
off-road motorcycle 369
offal 154
office 346, 374, 438, 439
office automation 329
office building 381, 432, 435
office tower 435
office, clerks' 440
office, emergency physician's 462
office, gymnasium 444
office, head nurse's 463
office, head teacher's 445
office, judges' 440
office, post 433, 437
office, proctors' 445
office, professional training 442
office, school secretary's 445
office, social worker's 463
officer, director's 443
officer, police 456
official signature 441
official, penalty bench 507
officials' bench 507
offshore well 404
Ogen melon 135
ohm 426
oil 403
oil drain plug 360
oil pollution 48
oil pressure warning indicator 368
oil spill 48
oil tank 235
oil terminal 381
oil warning light 355
oil, corn 149
oil, olive 149
oil, peanut 149
oil, sesame 149
oil, sunflower-seed 149
oils, fats and 149
okapi 84
okra 128
old crescent 5
olecranon 99
olfactory bulb 117
olfactory mucosa 117
olfactory nerve 117
olfactory tract 117
olive 128
olive oil 149
Oman 452
Oman, Gulf of 19
on-board computer 354
on-deck circle 474
on-off button 180
on-off indicator 269
on-off switch 177, 181, 206, 208, 209, 218, 269, 270, 271, 272
on/off 326
on/off light 327
on/off switch 209, 314
on/off/volume 326
on/play button 328
one 427
one hundred 427
one pair 468
one thousand 427
one way head 221
one-arm shoulder throw 499
one-bar shoe 241
one-person tent 529
one-storey house 289
onion, green 124
onion, red 124
onion, white 124
online game 335
oolong tea 148
Oort cloud 2
open strings 296
open-air terrace 387
open-ended spanner 223
open-face spinning reel 537
open-plan coach 376
opening 243
opening, utensils 170
openings, gill 74
opera 432
opera glasses 273
opera-length necklace 264
operating instructions 346
operating panel 287
operating suite 464
operating table 464
operating theatre 464, 465
operation keys 442, 443
operator's cab 397
operator's cab 397
operator, boom 291
operator, camera 290
operculum 74
ophthalmology and ENT room 463
opisthodomos 279
opposable thumb 91
opposite prompt side 293
optic chiasm 109
optic nerve 119
optical mouse 332
optical scanner 121
optical sensor 332
optical sorting 49
optician 437
oral cavity 105, 106
oral irrigator 272
orange 134
orange, section of 58
orangutan 91
orbicularis oculi 96
orbiculate 55
orbit, Earth's 4, 5
orbital-action selector 227
orbiter 12, 13
orchard 122
orchestra 278
orchestra pit 292
orchid 56
order 285
ordinary die 468
oregano 142
organ 305
organ console 305
organization, cultural 335
organization, government 335
organization, health 335
organizer 338
organs, sense 114
Orinoco River 17
ornamental kale 126
ornamental tree 122, 182, 230
ornaments 299
ortho-stick 466
oscillating sprinkler 236
ostrich 81
ostrich egg 155
other signs 299
otter, river 88
ottoman 201
outboard engine 385
outdoor leisure 528
outer circle 515
outer core 26
outer lip 73
outer planets 2
outer ring 441
outer string 191
outer table 469
outer toe 78
outfield fence 475
outgoing announcement cassette 328
outlet, discharge 184
outlet, European 198
outlet, oxygen 464
outlet, switched 322
output devices 333
output jack 303
output tray 333
output, S-Video 336
outside counter 240
outside linebacker 484
outside mirror 348, 362
outside mirror control 352
outside ticket pocket 244
outsole 240, 263
outwash plain 30
ovary 56, 112, 113
ovate 55
oven 164, 210
oven control knob 210

oven thermometer 171
oven, microwave 164
overall standings scoreboard 496
overbed table 464
overcoat 248, 251
overflow 194, 195
overflow pipe 196
overflow protection switch 214
overhead frame 401
overhead guard 396
overhead wires 376
overshirt 255
overtaking lane 343
overtaking zone 472
ovule 56
owl, great horned 81
ox 85
oxbow 32
oxbow lake 32
oxford shoe 240
oxygen outlet 464
oxygen pressure actuator 10
oxygen, release of 54
oxygenated blood 104
oyster 157
oyster fork 168
oyster knife 169
oyster mushroom 123
ozone layer 37

P

Pacific Ocean 14, 15, 19
Pacific Plate 27
Pacific salmon 161
Pacific-Antarctic Ridge 34
Pacinian corpuscle 114
pack, battery 228
package 163
package, dual-in-line 417
packaged integrated circuit 417
packaging 162
packaging products 120
packer 121
packer body 364
pad 478
pad arm 273
pad plate 273
pad, elbow 526, 527
pad, forearm 486
pad, knee 526, 527
pad, mouse 332
pad, neck 486
pad, sanding 229
pad, scouring 215
pad, touch 336
padded base 489
padded envelope 339
padded upright 489
paddy field 47
page down 331
page down key 331
page up 331
page up key 331
page, front 313
pager, numeric 327
pagoda 283
paint roller 219
paintbrush 219
painting upkeep 219
pair 509
pak-choi 126
Pakistan 452
palatine tonsil 118
palatoglossal arch 116
Palau 453
paling fence 230
pallet truck 396
palm 115, 243, 477
palm grove 36
palm of a glove 243
palm rest, detachable 330
palm tree 64
palmate 55
palmette 200
palp 73
pan 422, 423, 535
pan hook 422
pan, dripping 174, 179
pan, loaf 179
Panama 448
panama 238
Panama, Gulf of 17
Panama, Isthmus of 16
pancake pan 175
pancetta 156
pancreas 106
pane 186
panel 185, 246, 259
panel, bay filler 329
panel, control 179, 210
panel, display 320
panel, operating 287
pannier bag 372
panoramic window 435
panpipe 297
pantograph 376
pantry 188
panty corselette 258
panty girdle 259
papaya 137
paper clips 341
paper collection unit 49
paper fasteners 341
paper feed button 333, 443
paper feed light 333
paper guide 328
paper punch 340
paper recycling container 49
paper shredder 341
paper, parchment 162
paper, waxed 162
paper-clip holder 341
paper/paperboard separation 49
paper/paperboard sorting 49
papers, rice 147
papilla 114, 119
papilla, circumvallate 118
papilla, filiform 118
papilla, foliate 118
papilla, fongiform 118
papillary muscle 104
paprika 139
Papua New Guinea 15, 453
par 5 hole 504
parabolic dune 36
paraffin 405
paraffins 405
Paraguay 448
parallel 22
parallel bars 496, 497
parallel electrical circuit 416
parallel port 329
parallelepiped 429
parallelogram 429
paramecium 66
Paraná River 17
parapet 344
parapet walk 282
parboiled rice 147
parcels office 374
parchment paper 162
parfum, eau de 267
parietal bone 99, 100
parietal pleura 105
paring knife 169
paripinnate 55
park 25, 433
parka 249
parking 435, 504, 512
parking area 389, 430, 445
parking, bicycle 445
Parmesan 151
parsley 142
parsnip 129
parterre 293
partial eclipse 4, 5
partially reflecting mirror 420
partition 60, 457
partlow chart 365
partridge 80
parts 200, 201, 204
parts of a bicycle 370
parts of a circle 428
parts of a shoe 240
parts of spectacles 273
pascal 426
pass 29
passage, ascending 278
passage, descending 278
Passage, Drake 15, 17
passage, fore-and-aft 385
passbook update slot 442
passenger cabin 383, 386, 387, 393
passenger car 376, 380
passenger platform 374
passenger seat 369
passenger station 374, 375
passenger terminal 381, 389, 390
passenger train 374
passenger transfer vehicle 391
passion fruit 136
passport case 275
passport control 391
pasta 146
pasta maker 170
paste, tomato 140
pastern 83
pastry bag and nozzles 172
pastry blender 172
pastry brush 172
pastry cutting wheel 172
pasture 122
Patagonia 17
patch pocket 244, 249, 260
patella 98
patera 200
path 230, 504
path, garden 182
pathology laboratory 465
patient 464
patient room 464
patient's chair 464
patio 182, 230
patio door 164, 188
patisserie/bakery 437
patrol and first-aid station 512
pattypan squash 129
pause 299, 331
pause button 323
pause/break key 331
pause/still 319
pause/still key 319
pavement 183, 434
pavilion 432
Pawn 470
pay phone 294, 437, 438, 463
payment terminal, electronic 443
PC card slot 336
pe-tsai 126
pea 60
pea jacket 251
pea, black-eyed 130
peach 132
peach, section of 57
peacock 81
peak 29, 238, 239, 458
peak level meter 323
peaked lapel 244
peanut 130
peanut oil 149
pear 133
pear, Asian 137
pear, prickly 137
pear-shaped body 297
peas 130
peas, split 130
pecan nut 133
peccary 84
pectoral deck 501
pectoral fin 74, 90
pedal 302, 308, 370, 372, 473, 501, 522
pedal key 305
pedal keyboard 305
pedal pushers 254
pedal rod 304
pedal spindle 372
pedal with wide platform 522
pedal, brake 350, 357
pedal, clipless 522
pedestal 302
pedestrian call button 434
pedestrian crossing 434
pedestrian lights 434
pedicel 59, 62
pediment 279
pedipalp 70
peduncle 56, 57, 58, 59, 62
peel 58
peeler 169
peg 202, 224, 301, 302, 528, 529
peg box 301
peg loop 528, 529
peg, tuning 303
pelerine 251
pelican 80
pellets 534
peltate 55
pelvic fin 74
pen 27
pen holder 274
penalty arc 480
penalty area 480
penalty area marking 480
penalty bench 507
penalty bench official 507
penalty spot 480
pencil 312
pencil point tip 218
pencil sharpener 341
pendant 264
penguin 80
penholder grip 493
peninsula 24
Peninsula, Antarctic 15
Peninsula, Arabian 19
Peninsula, Balkan 18
Peninsula, Iberian 18
Peninsula, Kamchatka 19
Peninsula, Kola 18
Peninsula, Korean 19
Peninsula, Scandinavian 18
Peninsula, Yucatan 16
penis 92, 111
penne 146
penstock 406, 407
pentagon, regular 429
penumbra 4, 5
pepino 137
pepper spray 456
pepper, black 138
pepper, green 138
pepper, ground 139
pepper, pink 138
pepper, white 138
pepperoni 156
pepperpot 166
percent 427
percent key 337
perch 160
perch, morphology of 74
perch, pike 160
perching bird 79
percolator 181
percussion instruments 295, 308
perforated toe cap 240
perforation 243
performance tyre 358
performing arts 294
perfume shop 436
pergola 230
pericardium 105
pericarp 60
periodontal ligament 101
peripheral 431
peripheral nervous system 108
peristome 66
peristyle 279, 280
peritoneum 111, 112
peroxide 461
peroxisome 66
perpendicular 428
perpetual snows 29
Persian 87
Persian Gulf 19
person, continuity 291
personal adornment 264
personal adornment and articles 264
personal articles 271
personal communications 317
personal computer 329
personal identification number (PIN) pad 443
personal radio cassette player 326
personal watercraft 523
Peru 448
Peru-Chile Trench 34
peso 440
pesticide 47, 48
pestle 170
pet food and supplies 121
pet shop 436
petal 56
petiolar sinus 62
petiole 52, 55
petrochemical industry 405
petrochemicals 405
petrol 405
petrol engine 351, 360
petrol pump 346
petrol pump hose 346
petrol tank cap 368
petroleum 405
petroleum trap 403
pew 446
pharmaceutical forms of medication 467
pharmacy 436, 462, 465
pharynx 105, 106
phase conductor 198
phase, gliding 514
phase, pushing 514
phases of the Moon 5
pheasant 81, 154
pheasant egg 155
Philippine Plate 27
Philippine Trench 34
Philippines 19, 453
philtrum 117
phloem 63
Phobos 2
phone, pay 437, 438, 463
phosphorescent coating 199
photo booth 437
photographer 436
photographer, still 291
photography 314
photography, director of 291
photon 420
photoreceptors 119
photosphere 4
photosynthesis 54
photovoltaic arrays 11
physical map 24
physician 464, 498
physics: electricity and magnetism 416
physics: optics 418
pi 428
pia mater 109
piano 295
piccolo 295, 306
pick 233
pickguard 303
pickling onion 124
pickup selector 303
pickup truck 347
pickups 303
picture tube 318
picture, front 313
pie tin 172
pier 285, 344
pierce lever 180
pig 84
pig, guinea 82
pigeon 81, 154
pigsty 122
pika 82

ASTRONOMY > 2-13; EARTH > 14-49; PLANT KINGDOM >50-65; ANIMAL KINGDOM > 66-91; HUMAN BEING > 92-119; FOOD AND KITCHEN > 120-181; HOUSE > 182-215; DO-IT-YOURSELF AND GARDENING > 216-237; CLOTHING > 238-263; PERSONAL ADORNMENT AND ARTICLES > 264-277; ARTS AND ARCHITECTURE > 278-311; COMMUNICATIONS AND OFFICE AUTOMATION > 312-341; TRANSPORT AND MACHINERY > 342-401; ENERGY > 402-413; SCIENCE > 414-429; SOCIETY > 430-467; SPORTS AND GAMES > 468-538

pike 160
pike perch 160
pike pole 454
pike position 518
pilaster, Corinthian 281
pile 190
pile carpet 190
pile dwelling 288
pillar 27, 283, 284, 302
pillbox hat 239
pillion footrest 367, 368
pillow 204
pillow cover 204
pillowcase 204
pilot house 385
pilot light 178, 180, 181, 208, 210, 214
pin 198, 199, 454
pin base 199
pin block 304
pin, connection 417
pin, male grounding 198
pinafore 252
pinch 199
pine needles 65
pine nut 133
pine seed 65
pineal body 109
pineapple 136
pink ball 503
pink pepper 138
pinna 52, 82
pinnacle 282, 284, 285
pinnatifid 55
pinto bean 131
pip 58, 59, 468
pipe 224
pipe clamp 224
pipe section 193
pipe wrench 216
pipeline 404
pistachio nut 133
pistil 56
pistol 456
pistol grip 534
pistol grip handle 218, 228
pistol nozzle 200
pistol, starting 472
piston 357, 360
piston lever 216
piston release 216
piston ring 360
piston skirt 360
pit 76
pit lane 524
pit, orchestra 292
pitch 395, 475, 479
pitch wheel 310
pitcher 474, 475
pitcher's mound 475
pitcher's plate 475
pitchfork comb 268
pith 63
Pitot tube 525
pits 524
pitta bread 145
pituitary gland 109
pivot 217, 270, 271, 533
pivot cab 400
pivot spindle 355
placing judge 516
plaice, common 161
plain 24, 32
plain flour 144
plan 279, 285
plan reading, elevation 182
plane 229
plane projection 22
plane surfaces 428
planets 2
planets, inner 3
planets, outer 2
planisphere 14
plano-concave lens 419
plano-convex lens 419
plant 53
plant cell 50
plant kingdom 50
plant litter 54
plant, sorting 49
plant, structure 53
plantain 136
plantar 97
plantar interosseous 96
plasma 104
plasma membrane 66
plasmodesma 50
plaster dressing 461
plaster room 463
plastic arts room 444
plastic case 534
plastic film 162
plastic film capacitor 417
plastics sorting 49
plastron 76
plate 178, 269, 531
plate boundaries, convergent 27
plate boundaries, divergent 27
plate boundaries, transform 27
plate grid 359
Plate, African 27
Plate, Antarctic 27
Plate, Australian-Indian 27
Plate, Caribbean 27
Plate, Cocos 27
plate, cooking 179
Plate, Eurasian 27
Plate, Nazca 27
Plate, North American 27
plate, number 525
Plate, Pacific 27
Plate, Philippine 27
plate, protective 525
Plate, Scotia 27
Plate, South American 27
plateau 24, 29
platelet 104
plates, tectonic 27
platform 219, 363, 379, 390, 423, 516, 526
platform edge 374, 379
platform entrance 374
platform ladder 219
platform number 374
platform shelter 375
platform, 10 m 518
platform, 3 m 518
platform, 5 m 518
platform, 7,5 m 518
platform, event 496
play 319
play button 323, 326
play key 319
play/pause 323
player positions 474, 481, 482, 489
player's number 486, 488, 506
player's stick 506
player, basketball 488
player, CD/DVD 471
player, compact disc 325
player, DVD 318
player, rugby 483
players 492
players' bench 485, 487, 506
players' position 482
playground 445
playing area 471
playing field 480
playing field for American football 484
playing surface 493
playing surfaces 492
pleasure garden 230
pleats, examples of 253
plectrum 297
pleura, parietal 105
pleura, visceral 105
pleural cavity 105
plexus of nerves 101
pliers 222
plimsoll 242
plug 228
plug adapter 198, 271
plug, power 337
plug, power cable 329
plug, sealing 417
plum 132
plum sauce 141
plumber's snake 216
plumbing 194
plumbing system 194
plumbing tools 216
plumbing wrench 216
plunger 216, 460
plus or minus 427
Pluto 2, 3
pneumatic armlet 461
pocket 225, 274, 502, 505
pocket calculator 337
pocket computer 337
pocket handkerchief 244
podium 283, 435, 444
podium and basements 435
point 167, 169, 301, 312, 469, 471, 538
point guard 489
point of interest 25
point, anchor 70
point, nocking 535
pointed tab end 245
pointer 422, 423
points 375, 492
poisonous mushroom 52
poker 193
poker die 468
Poland 450
polar axis 7
polar bear 89
polar climates 40
polar ice cap 40
polar lights 37
polar tundra 40
polarizing filter 314
Polaroid® Land camera 315
pole 321, 490
pole grip 514
pole position 524
pole shaft 514
pole vault 472
Pole, North 21
pole, north 416
Pole, South 15, 21
pole, south 416
police car 457
police officer 456
police station 433
political map 23
politics 448
pollen basket 68
pollock, black 161
pollutants, air 47
pollutants, non-biodegradable 47
polluting gas emission 47
pollution, agricultural 47
pollution, air 47
pollution, domestic 47
pollution, industrial 47
pollution, land 47
pollution, motor vehicle 47
pollution, oil 48
pollution, water 48
polo dress 252
polo neck 514
polo shirt 250, 255, 492
polo-neck sweater 250
polygons 429
polypody, common 52
pome fruits 133
pomegranate 136
pomelo 134
pommel horse 496
poncho 251
pond 230, 504
pons Varolii 109
Pont-l'Évêque 151
poodle 86
pool 184, 502
poplar 64
popping crease 479
poppy 56
poppy seeds 139
popular terms 58, 59
porch 183, 285, 447
porch dome 447
porcupine 82
pore 50, 60, 114
pork, cuts of 153
pork, minced 153
Porro prism 420
port 431
port glass 165
port hand 387
port, Ethernet 336
port, FireWire 336
port, game/MIDI 329
port, infrared 336, 337
port, internal modem 329, 336
port, keyboard 329
port, mouse 329
port, network 329
port, parallel 329
port, power adapter 336
port, serial 329
port, USB 329, 336
port, video 329, 336
portable CD radio cassette recorder 326
portable compact disc player 325
portable digital audio player 325
portable fire extinguisher 454
portable radio 325
portable shower head 195
portable sound systems 325
portal 205
portal vein 103
porthole 386
portrait 441
ports, controller 471
Portugal 449
position indicator 287
position light 376, 395
position marker 302, 303
position, mean 418
position, pole 524
positions, player 474, 481, 489
positive contact 410, 411
positive meniscus 419
positive plate 359
positive plate strap 359
positive region 410
positive terminal 359, 416, 417
positive/negative junction 410
post 412, 487, 495
post binder 339
post lantern 207
post mill 412
post office 433, 437
post, foul line 475
post, hand 297
post, observation 7
poster 294
posterior adductor muscle 73
posterior chamber 119
posterior end 73
posterior fontanelle 100
posterior horn 109
posterior root 110
posterior rugae 95
posterior semicircular canal 116
posterior view 93, 95, 97, 99, 113
postern 282
posting surface 341
potato 124
potato masher 173
potato, sweet 124
pothole 31
pouch 162, 531
pouch of Douglas 112
pouch, ammunition 456
poultry 155
poultry shears 173
pound 440
pouring spout 215
powder blusher 266
powder puff 266
powder, chilli 139
powder, five spice 139
powder, magnesium 497
powdered milk 150
powdered mustard 140
powdered sugar 149
power adapter 336
power adapter port 336
power and backlight button 337
power button 318, 319, 322, 323, 329, 333, 336
power cable plug 329
power cord 177, 227, 229, 269, 322
power cord, alternating-current 336
power cord, direct-current 336
power indicator 329
power key 327
power light 333
power mower 237
power plant 406
power plug 337
power socket 326
power source 416
power supply fan 329
power switch 311, 315, 329
power train 372
power zoom button 320
power, measurement of 426
power-on button 328
power-on light 328
power-on/paper-detect light 443
power/functions switch 320
practice green 504
prairie 24
prawn 158
prayer hall 447
precipitation 45
precipitation area 39
precipitations 41
precipitations, winter 41
precision and accuracy sports 502
prehensile digit 91
premaxilla 74
premolars 101
prepuce 111
present state of weather 39
presenter, note 442
presenter, slip 346
preset buttons 319
preset tuning button 322
press bar 501
pressed cheeses 151
pressed powder 266
pressure bar 304
pressure change 39
pressure control 272
pressure control valve 461
pressure cooker 174
pressure demand regulator 454
pressure gauge 461
pressure modulator, brake 357
pressure regulator 174, 529
pressure tube 409
pressure, measurement of 426
pressurized refuge 345
prevailing wind 43
prevention, crime 456
previous sets 492
price per gallon/litre 346
prickly pear 137
prickly sphagnum 51
primaries 78
primary consumers 45
primary covert 78
primary crash sensor 354
primary mirror 7
primary root 53
primate mammals 91
primates, examples of 91
prime focus 7
prime focus observing capsule 7
prime meridian 22
primer 534
princess dress 252

princess seaming 258
print cartridge light 333
print screen 331
print screen/system request key 331
printed circuit 417
printed circuit board 417
printer, inkjet 333
printing calculator 337
printout 423
prism binoculars 420
prisoner's dock 440
privacy curtain 464
private broadcasting network 316
private dressing room 290
probe socket 178
proboscis 67
procedure checklist 10
process, mastoid 100
process, styloid 100
processing, data 38
proctors' office 445
producer 291
product code 423
production designer 290
production of electricity by generator 408
production of electricity from geothermal energy 402
production of electricity from nuclear energy 408
production of electricity from thermal energy 402
production of electricity from wind energy 413
production platform 404
production well 402
products, cereal 144
products, dairy 120, 150
products, household 120
products, packaging 120
professional training office 442
profile of the Earth's atmosphere 37
profile, soil 54
program selector 213, 214, 310, 314
programmable buttons 332
programmable function keys 443
programs, computer 457
projection booth 294
projection device 365
projection room 294
projection screen 294
projector 294
proleg 67
promenade deck 386
prominence 4
prompt side 293
pronaos 279
propagation 418
propane gas cylinder 361
propane or butane appliances 529
propellant 534
propeller 384, 386, 387
propeller duct 383
propeller shaft 387
propeller, rear 384
propeller, stem 384
propeller, three-blade 394
propeller, two-blade 394
propelling pencil 312
property line 182
property man 291
property man, assistant 291
propulsion module 316
proscenium 292
prosciutto 156
prosecution counsel's bench 440
prospecting, surface 403
prostate 111
protect tab 333
protection layer 10
protection, rub 525
protective casing 237
protective cup 486, 507
protective equipment 486
protective goggles 522, 525
protective plate 525
protective suit 525
protective surround 471
protective window 318
protector, glass 506
protector, hand 525
protocol, communication 334
proton 414
protoneuron 110
province 23
pruning and cutting tools 234
pruning saw 234
pseudopod 66
psychiatric examination 462
psychiatric observation room 462
pubis 92, 94
public building 25
public entrance 278
public garden 435
puck 507
pudding, black 156
Puerto Rico Trench 34
pull strap 277
pull, ring 163
pulley 219, 360
pulling ring 460
pulmonary artery 102, 105
pulmonary trunk 104
pulmonary valve 104
pulmonary vein 102
pulp 58, 101
pulp chamber 101
pulpit 446, 447
pulsed ruby laser 420
pulverizer 402
pump 184, 212, 214, 241, 529
pump and motor assembly 357
pump nozzle 346
pump number 346
pump room 384
pump sprayer 236
pumper 455
pumping station 404
pumpkin 129
punch hole 240, 246, 263
punchbag 498
punchball 498
pupil 87, 119
pure alcohol 461
purfling 301, 302
purse 275
purslane 127
push bar 286
push button 176, 214
push buttons 327
push frame 398
push rim 467
push-button 312
push-up bra 259
push-up stand 501
pusher 170, 177, 180
pushing phase 514
putter 505
pygal shield 76
pyjamas 256
pyloric stomach 71
pyramid 278, 429
pyramid entrance 278
pyramid spot 502
Pyrenees 18
python 77

Q

Qatar 452
Qibla wall 447
quad bike 369
quadrant 428
quadrilateral 429
quadruped stick 466
quail 81, 154
quail egg 155
quarter 240, 262
quarter window 349
quarter-deck 386
quarterback 485
quartet 300
quaver 299
quaver rest 299
quay 381, 430
quay ramp 381
quayside crane 381
quayside railway 381
Queen 468, 470
queen 68
Queen Maud Land 15
queen's chamber 278
Queen's side 470
queen, honeybee 68
quiche tin 172
quick ticket system 294
quill 312
quill brush 268
quince 133
quinoa 143
quintet 300

R

raab, broccoli 127
rabbi's seat 447
rabbit 82, 154
raccoon 88
race director 522
raceme 57
racing suit 508, 525
racing, motor 524
racing, road 522
rack 174, 178, 210, 214, 473, 503
rack, brochure 442
rack, luggage 369
rack, ski 356
racket sports 493
Raclette 151
raclette with grill 179
radar 382, 383, 386, 387
radar display 457
radar mast 384
radar transceiver 457
radar, weather 38
radial nerve 108
radial thread 70
radiation 415
radiation zone 4
radiation, absorbed solar 46
radiation, infrared 40, 418
radiation, reflected solar 46
radiation, solar 45, 46, 410
radiation, ultraviolet 418
radiator 350, 358
radiator core 358
radiator grille 364
radiator panel 13
radiators 11
radicchio 126
radicle 53, 63
radio 457
radio antenna 382, 384, 386, 387, 525
radio section 326
radio waves 418
radio, clock 325
radio, portable 325
radioactivity, measurement of 426
radish 129
radish, black 129
radius 98, 428
rafter 187
raglan 251
raglan sleeve 248, 251, 261
rail 202, 502
rail shuttle service 390
rail transport 374
rail, communion 446
rail, guard 526
rail, top 205
railing 189
railway 25
railway station 25, 375, 430, 432
railway track 432
rain 41
rain cap 193
rain hat 239
rain, acid 47, 48
rain, freezing 41
rainbow 41
raincoat 248
rainfall, heavy 43
raining, utensils for 171
raised handlebar 522
raised head 221
rake 233
rake comb 268
rally car 524
rambutan 137
ramekin 166
ramp 279, 281, 526
rampart 282
random orbit sander 229
Range, Great Dividing 15
rangefinder camera 315
rank insignia 456
ras el hanout 139
raspberry 132
raspberry, section 59
rat 82
rat, morphology of 82
ratchet 221
ratchet knob 425
ratchet ring spanner 223
ratchet socket wrench 223
rattlesnake 77
raven 80
ravioli 146
ray, crater 5
ray, light 419
rays, gamma 418
razor clam 157
re-entrant angle 428
reach-in freezer 120
reaction, chain 415
reactor 408
reactor building 409
reactor vessel 409
read button 327
read/write head 333
reader, card 321
reading light 457
reading mirror 10
rear apron 245
rear beam 422
rear brake 370
rear brake pedal 368
rear bumper 369, 523
rear cargo rack 369
rear derailleur 370, 372
rear foil 387
rear indicator 367, 368
rear leg 201
rear light 352, 367, 368, 370
rear lights 352
rear propeller 384
rear rigid section 363
rear seat 353
rear sight 534
rear step 455
rearview mirror 354
receipt, transaction 443
receiver 321, 327, 490, 495
receiver volume control 327
receiver, wide 485
receiving area 120
receptacle 51, 56, 59
reception area 462, 465
reception desk 442
reception hall 447
reception level 439
receptors, taste 118
rechargeable battery pack 320
recharging base 208
recliner 201
reclining back 460
record 319
record announcement button 328
record button 319, 323
record muting button 323
record shop 436
recorder, DVD 333
recording level control 323
recording start/stop button 320
recording, seismographic 403
records, medical 465
recovery room 464
rectangle 429
rectangular 530
rectum 106, 111, 112
rectus femoris 96
recycling 49
recycling bin 49
recycling containers 49
Red 469
red 418
red alga 51
red ball 502, 503
red balls 503
red beam 318
red blood cell 104
red cabbage 126
red clamp 356
red kidney bean 131
red light 434
red onion 124
Red Sea 14, 19, 20
red sweet pepper 128
red whortleberry 132
red-kneed tarantula 70
redcurrant 132
redfish 161
reed 306
reed pipe 305
Reef, Great Barrier 15
reel 236, 319
reel crank 236
reel seat 536, 537
reel, baitcasting 537
referee 481, 483, 485, 487, 488, 498, 499, 507, 509, 516, 518
referee, assistant 509
refill 312
refill pipe 196
refinery 404, 431
refinery products 405
reflected solar radiation 46
reflecting cylinder 420
reflecting telescope 9
reflecting telescope, cross section 9
reflector 217, 365, 370, 523
refracting telescope 8
refracting telescope, cross section 8
refrigerated display case 438
refrigerated semitrailer 365
refrigeration unit 365
refrigerator 164, 211, 438
refrigerator compartment 211
refrigerator van 377
refrigerators 438
refuge, pressurized 345
refuse container 215
regions, vegetation 44
register, cash 121
regular decagon 429
regular dodecagon 429
regular hendecagon 429
regular heptagon 429
regular hexagon 429
regular nonagon 429
regular octagon 429
regular octahedron 429
regular pentagon 429
reindeer 84
reinforced edging 277
reinforced toe 459
relay station 316
relay station, microwave 334
release lever 222
release of oxygen 54
release, energy 415
relieving chamber 278
religion 446
remote control 319, 321
remote control sensor 318, 323
remote control terminal 314, 315
remote manipulator system 11, 12
remote-control arm 11
removable flag pole 504
removable hard disk 333
removable hard disk drive 333
removable-bottomed tin 172
renal artery 102, 107

renal hilus 107
renal papilla 107
renal pelvis 107
renal vein 102, 107
reniform 55
repair shop 346
repeat keys 323
repeat mark 298
repeater 317
reprography 442
reptiles 76
reptiles, examples of 77
Republic of Korea 453
repulsion 416
reservoir 181, 406, 407
reservoir, brake fluid 357
reset button 319, 329, 424, 471
reset key 328
residential district 431
resistance adjustment 501
resistors 417
resonator 305, 309, 324
resort, ski 512
respirator 459
respiratory system 105
respiratory system protection 459
rest area 25
rest area, vehicle 345
rest values 299
rest, arrow 535
rest, hand 332
restaurant 386, 432, 435, 436, 438
restaurant car 376
restaurant review 313
restaurants, fast-food 437
restricted area 489
restricting circle 488
results, table of 518
resurgence 31
resuscitation room 462
retaining strap 277
reticle 420
retina 119, 419
retractable handle 274
retractable step 361
return 331
return crease 479
return spring 357
reverse 518
reversing light 352
reversing switch 221, 228
review, restaurant 313
revolving door, manual 286
revolving nosepiece 421
revolving sprinkler 236
rewind 319
rewind button 319, 323, 326, 328
Rhea 3
rhinoceros 85
rhizoid 51
rhizome 52
rhombus 429
rhubarb 125
rhythm selector 311
rias 35
rib 125, 273, 301, 302, 401, 458
rib pad 486
rib roast 152
ribbing 250, 261, 536
ribosome 50, 66
ribs 98
ribs, back 152
rice 61, 143, 147
rice noodles 147
rice papers 147
rice vermicelli 147
rice vinegar 141
rice, basmati 147
rice, brown 147
rice, parboiled 147
rice, white 147
rice, wild 143
rice: panicle 61
ricotta 150
ridge 29
ridge tent 529
Ridge, Mid-Atlantic 34
Ridge, Mid-Indian 34
Ridge, Pacific-Antarctic 34
Ridge, Southeast Indian 34
Ridge, Southwest Indian 34
riding coat 251
riegel 30
rifle (rifled bore) 534
rigatoni 146
right angle 428
right ascension setting scale 8, 9
right atrium 103, 104
right attacker 487
right back 481, 487
right centre 482
right channel 324
right cornerback 484
right defence 506
right defensive end 484
right defensive tackle 484
right field 475
right fielder 474
right forward 489
right guard 485
right kidney 107
right lung 103, 105
right midfielder 481
right pulmonary vein 104
right safety 484
right service court 491
right side 272
right tackle 485
right ventricle 103, 104
right wing 482, 507
rigid section, front 363
rigid section, rear 363
rigid tube 209
rillettes 156
rim 273, 366, 371, 489
rim soup bowl 166
rime 41
rinceau 200
rind 58
ring 52, 273, 307, 423, 424, 498
ring binder 339
ring motorway 25
ring post 498
ring pull 163
ring road 25
ring spanner 223
ring step 498
ring, 25 471
ring, outer 441
ring, tuning 297
ringhandle 270
ringing volume control 327
rings 264, 496, 497
ringside 498
rink 506, 509
rink corner 506
rink, ice 512
rinse-aid dispenser 214
rip fence 227
ripeness 62
ripening 62
ripper 398
ripper cylinder 398
ripper shank 398
ripper tip tooth 398
rise 191
Rise, East Pacific 34
riser 191
rising main 194
rising warm air 43
river 24, 25, 32
river otter 88
River, Amazon 17
River, Congo 20
River, Danube 18
River, Dnieper 18
River, Mackenzie 16
River, Mississippi 16
River, Niger 20
River, Orinoco 17
River, Paraná 17
River, Saint Lawrence 16
River, Senegal 20
River, Vistula 18
River, Volga 18
rivet 169, 222
road 25, 430
road bicycle 373
road communications 317
road cycling competition 522
road flare 457
road map 25
road number 25
road racing 522
road system 342
road transport 342, 381
road tunnel 345
road, cross section 342
road-racing bicycle and cyclist 522
roadway 342, 345, 434
roast 152, 153
roast, rib 152
roast, tenderloin 152
roasted coffee beans 148
roasting pans 174
Roberval's balance 422
robin, European 80
rock basin 30
rock candy 149
rock garden 230
rocker arm 360
rocket 127
rocking chair 200, 201
rockslide 31
rocky desert 36
rocky islet 35
Rocky Mountains 16
rod 119
rodent 82
rodents and lagomorphs 82
rodents, examples of 82
roll 395
roll structure 525
roller 268, 332
roller frame 219
roller hockey skate 527
roller shade 356
roller skate 527
roller sleeve 219
roller speed skate 527
rolling pin 172
Roman amphitheatre 281
roman bean 131
Roman house 280
Roman metal pen 312
Roman numerals 427
Romania 450
Romano 151
rompers 260, 261
roof 183, 193, 283, 349, 361
roof pole 529
roof timber 279
roof vent 194, 361
room number 439
room, anaethesia 464
room, audiometric examination 465
room, changing 444
room, clean utility 462
room, computer science 444
room, conference 442
room, control 293
room, dining 438, 439
room, double 439
room, equipment storage 444
room, examination 465
room, examination and treatment 463
room, gynaecological examination 463
room, hotel 439
room, isolation 462
room, jurors' 440
room, linen 439
room, meeting 439, 442, 445
room, music 444
room, observation 462, 465
room, ophthalmology and ENT 463
room, patient 464
room, plaster 463
room, plastic arts 444
room, projection 294
room, psychiatric observation 462
room, recovery 464
room, resuscitation 462
room, science 444
room, scrub 464
room, single 439
room, soiled utility 462, 464
room, specimen collection 465
room, sterilization 464, 465
room, students' 445
room, supply 464
room, teachers' 445
room, technical 345
room, treatment 465
room, triage 463
room, waiting 463
rooms, interview 440
rooms, main 188
rooster 81
root 54, 101, 118, 167
root canal 101
root cap 53
root hairs 53
root of nail 114
root rib 392
root system 53, 62
root vegetables 129
root, motor 109
root, primary 53
root, secondary 53
root, sensitive 109
root-hair zone 63
roots, adventitious 52
rope 264, 498
rope, false start 516
rope, tension 297
Roquefort 151
rorqual 90
rose 56, 186, 236, 302
rose window 285
rosemary 142
Ross Ice Shelf 15
rotary cheese grater 170
rotary file 338
rotary system 403
rotary table 403
rotating dome 7
rotating drum 27
rotating light 455
rotini 146
rotor 412, 537
rotor blade 395
rotor head 395
rotor hub 395
rotunda 435
rough 504
round brush 268
round head 221
round pronator 96
roundabout 25
route sign 362, 363
route, evacuation 345
router 229, 334
row 272, 293
row, first 482
row, second 482
row, third 482
rowing machine 501
royal agaric 123
royal flush 468
rub protection 525
rubber boot 454
rubber bulb 460
rubber ferrule 466
rubber gasket 197
rubber stamp 338
rubber stopper 219
ruby cylinder 420
ruching 260
ruck 483
rudder 13, 383, 384, 386, 393, 520
rudder blade 384
Ruffini's corpuscle 114
ruffled skirt 253
rug 190
rugby 482
rugby ball 483
rugby player 483
rugby shoes 483
rule 313
ruler 425, 531
rump 78
run 191
run-up 473
runabout 385
rung 219
runner 469
running shoe 262, 473
running shorts 263
runs, approach 496
runway 390
runway centre line markings 390
runway designation marking 390
runway side stripe markings 390
runway threshold markings 391
runway touchdown zone marking 391
rupee 440
Russian black bread 145
Russian Federation 450
Russian module 11
Rwanda 451
rye 61, 143
rye crispbread 145
rye: spike 61
Ryukyu Trench 34

S

S-Video output 336
sacral plexus 108
sacristy 446
sacrum 98, 99
saddle 370
saddle pillar 370
saddlebag 369
safari jacket 255
safe 443
safe deposit box 443
safety 454
safety area 499
safety belt 525
safety binding 510, 511
safety boot 459
safety cage 473
safety earmuffs 458
safety glasses 458
safety goggles 458
safety handle 237
safety lighting 457
safety line 379
safety niche 345
safety rail 219, 377
safety scissors 265
safety tether 10
safety thermostat 213
safety valve 174, 408
saffron 138
safing sensor 354
sage 142
sagittal section 111, 112
Sahara Desert 20
sail 412, 519
sail cloth 412
sail panel 520
sailbar 412
sailboard 519
sailing 520
sailing boat 520
sailor tunic 255
Saint Bernard 86
Saint Kitts and Nevis 449
Saint Lawrence River 16
Saint Lucia 449
Saint Vincent and the Grenadines 449
salad bowl 166
salad crisper 211
salad dish 166
salad fork 168
salad plate 166
salad spinner 171
salamander 75
salami, Genoa 156
salami, German 156
Salchow 509
salivary gland 118
salivary glands 106
salmon, Atlantic 161
salmon, Pacific 161
salsify 129

salt lake 36
salt, coarse 141
salt, sea 141
salt, table 141
saltcellar 166
sambal oelek 141
Samoa 453
sampler 310
San Marino 450
sanctuary lamp 446
sand bunker 504
sand island 35
sand shoe 365
sandal 242
sandbank 33
sandbox 377
sander, random orbit 229
sanding disc 229
sanding pad 229
sandpaper 229
sandy desert 36
Sao Tome and Principe 451
saphenous nerve 108
sapodilla 137
sapwood 63
sardine 159
sarong 253
sartorius 96
sash frame 186
sash window 287
satchel bag 275
satellite 316
satellite broadcasting 316
satellite earth station 335
satellite terminal 389
satellite, telecommunication 335
satellite, weather 38
Saturn 2, 3
sauce, hoisin 140
sauce, plum 141
sauce, soy 140
sauce, Tabasco 140
sauce, Worcestershire 140
saucepan 175, 531
saucepan, small 175
Saudi Arabia 452
sausage, chipolata 156
sausage, kielbasa 156
sausage, merguez 156
sausage, Toulouse 156
sauté pan 175
savanna 44
savory 142
savoy cabbage 126
saw, compass 226
saw, coping 226
saw, hand mitre 226
saxhorn 307
saxophone 306
scale 74, 76, 79, 225, 298, 424, 425, 460, 533
scale leaf 54
scale, main 425
scale, mitre 226
scale, vernier 425
scalelike leaves of the cypress 65
scallop 157
scampi 158
scan 323
Scandinavian crispbread 145
Scandinavian Peninsula 18
scanner, optical 121
scapula 98, 99
scapular 78
scarlet runner bean 131
scatter cushion 204
scene 278
scenic route 25
schedule, television programme 313
schnauzer 86
school 444
school bus 362
school secretary's office 445
school, ski 512
sciatic nerve 108
science 414
science room 444
scientific calculator 337
scientific instruments 7, 13
scientific symbols 426
scientific terms 58, 59
scissors 461, 531
sclera 119
sconce 207
scooter, motor 369
score 497
scoreboard 471, 472, 492, 497, 499
scoreboard, current event 497
scoreboard, overall standings 496
scorer 487, 488
scorers and timekeepers 499
scorpion 70
Scotia Plate 27
scouring pad 215
scraper 219, 400, 514
screen 271, 318, 407, 439, 479
screen door 361
screen print 260, 261
screen window 528
screen, fireplace 193
screen, print 331
screen, projection 294
screen, touch 337
screw 221, 301
screw cap 163, 199
screw earrings 264
screw locking nut 536, 537
screw, clamping 224
screw, lock 332
screw, tension adjustment 341
screw-in studs 480
screwdriver 221, 531
screwdriver bit 228
screwdriver, cordless 221
screws, clamping 425
scrimmage: defence 484
scrimmage: offence 485
scroll 301
scroll case 407
scroll foot 200
scroll wheel 327, 332
scrolling 331
scrolling lock key 331
scrolls, Torah 447
scrotum 92, 111
scrub room 464
scrum half 482
scuff rib 358
scuffle hoe 233
scuttle panel 348
sea 5, 24, 32
sea bass 160
sea bream 159
sea kale 126
sea lettuce 123
sea level 26, 33, 37
sea lion 90
Sea of Japan 19
sea salt 141
Sea, Adriatic 18
Sea, Aegean 18
Sea, Arabian 19
Sea, Aral 19
Sea, Baltic 18
Sea, Barents 18
Sea, Beaufort 16
Sea, Black 18, 19
Sea, Caribbean 16
Sea, Caspian 19
Sea, Coral 15
Sea, East China 19
Sea, Irish 18
Sea, Mediterranean 18, 20
Sea, North 18
Sea, Norwegian 18
Sea, Red 19, 20
Sea, South China 19
Sea, Tasman 15
Sea, Weddell 15
sea-level pressure 39
seafood 121
seal 90
sealing material 417
sealing plug 417
sealing ring 404
seam 243, 478
seam pocket 251
seaming 244
seamount 33
seaplane, float 394
search 335
seasoning, cajun spice 139
seasons of the year 38
seat 195, 196, 200, 201, 205, 294, 353, 369, 467, 501, 523
seat adjuster lever 353
seat back 353
seat back adjustment knob 353
seat belt 353
seat cover 196
seat stay 370
seat tube 370
seat, booster 205
seat, child 356
seat, director's 291
seat, driver 369
seat, love 439
seat, passenger 369
seat, rabbi's 447
seat-belt warning light 355
seats 201, 293
seats, actors' 290
seaweed 123
sebaceous gland 114
secateurs 234
second 298, 426, 428, 498, 515
second assistant camera operator 290
second base 474
second baseman 474
second dorsal fin 74
second hand 424
second molar 101
second premolar 101
second row 482
second space 489
second valve slide 307
second violins 295
second voltage increase 413
second-level domain 334
secondaries 78
secondary altar 446
secondary consumers 45
secondary mirror 7, 9
secondary road 25
secondary root 53
secondary waiting room 465
secretariat 443
section 313
section of a bulb 54
section of a capsule: poppy 60
section of a follicle: star anise 60
section of a grape 59
section of a hazelnut 60
section of a legume: pea 60
section of a peach 57
section of a raspberry 59
section of a silique: mustard 60
section of a strawberry 59
section of a walnut 60
section of an apple 58
section of an orange 58
section of the Earth's crust 26
section, vertical 526
sectional garage door 286
sector 428
security check 391
security grille 442
security guard's workstation 463
security thread 441
security trigger 235
security vestibule 440
sedimentary rocks 26
seed 53, 57, 58, 59, 60
seed coat 57, 61
seeder 231
seeding and planting tools 231
seedless cucumber 128
seeds, poppy 139
segment 58
segment score number 471
seismic wave 27
seismogram 27
seismograph, vertical 27
seismographic recording 403
seismographs 27
select button 327
selection key 327
selective sorting of waste 49
selector, focus 320
selector, four-way 315
selector, orbital-action 227
selector, sound mode 322
selector, speed 176
self-adhesive labels 340
self-contained breathing apparatus 454
self-inflating mattress 530
self-sealing flap 339
self-service meat counter 120
self-timer indicator 314
semaphore signal 375
semi-circle 488
semi-detached houses 289
semi-mummy 530
semibreve 299
semibreve rest 299
semicircle 428
semimembranosus 97
seminal vesicle 111
semiquaver 299
semiquaver rest 299
semitendinosus 97
semolina 144
semolina, flour and 144
Senegal 451
Senegal River 20
sense organs 114
sensitive root 109
sensor probe 178
sensor wiring circuit 357
sensor, optical 332
sensor, safing 354
sensor, wheel speed 357
sensory impulse 110
sensory neuron 110
sensory receptor 110
sensory root 110
sent document recovery 328
sepal 56, 58, 59
separate collection 49
separation, magnetic 49
separation, paper/paperboard 49
separator 359, 384, 402, 417
separator, electrolytic 417
septal cartilage of nose 117
septic tank 48
septum 60, 117
septum pellucidum 109
sequencer 310
sequencer control 310
serac 30
serial number 441
serial port 329
serrate 55
serve 487, 490
server 334, 335, 491, 494
server, access 335
service area 25, 389
service bay 346
service judge 490, 494
service line 491
service module 316
service provider, Internet 335
service road 388
service room 447
service station 346, 433
service table 438
service zones 495
service, customer 443
servicer, mobile remote 11
services, financial 442
services, insurance 442
services, loan 442
services, social 465
serving dish 166
serving trolley 202
sesame oil 149
set 291, 492
set dresser 291
set of bells 309
set of utensils 173
set, nail 220
set, socket 223
set, television 439, 444
set-in sleeve 245
sets, previous 492
setsquare 225
setting indicator 511
settings display button 315
seventh 298
sewer 434
sewn-in groundsheet 528, 529
sextet 300
Seychelles 452
shackle 521
shad 160
shade 206
shade, roller 356
shadow 424
shaft 278, 471, 492, 494, 503, 505, 506
shaft, air 278
shaft, axle 351
shake-hands grip 493
shallot 124, 305
shallow root 63
sham 204
shampoo 267
shank 152, 153, 220, 221, 228, 270, 538
shank protector 398
shaped handle 269
shapes, geometrical 428
shapka 238
shark, morphology of 74
sharp 299
sharpening steel 169
sharpening stone 169
shaving 271
shaving brush 271
shaving foam 271
shaving mug 271
shears, kitchen 173
sheath 55, 533
sheath dress 252
sheath of Schwann 110
sheath skirt 253
sheathing 187
shed 182, 230
sheep 84
sheep shelter 122
sheepskin jacket 249
sheet 515
sheet lead 521
sheet, baking 172
sheet, bath 267
shekel, new 440
shelf 203, 210, 211, 219
shelf channel 211
shell 60, 72, 73, 79, 277, 308, 404
shell membrane 79
shell, bivalve 73
shell, univalve 73
shell, upper 527
shelter 345
shepherd, German 86
shield bug 69
shift key 330
shift: level 2 select 330
shiitake 123
shin guard 480, 513
ship's side 385
shirt 245, 260, 473, 488
shirt, polo 250
shirt, team 486
shirttail 245, 255
shirtwaist dress 252
shock absorber 351, 523
shock absorber, front 369
shock wave 403
shoe 488, 522, 524
shoe shop 437
shoe, parts 240
shoelace 240, 262
shoes 240
shoes, golf 505
shoes, men's 240
shoes, rugby 483
shoes, unisex 242
shoes, women's 241
shoot 53, 63
shoot, bamboo 125
shooting stage 290

shooting star 37
shop 280, 432
shop, clothing 436
shop, coffee 432, 437
shop, decorative articles 437
shop, do-it-yourself 436
shop, electronics 436
shop, gift 436
shop, jewellery 436
shop, leather goods 436
shop, lingerie 436
shop, newsagent's 437
shop, perfume 436
shop, pet 436
shop, record 436
shop, shoe 437
shop, sporting goods 437
shop, tobacconist's 436
shopping bag 276
shopping centre 431, 436
shopping street 432
shopping trolleys 121
shore 33
shore cliff 35
shorelines, examples of 35
short extensor of toes 96
short glove 243
short palmar 96
short peroneal 97
short radial extensor of wrist 97
short service line 495
short sock 257
short track 508
short track skate 508
shortening 149
shorts 254, 261, 313, 473, 480, 483, 488, 500, 522
shorts, running 263
shortstop 474
shot 472
shot put 472
shot, drop 491
shotgun (smooth-bore) 534
shoulder 83, 86, 92, 94, 223, 302, 342, 492, 536
shoulder bag 276
shoulder bag with zip 276
shoulder belt 353
shoulder blade 93, 95
shoulder bolt 223
shoulder pad 486
shoulder strap 259, 276, 456, 505, 532
shovel 193, 233, 510, 514
shower 189, 464
shower cubicle 195
shower head 195, 197
shower hose 195, 197
shower, bath and 439
shredder, paper 341
shredding 49
shroud 520
shunt 416
shutoff valve 196, 197
shutter 186, 333
shutter release button 314
shutting stile 185
shuttlecock, feathered 495
shuttlecock, synthetic 495
Siamese 87
sickle 234
side 167, 293
side back vent 244
side chair 201
side chapel 284
side compression strap 532
side door 380
side electrode 359
side fairings 525
side footboard 377
side handrail 380
side hatch 12
side judge 485
side lane 343
side line 493
side marker light 352, 364, 365
side mirror 269
side panel 248
side plate 166
side rail 219, 365
side span 344
side vent 28, 361
side view 478
side wall 517
side, left 272
side, right 272
sideboard 203
sideline 484, 487, 488
sidepiece 273
sideshoot 53
sidewall 358, 365
siding 375
Sierra Leone 451
sieve 171
sifter 172
sight 119, 533, 535
sight, normal 419
sighting line 533
sighting mirror 533
sigmoid colon 106
sign, route 362, 363
signal box 375
signal gantry 375
signal lamp 179
signature, holder's 441
signature, official 441
signet ring 264
silencer 351, 367, 368, 369
silk 61
sill 28
sill of frame 186
sill plate 187
sill rail 187
silos 381
simple eye 67
simple leaves 55
simple organisms and echinoderms 66
Singapore 453
single bed 439
single reed 306
single room 439
single seat 380
single-breasted jacket 244
single-burner camp stove 529
single-leaf bascule bridge 345
single-lens reflex (SLR) camera: front view 314
singles service court 495
singles sideline 491, 495
singlet 500
sink 164, 197, 439, 464
sink with waste disposal unit 197
sink, surgeon's 465
sinker 538
siphon 72
siphonal canal 73
siren 455
sistrum 309
site plan 183
sitting room 188
sixth 298
skate 158, 506
skate, acrobatic 527
skate, goalkeeper's 507
skate, roller hockey 527
skate, roller speed 527
skate, short track 508
skateboard 526
skateboarder 526
skateboarding 526
skater 527
skater: long track 508
skater: short track 508
skates, speed 508
skating kick 514
skating step 514
skating, figure 509
skating, inline 527
skating, speed 508
skeg 519
skeleton 98
skerry 35
ski 510, 523
ski area 512
ski boot 510, 511
ski glove 510
ski goggles 510
ski hat 514
ski jumper 513
ski jumping 513
ski lift arrival 512
ski pants 254
ski pole 510, 514
ski rack 356
ski resort 512
ski school 512
ski stop 511
ski suit 510, 514
ski tip 514
ski trail, alpine 512
ski trail, cross-country 512
ski, downhill/Super G 510
ski, jumping 513
ski, slalom 510
ski, slalom G 510
ski-jumping boot 513
ski-jumping suit 513
skid 395
skiers' lodge 512
skimmer 173, 184
skin 57, 58, 59, 110, 114
skin surface 114
skins, won ton 147
skip 400, 515
skipping-rope 500
skirt 251, 492
skirt finger 383
skirting board 191
skirts, examples of 253
skis, examples of 510
skull 92
skull, child's 100
skull, lateral view of 100
skullcap 238
skunk 88
sky coverage 39
skylight 183
skylight, bathroom 189
skylight, stairwell 189
slalom G ski 510
slalom ski 510
slalom, giant 511
slalom, special 511
slalom, super giant 511
slash, double 334
slat 205
sled 236
sleeper-cab 364
sleeping bags, examples of 530
sleeping car 376
sleepsuit 261
sleet 41
sleeve 244, 395, 501
sleeve strap 240
sleeve strap loop 248
sleigh bells 309
slice 173
slide 214
slide, glass 421
sliding cover 327
sliding door 195, 286
sliding door, automatic 286
sliding folding window 287
sliding jaw 425
sliding rail 353, 521
sliding seat 501
sliding weight 422
sliding window 287
slingback shoe 241
slip 258
slip joint 222
slip joint pliers 222
slip presenter 346
slip, stage 421
slip-on 242
slip-on pyjamas 261
slip-stitched seam 245
slipover 250
sliproad 343
slope 342
slope, beginners' 512
slope, difficult 512
slope, expert 512
slope, intermediate 512
sloping cornice 279
slot 167, 178, 221, 274
slot, card reader 346, 442, 443
slot, deposit 442
slot, passbook update 442
slot, PC card 336
slot, transaction record 442
slots, memory card 471
Slovakia 450
Slovenia 450
slow lane 343
slow-burning stove 192
slow-motion 319
small blade 531
small carton 163
small crate 162
small drawstring bag 276
small hand cultivator 232
small intestine 106
small open crate 162
small saucepan 175
smash 491
smell and taste 116
smelt 159
smock 255
smog 47
smoke baffle 192
smoke detector 454
smoked ham 153
smooth hound 158
snacks' sale counter 294
snail 72, 157
snail dish 173
snail tongs 173
snail, morphology of 72
snake 76
snake, coral 77
snake, garter 77
snap 538
snap fastener 243, 249, 274
snap shackle 521
snap-fastening front 261
snap-fastening tab 249
snap-fastening waist 260
snare 308, 535
snare drum 295, 308
snare head 297, 308
snare strainer 308
snatch 500
snelled fishhook 538
snooker 503
snout 74, 75
snow 41
snow brush with scraper 356
snow guard 523
snow, acid 48
snow-grooming machine 512
snowblower 365
snowboard 513
snowboard, alpine 513
snowboard, freestyle 513
snowboarder 513
snowboarding 513
snowmobile 523
snowsuit 261
snuggle suit 260
soap dish 195
soap, toilet 267
soba noodles 147
social services 465
social worker's office 463
society 430
sock 257, 480, 486, 492
socket head 221
socket set 223
socket tester 217
socket-contact 198
socks 247, 483
sofa 200
sofa bed 204
soft cheeses 151
soft contact lens 272
soft palate 116, 117
soft pedal 304, 311
soft ray 74
soft shell clam 157
soft-drink dispenser 346
softball 477
softball bat 477
softball glove 477
software, email 334
soil 48
soil and waste stack 194
soil fertilization 47
soil profile 54
soiled utility room 462, 464
solar array 316
solar cell 337, 410, 411
solar eclipse 4
solar energy 54, 410
solar panel 7
solar radiation 45, 46, 410, 411
solar reflectors 316
solar shield 10
solar system 2
solar-cell panel 411
solar-cell system 411
solder 218
soldering and welding tools 218
soldering gun 218
soldering iron 218
sole 161, 229, 247, 509, 511
soleplate 208
soleus 96
solid 414, 415
solid body 303
solid centre auger bit 228
solid line 342
solid rocket booster 12
solid, amorphous 414
solids 429
solitaire ring 264
Solomon Islands 453
solution, multi-purpose 272
solvent extraction unit 405
Somalia 451
somen noodles 147
sorghum 61
sorghum: panicle 61
sorting plant 49
sorting, glass 49
sorting, manual 49
sorting, metal 49
sorting, optical 49
sorting, paper/paperboard 49
sorting, plastics 49
sorus 52
sostenuto pedal 304
sou'wester 239
soufflé dish 172
sound box 297, 302
sound engineer 291
sound field control 322
sound hole 301
sound mode lights 322
sound mode selector 322
sound receiver 460
sound recording equipment 291
sound system 354
soundboard 296, 297, 301, 302, 304
soundbox 302
sounding balloon 38
soup bowl 166
soup spoon 168
soup tureen 166
sour cream 150
source, power 416
South 23
South Africa 452
South America 14, 17, 34
South American Plate 27
South China Sea 14, 19
South Pole 15, 21
south pole 416
South-Southeast 23
South-Southwest 23
Southeast 23
Southeast Indian Ridge 34
Southern hemisphere 21
Southwest 23
Southwest Indian Ridge 34
soy sauce 140
soybean sprouts 131
soybeans 131
space 298, 330, 469
space bar 330
space probe 37
space shuttle 12, 37
space shuttle at takeoff 12

space, epidural 110
space, non-breaking 330
spacelab 13
spacer 409, 467
spacesuit 10
spade 233, 468
spade bit 228
spadix 57
spaghetti 146
spaghetti squash 129
spaghetti tongs 173
spaghettini 146
Spain 449
spar 392
spare tyre 361
spareribs 153
spark plug 359, 360
spark plug body 359
spark plug cable 350
spark plug gap 359
spark plug seat 359
sparking plug 237
sparrow 80
spatula 173
spatulate 55
speaker 294, 320, 326, 328, 336, 518
speaker cover 324
spear 125
special effects buttons 320
special effects selection dial 320
special slalom 511
specification plate 228
specimen collection centre waiting room 465
specimen collection room 465
spectacles 273
spectacles case 275
spectacles, examples of 273
spectrum, electromagnetic 418
speed control 176
speed governor 287
speed grand prix motorcycle and rider 525
speed selector 176, 177
speed selector switch 227, 228, 270
speed skates 508
speed skating 508
speed-increasing gearbox 413
speedometer 355, 368, 501
spelt wheat 143
spencer 254
spent fuel storage bay 409
sperm whale 90
spermatozoon 111
sphagnum, prickly 51
sphenoid bone 100
sphenoidal fontanelle 100
sphenoidal sinus 117
sphere 429
sphincter muscle of anus 106
spices 138
spices, marinade 139
spicules 4
spider 70
spider web 70
spider, crab 70
spider, garden 70
spider, morphology of 70
spider, water 70
spike 57, 473
spike file 341
spiked shoe 476
spill, oil 48
spillway 406
spillway chute 406
spillway gate 406
spinach 127
spinach tagliatelle 146
spinal column 98, 109
spinal cord 109, 110
spinal cord, structure of 109
spinal ganglion 109, 110
spinal nerve 109, 110
spindle 177, 201, 425
spine of scapula 99
spine, anterior nasal 100
spinner 538
spinneret 70
spinning rod 537
spinous process 110
spiny lobster 158
spiny ray 74
spiracle 67
spiral 221
spiral arm 6
spiral beater 176
spiral binder 340
spiral cloud band 43
spiral nail 220
spiral rib 73
spiral screwdriver 221
spiral thread 70
spire 285
spirit level 225
spirulina 123
spit 35
splat 200
splay 285
spleen 103
splenius muscle of head 97
splints 461
split link 538
split peas 130
splitting, nucleus 415
spoiler 366, 392
spoke 371
sponge-tipped applicator 266
sponson 523
spool 536, 537
spool axle 537
spool-release mechanism 537
spoon 167, 531
spoon, tasting 173
spoons, examples of 168
spores 52
sporting goods shop 437
sports and games 468
sports car 347
sports complex 431
sports on wheels 526
sports, ball 474
sports, motor 524
sports, precision and accuracy 502
sports, racket 493
sports, strength 500
sportswear 262
spot 207
spotlight 290, 455
spotlights 293
spout 180, 181
spout assembly 197
spout, pouring 215
spray 208
spray arm 214
spray button 208
spray control 208
spray nozzle 236
spray, pepper 456
sprayer 236
spread collar 245
spreader 273
spring 27, 32, 38, 206, 212, 222, 312, 535
spring balance 423
spring binder 339
spring onion 124
spring toggle 221
spring washer 222
spring, coil 351
springboard 496
springboard, 1 m 518
springboard, 3 m 518
sprinkler hose 236
sprinklers 408
sprocket 523
sprouts, soybean 131
spruce 65
sprung base 204
spur 29, 228, 308
squamous suture 100
square 429
square move 470
square root key 337
square root of 427
square trowel 216
square-headed tip 221
squash, acorn 129
squash, crookneck 129
squash, pattypan 129
squash, spaghetti 129
squash, straightneck 129
squid 157
squirrel 82
Sri Lanka 453
stabilizer 467
stabilizer fin 386
stabilizer jack 361
stack 35, 402
stacking chairs 201
stadium 431
staff 298
staff cloakroom 438, 465
staff entrance 438, 445
staff lounge 443, 463
stage 278, 292, 293, 421
stage clip 421
stage curtain 292, 293
stage, shooting 290
stage-house 292
stained glass 285
stained-glass window 446
stair 293, 294
stairs 188, 191, 283, 345, 378, 404, 439
stairways 283
stairwell 189
stairwell skylight 189
stake 230, 231
stalactite 31
stalagmite 31
stalk 51, 57, 58, 59, 125
stalk vegetables 125
stamen 56, 58
stamp pad 338
stanchion 509
stand 27, 174, 176, 206, 269, 277, 308, 537
stand, intravenous 464
stand, witness 440
standard lamp 206
standard poker hands 468
stands, movable 444
stapes 116
staple remover 341
stapler 341
staples 341
star diagonal 8
star drag wheel 537
star of David 447
starboard hand 387
starch 61
starch granule 50
starling 80
start button 424
start key 328, 330
start line 473
start switch 213
starter 237, 516
starter button 368
starter handle 235
starting block 516
starting grid 524
starting grip (backstroke) 516
starting line 524
starting line, 1,500 m 473
starting line, 10,000 m and 4 x 400 m relay 473
starting line, 100 m and 100 m hurdles 472
starting line, 110 m hurdles 472
starting line, 200 m 472
starting line, 400 m, 400 m hurdles, 4 x 100 m relay 473
starting line, 5,000 m 472
starting line, 800 m 473
starting pistol 472
starting positions 518
state 23
states of matter 414
station circle 39
station concourse 374
station entrance 378
station model 39
station name 378
station platform 375
station, bus 432
station, emergency 345
station, fire 433
station, international space 11
station, land 38
station, police 433
station, railway 430, 432
station, relay 316
station, service 433
station, underground railway 432
stationery 337
statue 446
steak 152
steak knife 168
steam 402
steam control knob 181
steam generator 402
steam iron 208
steam nozzle 181
steam pressure drives turbine 408
steamer 175
steamer basket 175
steamer, electric 179
steel 259
steel cable 535
steel casing 417
steel pen 312
steelyard 422
steeplechase 472
steering column 350
steering cylinder 400
steering system 351
steering tube 371
steering wheel 350, 354, 385, 525
stem 51, 52, 53, 54, 181, 199, 384, 424
stem bulb 387
stem propeller 384
stem, underground 54
step 191, 219, 364
step chair 201
step groove 191
step stool 219
step, diagonal 514
step, skating 514
stepladder 219
stepladders 219
steppe 40
stepper 501
steps 184, 188, 412
steps to ripeness 62
stereo control 326
stereo sound system 322
stereo sound system, mini 325
sterile dressing 461
sterilization room 464, 465
stern 386, 519
sternal artery 71
sternocleidomastoid 96
sternum 98
stethoscope 460
stick 273, 301
sticks 309
stifle 83
stigma 56, 60
stile 201
stile groove of sash 186
stile tongue of sash 186
still camera, 35 mm 10
still cameras 315
still photographer 291
still water level 33
Stilton 151
sting 68
stipule 55
stirrup sock 476
stitch 240, 262
stitches 477
stitching 243
stock 296, 412, 534
stock pot 175
stockade 282
stocking 257, 259, 506
stomach 73, 103, 106
stomach throw 499
stomach, cardiac 71
stomach, pyloric 71
stone 57
stone deflector 376, 377
stone for sacrifice 283
stone fruits 132
stone marten 88
stone steps 183
stone, Coyolxauhqui 283
stone, sharpening 169
stoner 173
stool, bar 438
stop 86, 319
stop button 235, 323, 328, 424
stop key 319
stop knob 305
stop, end 226
stop, tail 224
stop/clear key 323
stopcock 194
stopper 267, 532
stopwatch 424
storage compartment 361, 364, 455
storage door 211
storage furniture 202
storage room, medical equipment 465
storage tank 405
storage, frozen food 121
storage, glove 464
store, department 437
store, food 439
storeroom 438, 444
stork 80
storm collar 193
stormy sky 41
straight 468
straight flush 468
straight jaw 222
straight position 518
straight skirt 253
straight-up ribbed top 247
straightening iron 269
straightneck squash 129
strainer 174, 177, 180
strainer body 197
strainer coupling 197
strainer, mesh 171
straining, utensils for 171
strait 24
Strait of Gibraltar 18
Strait, Bass 15
Strait, Bering 16
Strait, Cook 15
Strait, Torres 15
strap 265, 424, 477, 500
strap eyelet 315
strap loop 532
strap system 303
strap, chin 522
strap, shoulder 456, 532
strapless brassiere 259
stratocumulus 42
stratopause 37
stratosphere 37
stratum basale 114
stratum corneum 114
stratum granulosum 114
stratum lucidum 114
stratum spinosum 114
stratus 42
straw 163
straw hat 288
strawberry 132
strawberry, section 59
street 25, 433, 435
street light 434
street sweeper 365
street, shopping 432
strength sports 500
stretch-limousine 347
stretcher 202, 460
stretcher area 462
strider, water 69
striker 218, 481
string 301, 302
stringed instruments 301
stringer 396
stringing 492, 494
strings 297, 304
strip 286
strip door 286
strip, magnetic 441

strip, tackless 190
stroke judge 516
strokes 490
structure 186
structure of a fern 52
structure of a flower 56
structure of a house 188
structure of a leaf 55
structure of a lichen 50
structure of a moss 51
structure of a mushroom 52
structure of a plant 53
structure of a tree 63
structure of an alga 51
structure of the biosphere 44
structure of the ear 116
structure of the Earth 26
structure of the spinal cord 109
structure of the Sun 4
structure, roll 525
structure, truss 11
strut 187, 308, 387, 412
strut, wing 394
stud 187, 263, 357, 478
studded tyre 358
student 444
student's desk 444
students' lockers 445
students' room 445
study 189
stump 63, 479
sturgeon 158
style 56, 57, 58, 59, 60
stylist, hair 290
stylobate 279
styloid process 100
stylus 312, 337
subarctic 40
subbase 342
subclavian artery 102
subclavian vein 102
subcutaneous tissue 114
subduction 27
subfloor 187, 190
subgrade 342
subhead 313
sublimation 414
submarine canyon 33
submarine line 334
submarine pipeline 404
subsiding cold air 43
subsoil 54
substitutes' bench 481
substructure 400
subterranean stream 31
subtract from memory 337
subtract key 337
subtraction 427
subtractive colour synthesis 418
suburb 431
suburban commuter railway 375
suburbs 25
subway 375
subwoofers 321
sucker 62, 72
suction hose 455
Sudan 451
sudoriferous duct 114
sugar 149
sugar bowl 166
sugar thermometer 171
sugar, brown 149
sugar, granulated 149
sugar, powdered 149
suit 251
suit carrier 277
suit, protective 525
suit, racing 508, 525
suit, ski-jumping 513
suitcase 277
suite, operating 464
sulcus terminalis 118
sulphur dioxide emission 48
sulphuric acid emission 48
sum 427
sumac 139
summer 38
summer solstice 38
summit 29, 512
summit lodge 512
sump 360
sump gasket 360
Sun 2, 4, 5, 38
sun deck 385
sun roof 349
sun visor 354, 356, 361
Sun, structure 4
sundae spoon 168
sundeck 387
sundial 424
sundress 252
sunflower 56
sunflower-seed oil 149
sunglasses 273
sunken swimming pool 184
sunspot 4
super giant slalom 511
supercooling 414
superficial peroneal nerve 108
superior cymbal 308
superior dental arch 116
superior mesenteric artery 102, 107
superior mesenteric vein 102
superior nasal concha 117
superior rectus muscle 119
superior semicircular canal 116
superior vena cava 102, 103, 104
supermarket 120, 433, 437
supersonic jet 37, 394
supplement, colour 313
supplement, literary 313
supply pipe 197
supply point 198
supply room 464
supply, cash 443
support 9, 199, 201, 375
support thread 70
support, backboard 489
support, neck 525
sural nerve 108
surface course 342
surface element 210
surface insulation 12
surface of the water 518
surface prospecting 403
surface runoff 45
surface water drain 434
surface, cooking 179
surface, hard (cement) 492
surface, posting 341
surface, synthetic 492
surface, working 224
surface piercing foils 387
surfaces, plane 428
surfaces, playing 492
surgeon's sink 465
surgery, minor 462
Suriname 448
surround loudspeaker 321
suspended span 344
suspender 259, 344
suspender belt 259
suspension 380
suspension arm 212, 351
suspension band 458
suspension bogie 376
suspension bridge 344
suspension cable 344
suspension file 340
suspension strut 367
suspension system 351
suspension, back 522
suspensory ligament 119
sustaining pedal 304, 311
suture 60, 73
suture, coronal 100
suture, lambdoid 100
suture, squamous 100
swallow 80
swallow hole 31
Swaziland 452
sweat shirt 262
sweater, crew neck 255
sweaters 250, 254
swede 129
Sweden 450
sweeper, street 365
sweeping hip throw 499
sweet pepper, green 128
sweet pepper, red 128
sweet pepper, yellow 128
sweet potato 124
sweetbreads 154
sweetcorn 61
swell organ manual 305
swell pedals 305
swift 80
swimming 516
swimming goggles 516
swimming pool 386, 517
swimming pool, above ground 184
swimming pool, sunken 184
swimming trunks 263
swimsuit 263, 516
swing bridge 344
Swiss army knife 531
Swiss chard 125
switch 198, 211, 219, 229, 416
switch lock 228
switch, hat 332
switch, limit 287
switch, nightshot 320
switch, on-off 177, 181
switch, on/off 209
switch, power 315
switch, power/functions 320
switch, reversing 221, 228
switch, speed selector 227, 228
switch, trigger 227, 228, 229
switched outlet 322
Switzerland 450
swivel 403, 535, 538
swivel base 224
swivel flex 269
swivel head 224
swivel lock 224
swivel wall lamp 207
swordfish 159
symbols 468
symbols, scientific 426
sympathetic ganglion 109
symphony orchestra 295
symphysis pubis 111, 112
synagogue 447
synapse 110
sync cable 337
synthesis, colour 418
synthesizer 310
synthetic shuttlecock 495
synthetic sponge 266
synthetic surface 492
Syria 452
syringe 460
syringe for irrigation 460
syrup, corn 149
syrup, cough 467
syrup, maple 149
system buttons 310
system of units, international 426
system, air conditioning 46
system, braking 351
system, cooling 351
system, electrical 351
system, fuel supply 351
system, remote manipulator 11, 12
system, solar 2
system, steering 351
system, strap 303
system, suspension 351
system, transmission 351
systems, car 351

T

T-bar 512
T-shirt dress 261
T-strap shoe 241
tab 248, 274, 340
Tabasco™ sauce 140
tabernacle 446
table 202, 493, 502
table lamp 206
table mixer 176
table of results 518
table salt 141
table tennis 493
table tennis ball 493
table tennis bat 493
table, bedside 439, 464
table, changing 205
table, operating 464
table, overhead 464
table, service 438
table, water 48
tables, examples of 202
tablespoon 168
tablet 467
tablinum 280
tabloid 313
tabulation key 330
tabulation left 330
tabulation right 330
tachometer 355, 368
tack 220, 519
tackle box 538
tackless strip 190
tag 240, 262
tagliatelle, spinach 146
tahini 140
tail 71, 76, 82, 83, 86, 90, 111, 393, 510, 514, 526, 536
tail assembly 393
tail boom 395
tail comb 268
tail feather 78
tail fin 393, 395
tail of helix 115
tail pipe 351
tail pipe 351
tail pole 412
tail skid 395
tail stop 224
tail, ion 6
tailback 485
tailored collar 251
tailpiece 297, 301
tailplane 393, 395
tailrace 407
Tajikistan 452
tajine 174
talk key 327
talking drum 297
tall tumbler 165
talon 79
talus 99
tamarillo 136
tamarin 91
tamarind paste 140
tambourine 309
tamper 181
tandem 373
tang 167, 169, 216
Tanganyika, Lake 20
tank 13, 385, 454
tank farm 404
tank hatch cover 385
tank, fuel 351, 366, 369
tank, septic 48
tank, water 181
tanker 364, 381, 384
tanker body 364
Tanzania 451
tap 195
tape 225
tape counter 323
tape dispenser 341
tape guide 341
tape lock 225
tape measure 225
tape recorder select button 322
tape selector 323
tape, grip 526
tape, magnetic 319
tape, Teflon 216
tape, white 487
taproot 63
tarantula, red-kneed 70
taro 124
tarragon 142
tarsus 78
Tasman Sea 15
Tasmania 15
taste bud 118
taste receptors 118
tasting spoon 173
taxiway 388
taxiway line 389
tea 148
tea bag 148
tea cup 166
tea infuser 173
tea, black 148
tea, green 148
tea, oolong 148
teacher 444
teacher's desk 444
teachers' room 445
team shirt 476, 480, 486
team's emblem 506
team, medical 499
teapot 166
tear-off calendar 338
teas, herbal 148
teaser comb 268
teaspoon 168
technical delegates 509
technical events 511
technical room 345
technical specifications 358
technical terms 57
technician, lighting 291
techniques 487
tectonic lake 32
tectonic plates 27
teddy 258
tee 505, 515
tee line 515
teeing ground 504
teeth 101
Teflon tape 216
telecommunication antenna 386, 387
telecommunication satellite 335
telecommunication satellites 316
telecommunications by satellite 317
telephone 327, 439
telephone answering machine 328
telephone cable 434
telephone index 338
telephone line 334
telephone list 327
telephone network 317
telephone, communication 327
telephoto lens 314
teleport 317
telescope 7
telescope base 7
telescope, Hubble space 37
telescopic aerial 325
telescopic boom 397, 455
telescopic corridor 389
telescopic fork 366
telescopic front fork 369
telescopic leg 460
telescopic sight 420, 534
television 318
television programme schedule 313
television set 318, 439, 444
television set, large-screen 321
telltale 520
telson 71
temperate forest 44
temperature control 178, 208, 211
temperature gauge 355
temperature of dew point 39
temperature scale 37
temperature selector 178, 212, 213
temperature sensor 358
temple 92
Temple of Huitzilopochtli 283
Temple of Tlaloc 283
temple, Aztec 283
tempo control 311
temporal bone 98, 100
ten 427
ten commandments 447
tenderloin roast 152
tendril 62
tennis 490

tennis ball 492
tennis player 492
tennis racket 492
tennis shoe 492
tenor drum 308
tension adjuster 528
tension adjustment 537
tension adjustment screw 341
tension rod 308
tension rope 297
tension screw 308
tension spring 355, 500
tensor of fascia lata 96
tent, trailer 361
tentacle 72
tents, examples of 528
tepee 288
teres major 97
teres minor 97
terminal 198, 210, 404
terminal arborization 110
terminal box 411
terminal bronchiole 105
terminal bud 53
terminal filament 109
terminal lobe 62
terminal moraine 30
terminal tackles 538
terminal, container 430
terminal, electronic payment 121
terminal, ground 322
terminal, negative 416, 417
terminal, positive 416, 417
terminal, remote control 315
terminals, aerial 322
terminals, loudspeaker 322
terminals, video and digital 315
termite 69
terraced houses 289
terrine 174
tertial 78
tertiary consumers 45
test button 454
test-lamp 217
tester screwdriver 217
testicle 111
testis 71
Tethys 3
textile floor coverings 190
Thailand 453
thallus 50, 51
theatre 292, 432, 433
theatre, Greek 278
theatre, home 321
theatre, operating 464, 465
thermal energy 402
thermodynamic temperature, measurement of 426
thermometer 404, 424
thermometer, instant-read 171
thermometer, oven 171
thermometer, sugar 171
thermopause 37
thermosphere 37
thermostat 178
thermostat control 211
thermostat, adjustable 179
thigh 78, 83, 86, 93, 95, 111, 112
thigh pad 486
thigh stocking 257
thigh-boot 241
thimble 425
thinning razor 269
third 298
third base 474
third baseman 474
third finger 115
third row 482
third valve slide 307
thoracic legs 71
thoracic vertebra (12) 99
thorax 67, 68, 92, 94
thread 221
thread, radial 70
thread, security 441
thread, spiral 70
thread, support 70
threaded rod 223
three-blade propeller 394
three-four time 298
three-of-a-kind 468
three-pin socket 198
three-quarter coat 248
three-tier car carrier 377
threshold 185
throat 78, 224, 492, 538
throat protector 476
throttle 237
throttle cable 237
throttle control 235, 332
throwing circle 472, 473
thrust device 312
thrust tube 312
thruster 10
thrusters, attitude control 12
thumb 115, 243, 477
thumb hook 307
thumb piston 305
thumb rest 306, 460
thumb, opposable 91
thumbscrew 223
thyme 142
tibia 98
tibial nerve 108
tick 70
ticket collecting booth 378
ticket collector 294, 374
ticket counter 390
tie 273, 299
tie beam 187
tier 281
tierceron 284
Tierra del Fuego 17
tiers 278
tiger 89
tight end 485
tight head prop 482
tightening buckle 532
tights 257
tile 12, 279, 280, 283
tiller 520
tilt-back head 176
timber 280
timber frame 187
time code 291
time display/recording button 320
time signatures 298
time, measurement of 426
timekeeper 488, 498, 509
timekeepers, scorers and 499
timer 178, 179, 501
timer socket 210
timetable 374
timing belt 360
timpani 295
tin opener 170, 180, 531
tine 167
tip 55, 125, 167, 216, 218, 220, 221, 227, 246, 273, 487, 503, 510, 536
tip of nose 117
tip protector 460
tip section 536
tip, finger 339
tip-ring 536, 537
tipper body 401
tipper truck 401
tips, examples of 221
tissue holder 195
Titan 3
Titania 3
Titicaca, Lake 17
title deed 469
title display button 320
Tlaloc, Temple of 283
toad, common 75
toaster 178
tobacconist's shop 436
toe 79, 86, 92, 94, 226, 229, 247
toe binding 514
toe clip 370, 372
toe guard 459, 476
toe loop 509
toe pick 509
toe piston 305
toe-piece 511
toe-strap 242
toenail scissors 265
toepiece 514
toggle 249
toggle bolt 221
Togo 451
toilet 188, 189, 194, 195, 196, 439, 440, 443, 445, 464
toilet bag 276
toilet bowl 196
toilet soap 267
toilet, ladies' 294, 439
toilet, men's 294, 439
toilets 437, 463, 465
toilets, customers' 438
toilette, eau de 267
token 469
tom-tom 308
tomatillo 128
tomato 128
tomato coulis 140
tomato paste 140
tomato, currant 128
tombolo 35
tone control 303
tone control, bass 303
tone control, treble 303
Tonga 453
tongs 173, 193
tongue 106, 116, 117, 154, 240, 246, 262, 297, 305, 509, 511
tongue sheath 76
tongue, dorsum 118
tonsil 116
tool belt 225
tool box 225
tool holder 229
tool kit 372
tool shelf 219
tool storage area 209
tool tether 10
tools 209
tools for loosening earth 233
tools, electricity 217
tools, hand 232
tools, masonry 216
tools, plumbing 216
tools, pruning and cutting 234
tools, seeding and planting 231
tools, soldering and welding 218
tools, watering 236
tooth 74, 76, 226, 227, 235, 270, 398, 400
tooth guard 486
toothbrush 272
toothbrush shaft 272
toothbrush well 272
toothed jaw 222
toothpaste 272
top 63, 202, 219
top box 369
top cap 417
top cushion 502
top deck 404
top deckboard 396
top flap 532
top hat 238
top ladder 455
top lift 240
top of dam 406
top pocket 502
top rail 185, 201, 202, 205
top rail of sash 186
top stitched pleat 253
top stitching 246, 260
top-level domain 334
topping 536
topsoil 54
toque 239
Torah scrolls 447
toric lens 419
tornado 43
tornado and waterspout 43
torque adjustment collar 228
torque converter 212
Torres Strait 15
tortellini 146
tortilla 145
torus 429
total 423
total eclipse 4, 5
totally reflecting mirror 420
tote bag 276
toucan 80
touch 114
touch judge 483
touch pad 336
touch pad button 336
touch screen 337
touchline 481, 483
Toulouse sausage 156
touring bicycle 373
touring motorcycle 369
touring tyre 358
tow bar 361
tow safety chain 361
tow truck 364
towel rail 195
towel, bath 267
towel, kitchen 215
tower 284, 344, 412, 413
tower case: back view 329
tower case: front view 329
tower control room 388
tower crane 397
tower ladder 455
tower mast 397
tower mill 412
tower silo 122
tower, bell 446
tower, cooling 402
tower, transmitting 316
towing device 364
towing hitch 361
town hall 432
town houses 289
toyshop 436
tracery 285
trachea 105
track 374, 378, 398, 431, 472, 523, 524
track and field 472
track frame 207
track idler 398
track lighting 207
track number 323
track roller frame 398
track search keys 323
track, long 508
track, railway 432
track, short 508
tracklaying tractor 398
tracks, dolly 290
tractor engine compartment 400
tractor unit 364
traditional dwellings 288
traditional musical instruments 296
traffic lane 343
traffic lights 434
tragus 115
trail-view mirror 364
trailer car 380
trailer caravan 361
trailer tent 361
trailing edge 392
trailing edge flap 392
train direction sign 379
train indicator 374
trainer 489, 498
training set 261
training suit 262
training wall 406
transaction receipt 443
transaction record slot 442
transactions, business 335
Transantarctic Mountains 15
transceiver, radar 457
transceiving dish 316
transceiving parabolic aerial 316
transept 285
transept spire 284
transfer of heat to water 408
transfer ticket dispensing machine 379
transfer, heat 415
transform plate boundaries 27
transformer 207, 407
transit shed 381
transmission 212
transmission dish 316
transmission system 351
transmission to consumers 402, 413
transmitter 327
transmitting tower 316
transparent pockets 274
transpiration 45
transport and machinery 342
transverse bulkhead 384
transverse colon 106
transverse dunes 36
transverse process 110
tranverse flute 306
trap 194, 196, 197, 292
trap coupling 197
trap, leghold 535
trap, petroleum 403
trapdoor 281
trapezius 96, 97
trapezoid 429
travel agency 436
travel bag 276
traveller 520, 521
traveller's cheque 441
travelling block 403
travelling crab 397
travelling crane 407
traverse arch 284
trawler 384
tray 205, 219, 225, 277
tray, disc 318
tray, drip 181
tray, food 162
tray, input 333
tray, output 333
tread 191
tread design 358
treatment room 465
treble bridge 304
treble clef 298
treble fishhook 538
treble keyboard 296
treble pickup 303
treble register 296
treble ring 471
treble tone control 303, 322, 325
tree 63
tree fern 52
tree frog 75
tree pruner 234
tree, ornamental 182
tree, palm 64
tree, structure 63
tree, trunk 63
trees 504
trefoil 285
trench 33
trench coat 248
Trench, Aleutian 34
Trench, Japan 34
Trench, Java 34
Trench, Kermadec-Tonga 34
Trench, Kuril 34
Trench, Mariana 34
Trench, Peru-Chile 34
Trench, Philippine 34
Trench, Puerto Rico 34
Trench, Ryukyu 34
triage room 463
triangle 295, 309, 429
triangular bandage 461
triangular body 297
triangular fossa 115
triceps bar 501
triceps of arm 97
tricuspid valve 104
tricycle, child's 373

trifoliate 55
trigger 235, 332, 454, 534
trigger guard 534
trigger switch 227, 228, 229
trilby 238, 239
trill 299
trim 277
trim panel 352
trim ring 210
trimaran 521
trimmer 237, 271
Trinidad and Tobago 449
trio 300
trip lever 196
trip mileometer 355
tripe 154
tripod 8
tripod accessories shelf 8
tripod stand 308
triticale 143
Triton 3
trolleys, shopping 121
trombone 307
trombones 295
Tropic of Cancer 20, 21, 22
Tropic of Capricorn 20, 21, 22
tropical climates 40
tropical cyclone 43
tropical cyclone names 43
tropical forest 44
tropical fruits 136
tropical rain forest 40, 44
tropical wet-and-dry (savanna) 40
tropopause 37, 46
troposphere 37
trot [illegible]
trough 33, 39, 418
trousers 246, 263, 476, 486, 499, 506, 525
trousers, examples of 254
trout 161
trowel 232
truck 526, 527
truck crane 397
truck, collection 364
truck, concrete mixer 365
truck, emergency 345
truck, tow 364
trucking 364
trucks, examples of 364
truffle 123
trumpet 307
trumpet interchange 342
trumpets 295
trunk 52, 62, 63, 75, 93, 95, 277
trunk, cross section 63
trunks, boxing 498
truss structure 11
trussing needle 173
tsetse fly 69
tub 212, 214, 230
tub rim 212
tuba 295, 307
tube 163, 199, 461
tube retention clip 199
tube, draw 421
tube, flash 420
tube, Pitot 525
tube, watering 365
tuber vegetables 124
tubular bells 295, 309
tubular element 210
tubular heater 405
tuck position 518
tug 384
tulip 56
tuna 160
tundra 44
tungsten-halogen bulb 199
tunic 255
tunic dress 252
tuning buttons 322
tuning control 325, 326
tuning controls 318
tuning gauge 308
tuning knob 326
tuning peg 302, 303
tuning pin 304
tuning ring 297
tuning slide 307
tuning wire 305
Tunisia 451
tunnel 378
tunnel, road 345
turban 239
turbine 402
turbine shaft turns generator 408
turbo-alternator unit 402
turbojet engine 393
turbot 161
Turkey 452
turkey 81, 155
Turkmenistan 452
turmeric 138
turn 299
turn-up 246
turnbuckle 498, 521
turning judges 517
turning wall 517
turnip 129
turnouts 454
turntable 176, 344, 400, 401
turntable mounting 455
turret 282
turret cap 420
turtle 76
turtle, morphology of 76
Tuvalu 453
TV mode 319
TV power button 319
TV/video button 319
tweeter 324
tweezers 461
twig 62
twin-set 255
twist 228
twist bar 500
twist bit 228
twist drill 228
twist grip throttle 368
twist handle 332
two pairs 468
two-blade propeller 394
two-burner camp stove 529
two-leaf door 362
two-person tent 528
two-seater settee 200
two-storey house 289
two-two time 298
two-way collar 248
tympanum 75, 279, 285
type of air mass 39
type of fuel 346
type of high cloud 39
type of low cloud 39
type of middle cloud 39
types of eclipses 4, 5
types of golf club 505
types of grip 493
types of inflorescence 57
types of move 470
types of passenger coach 376
types of stroke 517
typhoon 43
tyre 349, 358, 364, 371, 522, 525
tyre barrier 524
tyre inflator 346
tyre pump 370
tyre valve 371
tyre, all-season 358
tyre, knobby 369
tyre, nubby 525
tyre, performance 358
tyre, spare 361
tyre, studded 358
tyre, touring 358
tyre, winter 358
tyres, examples of 358

U

u quark 414
U.S. habitation module 11
U.S. laboratory 11
udon noodles 147
Uganda 451
Ukraine 450
ulna 98
ulnar extensor of wrist 97
ulnar flexor of wrist 96, 97
ulnar nerve 108
ultraviolet radiation 418
umbel 57
umbo 73
umbra 4, 5
umbrella 273
umbrella pine 65
umbrella stand 273
Umbriel 3
umpire 479, 485, 487, 490, 495, 515
unbleached flour 144
under tail covert 78
underarm briefcase 275
underarm crutch 466
underarm rest 466
undergarment 524
underground 281, 435
underground chamber 278
underground flow 45
underground map 379, 380
underground railway 378
underground railway station 432
underground station 378
underground stem 54
underground train 378, 380
underlay 190
underpass 344
undershirt 476
underwater light 184
underwear 247, 258
underwiring 259
undressing booth 465
ungulate mammals 83
ungulate mammals, examples of 84
unicellulars 66
uniform 456
union 427
uniparous cyme 57
unisex headgear 239
unisex shoes 242
unison 298
unit price 423
unit, ambulatory care 465
unit, glass collection 49
unit, intensive care 464
unit, paper collection 49
unit, turbo-alternator 402
United Arab Emirates 452
United Kingdom of Great Britain and Northern Ireland 449
United States of America 448
univalve shell 73
univalve shell, morphology of 73
university 432
unleavened bread 145
unloading dock 437, 439
up-and-over garage door 286
uphaul 519
upholstery nozzle 209
upkeep, painting 219
upper 511
upper blade guard 227
upper bowl 181
upper confining bed 402
upper cuff 511
upper deck 363, 392
upper edge 493
upper eyelid 75, 87, 119
upper lateral lobe 62
upper lateral sinus 62
upper limb 103
upper lip 116, 305
upper lobe 105
upper mandible 78
upper mantle 26
upper shell 511, 527
upper strap 511
upper tail covert 78
upperworks 521
upright 184, 466
upright piano 304
upright vacuum cleaner 209
upright, padded 489
upstage 292, 293
Ural Mountains 18
Uranus 2, 3
urban map 25
ureter 107
urethra 107, 112
urinary bladder 107, 111, 112
urinary meatus 111
urinary system 107
URL 334
URL (uniform resource locator) 334
uropod 71
Uruguay 448
USB port 329, 336
used syringe box 457
user, home 335
user, Internet 334
uses, Internet 335
usual terms 57
utensils, set 173
uterovesical pouch 112
uterus 112, 113
uvula 116, 117
Uzbekistan 452

V

V-neck 244, 250
V-neck cardigan 250
vacuole 50, 66
vacuole, contractile 66
vacuole, food 66
vacuole, forming food 66
vacuum cleaner, upright 209
vacuum coffee maker 181
vacuum diaphragm 360
vacuum distillation 405
vacuum flask 532
vagina 112, 113
valance 204
valley 29, 32
valve 60, 73, 307
valve casing 307
valve cover 360
valve seat 196
valve spring 360
vamp 240, 263
van 365
vane 213
vanilla extract 140
vanity cabinet 195
vanity case 277
vanity mirror 354
Vanuatu 453
vapour 415
variable ejector nozzle 394
varnish, nail 265
vastus lateralis 96, 97
vastus medialis 96
Vatican City State 450
vault 284, 443
vault, barrel 281
vaulting horse 496, 497
VCR controls 319
VCR mode 319
VCR power button 319
veal cubes 152
veal, cuts of 152
veal, minced 152
vegetable brush 173
vegetable dish 166
vegetable garden 122, 182
vegetable sponge 267
vegetables 124
vegetables, fruits and 120
vegetation and biosphere 44
vegetation regions 44
vehicle rest area 345
vehicle, crew return 11
veil 536
vein 55
veins 102
velarium 281
Velcro® closure 260
velvet-band choker 264
Venezuela 448
venom canal 76
venom gland 76
venom-conducting tube 76
vent 354
vent brush 268
vent door 365
vent, cooling 336
ventilated rib 534
ventilating circuit 194
ventilating grille 209
ventilator 380
ventral artery 71
ventral nerve cord 71
Venus 2, 3
verbena 148
vermicelli, rice 147
vermiform appendix 106
vernal equinox 38
vernier 422, 425
vernier caliper 425
vernier scale 425
Versailles parquet 190
vertebra, cervical 99
vertebra, lumbar 99
vertebral body 110
vertebral shield 76
vertical control 329
vertical ground movement 27
vertical move 470
vertical pivoting window 287
vertical pupil 76
vertical section 526
vertical seismograph 27
vertical side band 487
vertical-axis wind turbine 412
vessel, blood 104
vest 247, 261, 263
vestibular nerve 116
vestibule 116, 280
vestibule, security 440
vibrating mudscreen 403
vibrato arm 303
vibrissa 82
vice 224
vice-skip 515
Victoria, Lake 20
video and digital terminals 315
video cassette 319
video entertainment system 471
video monitor 329
video port 329, 336
videocassette recorder 319
videotape operation controls 320
Vietnam 453
view camera 315
view, anterior 92, 94
view, front 478
view, posterior 93, 95
view, side 478
viewfinder 315
viewfinder, electronic 320
village 430, 512
vine leaf 62, 126
vine shoot 62
vine stock 62
vinegar, balsamic 141
vinegar, cider 141
vinegar, malt 141
vinegar, rice 141
vinegar, wine 141
vinyl grip sole 261
viola 301
violas 295
violet 56
violin 301
violin family 295, 301
viper 77
visceral ganglion 73
visceral pleura 105
visible light 418
vision 419
vision defects 419
visor 367, 459, 506, 525
visor hinge 367
visor, sun 356
Vistula River 18
visual display 471
vitelline membrane 79
vitreous body 119
vocal cord 105
voice edit buttons 310
voice recorder button 337

voice selector 311
volcanic bomb 28
volcanic island 33
volcanic lake 32
volcano 26, 28
volcano during eruption 28
volcano, effusive 28
volcano, explosive 28
volcanoes, examples of 28
Volga River 18
volley 490
volleyball 487
volt 426
voltage decrease 402, 413
voltage increase 402, 408
volume control 303, 310, 311, 319, 322, 325, 326, 328, 329
volume readout 346
volute 200
volva 52
vulture 80
vulva 94, 113

W

wad 534
waders 538
wadi 36
wading bird 79
waffle iron 178
wagon tent 528
waist 93, 95, 240, 301
waist belt 205, 532
waistband 246, 247, 249
waistband extension 246
waistcoat 244, 255
waistcoats and jackets 254
waiter, wine 438
waiting area 442
waiting room 463
waiting room, family 462
waiting room, main 465
waiting room, secondary 465
wakame 123
walk 83
walk-in wardrobe 189
walkie-talkie 456
walking aids 466
walking frame 466
walking leg 67, 70
walking stick 273, 466
walkway 436
wall 5, 58, 184, 528
wall cabinet 164
wall cloud 43
wall lantern 207
wall light 207
wall tent 528
wall, eye 43
wall, finish 516
wallet 275, 337
wallet section 274
walnut 64, 133
walnut, section 60
waning gibbous 5
wardrobe 189, 203, 439
wardrobe, walk-in 189
warehouse 430
warm air 41
warm temperate climates 40
warm-air baffle 192
warming plate 181
warming, global 46
warning lights 355
warning plate 228
warning track 475
wasabi 141
wash tower 214
washbasin 194, 195
washer 417
washer nozzle 348
washers 222
washing machine 194, 212
wasp-waisted corset 259
Wassily chair 200
waste basket 341
waste disposal unit 197
waste layers 47
waste pipe 194, 196
waste water 48
waste, household 47, 48
waste, industrial 47, 48
waste, non-reusable residue 49
waste, nuclear 48
waste, selective sorting of 49
water 402
water and mineral salts, absorption of 54
water bottle 371
water bottle clip 371
water cannon 455
water carrier 532
water chestnut 124
water cools used steam 408
water goblet 165
water hazard 504
water hose 214
water intake 407
water is pumped back into steam generator 408
water jets 518
water jug 166
water key 307
water level 181
water level indicator 179
water main 434
water meter 194
water pollution 48
water pressure gauge 455
water pump pliers 222
water service pipe 194
water spider 70
water strider 69
water table 31, 48
water tank 181, 272
water turns into steam 408
water, waste 48
water-level selector 212
water-level tube 208
water-steam mix 402
water-tank area 394
watercourse 32, 48
watercraft, personal 523
watercress 127
waterfall 31, 32
watering can 236
watering tools 236
watering tube 365
watermark 441
watermelon 135
waterproof pants 260
waterspout 43
watt 426
wave 33, 418
wave base 33
wave clip 268
wave height 33
wave length 33
wave, shock 403
wavelength 418
waves, radio 418
wax 514
wax bean 131
wax gourd 128
wax seal 196
waxed paper 162
waxing gibbous 5
waxing kit 514
Way, Milky 6
Way, Milky (seen from above) 6
Way, Milky (side view) 6
weasel 88
weather map 38, 39
weather radar 38, 392
weather satellite 38
weather station, aircraft 38
weather station, buoy 38
weather station, ocean 38
weatherboard 185, 186
web 75, 79, 477
web frame 385
web, spider 70
webbed foot 75
webbed toe 79
Webcam 332
Weddell Sea 15
wedding ring 264
wedge 305
wedge lever 229
weeder 232
weeding hoe 233
weekend case 277
weeping willow 64
weighing platform 423
weight 422, 423, 500
weight trainer 501
weightlifting 500
weightlifting belt 500
weightlifting shoe 500
weights 501
well, diving 184
well, injection 402
well, production 402
welt 240, 244
welt pocket 244, 250
West 23
West Coast mirror 363
West Indies 16
West-Northwest 23
West-Southwest 23
Western hemisphere 21
Western meridian 22
whale 90
whale, killer 90
whale, sperm 90
wheat 61, 143
wheat, grain 61
wheat, spelt 143
wheat: spike 61
wheel 231, 277, 364, 522, 525, 526, 527, 535
wheel cylinder 357
wheel mouse 332
wheel speed sensor 357
wheel tractor 399
wheel trim 349
wheel, chain 522
wheel, fine adjustment 425
wheel, scroll 327, 332
wheel, steering 350, 385, 525
wheelbarrow 231
wheelchair 467
wheelchair lift 363
wheelhouse 384
wheels, sports on 526
whelk 157
whipping cream 150
whisk 172
whiskers 87
whisky tumbler 165
whistle 180
White 469, 470
white 418
white blood cell 104
white bread 145
white cabbage 126
white chocolate 148
white cue ball 503
white matter 109, 110
white mustard 138
white onion 124
white pepper 138
white rice 147
white spot ball 502, 503
white square 470
white stone 470
white tape 487, 493, 495
white wine glass 165
white-tailed deer 84
whiting 161
whole wheat flour 144
wholegrain mustard 140
wholemeal bread 145
whorl 72, 73
whortleberry, red 132
wicket 479
wicketkeeper 479
wide receiver 485
wide-angle lens 314
wigwam 288
wild boar 84
wild rice 143
Wilkes Land 15
willow 478
willow, weeping 64
winch 287, 364, 521
winch controls 364
wind 47, 48
wind deflector 364
wind direction 39
wind direction and speed 39
wind energy 412
wind indicator 520
wind instruments 306
wind speed 39
wind synthesizer controller 311
wind turbines and electricity production 412
wind vane 413
wind, prevailing 43
windbag 296
windcheater 249
winding adjustment 420
windmill 412
window 178, 179, 186, 189, 210, 274, 349, 352, 361, 380, 392, 519
window awning 528
window tab 340
window winder handle 352
window, balcony 189
window, dormer 182
window, stained-glass 446
windows, examples of 287
windscreeen 385
windscreen 348, 364, 366, 369, 392, 523
windscreen wiper 348, 355
windscreen wiper blade 355
windshaft 412
wine cellar 438
wine vinegar 141
wine waiter 438
wine waiter corkscrew 170
wine, beer and 120
wing 13, 68, 78, 286, 348, 364, 393, 525, 536
wing covert 78
wing nut 223
wing pallet 396
wing rib 392
wing slat 393
wing strut 394
wing vein 67
wing, bird 78
wing, high 394
winglet 393, 394
wings 292
winter 38
winter precipitations 41
winter solstice 38
winter sports 515
winter tyre 358
wiper arm 355
wiper blade rubber 355
wiper control 354
wire 417, 501
wire beater 176
wire brush 309
wire cutter 217
wire frame 529
wire nut 217
wire stripper 217
wiring circuit, sensor 357
wisdom tooth 101
wishbone boom 519
withers 83, 86
witness stand 440
wok 174
wok set 174
wolf 88
woman 94
women's clothing 251
women's gloves 243
women's headgear 239
women's shoes 241
won ton skins 147
wood 505
wood chisel 229
wood ear 123
wood firing 192
wood flooring 190
wood flooring on cement screed 190
wood flooring on wooden base 190
wood flooring types 190
wood frog 75
wood storage space 192
woodpecker 80
woods 25
woodstrip flooring 190
woodwind family 295
woofer 324
Worcestershire sauce 140
work bench and vice 224
work surface 164
worker 68
worker, honeybee 68
working surface 224
workstation, security guard's 463
worm 365
wrap, knee 500
wrapover dress 252
wrapover skirt 253
wrapover top 255
wrench, four-way lug 356
wrench, ratchet socket 223
wrenches 216, 223
wrist 86, 93, 95, 115
wrist band 500
wrist guard 527
wrist strap 510, 514
wrist-length glove 243
wristband 486, 492
writing brush 312
writing case 275
writing instruments 312

X

X-ray unit, mobile 462
X-rays 418
xylophone 295, 309

Y

Y-tube 460
yacht, motor 385
yak 85
yard 430
yard line 484
yard, coal storage 402
yard-long bean 130
yarn ball 477
yaw 395
yellow 418
yellow ball 503
yellow onion 124
yellow sweet pepper 128
yellowjacket 69
Yemen 452
yen 440
yogurt 150
yoke 245, 249, 255
yoke skirt 253
yolk 79
Yucatan Peninsula 16
Yugoslavia 450
yurt 288

Z

Zambia 452
zebra 84
zester 169
Zimbabwe 452
zinc can (anode) 417
zinc-electrolyte mix (anode) 417
zip 261, 265, 277, 528
zip fastener 249
zither 296
zona pellucida 112
zone, commercial 431
zone, free guard 515
zone, overtaking 472
zones, service 495
zoom lens 314, 320
zygomatic bone 98, 100